RUI TAVARES

Agora, agora
e mais agora

*Seis memórias
do último milénio*

SÃO PAULO
TINTA-DA-CHINA BRASIL
MMXXIV

O prospecto
19

Antes de
começar
34

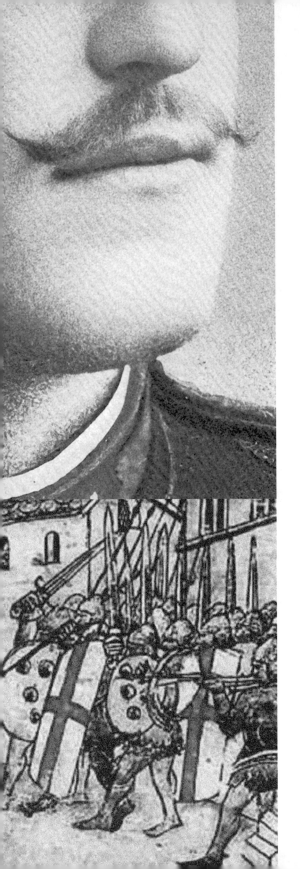

**Memória
primeira**
Do fanatismo
39

PRIMEIRA
CONVERSA
A caravana
41

SEGUNDA
CONVERSA
O viajante
51

TERCEIRA
CONVERSA
Os calendários
63

QUARTA
CONVERSA
Os zoroastrianos
71

QUINTA
CONVERSA
*Make Aristotle
great again*
85

Memória segunda
Da polarização
97

PRIMEIRA
CONVERSA
Guelfos e gibelinos
99

SEGUNDA
CONVERSA
No início era o fim do mundo
111

TERCEIRA
CONVERSA
O tempo do notário
123

QUARTA
CONVERSA
O espanto do mundo
135

QUINTA
CONVERSA
Passado, prosperidade e pandemia
145

**Memória
terceira**
Da globalização
155

PRIMEIRA
CONVERSA
A casa das perguntas
157

SEGUNDA
CONVERSA
Como escrever sobre
um amigo decapitado?
169

TERCEIRA
CONVERSA
Memória, *media* e medo
179

QUARTA
CONVERSA
O ódio sagrado
ao mundo
193

QUINTA
CONVERSA
O amor é um
jogo perdido
207

Memória quarta
Da emancipação
221

PRIMEIRA CONVERSA
O lado B
223

SEGUNDA CONVERSA
A solução quaker para a Europa
233

TERCEIRA CONVERSA
A Modernidade como pontapé na bunda
245

QUARTA CONVERSA
Homens que nunca se aborrecem
259

QUINTA CONVERSA
Pousando a pena no século XVIII
269

**Memória
quinta**
Do ódio
299

PRIMEIRA
CONVERSA
A senda do ódio
301

SEGUNDA
CONVERSA
A desunião geral
313

TERCEIRA
CONVERSA
Antes de a verdade
calçar as botas
323

QUARTA
CONVERSA
O meu problema
com Bernard Lazare
335

QUINTA
CONVERSA
A verdade acerca
da verdade
351

Memória sexta
A pergunta
363

PRIMEIRA
CONVERSA
Os sobreviventes
365

SEGUNDA
CONVERSA
Recomeçar
385

TERCEIRA
CONVERSA
O momento
cosmopolita
395

QUARTA
CONVERSA
Mil novecentos
e quarenta e oito
417

QUINTA
CONVERSA
Alfarrábios e
algoritmos
429

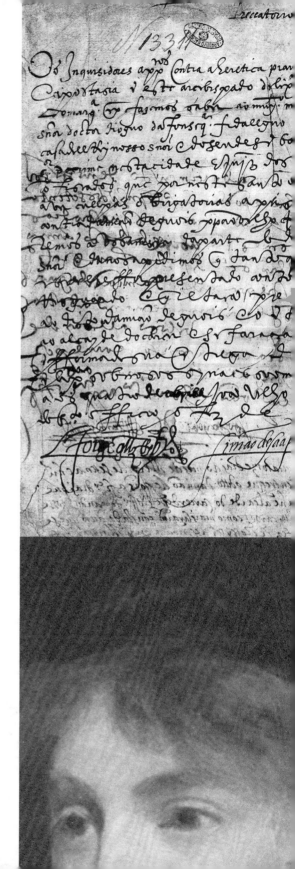

Epílogo
Figos e filosofia

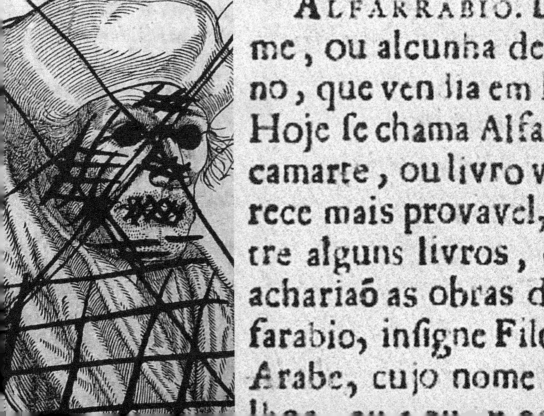

Notas
477

Bibliografia
seleta
490

Bibliografia
geral
503

Crédito
das imagens
514

Índice
remissivo
518

Agradecimentos
528

Sobre o autor
530

FECI·QVOD·VOLVI

Para a minha mãe, Lucília,
para a Marta, o Elias e a Helena,
para os arrifanenses,
para os aldeões do mundo

O prospecto

No dia 1º de novembro de 1944, a minha bisavó Carolina Tavares – avó materna da minha mãe, cujo nome de solteira era Carolina Matias – teve aquilo a que chamamos hoje um acidente vascular cerebral. Durante muito tempo foi capaz de dizer apenas uma única palavra: "Manel" – "Manel, Manel, Manel". Era o nome de um de seus filhos. Depois, com o seu esforço e a ajuda de muita gente à sua volta, conseguiu dizer apenas uma outra palavra, o nome de uma comida: "açorda". Mas não a conseguiu repetir. E, é claro, continuava a não conseguir dizer frases. Até que, muito tempo depois, conseguiu dizer ainda uma outra palavra, repeti-la, acrescentar mais duas palavras e voltar à palavra inicial: "Agora, agora e mais agora". A minha bisavó tinha conseguido, pela primeira vez em muito tempo, voltar a dizer uma frase. Às vezes essa frase era um suspiro ou desabafo: "Ai agora, agora e mais agora!", outras vezes era uma pergunta: "Agora, agora e mais agora?". Com essa frase ela ralhava ou era afetuosa, inquiria sobre o que precisava de saber ou informava os outros do seu estado de espírito. Durante mais de dois anos, foi a única coisa que ela disse, até que se apagou.

Entretanto, no dia 9 de fevereiro de 1945, o ano final da Segunda Guerra Mundial, o marido de Carolina, o meu bisavô José Tavares – um segeiro, ou seja, um carpinteiro especializado em carroças e carruagens – celebrava o seu aniversário. Sentiu-se mal em casa da sua filha – a minha avó materna, Gracinda Tavares – e pediu aos netos que lhe fossem buscar uma laranja. Comeu um gomo da laranja, dizendo "Está a saber-me bem, esta laranja". E morreu.

A minha bisavó Carolina assistiu ao velório do seu marido e meu bisavô José, recebeu condolências, consolou os netos e continuou mentalmente desperta, mas apenas com uma única frase para o exprimir: "Agora, agora e mais agora".

Pouco antes, uma das suas filhas (e minha avó) enviuvara: morrera-lhe o seu marido, e meu avô, aos 45 anos, deixando oito filhos, o mais novo dos quais com poucos dias de vida. Pouco depois enviuvou também a outra filha de Carolina, cujo marido foi levado pela tuberculose. Todas as mulheres da família mais próxima estavam agora viúvas. E agora, agora e mais agora? O que vai ser delas, o que vai ser de mim? E os meus netos, que estão crescendo? Serão levados para a guerra? Ou pela tuberculose?

Não conheci essa bisavó Carolina. Nem nenhum dos meus bisavôs, ou sequer os avôs, com uma única exceção: Gracinda Tavares, a mãe dos oito filhos, incluindo a minha mãe, Lucília, que tem hoje mais de noventa anos e vive na mesma aldeia ribatejana onde nasceu, mesmo em frente à casa dos seus adorados avós Carolina e José. De Carolina não há sequer uma fotografia; a única oportunidade que para tal houve foi quando um fotógrafo visitou a aldeia e fez um retrato da sua filha Gracinda e dos seus oito filhos, alguns dos quais tinham estreado naqueles dias os seus primeiros sapatos, que, contudo não conseguiram tolerar a tempo de serem fotografados calçados. Carolina ainda era viva, mas não foi fotografada. E no entanto a história do seu "agora, agora e mais agora" ficou para sempre na minha memória familiar.

Nunca conheci esse bisavô José, pai da minha avó materna, que morreu a comer uma laranja. Nem os pais do avô materno, João Marcelino e Joana Catarina Paula, ele lembrado por ser sabedor de muitas coisas, contador de muitas histórias, por ter sido mordomo em Lisboa e ser leitor de almanaques, o que lhe valeu a alcunha de Borda d'Água; e ela por vir da aldeia vizinha, Arrouquelas, por ser bela e pelos seus três nomes próprios, invulgares em Portugal.

Também não conheci os meus bisavôs paternos, que tinham uma das poucas lojas e a única estalagem e salão de baile da aldeia, e que viriam a vender quase tudo para pagar os tratamentos de duas tias que contraíram tuberculose. Não conheci o meu avô paterno, Manuel Pereira Lopes, que ficou para trás na aldeia com a incumbência de ir vendendo as coisas, acompanhado apenas do seu filho de catorze anos – meu pai – enquanto o resto da família se deslocava para acompanhar as pacientes ao sanatório na Serra da Estrela. Não conheci a sua mulher, a minha avó Hermínia Neves, que morreu nos anos 1960, depois de se ter convertido ao protestantismo, e com

Carolina ainda era viva, mas
não foi fotografada. E no entanto
a história do seu "agora, agora
e mais agora" ficou para sempre
na minha memória familiar.

(p. 21)

ela quase toda a minha família paterna, o que levou à transformação do salão de baile numa igreja batista que ainda hoje existe e funciona todos os domingos (essa conversão em massa foi o efeito colateral da ação de um tio-bisavô livre-pensador que trouxe um pastor protestante para a aldeia como forma de irritar o padre católico recém-introduzido pela ditadura depois de décadas de ausência, desde a expulsão do cura anterior na Primeira República). Também não conheci o meu avô materno, Eduardo Marcelino, que morreu em 1943, após um acidente em que bateu com os queixos no balcão de mármore da taberna que abriu para sustentar os seus oito filhos. A sua última frase foi um elogio dirigido à minha avó por ela lhe ter enrolado o último cigarro que ele fumou. Essa avó, Gracinda Tavares, única antepassada próxima para lá da geração dos meus pais que conheci, e com quem convivi até aos meus quatro anos, tinha quase a idade do século XX, pois nascera em 1901. É a senhora que aparece na foto de família em 1946, rodeada dos seus oito filhos órfãos de pai, completamente vestida de preto por ser viúva, com o lenço à cabeça que nunca mais largou até morrer e parecendo já extraordinariamente velha com apenas 45 anos.

Quando fala deste passado, a minha mãe diz – com toda a plausibilidade – que a geração dela e dos seus irmãos foi a que mais mudanças viu ao longo da vida. Segundo ela, a vida que encontraram na aldeia em que nasceram não poderia ser muito diferente daquela que ali tinha sido vivida durante décadas, séculos e, quem sabe, milénios. Os mesmos tempos, os mesmos ritmos, os mesmos instrumentos agrícolas. O zepelim avistado aos seis anos foi o primeiro sinal concreto, ou seja, fora dos almanaques lidos pelo avô João, de que algo de quase milagroso, mas real, poderia existir: pessoas a voar pelos céus. Segundo as minhas contas, esse pode ter sido o *Hindenburg* que chocou contra o poste de ancoragem em ferro a que era suposto ser amarrado na cidade de Lakehurst, Nova Jérsia, e explodiu vitimando 36 pessoas.* Outros milagres que chegaram à aldeia durante a infância dos meus pais foram a rádio e o automóvel. A luz elétrica teve uma brevíssima (e muito ténue) aparição, funcionando bruxuleantemente nas lâmpadas que eram acesas através de um dínamo, este por sua vez propulsionado a força

---

* Ver informações complementares no final do volume (p. 477). Essas notas não tem chamadas ao longo do texto. [N.E.]

motriz que o meu pai imprimia à sua bicicleta, mas não rasgando ainda as trevas que cobriam a aldeia todas as noites, e que eu ainda conheci algumas vezes quando lá vivi em criança (a rede elétrica nacional só foi instalada na aldeia no ano em que eu nasci, 1972, e durante muito tempo funcionava com falhas por vezes longas).

Essa bicicleta era no imediato uma maravilha com uma importância mais prática, porque as duas famílias dos meus pais conseguiam aceder-lhe, e isso ajudou a mudar-lhes as vidas. Foi uma das bicicletas que permitiu ao meu pai ir todos os dias à vila onde aprendeu o ofício de torneiro mecânico. A outra bicicleta, que servia para comprar peixe que se pudesse vender na aldeia, abriu portas ainda mais mirabolantes, servindo a um tio materno, João Marcelino, para se tornar ciclista profissional e até campeão nacional de fundo pelo Sport Lisboa e Benfica, o que teve como consequência tornar-se ele na primeira pessoa da aldeia cujo nome e fotografia apareceram impressos nos meios de comunicação de massa – os jornais desportivos e os seus suplementos – e cujo rosto apareceu, e a voz se ouviu, logo no primeiro ano de televisão em Portugal, em 1957, ao ser entrevistado por ter vencido uma etapa da Volta a Portugal, em Évora. Isto foi doze anos antes de toda a família se juntar para ver a chegada de humanos à Lua, perante o ceticismo da minha tia paterna, dona do único televisor na família mais próxima, mas que reservava a sua crença para o cristianismo protestante muito devoto a que então já se dedicava. A penicilina fora entretanto inventada, mas não chegara a tempo do surto de tuberculose na aldeia, durante a Segunda Guerra Mundial, que acabou com o lançamento de duas bombas atómicas. Juntando tudo isto, a minha mãe é capaz de ter razão e a sua geração ser a que mais mudanças viu, pelo menos naquela aldeia, em séculos ou até milénios. O mundo em que ela nasceu, em 1931, numa aldeia, está muito longe do mundo da década de 2020, em que ela fala todos os dias com os netos e bisnetos através de videochamada, ou no qual consulta avidamente as redes sociais globais, na mesma aldeia e numa casa a poucos metros daquela onde nasceu, falando com netos em Inglaterra ou trocando mensgens em tempo real com primos na Austrália.

E no meio de tudo isso, sempre pontuando cada lembrança da minha mãe, a frase da minha bisavó: "Ai agora, agora e mais agora?".

E agora, o que me aconteceu? E agora, que não consigo pensar nas palavras, dizer as palavras? E agora, o que vai ser de mim, do meu homem, desta neta que está aqui à minha frente? E agora? Agora, agora e mais agora?

É possível que ela suspeitasse de que não lhe restaria muito tempo, e de que aquele "agora" que finalmente lhe saiu fosse um pouco como o súbito apercebimento da morte por alguém que sofre um acidente e que diz, por vezes de forma invulgarmente calma, para si mesmo: "Acho que é agora". Mas é possível também que ela, ao ter esse momento permanentemente diferido na sua consciência por vários meses, estivesse sobretudo preocupada com o que fosse acontecer na sucessão de agoras, agoras e mais agoras com que as pessoas que ela amava se iriam defrontar. Agoras de que suspeitava, que podia pressentir ou que não podia sequer imaginar, mas que seriam vividos por outros. E agora que vem aí outra guerra na Europa, será que ainda vou ser chamado? E agora que estamos endividados, como pagar? E agora que viemos para a cidade, como voltar? E agora que o meu irmão foi preso pela polícia política? E agora que somos pais, será que os meus filhos vão ser chamados para a guerra em África? E se eles forem, será que voltam? E se eles resistirem, será que se metem em confusões?

Um historiador famoso, Arnold J. Toynbee, opunha-se à ideia de que a história "é apenas um raio de uma coisa depois da outra", como diria uma tola personagem num filme de Hollywood ou numa peça de teatro. Para Toynbee, as coisas não podiam ser assim: a história tinha de ter um sentido e até uma lógica, um padrão de civilizações que nascem, se desenvolvem e morrem. Mas a verdade é que, para quem vive a história – essa coisa estranha que nunca para de acontecer, que é comum a gente célebre e a gente anónima, que ritma com a mesma constância os acontecimentos banais e aqueles que se diz que mudam o mundo –, ela é mesmo o raio de uma coisa depois da outra.

Aqui, de onde nos encontramos, é difícil fazer sentido dela.

Ou talvez, como dizia outro nome famoso, o filósofo Immanuel Kant, o sentido da história não seja uma pergunta para se responder adivinhando, mas para se responder fazendo. Se nos esforçarmos para que a história tenha um sentido de progresso moral humano, ela será talvez cada vez mais generosa e emancipadora. Se não nos esforçarmos, não terá. Mas não há grandes garantias. Os filósofos e historiadores famosos, com nomes como Toynbee e Kant e aqueles que eles influenciaram e que os influenciaram a eles, não sabem no fundo muito mais do que Carolina Tavares quando se perguntava "Agora, agora e mais agora?". E os melhores de entre eles sabem que o que fazem, mesmo no melhor das suas reflexões e pensamentos, não é mais do que tentar responder à pergunta da minha bisavó. Esse "agora, agora e mais agora" que está sempre presente em todos os nossos instantes e que só por momentos recua para o fundo da nossa mente, quando estamos entretidos a fazer outras coisas.

E há outros momentos, pelo contrário, em que a pergunta ocupa todos os nossos pensamentos, e nos monopoliza e angustia, e – por mais convictos que nos desejemos apresentar em sociedade, por mais teorias que apresentemos acerca do que vai acontecer a seguir – o agora, agora e mais agora nos deixa crivados de dúvidas.

Este é um desses momentos.

Estou a registar estas frases pela primeira vez a 19 de março de 2020, pouco depois da meia-noite, nos Açores. Acabou de entrar em vigor o estado de emergência em todo o território nacional português por causa da epidemia de Covid-19. E estou a revê-las pela última vez a 18 de março de 2022, dois anos e menos um dia depois, quando o mundo está abismado perante a invasão da Ucrânia pela Rússia de Putin e o início de uma nova guerra na Europa.

E porque começo por vos contar esta história familiar – familiar para mim, embora não para vocês? Aquilo que estou a fazer tinha no século XVIII um nome específico: chamava-se "prospecto". Um prospecto era o resumo de intenções por detrás da edição de uma obra literária, na tentativa de conseguir angariar suficientes assinantes e interessados que permitissem viabilizar a edição do livro que seria publicado no futuro. A enciclopédia de Diderot e D'Alembert, o maior repositório de conhecimento da época das Luzes, foi anunciado assim. E tem sentido para mim fazer o mesmo, porque aquilo que vos proponho nas próximas páginas é que me acompanhem ao longo de um livro – na verdade, uma sequência de pequenos livros no sentido antigo do termo, quando "livro primeiro", "livro segundo", "livro terceiro" e por aí afora eram às vezes apresentados como as partes mais ou menos autónomas de uma obra geral, a que aqui decidi chamar de "memórias", que por sua vez subdividi em conversas. Seis memórias, de cinco conversas cada uma,

O PROSPECTO

perfazem trinta conversas. Acrescentando um prospecto – este que está lendo – e um epílogo, são 32 tentativas de resposta a uma pergunta que nunca se acaba de formular: agora, agora e mais agora?

Sempre soube que escreveria um livro com este título. Mencionei a intenção numa crónica, que não reli entretanto, publicada já há mais de dez anos. Mas tenho ideia de que a minha vontade seria então escrever um livro muito diferente do que este afinal será. Na altura eu queria um livro afirmativo e presentista, todo ele sobre a atualidade: o agora, agora e o mais agora que está a acontecer agora, neste preciso momento. Talvez um pouco à maneira de um conto de ficção científica que li uma vez, de um dos meus escritores preferidos, Stanislaw Lem, em que supostamente se recenseia um livro chamado *Um minuto no mundo*, que por sua vez trata de todas as coisas que acontecem praticamente em simultâneo, durante um minuto, no mundo. Uma coisa com um título assim teria de ser sobre o presente, o presente e mais o presente.

Quando voltei à ideia, muitos anos depois, foi mais a ideia que voltou a mim do que o contrário. Nunca temos a mesma ideia duas vezes; nós estamos diferentes e a ideia está diferente também. Eu estava, como de costume, a batalhar contra obrigações a mais e prazos apertados, isto enquanto desaproveitava o tempo que passava numa biblioteca do outro lado do Atlântico. A certa altura decidi levantar-me para ir até às estantes ler o que me apetecesse; e depois decidi voltar para a minha mesa e escrever sobre o que tivesse vontade de escrever. Assim passei um dia, dois dias, vários dias, bloqueando deliberadamente o sentimento de culpa por deixar os meus outros trabalhos atrasarem-se. Passada uma semana, percebi que estava a escrever um novo livro, e foi nascendo a ideia da estrutura que este tem. Finalmente, apercebi-me de que esse livro era afinal o *Agora, agora e mais agora*, e que a melhor missão para esse título não seria tanto a de falar só sobre o presente, mas até de evitar fazê-lo diretamente, esticando a cronologia para nos colocar perante exemplos de outros momentos em que outras pessoas se fizeram a mesma pergunta, "agora, agora e mais agora". O agora, agora e mais agora de vários passados sucessivos – antes do ano 1000, ou em cerca de 1500, ou em 1948 – talvez ajudasse a iluminar mais o presente (e o futuro?) do que saturarmo-nos de tudo aquilo que nos acontece hoje. *Agora, agora e mais agora* seria, então, sobre o passado: não o agora, agora e mais agora de "agora", mas o de "antes". Não exemplos porventura mais conhecidos desse passado –

das guerras europeias do século xx, por exemplo –, e sim os dos antes e depois dessas guerras, ou os das revoluções que não o foram, ou dos autores que, não podendo mudar o mundo, nos passaram um bilhetinho discreto sobre como preservar o essencial daquilo de que precisamos para continuar humanos e livres. Ou seja, de um modo geral, histórias de outros momentos nas quais, se bem que filtradas por ambientes culturais e sistemas de crenças diferentes – às vezes até muito diferentes –, as questões centrais do nosso tempo se colocaram também: questões de fanatismo contra a filosofia, de globalização e de soberania, questões de ódio e de fraternidade, questões de imigração e de refugiados, questões de política e de colapso na confiança cívica.

Ou, para pôr a questão de maneira mais simples: estas páginas são a resposta que eu daria se alguém me perguntasse aquilo que a minha bisavó se perguntava a si mesma.

Em 1348 a Peste Negra chegou a Florença e o poeta Giovanni Boccaccio, que tinha então 35 anos, refugiou-se numa casa rural na comuna vizinha de Fiesole. Dessa estadia resultou um dos primeiros conjuntos de novelas da literatura europeia, a que foi dado o título de *Decameron*. Talvez uma espécie de equivalente às *Mil e uma noites* do mundo árabe, mas com cem histórias contadas em apenas dez noites. A quarentena das personagens de Boccaccio, sete mulheres e três homens, durava quinze dias e quinze noites, nas quais aqueles refugiados da Peste Negra fizeram uns aos outros uma promessa: contar cada um uma história todas as noites, com exceção de um dia para as tarefas domésticas e também com exceção dos dias santos. Dez histórias cada um, durante dez noites, dá cem histórias segundo um plano particular: histórias de amor que acabam bem, histórias de amor que acabam mal; contos eróticos, exemplos morais… Recordo o *Decameron* de Boccaccio por causa da sua mensagem implícita, que não tem a ver com nenhuma das histórias que ele conta, mas com a vontade em geral de partilhar histórias, de deixar qualquer coisa que fique, um gesto humano, a narrativa de outrem, o dilema perante um problema que se encontrou – mesmo num momento da maior desorientação e angústia, por pouco importante que essa partilha possa parecer no imediato. Estamos a viver um momento desses no momento em que escrevo estas palavras, em março de 2020, com a pandemia e o confinamento generalizado de milhões de pessoas em vastas regiões de todo o mundo, e isso leva-nos a uma estranha ligação secular, que não esperávamos viver, com aqueles que viveram no passado situações semelhantes, a começar, talvez, pelas vítimas e sobreviventes da gripe pneumónica ou espanhola, que surgiu e se alastrou em plena Primeira Guerra Mundial – outro daqueles grandes "agora, agora e mais agora" por que a humanidade passou há não tanto tempo quanto isso. As vítimas da gripe espanhola – como as da Peste Negra – são agora nossos irmãos, pelo menos nossos vizinhos na história. Nós valemo-nos do exemplo deles, e eles talvez soubessem que mais à frente, no futuro, haveria gente que precisaria do exemplo que eles então nos deixaram.

A ideia deste livro, ou desta série de memórias, foi que ele pudesse sempre ser lido a três níveis diferentes de profundidade: em primeiro lugar, como simples histórias que nos permitem fazer pensar no presente, distraindo-nos do presente, ou seja, como histórias que podem ter relevância para as nossas ansiedades presentes, ao mesmo tempo que nos afastam temporariamente da mente essas ansiedades quotidianas. Em segundo lugar, a outro nível de profundidade, como repositório de exemplos de gente diferente que respondeu em tempos diferentes a crises e transformações radicais, ou seja, de pessoas de épocas diferentes que reagiram no seu tempo aos "agora, agora e mais agora" que tiveram de enfrentar. Em terceiro lugar, como uma espécie de história alternativa da Modernidade, ou seja, da constituição da humanidade como comunidade política, com passagem pelas ideias de uma alma comum (ou intelecto ativo) para toda a humanidade, a noção de dignidade humana igual para todos e a "invenção", um pouco aos trambolhões, do conceito de direitos humanos, para tentarmos adivinhar em que ponto dessa caminhada estamos. Cada um dos leitores é livre para abordar essas histórias a partir de qualquer um dos níveis ou de inventar outras abordagens possíveis.

Este livro foi inspirado também, a partir de um momento muito inicial da sua conceção, nas chamadas "lições americanas" que deveriam ter sido proferidas em 1985 pelo escritor italiano Italo Calvino e que resultaram num livro chamado *Seis propostas para o próximo milénio* (em italiano, *Lezioni americane*; em inglês, *Six Memos for the Next Millenium*). Como Calvino morreu antes de escrever a sua última conferência, as suas seis propostas ficaram, afinal, apenas cinco.

Cada uma delas sobre apenas uma palavra: leveza, rapidez, exatidão, visibilidade e multiplicidade. Sabe-se apenas que a última aula seria sobre consistência. O percurso que vamos fazer tem como subtítulo uma coisa parecida: *Seis memórias do ultimo milénio* – não seis propostas para o próximo milénio, mas seis *memórias* do último milénio. Vamos começar um pouco antes do ano 1000 e terminar perto da nossa atualidade. Também aqui, cada memória do último milénio tem um tema principal que talvez se possa resumir numa só palavra. Cada memória tem também a sua cronologia e os seus protagonistas.

A primeira memória resume-se numa única palavra: "fanatismo". Trata do nascimento de uma cultura de intolerância um pouco antes do ano 1000, mas trata também, por causa disso, de um Iluminismo perdido numa parte do nosso planeta que mal conhecemos e que muito nos influenciou antes de ser ostracizado por essa cultura de intolerância. O seu protagonista é um filósofo muçulmano medieval chamado Al Farabi, de cujo nome se formou a palavra portuguesa "alfarrábio". Vamos segui-lo da região de Sógdia, perto do Afeganistão atual, até Bagdade. Vamos analisar os seus estudos de filosofia grega e vamos avaliar o seu pioneirismo na definição de conceitos de uma política à escala mundial e na defesa, discreta mas firme, da possibilidade de uma filosofia autónoma na busca pela verdade. Depois, descreveremos as condições da repressão e posterior esquecimento de Al Farabi no Médio Oriente e a sua recuperação do outro lado da massa continental eurasiática, na Península Ibérica. A posteridade das ideias de Al Farabi foi assegurada por génios das respetivas religiões como o mulçumano Averróis, o judeu Maimónides ou o cristão Raymond Llull, ou Lúlio – todos três, oriundos da Península Ibérica. A história de Al Farabi não é só uma história de como se pôde preservar a filosofia numa época de imposição de um pensamento único; é também a chave para entender como a história do Ocidente está ligada a um Iluminismo perdido no Oriente por volta do ano 1000 de que muitos de nós nunca ouviram sequer falar.

A segunda memória é um pouco mais tardia, dos séculos XII e XIII. Resume-se também numa palavra, uma que ouvimos com frequência hoje em dia: "polarização". Muito antes de haver esquerda e direita, havia na Itália do fim da Idade Média os guelfos e os gibelinos. Estes eram partidos políticos que estruturavam rivalidades entre famílias, cidades ou regiões, mas eram também um exemplo de como a polarização ganha uma lógica própria quando predomina numa sociedade. Seguiremos percursos como o de um tal Brunetto Latini, que esteve também na Península Ibérica entre judeus e mouros, e do seu afilhado bem mais famoso, Dante Alighieri, autor da celebrada *Divina comédia*. Compararemos a polarização entre guelfos e gibelinos com as polarizações atuais entre estados vermelhos e azuis nos Estados Unidos da América; *remainers* e *leavers* no Reino Unido; e, em geral, a divisão entre um arquipélago neoguelfo, vivendo com base na aceitação do multiculturalismo, da globalização e das indústrias culturais e criativas; e um sertão gibelino, fiel às antigas indústrias e hierarquias de poder do antigo século xx.

A terceira memória faz-se em torno do ano 1500 d.C. e trata de "globalização". Começa pela prisão de Damião de Góis às mãos da Inquisição em 1572 e recua pela sua cronologia até ao tempo em que ocorrem os factos de que era acusado: quando conviveu com Erasmo de Roterdão naquilo a que se poderia chamar o "Projeto Erasmus" ou o "Programa Erasmus" de 1500, que também era então viajar pela Europa, visitando Erasmo na cidade em que ele estivesse. Retrocederemos para chegar à Antuérpia do início do século xvi e àquela ocasião, típica de um Programa Erasmus, em que um marinheiro português desconhecido se encontrou com Thomas More e, talvez numa taberna da Flandres, o inspirou para a ideia da *Utopia*. Essa geração é a primeira a enfrentar de forma consciente a realidade da globalização na sua aceção mais concreta, a de que o planeta é um globo que se pode circum-navegar, mas também a preocupar-se com a precariedade dos laços sociais nas grandes cidades europeias. É a primeira, por exemplo, a falar de erradicar a pobreza através de subsídios aos pobres.

A quarta memória trata da palavra "emancipação". Trata de Kant e de Cândido – do Kant de *O que é o Iluminismo?* e do Cândido, personagem de Voltaire – como duas formas muito diferentes de perceber a entrada na Modernidade. Em Kant, uma entrada como "uma decisão da vontade" organizada ou ordeira, de súbditos que decidem ser cidadãos; no Cândido de Voltaire, o enfrentamento de uma Modernidade caótica, aleatória, arbitrária, na qual temos de encontrar o nosso caminho depois de expulsos do paraíso que era viver sob a tutela de outrem quando ainda éramos jovens. Trataremos de entender como essas duas ideias de Modernidade se compatibilizam com o mundo visto em permanente aleatoriedade e injustiça. Essa é a verdadeira entrada no mundo em que ainda vivemos e no qual somos, talvez, ainda guiados pela frase com que termina a obra *Cândido, ou o otimismo*: "É preciso cultivar o nosso jardim".

A quinta memória é sobre uma só palavra – "ódio" – e vem do século XIX. É impossível entender o século XX, o século das duas guerras mundiais e do Holocausto, sem antes ter entendido a história de França no final do século XIX. Na "Memória quinta", exploraremos o modo como o antissemitismo moderno nasceu em torno do Caso Dreyfus e como está na raiz dos fascismos e dos nazismos do século XX. Estudaremos essa evolução através de duas figuras opostas: Léon Daudet, um anti-*dreyfusard*, e Bernard Lazare, um anarquista e o primeiro defensor da inocência de Dreyfus. Antes de Émile Zola e do seu *J'Accuse*, estão aqui as raízes do século terrível da Modernidade europeia. Talvez porque Zola o tenha exprimido de forma mais poética do que ninguém, estão também aqui as raízes daquilo a que ele chamou "terna esperança de uma era de muito mais verdade, de muito mais justiça, de uma era em que cheguemos aos campos distantes onde cresce o futuro – e continuo à espera".

A sexta memória não tem uma palavra definida, mas a que mais se lhe adéqua talvez seja, simplesmente, "pergunta". Começa no ano de 1948, que viu ser consagrada a Declaração Universal dos Direitos Humanos mas que é também o ano de publicação de *1984*, o famoso romance de George Orwell. Entre um futuro de dignidade e um futuro distópico, estas são ainda as escolhas que hoje enfrentamos. Aí recuperaremos a história das negociações e da redação da Declaração Universal dos Direitos Humanos e, sob a clave do *1984* de Orwell, olharemos para as ameaças às liberdades atuais. Depois, regressaremos ao início, à Ásia Central de antes do ano 1000, para usar duas das suas personagens como representativas das nossas escolhas atuais. Al Farabi, o filósofo que já conhecemos na primeira memória e que deu origem à palavra "alfarrábio", e Al Khwarizmi, um matemático que deu origem a outras palavras que usamos todos os dias, como "algarismo" e, hoje cada vez mais importante, "algoritmo". Entre alfarrábios e algoritmos, que caminho devemos escolher?

E depois há um epílogo que será sobre Espinosa, figos e filosofia. Não vale a pena dizer muito mais sobre ele, salvo que se trata de uma oportunidade para inventar um nome para a parte do mundo que nos ocupa durante tantas páginas deste livro, da Ásia Central à Europa Ocidental, de Samarcanda a Lisboa. Não podemos chamar à história das ideias que aqui é feita uma história das ideias no Ocidente, pois ela começa no Oriente. Não podemos dizer que a trajetória deste livro se passa no Levante quando ela inclui o Poente, nem que ela é do mundo mediterrânico quando inclui uma parte da Eurásia, mas também não podemos dizer que é da Eurásia, porque está longe de abranger toda essa massa continental e inclui outras partes do mundo que não lhe pertencem. Não posso dizer que falo do mundo das religiões abraâmicas ou "do Livro" quando tanto do que trataremos se passa no tempo e no território do zoroastrianismo, que embora tenha influenciado as três religiões do Livro – o judaísmo, o cristianismo e o islamismo – não pode por esse conceito ser recoberto. Foi preciso então inventar um nome para esse mundo de que este livro trata tanto. Esse nome é o "Figueiristão".

Foi a ecologia que veio em nosso auxílio: sendo que a mancha original da expansão da árvore *Ficus carica* – a figueira comum, aquela de figos comestíveis que conhecemos tão bem das nossas aldeias em Portugal – e que esta vai precisamente de Samarcanda a Lisboa, e que essa figueira comum se impõe pelos costumes e pelos afetos desde a Ásia Central ao Mediterrâneo, "Figueiristão" foi um nome que se me impôs sozinho. O Figueiristão junta o mundo persa, helénico e helenístico ao do Mediterrâneo fenício e romano; as figueiras são importantes para o zoroastrianismo, juntamente com as romãs e a videiras – diz-se que um touro selvagem, quando atado a uma figueira, fica manso e até terno; no hinduísmo acredita-se que o mundo existe à sombra de uma figueira; no judaísmo e no cristianismo, a figueira é, na Bíblia, a primeira árvore real a aparecer no paraíso, logo depois da Árvore da Vida e da Morte e a da Ciência do Bem e do Mal, e é com folhas de figueira que Adão e Eva se cobrem quando ganham consciência da sua nudez, sinal de odisseia mas também de decadência; na *Odisseia*, de Homero, a figueira é a árvore que permite a Ulisses lembrar ao seu pai as figueiras que plantaram juntos e é aí que este finalmente o reconhece. Quando terminei de fazer o podcast que foi uma das versões iniciais deste livro, as figueiras já cheiravam debaixo da minha janela; em Samarcanda há duas feiras da figueiras por ano e em Lisboa, uma praça da Figueira (e uma rua do Borratém, que quer dizer, em árabe, "poço da figueira"). No Corão proclama-se "juro pela figueira e pela oliveira". E finalmente, nos livros de Tintin, a figura do português, viajante, vendedor e fala-barato, tem o nome de "Oliveira da Figueira", que me convém. Pareceram-me razões generosas; ficou "Figueiristão": o mundo civilizacional que floresceu e se desenvolveu à sombra amável e discreta, mas decisiva, da figueira. Depois de a abandonarmos por outras paragens, atravessando o Atlântico, lá a reencontraremos no epílogo, na memória olfativa da infância de Espinosa.

A humanidade passou por muitas, demasiadas, peripécias durante os anos em que este livro foi pensado, lido ou por vezes improvisado em voz alta para ser ouvido num podcast, e depois transcrito ou revisto para ser lido. O livro passou também por algumas dessas mesmas peripécias. Escritas algumas das suas páginas em 2018, ficou parado em 2019 e foi retomado em 2020, para logo ser interrompido pela pandemia e começar a ser gravado como podcast; a transcrição levou uma boa parte de 2020 e culminou numa primeira revisão em 2021, tendo-se passado à escolha das ilustrações nesse mesmo ano. Depois, e já não pela primeira vez, a política prática intrometeu-se na minha vida, ou eu na dela, e iniciei um mandato primeiro autárquico e depois parlamentar que me impediu de pegar no livro como quereria e que me levou às vezes aos mesmos temas por outros caminhos. Por coincidência, enquanto revia estas últimas notas para a edição em sete volumes que foi publicada em 2023 em Portugal, encontrava-me na península do Sinai, no Egito, em Sharm el Sheikh, enquanto participava como observador numa reunião sobre a decisão-quadro das conclusões da COP27 sobre o combate às alterações climáticas e à multicrise ecológica que afeta a humanidade. Neste momento em que escrevo, no dia 17 de novembro de 2022, vejo à minha volta os chefes de delegação de cada país tomarem a palavra. No meio da área geográfica que domina a maior parte desta série, pergunto-me o que pensaria Al Farabi ao ver a humanidade a tentar salvar-se a si mesma, imperfeita como costuma ser.

Antes de começar

No início do seu livro-chave sobre o Iluminismo perdido da Ásia Central em torno do ano 1000, o historiador Frederick Starr faz mais ou menos o mesmo que fez o filósofo Jean-Paul Sartre quando visitou o Brasil e, depois de várias palestras perante plateias aduladoras em universidades e grémios literários de todo o país, perguntou: "Onde estão os negros?". A pergunta de Jean-Paul Sartre tinha um sentido: no Brasil, os negros estavam em todo o lado, menos nas universidades. No livro de Frederick Starr a pergunta é: "Onde estão as mulheres?". E a resposta é que na Ásia Central estão em todo o lado, menos no seu livro.

A razão para isso é que o livro de Starr se ocupa, principalmente, da história das ideias científicas e filosóficas daquela época histórica e, portanto, está dependente de documentos escritos. Ora, explica ele, "procura-se em vão por mulheres nos documentos escritos" eruditos daquela época e "o mais próximo que se pode encontrar são as poetisas místicas tardias" da tradição islâmica sufi, e antes disso a figura pioneira e quase isolada de Rábia de Balkh, que viveu no século x e que segundo a tradição histórica se suicidou por amor, escrevendo o seu último poema na parede com o sangue dos próprios pulsos.

Estou cativa do teu amor
Escapar-lhe não é possível
O amor é um oceano sem fim
Onde uma pessoa sábia não quererá nadar
Se queres amor até ao fim
Tens de aceitar o inaceitável
Acolher suplícios com sorrisos
Provar veneno e chamar-lhe mel

Starr dá exemplos de mulheres cujas passagens pelo mundo ficaram documentadas, mas por vezes sem que se registassem os seus nomes. Em certa cidade da Ásia Central sitiada pelo famoso e feroz comandante Mahmud de Ghanzni, uma mulher que ficou apenas conhecida como "a Senhora" liderou a resposta dos sitiados "e atirou à cara de Mahmud que se ela ganhasse a batalha teria derrotado o maior comandante do seu tempo, mas se fosse ele a ganhar teria derrotado apenas uma mulher", como relata Starr no seu livro.

Podem apresentar-se várias explicações para esta gigantesca ausência. As mulheres são cerca de metade de qualquer sociedade humana num contexto normal e, às vezes, em situações de guerra crónica como eram as destas épocas, mesmo mais do que isso. Os zoroastrianos tinham estatutos jurídicos bastante mais favoráveis às mulheres do que aqueles que vieram a ser impostos pelos muçulmanos, permitindo às mulheres da Ásia Central herdarem e transacionarem bens durante séculos. A própria densidade da tradição filosófica e cultural grega nestas paragens do mundo, e em particular durante os primeiros séculos da islamização, pode então ter sido mais um obstáculo do que uma ajuda para os direitos das mulheres. Uma das grandes inconsistências de Aristóteles é considerar que o humano (*anthropos*) é um ser dotado de razão, mas depois considerar que o homem (*andros*) é naturalmente superior em inteligência à mulher. A utilização da palavra *anthropos* ("humano"), e não *andros* ("homem", "masculino"), na sua famosa frase "o humano é um ser político", permite aos maiores admiradores de Aristóteles entender que ele foi explicitamente inclusivo numa frase deixada para a eternidade; porém, a defesa que o filósofo faz da inferioridade intelectual das mulheres, numa época em que outras civilizações, como a egípcia, eram juridicamente bastante mais igualitárias do que a grega, força-os a argumentar que isso refletia os preconceitos do seu tempo (um outro exemplo gritante é o da justificação da escravatura por Aristóteles, de que falaremos adiante). Mas a escrita era então uma tecnologia se não recente, pois contava naquela parte do mundo com já alguns milénios, pelo menos pouco expandida. Como aventa a historiadora Manuela Marín, citada por Starr, "era considerado perigoso que as mulheres escrevessem, porque poderiam usar a competência da escrita para comunicarem ilegalmente com homens".

Mas, ao deixar entreaberta esta porta da oralidade para o mundo das mulheres, Starr esquece-se do livro que, por estar entre a escrita e a oralidade, se tornou o maior símbolo literário conhecido dessa época e dessa região, celebrizado a tal ponto que todos, adultos e crianças, julgamos conhecê-lo. Esse livro é *As mil e uma noites.*

Como escreveu Hugo Maia, o mais recente tradutor para português de Portugal d'*As mil e uma noites* (que em árabe tem o título *Alf Laylah Wa-Laylah*, que quer dizer "mil noites e uma noite"), trata-se de um livro que "tem a particularidade de se ter tornado simultaneamente não só um dos livros mais conhecidos, mas também um dos mais desconhecidos da literatura universal". O paradoxo é certeiro. Toda a gente conhece, mesmo que não tenha lido, as histórias de Aladino, Simbad, o Marinheiro, ou Ali Babá e os Quarenta Ladrões, que foram retomadas em incontáveis versões, incluindo as mais conhecidas de filmes da Disney. Alguns saberão que essas histórias fazem parte d'*As mil e uma noites*, mas não que apenas lhes foram acrescentadas no século XVIII, em França, após terem sido contadas a um dos seus compiladores por um viajante sírio. Efetivamente, *As mil e uma noites*, que não são exatamente mil e uma, reúnem histórias de diversas tradições orais que viajaram do Oriente para o Ocidente e daí de novo para o Oriente, sempre acrescentadas e alteradas, censuradas e apimentadas, com versões infantis de contos que eram, por vezes, na sua versão original, eróticos ou mesmo francamente obscenos, na tentativa vã de fazer chegar o número de contos àquele que era prometido no título.

Os manuscritos mais antigos d'*As mil e uma noites* são tardo-medievais, de origem síria ou egípcia, e têm no máximo duzentas ou trezentas "noites", ou seja, histórias ou partes de histórias. Mas esses manuscritos têm origem em fontes literárias hoje perdidas, mais antigas, as quais, por sua vez, se baseiam em ciclos de histórias contadas oralmente, quem sabe se à fogueira de uma caravana, desde antes ou mesmo bem antes do ano 1000. Essas histórias eram da Ásia Central e é possível que tenham circulado em persa ainda antes de circularem em árabe.

A primeira história começa por uma viagem a Samarcanda. Dois irmãos que eram reis, com nomes de sonoridades indiscutivelmente persas, Xariar e Xazamane, dividem os seus territórios e um deles estabelece a sua capital em Samarcanda. Um dia, um dos irmãos decide reunir-se com o outro (Xariar ou Xazamane, consoante as versões) e ordena ao seu vizir, "que tinha duas filhas, Xerazade e Dinarzade", que vá a Samarcanda buscar o irmão. Mal chegamos à segunda página, encontramos logo a mulher do rei em pleno adultério com um dos criados deste e, passadas algumas páginas, uma orgia entre escravos e a mulher do outro irmão, entre várias cenas que titilaram a libido de tantos leitores europeus e contribuíram para criar uma imagem erotizada do Oriente, séculos antes das versões das mesmas histórias para Hollywood, expurgadas de toda a carga sensual. Essas cenas são, no entanto, necessárias porque estabelecem o ponto inicial de toda a trama narrativa ou a história de todas as histórias de que se compõem *As mil e uma noites*. Um dos reis, chocado na sua ingenuidade pelos adultérios e pelas orgias, decide não mais confiar nas mulheres e casar-se todos os dias com uma para a assassinar de madrugada e assim não ter de chegar a viver o momento, que julgava ser inevitável, da traição. A carnificina quotidiana continua até que, como é bem sabido, Xerazade, a filha do vizir, pede ao seu pai para casar com o rei, tendo urdido um plano para todas as noites lhe contar uma história deixando-a a meio, ficando a sua irmã Dinarzade aos pés da cama a pedir-lhe para continuar a história no dia seguinte. "Que história tão boa e tão espantosa, ó mana!", diz Dinarzade. E Xerazade responde: "Isto nada é comparado com o que contarei a ti e ao nosso rei na próxima noite; será ainda mais espantoso, se o rei me poupar e eu viver".

Esse é o início do arco narrativo que cobre todas as histórias d'*As mil e uma noites*. Lá dentro cabem todas as histórias, e às vezes histórias dentro das histórias, e histórias dentro das histórias dentro das histórias. Histórias de pescadores e de burros, histórias do campo e de Bagdade, histórias de génios dentro das lâmpadas e fora delas. Poemas, canções, adivinhas e artimanhas. Daí que, na verdade, não seja inadequado que *As mil e uma noites* tenham crescido e se multiplicado ao longo dos séculos a partir da sua base original na Ásia Central.

Não podemos saber se *As mil e uma noites* foram escritas por uma ou várias mulheres, e todas as probabilidades apontam para o contrário, ou seja, que tenham sido homens a fixar essas histórias por escrito, uma vez que eram quase exclusivamente os homens a dominar a escrita nesse período, naquela região. Mas isso não significa que tenham sido homens a inventar essas histórias. Foi preciso toda uma cultura, e na verdade várias culturas em contacto e entrecruzadas umas nas outras, para inventar, alterar, contar e recontar essas histórias, acrescentando-as de outras histórias, perdendo-as pelo caminho do esquecimento ou recuperando-as ao longo dos séculos. E nesse mundo híbrido e multiforme entre a oralidade e a escrita, incontáveis foram, certamente, as vezes em que mulheres transmitiram essas histórias umas às outras, ou às crianças, ou aos homens.

É indiscutível que a tradição d'*As mil e uma noites* coloca o poder inventivo de uma mulher (ou de duas, se contarmos com Dinarzade) enquanto fonte criativa da história de todas as histórias e dos seus afluentes. E essas histórias, bem como a trama que as tece a todas, é bem clara quanto ao papel dessa mulher: num mundo caótico e heterogéneo, no qual convivem zoroastrianos, muçulmanos e crentes de outras religiões, no qual há um estado de guerra permanente em que os homens se matam uns aos outros ou a outras mulheres, cabe a ela encontrar o antídoto para o fanatismo e a crueldade, sob a forma de contar uma história e deixá-la a meio.

Essa não era uma artimanha exclusiva de mulheres, pelo contrário. Sabe-se que nas praças e nas tabernas do Médio Oriente e da Ásia Central era uma técnica corrente dos contadores de histórias simplesmente interromperem as suas histórias a meio, levantarem-se e irem-se embora, em vez de as contarem até ao fim.

Levantemo-nos, pois, e vamos embora.

Memória
PRIMEIRA

·

Do fanatismo

Vinha de oriente para ocidente, de nascente para poente, mas não sabemos exatamente de onde nem quando.

PRIMEIRA CONVERSA

A caravana

Por volta do ano 900, um homem viajava pelos caminhos da Ásia Central, certamente ao longo de uma das várias estradas a que coletivamente damos o nome de Rota da Seda. Viajava a pé, a cavalo ou de camelo. Provavelmente integrado num grupo, mas não sabemos se integrou esse grupo sozinho ou acompanhado. Vinha de oriente para ocidente, de nascente para poente, mas não sabemos exatamente de onde nem quando. Talvez tenha feito desvios, ou interrompido a sua viagem a meio do caminho, por alguns dias, meses ou até anos. Também não sabemos.

Este homem legou-nos algumas das considerações mais importantes acerca da melhor maneira de vivermos em conjunto, como confiarmos uns nos outros, como organizarmos as cidades e salvarmos o mundo. De caminho, explicou também como se pode atingir a felicidade. Mas tudo isso pode esperar. Estamos de quarentena, temos tempo, e primeiro quero contar-vos um pouco sobre a sua vida e os seus tempos.

Sabemos apenas para onde ele ia e como se chamava, ou lhe chamaram. O seu nome era Abu Nasr al-Farabi, ou melhor, Abū Naṣr Muḥammad ibn Muḥammad al Fārābī, usando aquele longo fio de nomes que a língua árabe tem e onde se contam o *ism*, ou nome próprio; o *nasab*, ou patronímico – o nome do pai ou até do avô, neste caso ibn Muḥammad, ou seja, "filho do Muḥammad" –; e depois a *nisba*, al-Fārābī, que é o nome do lugar ou da tribo, ou da família, de onde a pessoa vem, neste caso Farabi. Antes de tudo isso, contudo, vem a *kunya*, de onde nasceu a palavra portuguesa "alcunha", e que pode funcionar como uma espécie de patronímico ao contrário, quando se é conhecido pelos filhos que se tem, ou como uma forma de ser conhecido pelo pai ou até pelo avô, como é comum ainda nas terras onde um José pode ser conhecido como "o Zé da Maria (ou do Manel)"; neste caso, por exemplo, Abū Nasr seria "pai de Nasr", mas isso não significa que o nosso viajante tivesse um filho chamado Nasr ou Nasser ("vitorioso", em árabe; correspondente ao "Victor" nas línguas latinas). Muitas vezes as *kunyas*, como as alcunhas, nasciam duas ou três gerações antes e ficavam para as gerações seguintes, embora fosse comum que um homem acertasse a sua *kunya* com a realidade, dando ao filho o nome que já estava previsto pela *kunya*, em homenagem ao seu pai ou avô. Bem, o nosso viajante ficou (embora talvez não tenha sido esse o nome que teve à nascença) mais conhecido pela sua *nisba* de Farabi, ou Al Farabi, e às vezes – mais raramente – pela sua *kunya*, Abunazar ou Abunazer. Teve, ainda, uma *laqab*, ou cognome honorífico, que lhe era igualmente associado: *al-faylasuf*, "o filósofo". E, finalmente, por vezes era chamado de "al-Mou'allim al-Thani", o que significa "o segundo mestre", ou "segundo professor" (sendo o "primeiro professor", nesse contexto, Aristóteles).

Confuso? Vamos chamar-lhe apenas Al Farabi.

O destino do viajante Al Farabi era Bagdade. Ia à procura de uma coisa que talvez se tenha tornado mais clara à medida que se aproximava da chegada: queria aprender, queria aprender filosofia, e queria aprender filosofia grega. Hoje porventura difícil de imaginar, Bagdade era então uma cidade nova, com pouco mais de cem anos, cheia de gente. Era a capital que o califa Al Mansur decidira construir no ano de 762 – 110 anos antes de Al Farabi nascer – numa região que já fora habitada e civilizada durante milénios. Bagdade cresceu rapidamente: chegou a ter 1 milhão de habitantes ainda durante a Idade Média. E era também um centro de filosofia grega – em plena Mesopotâmia. Talvez possamos imaginar Al Farabi chegando a Bagdade com o tipo de sonhos e anseios com que mais tarde artistas, escritores, filósofos chegaram a Paris no século XIX ou, mais ainda, a Nova Iorque no século XX. Uma cidade nova, cheia de energia, de bibliotecas, de tradutores, de professores, do conhecimento por que eles tanto ansiavam.

Os dois filósofos nos quais Al Farabi estava especialmente interessado, Platão e Aristóteles, tinham vivido 1500 anos antes na parte europeia do Mediterrâneo Oriental, mas eram conhecidos naquelas paragens pelo menos desde que Alexandre, o Grande – de quem Aristóteles fora precetor – conquistara aquela região na Batalha de Gaugamela, em 331 a.C. (morreria oito anos depois na cidade da Babilónia, que fica a menos de um dia a pé – ou, hoje, pouco mais de uma hora de automóvel – do sítio onde se viria a erguer Bagdade). Podemos hoje dizer que a sua escolha de filósofos – a de Al Farabi – nada tem de

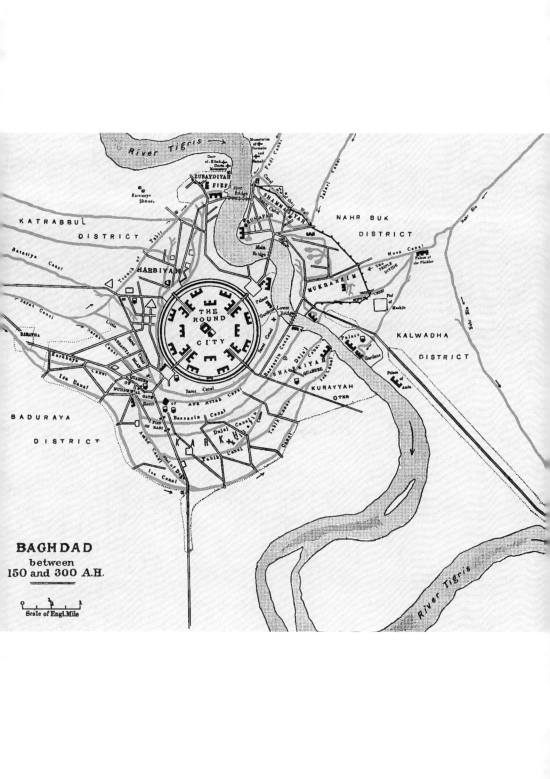

*O destino do viajante Al Farabi era
Bagdade. Ia à procura de uma coisa
que talvez se tenha tornado mais clara
à medida que se aproximava da chegada:
queria aprender, queria aprender filosofia,
e queria aprender filosofia grega.*

(p. 43)

MEMÓRIA PRIMEIRA: DO FANATISMO

novo ou surpreendente, e é verdade. Platão (falando por si, ou reproduzindo, interpretando e fixando as palavras de Sócrates, que este rejeitava pôr por escrito) e Aristóteles são os dois grandes filósofos da Grécia clássica. E já assim eram vistos na época de Al Farabi. Por mais distante que Al Farabi se encontre de nós, está ainda assim cronologicamente um tudo-nada mais próximo do que dos seus filósofos amados. Al Farabi viveu um pouco antes do ano 1000, cerca de 1100 anos antes do tempo em que nós estamos, e cerca de 1250 e 1300 anos depois do tempo em que Aristóteles e Platão viveram, respetivamente. Convenciona-se que Sócrates terá nascido em 470 a.C., o que quer dizer – coisa rara para uma efeméride antiga – que comemoraremos a data redonda dos seus 2500 anos em 2030.

Platão e Aristóteles já eram grandes, mas Al Farabi viria a contribuir consideravelmente para a tradição que fez de Platão (com Sócrates, cuja memória e ensinamentos ele preservou por escrito) e Aristóteles os dois maiores filósofos da Antiguidade. No decurso da sua viagem pode ter encontrado – na Pérsia, por exemplo – as traduções de Platão e Aristóteles que tinham sido feitas por um homem que foi quase seu contemporâneo, Al Kindi. Sem essas traduções de Al Kindi não teria havido a filosofia de Al Farabi, e sem a filosofia de Al Farabi não teria havido material para que um monge medieval cristão, um italiano chamado Gerardo de Cremona, traduzisse cuidadosamente para o latim aquilo que Al Farabi resumira em árabe.

Um pouco mais de duzentos anos depois de Al Farabi se instalar em Bagdade, Gerardo de Cremona, que, como o seu nome indica, nascera em Itália (Cremona é uma cidade lombarda a menos de cem quilómetros de Milão), veio para a Península Ibérica porque queria ler um livro de Ptolomeu que fora traduzido para o árabe com o nome de *Almagesto* – o título original grego era *Síntaxe matemática*, ou Μαθηματικὴ Σύνταξις, mas o título árabe que lhe foi atribuído significa algo como "O Maior", ou a Obra Maior – o Almagesto, simplesmente. Gerardo instalou-se em Toledo, que havia sido conquistada recentemente aos mouros, mas que mantinha importantes comunidades de sábios judeus e muçulmanos, muitas bibliotecas e, à falta de melhor termo, "livrarias", ou colecionadores e vendedores de manuscritos. Foi aí que Gerardo descobriu Al Farabi, e em particular dois pequenos resumos que Al Farabi tinha feito das obras de Platão e Aristóteles que as tornavam finalmente compreensíveis. Não foi apenas Gerardo a ter essa impressão. Do outro lado do mundo conhecido, entre o tempo de

Al Farabi e o de Gerardo, um médico persa chamado Avicena escreveu que durante a sua adolescência e juventude lera dezenas de vezes Aristóteles, fascinado, mas sem conseguir compreender verdadeiramente o conteúdo das obras do filósofo grego. Quando descobriu o resumo de Platão e Aristóteles que Al Farabi fizera, foi como se se "tivesse feito luz", disse. Avicena tornou-se depois num dos dois mais importantes cientistas muçulmanos da sua época (adiante, no fim deste livro, falaremos de outro). Gerardo de Cremona aprendeu árabe em Toledo e, durante quarenta anos, sozinho ou acompanhado de companheiros de estudo, viria a traduzir 71 livros escritos em árabe ou traduzidos para o árabe, dos quais 32 provinham originalmente do grego. De Al Farabi traduziu três: o *Liber Alfarabii de sillogismo* [Livro de Alfarabi sobre o silogismo], que se perdeu; um livro de física aristotélica intitulado *Distinctio Alfarabii super librum Aristotelis de naturali auditu*; e o resumo de filosofia platónica e aristotélica a que chamou *Liber Alfarabii de scientiis* [Livro da ciência de Alfarabi], e que também é conhecido por *De scientiis Alfarabii* – os conhecimentos, ou as ciências, de Al Farabi, e que na Idade Média se tornaria mais famoso pelo seu título resumido latino de *Alpharabius*. O *Alpharabius* circulou muito por toda a Europa a partir da Península Ibérica, no extremo oposto à região da grande massa continental eurasiática de onde Al Farabi viera.

Mais difícil do que é para nós imaginarmos que um viajante das caravanas da Rota da Seda foi um dos principais responsáveis pela recuperação de Platão e Aristóteles seria, para o próprio Al Farabi, imaginar que no outro canto do mundo conhecido o seu nome se tornaria sinónimo de "livro" ("alfarrábio"). Se dermos hoje uma volta pelas ruas de Lisboa, do Porto, de Coimbra, de Faro, de Setúbal ou mesmo de Ponta Delgada, perto de onde escrevo estas palavras – tão lá nos confins da Europa que alguns contemporâneos de Al Farabi achavam que a região onde Platão localizava a mítica ilha Atlântida, ou Atlantis, era a Península Ibérica (Al Andalus, o nome árabe para esta península, se dito com certa prosódia, pondo a tónica no segundo A e não na última sílaba, soa um pouco como a grega Ἀτλαντὶς) –, encontramos hoje, nessa mesma Península Ibérica, nesse tal Al Andalus, livrarias que se chamam alfarrabistas e que vendem alfarrábios. Não há melhor homenagem que possamos fazer a Al Farabi, e no entanto é uma homenagem que fazemos todos os dias sem o saber: usar o seu nome para falar de livros velhos e de casas onde se vendem livros velhos.

MEMÓRIA PRIMEIRA: DO FANATISMO

O nome usado para significar "livro velho" tem indubitavelmente origem no nome próprio do filósofo que atravessou montanhas, estepes e deserto rumo a Bagdade umas boas décadas antes do ano 1000. E isso está registado na língua portuguesa pelo menos desde a primeira metade do século XVIII, na obra de um dos primeiros e maiores dicionaristas da língua portuguesa, um religioso francês chamado Rafael Bluteau. Já é mais difícil explicar como é que aconteceu o seu nome significar "livro" em português de Portugal, mas não em espanhol (pelo menos, não em espanhol moderno), nem em italiano, nem em francês, nem em nenhuma outra língua latina e, para dizer a verdade, em nenhuma outra língua do mundo – para ser mais preciso ainda, a palavra não é sequer muito vulgar em português do Brasil, onde se pode encontrar quem diga "alfarrábio" no sentido de "livro", mas onde os alfarrabistas são chamados de "sebos". A explicação mais simples, embora indireta, é que o livro de Gerardo de Cremona com os resumos platónicos e aristotélicos de Al Farabi, o *Alpharabius*, andasse de mão em mão entre os estudiosos portugueses e fosse mesmo tão popular que ver alguém de livro na mão, talvez no tempo dos Estudos Gerais de d. Dinis, no século XIII, motivasse logo o reparo que lá ia fulano ou sicrano, ali perto de São Vicente de Fora ou perto de Alfama, em Lisboa, "com o seu alfarrábio". Talvez, quem sabe. Hipoteticamente, também se poderia imaginar que a palavra "alfarrábio" tivesse chegado diretamente do árabe ao português, como milhares de outros vocábulos arábicos que até hoje existem e são preservados na língua portuguesa – é quase impossível um lusófono passar uma hora da sua vida acordada sem dizer várias palavras em árabe, para nomear objetos, alimentos ("açorda", o tipo de comida feita de pão, azeite, alho e água que a minha bisavó mencionou uma vez, quando não conseguia dizer frases, vem do árabe *at-turda*, "sopa de pão"), topónimos ou disciplinas científicas. Mas essa passagem direta do árabe para português não está documentada no caso de "alfarrábio" e dificilmente explicaria aquele O final em "-ábio" – "alfarrábio" –, que sugere quase definitivamente que o latim *alpharabius* esteve no meio do caminho entre as duas línguas.

O que é certo, porém, é que Al Farabi já era conhecido dos estudiosos da região mais ocidental da Europa antes da fundação da nacionalidade portuguesa. Quando o grande sábio judeu medieval Moisés Maimónides, que nasceu e cresceu em Córdova mais ou menos ao mesmo tempo que o primeiro rei de Portugal, Afonso Henriques, se preparava para declarar a independência do reino, declarou uma vez que "se não se puder ler mais nenhuma obra de Lógica, é preciso ler Al Farabi". E o grande sábio muçulmano Averróis, que também nasceu e viveu em Córdova e dessa cidade teve de fugir quando os almóadas a conquistaram mais ou menos ao mesmo tempo que Afonso Henriques conquistou Lisboa (1147) – e Lisboa e Córdova distam apenas quinhentos quilómetros –, era igualmente um enorme admirador e divulgador de Al Farabi. Portanto, cento e poucos anos depois de fazer a sua viagem para Bagdade, ainda antes de os cristãos do norte e os cruzados conquistarem o sul da Península Ibérica, Al Farabi já conquistara fama no outro extremo da Eurásia, entre muçulmanos, judeus e cristãos moçárabes (ou seja, cristãos que viviam em território governado por muçulmanos e que seguiam ritos diferentes da Igreja de Roma). E a sua fama na Península Ibérica não foi interrompida depois das Cruzadas do século XII. No século XIII, Ramon Llull, o maior sábio cristão do seu tempo – um catalão cujo nome às vezes se latiniza como Raimundo Lúlio, que nasceu na ilha de Maiorca e nela viria a morrer depois de muitas viagens pelo Mediterrâneo –, também desenvolveu muitos dos temas de Al Farabi na sua filosofia. O principal desses temas era a busca da felicidade. Mas isso fica para uma próxima conversa.

ALFARRABIO. Dizem, que era o nome, ou alcunha de hum velho Castelhano, que vendia em Lisboa livros velhos. Hoje se chama Alfarrabio qualquer Bacamarte, ou livro velho; e a mim me parece mais provavel, que antigamente entre alguns livros, que se venderaõ, se achariaõ as obras de Alpharabio, ou Alfarabio, insigne Filosofo, e Astronomo, Arabe, cujo nome passaria a livros velhos, ou a quem os vendesse.

O nome usado para significar
"livro velho" tem indubitavelmente
origem no nome próprio do filósofo que
atravessou montanhas, estepes e deserto
rumo a Bagdade umas boas décadas
antes do ano 1000.

(p. 49)

SEGUNDA CONVERSA

O viajante

De onde vinha Al Farabi? Sabemos muito pouco sobre isso. Para o ilustrar, é-me talvez mais fácil explicar de que forma cheguei até ele. Como todas as pessoas que ouvem a palavra "alfarrábio" ou "alfarrabista", foi-me fácil concluir que se trata de uma palavra de origens arábicas, sem que tivesse bem a certeza sobre que origens fossem exatamente essas. Depois, num dia de há mais de vinte anos, numa aula de história das religiões medievais, ouvi o meu professor José Mattoso referir-se ao filósofo cujo nome, Al Farabi, tinha dado origem à palavra. Mas fiquei sempre pensando que se tratava de um filósofo peninsular, do território hoje espanhol ou português, e que só um desgraçado desconhecimento do nosso passado árabo-muçulmano explicaria termos ouvido tão pouco falar dele. Um dia, muito mais recentemente, encontrei uma antologia de filosofia medieval que tratava de igual forma filósofos judeus, cristãos e muçulmanos. Desde logo, era notório que os autores medievais dessas três diferentes religiões falavam muitas vezes das mesmas coisas, e por vezes uns com os outros, e que muitas das coisas de que falavam vinham das mesmas heranças antigas greco-romanas e não só – mas falaremos disso mais adiante. O livro começava com Al Farabi e acabava com um filósofo judeu lisboeta, Isaac Abravanel, que aparecerá na terceira memória. E eu fiquei agarrado.

Um dia, quando deveria estar a fazer outra coisa, que era coordenar com um prazo apertado a coleção de livros Portugal, Uma Retrospectiva, cometi a imprevidência de entrar numa biblioteca para ver se tinham alguma coisinha sobre Al Farabi. Na cave, na secção dedicada à filosofia e à religião medievais, tinham estantes e estantes de coisinhas, e muitas delas sobre Al Farabi. Não resisti. Pus à minha frente, numa escrivaninha da biblioteca que reservei para o efeito, dezena e meia de livros sobre ele. À minha beira, nas estantes de livre acesso, estavam mais vinte ou trinta volumes. Durante semanas, negligenciei o trabalho que deveria estar a fazer e requisitei e levei para casa talvez mais dez livros (era uma biblioteca que não tinha limite de livros nem de tempo de empréstimo, precisamente o tipo de tentação que não se deve dar a descontrolados como eu). E até agora, nessas dezenas de livros, ainda não encontrei nenhum que desse informação certa sobre a vida de Al Farabi antes da sua viagem para Bagdade.

Alguns livros, especialmente os do século XIX e início do século XX, dizem que ele era turco, de uma aldeia chamada Farab, que se situaria a leste da Pérsia, numa zona chamada Khorasan – a que os portugueses que andaram pela Ásia chamaram Coração (eu pronuncio abrindo a primeira vogal, para distinguir do órgão do mesmo nome, mas isto não vale para todos os sotaques do português) –, entre os atuais Irão, Afeganistão e Uzbequistão. Dizer "turco" no século X significava uma coisa muito diferente do que significa nos nossos dias. Desde logo, não estamos a falar de um turco da Turquia, o Estado moderno que se situa entre a Europa e a Ásia Menor, mas de alguém vindo do outro extremo do mundo linguístico turcófono, que hoje conta com vários Estados independentes da Ásia Central, como o Azerbaijão, o Uzbequistão e o Turquemenistão – para não falar da região autónoma do Xinjiang, na China, cujos povos muçulmanos e maioritariamente turcófonos, como os uigures, são hoje alvo de uma sistemática campanha repressiva por parte de Pequim. O grupo linguístico a que pertence a maioria dos habitantes desses países e regiões é o turco, embora não se deva confundir o turco como grupo linguístico com a língua turca propriamente dita, e menos ainda com o turco moderno falado na Turquia, o qual passou por um período de grande sistematização e simplificação já no século XX (além de ter mudado do alfabeto arábico para o latino). No sentido em que são falantes de um idioma do grupo turco, azeris e turquemenos podem ser considerados turcos, embora não sejam cidadãos da Turquia, e nem todos os cidadãos da Turquia são turcos do ponto de vista linguístico ou étnico (a língua turca moderna tem duas palavras para acomodar estas diferenças: *türk* é um turco "étnico" e *türkyie* é um cidadão turco, embora possa ser um arménio ou um curdo). Para nos distanciar mais ainda da nossa realidade, no tempo de Al Farabi não existiam esses Estados modernos e os povos turcos eram essencialmente nomádicos, embora ocupassem predominantemente territórios entre a Pérsia e a China ou a Mongólia. Também é possível que na altura houvesse o hábito de chamar "turcos" – que então ainda estavam a vários séculos de ocupar a região

*Tal como os países turcófonos gostam
de reclamar Al Farabi como um dos
seus (o seu rosto aparece nas notas de
duzentos tenges, do Cazaquistão).*
(p. 53)

MEMÓRIA PRIMEIRA: DO FANATISMO 55

que hoje conhecemos por Turquia, muito menos de aí estabelecer o Império Otomano – a vários tipos de povos nómadas, confundindo os turcos com os mongóis, com os magiares ou com vários outros povos menos conhecidos.

Chegados aqui, só há dois problemas. O primeiro é que não está documentado, nos livros de Al Farabi, que ele conhecesse a língua turca – ou qualquer das línguas e dos dialetos do grupo linguístico turco que então se falavam. Isso pode acontecer apenas porque o turco fosse para ele um idioma de partida que não precisasse de ser mencionado enquanto ia escrevendo na língua árabe, que com as invasões das tribos árabes e a expansão do islão passara a dominar a Mesopotâmia e a sua relativamente recente capital, Bagdade, onde Al Farabi se instalou. Mesmo assim, é estranho que ele não mencione o turco. Segundo problema: há várias aldeias, vilas ou cidades que se chamam Farab, palavra persa que quer dizer "riacho" ou "ribeiro", como a palavra "arroio", que do árabe *ar-rawâ* foi legada ao português e ao castelhano medieval com esse sentido de "regato" ou, como se diz no Brasil, "córrego".

Daqui nasce uma segunda teoria, também ela muito forte: a de que Al Farabi era persa. À medida que o seu nome se tornou importante no mundo islâmico, a ponto de ser considerado "o segundo mestre" dos muçulmanos, logo a seguir a Aristóteles – se pensaram Maomé, erraram –, as indeterminadas origens de Al Farabi ganharam também uma importância de Estado e de seita entre os adversários e rivais desse mundo. Tal como os países turcófonos gostam de reclamar Al Farabi como um dos seus (o seu rosto aparece nas notas de duzentos tenges, do Cazaquistão), também o Irão mostra orgulho em apresentar Al Farabi como um persa, e como um xiita (mas guardemos o aspeto religioso para mais adiante). A favor da teoria das origens persas, temos que Al Farabi sabia persa e referia esse facto nos seus livros, comentando passagens ou palavras nessa língua. Mais uma vez, porém, saber persa não é o equivalente a ser persa: a língua era dominante na região havia vários milénios, como ainda o é hoje, e todos os viajantes naquela região acabavam por aprendê-la (o que sucedeu também aos portugueses que ali andaram no século XVI). E, caso a menção a uma língua nos livros de Al Farabi possa constituir critério para se tentar adivinhar de onde ele vinha, ou a que povo pertencia, há uma hipótese muito mais fascinante.

Al Farabi refere explicitamente – e repetidamente, num volume a que chama *O livro das letras* (*Kitâb al-Hurûf*) – o conhecimento de uma língua que hoje deve estar extinta: o sogdiano. O que é o sogdiano, ou melhor, o que era o sogdiano? Era uma língua pertencente ao ramo das línguas iranianas orientais, como o *pashtun*, que hoje é falado predominantemente no Paquistão e no Afeganistão. O sogdiano tinha uma escrita própria e uma rica tradição política e económica, por servir de apoio a um Estado que no primeiro milénio da nossa era atingiu grande sofisticação burocrática e administrativa: a Sógdia, ou Sogdiana. Alexandre, o Grande, também andou por ali, conquistou essa região e uniu-a a outra ainda mais a oriente, a Báctria, localizada na fronteira entre o Afeganistão, o Paquistão e a China atuais. Depois de Alexandre, o Grande, a Sógdia/Báctria tornou-se uma satrapia, ou seja, um reino formalmente independente mas sucessivamente ligado por laços de suserania – subordinação política e fiscal – ao Império Persa, às tribos turcas e mesmo à dinastia chinesa dos Tang, até ao momento – já depois do tempo de Al Farabi – em que a região foi conquistada pelos mongóis de Tamerlão, no século XIV. De qualquer forma, os reinos, Estados e impérios desta região, nesta época, eram realidades fluidas e mutáveis que avançavam e recuavam nas zonas de fronteira, como as marés, e que se interpenetravam mutuamente. Podia ser-se sogdiano e fazer parte do Império Persa, ou conviver com tribos turcas, ou pagar tributo ao imperador da China; e mesmo o facto de se falar sogdiano ou outra língua iraniana poderia significar que se fazia parte de um povo com um nome distinto, ou de uma tribo ou um clã que fizessem os seus próprios acordos e tratados com os seus semelhantes e os forasteiros, ou ainda de uma federação de tribos ou de cidades. E tudo isso terá a sua importância no pensamento político de Al Farabi.

Por volta do ano 1000, já aquela região tinha sido completamente islamizada, e o sogdiano acabou por perder a sua função de língua veicular naquela parte das Rotas da Seda (já é a terceira vez que usamos essa expressão: convém então dizer que não havia uma única Rota da Seda e que, aliás, ninguém designava assim nenhumas das estradas que hoje conhecemos por esse nome, o qual foi inventado em 1870 por um geógrafo alemão chamado Ferdinand von Richthofen). O sogdiano extinguiu-se, e diz-se que o único idioma herdeiro dessa língua é falado por um povo montanhoso chamado Yaghnobi; no Uzbequistão, de onde eram originários – tendo sido deslocados e dispersados no deserto do Tajiquistão (onde muitos morreram) pela URSS do tempo de Estaline –, restam hoje poucas famílias. Essa grande região era dominada por uma cidade com um nome de ressonâncias lendárias: Samarcanda.

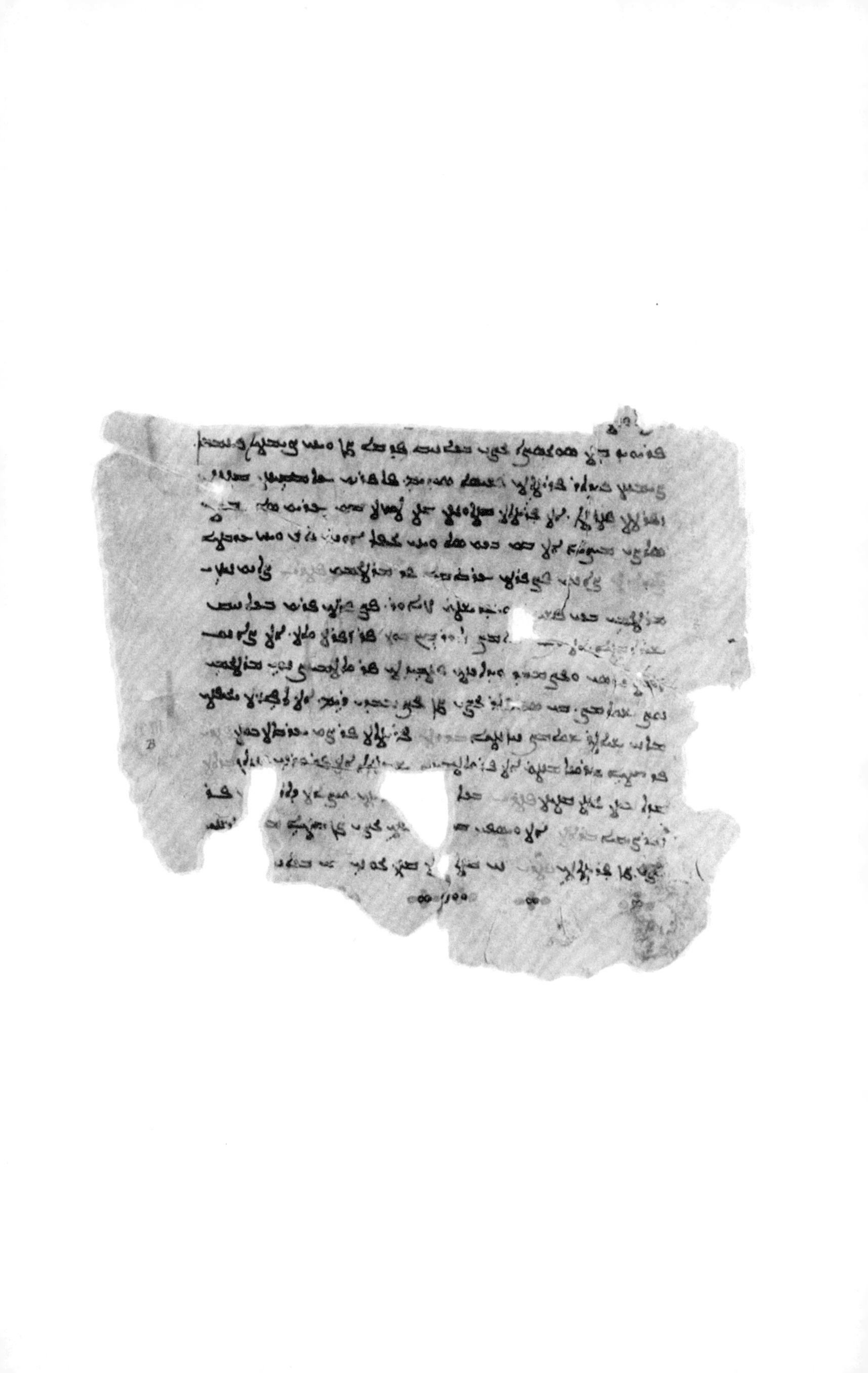

B

*O sogdiano tinha uma escrita própria e
uma rica tradição política e económica,
por servir de apoio a um Estado que
no primeiro milénio da nossa era
atingiu grande sofisticação burocrática e
administrativa: a Sógdia, ou Sogdiana.*
(p. 57)

MEMÓRIA PRIMEIRA: DO FANATISMO

Há 1100 anos, porém, na época de Al Farabi, o sogdiano estava vivo e dominante na região do Coração, da Sógdia e da Báctria – perto da cordilheira do Indocuxe, que por mil quilómetros domina o norte do vale do Indo e o leste do mar Cáspio. Nos primeiros mil anos da nossa era, nesses mais de mil quilómetros da Rota da Seda oriental, os negócios eram ali feitos em sogdiano e os contratos que os registavam também. À frente dos meus olhos tenho a reprodução de um contrato redigido em sogdiano no ano de 639, um ano antes de a dinastia Tang passar a dominar a região. A escrita é elegante, linear e horizontal, da direita para a esquerda como o árabe e o hebraico. Apesar de fazer lembrar essas duas escritas e também versões antigas do cursivo latino medieval, talvez devido a um tronco comum de todas na escrita fenícia, o sogdiano não se parece com nenhuma delas. O conteúdo do contrato, encontrado num cemitério em Astana, capital do Cazaquistão, abre-nos uma janela para uma realidade brutal na Rota da Seda do primeiro milénio da nossa era: trata-se da venda de uma rapariga de Samarcanda, cujo nome não foi registado, a um homem chinês chamado Zhang e que era monge, ou pelo menos designado pela palavra em sânscrito para monge, *sramana*. Zhang pagou 120 moedas pela rapariga de Samarcanda e pelos *direitos* (que são pormenorizados no contrato) a "bater-lhe, maltratá-la, atá-la para a prender, revendê-la, sequestrá-la, dá-la de presente ou fazer o que quisesse com ela", segundo os tradutores do documento, que acrescentam que nele são listados todos os indivíduos que foram informados da transação – mercadores, vizinhos, administradores e até o rei de Gaochang, que nesta altura detinha o poder senhorial sobre os sogdianos.

Uma das poucas coisas certas que sabemos sobre as origens de Al Farabi parece ser o seu ano de nascimento, 872. Se nasceu na região de Samarcanda, como tenho vindo a especular, seria filho de uma rapariga talvez não muito diferente daquela que fora vendida como escrava a Zhang um século antes. Se era sogdiano, talvez tenho sido tratado assim pelos seus pais ao nascer: "Quando têm um filho, põem-lhe mel na boca e cola nas palmas das mãos, para que quando crescer ele diga palavras doces e segure pedras preciosas nas suas mãos como se estivessem coladas nelas". Esta é, pelo menos, a descrição que os chineses faziam dos sogdianos, acrescentando que "são bons mercadores, adoram o lucro e começam a viajar à idade de doze anos para todo o lado onde podem encontrar bons negócios".

Para percebermos melhor a região de origem de Al Farabi, é preciso esquecer todos os preconceitos que hoje temos sobre um país como o Afeganistão, agora extremamente pobre e muito iletrado. Estamos antes do ano 1000. Grande parte da riqueza mundial está concentrada na China e na Índia. Outra parte, embora menor, da riqueza mundial está no Médio Oriente e menos ainda na Europa, em Itália e, ainda de forma embrionária, na zona do Reno. Se tentarmos encontrar o centro geodésico da distribuição do PIB mundial antes do ano 1000, esse centro era bem capaz de se situar precisamente na região de fronteira entre o Afeganistão e os outros "estões" (Cazaquistão, Quirguistão, Tajiquistão, Turquemenistão e Uzbequistão). Uma região riquíssima, cultíssima e agregadora de diferentes mundos linguísticos e culturais, uma região onde havia muitas bibliotecas, escolas e observatórios astronómicos, entre Samarcanda, Bucara e Merve. Ao contrário da Pérsia Ocidental – onde os persas, apesar da conquista de Alexandre, o Grande, se encarregaram de apagar ao máximo os vestígios gregos –, essa região tão longínqua da Europa foi helenizada durante muito mais tempo. Que o digam os contratos comerciais ou as lápides e inscrições escritos em grego, persa e chinês que por aqui se encontram, provando que o multilinguismo era uma necessidade nessa região de comércio de alto valor acrescentado (transportavam-se principalmente coisas leves e caras, como especiarias e pedras preciosas – ou como, mais tarde, o ópio e a heroína), onde a secular herança grega tinha até fascinado, quem sabe, jovens como Al Farabi.

A hipótese sogdiana permitiria explicar o facto de Al Farabi ter sido apropriado ora como turco ora como persa, uma vez que os sogdianos foram dominados ora pelos turcos, ora pelos persas. Ajudaria também a entender o facto de ele ser falante de sogdiano, algo de que talvez não necessitasse se fosse simplesmente turco ou simplesmente persa. E ajudaria a explicar a facilidade com que ele se terá integrado numa caravana ainda bastante jovem – Al Farabi tinha 27 anos no ano 900, e não sabemos se viajou antes ou depois disso –, uma vez que Samarcanda era não apenas o centro político e cultural dos sogdianos como também um ponto de paragem importante na Rota da Seda. Dali, um homem como Al Farabi poderia demorar menos de seis meses a pé para chegar a Bagdade ou, mais provavelmente, percorrer a mesma distância em menos de metade do tempo a camelo, podendo até levar bagagem (os camelos báctrios, daquela região, são mais resistentes, ainda que mais lentos, do que tanto os cavalos quanto os camelos árabes). Talvez o viajante decidisse então parar nas costas do mar Cáspio, no litoral do atual Turquemenistão, provar as suas águas pouco salgadas, e embarcar

MEMÓRIA PRIMEIRA: DO FANATISMO

num veleiro que o fizesse poupar algum tempo para o deixar já nas margens ocidentais do Cáspio, no atual Irão, numa zona habitada por azeris e que é dominada por uma cidade chamada… Farab.

Esperem um momento – se parece bastante provável que o nome Farabi indique que o nosso viajante e futuro filósofo nasceu ou cresceu numa localidade chamada Farab, e se há uma cidade chamada Farab muito mais perto de Bagdade – a apenas oitocentos quilómetros, em vez dos mais de 2500 que separam o destino de Al Farabi de Samarcanda –, porque não supor que Al Farabi viesse dessa Farab, a partir da qual precisaria de pouco mais de vinte dias a pé, ou menos de uma semana montado num camelo árabe, para chegar à cidade onde o esperavam os livros e os ensinamentos por que tanto ansiava? Bem, em primeiro lugar porque aquela não é a única Farab nas regiões dominadas pelo persa e pelas línguas aparentadas. Depois, porque ali não se fala sogdiano. Em terceiro lugar, e mais definitivamente, porque autores contemporâneos ou pouco posteriores a Al Farabi afirmam que ele teria passado por uma outra grande cidade perto de Samarcanda, Bukhara, chegando alguns a dizer que Al Farabi ali se detivera para se dedicar a um estudo que não era de filosofia. Que terá, então, Al Farabi estudado em Bukhara?

Música.

Os mistérios das origens e dos idiomas de Al Farabi talvez só se venham a esclarecer quando se achar um grande livro seu que anda perdido, *O tratado das línguas*. Nos seus outros livros, à exceção de poucas palavras sobre os seus estudos num texto a que chamou *O aparecimento da filosofia*, Al Farabi quase não fala de si. Mas o seu enorme interesse pela música não oferece dúvidas. Em primeiro lugar, sabemos que a teoria musical era um dos seus interesses porque viria a escrever um livro sobre o assunto, *Kitab al-musiqa al-kabir*, que significa *O grande livro da música*. Esse livro também viajaria até ao canto da Europa Ocidental, onde influenciaria músicos e compositores andaluzes. Noutras obras, Al Farabi fala da música como fonte de conforto anímico. Os autores do seu tempo e que o conheceram diretamente, ou conheceram quem ele conheceu, parecem sugerir que Al Farabi fosse também compositor, ou pelo menos decerto instrumentista, e que teria sido um excelente aprendiz de músico em Bukhara. A música e a dança eram parte tão essencial da cultura sogdiana que aparecem registadas em objetos e artefactos comprados, vendidos e transportados na Rota da Seda, como taças e vasilhas com relevos esculpidos mostrando músicos tocando uma espécie de alaúde e dançarinos segurando oferendas. O mesmo acontece na arte persa da mesma época. Al Farabi vinha de uma região rica em música e em músicos, que tocavam nas grandes cidades, acompanhavam as caravanas e animavam as noites de paragem junto às fogueiras. E escreveu sobre música com a sensibilidade de um amante de música e o conhecimento de um praticante, mas também com o interesse teórico partilhado com praticamente todos os sábios medievais: para eles, a música não era apenas uma arte, mas também – com os seus cálculos de intervalos entre notas e subdivisões de tempos musicais – uma ciência próxima da matemática e da astronomia, porque se comparavam esses intervalos entre as notas com as distâncias entre os planetas, e se acreditava que as órbitas dos corpos celestiais produziam a vibração conhecida por "música das esferas".

E este é um bom momento para colocar um ponto e vírgula na nossa pesquisa sobre as origens de Al Farabi; um interesse que talvez ele próprio considerasse obsessivo ou que o deixasse perplexo, sobretudo se tivermos em conta que em algumas dezenas dos seus textos sempre carregou consigo o nome da sua aldeia de Farab mas nunca julgou importante dizer-nos que nacionalidade era a sua. O conceito de nacionalidade era então bem mais fluido do que na nossa época – ele pode de facto ter sido sogdiano, persa, turco e ainda outras coisas ao mesmo tempo e de maneiras diferentes – e sobretudo jamais seria capaz de corresponder às expectativas do nacionalismo, segundo o qual responder à pergunta "de onde vem Al Farabi" seria o mesmo que responder à pergunta "quem era Al Farabi", o que arrumaria mais ou menos definitivamente a questão "como era Al Farabi".

Para os nacionalistas modernos, vir de França, da Finlândia ou das Filipinas é ser francês, finlandês ou filipino e ter comportamentos típicos, ou "ser como" todos os outros franceses, finlandeses ou filipinos; fora desse quadro de referência nacionalista, saber de onde uma pessoa vem não nos diz qual é a sua essência, o seu ser ou o seu "como". A única coisa que podemos dizer sem medo é que ele veio daquela parte do mundo a que poderíamos chamar "Caravanistão"; uma parte do mundo onde os movimentos pendulares dos pastores, guerreiros e mercadores traziam marés de pessoas de oriente para ocidente e vice-versa, marés essas que se reuniam em fogueiras à noite, junto às quais se tocava música que os filósofos antigos, tal como os letrados judeus, cristãos e muçulmanos, acreditavam ter uma natureza comum à dos astros.

TERCEIRA CONVERSA

Os calendários

O agora, agora e mais agora de Al Farabi era uma realidade de religiões en-
cavalitadas umas nas outras, umas recentes e que viriam a tornar-se dominantes, outras antigas e que viriam a quase desaparecer, impérios em fluxo e
refluxo, batalhas fratricidas entre seitas, e elementos cada vez mais fortes de
messianismo e milenarismo. Grande parte dos contemporâneos de Al Farabi,
seus correligionários muçulmanos ou também cristãos e judeus, acreditavam
que o fim do mundo estava para muito breve e que poderia ocorrer naquela
geração ou na seguinte, perto do ano 1000.

E isso leva-nos a investigar sumariamente outro "agora" de Al Farabi.
Mas afinal quando é que isso tudo aconteceu? Não "quando" para nós –
isso nós sabemos, foi entre 872 e 950 d.C. –, mas quando para ele? Quando
viveu Al Farabi?

Comecemos pelo mais simples. Se Al Farabi nasceu em 872 e se começou a
viajar aos doze anos (como os chineses diziam que os pais sogdianos insistiam
que os seus filhos fizessem), ele terá começado a andar em caravanas em 884.
Se foi aprender música em Bukhara, por exemplo, aos dezoito anos, fê-lo a
partir de 890. Se viajou para Bagdade perto do ano 900, terá chegado à grande
cidade aos 27 anos, cerca de 1120 anos antes do nosso tempo. Novecentos
anos depois do nascimento (convencionado, mas com alguma margem de
erro) de Jesus Cristo, ou seja, mais próximo de Jesus Cristo do que de nós.

Só que Al Farabi não era cristão. E portanto para ele o ano 900 não era o
ano 900 da Era Comum que agora usamos. Em geral, parece que Al Farabi
se preocupava pouco com o fim do mundo – comparativamente com os seus
contemporâneos, correligionários e mesmo vizinhos de outras religiões. Mas se
o fazia não era por proximidade ou distância ao ano 1000, como somos levados a crer que muitos milenaristas temiam. E isso simplesmente porque,
para Al Farabi, ele não vivia próximo do ano 1000. Enquanto muçulmano,

o seu ano era o de 287 da Hégira, ou seja, depois da fuga de Maomé de Meca para Medina. Entre os judeus que encontrou em Bagdade, o ano era o de 4660, desde a suposta criação do mundo segundo a Bíblia. Se fosse um pouco mais longe, até ao império a que chamamos "bizantino", até Constantinopla, a atual Istambul – um império que chamava a si mesmo dos Romaiai, ou Romanos do Oriente –, encontraria quem usasse o calendário da fundação de Roma, e portanto o ano seria 1653. E se Al Farabi viajasse até à Península Ibérica, onde chegaram os seus livros e as suas ideias e onde o seu nome se tornaria famoso sem ele o saber, o calendário em uso seria o da era de César (em Portugal só abolida em 1422) e o ano 900 seria apenas o de 861. Para ele, o ano 900 não teria grande significado entre essa misturada de números, e o ano 1000 ainda menos. Ou seja, se queremos pensar o tempo, uma das primeiras coisas que temos de perceber é que ele passa de maneira igual para todos mas é vivido segundo uma multiplicidade de calendários religiosos e políticos, e durante muito tempo essa diversidade foi maior ainda, sem haver – ao contrário dos dias de hoje – nenhum calendário globalmente hegemónico sobre os outros. Era como se as várias nações, civilizações e religiões vivessem no mesmo mundo, mas em tempos diferentes.

Já que mencionámos as três grandes religiões monoteístas, aproveitemos para explorar a questão da religiosidade de Al Farabi. Eu sei que prometi chegar à busca da felicidade, ao Estado político perfeito e à confiança entre os humanos (havemos de lá chegar), e sei que Al Farabi ainda nem sequer chegou a Bagdade, mas é preciso passar por aqui primeiro, garanto. Façamos de conta que estamos à noite numa daquelas caravanas, e em frente da fogueira alguém toca música e falamos de outras coisas. Além disso, uma boa parte das questões que ficam agora em aberto serão importantes para as respostas que procuraremos dar depois.

Portanto, comecemos por isto: Al Farabi era muçulmano. É até um dos mais importantes pensadores muçulmanos. Mas não era árabe. Falava, lia e escrevia árabe, aparentemente sem grande fluência, provavelmente já antes de chegar a Bagdade, mas provinha de uma região à qual o islão – que era uma religião jovem, com cerca de 250 anos quando Al Farabi nasceu – tinha chegado recentemente. Ou seja, uma religião tão recente quanto o mormonismo ou as testemunhas de Jeová. Na região onde Al Farabi viveu, se fosse

MEMÓRIA PRIMEIRA: DO FANATISMO

65

a Sógdia, o islão tinha chegado mais recentemente ainda. E, portanto, se escavarmos um pouco, veremos que há muito para dizer sobre o facto indubitável de Al Farabi ser um muçulmano, e sobretudo um *filósofo* – sublinhemos essa palavra – muçulmano.

Al Farabi era considerado muçulmano pelos seus contemporâneos, considerava-se a si mesmo muçulmano, lia e interpretava o Corão e há todas as razões para crer que considerava o islão uma religião preferível às outras, ou seja, superior, embora vivesse confortável com o facto de o islão não ser considerado uma religião superior por todos, ou seja, não ser uma religião superior na visão de quem não partilhava dessa religião. Como veremos adiante, ele considerava perfeitamente possível que várias religiões coexistissem no mesmo espaço político. Os autores que se lhe seguiram, como o historiador persa Al Shahrastani, que morreu em 1158 e escreveu um *Livro das crenças e das seitas*, ou seja, uma das primeiras histórias comparadas das religiões, consideravam-no "um filósofo do islão". Mas é importante notar um facto que hoje pode gerar uma certa estranheza: na sua lista de filósofos do islão, que leva quinze nomes, Al Shahrastani cita quase tantos cristãos como muçulmanos. Isso significa que, apesar das guerras que nos séculos anteriores tinham oposto muçulmanos a cristãos, há autores muçulmanos que não faziam grande diferença entre filósofos cristãos e filósofos muçulmanos, fosse porque se referiam a cristãos que escreveram antes de Maomé (e que assim podem ser considerados parte da continuidade que, para os muçulmanos, leva dos profetas judaicos, passando pelo "profeta" Jesus Cristo, até ao último profeta, Maomé), fosse porque consideravam os cristãos como sendo portadores de uma crença que, tal com o islamismo e o judaísmo, se integrava na noção geral de monoteísmo, opondo-se ao paganismo antigo.

O certo é que, também aqui, as fronteiras são fluidas e o convívio entre as religiões se faz de forma muito pragmática. Isso é particularmente claro quando Al Farabi chega finalmente à grande cidade, Bagdade, onde há gente de todas as religiões entre as suas centenas de milhares de habitantes. Para estudar árabe, Al Farabi valeu-se de um professor gramático muçulmano, Ibn al-Sarraj. Mas para estudar filosofia, que era o grande interesse da sua vida, Al Farabi decidiu ser discípulo de um cristão, Matta bin Yunus, o que pode significar que em Bagdade viveu sob o mesmo teto e comeu à mesma mesa que cristãos. Matta bin Yunus – o seu professor, curiosamente, não de grego, mas de siríaco ou aramaico, uma língua para a qual grande parte da filosofia grega já estava traduzida – tinha em Bagdade a melhor escola de estudos gregos à moda aristotélica, escola essa que fornecia os seus melhores alunos (fossem cristãos ou muçulmanos) para a administração do califado, e não era invulgar os alunos viverem com os professores no recinto da escola ou perto dela. Mas Matta bin Yunus, que era pouco mais velho do que Al Farabi e morreu dez anos antes dele, em 940, não era um cristão qualquer: era um cristão nestoriano, ou seja, pertencia ao ramo do cristianismo que tinha ido para o Oriente e chegado à Índia e mesmo à China (entre os objetos de uma caravana da Rota da Seda encontraram-se estelas com orações cristãs em caracteres chineses; e aliás, o judaísmo também chegou à China, onde foram encontradas comunidades judaicas perdidas até no século xx). Os cristãos nestorianos eram pouco ou nada conhecidos pelos cristãos romanos do Ocidente, e por isso foram "reencontrados" com muita surpresa pelos portugueses quando chegaram à Índia em 1498. Porém, mais de quinhentos anos antes, os cristãos nestorianos andavam por toda a Ásia e viviam nos territórios muçulmanos (e confucianos, e zoroastrianos, e hinduístas – mas já lá vamos). Os cristãos nestorianos do Oriente mantinham uma proximidade com os ritos da Igreja ortodoxa grega e siríaca, um tronco de história e tradição helenística que naquela região remontava pelo menos à época de Alexandre, o Grande. Como é bem sabido, aquilo a que costumamos chamar Ocidente bebeu as fontes do seu pensamento em grande medida no Oriente – antes e principalmente depois de Alexandre, que chegou aos confins da Índia. Mas aquilo que costumamos chamar como Oriente veio também para o Ocidente em busca de conhecimento, nomeadamente grego – e Al Farabi é um grande exemplo dos orientais que procuravam saber mais viajando para ocidente.

E aqui entra outro aspeto importante. Al Farabi era um muçulmano, no sentido em que fazia parte da comunidade de crença dos muçulmanos; porém, era um filósofo e não um teólogo. E mesmo quando o seu nome é consagrado por um biógrafo do século xiii chamado Ibn Halikan (que nasceu em Erbil, atual Iraque, e morreu em Damasco) no seu dicionário intitulado *Mortes dos homens eminentes e história dos filhos da sua era*, no qual Al Farabi aparece como *faylasuf al-muslimin* – "filósofo dos muçulmanos" –, é como *faylasuf*, "filósofo", que ele aparece primeiro.

Essa distinção é essencial. Al Farabi usa, como outros autores árabes da mesma época, uma palavra para teólogo e outra para filósofo (são duas coisas diferentes), contrariando assim a tendência do islamismo e de outras religiões para fazer de todo o conhecimento mera teologia e da teologia, apenas obediência à palavra revelada no livro sagrado. Uma palavra para teólogo que se utilizava entre os árabes era *mutasilim*, que na verdade quer dizer "os apartados" ou "separados", referindo-se a uma escola do islamismo que se tentava manter à margem dos conflitos políticos entre as primeiras gerações de seguidores de Maomé; Al Farabi não era um *mutasilim*; era um *faylasuf*, e a palavra que definia a sua vocação vinha não do árabe, mas do grego. Como veremos adiante, Al Farabi dedicou muito esforço, e talvez não pouca coragem, a distinguir a filosofia da teologia e a garantir um espaço reservado exclusivamente para a filosofia entre as disciplinas do conhecimento humano. Filósofo acima de tudo, a sua experiência fundava-se num diálogo para lá das fronteiras da religião com o pensamento de outros seres humanos de religiões, comunidades e línguas diferentes e, talvez, sobretudo, de outros tempos diferentes. Al Farabi acreditava na possibilidade de dialogar com gente que vivera mais de mil anos antes dele e, portanto, acreditava também na possibilidade de dialogar com os seus contemporâneos, mesmo que se regessem por calendários e sistemas de crenças diferentes. Para preservar esse sentido, teria de haver um espaço existencial em que Al Farabi era filósofo e só filósofo, independentemente da sua religião, e o mesmo teria de se dizer cuidadosamente, ou talvez até só em pensamento – em relação aos filósofos das outras religiões. Isso faz com que, hoje em dia, através de um caminho muito longo, mas do qual também iremos tratar mais adiante, para muita gente, mesmo entre os muçulmanos, Al Farabi seja alguém que deixou de ser muçulmano. A maior especialista portuguesa em Al Farabi é uma historiadora da filosofia medieval chamada Catarina Belo, que dá aulas na Universidade Americana do Cairo, no Egito. Contou-me ela que entre os seus alunos há muitos que têm dificuldade em entender Al Farabi como muçulmano, perguntando porque é que ele deixou de ser muçulmano, porque é que ele era ateu? Ele nunca deixou de ser muçulmano; mas para uma certa visão unilateral do que é ser muçulmano, que aliás começou a tornar-se dominante pouco depois da sua morte e que ainda hoje existe, ele teria forçosamente de ser considerado ateu. Precisamente, antes de tudo ele era um filósofo e de, certa forma, racionalista. No tempo dele, porém, as fronteiras entre religiões eram menos estanques, sendo possível a um filósofo manter um diálogo inter-religioso – potencialmente até com quem não tivesse religião nenhuma – e permanecer membro de uma comunidade de crença como a do islão.

Apesar da história de violência entre religiões e impérios naquela parte do mundo, essa tarefa era de certa forma facilitada pelo facto de estarem em causa religiões então relativamente recentes, por comparação com as religiões anteriores no Médio Oriente. Naquelas paragens, o islamismo tinha no máximo trezentos anos, menos ainda se considerarmos só a época em que se tornou dominante. O cristianismo, cerca de oitocentos anos, ou seja, menos do que a idade que tem hoje em dia Portugal, se contarmos a partir da vida de Cristo, menos de oitocentos se contarmos apenas a partir das viagens dos apóstolos, e cerca de 550 se contarmos a partir da conversão de Constantino no ano de 337. O império de Constantino não chegava à região de onde vinha Al Farabi, mas o contacto com os cristãos, fossem eles gregos ou cristãos nestorianos da Ásia, orientais, já deveria ser natural mesmo antes de o nosso filósofo chegar a Bagdade. O judaísmo era, claro, uma religião mais antiga. Os judeus tinham sido forçados a um exílio na Babilónia, ali não muito longe de Bagdade, quando o imperador Nabucodonosor sitiou Jerusalém em 605 a.C., e pode ter sido nesse exílio que o judaísmo ganhou várias das suas características mais importantes – como o culto a Javé. Naquelas paragens, onde vivia Al Farabi, o judaísmo tinha portanto cerca de 1400 anos – é menos do que aquilo que tem hoje o cristianismo no Ocidente (embora a sua história fosse evidentemente bastante mais antiga entre o Jordão e as margens do Mediterrâneo). Não era, porém, uma religião de proselitismo – ou seja, não procurava converter adeptos de outras religiões, como fazem tanto o cristianismo como o islamismo; a sua presença era muito relevante, mas não dominante, nos lugares por onde andou Al Farabi.

As rivalidades tantas vezes brutais entre essas religiões devem ser inseridas nesse contexto em que não só elas são recém-chegadas (pelo menos o islamismo e o cristianismo), como também se distinguem as três, em conjunto, das outras religiões anteriores. Partilharem, portanto, um tronco comum que faz com que por vezes se confundam entre si – e não só do ponto de vista de quem está de fora; nesta época, é ainda difícil para os primeiros cristãos entenderem o que os diferencia dos judeus, ou para os primeiros muçulmanos entenderem o que os diferencia dos cristão e dos judeus.

A Antiguidade Tardia e a Alta Idade Média são mundos estranhos para nós desse ponto de vista. Para nós, há judeu, cristão e muçulmano, e as diferenças entre eles parecem claras e mesmo definitivas. Mas do ponto de vista de um romano pagão, por exemplo, sabe-se que séculos depois de Cristo ainda havia dificuldade em distinguir os judeus dos cristãos. Também os muçulmanos reivindicavam – e reivindicam – uma tradição profética comum aos judeus e cristãos para se distinguirem das crenças antigas das tribos da Península Arábica, onde o islão nasceu. Por outro lado, dentro de cada uma das religiões pululavam as controvérsias entre seitas e escolas, liturgias e teologias diferentes às vezes apenas no detalhe, mas que davam origem a acusações de heresia e a perseguições ferozes – entre xiitas e sunitas nos muçulmanos, contra arianos ou priscilianistas entre os cristãos, e por aí adiante em inúmeros outros exemplos. Nesses casos, ser um "infiel" cristão ou muçulmano poderia ser considerado menos escandaloso do que ser um herege dentro do islamismo ou do cristianismo.

Essa necessidade de estabelecer fronteiras e definir um dogma talvez traia paradoxalmente o facto de que para as populações daquelas regiões os grandes passos foram passar a acreditar num só deus (em vez de acreditar em vários), passar a acreditar na revelação através de um livro – a Torá, a Bíblia ou o Corão – e aceitar um mesmo tronco inicial de profetas, começando em Abraão. Ou seja, aquilo que nos faz chamar "religiões do Livro e abraâmicas" quer ao cristianismo, ao islamismo ou ao judaísmo. O resto era um trabalho de distinção mútua e competição entre sectarismos que tinha avanços e recuos. Nas regiões onde Al Farabi viveu, que eram dominadas por muçulmanos, o judaísmo e o cristianismo eram reconhecidos como religiões do Livro e portanto os seus crentes não eram obrigados à conversão, ainda que tivessem de pagar um imposto especial que lhes permitia uma convivência de sujeição – mas ainda assim, convivência – com os muçulmanos. Era nessa realidade que Al Farabi vivia, e era dela que tirava partido para conviver e estudar com cristãos e talvez com judeus também.

Parece complicado, mas essa é a parte simples. Porque a realidade da Ásia Central, da Mesopotâmia e do Médio Oriente não se resumia no tempo de Al Farabi – e nem se resume hoje – a apenas três religiões inimigas com uma história comum. Nem sequer apenas a três religiões contendo dentro de si uma miríade de seitas e discussões sobre pormenores teológicos (no cristianismo, entre os monofisitas, que acreditavam apenas num corpo de Cristo, e os monotelitas, que acreditavam apenas numa finalidade da salvação; no judaísmo, entre os fariseus, os saduceus e os zelotas, para não falar dos samaritanos e dos caraítas, que ainda existem; no islamismo, entre os sufis e os ismaelitas, entre muitos outros, para não falar das divisões mais conhecidas entre cristãos romanos e cristãos ortodoxos, muçulmanos xiitas e sunitas etc.). Não. Havia ainda muito mais. O solo que Al Farabi pisava é feito de um substrato religioso hiperabundante e fertilíssimo.

Na região de onde Al Farabi vinha era natural que ele tivesse contacto com o confucianismo dos chineses (nascido a partir de 500 a.C., ou seja, mais ou menos ao mesmo tempo que o judaísmo pós-babilónico), o budismo dos indianos (também nascido a partir da mesma época, *grosso modo*) e aquilo a que chamamos xamanisno, ou totemismo, ou animismo de mongóis e de turcos – as religiões abraâmicas chamar-lhe-iam paganismo –, e que mais rigorosamente se poderia chamar de tengriísmo (de Tengri, o deus-céu do panteão mongol, turco, e de muitos outros povos das estepes). Os turcos só começaram a converter-se ao islamismo cem anos antes do nascimento de Al Farabi. Os mongóis só se converteram trezentos anos depois. Estes eram povos com que o filósofo conviveu e com os quais tinha possivelmente afinidade ou mesmo ancestralidade comum. E ainda começamos só a esgravatar a superfície desta hiperabundância religiosa da Ásia Central em vésperas do ano 1000, a qual subsiste até hoje.

Mas a coisa não se fica por aqui. Falemos agora daquela que era a religião historicamente mais forte na região de Al Farabi. Trata-se do zoroastrianismo, ou zoroastrismo, e merece que lhe dediquemos algumas páginas.

QUARTA CONVERSA

Os zoroastrianos

O zoroastrianismo é uma religião muito velha, e já era uma religião muito velha quando o cristianismo e o islão (e talvez até o judaísmo) ainda eram religiões jovens. E também já era uma religião muito velha quando o judaísmo, o cristianismo e o islão chegaram às paragens de onde vinha Al Farabi. Durante séculos, o zoroastrianismo foi a religião dominante na Ásia Central – se os pais de Al Farabi não fossem zoroastrianos, provavelmente os seus avós ou bisavós tê-lo-iam sido. É importante, pois, falar dessa religião para se tentar entender não só a diversidade cultural do meio de onde vinha Al Farabi, como também os sedimentos religiosos e éticos que influenciaram outras grandes religiões do mundo. E é importante entender o zoroastrianismo porque – deixem-me ser sincero: porque é fascinante. O zoroastrianismo não é uma religião muito conhecida hoje, e menos ainda se utilizarmos o nome talvez mais correto para a designar – *mazdayasna*, ou mazdaianismo –, que vem da palavra persa antiga para "sabedoria" – *mazda* – e que significa "louvor da sabedoria", talvez não por acaso bem próximo do "amor da sabedoria", ou φιλοσοφία, a filosofia dos gregos. Mas o zoroastrianismo é uma religião velha, e já era uma religião velha quando os antepassados de Al Farabi ainda acreditavam nela ou pelo menos a conheciam. Na origem do zoroastrianismo está um profeta, chamado Zoroaster ou Zaratustra (sim, é o mesmo em que Nietzsche se inspiraria no final do século XIX para o seu *Assim falava Zaratustra*), que terá vivido na região de onde veio Al Farabi, no leste da Pérsia, mais ou menos na região onde é hoje o Afeganistão, ou na Sógdia/Báctria, ou talvez um pouco mais ao sul, no Coração. O zoroastrianismo era, aliás, uma religião tão velha que os próprios zoroastrianos não acreditavam que ela fosse de facto tão velha. Durante séculos, os zoroastrianos fizeram as contas aos seus livros sagrados e aos seus profetas para chegar à conclusão de que Zaratustra tinha vivido mais ou menos no ano 500 a.C., a mesma época (genericamente falando) que produziu outros filósofos/profetas, como Confúcio ou Sidarta Gautama, mais conhecido por Buda, no Oriente, além de Platão e Aristóteles do lado ocidental da grande massa eurasiática. A essa era de 500 a.c. chamava o filósofo Karl Jaspers a Era Axial, por ter sido um momento especial na história da humanidade – ou pelo menos na história da Eurásia –, em que em várias civilizações diferentes surgiram, mais ou menos ao mesmo tempo, os autores centrais dessas civilizações. E a razão para essa simultaneidade não se encontra ainda bem explicada.

Só no século XIX um linguista alemão chamado Martin Haug, nascido em 1827 e morto em 1876, comparou o conteúdo das orações mais antigas do zoroastrianismo com os escritos mais antigos a que tinha acesso em sânscrito, em persa e noutras línguas indo-europeias antigas, e chegou à conclusão de que a língua em que elas tinham sido criadas era falada em 1200 ou 1300 antes de Cristo. Assim se entende que o zoroastrianismo era de facto uma religião muito velha, mais velha até do que aquilo que os próprios zoroastrianos estavam dispostos a admitir. Essas orações, as Gathas, em número de dezessete, contêm em si a narração da criação do mundo e os princípios fundamentais da ética zoroastriana, que aparecem também noutro livro sagrado: o Avesta.

À língua em que essas primeiras orações foram compostas, na falta de um nome dado pelos seus próprios falantes, chama-se por isso avestano, ou avéstico. O avéstico antigo foi falado há cerca de 4 mil anos, sendo uma das línguas mais próximas do protoindo-europeu, que se julga ter dado origem a todas as línguas indo-europeias (incluindo a nossa), ou seja, línguas que partilham um esqueleto comum de regras e de vocabulário muito arcaico, no arco que vai do hindi ao português. O protoindo-europeu terá começado a ser falado há 6 mil anos, talvez a partir do Cáucaso ou do mar Negro. (É também fascinante a história de como o protoindo-europeu foi "descoberto" – ou conjeturado, uma vez que nunca se conheceram documentos escritos e nunca o ouvimos ser falado. Ele pôde ser imaginado a partir de comparações entre o latim, o grego, o germânico, o eslavo e o persa antigos, e acima de tudo o sânscrito e o romani, língua falada pelos povos de etnia cigana e que foi a chave para a sua descoberta; mas essa é por si só uma enorme aventura do conhecimento que aqui não poderemos sequer tentar resumir.)

Zaratustra talvez fosse um profeta com 2 mil anos de história quando Al Farabi viveu – ou seja, entre Al Farabi e Zaratustra, ou Zoroaster, teria

E é importante entender o zoroastrianismo
porque – deixem-me ser sincero: porque
é fascinante. O zoroastrianismo não é
uma religião muito conhecida hoje,
e menos ainda se utilizarmos o nome
talvez mais correto para a designar –
mazdayasna, ou mazdaianismo –, que
vem da palavra persa antiga para
"sabedoria" – mazda – e que significa
"louvor da sabedoria", talvez não por
acaso bem próximo do "amor da sabedoria",
ou φιλοσοφία, a filosofia dos gregos.
(p. 73)

*Na origem do zoroastrianismo está um
profeta, chamado Zoroaster ou Zaratustra
(sim, é o mesmo em que Nietzsche se
inspiraria no final do século XIX para
o seu Assim falava Zaratustra), que terá
vivido na região de onde veio Al Farabi,
no leste da Pérsia, mais ou menos na
região onde é hoje o Afeganistão, ou na
Sógdia/Báctria, ou talvez um pouco
mais ao sul, no Coração.*

(p. 76)

decorrido mais ou menos o mesmo tempo de história que decorreu entre Jesus Cristo e a nossa própria era. Para outros autores menos audazes, talvez Zaratustra fosse "apenas" um contemporâneo de Sócrates, Buda e Confúcio, ou seja, um fundador de religião quinhentos anos mais antigo do que Jesus Cristo e mil anos mais antigo do que Maomé.

Seja como for, provavelmente Zaratustra não se terá pensado a si mesmo como o fundador de uma religião, mas mais como o sistematizador e simplificador de crenças antigas dos seus povos das estepes. Durante uma fase da vida, Zaratustra tentou persuadir os seus conterrâneos das ideias mais sistemáticas sobre as crenças que todos partilhavam, mas só conseguiu converter o seu próprio primo. Passados alguns anos, Zaratustra decidiu mudar-se para outra aldeia, cujo chefe aceitou as suas ideias como religião "oficial" e o qual, tendo sido um conquistador, espalhou essas ideias nos territórios conquistados. Assim começou o zoroastrianismo, que se tornaria religião oficial do Império Persa.

As crenças antigas, que atribuíam almas ou espíritos divinos aos elementos, como o fogo e a água, foram integradas num sistema praticamente monoteísta – séculos, talvez milénios antes das religiões monoteístas que hoje dominam o mundo. Nesse sistema praticamente monoteísta, no qual havia uma única inteligência cósmica criadora, o deus Ahura Mazda, ou Senhor da Sabedoria, criara ou ordenara o mundo e nele mantinha o espírito vital do bem. Zaratustra resolveu o problema clássico – "se Deus é infinita e perfeitamente bom, porque existe o mal?" – pressupondo a existência de um outro espírito maligno, um diabo chamado Ahriman – que, não tendo sido criado pelo bom Ahura Mazda, foi ele causador do mal. Ahura Mazda e Ahriman combatem no mundo e nas nossas vidas, mas não há entre eles uma equivalência hierárquica, pelo menos na versão original e dominante da religião. Há um dualismo, mas um dualismo em que deus (Ahura Mazda) não é bom e mau em simultâneo, mas unicamente bom e superior, ao passo que Ahriman é mau e inferior. E assim já se vê um pouco como o zoroastrianismo, indiretamente, influenciando a Ásia Central e o Médio Oriente, acabaria por influenciar o judaísmo (talvez no exílio na Babilónia? talvez depois?) e, através dele, o cristianismo e o islamismo.

A vida do crente zoroastriano consiste em pôr-se do lado do Senhor da Sabedoria, de acordo com uma ética feita de três princípios fundamentais que sobrevivem naquela religião até hoje e que são, talvez, os princípios fundamentais mais simples de qualquer religião no mundo: bons pensamentos, boas palavras e boas ações.

O zoroastrianismo, na sua longa história após a vida de Zaratustra, tem várias vagas de simplificação e complexificação. A certa altura, o seu dualismo inicial tornou-se uma tríade: Ahura Mazda (que quer dizer, literalmente, "o Senhor da Sabedoria") domina como deus; abaixo dele o espírito do bem, o divino Spenta Manyu, combate o espírito do mal, Angra Manyu. Noutra versão também triádica, o deus Ahura Mazda combate o diabo Angra Manyu, mas é preciso pressupor-se um "pai" para ambos. Esse pai, uma espécie de deus dos deuses ou pai dos deuses, é o Tempo: Zurvasten – e aqui há uma semelhança entre o zoroastrianismo e o panteão dos deuses gregos, em que Zeus (o deus principal) é filho de Cronos, ou Χρόνος, que quer dizer "tempo". Essa versão do zoroastrianismo em que há um pai para Ahura Mazda chamado Zurvasten, que é o tempo, chama-se zurvastanismo. O zurvastanismo é considerado uma heresia do zoroastrianismo, mas parece-me uma heresia muito bem achada – o tempo é a única coisa que pode existir antes do mundo –, e, talvez por coincidência, como referi anteriormente, essa estrutura é semelhante à do panteão grego (e também à do panteão divino-romano, com Saturno no lugar de Cronos).

Ao tornar-se religião oficial do Império Persa, o zoroastrianismo ganhou domínio sobre o território que hoje pertence ao Irão, ao Afeganistão, ao Paquistão, ao Uzbequistão, ao Tajiquistão, a boa parte do Cazaquistão e, do outro lado, ao Iraque e até à parte central da Turquia atual, e mesmo ao Cáucaso, onde provavelmente dominaria os territórios que hoje são da Arménia, da Geórgia e do Azerbaijão. Quando os persas (ou os povos persas ocidentais conhecidos como os medos) combatiam com os gregos (e depois com os romanos) na Ásia Menor, no mar Negro e no Mediterrâneo, os gregos e os romanos eram politeístas, ao passo que os persas tinham como religião monoteísta oficial o zoroastrianismo. Foram os gregos antigos que chamaram Zaratustra ao profeta do zoroastrianismo. E os persas/medos/iranianos continuaram a ser zoroastrianos mesmo com a concorrência de outras religiões monoteístas "novatas" como o cristianismo e o islamismo, que chegaram séculos mais tarde.

Só a partir do século VII, e principalmente a partir do VIII, depois de terem sido subjugados pelos árabes, é que os persas começaram a converter-se em massa ao islamismo, provavelmente achando que o monoteísmo da religião

Nesse sistema praticamente monoteísta, no qual havia uma única inteligência cósmica criadora, o deus Ahura Mazda, ou Senhor da Sabedoria, criara ou ordenara o mundo e nele mantinha o espírito vital do bem. Zaratustra resolveu o problema clássico – "se Deus é infinita e perfeitamente bom, porque existe o mal?" – pressupondo a existência de um outro espírito maligno, um diabo chamado Ahriman – que, não tendo sido criado pelo bom Ahura Mazda, foi ele causador do mal.

(p. 79)

MEMÓRIA PRIMEIRA: DO FANATISMO

antiga teria continuação, e portanto seria salvo, no monoteísmo da nova religião. Além disso, sendo muçulmanos, não ficariam sujeitos ao humilhante pagamento do imposto especial, a *djyzia*, que era cobrado pelos árabes. Ou talvez – se virmos as coisas de outra maneira e entrarmos numa tangente de especulação impossível de provar – esteja no zoroastrianismo o tronco ancestral das religiões monoteístas do Ocidente.

Séculos depois da conquista muçulmana, quando o islão se tornou predominante no Irão, os zoroastrianos subdividiram-se em duas comunidades. Alguns zoroastrianos ficaram na sua terra de origem, no Irão; outros migraram para a Índia, onde cresceram e prosperaram, ficando os seus crentes conhecidos como parsis, que quer dizer "persas" (o membro mais célebre da comunidade parsi no mundo atual, embora quase toda a gente que o conheça desconheça que ele foi zoroastriano, era Freddie Mercury – sim, esse, o cantor do Queen). No Irão, o zoroastrianismo foi substituído como religião oficial pelo islamismo xiita, que se opõe ao sunismo. Quer por via da teologia, quer pelo exercício do poder estatal, entre os árabes predomina o sunismo. A partir da Índia, os parsis – muito numerosos em Bombaim, onde o português Garcia da Orta os conheceu e admirou – começaram a regressar ao Irão no século XIX, e depois durante o Irão republicano e a Pérsia do xá, para recuperarem os laços com as comunidades que tinham ficado na terra de origem. Os zoroastrianos do Irão tiveram uma certa renascença, até voltarem a ser reprimidos sob a revolução islâmica do aiatolá Khomeini em 1979 (o mesmo aconteceu a uma religião muito mais recente, do século XIX, mas que se reclama da herança zoroastriana e de todas as outras grandes religiões sucessivas: o baha'ismo – uma religião igualmente importante no Irão). Segundo alguns relatos subterrâneos, há hoje uma nova voga de conversões secretas ao zoroastrianismo, sobretudo entre os jovens iranianos, mas também iraquianos (em particular, mulheres iraquianas), o que demonstra que aquela religião com mais de 3 mil anos ainda mantém alguma vitalidade na sua região de origem.

Quando Al Farabi nasceu, portanto, o território onde ele vivia era muçulmano há duzentos anos ou um pouco menos. Mas tinha sido zoroastriano durante 2 mil anos ou um pouco mais. E, sob muitos aspetos, continuava a sê-lo. Por um lado, porque o islamismo e o cristianismo eram vistos como uma continuação do monoteísmo a que os zoroastrianos tinham chegado primeiro, embora de forma menos estrita, dois milénios antes. Por outro, e sobretudo, porque o zoroastrianismo teve uma influência enorme –

por vezes direta, por vezes indireta – nas três grandes religiões abraâmicas que conhecemos hoje. O judaísmo teve um momento de evolução decisivo após o cativeiro na Babilónia – de que os judeus foram libertados pelos persas de Ciro, o Grande, que eram zoroastrianos –, o que aconteceu de 600 a.C. a 530 a.C. e, portanto, à beirinha da tal Era Axial. Do que se disse anteriormente, percebe-se que o dualismo entre deus e o diabo vem da religião de Zaratustra, havendo autores que argumentam que foi por essa via que ele chegou ao judaísmo, e do judaísmo ao cristianismo e ao islamismo. O mesmo vale para o conceito de inferno, e talvez de purgatório, para a chegada de um salvador, ou messianismo, para o juízo final, para a ressurreição dos corpos e o paraíso, bem como – para o islamismo – para a ponte estreita e longa que leva os crentes ao paraíso no dia do juízo final, por sobre os fogos do inferno (conhecida como As-Sirāt entre os muçulmanos e como Shinvat entre os zoroastrianos). E os reis magos, que ao trazerem presente para o menino Jesus no seu nascimento, ajudaram a validar o cristianismo, eram provavelmente sacerdotes zoroastrianos – mas voltaremos a isso muito mais à frente.

Al Farabi tinha necessariamente noção da diversidade de crenças na sua região da Ásia Central – essa região rica culturalmente, riquíssima religiosamente e rica economicamente também. Numa sociedade altamente letrada, altamente culta, cheia de bibliotecas, escolas, observatórios astronómicos de há muitos séculos, era fácil para ele comparar religiões diferentes e entender como muitas delas tinham a ver com tradições e traços comuns e como noutras as diferenças eram provavelmente menos importantes do que os traços de união. E que, por trás de tudo isso, havia na região – correspondente, *grosso modo*, ao Afeganistão e países circundantes – um fundo de filosofia grega que ali tinha sido deixado, entre outros, por Alexandre, o Grande, e os seus sucessores. Nesse mundo de ideias, seria fácil para ele extrair o conceito de que a mente humana é uma mente universal e de que um pensamento formulado por qualquer ser humano pode ser formulado por outros humanos também. Reservemos por ora essa ideia, que vai ser importante para Al Farabi, dele transitando para outros filósofos cristãos e europeus.

A diversidade e a abundância não terminam aqui. Embora o zoroastrianismo fosse dominante, muitíssimas outras religiões, algumas delas sobreviventes até aos dias de hoje, outras entretanto desaparecidas, existiam naquela região. Darei apenas mais dois exemplos. Umas centenas de anos antes de Al Farabi, um monge cristão chamado Mani, aliás judeu-cristão, e aliás persa

MEMÓRIA PRIMEIRA: DO FANATISMO

(estávamos em 216 d.C., na Mesopotâmia, perto de onde mais tarde nasceria Bagdade), e aliás provavelmente influenciado pelo zoroastrianismo, que ainda estava bem vivo, criou uma nova religião com base na ideia de uma luta eterna entre a luz e as trevas, o bem e o mal: a essa religião chama-se o maniqueísmo. Tal como antes Jesus Cristo (ou talvez fosse melhor dizer São Paulo), e depois Maomé, Mani acreditava que a sua revelação deveria servir a todos os povos e ser espalhada por todo o mundo, e o maniqueísmo conheceu uma rápida expansão não só na Ásia mas também no Império Romano. Antes de ser cristão, Santo Agostinho (que vivia no Império Romano, na atual Argélia, antes de estudar em Milão) fora maniqueísta. Ora, Santo Agostinho tinha sido maniqueísta não naquele sentido que utilizamos hoje em dia, de uma pessoa temperamentalmente extremada ou dicotómica, com crenças exageradas de oito ou oitenta, mas de um crente da religião maniqueia, e portanto filosoficamente dado a dicotomias dualistas em que bem e mal se equivalem perpetuamente (precisamente aquilo que vinha do zoroastrianismo e que o tal monge Mani tinha herdado).

Ainda antes do maniqueísmo, uma outra ramificação do zoroastrianismo teve muita importância no Ocidente. Uma das permanências das crenças pré-Zaratustra na religião zoroastriana era o culto aos elementos, em especial ao fogo, como formas de purificação ritual; apesar de lhes terem deixado de corresponder deuses próprios, esses elementos continuam a ter devas, ou divindades, sendo Mitra – deus do fogo – a mais importante. Ora, acontece que, quando Alexandre, o Grande, conquistou a Ásia Central, uma parte dos zoroastrianos ficou no território da atual Turquia, isolada do resto da religião, e foi talvez por isso que o culto a Mitra ganhou aí uma importância singular. Mais tarde, já no tempo do Império Romano, o culto a Mitra alastrou-se a toda a bacia do Mediterrâneo – como uma moda, ou uma autêntica mania. Mais ou menos ao mesmo tempo que o cristianismo nascia ou se desenvolvia, milhares de romanos prestavam culto ao deus do fogo, numa misteriosa religião que ganhou o nome de mistérios mitraicos. O mitraísmo, cujos elementos principais podemos apenas adivinhar através dos seus lugares de culto – os mitreus (*mithræum*, no singular, em latim) – e das suas imagens, não tinha um livro sagrado que nos possa servir de guia. E embora seja certamente um exagero considerar, como fazia Ernest Renan no século xix, que "se o cristianismo tivesse sido acometido de uma doença o mundo seria mitraísta", a verdade é que o mitraísmo foi um adversário importante do cristianismo nos séculos II e III d.C. A partir de Ernest Renan e de outros positivistas, criou-se também a lenda de que a figura de Jesus tinha ido buscar a maior parte dos seus elementos a Mitra, o qual teria sido também um profeta, um filho de Deus, nascido de uma virgem a 25 de dezembro, crucificado pelos nossos pecados aos 33 anos etc. Ainda aprendi essa lenda na faculdade, e na altura fiquei intrigado pela ideia de que Mitra era afinal apenas uma espécie de Jesus Cristo – com os mesmos detalhes biográficos, por assim dizer. A verdade, porém, é que sabemos muito pouco de Mitra. O mitraísmo era uma religião de imagens, mais do que uma religião de palavras, e, portanto, os mistérios mitraicos continuam misteriosos até hoje. Mesmo assim, sabemos hoje que Mitra teria nascido de uma rocha e não de uma virgem, que 25 de dezembro era uma festa importante para várias religiões mas sem que se possa associar ao seu nascimento e que, nos mitreus, o principal elemento visual associado a Mitra não era a crucificação, e sim a luta com um touro.

Ficamos assim com uma ideia da abundância religiosa que caracterizava essa região do mundo onde Al Farabi nasceu, cresceu, viajou e viveu. Uma região onde ele, muçulmano, estudou também com cristãos, conhecia judeus e lecionava filosofia grega em Bagdade.

Por muito que quiséssemos, ainda não podemos parar aqui. Estamos quase no fim.

QUINTA CONVERSA

Make Aristotle great again

O que muitas dessas religiões tinham em comum – entre si e com o zoroastrianismo que as precedeu – era o facto de serem religiões gnósticas, ou do conhecimento ("gnose" vem do grego para "conhecimento", γνῶσις). A ideia de base é que, para nos ajudar na luta contra o mal, o Deus supremo colocou nos humanos uma centelha de conhecimento, ou uma possibilidade de sabedoria, que dá acesso ao mundo real, das ideias, que existe por detrás do mundo imperfeito das coisas em que nós vivemos. Essa sabedoria não é facilmente acessível; na melhor das hipóteses, só os sacerdotes da religião preservam alguns dos seus elementos principais. Dessa noção fundamental nascem muitas religiões iniciáticas no Médio Oriente, algumas das quais persistem até hoje. Na sua maioria, foram e são religiões com pouca dimensão, dado que se fazem equivaler a uma comunidade étnica (por vezes, deixa-se de fazer parte da etnia se se deixa de seguir a religião, ou se se casa com alguém de outra religião). Precisamente porque são iniciáticas, por vezes nem os próprios membros conhecem todos os seus fundamentos; a religião só lhes poderia ser revelada na sua completude se se tornassem sacerdotes, e mesmo assim talvez apenas se ascendessem aos graus mais elevados do sacerdócio.

Durante séculos, não se ouviu falar dos gnósticos a não ser através daquilo que os outros diziam deles – e em geral pejorativamente. Essas religiões gnósticas mantinham-se em vales e montanhas isolados ou eram perseguidas pelas religiões maioritárias. No entanto, em 1945 foi descoberta uma biblioteca gnóstica dentro de uma ânfora numa gruta no Egito, perto da localidade de Nag Hammadi. Através dessas dezenas de textos (treze códices, com 53 tratados e "evangelhos" a que chamamos hoje "gnósticos"), os gnósticos puderam finalmente "falar pela sua boca". Os evangelhos e tratados gnósticos de Nag Hammadi revelam uma grande proximidade com o cristianismo, por vezes com diferenças insólitas: evangelhos em que, por exemplo, Judas não trai Cristo, evangelhos em que Cristo é um falso profeta, evangelhos em que Jesus Cristo e Maria Madalena vivem juntos etc. Mais interessante para nós, entre os evangelhos foram encontradas transcrições de obras de Platão, o que ajuda a demonstrar que os herdeiros da filosofia socrática/platónica amalgamaram muitas das suas ideias (sobre as almas, a ressurreição, as ideias enquanto "formas perfeitas", os absolutos e universais) com as novas religiões que surgiram por volta do "ano zero", que, como bem sabemos, não existiu, transitando-se do ano 1 a.C. para o ano 1 d.C. A isso se chama neoplatonismo, o qual, sob diversos disfarces, foi aparecendo e desaparecendo até ao Renascimento europeu – e mesmo depois disso.

Ora, a biblioteca de Nag Hammadi não nos deve fazer pensar que só havia gnosticismo entre os cristãos, mesmo que se tratasse de cristãos tão paradoxais e heréticos como esses. Muitas outras religiões gnósticas, a maior parte incorporando elementos da filosofia grega (e muitas fazendo-o sobre uma base francamente zoroastriana), existiram noutras geografias e culturas daquela região. Entre os povos do Levante, temos os alauítas, que dominam politicamente (e agora militarmente) a Síria, temos os alevitas, que são uma minoria na Turquia, e temos os drusos, que vivem principalmente no Líbano (e na diáspora libanesa), mas também em Israel. As duas primeiras religiões – os alauítas e os alevitas – são consideradas parte do islão (do islão xiita no primeiro caso, do islão sunita no segundo). Têm rituais, comportamentos e hábitos diferentes da maior parte dos xiitas e da maior parte dos sunitas. Os alevitas na Turquia, por exemplo, que são predominantemente curdos, têm cultos em mesquitas onde se juntam homens e mulheres nas mesmas salas e fazem cultos apenas uma vez por ano, razão pela qual são vistos pela maior parte dos turcos devotos do sunismo como sendo heréticos. Hoje assistimos, no fundo, a uma espécie de reverberação da forma como eram tratados na Antiguidade. Quanto aos drusos, não é claro se podem ser considerados muçulmanos, e os próprios tendem a não se considerar enquanto tal; o certo é que combinam elementos de diversas religiões e que – mais interessante para o que aqui nos interessa – vão buscar também elementos à filosofia neoplatónica.

Em 2010 visitei, no quadro de uma delegação do Parlamento Europeu, vários centros e campos de refugiados da Guerra do Iraque em cidades da Síria, principalmente nos arredores de Damasco e na província de Al Hazakeh, no Curdistão sírio. Como se sabe, ao iniciar a Guerra do Iraque em 2003 o presidente dos Estados Unidos, George W. Bush, não estava bem

MEMÓRIA PRIMEIRA: DO FANATISMO

consciente da existência de muçulmanos sunitas e xiitas; a pouco e pouco, o mundo apercebeu-se (ou relembrou-se) da existência de cristãos e até de alguns poucos judeus (outrora muitos milhares) no Iraque. Mas mesmo os membros da nossa delegação, naquele ano de 2010, que estavam conscientes dessa diversidade religiosa não estavam preparados para a verdadeira dimensão e complexidade religiosa que ali imperava. Ao contarem, com toda a simplicidade, as suas vidas, os refugiados colocaram-nos perante um mosaico riquíssimo de humanidade e de crenças. "Nós somos mandeus", disseram uns, e perante a nossa estranheza explicaram: "Também nos chamam cristãos de São João e dizem que o nosso messias é São João Batista", em vez de Jesus Cristo. Parece que essa história foi inventada pelos portugueses que andaram pelo Golfo Pérsico, querendo fazer sentido dos mandeus e interpretando-os como uma espécie de ramo do cristianismo nascido antes de Cristo e antecipando-se à mensagem do Novo Testamento, acreditando que São João Batista, o primo que batizou Jesus Cristo, era o verdadeiro messias.

A verdade é que a semelhança entre São João Batista e os mandeus reside apenas nos rituais de iniciação feitos na água. Os mandeus são um ramo do zoroastrismo que se separou do tronco principal e até há poucos anos viveu a sul de Bagdade, na zona dos pântanos do Iraque, e até perto de Baçorá (onde os portugueses os conheceram no século XVI). Outros refugiados que visitámos no bairro de Jarramana em 2010 disseram: "Nós somos sabeus" e, para que percebêssemos, explicavam: "Adoramos os anjos". Outros disseram: "Nós somos yazidis" (naquela época, nunca tinha ouvido falar de yazidis), "fazemos os nossos rituais com o fogo". Se na altura eu já tivesse lido mais sobre os zoroastrianos, essa mensagem teria feito soar uma campainha, dado que os templos dos zoroastrianos eram templos do fogo, sendo ainda hoje possível encontrá-los por todo o lado, da Ásia Central ao Cáucaso, muitas vezes debaixo de igrejas cristãs, inclusive nos primeiros países a converterem-se ao cristianismo, como a Arménia.

Todas essas religiões – mandeus, sabeus, yazidis –, sejam elas praticadas por árabes, curdos, persas ou até outros povos, descendem de mais de 3 mil anos de zoroastrianismo e seus derivados. A ignorância geopolítica dos impérios atuais, acrescentada ao preconceito de que no Médio Oriente há apenas muçulmanos, judeus e alguns cristãos, mais as consequências terríveis do terrorismo islamista radical e as menos terríveis, mas ainda assim soberbas, dos missionários cristãos evangélicos que insistem em converter os últimos sabeus e mandeus e em vê-los – tal como fizeram os portugueses no século XVI – como uma espécie de cristãos que, à espera de serem convertidos, fazem tudo o que podem por destruir o que resta deste tesouro de diversidade e criatividade humana.

O agora, agora e mais agora de Al Farabi era, portanto, feito de todos esses elementos diferentes. Chegados com ele a Bagdade, entendemos que nessa grande cidade de 1 milhão de habitantes ele vai não só, provavelmente, participar dos cultos à sexta-feira enquanto bom muçulmano e fazer as cinco rezas por dia virado para Meca – ao contrário do que acontecia até pouco tempo antes, quando os muçulmanos ainda rezavam virados para Jerusalém –; ele vai viver em casa de cristãos e vai estudar com cristãos os livros de filosofia grega que ele tanto amava; e vai, também muito provavelmente, saber que à sua volta existem mandeus e sabeus e yazidis e muitas outras religiões. Ou seja, o mundo dele não é o mundo como nós o imaginamos hoje no Médio Oriente e na Ásia Central, feito de uma só religião e até de uma versão particularmente intolerante e fanática dessa religião. Também não é um mundo onde haja apenas três religiões centrais do Livro: Al Farabi vive num mosaico de religiões, algumas com troncos comuns, outras não, trocando entre si elementos diferentes, convivendo no mesmo espaço político.

Nesse contexto, a primeira questão que Al Farabi tenta resolver através da sua filosofia é esta: como criar uma política para a convivência? Partindo de Aristóteles, Al Farabi vai definir os seres humanos como os "membros daquela espécie que não consegue alcançar aquilo de que necessita sem viver junta, em muitas associações ou num único lar".

Esta é a primeira ideia política de Al Farabi: os humanos têm de viver juntos. Como cada um dos seres humanos nunca é autossuficiente, como cada um de nós faz apenas uma parte das coisas de que necessita e precisa dos outros para obter as restantes coisas de que precisa todos os dias, os humanos têm de viver em associação – aquilo a que Aristóteles se referia com a expressão *zoon politikon*, um "animal político". Para Aristóteles, um "animal político" é aquele que vive nas cidades – na *polis* (na "cidade-Estado"). Ora, essas associações de humanos são descritas por Al Farabi segundo uma escala: as aldeias, depois os bairros, depois as cidades, depois as federações de cidades, depois as nações, depois ainda as associações ou federações de nações, e finalmente os impérios. Os impérios estabelecem entre si vários tipos de relações, tal como o fazem as nações, as cidades, os diversos povos. E o mais interessante é que Al Farabi estende todo esse mecanismo de associações

MEMÓRIA PRIMEIRA: DO FANATISMO

humanas encaixadas umas nas outras até à associação cívica da humanidade inteira, que ele descreve como sendo "a associação humana inqualificavelmente perfeita". A linguagem é do século x, mas o pensamento que está por trás dela é útil para o nosso tempo porque, baseando-se na filosofia de Aristóteles, Al Farabi leva ao extremo a ideia da natureza política da espécie humana: se a humanidade é política, ela é política sempre, ela é política em todos os humanos e para lá de quaisquer fronteiras. Ou seja, a humanidade inteira (ou "a parte habitada da Terra", para Al Farabi) é também uma comunidade política. E essa comunidade política terá de ser multirreligiosa porque ele precisa de entender como é que em Bagdade e no mundo entre a Ásia Central e o Mediterrâneo, onde há gente com diferentes crenças e religiões, se consegue viver numa única comunidade política. Essa primeira chave do pensamento de Al Farabi é importante para os tempos que correm, mas faz dele um filósofo de risco, que correu perigos no seu próprio tempo.

A segunda chave do pensamento de Al Farabi é a ideia de felicidade: "A felicidade é um bem sem qualificações. Tudo o que é útil para obter felicidade é bom. O mau é tudo aquilo que nos impede de obter felicidade". O mais surpreendente é que o filósofo se refere aqui a uma felicidade terrena, a atingir nesta vida, neste mundo. Não é uma felicidade para atingir só depois de morrer, só depois da ressurreição, só depois do apocalipse, só noutro mundo; é para ser gozada enquanto estamos vivos. Não sei se há mais algum filósofo medieval, muçulmano, judeu ou cristão, que o tenha dito de forma tão clara: a felicidade não é para atingir na eternidade, a felicidade é para atingir na nossa vida imperfeita e não eterna.

Em terceiro lugar, Al Farabi é um filósofo das cidades, e é aí que a sua linguagem se torna quase poética. O seu catálogo de tipos de cidades parece tirado de um conto de Jorge Luis Borges ou de um romance de Italo Calvino. Para Al Farabi, "há cidades onde a verdadeira felicidade pode ocorrer"; há também cidades da ignorância, cidades da necessidade, cidades do prazer ou cidades hedonistas, cidades timocráticas – notem que não escrevi "democráticas", e sim "timocráticas", de *timós*, que são as cidades onde mandam os estatutos, ou aquelas onde se vive apenas de acordo com a celebridade, a reputação, aquilo que os outros pensam de nós –, cidades que seriam como versões concretas e físicas de uma espécie de Facebook antes do ano 1000. Depois, há cidades despóticas, onde governam os tiranos, há cidades imorais, errantes, plutocráticas, oligárquicas ou aristocráticas. E, finalmente, há cidades democráticas. E aqui um outro elemento distancia Al Farabi de Aristóteles e de Platão. É que, ao contrário dos filósofos gregos, Al Farabi é otimista em relação à democracia. Aristóteles tinha dito que a democracia redundava sempre em "tirania da maioria". Al Farabi considera que a democracia pode decantar as suas virtudes até fazer de uma cidade uma cidade virtuosa.

E, portanto, essas três chaves de pensamento – a humanidade é sempre uma comunidade política, independentemente das suas várias fronteiras; o objeto da política e o objeto da filosofia são a conquista da felicidade, não na eternidade e sim nas nossas vidas, à qual se chega através da sabedoria; a possibilidade de, através da democracia, chegar à cidade virtuosa – fazem de Al Farabi um filósofo que dialoga muito bem não só com a filosofia antiga, de 1200 ou 1300 anos antes do seu tempo, mas também, e surpreendentemente, com a nossa própria época, que tanto precisa dessas três ideias. A Al Farabi provavelmente não surpreenderia a possibilidade de estabelecermos um diálogo com ele. Reparem: ele, na Bagdade de antes do ano 1000, estabelece um diálogo com Platão e Aristóteles, um diálogo para lá das religiões, para lá da língua que ele falava, para lá de milénios; portanto, nada mais natural para Al Farabi do que pensar que seria possível estabelecer um diálogo connosco.

Uma quarta ideia de Al Farabi que talvez nos seja útil nos dias de hoje resume-se numa simples frase em inglês – "*Make Aristotle great again*", "tornar Aristóteles grande outra vez" – e tem que ver com um elemento do discurso político a que Aristóteles chama paresia ou parésia: falar com sinceridade, com franqueza, não dizendo nada de menos nem nada de mais. Esse "falar franco" de Aristóteles opõe-se a dois defeitos do discurso que são hoje característicos do discurso político: os defeitos do *eiron*, ou "ironista", e os defeitos do *alazon*, ou "fanfarrão". Deixem-me descrever essas duas figuras do *eiron* e do *alazon*, e depois logo veremos se as conseguem identificar na política atual. O *eiron* é, como se sabe através da palavra "ironia" – não no sentido utilizado em "ironia do destino", mas no da ferramenta retórica –, aquele que ironiza. Por exemplo, na escrita humorística, o ironista é aquele que não diz tudo aquilo que poderia dizer, como quando o imperador do Japão soube da destruição de Hiroxima e Nagasáqui e disse: "Bem, parece que houve aqui uma certa destruição". Não, não era uma certa destruição; duas cidades tinham sido devastadas. O político que diz menos do que deveria dizer padece do pecado de insinceridade. Portanto a ironia, entendida como característica

Uma quarta ideia de Al Farabi que talvez nos seja útil nos dias de hoje resume-se numa simples frase em inglês – "Make Aristotle great again", "tornar Aristóteles grande outra vez" – e tem que ver com um elemento do discurso político a que Aristóteles chama paresia ou parésia: falar com sinceridade, com franqueza, não dizendo nada de menos nem nada de mais.

(p. 91)

MEMÓRIA PRIMEIRA: DO FANATISMO

do discurso que não diz tudo o que há para dizer, torna-se um defeito político, e de facto hoje os líderes políticos não dizem tudo aquilo que deveriam dizer. Não dizem toda a verdade acerca das coisas que os rodeiam. Quando isso acontece durante demasiado tempo, podemos ir parar ao outro extremo. O outro extremo é aquilo a que Aristóteles chama o *alazon*, traduzível como "o fanfarrão". O fanfarrão é aquele que exagera, que diz sempre mais do que aquilo que deveria dizer, é aquele que perante a realidade nos dá sempre uma leitura extremada, caricatural, grotesca. O *alazon* é um político potencialmente muito eficaz porque, cansadas de ouvir políticos insinceros, as pessoas começam a aproximar-se dos políticos fanfarrões, gabarolas, exagerados, demagogos. As pessoas sabem que esses políticos também mentem – não por omissão, mas por exagero –, porém algo no fanfarrão nos sugere que, ao mentir, ele é autêntico. Toda a gente sabe que ele é mentiroso – claro que ele mente! –, mas é um mentiroso autêntico, sincero na sua mentira, desbragado na sua fanfarronice e, portanto, de certa forma sedutor. Aristóteles e Al Farabi consideram que a única maneira de ultrapassar esse dilema é através da parésia, ou seja, do falar francamente e através da sinceridade. É esse, digamos, o meio caminho virtuoso – a *mesotes*, como escreveu Aristóteles – entre uma política da insinceridade e uma política da mentira desbragada e fanfarrona.

Al Farabi ensinou em Bagdade sobre Platão e Aristóteles durante muitos anos. Os seus alunos tiraram notas, ele próprio escreveu livros, e esses livros são resumos de filosofia grega simplificada, às vezes simplista, que começaram a correr primeiro no Médio Oriente, na Ásia Central, depois pelo norte da África, acabando por chegar à Península Ibérica, pelo menos à sua metade sul, que era governada por muçulmanos. Mais tarde, os seus alfarrábios circularam também na Europa cristã. Foi, portanto, em grande medida através de Al Farabi que Aristóteles e Platão se tornaram conhecidos durante a Idade Média.

Quem certamente leu Al Farabi foi o ex-filósofo (adiante entenderão porque lhe chamo ex-filósofo) sírio Algazali, ou Al Ghazali. Tal como Al Farabi, embora cerca de um século mais tarde e já em plenos tempos de islamismo, Algazali viveu fascinado pela filosofia grega. Ao contrário do primeiro, porém, viveu também um dilema moral entre a filosofia e a religião. Por volta dos seus vinte anos, Algazali acreditava que a filosofia era a forma de chegar à felicidade, uma convicção que acabaria por perder porque, se a filosofia era uma forma de chegar à felicidade, onde é que estava esse caminho? Seria o caminho dos filósofos hedonistas ou o dos filósofos estoicos, ou o dos filósofos céticos, ou até o dos chamados pirronistas (ultracéticos)? Seria o caminho dos platonistas ou o do meio virtuoso dourado de Aristóteles? Ou seria o caminho dos cálculos matemáticos dos pitagóricos? Se a filosofia era um caminho para a felicidade, o problema para Algazali é que havia caminhos a mais, ainda por cima em contradição uns com os outros. Desiludido com a filosofia grega, latina e todas as outras – porque, se os filósofos discordam uns dos outros, não é possível que a filosofia contenha a verdade –, Algazali escreveu um livro chamado *A incoerência da filosofia*, ou *A incoerência dos filósofos*. Onde há discordância há erro, e o erro não pode ser um caminho da verdade. Assim sendo, o melhor seria retrairmo-nos do raciocínio e optarmos por outro caminho para a felicidade: simplesmente amalgamarmo-nos com Deus, numa união mística através do êxtase da fé. Algazali abandona assim a filosofia e não mais olha para trás.

Ao optar apenas e só pelo êxtase místico da união com Deus, ele é o antepassado dos dervixes, ou sufistas. Os sufistas, com U, para distinguir dos sofistas do tempo de Sócrates, ou sabichões que vendiam a sua retórica na Acrópole, ainda são hoje muito importantes em vários territórios islâmicos, em particular na Turquia, de onde provêm os famosos dervixes que atingem o êxtase através da dança. A filosofia de Al Farabi foi sendo colocada de parte e, no Médio Oriente e um pouco por todos os territórios onde os muçulmanos dominavam, impôs-se a crença de Algazali numa união mística com Deus. Talvez Al Farabi tivesse intuído o perigo desse caminho quando, ao escrever acerca das várias formas de conhecimento, admite que o Corão é uma espécie de conhecimento – a verdade revelada –, mas ressalvando que há outra espécie de conhecimento, o conhecimento das coisas sensíveis, aquelas que podemos tocar e ver todos os dias – em suma, o conhecimento empírico. Mas, diz ele, há também outra forma de conhecimento intermédia: é o conhecimento por via do raciocínio, ao qual podemos chegar através do nosso próprio pensamento. Esse conhecimento é a *falsafa* – a "filosofia". É possível que Al Farabi pressentisse que o seu mundo se estava a fechar, que nascia uma espécie de pensamento único religioso da união mística com Deus e do esperar pelo fim do mundo. Esse pensamento punha em causa a humanidade enquanto comunidade política, tal como ele a tinha concebido e sonhado, desvalorizava a felicidade no nosso tempo de vida limitado e focava-se na felicidade eterna da ressurreição. Não era, de facto, um presente para a filosofia. Al Farabi parece ter procurado responder a esse fechamento imaginando um futuro para a sobrevivência da filosofia, deixando a porta entreaberta, advogando a preservação do conhecimento que não estava nem no Corão nem na realidade sensitiva de todos os dias. *"Make Aristotle great again"* deixou de ser uma missão para o seu presente e passou a ser uma missão para o nosso futuro.

Depois de 950, quando já não era vivo, Al Farabi tornou-se um filósofo esquecido, quase reprimido. Logo ele, que fizera parte daquele Iluminismo perdido a que pertenceram génios da matemática como Al Khwarizmi ou da medicina como Avicena. Mais tarde, pela época em que nasceu o Reino de Portugal, Al Farabi seria relembrado, apenas na nossa Península Ibérica, por um filósofo muçulmano chamado Averróis. Averróis redescobre a obra de Al Farabi através da crítica que lhe fizera Algazali, decidindo colocar--se do lado da filosofia: em resposta à *Incoerência dos filósofos* – a já referida obra de Algazali –, escreve um livro com o título irónico de *A incoerência da incoerência* (*Tahāfut al-Tahāfut*). E é através do livro de Averróis que Al Farabi circula na Idade Média cristã da Europa.

No Médio Oriente, a filosofia de Al Farabi, enterrada sob os anátemas de Algazali, vai sendo esquecida. Mas ficam as histórias e lendas sobre a sua sabedoria, humanidade, uma certa ternura e talvez, acima de tudo, o seu amor pela música. Numa dessas histórias, que provavelmente chegou à Europa do século das Luzes através do enciclopedista turco Kâtip Çelebi (no século XVII, Çelebi terá ido buscá-la ao biografista curdo Ibn Khallikan, que deixou uma versão no seu livro sobre *As mortes dos homens eminentes ou história dos filhos desta era*), conta-se que Al Farabi foi certa vez convidado a visitar a corte de Sayf al-Dawla, famoso emir de Alepo (conhecido, em português, por Ceife Adaulá, que significa "a espada da dinastia" hamdânida). O emir, desejando ter Al Farabi a residir na sua corte, fez-lhe muitas perguntas, ofereceu-lhe comida e trouxe músicos para os acompanharem. A certa altura perguntou ao filósofo se ele sabia tocar. Este tirou um instrumento de sopro (noutra versão é um instrumento de cordas) do seu saco de couro:

> Primeiro afinou o seu instrumento de tal forma que quando tocou uma música alegre todos riram; depois alterou a afinação e tocou de tal forma que

todos choraram; finalmente, pegou no instrumento e voltou a alterar a sua afinação, de tal forma que quando tocou levou toda a gente a adormecer, até mesmo o porteiro da sala. Quando todos dormiam, Al Farabi saiu.

Viajando a partir de Alepo, diz-se que Al Farabi foi encontrado por um bando de ladrões e assassinado na estrada para Damasco, no sentido contrário ao da conversão de São Paulo (que vinha de Jerusalém para Damasco, de sul para norte e não de norte para sul). Onde antes nascera uma religião, enterrou-se uma filosofia.

Memória SEGUNDA

Da polarização

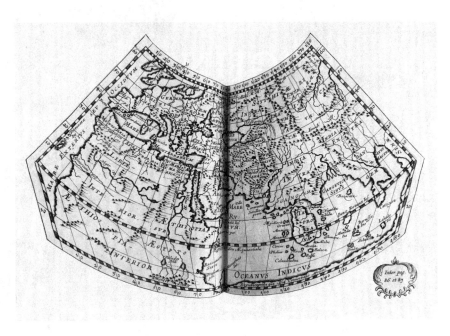

*Por detrás desse verniz havia uma
profunda diferença na maneira de entender
o mundo e, de forma geral, o cruzamento
entre política e território.*

PRIMEIRA CONVERSA

Guelfos e gibelinos

O que acontecerá às nossas polémicas quando já ninguém se lembrar delas? Quando já ninguém entender o significado das palavras com que tanta energia gastamos, tanto fôlego perdemos? É pergunta que me faço desde que fui para a Torre do Tombo pesquisar relatórios da censura do século XVIII e ali, à chegada de cada caixa a abarrotar de documentos, ia lendo as palavras que então tinham o mesmo efeito sobre as gentes desse século quanto as palavras que hoje usamos têm sobre nós: "Esta é uma polémica probabilista", dizia um papel; "Esses são jansenistas até aos ossos", dizia outro; "Este livro tresanda a pirronismo", diria um terceiro; um folheto de cordel satirizava os modos dos "peraltas" contra os modos dos "janotas"; um sermão era acusado de ser "jacobita". E por aí adiante.

Eu ficava a coçar a cabeça e perguntava-me o que raio seria o probabilismo, o jansenismo ou o pirronismo. Quem diabo eram os peraltas e os janotas? E que história era essa do jacobitismo? Depois apercebia-me: é isto que nos vai acontecer. É, indubitavelmente, o que vai acontecer às nossas palavras de agora. Daqui a uns anos vai ser preciso um estudante de mestrado coca-bichinhos (e muito persistente) dos arquivos eletrónicos para descobrir e depois lembrar o que foi o Brexit ou o que era um *meme*. Todo o fôlego, toda a tinta e todos os pixels que gastamos a falar do "pós-modernismo" e do "politicamente correto" encontrarão o mesmo destino que tem para nós a "querela dos anciãos e dos modernos", que no século XVIII deu origem a debates que influenciaram o nascimento das Luzes, mas de que hoje só alguns historiadores querem saber. Interessante, sim, para quem se interessa. Desconhecido para a maior parte dos outros, que passam bem sem isso.

É melhor habituarmo-nos a essa ideia. Mas também é bom que a tentemos contrariar, indo ao passado em busca do sentido (e por vezes do sem sentido) dessas polémicas que nos precederam. Trata-se de um exercício muito útil, porque as categorias vindas do passado profundo podem ter pontos em comum com as nossas perplexidades do presente.

Há muito tempo, muito antes de haver esquerda e direita – antes das revoluções liberais, antes do absolutismo e até antes do Renascimento –, havia na Idade Média uma grande confrontação política e ideológica entre dois partidos. Uma polarização, como lhe chamaríamos agora. Eram os guelfos e os gibelinos. Nessa altura não lhes chamavam partidos, mas andavam lá perto: chamavam-lhes "partes". E, portanto, costumava dizer-se "ele é da parte guelfa" ou "ela é da parte gibelina".

A história dos guelfos e dos gibelinos é uma história transnacional. A distinção começou na Europa germânica – não havia Alemanha então –, nos territórios do Sacro Império Romano-Germânico. A polarização começou entre quem era fiel à casa nobre de Welf (de onde saiu o nome "guelfo") e os fiéis à casa de Hohenstoffen. O grito de guerra dos Hohenstoffen, "*Weiblingen!*", a partir da localidade e do castelo com o mesmo nome, atravessou os Alpes e chegou à Itália, o que deu origem à palavra "ghibellini". Guelfos e gibelinos (também se poder dizer "güelfos", pronunciando o u, e "guibelinos", à italiana) vestiam-se de maneira diferente, comportavam-se de maneira diferente e diz-se que até cortavam a fruta de maneira diferente – apenas pela razão de melhor se distinguirem uns dos outros. Havia ruas e bairros e aldeias e cidades guelfas ou gibelinas, ou tentando manter um equilíbrio difícil entre uma parte e a outra. Lembram-se do Romeu e da Julieta de Shakespeare, dos rivais Capuletos e Montéquios de Verona? Mais do que famílias de sangue, tratava-se de duas famílias políticas, e provavelmente eram guelfos uns (os Capuletos, inspirados nos Cappelletti de Cremona) e gibelinos os outros (os Montecchi de Verona). Mesmo que disso não tivesse consciência, ou que não tivesse maneira de identificar corretamente todos os pormenores (parece que os verdadeiros rivais gibelinos dos Capuletos eram os Barbarasi ou Troncaciuffi, também de Cremona), a verdade é que, ao escrever sobre essas rivalidades, Shakespeare evocava para os seus espectadores a noção geral de que a Itália era um espaço de grandes oposições faccionais – um país polarizado, como hoje se diria –, reconhecido e lembrado enquanto tal na época dessas polarizações, e até séculos depois.

Guelfos e gibelinos tinham ideias políticas diferentes. Os guelfos eram anti-imperialistas – no sentido de serem contra o Sacro Império Romano-Germânico –, de tal forma que um documento afirma que uma "senhora guelfa" nunca diria bem de nenhum imperador, nem sequer de Carlos Magno, que já tinha morrido há quinhentos anos. Os gibelinos, por outro lado, rejeitavam as intervenções do papa na política das suas cidades e buscavam no imperador um contraponto para o papa. Os guelfos tendiam para o republicanismo, defendendo a autonomia das cidades-Estado italianas, embora com um certo vínculo espiritual ao papado como instância arbitral para aquilo a que hoje chamaríamos direito internacional (na altura esse termo não existia, sendo antes utilizada uma expressão latina: *ius gentium*, que quer dizer "o direito das gentes"). Os gibelinos tendiam a ser monárquicos e territorialistas. Com visões opostas do mundo, para os guelfos o mundo ideal seria uma federação de repúblicas. O mais famoso dos gibelinos, o poeta Dante (embora a história seja mais complicada, e voltaremos a ela, pois Dante fora guelfo na sua juventude), proclamava que o mundo deveria ser governado por uma monarquia universal.

Por detrás da oposição de ideias havia alguma correlação social e geográfica, mas ela não era perfeita. À época vivia-se uma grande transformação económica: os primórdios do capitalismo ou, se quisermos vê-lo de outra forma, a pré-história de um capitalismo que depois soçobrou sob a Peste Negra e que só nasceu verdadeiramente a seguir aos séculos xv e xvi. Os estratos mais confortáveis com a financeirização das cidades tendiam a estar com os guelfos, como era o caso dos artesãos e dos plebeus, que queriam manter a independência das cidades. Os gibelinos seriam mais rurais, fidalgos e feudais. Mas havia nobres e plebeus de um lado e do outro, mesmo que se pudesse dizer que as suas ideias guelfas ou gibelinas iam contra os seus interesses económicos e sociais mais imediatos. A polarização tinha um efeito de identificação no seio de cada uma das partes e de distinção entre elas, o que por vezes era mais forte do que esses interesses económicos e sociais imediatos.

Florença era uma cidade principalmente guelfa. Siena era gibelina. Génova mantinha um equilíbrio: nas suas vereações havia quotas para nobres e plebeus, artesãos pobres e ricos, e sempre oito guelfos e oito gibelinos para cada lado – e o mesmo valia em cidades que eram colónias de Génova, inclusive na Península da Crimeia (sim, na Crimeia que é hoje disputada por russos e ucranianos e que na altura se encontrava na esfera de influência da Horda Dourada dos mongóis que ali tinham chegado com Gengis Cã). A certa altura, os guelfos tomaram conta de Florença e expulsaram os gibelinos (Dante foi para o exílio, embora não seja claro se foi logo ou só depois, quando os guelfos se dividiram entre "guelfos brancos" e "guelfos negros"). Passado algum tempo, nasceram novas divisões, porque uma cidade, pelo menos uma cidade como Florença, não aguentava muito tempo sendo apenas e unicamente guelfa. A polarização tinha uma lógica interna que funcionava por si mesma. Então, já sem gibelinos para fazer essa polarização, passaram os guelfos a dividir-se entre "guelfos negros" (ou *neri*), que defendiam os privilégios da nobreza, e "guelfos brancos" (ou *bianchi*), que eram igualitaristas e pró-plebeus. No Renascimento, mesmo antes de Savonarola estabelecer em Florença a sua tirania teocrática, essas divisões já estavam meio esquecidas. O absolutismo acabou definitivamente com elas.

Às vezes olho para as nossas polémicas e oposições, entre *blue states* e *red states* nos Estados Unidos, entre *remainers* e *leavers* no Reino Unido, entre quem se sente à vontade com a globalização e os que desejam regressar ao nacionalismo, e penso: cá estão os nossos guelfos e gibelinos. Os guelfos do nosso tempo são representados pelo arquipélago de cidades globais que, de Londres a Nova Iorque e a Istambul, votaram contra Trump, o Brexit e o referendo presidencialista de Erdoğan na Turquia. Os gibelinos reagem ao descaso e à desconsideração a que consideram serem votados pelos guelfos, votando por sua vez em homens fortes para sacudir o sistema.

Como é que isto acaba? Não sei. Quando alguém olhar para a nossa época daqui a dois, três ou mais séculos, o que verá? Poderá então não entender facilmente os títulos que demos às nossas oposições políticas, como eu não entendo assim tão bem ou não acerto assim tão bem nas distinções entre as partes ou clubes, ou tribos, ou polarizações políticas da Itália da Idade Média. Se tiver de explicar o que tiver aprendido sobre os nossos tempos, talvez use comparações que nos pareceriam absurdas para se fazer entender. Talvez lhe escapem algumas subtilezas que consideramos muito importantes. Mas talvez veja mais claramente algumas oposições que para nós se confundem com o ruído quotidiano. O exercício de olhar para o nosso tempo como se estivéssemos já longe dele pode ser-nos útil, porque nos permite abstrair de tudo aquilo que nos distrai para nos focarmos apenas nas grandes diferenças estruturais.

Ora, esse historiador ou essa historiadora, ou mesmo apenas um curioso do futuro que olhe para o nosso tempo, identificará certamente um fator crucial: o início do século xxi foi o tempo em que mais de metade da população mundial passou a viver em cidades. E em que as convulsões políticas foram muito marcadas por formas diferentes de entender e viver a cidade.

MEMÓRIA SEGUNDA: DA POLARIZAÇÃO

Se mergulhar nas fontes da nossa época, o nosso historiador futuro encontrará expressões incompreensíveis e nomes de políticos esquecidos ou talvez já só lembrados em anedotas: Brexit, Trump, Bolsonaro, para mencionar apenas os mais recentes. Poderá não entender o que significam, mas não terá dificuldade em perceber que houve uma oposição central que se revelou nesses confrontos. E, mesmo na nossa altura, houve quem a identificasse, embora imperfeitamente: chamaram-lhe uma oposição entre rural e urbano, embora não seja bem uma oposição entre rural e urbano. Há zonas urbanas que votaram ao lado de zonas rurais contra as metrópoles, e (mais raro) também há zonas rurais cujos estilos de vida, hábitos e cultura política se assemelham aos das maiores metrópoles.

Nos Estados Unidos chamaram a essa dualidade uma oposição entre "estados azuis" liberais e progressistas e os "estados vermelhos" conservadores e reacionários: os "estados vermelhos" têm uma grande contiguidade geográfica entre si – e por isso, com uma certa arrogância, os habitantes dos estados azuis das cidades costeiras chamam-lhes *flyover states*", aqueles que apenas servem para sobrevoar quando se vai de avião de Nova Iorque para Los Angeles. Em boa verdade, todos os estados vermelhos estão reunidos no interior dos Estados Unidos – e depois há uma grande exceção: o Alasca. Situado fora da massa principal dos Estados Unidos, o Alasca é também um estado vermelho, partilhando muitas das características do "um sertão gibelino". Os "estados azuis" não são um território definido, antes um arquipélago de espaços que parecem ter mais em comum com regiões semelhantes noutros continentes do que com os "estados vermelhos" que os ladeiam. Ou seja, um habitante de Nova Iorque estará provavelmente mais à vontade com a mundivisão de Londres, ou até de Lisboa, do que com a mundivisão de alguns dos seus compatriotas do interior dos Estados Unidos. Um pouco da mesma forma que se costuma notar que todas as cidades portuárias têm coisas em comum, por vezes mais do que com as cidades não portuárias dos seus próprios países.

No Reino Unido, o voto do Brexit – outra palavra do século XXI que o nosso observador do futuro terá de estudar para entender melhor – também opôs não só uma grande metrópole como Londres a zonas rurais em Inglaterra e no País de Gales, mas ainda regiões urbanas que perderam as suas indústrias para zonas rurais na Escócia e na Irlanda do Norte. Ou seja, do lado a favor do Brexit há uma ex-cidade industrial como Coventry, mas do lado contra o Brexit há zonas rurais da Escócia ou da Irlanda do Norte que, por razões de identificação cultural e socioeconómica com o restante do continente europeu, votaram com a grande metrópole global que é Londres.

O mesmo tipo de polarização repetiu-se em França por estes anos – entre Paris, algumas cidades e mesmo zonas rurais muito interligadas com o resto do mundo, e outras cidades e campo despovoado e economicamente deprimido; na Turquia – entre Istambul, mais algumas cidades costeiras como Esmirna e a capital Ancara, por um lado, e o resto do país, por outro; no Brasil, na Alemanha, em Itália e em muitas outras sociedades desenvolvidas ou em via disso, e passou-se no interior de cada uma dessas regiões.

Falar de uma diferença fundamental entre urbano e rural justifica-se apenas por facilidade conceptual. Trata-se antes de uma diferença entre zonas urbanas (principalmente) e zonas periurbanas ou rurais que beneficiam com o fenómeno da globalização – e que se sentem à vontade com ele, tal como também com a emigração, o multiculturalismo, a liderança das indústrias culturais ou criativas, ou o influxo de populações refugiadas, mas também de populações ligadas à ciência ou à academia –, e zonas rurais, periurbanas ou mesmo urbanas que podem ter tido sucesso económico e grande vitalidade social na época da Revolução Industrial, mas que agora revelam dificuldade em encontrar sustentabilidade num mundo cada vez mais integrado e se sentem também abandonadas pelas lideranças culturais, artísticas ou até cinematográficas, se pensarmos nos Estados Unidos e na forma como o sertão gibelino vê uma cidade guelfa como Los Angeles ou o enclave guelfo de Hollywood.

As velhas diferenças entre esquerda e direita continuam a ser importantes, e sê-lo-ão talvez ainda mais no futuro, mas a verdade é que elas se declinam de forma diferente conforme vistas pelo prisma das oposições anteriores: a uma esquerda e a uma direita libertárias ou autoritárias acrescentam-se agora uma esquerda e uma direita nacionalistas ou cosmopolitas. De certa forma – se quisermos aplicar essa especulação distante e indisciplinada, pouco ortodoxa, que estou a fazer –, talvez haja uma esquerda guelfa e uma esquerda gibelina, assim como uma direita guelfa e uma direita gibelina nos tempos que correm. Ou seja, uma esquerda e uma direita que, além de se distinguirem uma da outra, se distinguem dentro de si mesmas pela forma como vivem mais ou menos confortavelmente com a globalização, ou o projeto europeu, ou a imigração, ou o multiculturalismo.

Mas isso são palavras que o nosso viajante no tempo talvez não consiga entender, pelo que vale a pena tentar explicar de novo.

MEMÓRIA SEGUNDA: DA POLARIZAÇÃO
105

Façamos também nós a nossa comparação selvagem e talvez um pouco absurda. Nos séculos XII, XIII e até mais ou menos ao ano 1500, uma das grandes oposições políticas, sociais e culturais numa das zonas mais urbanizadas da Europa – do norte da Itália ao sul da Alemanha – era, como vimos, a oposição entre guelfos e gibelinos. Pelos guelfos e pelos gibelinos matava-se e morria-se, havia guerras e massacres, revoltas e exílios coletivos, famílias desavindas e bairros em convulsão, havia gente que se vestia de forma diferente, usava palavras diferentes e até cortava a fruta de maneira diferente para se poder distinguir: eu sou da parte guelfa, tu és da parte gibelina.

Mas, afinal, o que era de facto essa oposição? Ao contrário da nossa oposição entre esquerda e direita, a oposição entre guelfos e gibelinos começa por ser uma oposição entre lealdades feudais e redes clientelares. Essas lealdades feudais e redes clientelares, na Europa medieval, não tinham exatamente uma expressão nacional, porque nessa época ainda não se podia falar de nações no sentido moderno. Os conflitos eram, por natureza, sempre transnacionais. Assim, a oposição nasceu no território da Alemanha – entre a casa de Welf e a casa de Hohenstoffen – e transferiu-se para Itália, traduzindo-se os *welf* por *guelfi* e os *weiblingen* por *ghibellini*. Na raiz da diferença, como vimos, continuava uma questão de lealdade: os guelfos eram leais ao papa, os gibelinos eram leais ao imperador. Por detrás desse verniz havia – e é isso que nos interessa nesta história fascinante – uma profunda diferença na maneira de entender o mundo e, de forma geral, o cruzamento entre política e território. Os guelfos eram leais ao papa porque desejavam acima de tudo manter a autonomia das suas repúblicas urbanas, dos seus municípios, das suas cidades interligadas por laços de economia, cultura e liberdade. Os gibelinos eram leais ao imperador porque priorizavam uma ligação ao território material em detrimento das artes do conhecimento, do simbólico e da finança, que dominavam as cidades guelfas.

Florença, uma capital capitalista, era uma cidade guelfa. Siena, um feudo mais rural, uma cidade gibelina. Mas havia também aldeias guelfas e cidades gibelinas, ruas e bairros de uma parte e da outra. Com o passar dos séculos, a diferença entre guelfos e gibelinos foi acima de tudo uma diferença de visões do mundo: república versus império, conhecimento versus autoridade, rede versus fronteiras. Com o passar de mais séculos ainda, essa diferença passou a ser de âmbito social; as divisões permaneceram mas evoluíram, como prova do grande dinamismo que as sociedades altamente urbanizadas, como já o eram estas da Itália na Idade Média, produzem.

O que tem isso a ver com a atualidade? Tendo em conta a insuficiência de uma mera dualidade entre urbano e rural, que não descreve bem os matizes das nossas oposições sociais, culturais e políticas, talvez nos ajude inventar, ou recuperar, um epíteto: consideremos por um momento a hipótese de que hoje existam também cidades guelfas e cidades gibelinas. As cidades guelfas são cidades orgulhosas da sua autonomia e da sua capacidade de criar economia, conhecimento e significados, cidades confortáveis com o papel que encontraram na globalização, cidades capazes de atrair fluxos de populações de todo o mundo, de condições muito diferenciadas (dos imigrantes, refugiados e requerentes de asilo aos migrantes internos, turistas, profissionais de alta mobilidade global, residentes ricos ou investidores do imobiliário absentistas). Nova Iorque, Istambul, Londres, Singapura, Rio de Janeiro, São Francisco, Portland, Florianópolis, Berlim, Cidade do Cabo são cidades deste tipo. Também há (menos) regiões não urbanas que pertencem a este mundo "guelfo": Cape Cod, Búzios, Silicon Valley. São, no fundo, repúblicas alegremente inseridas numa república global, com valores dominantes de tolerância, diversidade e diferença.

Para o mundo gibelino, contudo, a tolerância guelfa assemelha-se a uma intolerância profunda: a arrogância dos bem-sucedidos que esqueceram os outros. O amor pela diferença assemelha-se a indiferença: uma atitude de negligência e descaso pelos territórios onde ainda estão os vizinhos, os familiares, os compatriotas, às vezes ali mesmo ao lado, em regiões urbanas ou não, onde a fábrica foi fechada, onde a mina deixou de dar, onde os jovens não querem trabalhar na agricultura. A desenvoltura com que o mundo guelfo se adapta à globalização só reforça o ressentimento com que o mundo gibelino vive o retrocesso – muitas vezes não só sem ajuda dos seus vizinhos, mas mesmo com o desprezo ativo e altivo pelos valores mais compartimentados, mais territorializados, mais tradicionalistas dos gibelinos. Estes têm um compreensível orgulho desses valores; transmitidos entre famílias, até há pouco era através deles que se estruturavam as nações, que se organizavam solidariedades locais e corporativas. A facilidade – e a felicidade – com que os guelfos se desligam desses valores para se visitarem uns aos outros nas suas ilhas do arquipélago global, nem que para isso tenham de atravessar o mundo sobrevoando o grande sertão gibelino, não pode deixar de ser interpretada pelos gibelinos como uma alienação. Os guelfos vivem numa bolha, diz-se.

Florença, uma capital capitalista, era uma cidade guelfa. Siena, um feudo mais rural, uma cidade gibelina. Mas havia também aldeias guelfas e cidades gibelinas, ruas e bairros de uma parte e da outra.

(p. 107)

Dos gibelinos poderia dizer-se exatamente o mesmo, e os guelfos dizem-
-no, embora não falem de uma bolha territorial mas de uma bolha temporal:
dizem que os gibelinos vivem no passado.

Na verdade, essa ideia das bolhas é no fundo uma caricatura que resulta de
um esforço de incompreensão, digo, não de uma dificuldade em compreender, mas de um esforço ativo em incompreender. Em maior ou menor grau,
todos estão ligados por laços de familiaridade, de tensão política, de dívidas e
empréstimos, de impostos e subsídios, de desconfiança e de solidariedade. Em
alguns casos, há enclaves do mundo guelfo, autênticos dínamos económicos
e culturais, que puxam pelos seus países e regiões numa relação de dinâmica
positiva com os territórios gibelinos. Noutros casos, há territórios gibelinos
que mantêm não só um grande valor simbólico e identitário, mas também
agricultura de alto valor acrescentado, indústrias que não passaram de moda
ou que sabem renovar-se, atração de fluxos turísticos e culturais, qualidade
de vida para residentes e proprietários de residências secundárias etc.

Ora, nos melhores casos, a polarização entre esses neoguelfos e neogibelinos
dos tempos presentes é produtora de avanço, de progresso, de novos sentidos, de
novo dinamismo e criatividade nas nossas sociedades, e pode funcionar com
um círculo virtuoso em que as regiões do arquipélago guelfo e do sertão gibelino se suportem e alimentem respetivamente umas às outras. Alimentem
literalmente ou alimentem cultural e espiritualmente os sentidos. Nos piores
casos, os enclaves guelfos e o território gibelino à sua volta não se entendem
nem querem entender-se, mas apenas se esforçam por combater e aniquilar.
É aí que se passa da polarização construtiva à polarização destrutiva, em que
cada compromisso é entendido como uma traição, em que cada reconhecimento da identidade do adversário é entendido como uma humilhação, em
que cada pessoa que quer compreender os dois lados é entendida como mole,
fraca, não querendo posicionar-se quando deveria escolher um lado ou o
outro. Essa é a história que hoje conhecemos em muitos países, uma história
em que são todos infelizes da mesma maneira, e em que cada região, país ou
continente tem de procurar a sua maneira diferente de ser feliz.

Nas próximas conversas desta "Memória segunda" vamos procurar entender esse mundo de depois do ano 1000. Se na memória anterior lidámos
com o Iluminismo perdido da Ásia Central, da Mesopotâmia e do Mediterrâneo Oriental de Al Farabi até ao fim do primeiro milénio da era cristã,
desta vez vamos encontrar um período ainda mais confuso.

SEGUNDA CONVERSA

No início era o fim do mundo

A minha definição pessoal da Idade Média é: cerca de mil anos em que as pessoas acreditavam que o fim do mundo estava para breve. Essa não é uma definição exaustiva – havia porventura na Idade Média gente que não pensava no fim do mundo todos os dias, e fora da Idade Média muita gente acreditou piamente que o fim do mundo estava para chegar durante as suas vidas mesmo, ou nas gerações imediatamente a seguir – e tenho zero pretensões de objetividade com essa definição. Na sua subjetividade assumida, essa é uma definição que me ajuda a pensar que no decurso de um milénio foi crença predominante de cristãos e depois de muçulmanos aquilo que antes já fora crença de judeus – e claro que não só, mas de uma forma particularmente intensa nessas religiões: a ideia de que o mundo, tal como tivera um princípio, teria um fim definido, já anteriormente revelado ("apocalipse" quer dizer "revelação" no idioma grego), no qual viria ou retornaria o messias, os justos seriam recompensados com a vida eterna, em alguns casos os mortos ressuscitariam no seu corpo físico e iniciar-se-ia um novo milénio de bem-aventurança. À tentativa de conhecer e antecipar esse fim chama-se "escatologia", ou "ciência das últimas coisas", a partir da palavra grega para "fim" ou "término", que é εσχατος ("escatos").

Como vimos na nossa primeira memória, é bem possível que o pensamento escatológico tenha sido uma das coisas que o zoroastrianismo legou às religiões mais jovens que nasceram a ocidente, como o judaísmo, o cristianismo e o islamismo, pois os zoroastrianos terão sido os primeiros a acreditar num fim dos tempos, em que o mal seria derrotado e toda a criação ressuscitaria para viver em união com deus.

Esse tipo de crenças não era propriamente dominante na bacia do Mediterrâneo no tempo da Antiguidade grega e romana, até à consagração final do cristianismo como religião oficial do Império Romano. Antes disso, nem gregos nem romanos tinham especial razão para imaginar que o mundo deixasse um dia de ser aquilo que normalmente era, apesar de algumas lendas romanas arcaicas especularem que Roma – mas apenas Roma e não o mundo inteiro – seria destruída no seu 120º aniversário ou, quando isso não aconteceu, nos 365 anos da sua fundação – ou seja, muito antes de Roma chegar à sua maior expansão. A realidade da glória antes inimaginável de Roma faz esquecer rapidamente essas lendas. Pelo contrário, é quando Roma cumpre o seu milésimo aniversário, em 247 da nossa era, que os cristãos são de tal modo perseguidos que a crença de que o fim do mundo estava então em curso se torna inabalável – mas só para os cristãos.

Menos de cem anos depois, as cartas são viradas do avesso, e é o cristianismo que se torna a religião oficial do Império Romano, com Constantino, primeiro, e o imperador Teodósio, depois. Mas em vez de se tornar triunfalista, acomodando-se ao seu inesperado lugar de poder, o cristianismo transporta o seu sentido do fim do mundo consigo, mesmo quando se torna vitorioso no império que antes o tinha perseguido. É nessa fase que as previsões do fim do mundo para breve se tornam recorrentes.

Em 364 sobe ao trono imperial romano um homem chamado Valente, que governará por quatorze anos e morrerá na Batalha de Adrianópolis em 378, de certa forma marcando o início do fim do Império Romano. O imperador Valente era cristão, mas cristão ariano, o que significa que negava a doutrina da trindade Pai-Filho-Espírito Santo e perseguia os cristãos nicenos – os que defendiam essa doutrina e que são, basicamente, os cristãos que conhecemos hoje. Um bispo de Poitiers, na atual França, e que se tornaria conhecido como Santo Hilário, sofreu tanto com essas perseguições, e respondeu-lhes tanto com outras perseguições igualmente intolerantes, que se tornou um dos principais precursores da tendência bem cristã de chamar aos adversários (em particular se forem também cristãos) "anticristos" – portanto, prenunciadores do apocalipse. Tal como Valente era um perseguidor intermitente dos cristãos nicenos, o bispo de Poitiers, Santo Hilário, era conhecido como "o martelo dos arianos". Em 365, Hilário de Poitiers profetizou o fim do mundo para esse mesmo ano, o que nos indica que acreditava mesmo nisso – se fosse um aldrabão preveria o fim do mundo para uma data mais longínqua, que não pudesse ser verificada pelos seus contemporâneos. Acreditar no fim do mundo para o próprio ano que se está a viver é uma demonstração de firmeza nas crenças de quem faz a profecia.

MEMÓRIA SEGUNDA: DA POLARIZAÇÃO

Em 380, outra seita cristã chamada dos donatistas prevê o fim do mundo, também para 380.

Passados uns anos, mas ainda no mesmo século, São Martinho de Tours sobe a parada, proclamando que o anticristo já nasceu e, no fundo, o fim do mundo já começou.

Em 500 d.C., os seguidores do teólogo Sexto Júlio Africano, que vivera dois séculos antes, acreditavam que o fim do mundo não poderia passar do ano 500. Outros teólogos, como Hipólito e Ireneu, defendiam a mesma data para o fim do mundo – julgavam eles que a Terra, o próprio planeta, o próprio mundo, faria então 6 mil anos, e consideravam que o mundo não poderia passar do seu sexto milésimo aniversário.

Por volta do ano 800, um bispo de Toledo chamado Elpando regista que há pânicos sociais com o fim do mundo, e um monge espanhol chamado Beato de Liébana diz que o mundo acabará no máximo quatorze anos depois da data em que ele escreve, 786 d.C. Ou seja, o mundo deveria acabar por volta do ano 800. O bispo Gregório de Tours, um dos homens mais sábios do seu tempo, escrevia que o mundo acabaria entre 799 e 806. E por aí afora, século após século, até vermos o filósofo lisboeta judeu Isaac Abravanel abandonar a filosofia e dedicar-se a prever o fim do mundo para cerca do ano 1500. Entre 500 e 1500 não há praticamente geração que não acredite ser a última, e o mais notável é que quem faz essas previsões não são só profetas loucos ou marginais, mas os mais importantes bispos, teólogos e autores de três religiões, duas delas cada vez mais dominantes desde a Ásia Central até à Europa Ocidental. A crença no fim do mundo para breve, para hoje, para este ano, até para ontem, não é uma fantasia das franjas da sociedade, mas um facto perfeitamente assumido a partir do topo da sua hierarquia religiosa, num tempo em que a religião se foi tornando o discurso determinante, ou até mesmo o pensamento único.

Que importância tem isso? Tem toda. Como é evidente, acreditar, acreditar solidamente mesmo, como se fosse um facto de todos os dias tão concreto como o nascer ou o pôr do sol, que obviamente o mundo vai acabar e vai acabar em breve, durante o nosso tempo, muda tudo nas nossas vidas. Não se fazem as mesmas escolhas, não se fazem os mesmos planos, não se projeta o futuro da mesma forma. Hoje somos uma sociedade orientada para o futuro – é talvez por isso que a recente pandemia nos irritou solenemente, não só por escapar aos nossos planos como também por torná-los, mesmo os de médio prazo, completamente impossíveis e irrelevantes –, coisas como a "carreira", a "trajetória" e o "sucesso" inscrevem-se nessa orientação para o futuro que é tornada parte indissociável do nosso ego, do sentimento de nós próprios. Antes de nós, *grosso modo* entre o final do século XVIII e meados do século XX, houve gerações orientadas para o futuro, talvez de uma forma mais extensível ainda, abrangendo a família, os herdeiros, a acumulação de património, os valores chamados "burgueses" e por aí afora. Mas antes disso, e por um milénio inteiro, a visão que cada geração tinha do tempo à sua frente era orientada pelo temor e pela glória de conquistar um lugar no fim do mundo – no fim dos tempos, para ser mais rigoroso – e, sobretudo, numa nova dimensão, que já não seria temporal e sim espiritual, uma dimensão fora do tempo, feita de eternidade.

Quando lutavam em batalhas desesperadas como o cerco de Masada, em 73 d.C., no qual os zelotas judeus conhecidos por sicários cometeram suicídio em massa, a crença no fim do mundo pesava e era mesmo determinante. Já antes, os essénios, outra seita apocalíptica judaica, viam essas guerras com Roma – que resultarão na destruição do Templo em Jerusalém e no início da errância judaica – como o sinal do fim do mundo. Tanto o cristianismo como o islamismo herdaram essa atitude, que transportaram para as batalhas da expansão da fé muçulmana e depois para as Cruzadas. Acreditar-se no fim do mundo para já, para agora, ajuda a fazer sentido de muita coisa.

Uma coisa que o fim do mundo não implicava, porém, era uma sociedade estática ou atentista, à espera do fim do mundo sem mais. Era preciso provocar, procurar, até antecipar esse ansiado fim do mundo, e isso – não só isso, de todo, mas também isso – faz da Idade Média uma era de intenso experimentalismo político, social e religioso, ao contrário daquilo que em geral fomos levados a crer.

Por muito tempo, a Idade Média foi entendida como uma espécie de longa hibernação da civilização, entre uma Antiguidade Clássica de um lado e uma Renascença do outro, ambas veneradas. Até os próprios nomes das eras o indicam, mas se há coisa de que podemos estar certos é que nunca ninguém na Idade Média olhou para si como sendo medieval ou estando a viver numa Idade Média, ou seja, intermédia entre uma coisa e outra, uma mera idade de passagem. Não só ninguém dizia "olha, eu sou medieval", como a própria ideia, se fosse entendida, só poderia ser considerada absurda.

"Medieval", que vem do italiano *medio evo*, que é a mesma coisa que a nossa Idade Média, significa literalmente uma idade que está entre duas outras idades, pressupondo-se duas outras idades muito mais importantes do que ela.

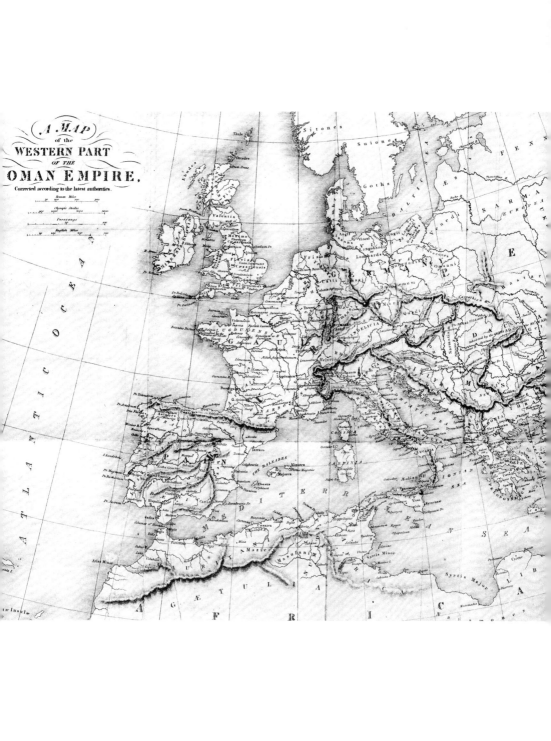

*Curiosamente, a divisão tradicional
da Idade Média – não aquela subjetiva
que eu utilizo, mas a que se utilizou
principalmente desde o século XIX e que
aprendi nas cadeiras das salas de aulas
da faculdade – coincide cronologicamente
com a minha versão idiossincrática dos
"mil anos em que as pessoas acreditavam
que iam ver o fim do mundo". Mas a
visão tradicional apresenta outro critério,
mais militar e político, e menos
do campo das mentalidades.*

(p. 115)

MEMÓRIA SEGUNDA: DA POLARIZAÇÃO

No fundo, a ideia da Idade Média que nasceu e se cristalizou depois da própria Idade Média é a de que se trata de um milénio para passar por cima, um pouco com o mesmo desprezo com que os nova-iorquinos ou los angeleños acham que o resto do país deles é *flyover country*, "país para sobrevoar". E muitas vezes é esta a ideia que temos da nossa história: a de que a Idade Média é um milénio para sobrevoar entre os píncaros da Antiguidade e o regresso desses píncaros com a Renascença. Mas para os medievais a sua idade podia ser tudo, menos média. É praticamente impossível que eles vissem o seu tempo como tempo intermédio. Para eles, era deles uma "era nova"; a era que trazia a boa-nova dos livros sagrados, fossem eles o Novo Testamento ou o Corão, e uma nova era que não só não estava entre nenhumas outras duas eras, mas que seria provavelmente a última era, a era do fim dos tempos.

Recapitulemos. Foi necessário começarmos pelo fim do mundo porque a época de que vos quero falar foi uma dessas épocas de intenso e por vezes infrene experimentalismo, sobretudo no fim da Idade Média, ou "Baixa Idade Média", ali por volta dos séculos XII, XIII e XIV. Uma época de grande criatividade e não pouco caos que é muito injustamente esquecida, e que poderia ter sido uma revolução antecipando certos aspetos da Modernidade – a polarização entre guelfos e gibelinos aí está para o sugerir enfaticamente –, mas que foi cortada cerce, talvez como principal razão, pela Peste Negra do século XIV. Uma época de extrema polarização social e política que acaba numa pandemia, aqui está algo que hoje nos desperta o interesse. Mas antes de darmos um passo maior do que a perna, voltemos atrás.

Curiosamente, a divisão tradicional da Idade Média – não aquela subjetiva que eu utilizo, mas a que se utilizou principalmente desde o século XIX e que aprendi nas cadeiras das salas de aulas da faculdade – coincide cronologicamente com a minha versão idiossincrática dos "mil anos em que as pessoas acreditavam que iam ver o fim do mundo". Mas a visão tradicional apresenta outro critério, mais militar e político, e menos do campo das mentalidades. Para a periodização tradicional, o milénio entre os séculos V e XV correspondente à Idade Média é balizado pela Queda de Roma e do Império Romano do Ocidente, em 476 d.C., e pela queda de Constantinopla e do Império Romano do Oriente em 1453 d.C., faltando apenas duas décadas para se cumprir um milénio perfeito.

Mas ouso dizer que essa divisão é menos hermeticamente fechada do que parece. Desde logo porque "a queda do Império Romano do Ocidente" quer dizer menos do que parece, e mesmo "a queda do Império Romano do Oriente" tem muito que se lhe diga. Depois de em 476 ter caído uma cidade de Roma então muito diminuída no seu poderio económico e militar, e provavelmente vista como pouco mais do que simbolicamente importante pelas gentes da verdadeira capital imperial – Constantinopla, hoje Istambul –, a dimensão relativa do acontecimento é-nos dada pelo facto de nem sequer se saber muito bem o que aconteceu depois ao imperador, um homem chamado Rómulo Augústulo, que desapareceu sem deixar rasto. Mas Odoacro, o ostrogodo que o depôs, era um aliado e não um inimigo do Império Romano – do Oriente. Constantinopla, ou pelo menos o imperador Zenão, considerava Rómulo Augústulo um impostor sem qualquer importância. Odoacer tinha agido em nome do imperador oficial do Ocidente, Júlio Nepos, que não se deu ao trabalho de visitar Roma depois da sua reentronização. Isso dá-nos uma ideia de como os contemporâneos da queda de Roma viram realmente a queda de Roma: não como o fim do Império Romano, mas até como uma nova ascensão de poder do Império Romano, do verdadeiro, que tinha a capital em Constantinopla e que tinha Zenão como imperador e Júlio Nepos como imperador oficial do Ocidente, mas vivendo algures nos Balcãs.

Por outro lado, Constantinopla, capital do Império Romano do Oriente, apesar de nela se falar principalmente grego e ser hoje tratada por Bizâncio ou Império Bizantino, via-se a si mesma como a capital do Império Romano, ponto. Chamava a si mesma Nova Roma, chamava à sua jurisdição Romanía e chamava aos seus cidadãos *romaiai* ou *rumiai*. Simplesmente romanos. Para eles o império não tinha acabado, longe disso. E mesmo depois da queda de Constantinopla, em 1453, cumpre notar que o sultão otomano e califa dos fiéis muçulmanos se declarava a si mesmo césar dos romanos, e assim continuou a fazer até o cargo ser abolido, em 1922, já depois da Primeira Guerra Mundial. Ele era apenas um dos vários césares que continuavam a governar impérios, a par do *tsar* da Rússia (*tsar* é uma forma eslava de dizer "césar"), o *kaiser* dos alemães ou dos austríacos (idem) etc. E para quem estranha o facto de o Império Otomano ser visto pelos próprios como herdeiro do Império Romano, note-se que para quem não fazia parte desse Império Otomano a ideia não era assim tão estranha, ou pelo menos não estava esquecida. Note-se que os portugueses que no século XVI andaram

Mas ouso dizer que essa divisão é menos hermeticamente fechada do que parece. Desde logo porque "a queda do Império Romano do Ocidente" quer dizer menos do que parece, e mesmo "a queda do Império Romano do Oriente" tem muito que se lhe diga.

(p. 119)

MEMÓRIA SEGUNDA: DA POLARIZAÇÃO

em batalhas navais contra os turcos no mar Vermelho e no Golfo Pérsico chamavam a esses turcos "os rumes", sendo "rumes" uma versão do nome que antes os bizantinos – como nós lhes chamamos, mas que nunca chamaram isso a si mesmos – davam a si mesmos: *rumiai*.

O que muda decisivamente por essa altura é que a expansão do islão vai dividir ao meio o mundo mediterrânico, que tinha até então sido o coração do mundo romano: uma margem sul árabe (incluindo metade da nossa península) e uma margem norte grega ou latina. Dentro desta última metade, o papa, que continuava a fazer parte de uma relação de simbiose político-religiosa com o imperador em Constantinopla, decidiu no ano de 800 procurar outro protetor para a sua Igreja latina, tomando uma iniciativa de enorme audácia: fez do rei franco Carlos Magno o imperador.

Os francos – que eram um povo germânico – adquirem a partir dessa época uma crescente importância, ao ponto de no tempo de Al Farabi serem vistos pelos muçulmanos e pelos "bizantinos" (ou "romanos do Oriente") como a definição mesma dos europeus continentais. Franco e europeu tornam-se, por essas datas, mais ou menos sinónimos, e assim permanecerão até ao tempo das Cruzadas. O Sacro Império Romano de Carlos Magno parte-se em três, mas volta a conquistar a preponderância no Ocidente, em grande medida através dos papas. Por vezes em competição entre si, outras vezes em cooperação, o dualismo entre o papa e o imperador – o imperador ocidental – vai tornar-se cada vez mais a dinâmica essencial da Europa ocidental depois do ano 1000. E é nesse contexto que aparecem os nossos guelfos e gibelinos. Mas para entender como tudo isto aconteceu, é preciso outra conversa.

TERCEIRA CONVERSA

O tempo do notário

Deixem-me falar-vos de uma pessoa nascida em 1220, o que quer dizer oitocentos anos antes de nós. O seu nome era Brunetto Latini, um florentino do partido guelfo, notário – um dos notários mais interessantes e importantes da história, embora isso não seja à partida motivo para o tornar famoso, até porque as pessoas não sentem em geral grande fascínio por notários. Quero defender aqui, contudo, que fazem mal em não o sentir: o facto de os notários existirem e de poderem assumir os papéis que Brunetto Latini desempenhou durante a sua vida é em si mesmo indicativo dessa revolução perdida – ou, como dizia eu antes, não bem chegada a nascer – de que andamos à procura nesta nossa memória da Baixa Idade Média.

Falar de Brunetto Latini permite-nos ainda fazer outra coisa muito útil a que chamo enciclopedizar e desenciclopedizar os nomes. Brunetto Latini é um daqueles nomes que se encontram nas enciclopédias que costumávamos ter nas estantes, nem sempre com uma entrada muito grande, embora isso tenha mudado no tempo da internet e da Wikipédia. Mas não é um daqueles nomes que imediatamente nos vêm à cabeça como se os conhecêssemos, embora nos possam faltar os pormenores das suas vidas e das suas datas; ou seja, Brunetto Latini não é um nome como Tomás de Aquino, Francisco de Assis ou António de Lisboa, para mencionar apenas os santos católicos de que tratarei adiante; não é um nome como Afonso X, o Sábio, ou Frederico II, o Grande, para falar de monarcas, reis e imperadores; não é um nome como Dante ou Petrarca, para falar de poetas. Brunetto Latini, no entanto, viveu ao mesmo tempo que toda essa gente (com exceção do último) e conheceu alguns deles. Explicar o contexto da sua vida, do pouco que sabemos, os seus atos e as suas obras, enciclopedizá-lo, permite depois desenciclopedizar os outros nomes mais conhecidos. Com desenciclopedizar não quero dizer retirar-lhes importância, e sim tirá-los das teias de aranha da nossa cabeça e fazer um esforço por vê-los como eles foram, não apenas nomes numa enciclopédia, não apenas gravuras num livro, pinturas num museu, estátuas numa qualquer praça pública, mas gente de carne e osso, que viveu e se relacionou entre si – em resumo, gente que não nasceu diretamente nas páginas de uma enciclopédia.

No ano em que Brunetto Latini nasceu, Frederico II foi coroado imperador do Sacro Império Romano (do Ocidente), passando a governar um vastíssimo território que incluía todo o centro da Europa e que ia desde a Sicília, de que era rei e a partir da qual governava, até à atual Estónia, então feudo da ordem teutónica. No ano em que Brunetto Latini nasceu, um jovem frade chamado Francisco, de Assis (o próprio nome Francisco, hoje em dia tão comum, vulgarizou-se nessa altura a partir de uma forma coloquial e familiar de chamar alguém de "franco", ou seja, oriundo do povo franco, "francês" ou "francesinho"), decidiu cruzar o Mediterrâneo e visitar o sultão do Egito, o grande Al-Kamil, sobrinho do famoso Saladino. Ao contrário do que se poderia imaginar, nada lhe aconteceu de mal; pelo contrário, foi recebido nos palácios do Cairo e passou dez dias conversando sobre teologia. Nos tempos da infância e juventude de Brunetto Latini, estes não eram acontecimentos distantes e brumosos, quase irreais, mas faziam parte da política corrente, eram factos da textura do tempo iguais aos que vivemos durante as nossas vidas.

Brunetto Latini foi notário municipal de Florença e ao mesmo tempo um político, orador, diplomata, poeta e filósofo. Que um notário conseguisse ser todas essas coisas, num tempo em que boa parte dos reis e príncipes nem sequer sabia ler, diz-nos algo de muito relevante sobre o que estava a mudar nessa época.

Os notários são necessários para registar todo o tipo de transações e atos patrimoniais e legais – e por isso têm de saber ler e escrever. Que eles comecem a emergir e a ganhar importância nessa época comprova que estamos perante sociedades crescentemente complexas e que não se podem basear só na palavra dada, bem como perante transações mais sofisticadas e de longo prazo que precisam de ficar registadas no papel – ou melhor, no pergaminho.

Entre as operações registadas tem especial importância a contração de dívidas, e particularmente a contração de dívidas em nome da comunidade política, da república, da cidade-Estado, do município ou da comuna. Para a maior parte dos reinos daquele tempo o conceito de dívida pública não

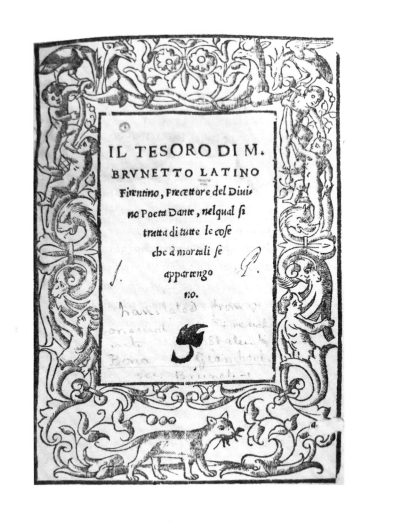

IL TESORO DI M.
BRVNETTO LATINO
Fiorentino, Precettore del Diui-
no Poeta Dante, nelqual si
tratta di tutte le cose
che à mortali se
appartengo
no.

Brunetto Latini foi notário municipal de Florença e ao mesmo tempo um político, orador, diplomata, poeta e filósofo. Que um notário conseguisse ser todas essas coisas, num tempo em que boa parte dos reis e príncipes nem sequer sabia ler, diz-nos algo de muito relevante sobre o que estava a mudar nessa época.

(p. 125)

MEMÓRIA SEGUNDA: DA POLARIZAÇÃO

existe ainda: a dívida do reino era simplesmente a dívida pessoal do rei. A dívida soberana era simplesmente a dívida do soberano. Mas, numa cidade como Florença, se era necessário contrair dívida para fazer obra pública ou participar em campanhas militares, tinha de haver uma forma legal de dar corpo à deliberação coletiva nesse sentido, e à crescente e correspondente responsabilização por parte de uma comunidade abstrata – e não de uma pessoa concreta –, no sentido de amortizar o empréstimo. Essa obrigação envolve formas de legitimar a decisão, deliberar em conjunto sobre as suas condições e assumi-las de forma prolongada no tempo, que pode ir para lá das vidas das pessoas concretas que tomaram a decisão. Recentemente, um historiador chamado David Stasavage sugeriu que, na verdade, a contração de dívida pública é uma das primeiras funções dos parlamentos, e que sem esse tipo de crédito os Estados modernos não teriam nascido. A Florença de Brunetto Latini está numa pré-história dessa história, e a figura do notário--político-orador público e diplomata representa mais do que um papel crucial nas várias funções que é preciso desempenhar para o desenrolar desse processo.

Outra das razões por que a existência de um notário letrado como Brunetto Latini é importante é porque ele representa a emergência de uma categoria de gente que tem de saber ler e escrever, manipular símbolos e conceitos e criar significados – e que não é religioso; nem padre, nem frade, nem monge, nem professor de teologia, categorias que nos séculos anteriores tinham sido das poucas a ter acesso à escrita e à leitura na Europa ocidental, e que nessa parte do mundo praticamente as tinham monopolizado durante muito tempo. Brunetto Latini vai contribuir para a recriação de uma cultura de conhecimento secular, não clerical, depois de séculos em que na Europa ocidental cristã ser intelectual significava quase sempre apenas e só ser religioso.

Um pouco antes dos seus quarenta anos, Brunetto Latini estava ao serviço da sua Florença, e os tempos eram perigosos. A polarização entre guelfos – o seu partido – e gibelinos estava a atingir o auge, não era já só uma rivalidade dentro de cada cidade, mas um estado de guerra endémico entre cidades. À Florença guelfa opunha-se Siena, a gibelina, e Florença precisava de dinheiro e apoio militar e político para combater essa guerra. O imperador Frederico II, que era da casa de Hohenstoffen, defendida pelos gibelinos, morrera quando Brunetto tinha trinta anos, em 1250, e vivia-se um período de indefinição em relação a quem ocuparia o trono imperial. Na eleição de 1257 (os imperadores tinham começado a ser eleitos por outros monarcas, senhores nobres e bispos, antes de serem coroados e consagrados pelo papa), uma parte dos eleitores decide ir buscar o próximo imperador à periferia da Europa, à nossa Península Ibérica, votando no rei Afonso x, o Sábio, de Castela (e escritor de cantigas em galaico-português, além de avô de d. Dinis, rei de Portugal). Os florentinos veem nessa escolha dissidente a possibilidade de arregimentar Afonso x para a casa guelfa – uma jogada política e diplomática arriscada, uma vez que os gibelinos eram os defensores dos imperadores e os imperadores eram por princípio gibelinos, por acreditarem na unidade da soberania sob uma Coroa e não apenas por serem da casa de Hohenstoffen, a que os gibelinos eram leais. Mas, se há homem que os florentinos acreditam ser capaz de convencer um rei e presumível futuro imperador a mudar de campo, esse homem é Brunetto Latini. Brunetto lá vai mandado para Espanha – termo que na altura designa toda a Península Ibérica, incluindo Portugal, e não apenas os territórios dominados por Castela – visitar Afonso x, o Sábio, em Sevilha, recém-conquistada aos mouros.

É difícil para nós imaginar a diferença que o mundo ibero-andaluz então constituía para alguém que vinha de outras partes da Europa. Um século antes, outro italiano de quem já falámos na "Memória primeira", Gerardo (ou Geraldo) de Cremona, tivera de ir a Toledo para poder traduzir os seus amados gregos a partir das obras árabes que aprendera a ler com professores judeus. Os mesmos livros de Al Farabi que ele leu eram lidos em Córdova, perto da fronteira portuguesa atual, por Averróis, sábio muçulmano, e por Maimónides, sábio judeu. Para facilitar a nossa localização temporal, esta era a época em que Afonso Henriques, os seus portucalenses e os aliados vindos do norte da Europa conquistavam a moura Lisboa (então chamada Al-Usbuna) no decurso da Segunda Cruzada. Estava-se então em meados do século xii e agora, cem anos depois, estamos em meados do século xiii quando Brunetto visita a nossa península, entre 1257 e 1260. Em Sevilha, nos seus aposentos andaluzes, o rei cristão era um adepto fervoroso de um jogo vindo da Índia e da Pérsia através dos muçulmanos, e acerca do qual chegou a escrever um livro: o jogo do xadrez. Iluminuras peninsulares dessa época mostram toda a gente obcecadamente jogando xadrez: cristãos com muçulmanos, judeus com cristãos, mulheres cristãs e judias e muçulmanos, judeus com muçulmanos e por aí afora. Essa gente que se combate até à morte por conquistar e reconquistar cidades – sendo conquistas e reconquistas vistas dependendo do lado em que se está – joga xadrez, frente a frente,

Em Sevilha, nos seus aposentos andaluzes,
o rei cristão era um adepto fervoroso
de um jogo vindo da Índia e da Pérsia
através dos muçulmanos, e acerca do
qual chegou a escrever um livro: o jogo
do xadrez. Iluminuras peninsulares dessa
época mostram toda a gente obcecadamente
jogando xadrez: cristãos com muçulmanos,
judeus com cristãos, mulheres cristãs
e judias e muçulmanos, judeus com
muçulmanos e por aí afora.

(p. 129)

MEMÓRIA SEGUNDA: DA POLARIZAÇÃO

distinguindo-se apenas pelas suas roupas e pelos panos ou chapéu ou lenços ou trapos ou turbantes, ou o que quer que ponha em cima da cabeça. O que valia para jogos engenhosos valia também para os sentidos, como o do paladar. Se entrasse numa estalagem para comer, é possível que servissem a Brunetto Latini peixe temperado com uma mistura de azeite, alho e vinagre a que chamavam *siq bedj*, o que quer dizer em árabe "com vinagre". Quando entrarem numa tasca em Lisboa, podem pedir o mesmo tempero: chama-se simplesmente "escabeche" e é uma das tantas comidas que nos chegaram ou através dos mouros, ou dos chamados "cristãos moçárabes" que com eles conviviam e que introduziam uma camada suplementar de complexidade às relações já por si complicadas entre muçulmanos, cristão e judeus nas nossas terras há cerca de oitocentos anos.

Brunetto Latini viu muitas coisas, provou mais e aprendeu algumas essenciais – uma delas essencial mesmo para toda a cultura ocidental, mas não vos vou dizer agora qual é, esperem pela próxima conversa. Porém, não conseguiu convencer Afonso X a passar-se para a parte dos guelfos. De qualquer forma, Afonso X também nunca chegou exatamente a ser coroado imperador do Sacro Império Romano. Em 1260, quando regressava a Itália, Brunetto Latini encontrou um estudante da Universidade de Bolonha, fundada pouco mais de século e meio antes, e soube através deste que os guelfos tinham sido copiosamente derrotados pelos gibelinos na Batalha de Montaperti. Não se tratou de uma escaramuça nem de uma coisa pequena. A rivalidade entre guelfos e gibelinos, estruturando a inimizade entre Florença e Siena, levara mais de 50 mil homens ao campo de batalha. Os guelfos começaram confiantes, com o sol nas costas, mas a batalha prolongou-se; houve algumas mudanças de campo e traições entre famílias florentinas/gibelinas, que convenceram os seus primos guelfos do outro lado a passarem de Florença para Siena; com o ir e vir dessas gentes e com essas conversas, traições e mudanças de campo, ao fim da tarde os guelfos tinham o sol pela frente e pouca visibilidade do campo de batalha. Os gibelinos carregaram, fizeram mais de 15 mil prisioneiros entre os guelfos e mataram cerca de 10 mil rivais. Florença estava perdida. Brunetto não poderia voltar para casa nos nove anos seguintes. Atravessou os Pirenéus e exilou-se em França.

Foi em França e na língua francesa – ou melhor, na língua d'oïl, que deu origem ao francês e que era apenas uma das duas línguas principais que se falavam em França, entre muitas outras, sendo a outra das principais a língua d'oc, que deu origem ao provençal e occitano e que tanto influenciou o galaico-português –, foi então nessa língua d'oïl que Brunetto Latini decidiu escrever um livro no qual resumisse todo o conhecimento de que necessitava um homem comum, civil e político, e não militar e religioso, como ele. Chamou a esse livro *Li Livres dou tresor*, ou *O livro do tesouro*; quando foi traduzido para italiano, deu-lhe o nome de *Tesoretto*, ou "tesourinho". No fundo, o tesouro de conhecimento essencial que em sua opinião deveria andar na cabeça de toda a gente do seu tempo. Estamos nos tempos anteriores à invenção da imprensa. Brunetto escreveu o seu livro à mão – também o poderia ter ditado, mas parece que não foi o caso – com esperança de que algumas poucas pessoas o lessem. O livro de um laico não teria grande circulação entre conventos e escolas religiosas, mas poderia ser que entre as comunidades de comerciantes, juristas, notários e outros letrados seculares como ele o livro viesse a ser copiado também à mão e retransmitido, ou então lido em voz alta à noite, pois os seus capítulos de uma página e meia ou duas páginas prestavam-se bem a essas leituras noturnas.

Eis alguns títulos: "De como o amor se comunica entre os amigos"; "De como o amor deve existir entre os homens"; "Como e de onde procede o conforto"; "Como se deleita o homem pelas coisas"; "Como o deleite do homem pelas coisas é natural"; "Como esse deleitar pode ser sensível ou intelectual"; e por aí afora.

Em algumas centenas de páginas, Brunetto Latini percorre o mundo natural, moral e político, mais uma vez vulgarizando as ideias de Aristóteles, então em franca redescoberta – e mesmo a entrar na moda – depois dos esforços de Al Farabi, Averróis e Gerardo de Cremona.

Quando finalmente pôde voltar à Toscana natal, Brunetto já sabia o trabalho de reconstrução que o esperava. Muitos dos seus amigos e correligionários tinham morrido; muitos outros tinham perdido a sua propriedade, os seus prédios, as suas casas. Uma das famílias de que era próximo tinha passado por maus bocados. O pai de um dos seus melhores amigos, chamado Bellincione, um dos ferrenhos guelfos de Florença, tinha perdido tudo. O seu filho, que era amigo de Brunetto Latini, um homem chamado Alighiero de Bellincione, morreria pouco depois. Brunetto Latini ficou com a incumbência de ser precetor do filho do seu amigo, um adolescente inteligente, apaixonado por uma jovem chamada Beatriz, grande amigo de outro jovem chamado Guido Cavalcanti, e dotado para a poesia. O seu nome era Dante, Dante Alighieri.

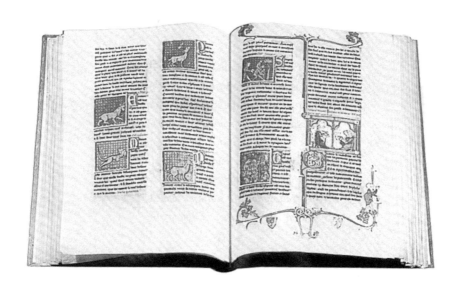

Foi então nessa língua d'oïl que Brunetto Latini decidiu escrever um livro no qual resumisse todo o conhecimento de que necessitava um homem comum, civil e político, e não militar e religioso, como ele. Chamou a esse livro 'Li Livres dou tresor', ou 'O livro do tesouro'; quando foi traduzido para italiano, deu-lhe o nome de 'Tesoretto', ou "tesourinho".

(p. 133)

QUARTA CONVERSA

O espanto do mundo

Em plena epidemia da gripe pneumónica a que chamaram "espanhola", em 1919, um padre católico e professor da Universidade Complutense de Madrid chamado Miguel Asín Palacios, que tinha então 48 anos, publicou um livro intitulado *A escatologia muçulmana na "Divina comédia"*. Encontrámos esta palavra, "escatologia", duas conversas atrás. Significa ela a ciência das últimas coisas, ou especulação sobre o fim do mundo. Sabemos que houve escatologia muçulmana, como houve escatologia cristã e escatologia judaica; uma das coisas que as três religiões têm em comum é o anseio e a procura do fim deste mundo, ou do fim dos tempos. A *Divina comédia* no título do livro de Asín Palacios é a *Divina comédia* de Dante, poeta florentino nascido em 1265, cinco anos depois da Batalha de Montaperti, em que os gibelinos derrotaram os guelfos, depois do que o seu avô, Bellincione Alighiero, guelfo ferrenho, perdeu tudo.

A ligação entre a escatologia muçulmana e a *Divina comédia* de Dante é que não era assim tão evidente. Partia-se então do princípio de que a grande influência de Dante era, claro, o poeta latino Virgílio, que é até personagem no famoso poema, guiando Dante na sua viagem pelos outros mundos do Inferno, do Purgatório e do Paraíso. E não se imaginava que a sua visão mística, religiosa e filosófica fosse outra senão a do cristianismo medieval. A ligação direta entre a poesia latina clássica, o cristianismo e a Itália medieval era vista como tão evidente que não carecia de quaisquer desvios. A única coisa a que Asín Palacios se poderia agarrar para relacionar a *Divina comédia* com fontes ou ideias muçulmanas seria a grande semelhança entre o arco narrativo do poema e um livro árabe chamado *Kitab al Miraj*, que quer dizer "Livro da ascensão", e que narra a passagem de Maomé pelo outro mundo depois da "viagem noturna", contada pelo Corão, na qual o profeta dos muçulmanos terá sido levado pelo arcanjo Gabriel numa noite do ano de 621 de Meca até à "mesquita mais longínqua". Essa mesquita mais longínqua estaria então na cidade de Jerusalém. A primeira parte da viagem de Maomé, a Isra, refere-se ao voo noturno até Jerusalém, onde Maomé conhece e fala com Jesus Cristo, Moisés, Abraão e outros profetas, e que se encontra descrita, ainda que sucintamente, no Corão. A segunda parte, a Miraj, é uma tradução posterior, que vem pelo menos do século IX e em que Maomé – como Dante depois na sua *Divina comédia* – visita o inferno e o paraíso. Há descrições do inferno na fonte muçulmana que são semelhantes às descrições do Inferno na *Divina comédia* de Dante mas, sem outras provas, a tese de Asín Palacios foi considerada excessivamente heterodoxa e bastante controversa.

A trajetória deste Miguel Asín Palacios até então é também bastante interessante. Nascido em Saragoça numa família de classe média comercial que se viu com poucos meios após a morte do pai, nada indicava que viria a interessar-se por temas árabes ou muçulmanos, muito menos a sua escolha de vocação religiosa numa Espanha que era então, como Portugal o é ainda bastante, ignorante da sua herança islâmica. Mas acontece que ao estudar na Universidade Complutense de Madrid lhe calhou ter como professor uma personagem fascinante, Julián Ribera y Tarragó, que descobrira o dialeto latino escrito em letras arábicas e falado pelos cristãos da Península Ibérica durante o período islâmico, o moçárabe, e que despertou no jovem sacerdote católico a vontade de aprender árabe e, com ela, a descoberta de um continente perdido da memória mesmo por debaixo dos caminhos onde os seus pés andavam. Da sua Saragoça natal ficou a saber, por exemplo, que tinha havido na Idade Média um sábio muçulmano chamado Avempace, médico, filósofo, botânico e astrónomo, cuja obra veio a influenciar Galileu Galilei. De Córdova estudou Averróis, o defensor de Al Farabi, e a influência que ele teve sobre Tomás de Aquino – assunto a que havemos de voltar. E de Múrcia interessou-se por Ibn Arabi, um prolífico autor que terá produzido mais de oitocentas obras, das quais chegaram até nós cerca de cinquenta, incluindo uma versão do *Kitab Al Miraj*, que seria então a possível inspiração para a *Divina comédia*.

Os principais críticos de Asín Palacios foram os literatos italianos (feridos no seu patriotismo e fé católica), mas foi um deles, chamado Enrico Cerulli, que décadas depois viria a descobrir que o *Kitab Al Miraj* fora traduzido para castelhano e para latim na década de 1260, na corte de Afonso X, em Sevilha. Em latim o livro ganhou o título de *Liber scalæ Mahometi*, ou

Livro das escadas de Maomé, uma vez que *Miraj* se pode traduzir tanto por "ascensão" como por "escadas" ou "degraus". O tradutor, do século XIII, era um italiano ativo em Sevilha naqueles anos, chamado Bonaventura di Siena. Ora, quem era outro italiano que andava por Sevilha naqueles anos, e igualmente toscano, como Bonaventura, embora da guelfa Florença, e não da gibelina Siena? Nem mais nem menos do que Brunetto Latini, o nosso notário da conversa anterior. E quando Brunetto Latini conseguiu finalmente regressar a Florença, uma das incumbências que pouco depois lhe coube foi a de ser precetor de Dante depois da morte do pai deste, Alighiero de Bellincione.

Dante assinalou a proximidade com Brunetto ao incluí-lo na própria *Divina comédia*, onde se surpreende por encontrá-lo, depois de morto, no sexto círculo do Inferno: "Você aqui, Ser Brunetto?".

Ninguém consegue bem perceber por que raio Dante, que trata tão bem Brunetto Latini no seu poema e a quem agradece por lhe ensinar tanto, o põe no sexto círculo do Inferno. Será uma sugestão de que Brunetto fosse homossexual, uma vez que no sexto círculo é onde estão os sodomitas? Ou porque Brunetto continuou guelfo até à morte, ao passo que Dante se teria tornado gibelino, como os seus adversários em Florença o viriam a acusar? Mas será que Dante deixou mesmo de ser guelfo?

Dante nasce em Florença, numa família guelfa, no mesmo ano em que o *Liber scalæ Mahometi* é terminado em Sevilha, 1265. Aos nove anos, a 1º de maio de 1274, vive o seu dia glorioso, quando conhece a menina Beatrice Portinari, também de nove anos, por quem se apaixonará de amor perdido mas cortês – respeitoso e quase platónico – e a quem pouco verá até à morte dela, dezesseis anos depois. Beatrice, ou Bice, como é o seu diminutivo, é filha de um banqueiro, Folco Portinari, e virá a casar-se com outro banqueiro, Simone dei Bardi. Azar para Dante, que pouco tempo depois de conhecer Beatrice é prometido em casamento – numa cerimónia que precisa de contratos assinados em notário – a Gemma Donati, que será a mãe dos seus filhos e a quem ele nunca mencionará nos seus poemas. Aos doze anos, Dante está casado. Durante a sua adolescência convive com a sua outra influência principal: a do seu amigo, também jovem com pretensões poéticas, Guido Cavalcanti.

Por volta dos dezoito anos, reencontra o seu professor e precetor Brunetto Latini, regressado a Florença do exílio quando os guelfos começam a preparar a sua vingança sobre os gibelinos. Talvez Brunetto Latini lhe conte das histórias que viu na Península Ibérica misturada de cristãos, muçulmanos e judeus, e talvez traga com ele um exemplar de alguma versão da tradução do *Livro das escadas de Maomé*, preparado por Bonaventura di Siena. De qualquer forma, a vingança de guelfos sobre gibelinos prepara--se. Dante participará dessa desforra, no ano de 1289, tem ele 24 anos – do lado dos guelfos, é claro. Trata-se da Batalha de Campaldino, onde cerca de 12 mil guelfos, principalmente florentinos, derrotam os gibelinos de Arezzo, matando mais de mil.

Por essa altura já os gibelinos tinham sido expulsos da cidade de Florença. Todos os florentinos são agora – por força da autoridade, do poder e da repressão dos guelfos, só podem sê-lo – guelfos. É nesse momento que a tendência para a polarização na Itália dessa época é tão grande que uma cidade como Florença não pode aguentar-se muito tempo sem se dividir em fações rivais. Uma vez que os guelfos tinham ganhado definitivamente a cidade e expulsado os gibelinos, é agora entre os próprios guelfos que a polarização se vai fazer, dando origem ao nascimento das duas novas famílias políticas que antes referi: os guelfos negros – ou *neri* –, mais simpáticos às elites locais e ao papa, e os guelfos brancos – ou *bianchi* –, mais pró-plebeus e apegados à independência das cidades do que à ligação ao papa que tinha feito parte da identidade guelfa contra o imperador. A família da mulher de Dante, os Donati, era a mais importante família dos guelfos negros. A família Cerchi, bem como os Portinari da sua idolatrada Beatriz, eram brancos. Dante escolhe os brancos.

Um pouco à maneira das várias seitas cristãs que por essa altura se chamavam anticristos umas às outras, há um insulto sempre à mão para todos os guelfos que achassem que os outros guelfos não eram tão guelfos quanto eles: era chamarem-lhes gibelinos. (Imaginem, por exemplo, alguém que ache que ninguém é mais de esquerda do que ele e que todos os outros só podem ser de direita. Eu tenho amigos assim e vocês provavelmente também.) Os guelfos brancos começam a perder no início do novo século. Em 1302 já havia confiscos dos *neri* aos *bianchi*, e a vida política de quem a desejasse ter, como Dante, tornava-se cada vez mais difícil se se fosse *bianco*. Em 1308 Dante Alighieri é expulso da cidade que tanto defendera e de cujo dialeto faria depois, pela excelência da sua poesia, a língua italiana padrão (há uma dúzia de anos, em 2008, a comuna de Florença finalmente revogou a expulsão de Dante e pediu-lhe desculpas, mas não parece que a cidade de Ravena esteja interessada em devolver o esqueleto de Dante ao túmulo florentino,

Dante assinalou a proximidade
com Brunetto ao incluí-lo na própria
Divina comédia, *onde se surpreende*
por encontrá-lo, depois de morto,
no sexto círculo do Inferno:
"Você aqui, Ser Brunetto?".
(p. 139)

MEMÓRIA SEGUNDA: DA POLARIZAÇÃO

que continua vazio). Os seus inimigos passaram a dizer com convicção que ele era gibelino. Os seus amigos continuaram a confirmar que ele era apenas guelfo branco. Na literatura encontram-se as duas teses. Impossível dizer qual é verdadeira ou até se alguma delas é verdadeira.

Dante aproveitou o fim da sua carreira política para se dedicar inteiramente à carreira literária. Antes de ser expulso, contudo, Florença tinha sido um caldeirão de interesses que ele levaria consigo e que influenciaria toda a sua obra. Além da possibilidade de a *Divina comédia* ter sido influenciada pelos árabes da Península Ibérica através de Brunetto Latini, há uma história que interessa muito. Na verdade, não chega bem a ser uma história, é apenas uma referência fortuita a um facto que ocorria no círculo próximo de Dante, no qual se dizia que o pai de Guido Cavalcanti, o melhor amigo de Dante, acreditava que todas as almas humanas tinham acesso ao mesmo conhecimento e iam parar à mesma alma comum universal depois de o indivíduo morrer.

Essa referência faz soar uma campainha na cabeça de quem se interesse por Al Farabi, o nosso *faylasuf* ("filósofo") da primeira memória, e pelo seu continuador e divulgador ibérico – ou melhor, do Al Andalus – Averróis. É que a ideia de que toda a inteligência humana é no fundo a mesma – ou uma variação dessa ideia – é um dos tópicos mais controversos por esses anos no debate intelectual medieval, seja ele judeu, cristão ou muçulmano, e trata-se da vulgarização de uma ideia aristotélica antiga, a da existência de um intelecto ativo e de um intelecto passivo. O intelecto passivo seria a nossa capacidade individual para receber estímulos vindos do exterior, que nos dariam as experiências do mundo sensível. O intelecto ativo seria o acesso que todos temos às possibilidades do raciocínio, da dedução, da argumentação, enfim, de tudo aquilo que nos permite extrair das experiências um entendimento mais profundo. O intelecto ativo seria o mesmo para todos os humanos, ou seja, aquilo que uma mente humana é capaz de pensar, outra mente humana é capaz de pensar também, porque as regras do pensamento são as mesmas para toda a gente.

Essa ideia cria uma tal polémica que leva Tomás de Aqüino a rever a sua primeira posição, inteiramente favorável e elogiosa a Averróis, e a escrever um tratado "contra os averroístas" especificamente para refutar esse ponto do aristotelismo medieval, tanto árabe como latino, tanto cristão como muçulmano, e até hebreu.

Havia, para Tomás de Aquino, dois problemas naquela ideia – que talvez pudéssemos resumir hoje utilizando outra expressão: a ideia de que o cérebro humano é uma máquina universal. O primeiro problema era que, se toda a gente pode pensar o mesmo, no fundo os muçulmanos e os cristãos, os judeus e toda essa gente não seriam intrinsecamente diferentes; e sim, era isso certamente o que Aristóteles pensava e era certamente isso também que pensava Al Farabi, a ponto de acreditar que era possível fazer uma comunidade política para gentes de religiões diferentes. Ser parte da "verdadeira religião" pouco interessava ou nenhuma diferença fazia, se todos no fundo podíamos ter os mesmos pensamentos, independentemente das religiões de onde viéssemos.

Em segundo lugar, e mais importante, isso quereria dizer que, depois de morrermos, as almas iriam todas ocupar o seu lugar no intelecto ativo da alma universal. Isso impossibilitava a ressurreição em corpo que a Igreja Católica desejava e que proclamava aos seus fiéis, de acordo com a qual cada indivíduo haveria de ressuscitar com o seu corpo e a sua alma originais. Era, portanto, importante que as almas individuais se mantivessem individuais mesmo depois da morte.

E tudo isso aparece no livro mais importante que Dante escreveu no seu exílio – depois da *Divina comédia*, é claro. Refiro-me ao tratado *De Monarchia*. Os historiadores costumam interpretar esse tratado ora uma passagem de Dante para o gibelinismo, ora como uma defesa dessas teses aristotélicas e averroístas medievais de um universo da mente humana. De facto, pode tratar-se de uma passagem para o gibelinismo, porque o livro de Dante defende que o imperador tem um poder político sem qualquer interferência do papa, o que parece corresponder a uma mudança de posição. Por outro lado, o imperador é para Dante um imperador de um povo romano a que todos podem aceder e que, como tal, é uma monarquia universal em que a humanidade governa sobre si mesma. Esse ponto continuará a ser debatido e continuará a ser controverso, mas por agora o que nos interessa é explorar o que Dante acha dessa alma universal.

Diz Dante, logo no início da sua *De Monarchia*, que é preciso entender se a humanidade tem uma essência e se a humanidade tem um fim. A sua resposta é positiva nos dois casos: a humanidade tem de ter uma essência que a distinga de todos os outros animais e tem de ter também um fim, ou seja, uma resolução, uma autorrealização da sua essência. Diz ele que, tal como a

MEMÓRIA SEGUNDA: DA POLARIZAÇÃO

143

mão ou os dedos têm uma função, e já o braço antes deles tinha uma função, também a humanidade terá uma função. Tal como o dedo, a mão e o braço têm qualquer coisa que os distingue uns dos outros, também a humanidade tem qualquer coisa que nos distingue de todos os seres abaixo da humanidade e de todos os seres acima da humanidade (*vel supra vel infra* – "tanto acima como abaixo"). E então o que distingue os humanos dos animais não humanos e de outros seres como os anjos? Não é, como diz ele, nem o facto de terem sensibilidade, porque isso também outros animais têm, nem o facto de terem consciência, porque isso parece que outros animais têm também, e sim o facto de terem aquilo que a ele chama "o intelecto possível" – no fundo, o intelecto ativo de Aristóteles. E esse intelecto ativo é o potencial do ser humano para ver crescer e aumentar a sua inteligência e fazê-lo em conjunto, uma vez que ele acredita tratar-se da essência de toda a humanidade e não apenas de cada um dos indivíduos humanos. Portanto, os humanos, no entendimento de Dante, têm de conseguir organizar-se de uma maneira que favoreça a máxima expansão possível da sua inteligência.

Essa maneira depende de uma coisa: a paz universal e perpétua, uma ideia que depois encontraremos numa sucessão de filósofos até Kant, que lhe dá talvez a sua expressão mais acabada. Porém, nessa fase da humanidade e da vida do próprio Dante, é difícil pensar em paz universal e perpétua, pois vive-se na Europa – e na Itália em particular – um estado endémico de guerra, que atinge o nível local, de bairro contra bairro, de família contra família, *vendeta*, escaramuça e guerra e batalha entre guelfos e gibelinos, entre imperador e papa, entre duques e condes e reis. Ora, Dante considera que a organização política que convém à humanidade é uma organização política que ultrapasse fronteiras, de forma a criar a paz perpétua de que os humanos precisam para elevar ao máximo o seu intelecto possível.

É verdade que no resto do seu livro Dante descreve essa organização política perfeita como sendo a de uma espécie de povo romano universal governado por um só imperador. E que imperador poderia ser esse? Talvez Frederico II, o imperador criado por um papa guelfo mas que depois, em 1220, subiu ao trono do Sacro Império Romano-Germânico a partir da sua Sicília natal, passando pela região da Apúlia e vindo a ser conhecido como *Puer Apuliae* ("o menino da Apúlia"). Frederico II, que fala seis línguas – entre as quais o árabe, o grego, o latim, o italiano e o alemão –, era um imperador diferente dos outros. Numa cidade italiana chamada Lucera decidiu permitir que fosse habitada por muçulmanos, ele que era um imperador cristão. Nessa cidade, em pleno território seu, ouviam-se os *muezzin* cantar dos minaretes das mesquitas. Frederico II, criado por um papa guelfo e depois assumindo o papel de imperador gibelino, transcendia as divisões da Itália da sua época. Quando morreu, tornar-se-ia conhecido como *Stupor mundi* – "o espanto do mundo".

QUINTA CONVERSA

Passado, prosperidade e pandemia

Quando Boccaccio se recolheu à villa de Fiesole, nos arredores de Florença, durante a peste de 1348, e teve a sua ideia para o *Decameron* de cem histórias contadas por sete mulheres e três homens que fazem uma quarentena, já era de um exercício de nostalgia que a sua vida literária tratava. Dante morrera uma geração antes, em 1321, no exílio, em Ravena. Boccaccio tinha por ele uma admiração profundíssima, e uma frustração não menor pelo que a Florença de ambos tinha feito ao seu ídolo. Para compensar, elevou Dante – como Petrarca, que ainda estava vivo e que era de uma geração intermédia – ao cânone literário universal. Nós, que conhecemos o título da maior obra de Dante, *A divina comédia*, ignoramos na maioria dos casos que ela só se chama assim por causa de Boccaccio. Dante chamara ao seu poema apenas *A comédia*. Foi Boccaccio quem lhe acrescentou o adjetivo "divina" de cada vez que falava ou escrevia sobre ela, de forma que a qualificação acabou por se tornar inseparável do título. No fundo, Boccaccio queria dizer: "Dante é que era bom".

Ora, e o interesse pelos guelfos e gibelinos? Também já nessa altura este era, de certa forma, um interesse antiquário. A pouco a pouco, a luta entre guelfos e gibelinos perdia a intensidade do século anterior e passava apenas como curiosidade para a memória das gerações posteriores. Boccaccio já se interessava por saber de onde viera, afinal, aquela divisão. No mesmo século, o mesmo acontecia com um dos mais importantes juristas desse tempo, Bartolo de Sassoferrato, e com historiadores como Blondi, Bruni e, no século XVI, Benvenuto, que reuniu as obras destes três. Todos eles contam a história como tendo começado na Alemanha e depois passado para a Itália, gerando uma rivalidade entre adeptos do papa e do imperador. No fundo, era bem mais do que isso: quase duas ideologias em confronto naquela Itália medieval, desaparecidas com a chegada de algo muito maior e muito mais avassalador.

E Boccaccio, que viveu nesse período em que chegou algo muito maior e muito mais avassalador, não sabia que o seu mundo estava inapelavelmente a desaparecer.

A data mais antiga que encontramos para um surto de Peste Negra é 1321 – por coincidência, a data da morte de Dante –, ocorrido do outro lado da grande massa eurasiática, numa província chinesa a que chamavam Hopei e a que hoje chamamos Hubei, a nordeste de uma cidade chamada Wuchang, que foi uma das três, e a mais antiga, que se juntaram para criar a cidade hoje conhecida por Wuhan. Isso não quer dizer que a pandemia tenha começado em Wuchang como a pandemia atual de Covid-19 começou em Wuhan; ela pode ter vindo de outro lugar, mas a China daquela altura era um dos estados mais centralizados e burocratizados do mundo (para não dizer mesmo o mais centralizado e burocratizado do mundo), de que nos resta documentação muito bem organizada, pelo que pode simplesmente tratar-se dos primeiros registos de uma pandemia cujas origens são ainda desconhecidas. Por exemplo, o bacilo da peste – a bactéria *Yersinia pestis* – poderia ser comum entre os ratos dos Himalaias, transportado pelas pulgas que os parasitavam, mas não ter aí saltado de forma generalizada para as populações locais, fosse porque estas estavam imunizadas, fosse porque tinham estratégias tradicionais de defesa. O certo é que a peste alastrou por Hopei e foi arrasadora. Na década de 1320 houve várias vagas da doença e há relatos segundo os quais nove décimos da população morreram. Isso é mais do que ser dizimado: ser dizimado é morrer um décimo de uma população. A acreditar nesses relatos, de 1320 a 1330 e pouco, apenas um décimo da população da região de Wuchang sobreviveu.

Uma peste tão mortífera não se expande muito facilmente, uma vez que mata quase todos os seus hospedeiros; pode então ter havido uma mutação que por sua vez migrasse pela Eurásia fora. Nas outras províncias chinesas, a peste só vai aparecer um pouco antes de eclodir na Europa, na década de 1345. Mas Hopei, sendo uma província central, deslocada para noroeste, e numa das saídas para as Rotas da Seda, interligava-se com o resto do mundo mongol, que desde Gengis Cã dominava não só as estepes mas também o trono imperial chinês. A invasão mongol, que como consequência colateral tinha colocado em contacto ainda mais estreito a Ásia e a Europa, vai agora servir de vetor para a propagação da peste. Se essa teoria for correta, as pulgas passaram para os cavalos dos mongóis, e destes para outros ratos das

LA DIVINA

COMEDIA DI DANTE,
DI NVOVO ALLA SVA VERA
lettione ridotta con lo aiuto di molti
antichissimi esemplari.

CON ARGOMENTI, ET
ALLEGORIE PER CIASCVN
Canto, & Apostille nel margine.

ET INDICE COPIOSISSIMO DI
tutti i Vocaboli piu importanti usati dal
Poeta, con la spositon loro.

CON PRIVILEGIO.

*Nós, que conhecemos o título da maior obra
de Dante, 'A divina comédia', ignoramos
na maioria dos casos que ela só se chama
assim por causa de Boccaccio. Dante
chamara ao seu poema apenas 'A comédia'.
Foi Boccaccio quem lhe acrescentou
o adjetivo "divina" de cada vez que
falava ou escrevia sobre ela, de forma
que a qualificação acabou por se tornar
inseparável do título. No fundo, Boccaccio
queria dizer: "Dante é que era bom".*

(p. 147)

estepes, e destes para outros humanos em cidades cada vez mais longínquas. A prática da imposição de quarentena a todos os viajantes chegados às cidades, que já então se verificava, pode ter ajudado a conter a propagação da peste durante mais de vinte anos. Mas em 1346 a peste chega à península da Crimeia, onde os genoveses tinham comprado a colónia de Caffà (hoje uma cidade chamada Feodosia), e daqui uma quarentena malfeita é o suficiente para que a peste chegue a Génova, com uma paragem e um foco de infeção na Sicília, cuja cidade de Messina foi contaminada logo em outubro de 1347. No ano seguinte, outra estrada da Rota da Seda traria a peste até ao Cairo e, daqui, por barco, até Veneza. Em 1348 a Peste Negra estava descontrolada e rodava à solta pelo continente europeu.

O caminho da peste é o caminho da prosperidade, como disse a historiadora Janet Abu-Lughod na sua fascinante história do sistema económico mundial entre 1250 e 1350, antes da hegemonia europeia, intitulada precisamente *Before European Hegemony*. O caminho da peste é o caminho da prosperidade porque o caminho que a peste seguiu foi o das artérias daquilo a que poderíamos chamar a globalização do século XIII, que então unia os vários subsistemas no mundo conhecido por europeus, asiáticos e africanos: da China e da Índia para a Transoxiana – onde era Samarcanda, onde, daqui a pouco, aproveitando a peste, aparecerá um novo conquistador mongol chamado Tamerlão, que dominará a segunda metade do século XIV –, daqui para a Pérsia ou pelas estepes até ao norte do mar Negro, e daqui para a Ásia Menor e o Mediterrâneo. Ou então por baixo, pelo oceano Índico, subindo depois pelo Golfo Pérsico ou pelo mar Vermelho, e depois do Cairo para Génova ou Veneza. De Itália a peste passou para França, e de França para Inglaterra. A Portugal chegou no outono de 1348. No ano seguinte a peste chegou à atual Alemanha e à Escandinávia. No início da década seguinte chegou à Moscóvia, como então se chamava o futuro coração da Rússia.

As consequências da Peste Negra chegaram ainda antes da peste propriamente dita. Em 1345, portanto três anos antes da grande vaga da peste na Europa, houve uma grande bancarrota em Florença. As suas causas não estão ainda completamente esclarecidas, mas faz sentido que tenha sido porque os banqueiros florentinos financiaram negócios de importação de produtos asiáticos – em particular seda chinesa, nessa época mais barata, embora de menor qualidade, do que a seda persa –, que depois não conseguiram entregar aos seus destinatários, nas feiras da região de Champagne e da Flandres.

Mas quando a peste chegou, tudo levou. Pelo menos um terço da população europeia morreu, e há estimativas de que possa ter morrido mais de metade. Uma cidade como Florença perdeu certamente mais de metade da sua população, que passou de mais de 100 mil para menos de 50 mil em quatro ou cinco anos de diversas subvagas daquela grande vaga da Peste Negra. No riquíssimo Egito, cujos sultões tinham sido a inveja dos reis europeus no século anterior, também pelo menos quarenta por cento da população morreu.

A Peste Negra acabou com o mundo de que temos vindo a falar, um mundo de notável criatividade e riqueza que floresceu nos séculos XII e XIII. Após a peste, esse mundo estava muito distante da mentalidade, das práticas, dos hábitos, mesmo que estivesse ainda muito perto em cronologia. Vamos tentar descrever resumidamente que mundo perdido foi esse, concentrando-nos em três dos seus c.

Comecemos pelo c de comércio. É sabido que na Baixa Idade Média aparece pela primeira vez de forma sustentável na história da Europa um núcleo urbano de grande riqueza fora daquela que tinha sido a região central do mundo romano na bacia do Mediterrâneo. Estamos a falar das cidades da Flandres, na região da atual Bélgica, ou do norte de França aos Países Baixos, onde cidades como Bruges, primeiro, e Antuérpia, depois, receberão "contadores" ou "feitorias" – autênticas embaixadas comerciais – de diversos reinos, cidades e poderes europeus (o Reino de Portugal terá feitorias quer em Bruges, quer em Antuérpia). Estas serão também cidades cruciais para a rede marítima da Liga Hanseática, uma confederação de interesses comerciais no Báltico e no mar do Norte que florescerá após a Peste Negra, da qual Tamerlão será um dos vencedores. Mas antes da Peste Negra a região comercialmente mais dinâmica da Europa situava-se na atual França, onde se realizavam durante todo o ano as chamadas feiras de Champagne, que serviam de intermediárias entre o mundo rico italiano e do Mediterrâneo e o mundo emergente da Flandres.

Essas feiras da região de Champagne eram um feito de organização, logística e regulação. Havia seis feiras com duração média de dois meses, o que dava para cobrir o ano todo, em quatro cidades diferentes – Lagny-sur--Marne, Bar-sur-Aube, e depois Provins e Troyes, que tinham direito a duas feiras cada uma em cada ano. Do norte vinham loiças, cabedais, peles. De Itália, especiarias, ou sedas, da Ásia – e há testemunhos de comerciantes asiáticos, mongóis ou tártaros que vinham visitar as feiras também em pleno coração da Europa. Os produtos ibéricos chegavam através das Estradas de Santiago – ou seja, das rotas que levavam os peregrinos a Compostela – ou então iam de barco da costa atlântica, pelo Golfo de Biscaia, até à Bélgica. A regularidade anual, a segurança garantida por acordos entre os senhores feudais, o estrito cumprimento dos contratos sem o qual os comerciantes não poderiam voltar às feiras, e por fim a própria fama dos acontecimentos faziam vir gente de todo o lado, todos os anos.

Ao contrário do que pensamos, viajava-se muito nessa altura – na Europa e fora dela. As viagens de Marco Polo à Ásia, entre 1271 e 1291 (na época da infância e adolescência de Dante), só ficaram famosas porque esse mercador veneziano foi preso por genoveses e teve tempo de as ditar a um companheiro de cela enquanto não foi libertado. Mas há muitos outros comerciantes italianos documentados na Ásia que não tiveram tempo de escrever as suas memórias, e certamente muitos mais que não foram sequer documentados, além de embaixadas religiosas regularmente enviadas pelo papa à corte de Pequim. Depois da Peste Negra, tudo isso parou; não só era perigoso viajar como deixou de haver gente disponível para enviar.

Nenhuma das cidades das feiras de Champagne é hoje uma grande cidade; à exceção de Troyes, que tem 60 mil habitantes, nenhuma delas é sequer uma cidade média. Isso talvez nos diga muito sobre como as feiras de Champagne, que durante mais de cem anos tinham sido o coração comercial da Europa, foram completamente destruídas pela Peste Negra, primeiro, e depois pela Guerra dos Cem Anos, que começou por essa altura e durou, na verdade, mais de cem anos. Enquanto duraram, porém, as feiras de Champagne foram mais do que um lugar de troca.

O mero facto de serem regulares e de nelas se encontrarem frequentemente gentes vindas de lugares muito diferentes do continente e do mundo, que assim travavam amizade, ganhavam confiança e estabeleciam relações comerciais, fazia com que ali não se vendessem apenas os produtos que já estavam feitos, mas que se prometesse comprar os que se viriam a fazer – e essa é uma diferença fundamental. Com a promessa de compra de umas centenas de potes, em vez de apenas as poucas dúzias que se tinha levado para vender no primeiro ano experimental, o mercador poderia voltar à sua aldeia ou cidade e encomendar mais ou dedicar-se apenas a essa tarefa, desde que tivesse rendimento disponível para comprar a comida que deixaria de produzir, e assim dando dinheiro ao seu vizinho do lado, ou então oferecendo mão de obra e uma participação nos lucros, mas fazendo toda uma comunidade dedicar-se a fazer potes para vender nas feiras de Champagne, em troca, quem sabe, de seda ou especiarias. Mas para que tudo isso funcionasse era preciso também formalizar a promessa de compra, provavelmente assinando-a em notário, em latim. Era preciso uma letra promissória para uma dívida contraída, ou uma nota de crédito, quem sabe se também aquilo a que chamamos hoje uma apólice de seguro, que só viria a vulgarizar-se bastante mais tarde.

O que quero dizer com isso é que a revolução económica do século XIII tem algo que a distingue da revolução económica do século XVI, baseada nas navegações e nas inovações nos meios de transporte (os navios) ou nas inovações militares (os canhões), e portanto também se distingue da Revolução Industrial dos séculos XVIII e XIX, baseada em inovações na energia e na maquinaria. A revolução económica do século XIII é uma revolução de hábitos, de rotinas, de instituições, e tem algo que a aproxima das transformações económicas do nosso próprio tempo: a revolução económica da Baixa Idade Média, dos séculos XII e XIII, foi acima de tudo, e em certo sentido, a de criação de uma economia do conhecimento.

O conhecimento é o nosso segundo c. Já vimos como, apesar das barreiras linguísticas e do sectarismo religioso, as ideias gregas antigas passaram para os cristãos medievais através dos muçulmanos da Península Ibérica, que as tinham recebido dos muçulmanos da Ásia Central e do Médio Oriente, que por sua vez tinham trabalhado com judeus e cristãos nessa mesma região a traduzir manuscritos siríacos. Essa passagem não foi feita com contrariedade, pelo contrário. Aconteceu num ambiente de verdadeiro entusiasmo, com uma voga, uma moda notavelmente rápida para uma época em que os meios de transporte faziam com que as notícias demorassem a chegar, mas em que as ideias chegavam e se expandiam com grande rapidez e intensidade, o que só pode sugerir grande apetência e empenho em recebê-las e em transmiti-las. A vida de santos, políticos e professores é curta – Dante morre aos 49 anos, Tomás de Aquino, aos 56, e estes são dos poucos que tiveram tempo de deixar obra –, os livros são poucos, há que se procurar mestres com fervor e deixar discípulos depressa. É bastante impressionante que António de Lisboa, vindo de uma cidade então considerada no fim do mundo – "*in Regno Portugalie,* [sic] *ad Occidentalis eius plaguem, in extremis mundis sita, ab incolis nuncupatur Ulixbona, ab Ulixe bene condita*", ou seja, "no Reino de

MEMÓRIA SEGUNDA: DA POLARIZAÇÃO

Portugal, na sua praia ocidental situada no extremo do mundo e numa colina ocupava então Lisboa, bem fundada por Ulisses", nas palavras de um dos seus primeiros biógrafos –, tenha conhecido as ideias de Francisco de Assis através do grupo de cinco franciscanos que ficaram conhecidos como os Mártires de Marrocos; que tenha ele próprio ido para Marrocos; e que tenha chegado a Itália ainda a tempo de conhecer o seu mentor, antes de se tornar famoso em Pádua com os seus discursos contra a usura e de morrer aos trinta e poucos anos.

Se Averróis e Maimónides são contemporâneos de d. Afonso Henriques, o primeiro rei de Portugal, bem antes do seu bisneto d. Dinis as ideias deles são já discutidas por todo o lado entre cristãos – em Bolonha, na Sorbonne – e ao mesmo tempo entre árabes no Cairo e em Alexandria.

As mesmas ideias que são incompreendidas e combatidas fazem parte dessa revolução. O dinheiro em papel, os juros, as garantias, as notas de crédito fazem parte da tal financeirização que ajuda a polarizar as sociedades dessa época e a dividi-las em guelfos e gibelinos, ou melhor, a dar aos guelfos e gibelinos, que já vinham divididos desde os tempos das lutas feudais na Alemanha, novos sentidos e novas razões para se oporem quando esses nomes chegaram e se impuseram na Itália medieval.

O nosso terceiro c é inescapável: o das Cruzadas, que são parte indispensável da história dessa época, embora impossíveis de resumir aqui, para lá de duas ou três alusões à sua importância. As Cruzadas baralharam as dinâmicas entre papas, que as convocavam, e imperadores, que as chefiavam, entre cristãos do Ocidente, que as faziam para supostamente auxiliar os cristãos do Oriente, e estes, que foram saqueados por elas. Entre cristão e muçulmanos, é claro, entre os quais se cavou um fosso ainda maior, mas em cujos interstícios se estabeleceram relações inesperadas (a certa altura, os cristãos de Acre e de outros reinos levantados, fundados pelos primeiros cruzados, eram dos que mantinham mais relações comerciais com os muçulmanos, e dos menos interessados nas vagas de fanáticos da fé e da glória que lhes iam chegando sucessivamente do continente europeu).

A primeira Cruzada, de 1095, foi um sucesso para os cristãos e resultou na conquista de Jerusalém. A segunda, na qual participou Frederico Barba Ruiva (ou Barbarossa), de mãe guelfa e pai gibelino, foi um fracasso – mas teve como consequência inesperada a conquista do único porto natural, seguro e amplo da fachada atlântica do sul da Europa, sem o qual não teria havido base para as navegações e a expansão europeia séculos depois –; falo, é claro, de Lisboa. A terceira Cruzada, depois da perda de Jerusalém em 1187 (perda do ponto de vista dos cristãos), foi novo fracasso. E quando chegamos à sexta Cruzada, chefiada por um Frederico II já excomungado pelo papa, o imperador cristão decidiu entrar numa negociação com o sultão Al-Kamil, fazendo-lhe uma proposta bizarra – já que estava excomungado, o papa não podia excomungá-lo outra vez: e se os cristãos e os muçulmanos partilhassem Jerusalém? As mesquitas e as igrejas funcionariam em simultâneo, os *muezzin* chamariam à oração e o sinos dariam as suas badaladas, tudo ao mesmo tempo, cada um seguiria a sua religião, e quem sabe os judeus poderiam regressar e construir o seu templo. Por incrível que pareça, o sultão aceitou a proposta.

Quando os dois líderes mostraram o tratado aos respetivos aliados, estes rejeitaram-no, incrédulos, e os cristãos decidiram avançar para uma nova batalha, que foi, mais uma vez, perdida. No dia 29 de fevereiro de 2020, também ano bissexto, exatamente oitocentos anos depois da assinatura deste tratado entre Frederico e o sultão Al-Kamil, li mais uma notícia sobre um plano de paz do Médio Oriente em que uma das partes era praticamente impedida de fazer de Jerusalém a sua capital, em vez de Jerusalém, como capital de dois Estados, poder ser partilhada. Frederico II e Al-Kamil poderiam agora dizer: "Eu bem vos avisei". A história pode sempre ser diferente.

Memória
TERCEIRA

◆

Da globalização

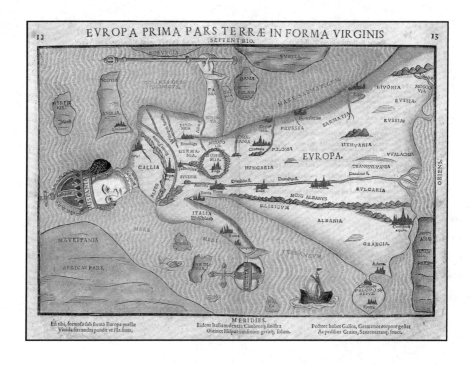

Em 1560, um jovem de 21 anos, filho de pai espanhol e mãe inca, saiu da cidade de Cuzco, nos Andes, e fez os mais de mil quilómetros de montanha e selva que o separavam de Lima, cidade fundada apenas 25 anos antes e capital do vice-reino do Peru havia menos de vinte anos, para poder apanhar um barco para a Europa.

PRIMEIRA CONVERSA

A casa das perguntas

Passaram-se mais de duzentos anos desde a nossa última conversa. Estamos agora no dia 4 de abril de 1571, uma quarta-feira no antigo calendário juliano de que Portugal então se servia (daqui a onze anos, em 1582, a reforma gregoriana do calendário fará "desaparecer" dez dias entre a quinta-feira, 4 de outubro, e o dia seguinte, que será a sexta-feira, 15 de outubro, com a intenção de acertar o calendário com as estações do ano). Temos perante nós Damião de Góis, um homem de 69 anos, guarda-mor da Torre do Tombo, historiador do reino e autor da *Crónica do felicíssimo rei dom Manuel*. Vive entre Alenquer, a sua terra natal, e Lisboa, a capital do reino. Hoje está em Lisboa e vieram uns homens prendê-lo.

São comandados pelo corregedor do crime Diogo da Fonseca e, depois de o levarem, rapidamente o entregam a Gregório Veloso, alcaide do cárcere de Lisboa, provavelmente o mesmo cárcere de que ele próprio escrevera anos antes na Crónica de d. Manuel: "cadeia do Limoeiro, obra muito magnífica, e sumptuosa, onde dantes fora a casa da moeda". É, pois, provavelmente ali, na prisão do Limoeiro, entre Alfama e a Sé, que Damião passa a noite; no dia seguinte é apresentado à Inquisição de Lisboa, onde lhe abrem um processo. Hoje esse processo encontra-se na Torre do Tombo, instituição de que ele fora guarda-mor até estes mesmos dias de abril de 1571, há quatro séculos e meio, em que a Inquisição o prendeu. Nesse processo lê-se:

> E lhe foi dito por eles senhores inquisidores que o estilo do Santo Ofício não era dizerem-se culpas a nenhuma pessoa, mas que lhe faziam saber que, primeiro que se prenda nenhuma pessoa, se bem examinam suas culpas; e, depois de bem vistas e examinadas, se manda prender. E o mesmo se fez no seu caso.

A primeira coisa que é preciso saber quando alguém é apresentado aos inquisidores do Santo Ofício é que o preso não sabe porque está preso. As acusações que sobre ele impendem não lhe são lidas. O que é logo dito a Damião de Góis, seguindo a rotina habitual daquilo a que os inquisidores chamam "o estilo do Santo Ofício", é que se ele está preso é porque ele tem culpas. Mas essas culpas não lhe serão comunicadas, porque é a ele que compete fazer um exame de consciência e saber que culpas são essas, para assim poder declará-las aos inquisidores e para assim poder iniciar o processo de um verdadeiro arrependimento.

Dessa forma, os inquisidores ficam a saber o que já sabiam (provavelmente através do testemunho de uma terceira pessoa) e ficam a saber também o mais que o réu, Damião de Góis, lhes vier a declarar. Damião procura na sua memória o que poderia satisfazer os inquisidores, e para o fazer tem de recuar quarenta anos, até 1531, no tempo em que era um jovem de 29 anos. Um tempo antes de haver Inquisição e, portanto, antes de estarem codificadas as culpas por que seria julgado. Nessa altura Damião foi mandado pelo rei d. João III à Dinamarca, e na cidade de Lübeck (uma das mais importantes da Liga Hanseática, hoje pertencente à Alemanha) conheceu um luterano chamado João Pomerano, com quem jantou e conversou; agora, quarenta anos depois, comunica esse facto aos inquisidores, imaginando que talvez nesse tipo de coisas eles estivessem interessados. Depois viajou para a Polónia, à cidade de Poznań, também em missão de negócios reais. De caminho passou por Wittenberg, onde conheceu Martinho Lutero e o seu colaborador muito próximo, Philip Melanchthon. Com ambos jantou e conversou também. E agora, quarenta anos depois, acha que o deve dizer aos inquisidores, não vá ser nisso que eles estejam interessados. A partir daí, Damião foi para Dantzig "fazer a carga que El-Rei lhe mandava" e regressou à feitoria de Antuérpia, à embaixada comercial que Portugal mantinha já havia muito tempo na Flandres. Lembra-se também de dizer aos inquisidores que, entre outros letrados e intelectuais europeus importantes, viu uma vez em Basileia, na Suíça, Sebastian Münster, o distinto cartógrafo e cosmógrafo alemão, que era também luterano, mas que Damião de Góis não chegou sequer a reconhecer, à porta da livraria que ambos visitaram.

Lembra-se ainda de dizer aos inquisidores que ele, Damião de Góis, visitou Erasmo de Roterdão – que, como os inquisidores deveriam saber, viveu

*Temos perante nós Damião de Góis,
um homem de 69 anos, guarda-mor da
Torre do Tombo, historiador do reino
e autor da Crónica do felicíssimo rei
dom Manuel. Vive entre Alenquer, a
sua terra natal, e Lisboa, a capital do
reino. Hoje está em Lisboa e vieram
uns homens prendê-lo.*
(p. 159)

MEMÓRIA TERCEIRA: DA GLOBALIZAÇÃO

e morreu sempre católico. Diz Damião de Góis que nessas visitas a Erasmo "praticaram coisas de humanidade". Ou seja, falaram de assuntos humanos.

No fim dessa primeira sessão, a Inquisição sabia que Damião de Góis conhecera protestantes numa altura em que a Contrarreforma católica ainda não se tinha verdadeiramente iniciado. Damião de Góis não parece ter imaginado que se pudesse pôr em causa o facto de ele próprio se ter mantido sempre católico. Os inquisidores não ficaram satisfeitos e disseram-lhe que examinasse mais demoradamente a sua consciência e imaginasse que outras culpas poderia ter.

Damião de Góis passou mais uma noite na prisão e no dia seguinte voltou para ser interrogado na "Casa das Perguntas", como se referem os documentos à sala de interrogatório da Inquisição de Lisboa. Aí é Damião de Góis que começa por pedir que fique em ata que ele "nunca creu nenhum dos erros luteranos, posto que praticasse [= conversasse] com os hereges [...] e que ele, Damião de Góis, sempre foi muito bom e católico cristão e o é ainda". Agora são os inquisidores que começam a ser mais precisos nas perguntas. Interrogam Damião de Góis sobre pontos de fé e doutrina específicos – sobre as indulgências, sobre o papa, sobre os santos, sobre o purgatório, sobre a confissão –, a que Damião vai dando sempre as respostas mais conformes à interpretação católica, mas sem convencer os inquisidores. Na última pergunta que lhe fazem, estes querem saber se ele alguma vez falou de tais assuntos com alguém, e parece ficar claro que estão em posse de declarações de alguém que lhes tivesse relatado frases e opiniões de Damião de Góis que não condizem com o que ele agora está a dizer. Mas quem poderia ser essa pessoa? Passaram o sábado e o domingo, e Damião de Góis de novo no cárcere provavelmente perguntando-se isso mesmo.

Segunda-feira, 9 de abril, regressa à "Casa do Despacho da Santa Inquisição", e desta vez as perguntas são mais específicas ainda, não tendo nada que ver com as suas andanças intelectuais pela Europa. Desta vez os inquisidores querem saber coisas sobre os hábitos alimentares de Damião de Góis. Em particular, se alguma vez tinha comido carne em "alguns dias defesos [= proibidos] pela Igreja". Damião responde que tinha para isso uma licença do papa Paulo, que por razões de saúde lhe permitia "comer assim carne como ovos e toda coisa de leite mesmo em dias proibidos pela Igreja". Os inquisidores insistem com várias perguntas sobre o mesmo tema, completam com outras sobre luteranismo e conversas que teria tido com terceiros (mas quem?), e admoestam-no porque consideram que ele não confessou ainda tudo e que "esta era já a terceira sessão; e não o fazendo seria necessário vir o promotor fiscal com libelo, ou seja, acusação contra ele". Damião de Góis regressou ao cárcere e aí ficou até ao fim da semana. Estava já preso há semana e meia sem saber de que era acusado.

Finalmente, a 14 de abril de 1571, um sábado, Damião de Góis é transferido para a prisão dos Estaus, um antigo palácio-estalagem que dantes servia para o rei receber os seus convidados estrangeiros em Lisboa e que agora está a serviço da Inquisição, no topo norte da praça do Rossio (onde hoje se encontra o Teatro Nacional Dona Maria II). Era o mesmo edifício onde fora já interrogado três vezes pelos inquisidores, e de forma geral toda a gente sabia o que funcionava nos ditos Estaus, agora sede da Inquisição em Lisboa. Damião de Góis também o sabia perfeitamente, até porque o escrevera na sua *Crónica de dom Manuel I*: "Assentou-se a Inquisição nos Estaus, e ali fez-se cárcere para os culpados".

Damião de Góis estava, portanto, perfeitamente consciente de que agora se encontrava definitivamente nas mãos da Inquisição. E aí ficou durante quase três anos até ao fim do seu processo. Só depois de muitos interrogatórios conseguiria finalmente perceber quem o denunciara à Inquisição: Simão Rodrigues, que estudara no Collège de Sainte-Barbe, altura em que fundara com colegas espanhóis e franceses a ordem religiosa dos jesuítas, e que convivera com Damião de Góis por uma temporada em Pádua, a meio da década de 1530, quando ambos estudaram nessa cidade italiana. O que Damião de Góis ignorava é que as próprias queixas de Simão Rodrigues datavam de havia quase trinta anos, tendo sido apresentadas à Inquisição a partir de 1545, quando Damião regressava a Portugal com a sua mulher, a holandesa Johanna van Hargen (por vezes tratada pelas fontes portuguesas como Joana de Argém), e reportando-se essas queixas de Simão Rodrigues ao tempo em que ele e Damião eram apenas dois estudantes portugueses algures na Europa, convivendo na mesma casa, como tantos outros estudantes antes e depois deles.

Em 1545, Simão Rodrigues dissera que Damião de Góis "pode fazer muito dano acerca das coisas da nossa fé católica, porque é homem avisado [ou seja, inteligente] e sabe, além do latim, alguma coisa de teologia; e sabe a fala francesa e italiana, e lhe parece também que saberá a flamenga e a alemã, porque andou muito tempo entre eles, os estrangeiros". Ora, Simão Rodrigues saíra

Preccatorio

N 133

Os Inquisidores apostolicos Contra a heretica pravidade
e aposttasia d este arcebispado de lisboa e sua
comarca &c. fazemos saber a vos muito mag.co
sñor doctor Diego da fonsequa fidallguo da
casa delrey nosso sñor Cdoscendes borgua
no caso da capacidade e affeiçao dos livros
livrados que por nosta banda e ...
a os culpas e obrigatorias a prisam
antrefaricdo de quiso para verse ...
temos a ... dos partes ... e bo ...
sñor e ... e dan de gu...
... presentado ... vos ...
Morgado e ... te as tara prenda
a ... damiam de quio ... e de que
a alcay de do chon e Sr faraçao ...
formado na e diego dos...
... obrio e o ... mar bo ...
... quadro de abrill ... velho no ...
... lisboa ... de 1571 ...

[signatures]

*Desta vez os inquisidores querem saber
coisas sobre os hábitos alimentares
de Damião de Góis. Em particular,
se alguma vez tinha comido carne em
"alguns dias defesos [= proibidos] pela
Igreja". Damião responde que tinha
para isso uma licença do papa Paulo, que
por razões de saúde lhe permitia "comer
assim carne como ovos e toda coisa de leite
mesmo em dias proibidos pela Igreja".
(p. 163)*

MEMÓRIA TERCEIRA: DA GLOBALIZAÇÃO

entretanto de Portugal; para confirmar e reforçar o seu testemunho, a Inquisição de Lisboa correspondera-se com a sua congénere de Toledo, porque Simão estava, entretanto, em Castela. Quatro décadas e meio continente europeu separavam, portanto, as conversas que estudantes portugueses tinham tido em Pádua dessas sessões em que um Damião de Góis em breve septuagenário comparecia na "Casa das Perguntas" da Inquisição de Lisboa.

Porém, culturalmente, é um mundo que separa esses dois tempos, do cosmopolitismo da *Utopia* de Thomas More às acusações motivadas por rumores de que Damião de Góis teria dito que os alemães faziam coisas melhor do que os portugueses ("tratar dos pobres") ou de que recebia em casa estrangeiros para "cantarem coisas" que "não eram cantigas que cá costumam cantar-se", ou seja, canções flamengas que Damião de Góis tinha aprendido com a sua mulher. Os planos teológico, comportamental e cultural misturam-se a cada passo nesse processo, e a cada passo dão testemunho de um estreitar das mentalidades em relação à diferença e à autonomia individual, por contraste com os primeiros anos da década de 1530 ou, mais ainda, com a década de 1510, quando Thomas More e Erasmo estavam no seu auge e Lutero publicava as suas *95 Teses*.

A fundação e o desenvolvimento da Inquisição não são com certeza alheios a esse processo. Em Portugal, a Inquisição era agora chefiada por um inquisidor-mor, o cardeal-infante d. Henrique, irmão do rei d. João III, e que chegara a ser regente do reino. Tio-avô do rei d. Sebastião, ele seria rei de Portugal por um breve período, depois de o seu sobrinho-neto morrer na batalha de Alcácer-Quibir. Na primeira metade do século XVI, o cardeal d. Henrique protegera humanistas como Damião de Góis, antes de se tornar cada vez mais intolerante em relação a protestantes, judeus e quaisquer outros hereges e infiéis. O que Damião de Góis provavelmente ignorava é que poderia ter sido preso logo em 1545 se o cardeal-infante não tivesse mandado justapor à denúncia de Simão Rodrigues uma menção em latim: "*supersendum nunc esse*" – "por agora não se age". Passou assim um quarto de século em que Damião de Góis ocupou cargos importantes no reino, tendo recebido diretamente do próprio cardeal-infante d. Henrique o convite para se tornar cronista do seu pai, d. Manuel I.

Só agora, em 1571, viúvo e velho, Damião de Góis sofre as consequências das denúncias de 1545, reiteradas entretanto em 1550, por sua vez motivadas pelas conversas e andanças numa Europa muito diferente, em 1530.

Ao mesmo tempo, a Inquisição vai chamando outras testemunhas; vizinhos e conhecidos de Damião de Góis, uma sobrinha e seu marido, até uma filha de Damião. É daí que vêm os interrogatórios sobre comida. Alguém ouviu dizer que Briolanda, sobrinha de Damião, estando uma vez em casa dos seus tios em Alenquer ou Lisboa, comera carne de porco em dia santo, o que para ela era legítimo, por estar grávida, mas que Damião (e talvez Joana de Argém, ou Van Hargen – a sua mulher) tinha também comido carne de porco e depois regressado ao peixe, e que Damião teria dito "o que entra pela boca não suja a alma" ou, segundo outras testemunhas, "o que entra no corpo não mete nojo, só o que sai". A filha de Damião de Góis tenta justificar os hábitos alimentares do pai, mencionando uma dispensa papal a que o pai também se referirá, aparentemente com pouco efeito sobre as sucessivas acusações que os inquisidores vão produzindo ao longo dos meses.

Completa-se um ano nos cárceres da Inquisição. Entretanto Damião de Góis fica doente, "e não de uma só doença senão de três, que são vertigo, rins e sarna, como espécie de lepra", como ele próprio diz aos inquisidores. A 24 de julho de 1572 apresenta essas queixas e pede clemência. Os pedidos de clemência não têm sucesso, tal como não lhe é sequer atendido o pedido para que lhe deem "um livro em latim" para ler, porque "apodreço de ociosidade" no cárcere.

Damião de Góis junta testemunhas para contrariar a ideia de que era "pouco misseiro", como tinham dito os seus acusadores, demonstrando que tinha feito ofertas de obras de arte a igrejas e outros donativos à Igreja em geral. O efeito não parece ser significativo. Damião de Góis acaba condenado a prisão perpétua, sem auto-de-fé e sem abjuração pública, "visto os inconvenientes que se consideraram, da qualidade da pessoa do Réu, ser muito conhecido nos Reinos estranhos, pervertidos dos hereges, que disso se podem gloriar"; portanto, "o que convém à limpeza e reputação deste Reino, nas coisas da fé", pensam os inquisidores, é condenar Damião de Góis em segredo. Preso no Mosteiro da Batalha a partir do fim de 1572, Damião de Góis obtém, em dezembro de 1573, já muito doente, permissão para regressar a Alenquer. Morre passadas poucas semanas, a 30 de janeiro de 1574, tendo sido encontrado de bruços sobre os restos do fogo na sua lareira, meio calcinado, em circunstâncias pouco esclarecidas. No século XX, um musicólogo e estudioso da sua obra, Mário de Sampaio Ribeiro, aventará a hipótese de assassinato, por haver uma marca de pancada no seu crânio. Uma pesquisa recente de ADN coloca em causa, porém, serem esses os ossos de Damião de Góis, de forma que o mistério da sua morte ficará por resolver.

No túmulo de Damião, em Alenquer, está o epitáfio que escreveu para si mesmo, décadas antes. Diz esse epitáfio:

> Ao maior e ótimo Deus. Damião de Góis, cavaleiro lusitano fui em tempos; corri toda a Europa em negócios públicos; sofri vários trabalhos de Marte; as musas, os príncipes e os varões doutos amaram-me com razão; descanso neste túmulo em Alenquer, aonde nasci, até que aquele dia do juízo final acorde estas cinzas.

É provavelmente a primeira vez que a palavra "Europa" aparece num túmulo em Portugal.

SEGUNDA CONVERSA

Como escrever sobre um amigo decapitado?

No dia 26 de janeiro de 1536, o português Damião de Góis encontrava-se na cidade italiana de Pádua, a mesma onde partilhou quarto com Simão Rodrigues, sem fazer ideia de que Simão Rodrigues viria a denunciá-lo, mais de duas décadas depois, à Inquisição portuguesa, precisamente por causa de conversas banais, triviais, tidas entre dois jovens que partilhavam casa e que falavam acerca dos nomes e dos factos famosos da sua época. Menos imaginaria ainda que, quarenta anos depois, seria preso por essa mesma Inquisição acabada de fundar em Portugal e seria interrogado, esgotado, praticamente até à morte.

Nesse tempo, talvez Damião de Góis e Simão Rodrigues tivessem noção de que naquela mesma cidade de Pádua, séculos antes, na época da nossa segunda memória (início do século XIII), havia ali vivido um outro jovem estudioso português chamado Fernando de Bulhões, mais conhecido como António de Lisboa ou António de Pádua e acompanhado do cognome de Santo – alguém que, aliando reflexão teológica e ação propriamente política sobre os temas do seu tempo, dos juros e das dívidas às Cruzadas, se tornaria famoso entre a primeira geração de jesuítas. Toda essa gente, antes de ser nome numa enciclopédia, foi apenas um ou outro daqueles jovens cruzando e descruzando o continente, partilhando as suas ambições e frustrações, as suas preocupações e inseguranças.

Nesse dia 26 de janeiro de 1536, Damião de Góis fazia uma coisa prosaica: respondia a uma carta que lhe havia escrito o seu amigo Erasmo de Roterdão, que estava em Basileia, na Suíça, onde já haviam também partilhado casa. A carta tratava das coisas de que os amigos tratam: novidades sobre outros amigos, livros, mudanças de casa e saúde – uns tempos antes, Damião de Góis destruíra, em frustração, o bilhete que Erasmo lhe enviara comunicando-lhe que estava cada vez mais doente com gota. Gota era uma doença para levar a sério nessa altura e Erasmo já não ia para novo. Talvez Damião sentisse que estava em vias de perder o seu amigo e mentor, e por isso sentisse também que tinha de fazer uma coisa (essa, sim, nada prosaica) na carta que estava a escrever naquele momento. Trata-se de falar da morte de Thomas More (ou ainda Morus, o político e jurista inglês que escrevera a *Utopia*), que ocorrera no verão anterior, a 6 de julho de 1535, e não por causas naturais, mas por decisão do rei Henrique VIII, que mandara executá-lo por decapitação.

"Agradeço-vos o relato da morte de Tomás More", escreve Damião para Erasmo em latim, "foi ele um dom gratíssimo para nós." Mas depois acrescenta, preocupado:

> Vossos amigos, que aqui haveis muitos e eruditos, e com os quais mantenho boas relações, admiram-se de que em escritos vossos não celebreis o desaparecimento de tão caro e íntimo amigo. Alguns dizem que a menção que [lhe] consignais no prólogo do *Ecclesiastes* não está em conformidade com tão [excelente varão], pois que devíeis, afirmam eles, proceder mais desenvolvidamente em assunto tão digno. Vós sabeis o que heis de fazer; eu apenas aviso, como amigo que sou.

Praticamente quinhentos anos depois dessa carta, é cada vez mais habitual para jovens universitários europeus e do resto do mundo participarem num programa que leva o nome de Erasmus (na verdade, a abreviatura para o nome em inglês do programa European Region Action Scheme for the Mobility of University Students, da União Europeia), que já mobilizou mais de 3 milhões de jovens estudantes desde 1987 e do qual, segundo estimativas da Comissão Europeia, podem ter nascido mais de 1 milhão de "bebés Erasmus", filhos e filhas dos casais de vários países que se apaixonaram durante a sua experiência no "programa Erasmus" no final do século XX, início do século XXI.

Nas primeiras décadas do século XVI não havia, é claro, nenhum programa formal com esse nome, Erasmus, mas existia a realidade que viria a inspirá-lo. O programa Erasmus de 1500 era simplesmente procurar saber onde na Europa se encontraria realmente, fisicamente, em pessoa, Erasmo de Roterdão, e depois visitá-lo. Damião de Góis fizera-o em 1534, tendo vivido com Erasmo numa sua casa em Friburgo, na Alemanha, e mantendo

MEMÓRIA TERCEIRA: DA GLOBALIZAÇÃO

uma amizade que justificava os termos que ambos usavam na sua correspondência. Thomas More fizera o seu programa Erasmus muito antes, ficando uns meses com Erasmo em Antuérpia no ano de 1515, durante uma missão diplomática para o rei de Inglaterra. Já antes disso o próprio Erasmo atravessara o Canal da Mancha para visitar Thomas More no seu país. Mas a visita de More a Antuérpia é a mais importante, porque foi então que ele começou a escrever o seu livro mais famoso, a *Utopia*.

A ideia de *Utopia* surgiu como surgem muitas ideias a jovens longe do seu país: numa ocasião de conversa, comida e bebida com amigos. À mesa estavam pelo menos Thomas More, Erasmo de Roterdão e um português; ou seja, a ideia da *Utopia* nasceu numa noite de copos em Antuérpia. Não sabemos quem esse português era, mas certamente não se tratava de Damião de Góis, que também esteve em Antuérpia, mas só uns anos depois. O nome do português que Thomas More usa na introdução de *Utopia* é claramente uma invenção: Rafael Hitlodeu, a partir da palavra grega para "contador de fantasias". Só sabemos, portanto, que o companheiro de copos e conversas era um português tagarela que andava por Antuérpia em 1515 e que teria antes participado de navegações oceânicas. Nada de invulgar: Portugal tinha desde o início do século XVI estabelecido em Antuérpia uma feitoria – uma representação permanente para diplomacia e negócios, numa espécie de cruzamento entre embaixada e entreposto comercial – depois de ter tido outra feitoria em Bruges, e desde o início da segunda dinastia que se contavam muitos súbditos dos reis de Portugal na região da Flandres e dos Países Baixos. Diz-se que a infanta Isabel de Portugal, filha de d. João I, levou consigo mais de mil portugueses quando casou com o duque da Borgonha, um reino entretanto desaparecido naquela região da Europa.

Os portugueses que agora andam por Antuérpia – tanto cristãos como judeus – têm muitas vezes conhecimento direto das navegações, descobertas e conquistas do primeiro século da expansão portuguesa, que é um dos temas que mais curiosidade despertam em gente como Thomas More e Erasmo de Roterdão.

Portanto, a partir de uma conversa entre Thomas More, Erasmo de Roterdão e um português desconhecido, talvez numa taberna de Antuérpia, nasce um livro – *Utopia* – que inaugura um novo género literário e um novo modo de pensamento, no qual se descreve uma ilha governada de maneira ideal. Estamos perante uma realidade interconectada, com gente curiosa, sedenta de comunicação e conhecimento. Poderíamos estar a falar da "Geração Erasmus" que existe hoje, no início do século XXI, mas não – estamos a falar literalmente da geração de Erasmo que existiu no início do século XVI. Poderíamos estar a falar de uma das muitas "gerações da utopia" do futuro, mas aqui estamos a falar literalmente da geração da *Utopia*. E agora, no início de 1536, um ainda jovem Damião de Góis escreve a um já velho Erasmo de Roterdão e diz-lhe que alguns dos seus amigos comuns estranharam o pouco que ele escreveu sobre o seu grande amigo Thomas More, que morreu por lhe terem cortado a cabeça. No fundo, aquilo que Damião de Góis está a fazer é insinuar, para proteger a reputação do seu amigo Erasmo, que talvez haja quem, no seu círculo de amigos e correspondentes, o considere cobarde. Não que ele o diga diretamente, mas sugere o que outros podem dizer: "Eu apenas aviso, como amigo que sou", ou, como escreveriam hoje os jovens em inglês, *#justsaying*.

A preocupação tinha razão de ser. Thomas More e Erasmo haviam sido os dínamos intelectuais da sua geração, escrevendo e polemizando muito para além das suas duas obras que ficaram para sempre famosas – a *Utopia*, por Thomas More, e *O elogio da loucura*, por Erasmo de Roterdão. Acima de tudo, haviam sido grandes amigos, daqueles amigos que praticamente definem uma ideia de amizade.

Em 1519, antes de tudo dar para o torto, Erasmo escrevera assim sobre Thomas More:

> Parece que nasceu e foi feito para a amizade, pois é o mais fiel e constante dos amigos. É de fácil acesso por todos; mas se lhe acontece tornar-se familiar de alguém cujos vícios não permitem correção, consegue lidar com isso afastando-se e abandonando a intimidade sem precisar de chegar a uma rutura súbita. Quando encontra alguém sincero e de acordo com o seu coração, de tal forma tira prazer de estar em sociedade e conversar como se esse fosse o principal encanto da vida [...]. Em suma, se queres ter um modelo perfeito da amizade, não o encontrarás em ninguém mais perfeito do que em More.

O que poderia explicar que Erasmo fosse agora muito menos eloquente para falar do amigo após a sua morte? Aquilo de que se poderia suspeitar, como Damião de Góis temia, toda a gente sabia. More, que atingira os mais altos cargos ao serviço do seu rei Henrique VIII, e que ainda poucos anos antes era o chanceler-mor do reino de Inglaterra – um cargo então na prática

Thomas More e Erasmo haviam sido os dínamos intelectuais da sua geração, escrevendo e polemizando muito para além das suas duas obras que ficaram para sempre famosas – a 'Utopia', por Thomas More, e 'O elogio da loucura', por Erasmo de Roterdão. Acima de tudo, haviam sido grandes amigos, daqueles amigos que praticamente definem uma ideia de amizade.

(p. 173)

MEMÓRIA TERCEIRA: DA GLOBALIZAÇÃO

175

equivalente, e na teoria ainda hoje superior, ao de primeiro-ministro –, fora apanhado pela repentina conversão de Henrique VIII ao protestantismo, ou melhor, ao anglicanismo; um Henrique VIII que ainda poucos anos antes perseguira com tanto empenho os protestantes e motivara Thomas More a persegui-los com algum assanhamento. Esse afastamento fora motivado, uns poucos anos antes, como é sabido, pelo facto de o papa ter negado ao rei o anulamento do matrimónio real com Catarina de Aragão, para poder casar com Ana Bolena. Thomas More, como Erasmo, tinha sido um dos maiores críticos da Igreja de Roma dentro do movimento conhecido como "humanismo", mas não acompanhara as consequências retiradas pelos defensores da "reforma", a que em breve se chamaria protestante.

Thomas More e Erasmo ficaram então numa posição complicada: críticos da Igreja Católica, mas críticos também daqueles que rompiam com a Igreja Católica. Acima de tudo guiado pela sua mente racional e abstrata de jurista, Thomas More não poderia aceitar que Henrique VIII simplesmente considerasse anulado o seu próprio casamento sem que o procedimento correto tivesse sido aprovado em Roma. Mas essa recusa tinha também ela consequências: se Ana Bolena não era rainha para ele, então os descendentes de Ana Bolena não poderiam ocupar o trono de Inglaterra.

More viu-se forçado a abandonar os seus cargos (deu conta disso a Erasmo numa carta de 1532), acabou preso na Torre de Londres e, depois de um longo julgamento, foi conduzido ao cadafalso para lhe cortarem a cabeça. "Ajude-me a subir", pediu ele ao seu carrasco, a quem fez questão de perdoar, como ficou então registado. "Da descida trato eu." A atitude que levou More à morte talvez esteja explicada noutro passo da carta de Erasmo em 1519, aquela que citei há pouco sobre a amizade:

> Não há ninguém que menos seja levado pelas opiniões da multidão do que ele, e no entanto ninguém se afasta menos do senso comum do que ele também. Se por acaso conhece algo estrangeiro ou de qualquer forma notável, logo o adquire, e assim a sua casa está repleta de tais coisas que a cada passo atraem o olhar dos visitantes, e o seu prazer é renovado sempre que vê o prazer dos outros.

Essa mistura de teimosia e curiosidade, ou, se quisermos, de independência e abertura, permeadas por um interesse por tudo o que era novo e estranho (aquilo a que Erasmo se refere como "um interesse por tudo o que é estrangeiro"), tinha feito a fama, mas também o entusiasmo, das primeiras décadas dos amigos dessa geração. Foi essa mistura de abertura e curiosidade, de teimosia e de independência, que também levou à sua perdição.

No fim da carta de janeiro de 1536, Damião partilhava com Erasmo alguns planos que diziam respeito a este último: editar uma coleção completa das suas obras, para o que lhe pedia "um catálogo ordenado dos vossos livros", e mesmo escrever uma biografia do mestre do humanismo. Erasmo de Roterdão ficaria assim arquivado, registado, documentado para a posteridade através de uma coleção dirigida por um português, Damião de Góis, e talvez, quem sabe, editada em Lisboa. Se a Erasmo agradassem essas ideias, Damião iria a Basileia visitá-lo "no mês de maio ou junho" daquele ano de 1536. Em vez disso, Damião fez no primeiro semestre do ano uma viagem pela Alemanha, visitando em particular Nuremberga, antes de poder dirigir--se para a Suíça ao encontro de Erasmo, no que foi impedido pela notícia da eclosão de uma guerra naquela região da Europa. Foi então de Nuremberga que escreveu a 15 de julho de 1536 a sua última carta para Erasmo, que já não chegou a recebê-la. Erasmo morrera três dias antes, a 12 de julho, um ano e seis dias depois da decapitação do seu amigo Thomas More.

Sendo assim, talvez tenha sido a aproximação da morte e um cada vez mais justificado pessimismo de Erasmo nos seus últimos anos que lhe tiraram a vontade de escrever mais e melhor sobre o seu amigo Thomas More. A geração da *Utopia* começara otimista, vendo o mundo acrescentar-se com novos continentes e tornar-se apenas um – a circum-navegação do globo terrestre comandada por Magalhães, e finalizada por Elcano, iniciou-se no mesmo 1519 em que Erasmo escrevia a carta sobre a amizade a propósito de Thomas More. Mas ao mesmo tempo, nesse tempo de há quinhentos anos, em que o mundo se tornava apenas um, a cristandade de Erasmo dividia-se em duas – católica e protestante –, levando a geração otimista a soçobrar perante a violência e a intolerância, a caminho das guerras de religião. Aqueles que se vão enfrentar em controvérsias teológicas e confrontos militares não eram, enquanto jovens, muito diferentes uns dos outros: formados pelo mundo da invenção da imprensa, da descoberta do caminho marítimo para a Índia e da chegada às Américas, antes de serem "reformados" pelas excomunhões e perseguições recíprocas.

Um mundo que se revela uno, pois, e uma cristandade dividida: a conjugação desses dois fatores acabou por dar nova relevância à utilização do termo "Europa", antes sobretudo geográfico e agora começando a ganhar características culturais e políticas. Talvez isso explique porque, mais de quarenta anos depois, esse termo encontrará lugar no epitáfio de Damião de Góis escrito pelo próprio. De certa forma, a geração de Erasmo é a que começa a fazer a transição de uma ideia da cristandade para uma noção da Europa; de uma ideia de comunidade religiosa para uma noção de comunidade política. Mas essa vai ser uma transição dolorosa.

TERCEIRA CONVERSA

Memória, *media* e medo

Há quinhentos anos, por estes dias, um jovem monge alemão envia para o seu bispo um texto composto por uma série de 95 curtas teses de uma ou duas linhas cada, escritas em latim. A sua intenção seria pregar esse texto, com a voz, em sermões, em público. Pode ser que tenha também pregado mesmo o texto, com martelos e pregos, na porta da Igreja de Todos os Santos em Wittenberg, no dia 31 de outubro de 1517, dando assim início à Reforma Protestante.

Umas décadas antes, esse gesto teria passado despercebido. Mas no tempo de Martinho Lutero – pois esse é o nome do jovem monge – a imprensa já mudou a paisagem do debate de ideias. A tipografia inventada por Gutenberg em meados do século anterior, talvez na década de 1440, demorou algum tempo a disseminar-se, apesar de utilizar técnicas e princípios antigos, desde o papel, a tinta e os tipos móveis que os chineses já conheciam até à prensa ou ao fuso em espiral, que é o mesmo, afinal, que se utiliza nos lagares para esmagar as uvas e extrair vinho. Os livros do século xv têm o nome de "incunábulos", por fazerem parte do tempo do berço (ou *cuna*, em latim) da imprensa. Na segunda década do século xvi, aquela em que Martinho Lutero prega as suas 95 teses, a imprensa já está completamente disseminada. Poucos meses depois de as escrever, já há centenas de cópias das 95 teses de Martinho Lutero, mecanicamente reproduzidas, a circular pelo continente.

Imaginemos umas décadas antes: para que houvesse centenas de cópias de um determinado texto a circular pelo continente seria necessário aplicar o esforço de talvez dezenas de *scriptoria*, ou "gabinetes de escrita" em conventos medievais, aplicando o esforço de dezenas de monges copistas.

Todas juntas, com recurso a algumas abreviaturas, as 95 teses não só cabiam num folheto ou num pequeno livro, como cabiam até num único cartaz, e também nessa versão de enorme legibilidade e ainda maior visibilidade elas foram pregadas nas portas de muitas igrejas e coladas nas paredes de universidades e de estalagens. A história da Europa iria mudar para sempre.

Há poucas gerações de que se possa dizer que tenham visto tanta mudança acontecer durante as suas vidas como aquela geração que viveu em torno de 1500. A geração de Erasmo de Roterdão (nascido em 1466), Thomas More (nascido em 1478), Martinho Lutero (nascido em 1483) e, nascido já no novo século, em 1502, Damião de Góis. Todos eles se conheceram, trocaram cartas, polemizaram entre si. A polémica das indulgências papais, que tinha motivado as 95 teses de Martinho Lutero, não era desconhecida de nenhum desses autores, que criticavam a ganância com que alguns pregadores vendiam a promessa de salvação eterna com frases deste tipo: "Assim que uma moeda no cofre cai, uma alma do purgatório sai". (*Wenn die Münze im Kästlein klingt, die Seele in den Himmel springt.*") Precisamente essa frase seria de um tal Johann Tetzel, nascido em 1465 e morto dois anos depois das teses de Lutero, em 1519 – uma espécie de caixeiro-viajante da salvação das almas em troca de dinheiro, que iria, pelo seu exemplo (mau exemplo, bem entendido) dar aquele impulso inicial de indignação de que uma revolução precisa para acontecer. Não há prova de que Tetzel tenha mesmo dito essa frase, e Lutero pode simplesmente ter inventado o verso, com o seu ritmo e a sua rima, para que mais facilmente ele se disseminasse – como um *meme* hoje em dia.

O tema das indulgências, apesar de importante, era um tema menor quando comparado com algo que tinha acabado de acontecer: o mundo aumentara de tamanho; havia continentes desconhecidos (como a América) que tinham acabado de ser descobertos – na perspetiva das mentes e dos olhos europeus, claro; havia agora povos inteiros de que os europeus sabiam pela primeira vez. Michel de Montaigne, que era de uma geração diferente de toda essa gente – nasceu em 1533, pouco antes de More e Erasmo morrerem, e morreu em 1592, dezoito anos depois da morte de Damião de Góis –, foi a Bordéus assistir ao desembarque de indígenas do Brasil. Tornava-se real a possibilidade de algumas partes da humanidade viverem de forma sã e razoável sem conhecerem os livros sagrados; ou seja, havia populações humanas fora das previsões do Antigo e do Novo Testamentos, mas dentro das reflexões de um Aristóteles, pensando os humanos como um animal social. Ao mesmo tempo que o número de habitantes

Amore et studio elucidande veritatis: hec subscripta disputabūtur Wittenberge. Presidente R. P. Martino Luther: Artiū et S. Theologie Magistro: eiusdemq́ ibidem lectore Ordinario. Quare petit: vt qui non possunt verbis presentes nobiscū disceptare: agant id literis absentes. In noie dn̄i nostri hiesu chr̄i. Amē.

¶Dominus et magister nr̄ Jesus chr̄s dicendo. Penitentiā agite. ꝛc. omnē vitam fideliū penitentiam esse voluit.

¶Q́d verbū de penitētia sacramentali (id est confessiōis et satisfactiōis que sacerdotum ministerio celebratur) non pōt intelligi.

¶Non tn̄ solam intendit interiorē: immo interior nulla est. nisi foris operetur varias carnis mortificationes.

¶Manet itaq́ pena donec manet odiū sui (id est penitentia vera intus) scꝫ vsq́ ad introitum regni celoꝝ.

¶Papa nō vult nec pōt vllas penas remittere. ꝓter eas: quas arbitrio vel suo vel canonum imposuit.

¶Papa nō pōt remittere vllā culpā nisi declarando et approbando remissam a deo. Aut certe remittendo casus reseruatos sibi: quibꝫ ꝓtēptis culpa prorsus remaneret.

¶Nulli prorsus remittit deus culpā: quin simul eū subijciat: humiliatū in omibus: sacerdoti suo vicario.

¶Canones penitetiales solū viuētibus sunt impositi. nihilq́ morituris ſm eoſdem debet imponi.

¶Inde bn̄ nobis facit sp̄us sctūs in papa. excipiendo in suis decretis ſp articulū mortis et necessitatis.

¶Indocte et male faciūt sacerdotes ii: qui morituris pn̄ias canonicas in purgatoriū reseruant.

¶Zizania illa de mutanda pena Canonica in penam purgatorij. videnꝫ certe dormientibus episcopis seminata.

¶Olim pene canonice nō post: sed ante absolutionem imponebantur: tanq́ tentamenta vere contritionis.

¶Morituri: ꝑ mortē omnia soluunt. et legibus canonū mortui iam sunt habentes iure earum relaxationem.

¶Imꝑfecta sanitas seu charitas morituri: necessario secum fert magnū timorem: tantoq́ maiorem: quāto minor fuerit ipsa.

¶Hic timor et horror satis est se solo (vt alea taceā) facere penā purgatorij: cum sit ꝓximus desperationis horrori.

¶Uident infernus: purgatoriū: celum differre: sicut desperatio: ꝓpe desperatio. securitas differunt.

¶Necessariū videꝫ aiabꝰ in purgatorio: sicut minui horrorē. ita augeri charitatem.

¶Nec ꝓbatum videꝫ vllis: aut rōnibus aut scripturis. q́ sint extra statum meriti seu augende charitatis.

¶Nec hoc ꝓbatū esse videꝫ: q́ sint de sua btitudine certe et secure saltē oēs. licꝫ nos certissimi simus.

¶Igitur papa ꝑ remissionē plenariā oim penaꝝ. nō simpliciter oim. intelligit: sed a seipso tantūmodo impositaꝝ.

¶Errant itaq́ indulgentiaꝝ ꝓdicatores. ii: qui dicūt per pape indulgētias: hoiem ab omi pena solui et saluari.

¶Quin nullā remittit aiabus in purgatorio: quā in hac vita debuissent ſm Canonē soluere.

¶Si remissio vlla oim oīno penaꝝ: pōt alicui dari. certū est eā nō nisi ꝑfectissimis. i. paucissimis dari.

¶Falli ob id necesse est: maiorē partē popl̄i: per indifferentē illā et magnificam pene solute ꝓmissionem.

¶Qualē pātem ꝟittit papa in purgatoriū gn̄aliter: talem hꝫ quilibet Epc̄opus et Curatus in sua diocesi et parochia specialiter.

¶Optime facit papa: q́ nō ptāte clauis (quā nullā hꝫ) sed per modū suffragij dat aiabus remissionem.

¶Hoiem predicant. qui statim vt iactus nummus in cistam tinnierit: euolare dicunt animā.

¶Certū est. nūmo in cista tinniente: augeri questū et auariciā posse. suffragium aūt ecclesie: in arbitrio dei solīꝰ est.

¶Quis scit. si oēs aīe in purgatorio velint redimi. sicut de f. Seuerino et paschali factū narratur.

¶Nullus est securus de veritate sue cōtritiōis. multominus de cōsecutione plenarie remissionis.

¶Q́ rarꝰ est vere penitēs: tā rarꝰ est q́ indulgētias redimēs. i. rarissimꝰ

¶Dānabunt in eternū cū suis magr̄is: qui ꝑ lr̄as veniaꝝ securos sese credunt de sua salute.

¶Cauendi sunt nimis: qui dicūt venias illas Pape: donū esse illud dei inestimabile: quo reconciliat̄ homo deo.

¶Gratie enī ille veniales: tantū respiciunt penas satisfactiōis sacramētalis ab homie constitutas.

¶Non christiana ꝓdicant: qui docent. q́ redemptoꝝ aīas vel cōfessionalia: nō sit necessaria contritio.

¶Quilibet christianus vere cōpunctus: hꝫ remissionē plenariā: a pena et culpa. etiam sine lr̄is veniaꝝ sibi debitā.

¶Quilibet verus christianus: siue viuus siue mortuꝰ: hꝫ participatione oim bonoꝝ Chr̄i et Ecclesie. etiā sine lr̄is veniaꝝ a deo sibi datam.

¶Remissio tn̄ et participatio Pape: nullo mō est ꝯtemnēda. q́ (vt dixi) est declaratio remissionis diuine.

¶Difficillimū est: etiā doctissimis Theologꝰ simul extollere veniaꝝ largitatem: et contritiōis veritatē coram populo.

¶Contritionis veritas penas querit et amat. Veniaꝝ aūt largitas relaxat: et odisse facit saltem occasione.

¶Caute sunt venie aplice ꝓdicande. ne populus false intelligat. eas ꝓferri ceteris bonis opibus charitatis.

¶Docendi sunt christiani. q́ Pape mens nō est: redemptionē veniaꝝ vlla ex parte cōparandā esse opibus misericordie.

¶Docendi sunt christiani. q́ dans pauperi: aut mutuans egenti: meliꝰ facit: q́ si venias redimeret.

¶Quia ꝑ opus charitatis crescit charitas: et fit hō melior: sed ꝑ venias nō fit melior: sed tmmodo a pena liberior.

¶Docendi sunt christiani. q́ qui videt egenū: et neglecto eo. dat ꝓ venijs: nō indulgētias Pape: sed indignatione dei sibi vendicat.

¶Docendi sunt christiani. q́ nisi superfluis abundent: necessaria tenenꝫ domui sue retinere: et nequaq́ ꝓpter venias effundere.

¶Docei d sunt christiani. q́ redemptio veniaꝝ est libera: nō precepta.

¶Docedi sunt christiani. q́ Papa sicut magis eget: ita magis optat in venijs dandis ꝓ se deuotam orationem: q́ ꝓmptam pecuniam.

24 ¶Docendi sunt christiani. q́ venie Pape sunt vtiles: si non in eas confidant. Sed nocentissime: si timorem dei per eas amittant.

25 ¶Docendi sunt christiani. q́ si Papa nosset exactiones venialiū ꝓdicatorum mallet Basilicā. s. Petri in cineres ire: q́ edificari. cute carne z ossibus ouium suaꝝ.

1 ¶Docendi sunt christiani. q́ Papa sicut debet ita vellet. etiam vendita (si opus sit) Basilica. s. Petri: de suis pecunijs dare illis: a quorū plurimis quidā cōcionatores veniaꝝ pecuniam eliciunt.

2 ¶Uana est fiducia salutis ꝑ lr̄as veniaꝝ. etiā si Cōmissarius: immo Papa ipse suā aiam ꝓ illis impigneraret.

3 ¶Hostes chr̄i et Pape sunt ii: qui ꝓpter venias ꝓdicandas verbū dei in alijs ecclesijs penitus silere iubent.

4 ¶Iniuria fit verbo dei: dū in eodez sermone: equale vel longius tēpus impenditur venijs q́ illi.

5 ¶Mens Pape necessario est. q́ si venie (q́ minimum est) vna cāpana: vnis pompis: et ceremonijs celebrātz. Euangelium (q́ maximū est) centū campanis: centū pompis: centū ceremonijs predicetr.

6 ¶Thesauri ecclesie vn̄ Papa dat indulgētias: neq́ satis notati sunt: neq́ cogniti apud ꝓprm chr̄ti.

7 ¶Temporales certe nō esse patet. q́ nō tā facile eos ꝓfundūt: sꝫ tmmo colligunt multi ꝯcionatoꝛ.

8 ¶Nec sunt merita Chr̄i et sctoꝝ. q́ hec ſp sine Papa operēt gr̄am hois interioris: et cruce: morte: infernumq́ exterioris.

9 ¶Thesuros ecclesie. s. Laurētiꝰ dixit esse: paupes ecclie. sꝫ locutus est vsu vocabuli suo tpe.

10 ¶Sine temeritate dicimꝰ claues ecclie (merito Chr̄i donatas) esse thesaurum istum.

11 ¶Clarz est eni̅. q́ ad remissionē penaꝝ et casuū sola sufficit ptās Pape.

12 ¶Uerus thesaurus ecclie. est sacrosctm euāgelium glorie et gratie dei.

13 ¶Hic aūt est merito odiosissimus. q́ ex primis facit nouissimos.

14 ¶Thesaurus aūt indulgentiaꝝ merito est gratissimus. q́ ex nouissimis facit primos.

15 ¶Igitur thesauri Euangelici rhetia sunt: quibus olim piscabant̄ viros diuitiarum.

16 ¶Thesauri indulgentiaꝝ rhetia sunt: q́bus nūc piscant̄ diuitias viroꝝ.

17 ¶Indulgētie: quas cōcionatores vociferant̄ maxias gr̄as. intelligunt̄ vere tales quoad questum ꝓmouendum.

18 ¶Sunt tamen re vera minime ad gr̄am dei et crucis pietatē compatē.

19 ¶Tenent̄ Epi̅ et Curati veniaꝝ aplicaꝝ Cōmissarios cū omi reuerentia admittere.

20 ¶Sed magis tenent̄ oibus oculis intendere: oibus aurib́ aduertere: ne ꝓ cōmissione Pape sua illi somnia ꝓdicent.

21 ¶Cōtra veniaꝝ aplicaꝝ vitatē q́ loquit̄. sit ille anathema z maledictꝰ

22 ¶Qui vero contra libidinē ac licentiā verboꝝ Cōcionatoris veniaꝝ curam agit: sit ille benedictus.

23 ¶Sicut Papa iuste fulminat eos: qui in fraudem negocij veniaꝝ quascunq́ arte machinantur.

24 ¶Multomagis fulminare intendit eos: qui ꝓ veniaꝝ pretextu in fraudem sctē charitatis et veritatis machinant̄.

25 ¶Opinari venias papales rātas esse: vt soluere possint hoiez. etiā si q́ impossibile dei genitrice violasset. Est insanire.

1 ¶Diximus contra. q́ venie papales: nec minimū venialium pctoꝝ tollere possint quo ad culpam.

2 ¶Q́ dr̄ nec si. s. Petrus modo Papa esset: maiores gr̄as donare possꝫ est blasphemia in sctm Petrum et Papam.

3 ¶Dicimus contra. q́ etiā iste et quilibet papa maiores hꝫ. scꝫ Euangelium: virtutes: gr̄as curationū. ꝛc. vt .i. Co. xij.

4 ¶Dicere. Cruce armis papalibus insigniter erectā: cruci christi equiualere: blasphemia est.

5 ¶Ratione reddent Epi̅: Curati: et Theologi. Qui tales sermōes in populum licere sinunt.

6 ¶Facit hec licētiosa veniaꝝ ꝓdicatio. vt nec reuerentiā Pape facile sit: etiā doctis virꝫ redimere a calūnijs aut certe argutꝰ q́stioib́ laicoꝝ.

7 ¶Scꝫ. Cur Papa nō euacuat purgatoriū ꝓpter scrissimā charitatez et summā aiaꝝ necessitatē: vt cam oim iustissimā. Si infinitas aias redimit ꝓpt pecunia funestissimā ad structurā Basilice: vt cam leuissimā

8 ¶Itē. Cur manent exequie et anniuersaria defunctoꝝ: et nō reddit aut recipi pmittit bn̄ficia ꝓ illis instituta. cū iā sit iniuria ꝓ redēpt́ orare

9 ¶Itē. Que illa noua pietas Dei et Pape. q́ impio et inimico ꝓpter pecuniā ꝯcedit: aiam pia et amica dei redimere. Et tn̄ ꝓpter necessitatē ipsius met pie et dilecte anie nō redimunt eā gratuita charitate.

10 ¶Itē. Cur Canones pn̄iales re ipsa et nō vsu: iā dū in semet abrogati z mortui: adhuc tn̄ pecunijs redimunt ꝑ ꝯcessione indulgētiaꝝ. tanq́ viuacissimi.

11 ¶Itē. Cur Papa cuiꝰ opes hodie sunt opulētissimis crassis crassiores: nō de suis pecunijs magꝫ q́ paupm fideliū struit vnā tmmo Basilicā sancti Petri.

12 ¶Item. Quid remittit aut participat Papa iis: qui ꝑ ꝓtritionē ꝑfectaz ius habēt plenarie remissionis et participationis.

13 ¶Item. Quid adderet ecclie boni maioris. Si Papa sicut semel facit: ita cēties in die cuilibꝫ fideliū has remissiōes z ꝑticipatiōes tribuet.

14 ¶Er quo Papa salute querit aiaꝝ. q́ venias magꝫ q́ pecunias. Cur iā suspendit lr̄as et venias iam olim ꝯcessas: cū sint eque efficaces.

15 ¶Hec scrupulosissima laicoꝝ argumēta: sola prate opescere: nec reddita ratione diluere. est ecclesiā z Papā hostibꝫ ridendis exponere et infelices christianos facere.

16 ¶Si ergo venie ſm spiritū et mentē Pape ꝓdicarētur. facile illa omia soluerēt: immo nō essent.

17 ¶Ualeat itaq́ oēs illi pn̄he: q́ dicūt pp̄lo Chr̄i. Pax pax: et nō est pax

18 ¶Bn̄ agat oēs illi pn̄he: q́ dicūt pp̄lo Chr̄i. Crux crux. et non est crux

19 ¶Exhortandi sunt Christiani: vt caput suū chr̄m per penas: mortes: infernosq́ sequi studeant.

20 ¶Ac sic magis ꝑ multas tribulatiōes intrare celū: q́ ꝑ securitatē pacis confidant.

Há quinhentos anos, por estes dias, um jovem monge alemão envia para o seu bispo um texto composto por uma série de 95 curtas teses de uma ou duas linhas cada, escritas em latim. A sua intenção seria pregar esse texto, com a voz, em sermões, em público. Pode ser que tenha também pregado mesmo o texto, com martelos e pregos, na porta da Igreja de Todos os Santos em Wittenberg, no dia 31 de outubro de 1517, dando assim início à Reforma Protestante.
(p. 181)

cresceu e que o território aumentou, o planeta configurou-se definitivamente redondo, graças à circum-navegação do globo a partir de 1519, com
Fernão de Magalhães e Sebastião Elcano.

Foi talvez então que a Europa começou a perceber que era Europa – um
continente com gente dentro e, por isso, uma comunidade política de facto e
talvez até de direito natural – e não só a "cristandade". Nas décadas de
1530 e 1540 começam a aparecer os primeiros mapas da Europa, um deles,
pelo cosmógrafo Sebastian Münster, que Damião de Góis vira numa livraria na Suíça, ainda representando a Europa com o sul em cima e o norte
embaixo, como acontecera no mapa de Al-Idrisi que vimos na "Memória
primeira". Mais interessante ainda, porque mais indicativo da vontade de
ver a Europa como comunidade política, começa também nessa época a
representar-se o mapa do continente europeu como uma figura humana, de
mulher em particular, a "rainha Europa" (Europa Regina, Europa Domina ou
Europa Virginis), com a Península Ibérica/Hispania como cabeça e por vezes
Portugal/Lusitânia como coroa.

Mas enquanto o mundo se tornava apenas um, a cristandade na Europa
começou a encontrar formas de se diminuir, dividindo-se em bons e maus
cristãos, falsos e verdadeiros crentes. Em poucos anos, as rivalidades toma-
riam conta de cada cidade e de cada vila, rua a rua, casa a casa. Um século
depois, a Guerra dos Trinta Anos levaria as rivalidades europeias ao paroxismo, e a partir de então, em todos os inícios de século, tivemos uma guerra
de todos contra todos na Europa: no século XVII, a Guerra dos Trinta Anos,
começada em 1618; no século XVIII, a Guerra da Sucessão Espanhola, terminada com a paz de Utrecht em 1713; no século XIX, as guerras napoleónicas,
acabadas em 1815; e no século XX, a Primeira Guerra Mundial, entre 1914 e
1918. Ou seja, entre o século em que Martinho Lutero viveu e o século em
que nos encontramos, até agora, em nenhum deixámos de ter uma guerra
ou mais do que uma guerra de todos contra todos na Europa.

À exceção do século em que nos encontramos, pelo menos até agora (mas
vale a pena precisar que essa frase foi escrita antes do início da guerra da
Federação Russa de Putin contra a Ucrânia, a 24 de fevereiro de 2022, e por
isso é agora tudo menos certa).

Erasmo de Roterdão identificava muito que elogiar em Martinho Lutero.
Também ele, Erasmo, era um crítico feroz do papado e da autoridade da
Igreja, que asfixiava a liberdade de pensamento e punha em causa o conceito

de dignidade humana que ele, e mais ainda Thomas More, herdara de um italiano, Pico della Mirandola, no seu discurso sobre a dignidade humana. Mas Erasmo e Lutero entrariam em feroz oposição sobre o tema da liberdade humana, em que Erasmo acreditava, contra a teoria da predestinação divina de Lutero e, mais ainda, do seu parceiro – e rival, é claro – de Reforma Protestante: João Calvino.

Do outro lado do canal, Thomas More, discípulo e amigo de Erasmo, opôs-se ao Brexit do seu tempo, quando Henrique VIII separou a Inglaterra do continente em termos políticos e religiosos. Thomas More perdeu a cabeça por se ter mantido fiel ao catolicismo que tanto criticara e por querer manter os laços com o resto do continente europeu.

Toda essa história fundadora do nosso tempo, feita de independência e intolerância num momento em que as tecnologias da comunicação mudaram radicalmente, faz agora quinhentos anos. Pode haver quem ache estranho lembrá-lo quando há tantas outras notícias recentes para comentar. A resposta é que não achei nenhuma mais atual do que esta. Talvez o aspeto principal daquilo que sucedeu na Europa entre 1516, o ano da publicação da *Utopia* de Thomas More, e 1517, o ano da publicação das teses de Martinho Lutero, é que tudo isso foi mesmo muito rápido.

"É fácil começar uma luta, mas depois de começada não se sabe como acabar com ela." Quem disse isso? Um tipo qualquer que não gostava de se meter em confusões? Não. A frase foi dita pelo próprio Martinho Lutero poucos anos depois das suas 95 teses, em 1524. É verdade que anteriormente dissera: "Se esta matança começa, não parará antes que tudo esteja destruído; a própria Alemanha seria devastada".

O assunto era sério: a revolta de camponeses liderada por Thomas Müntzer, que acreditava estar só a fazer aquilo que Lutero antes tinha pregado e que viria a morrer no ano seguinte.

Morreu Thomas Müntzer, e morreram dezenas de milhares dos seus seguidores, quando a revolta foi reprimida. Müntzer não foi em paz; morreu recriminando tanto os católicos – a quem chamava "sacos de vermes" – quanto os protestantes – a quem chamava "banha luterana" –, numa escalada retórica que faz as nossas controvérsias nas redes sociais parecerem conversas respeitosas e sonolentas.

Müntzer tinha razão: estava só a fazer aquilo que Lutero tinha feito anteriormente, misturando argumentos teológicos com insultos a tudo e todos.

EVROPA PRIMA PARS TERRÆ IN FORMA VIRGINIS

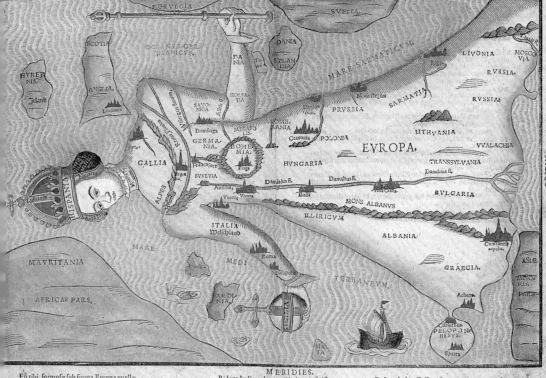

En tibi, formosæ sub forma Europa puellæ
Viuida foecundos pandit vt illa sinus,

MERIDIES.
Ridens Italiam dextra Cimbrosq; sinistra
Obtinet Hispanum fronte geritq; solum.

Pectore habet Gallos, Germanos corpore gestat
Ac pedibus Graios, Sauromatasq; fouet.

*Mais interessante ainda, porque mais
indicativo da vontade de ver a Europa
como comunidade política, começa também
nessa época a representar-se o mapa do
continente europeu como uma figura
humana, de mulher em particular, a
"rainha Europa" (Europa Regina, Europa
Domina ou Europa Virginis), com a
Península Ibérica/Hispania como cabeça
e por vezes Portugal/Lusitânia como coroa.
(p. 185)*

MEMÓRIA TERCEIRA: DA GLOBALIZAÇÃO

O papa era "a coisa mais reles de todas as coisas reles", e o meu insulto luterano favorito é o que o dr. Martinho proferiu contra outro teólogo protestante: "Percebes tanto de teologia como uma vaca em cima de uma amendoeira". Mas Lutero tinha razão também. As coisas podiam escalar e descontrolar--se, numa época em que se misturavam a religião, a política e uma revolução nos *media*. Ele bem o sabia.

Afinal, uns meros sete anos antes ele pregara na porta da sua igreja, em Wittenberg, as 95 teses sobre as indulgências. Aliás, antes de as pregar mandou--as por carta ao seu bispo, pedindo um debate só entre os seus pares religiosos. E em poucas semanas alguém se lembrou de traduzir as 95 teses para alemão e imprimi-las, o que lhes deu uma projeção ainda maior do que já haviam tido impressas em latim, em milhares de exemplares que circularam por toda a Europa central.

Sem imprensa, poderia ter acontecido a Lutero o mesmo que acontecera duas gerações antes ao teólogo boémio – boémio da Boémia, em torno de Praga – Jan Hus, que foi queimado na fogueira e de quem Lutero ouvira falar vagamente (apenas vagamente), embora a Boémia fosse bem perto da Saxónia de Lutero. Já Lutero estava completamente lançado na sua luta contra Roma quando recebeu uma carta dos seguidores de Hus que restavam na Boémia, exclamando para ele mesmo e para os seus seguidores: "Afinal éramos todos hussitas e não sabíamos!". Não sabiam porque Jan Hus tinha escrito antes da explosão da imprensa. Hoje em dia, todos sabemos dos luteranos porque Lutero escreveu depois dessa explosão. Nos escritos de Lutero e dos seus companheiros de época, fossem eles rivais ou adversários, nota-se um fascínio obsessivo. Todos eles estão fascinados por teologia, todos eles estão fascinados por aprender grego e ler filosofia (embora façam dessa filosofia mundos muito diferentes), todos eles estão fascinados pela política do seu tempo, que mistura religião papal e poder imperial, mas todos eles estão também fascinados pelo próprio meio que os torna famosos em tão pouco tempo.

Entre as primeiras edições das 95 teses de Lutero e as primeiras controvérsias contra elas (um livro chamado *Obeliscos*, de Johann Eck) passou um par de meses. Entre essa controvérsia e a resposta de Lutero (sob o título *Asteriscos*) passou mais um par de meses. Reparem que até os títulos dos panfletos recorrem à linguagem tipográfica: os obeliscos do livro de Johann Eck são um símbolo, aquela espécie de pequena cruz (†) que às vezes se põe à margem ou em nota de rodapé de um livro. Ora, os asteriscos (*) com que Lutero responde a Johann Eck servem igualmente, é claro, para chamar a atenção do leitor para uma nota à margem ou uma nota de rodapé.

Lutero e Eck estão a confrontar-se, mas estão também, nitidamente, a divertir-se, estão também fascinados pelo meio de comunicação que usam, pela imprensa e pelos detalhes dessa imprensa. Os *Obeliscos* e *Asteriscos* seriam assim como uma espécie de *private joke* entre jovens que participam entusiasmados de uma revolução tecnológica. Salvaguardadas as distâncias, fazem-me lembrar um género específico de debates entre *bloggers* no início do século XXI a que chamava *meta-blogging* – "blogar sob blogar". Em *Obeliscos* e *Asteriscos* polemiza-se utilizando a imprensa e a autorreferência à imprensa nas polémicas que se imprimem.

Lutero e os seus adversários sabiam que a nova tecnologia da imprensa era indissociável dos movimentos que se estavam a criar. Sentiam o poder que ela lhes dava, mas também a temiam. Por isso exaltavam a tipografia, mas queimavam livros. A primeira queima de livros (luteranos contra católicos) ocorreu logo em 1518, no ano seguinte às 95 teses de Martinho Lutero. A partir de então não faltaram queimas romanas de livros luteranos, e rapidamente se passou à fase seguinte, que o poeta Heinrich Heine, no século XIX, viria a descrever lapidarmente assim: "Quem começa por queimar livros também acaba a queimar pessoas".

Porque falar de Lutero, dos seus amigos e dos seus inimigos, hoje? Porque me parece que para entender os tempos em que vivemos precisamos de procurar sabedoria na contemplação de tempos passados. E porque me interessam em particular tempos em que o tempo se acelera por uma interseção de três coisas: memória, *media* e medo.

Quando falo em memória, penso principalmente em falta de memória. Se no início do século XVI se tivesse lembrado de como acabavam as guerras de religião, talvez Lutero não demorasse sete anos para pensar que é fácil começar uma luta, mas difícil acabá-la. Quando falo em medo, não falo só do medo que as pessoas têm, mas do frémito de poder que parece enlouquecer algumas pessoas quando metem medo aos outros, um fenómeno que vemos em todos os autoritarismos. E quando falo de *media*, falo evidentemente da forma como a imprensa e todos os objetos a ela associados – livros, cartazes, calendários, imagens impressas, cartas de jogar e uma panóplia de formas de comunicação daquilo que hoje chamaríamos *memes* – levam essas ideias a quem não está muito interessado em debates teológicos sofisticados, e sim em seguir os assuntos do seu tempo.

Os assuntos desse tempo não eram assuntos menores. A Inglaterra a separar-se do resto da Europa. Uma nova ortodoxia nascendo na Alemanha, misturando moral e finanças com religião e baseada na ideia de que (parafraseando) "já damos demasiado dinheiro aos latinos" e "essa história das indulgências é apenas mais uma invenção dos romanos para nos sacar dinheiro em troca da salvação das almas". Por cá, em Portugal, passa-se de um momento de rápida europeização (o da infância e juventude de Damião de Góis) para uma apoteose manuelina, e depois esse arco narrativo termina num encerramento fundamentalista, simbolizado por Damião de Góis preso pela Inquisição e pedindo por caridade um livro em latim que seja, porque "apodreço de ociosidade no cárcere".

Vive-se uma aceleração do processo de globalização, que poderia ser representado pelo arco da vida de Garcia da Orta, o médico e botânico judeu português que foge para Goa para escapar à Inquisição e consegue-o, mas já depois de morto é apanhado, tal como a sua irmã. A irmã é condenada pela Inquisição, e Garcia da Orta é desenterrado e os seus restos mortais, cremados. Trajetórias como essas ajudam a descrever um arco que começa com o otimismo inicial do século XVI, baseado numa ideia de dignidade humana igual para todos, que Pico della Mirandola tinha propagandeado, e num processo de globalização no qual um jovem médico judeu de Portugal pode acabar a sua vida perto de Bombaim, e com uma nova tecnologia da comunicação disseminando conhecimento com muito maior velocidade e alcance do que antes – e acaba com a vida de alguns desses protagonistas perseguidos e perseguindo-se mutuamente, encarcerados e decapitados. Em alguns casos, as suas biografias vão do otimismo ao cadafalso, ou de um contexto aberto de viagem pela Europa ou pelo mundo às celas da Inquisição.

A transformação estrutural das tecnologias de comunicação desempenhou um papel central nas grandes convulsões daquela era. A imprensa baixou o preço de um livro, que antes custaria 260 dias de trabalho a adquirir, para apenas um dia de trabalho (em pouco tempo passaria a apenas algumas horas). Mas mesmo essa estatística não dá uma ideia completa da radicalidade daquela transformação, porque a maior parte das pessoas não lia livros, e sim panfletos, e esses custavam menos a produzir e a adquirir, umas meras horas de trabalho. Por sua vez, esses panfletos não eram todos lidos sossegadamente em casa de si para si, eram lidos em voz alta nas ruas ou em casa junto à lareira, com mais gente ouvindo. Na Alemanha, grande parte das notícias e polémicas entre protestantes e católicos fez-se através de uma espécie de folhetos de cordel chamados *Flugschriften*. Calcula-se que pelo menos 3 milhões de exemplares desses folhetos tenham circulado na primeira década da Reforma Protestante – para uma população de 12 milhões de habitantes, e tendo em conta que a maior parte dos folhetos circulava de mão em mão, era partilhada por várias pessoas e claro, como antes referi, lida em voz alta para grupos de homens e mulheres, chegando praticamente a toda a gente. Foi uma revolução, à escala e no contexto da época, tão radical como a das redes sociais.

Uma coisa que espanta ao considerar-se essa revolução é a rapidez com que tudo aconteceu. Não só a rapidez como também, mais ainda, a intensidade. Quando Lutero escreveu as suas 95 teses, esperava discuti-las num ambiente académico, em latim; mas quando alguém as imprimiu e sobretudo quando foram traduzidas para alemão, bastaram poucas semanas para a história do cristianismo mudar. E com que intensidade!: dos argumentos teológicos aos insultos contra a Igreja de Roma – a "Grande Prostituta da Babilónia" – passou um par de anos. Mais impressionantes ainda do que os textos eram as imagens que encabeçavam os folhetos: desenhos hediondos do papa, representado como um monstro com vários pares de seios e feições demoníacas, que certamente ficavam na cabeça de quem os via e se reproduziam através do discurso falado, como os *memes* de hoje. O papa era demoníaco, Lutero era demoníaco também, todos eram demónios, todos os adversários estavam do lado do diabo. Também por isso, ser tolerante com o diabo era perder a alma, e a tolerância era um vício e não uma virtude. A virtude estava na intolerância. Também nisso a nossa época tem paralelos claros com a de há quinhentos anos.

Ora, essa discussão sobre o que acontece no século XVI através de uma revolução na forma de comunicar – que tem a ver com técnica, mas também com cultura (e conteúdo) – é uma discussão que evoca uma outra história, sobre a Revolução Francesa, acerca da qual se perguntava, até mais de cem anos depois, se teria sido culpa de Rousseau ou culpa de Voltaire ("*la faute à Rousseau ou la faute à Voltaire?*") sem se chegar a nenhuma conclusão definitiva, a não ser que o facto de as ideias terem corrido durante todo o século XVIII teria feito gerar uma revolução no fim desse mesmo século XVIII.

E essas duas discussões evocam uma outra que é já nossa, iniciada em 2016, o ano zero do nacional-populismo, com o Brexit e com Trump à cabeça, mas também com Bolsonaro no Brasil. Desde então, discutem-se as razões desse fenómeno global. O que é mais importante, a economia ou a cultura? A discussão sobre se o nacional-populismo é uma consequência das transformações económicas ou culturais arrisca-se a ser tão repetitiva quanto fora rebarbativa a discussão sobre se a Revolução Francesa tinha sido "la faute à Rousseau ou la faute à Voltaire". Os economistas, com os seus matizes, de marxistas a liberais, apostam (é claro) nas causas económicas. É fácil pegar num gráfico do desemprego, da desigualdade ou da estagnação no crescimento e decalcá-lo nos acontecimentos políticos desde a crise financeira de 2008 até àquilo por que estamos a passar agora, neste início de 2020. Também é verdade que na história uma coisa acontece sempre depois de outra coisa qualquer, e a experiência passada (dos anos 1930) diz-nos que um colapso financeiro, seguido de uma depressão económica, seguida de desemprego de massa, dá origem a racismo e fascismo.

Por outro lado, temos uma série de contraexemplos de revoluções que começam na cultura antes de passarem para a economia, e também, no caso do nacional-populismo deste início do século XXI, há alguns países onde já existia nacional-populismo antes da crise (os Países Baixos e os escandinavos), assim como países que tiveram uma crise profunda sem desvio à extrema-direita (como é o caso de Portugal). E temos ainda os argumentos dos próprios nacional-populistas, que não se cansam de nos dizer ao que vêm: eles querem e participam e fomentam uma guerra cultural. Para eles, 2016 foi a vingança por 1968 – para a maior parte das pessoas, 1968 é uma memória distante que não justifica em 2016 tanto rancor.

A solução de consenso será, é claro, argumentar que tudo tem importância: foi economia e foi a cultura. E foi também a tecnologia, a comunicação, as redes sociais e os seus efeitos cognitivos. Mas mesmo nessa solução de consenso multifatorial, que a maior parte de nós subscreveria, há prioridades. E mais uma vez os economistas diriam, para usar a terminologia marxista, que a economia é a infraestrutura e que as ideias são apenas a superestrutura, ou a consequência epidérmica, superficial, daquilo que verdadeiramente conta.

É aí que me permito discordar. Aquilo em que as pessoas acreditam – certo ou errado – é determinante. Independentemente da economia, o facto de na geração de Erasmo e Lutero a maior parte das pessoas acreditar que o mundo ia acabar em breve gerou comportamentos e decisões. Mas também a razão de "se havia agora um mundo novo" ou se "o mundo que tínhamos era a mesma merda de mundo", como se referia a ele Lutero, e como se tinha referido a ele na sua infância um outro fanático e fundamentalista, desta vez católico, Girolamo Savonarola, em Florença, que levou Pico della Mirandola da defesa da liberdade de filosofar até à defesa da Fogueira das Vaidades (na qual se consumiram roupas, objetos e obras de arte, em nome da pureza religiosa) em Florença.

A ideia de que o mundo que está a nascer agora pode ser um mundo novo, ou a de que o mundo em que estamos a viver agora pode ser uma merda de mundo – como, no fundo, sempre foi –, é a hipótese de controvérsia que vamos explorar na próxima conversa. Se as ideias e as crenças geram realidades, não poderão elas ser infraestruturas?

QUARTA CONVERSA

O ódio sagrado ao mundo

Na noite de 31 de maio de 1483 um homem adentrou-se pelo Alentejo até à fronteira com Castela e hesitou se deveria atravessá-la para abandonar o país onde tinha nascido, sido feliz e não pouco influente e poderoso. Já era o segundo dia em que hesitava.

Na véspera tinha sido chamado a Évora para ver el-rei d. João II. Mas tinha boas razões para duvidar que o rei o quisesse apenas ver, ou sequer conversar com ele. Tinham sido agitadas as últimas semanas e os últimos meses na política do reino. Os últimos anos, até. Primeiro, o rei anterior, Afonso V, arruinado pelas suas guerras para conquistar o trono de Castela e tentar, quem sabe, unificar as Espanhas sob a preponderância de Portugal, desistira de ser rei, e depois mudara de ideias. Ainda por cima, tudo isso acontecera em França, onde o rei fora pedir apoio e, desiludido, tinha decidido abdicar, transformar-se em simples peregrino e desaparecer a caminho de Jerusalém. O seu séquito conseguiu encontrá-lo já na estrada e convencê-lo a regressar a Portugal, onde o seu filho fora entretanto coroado. D. João II devolveu a coroa ao pai e só voltou a recebê-la após a morte deste, mas numa situação em que os senhores feudais governavam os seus territórios praticamente sozinhos e conspiravam contra a Coroa. Ou pelo menos assim acreditava o rei.

Ir ver o rei d. João II por esses dias, quando se era secretário do duque de Bragança, poderia significar não se ver mais nada. Para mais tendo recebido a notícia de que o duque de Bragança (o patrão desse homem) fora preso a 29 de maio. Por isso, o nosso homem não foi a Évora a 30 de maio, como combinado, e agora já estava em falta para com o rei. Desceu para sul, provavelmente até Barrancos. Hesitou uma última vez. E atravessou a fronteira. Fez bem. O duque de Bragança foi degolado publicamente em Évora no mês seguinte. O seu sucessor na contestação ao rei, o duque de Viseu, foi atraído a Palmela e aí assassinado, talvez apunhalado pelo próprio rei, no ano seguinte. Escapou o duque de Beja, filho do anterior, por ser demasiado novo e sobrinho da rainha.

E escapou também o homem com que começámos esta história. O seu nome era Isaac Abravanel e nascera em Lisboa 46 anos antes. Era judeu e um dos líderes da sua comunidade. O Portugal de Isaac Abravanel ainda era um reino multirreligioso; a uma maioria cristã acrescentava-se uma muito numerosa minoria judaica e ainda os vestígios, mais localizados e remotos, de populações muçulmanas. Isso foi antes da expulsão dos judeus portugueses, antes da invenção dos cristãos-novos e cristãos-velhos, antes da introdução da Inquisição. Mas não muito antes: Isaac Abravanel, ao fugir por razões políticas, acabou por preceder numa década e pouco o início da fuga em massa dos judeus portugueses que foram expulsos ou perseguidos por razões religiosas.

Por isso, Isaac, que era filósofo, um dos últimos grandes filósofos medievais, e administrador financeiro, teve de se tornar também líder político. Depois de um período com Fernando de Aragão, nova fuga, desta vez para Nápoles, levando em segurança centenas de famílias de judeus portugueses e espanhóis. Depois Veneza, onde foi conselheiro da Sereníssima República e intermediário de negócios com o novo rei de Portugal, d. Manuel I (o jovem duque de Beja que anos antes tinha escapado à fúria de d. João II e mantinha laços de amizade, agora à distância, com d. Isaac Abravanel). Os venezianos queriam que Abravanel convencesse os portugueses a manterem negócios com eles, agora que os portugueses tinham descoberto uma nova rota para a Índia que contornava as antigas Rotas da Seda, cujo término europeu os venezianos controlavam. Sem sucesso. Porque haveriam os portugueses de aceitar tal negócio com os venezianos quando agora podiam ter o negócio todo para eles?

A certa altura, cansado das pressões a que era submetido pelas suas atividades de estadista e negociador em nome da sua comunidade ou em nome de quem o quisesse contratar, Isaac Abravanel parou numa pequena ilha do Adriático, chamada Monopoli. Viveu aí os melhores anos da sua vida, e viveu os melhores anos da sua vida a pensar no fim do mundo. Como grande parte da sua geração – de judeus, cristãos ou muçulmanos – Isaac Abravanel acreditava que o fim do mundo estava muito próximo e via essa probabilidade, quase uma certeza, com um certo alívio. Talvez assim acabassem as suas tribulações e as do seu povo. Talvez essas tribulações explicassem porque tinha ele passado de jovem filósofo otimista e aristotélico, ainda em Lisboa, a maduro teólogo messiânico, apocalíptico, cabalístico e pessimista, no seu longo exílio.

Isaac Abravanel é um nosso antepassado. As forças combinadas de séculos de Inquisição pré-moderna e de nacionalismo moderno obscurecem o facto de que Portugal não foi durante muito tempo homogéneo, pelo menos do ponto de vista religioso. E hoje, se quisermos entender a história de Portugal, teremos de saber recuperar – não só entre historiadores, mas também entre o público mais lato – o contributo de judeus e muçulmanos para a nossa história, investigá-lo, divulgá-lo e ensiná-lo. A verdade é que essas comunidades, e muito em especial a comunidade de judeus portugueses – a "nação portuguesa", como vem a ser conhecida em Amesterdão –, acabam por ser não só relevantes para a história de Portugal como decisivas para a história intelectual do Ocidente.

Isaac Abravanel nunca conseguiu voltar a Lisboa, nem a Portugal. Morreu em Veneza, provavelmente em novembro de 1508, há mais de 510 anos, e está enterrado em Pádua. Talvez não passassem muito longe do seu túmulo Damião de Góis, quando vivia em Pádua, e Simão Rodrigues, o homem que denunciou o companheiro. E não só o mundo não acabou, como novas gerações se seguiram a Isaac Abravanel, mesmo novas gerações de portugueses em Veneza e em Pádua. Não só o mundo não acabou, como de certa forma estava a começar de novo; quem o percebeu foi a geração seguinte, ainda que não imediatamente. Essa será a história que se segue.

Os contornos das divisões que se vão criando nesta Europa não são ainda claros; precisamente porque os jovens estudiosos que as protagonizam não são assim tão diferentes uns dos outros, pouco nos deve surpreender que o nascimento do humanismo se faça num ambiente social e cultural que não é muito diferente do da Reforma, e por sua vez que este não seja muito diferente do da Contrarreforma católica. Inícios semelhantes para caminhos divergentes.

Os jesuítas foram formados também por essa geração de Erasmo e, no fundo, os jovens que formaram a Companhia de Jesus não eram assim tão diferentes daqueles jovens que uns anos antes tinham feito nascer a *Utopia* a uma mesa de uma taberna em Antuérpia.

A Companhia de Jesus, cujos membros são vulgarmente conhecidos por jesuítas, nasceu também como nascem tantos projetos visionários: com um encontro entre jovens estudantes, quase todos fora dos seus países. Em 1534, em Paris, sete estudantes da Sorbonne, entre os quais cinco espanhóis, um português, Simão Rodrigues, e um francês, Pierre Fabre, decidiram fundar uma ordem missionária para ir a Jerusalém ou "aonde os mandassem as ordens do papa", como dizia o seu primeiro testamento, e tomaram para tal votos de pobreza e de castidade. O líder natural desse grupo era um jovem ex-militar de origens bascas, Inácio de Loyola; outro dos seus membros era também basco e levaria a fama da nova Companhia de Jesus até ao Extremo Oriente: Francisco Xavier.

Quando a Companhia de Jesus foi reconhecida pelo papa, em 1540, já d. João III convidara alguns jesuítas a virem para Portugal, em 1539 – cinco anos depois chegava a Portugal a Santa Inquisição –, iniciando assim uma atividade longa e profunda que se tornaria praticamente indissociável dos objetivos dos reis de Portugal nos dois séculos seguintes, em dois campos principais: a educação e a missionação. Para ambos, teve um papel decisivo o jesuíta português que estivera no juramento de 1534 em Paris, Simão Rodrigues, e que vivera também com Damião de Góis.

É Simão Rodrigues que consegue a autorização real para estabelecer os jesuítas no reino e é ele que funda os primeiros colégios dessa ordem, primeiro na Mouraria, em Lisboa (Colégio de Santo Antão), e depois em Coimbra, Évora e Braga. Com o passar do tempo, pertencerão aos jesuítas o Colégio das Artes e Humanidades de Coimbra, fundado em 1534 mas entregue à companhia em 1555, e a Universidade de Évora, fundada a 1º de novembro de 1559, 196 exatos anos antes do Grande Terramoto de Lisboa e a poucos dias de completar duzentos anos quando dela foram expulsos os jesuítas, em 1759. Nesse ambiente que cruzava devoção religiosa com os estudos humanísticos de uma geração de portugueses que tinha estudado no Colégio de Santa Bárbara em Paris, de onde viera Simão Rodrigues e onde fora reitor o português Diogo de Gouveia, estabelecem-se a tradição e o prestígio escolásticos dos jesuítas.

Ao mesmo tempo que os jesuítas se estabeleciam nas suas atividades educacionais no reino, Francisco Xavier, que também estudara no Colégio de Santa Bárbara em Paris sob Diogo de Gouveia, e que seria no século XVII feito São Francisco Xavier, o "Apóstolo das Índias", é autorizado por d. João III

MEMÓRIA TERCEIRA: DA GLOBALIZAÇÃO

a missionar na Ásia. A partir do ano em que Francisco Xavier parte de Lisboa para a Índia, 1541, os jesuítas crescerão gradual e simultaneamente com o império português, até se tornarem omnipresentes em todo o território que os portugueses percorrem, da Amazónia ao Tibete, ao mesmo tempo que desempenham um papel similar no império espanhol.

A expansão dos jesuítas pelo Novo Mundo força-os a serem moldáveis, adaptáveis, a aprenderem línguas, a conhecerem bem as religiões de origem daqueles que esperavam converter, a encontrarem identificações entre os seus deuses e os principais elementos teológicos do catolicismo. Ao fazê--lo, distanciaram-se de certa forma das suas raízes do início do século XVI, quando era ainda dominante entre eles um modelo espiritual de rejeição do mundo. Um dos membros da segunda geração de jesuítas, um italiano chamado Giovanni Pietro Maffei, que nasceu pouco depois da fundação da ordem e nela entrou com 32 anos, sentiu necessidade de recorrer a um antigo título de Santo Ambrósio, o professor de Santo Agostinho, para descrever os fundadores da ordem: *Fuga sæculi*, ou a "fuga ao século", no sentido de fugir ao mundo real. Quando esse livro foi traduzido por um católico inglês, ainda no século XVI, ganhou um subtítulo que diz tudo: *the sacred hatred of the world*, "o ódio sagrado ao mundo".

Fuga sæculi, o ódio sagrado ao mundo, era um sentimento comum à gente religiosa de várias religiões no fim da Idade Média. Vimos já como Isaac Abravanel, o judeu, abandonou os seus entusiasmos aristotélicos para se dedicar a estudar uma data para o fim do mundo. Outros odeiam o mundo, detestam-no com veemência, precisamente por ele não ter ainda acabado, e porque agora o mundo se expandia e se estava a tornar apenas um, redondo, com muitos povos diferentes, alguns dos quais nitidamente bem mais sofisticados, ainda que desconhecedores dos ensinamentos cristãos, alguns vivendo numa harmonia que os europeus acreditavam que não poderia acontecer sem o conhecimento do Novo Testamento. Para demonstrarem o seu amor maior pela espiritualidade que haveria de chegar, era preciso desprezar, detestar este corpo, detestar a sua carnalidade, a sua corporeidade, detestar este mundo desgraçado em que vivemos.

A viragem para o interior da alma vem já da Baixa Idade Média, de movimentos como a Devotio Moderna, que florescera na Alemanha e na Holanda a seguir aos tempos da Peste Negra. Havia que desviar o pensamento das coisas do mundo e concentrá-lo em exercícios espirituais, como os jesuítas hão de fazer, colocando a alma num estado de desprezo pelas coisas materiais, em antecipação do mundo que há de vir. Para isso, não basta esperar pelo fim deste mundo; há que não gostar do mundo, e demonstrá-lo.

Esse ódio ao mundo influenciará católicos e protestantes. Martinho Lutero era particularmente enfático na linguagem com que o exprimia: linguagem escatológica, mas não no sentido que aprendemos antes. É que a escatologia como ciência do fim do mundo vem do grego *eschatos*, que significa "término". E a escatologia de Lutero vem daí, mas também do grego *skatos*, que significa "excremento" – ou simplesmente "merda". Se a origem é comum – porque excremento é por definição aquilo que sai do término do tubo digestivo –, seria talvez preciso saber linguística grega e as suas ligações à língua protoindo-europeia para o poder decidir. Mas a verdade é que, na língua portuguesa, "escatologia" é uma só palavra para coisas diferentes: a ciência do fim do mundo e o discurso sobre a merda. Já dissemos antes que Lutero se refere ao mundo como esta "casa de merda", ou *Scheißes Haus*. No momento em que escreve a sua carta com as 95 teses ao bispo, refere-se a si mesmo nestes termos: "Sei que não sou mais do que um pequeno excremento", usando a palavra latina para "fezes", *faex*. E não mais deixará de utilizar essa linguagem – essa linguagem, digamos, de forte odor excremental – durante a sua vida, até quando se sentir a morrer e escrever uma carta à mulher dizendo que agora era uma apenas um excremento à espera de sair de um ânus envelhecido.

Ou seja, para glorificar o próximo mundo era preciso rebaixar este. E a linguagem escatológica em Lutero não está ali por acaso; era preciso rebaixar este mundo como se ele não fosse mais do que um mundo excrementício. Mas será que era um ódio ao mundo porque se esperava que ele acabasse, ou, especulo eu, antes porque estavam furiosos com o facto de ele não ter ainda acabado?

Particularmente ilustrativo é um exemplo tirado da infância e adolescência de um fanático católico como Girolamo Savonarola, nascido em Ferrara na segunda metade do século xv. Quando era adolescente, o pequeno Girolamo apaixonou-se por uma jovem de casa nobre que era sua vizinha, chamada Laudomia, da importante família Strozzi. Um dia, Girolamo Savonarola teve a temeridade de lhe propor casamento, ao que ela lhe respondeu que jamais uma Strozzi casaria com um Savonarola; Savonarola sentiu-se humilhado e retribuiu o insulto, dizendo-lhe que jamais um Savonarola casaria com uma bastarda como ela.

*Quando era adolescente, o pequeno
Girolamo apaixonou-se por uma jovem
de casa nobre que era sua vizinha,
chamada Laudomia, da importante
família Strozzi. Um dia, Girolamo
Savonarola teve a temeridade de
lhe propor casamento, ao que ela lhe
respondeu que jamais uma Strozzi
casaria com um Savonarola; Savonarola
sentiu-se humilhado e retribuiu o insulto,
dizendo-lhe que jamais um Savonarola
casaria com uma bastarda como ela.*

(p. 199)

MEMÓRIA TERCEIRA: DA GLOBALIZAÇÃO 201

A partir daí, o pequeno Savonarola passou a detestar o mundo. É ele próprio que diz detestar este mundo com todas as suas forças. Não com rancor, mas com orgulho, naquilo em que se parece com tantos fanáticos e fundamentalistas religiosos ao longo da história, até aos dias de hoje; gente que tem um passado por vezes de dissipação e que a partir de um certo momento considera que só pode deplorar-se através do ódio ativo ao mundo, o tal ódio sagrado ao mundo. Savonarola afastou-se das coisas do mundo – casar, ter família, ter filhos – e aproximou-se unicamente de Deus. Aproximar-se de Deus implicava ter noção da sua imperfeição, da sua insignificância, da sua falta de merecimento perante Deus. E implicava detestar este mundo para melhor amar o próximo.

Esse ato de humildade radical invertida – detestar o mundo, detestar-se a si mesmo – pode resultar na maior das soberbas. A soberba do arrogante que tem a arrogância de se considerar a pessoa mais humilde do mundo. A arrogância do pecador que peca ao viver na obsessão de nunca pecar. Os contemporâneos de Savonarola notaram todos a sua rigidez, a sua inflexibilidade, a sua certeza inamovível na própria certeza. Muitos dos que notaram tudo isso gostaram de tudo isso. O jovem Girolamo, ou Jerónimo, escrevia poemas sobre "A ruína do mundo" e "A ruína da Igreja" ainda antes de entrar no convento. No convento fez-se notado pela sua severidade, e pela mesma se fez notar ao passar pelos estudos em Bolonha (que não concluiu), bem como quando chegou finalmente a Florença, em 1482 – cem anos depois de Boccaccio, duzentos anos depois de Dante, um mundo de diferença em relação a qualquer um deles, talvez apenas a mesma vontade de se fazer notar na cidade grande.

E Savonarola vai de facto fazer-se notar. Torna-se o pregador mais famoso da cidade. Não se anuncia apenas como católico, ou muito católico, ou até mais católico do que o papa, mas dá o passo por agora já habitual – e de grande sucesso – de considerar que Roma é uma rameira e que o papado está perdido. Pois claro: para ser católico devia-se ser mais católico do que o papa; aliás, para ser católico era-se, por definição, mais católico do que o chefe daquela Igreja que já estava arruinada.

Com esse tipo de discurso, Savonarola é expulso uma primeira vez de Florença, e aqui dá-se uma grande reviravolta na nossa história, pois o homem que vai conseguir fazê-lo regressar é nem mais, nem menos do que Giovanni Pico della Mirandola, que persuade Lorenzo di Medici, da grande família de magnatas e mecenas, florentinos que na prática controlam a cidade, a deixar regressar aquele que viria a ser o seu pior inimigo.

É estranho o papel de Pico della Mirandola nessa história. Pico era o mais famoso dos humanistas, conhecido em toda a Europa pela sua defesa da filosofia grega e latina e bom conhecedor da forma como ela transitara através de escritores de língua arábica, muitos deles ou quase todos eles muçulmanos. Fora desde logo o ídolo de juventude de Thomas More, que começou a sua carreira literária em Inglaterra escrevendo uma biografia de Pico della Mirandola quando este ainda estava vivo, em Itália. A fama de Pico della Mirandola viera principalmente de 1485, quando escrevera não 95 teses (isso seria para os fracos), mas novecentas teses, e anunciara a todos os letrados europeus que estaria interessado em discuti-las em Roma no ano seguinte, organizando um grande congresso pan-europeu de intelectuais. Entre as novecentas teses, lá estão em lugar central duas, uma das quais Pico della Mirandola credita diretamente a Averróis: *Una est anima intellectiva in omnibus hominibus* – "Só há uma alma intelectiva, ou uma inteligência potencial, em todos os seres humanos" (crença que já encontrámos antes, levada de Sevilha pelo nosso notário Brunetto Latini, e também crença pessoal do pai do melhor amigo de Dante, Guido Cavalcanti); a outra tese central para Pico della Mirandola é uma que ele cita explicitamente de Al Farabi: *Summum hominis bonum est perfeccio per sciencias speculativas* – "O bem mais elevado da humanidade atinge-se através das ciências especulativas", ou seja, a felicidade alcança-se através da filosofia. Desse tipo de ideias, que como um rio subterrâneo vinham da Antiguidade e reemergiam, quando podiam, à superfície, de gerações a gerações, entre filósofos de séculos e religiões diferentes, Pico retirara as ideias que expunha no prefácio às suas novecentas teses. Intitulado "discurso sobre a dignidade humana", esse texto ficaria ainda mais famoso do que as teses que prefaciava.

A ideia de dignidade humana é para nós hoje evidente. Aparece explicitada como base de todos os direitos humanos logo no artigo 1º da Declaração Universal dos Direitos Humanos. É considerada irrevogável por inúmeras constituições atuais, a começar – e não por mero acaso – pela da República Federal da Alemanha após a Segunda Guerra Mundial. A inviolabilidade da dignidade humana é hoje a muralha que nos protege da recorrência de crimes contra a humanidade, como o Holocausto.

Mas a palavra "dignidade" não quis sempre dizer a mesma coisa. *Dignitas*, na Antiguidade, significava algo como prestígio, ou estima social adquirida,

MEMÓRIA TERCEIRA: DA GLOBALIZAÇÃO

ou estatuto, ou até autoridade. Era portanto uma coisa que apenas algumas pessoas tinham e outras não. A dignidade não era para todos, e se fosse para todos deixaria de ser dignidade. Na Idade Média, a *dignitas* tornara- -se a parte visível da titularidade e do exercício de um cargo: um rei tem dignidade de rei, um bispo, de bispo, um cardeal, de cardeal. Um plebeu não tem dignidade de plebeu, e um ser humano não tem dignidade de ser humano – isso não existe. Dignidade é aquilo que distingue uns poucos humanos dos outros, e não aquilo que nos unifica a todos (naquele tempo, é claro). Esse sentido de dignidade é o que ainda se preserva na palavra "dignitários": quando há, por exemplo, um funeral de um grande estadista e vemos juntarem-se nas pompas fúnebres outros chefes de Estado, cabeças coroadas, líderes religiosos e diplomatas, ouvimos usar esta palavra: eles são os dignitários. Implicitamente, sabemos que nós, a maior parte de nós, não somos dignitários. No entanto, se nos dissessem que eles têm dignidade e nós não, ficaríamos seriamente ofendidos com isso. Até Pico della Mirandola, o conceito de dignidade era esse mesmo – uns têm, outros não. Por isso, ao defender, na esteira da extensão que Averróis e antes dele Al Farabi tinham feito das ideias de Aristóteles, que todos os humanos eram iguais em dig- nidade, porque o intelecto ativo de todos era comum à humanidade inteira, e porque (como tinha dito Dante) a maior realização da humanidade es- taria em levar à máxima extensão a sua capacidade de entender, o prefácio de Pico della Mirandola era revolucionário.

Por que motivo, então, um humanista como Pico della Mirandola foi de- fender junto de Lorenzo di Medici o retorno do intolerante Savonarola a Flo- rença? É um mistério, se aquilo que procurarmos for a coerência absoluta entre pensamento e ação em todas as fases da vida das personagens de quem falamos. Mas isso seria enciclopedizá-las, quando aquilo que procuramos é o contrário: percebê-las como pessoas comuns que andavam, gemiam, sentiam, duvida- vam, hesitavam e, como certamente acrescentaria Lutero, defecavam, como todos nós. E todos nós já vimos pessoas mudarem de opinião, de extremo a extremo – quando são jovens, quando passam de jovens a adultos, quando se tornam velhos, em qualquer situação. Sobretudo, já vimos gente mudar de opinião, extremamente, achando convictamente que continuam a achar exatamente o mesmo. E já vimos pessoas mudarem uma parte das suas opi- niões não mudando as restantes, independentemente de a partir de então as opiniões não serem coerentes entre si. Isso pode ter acontecido a Pico della

Mirandola, como antes especulámos que poderia ter acontecido a Dante, quando passou de guelfo branco a gibelino, ou simplesmente quando passou a ser chamado gibelino pelos guelfos negros, que detestavam os guelfos brancos. Não sabemos.

O certo é que Pico era persuasivo, e que Savonarola regressou a Florença. Pico della Mirandola tornou-se um dos seus seguidores, embora reclamasse não ter mudado as suas opiniões libertinas e libertárias anteriores. No dia 17 de novembro de 1494, Pico della Mirandola morre, aos 31 anos, poucas semanas depois de o seu amigo – talvez amante? – Angelo Poliziano morrer também. Cientistas confirmaram, quinhentos anos depois, que ambos, Pico della Mirandola e Angelo Poliziano, morreram envenenados por arsénico.

No mesmo dia em que Pico della Mirandola morreu, o rei Carlos VIII de França invadiu Florença, expulsou os Medici e na sua peugada deixou Savonarola como líder de uma espécie de república teocrática fundamentalista cristã. Durante três anos Savonarola foi líder incontestado da cidade. Quando o papa o chamou a Roma na esperança de o controlar, recusou-se a ir. Foi excomungado e recebeu a notícia com felicidade, pois não quereria certamente que a corrupta Roma o reconhecesse. Em vez disso, fez novas profecias, segundo as quais Roma estaria prestes a ser destruída e Florença, a substituí-la como capital da cristandade. Convenceu os florentinos a participarem na famosa fogueira das vaidades, onde estes queimaram objetos de luxo, vestuário indecoroso, obras de arte. Não é claro se o grande pintor Sandro Botticelli, da famosíssima *Vénus* que está hoje nos Uffizzi de Florença, queimou pinturas suas na mais importante dessas fogueiras, a 7 de fevereiro de 1497, ou se simplesmente deixou de pintar, por considerar que a arte era uma das vaidades. O certo é que morreu pobre após essa decisão.

De repente, em abril de 1498, o jogo mudou. Um pregador rival de Savonarola desafiou-o. Já que ele era um homem tão pio, capaz de profetizar e talvez de fazer milagres, porque não aceitar competir com ele caminhando sobre brasas, para que se visse a qual dos dois Deus favoreceria? Não era intenção de Savonarola aceitar o desafio, mas um dos seus secretários, absolutamente convicto das capacidades do seu chefe, fê-lo por ele, e Savonarola não pôde recuar.

Veio o dia aprazado, as fogueiras foram acesas, e como era hábito milhares de pessoas juntaram-se na praça em frente ao palácio cívico para ver o espetáculo da fé. Mas os contendores foram-se atrasando, talvez acobardando, foram arrastando preparações e protelando a função até que uma chuvada apagou as fogueiras, esfriou as brasas e deixou a multidão ensopada – pior do que isso, sentindo-se enganada. A fúria voltou-se contra Savonarola, que era sobre quem se entendia recair o ónus da prova. O nosso homem foi preso, confessou a falsidade das suas profecias e, passadas umas semanas, foi enforcado e queimado. Era o dia 23 de maio de 1498, apenas seis dias depois de, do outro lado do mundo, Vasco da Gama ter chegado à Índia.

Tempos mais tarde, em Veneza, alguém escreveu num diário algo como "estamos perdidos". Depois de séculos a dominar a ponta europeia da Rota da Seda, que conseguira sobreviver até ao impacto da Peste Negra, Veneza via agora o negócio das especiarias ser-lhe roubado pelos portugueses e a economia mundial a mudar. Recorreram a Isaac Abravanel para que os tentasse ajudar, contactando com d. Manuel, agora rei em Portugal. Sem sucesso.

Entretanto, em Florença, os seguidores de Savonarola sobreviviam à morte do seu chefe. Os Medici voltavam à cidade, e os seguidores de um e de outros fizeram o que sempre faziam os florentinos, dividiram-se em dois partidos políticos novos: os *pallechi*, do nome das bolas, *palle*, que aparecem no escudo dos Medici; e os *piagnoni*, que quer simplesmente dizer "beatos", e que eram os seguidores de Savonarola. *Pallechi* e *piagnoni* ocuparam assim, séculos depois, o lugar que em Florença tivera a rivalidade entre *guelphi* e *ghibellini*.

Mas haveria outra maneira?

QUINTA CONVERSA

O amor é um jogo perdido

Em 1560, um jovem de 21 anos, filho de pai espanhol e mãe inca, saiu da cidade de Cuzco, nos Andes, e fez os mais de mil quilómetros de montanha e selva que o separavam de Lima, cidade fundada apenas 25 anos antes e capital do vice-reino do Peru havia menos de vinte anos, para poder apanhar um barco para a Europa. Tudo estava ainda muito fresco. O vice-reino era mais jovem do que esse jovem – fora fundado em 1542, e ele nascera três anos antes, em 1539.

O conquistador Pizarro fora assassinado em Lima em 1541. Antes de o nosso jovem nascer, os incas tinham sofrido uma violenta guerra civil, que afetara diretamente a sua família. Depois, os espanhóis no Peru tiveram uma guerra civil que também afetou diretamente a sua família. E ele estava no meio de ambas as guerras civis, de ambos os lados, sendo da primeira geração de mestiços do Peru. A sua mãe era Chimpu Ocllo, neta de Tupac Yupanquí, um dos últimos imperadores incas, e sobrinha de Atahualpa Yupanquí, o último imperador, que morrera às mãos de Francisco Pizarro – embora Chimpu Ocllo tivesse apoiado a fação liderada por Huascar, outro seu tio e pretendente ao trono imperial incaico. Quando conheceu um capitão espanhol de Badajoz, chamado Sebastián, e decidiram viver juntos, Chimpu Ocllo fez-se batizar e adotou o nome cristão de Isabel. Esse Sebastián vinha de uma família fidalga de origens cantábricas, os Garcilaso de la Vega. Ao filho de Isabel Chimpu Ocllo e Sebastián Garcilaso de la Vega, o jovem com que começámos esta conversa, chamaram Gómez Suárez de Figueroa, mas o rapaz nunca usou verdadeiramente esse nome.

Aos dez anos o filho e a mãe foram abandonados pelo pai, que cedera às pressões da Coroa espanhola para que os conquistadores casassem com damas espanholas. Sebastián deixou a Isabel um dote para o seu futuro casamento com outro espanhol, de que ela veio a ter duas filhas. Ele casou com uma dama espanhola, com quem teve mais filhos. Mas manteve contacto com o seu primogénito, o nosso jovem, que uma vez ajudou o pai a fugir pelos telhados de Cuzco numa das refregas entre os espanhóis do Peru. E antes de morrer, em 1559, o capitão Sebastián Garcilaso de la Vega deixou ao filho dinheiro suficiente para que este decidisse sair dali.

É por isso que o encontramos em 1560, em Lima, prestes a embarcar para a Europa. Ignoro se já nessa altura saberia que queria ser escritor e se já então tinha decidido que haveria de ser conhecido pelo nome da família do seu pai, Garcilaso de la Vega. Para se distinguir de outro membro da família, poeta e bastante mais famoso, que morrera numa batalha contra o imperador Carlos v, em 1536, no mesmo ano da morte de Erasmo, o nosso jovem decidiu que o nome da sua família espanhola seria precedido do nome do povo da sua mãe. Inca Garcilaso de la Vega – assim se faria conhecer.

O barco do jovem Inca Garcilaso de la Vega subiu a costa pacífica da América do Sul e aportou no istmo centro-americano; do lado atlântico, ele apanhou outro barco rumo à Europa. Só que, ao chegar aos Açores, à ilha Terceira, o seu barco naufragou. O jovem foi salvo por um português desconhecido, que menciona nas suas memórias. Se quem me está a ler vive em Lisboa, pode encontrar, numa das esquinas do jardim do Campo Mártires da Pátria, um busto de Inca Garcilaso de la Vega oferecido "em homenagem da nação peruana a Portugal", talvez, quem sabe, em memória desse português que o salvou e com quem ele travou amizade no início da década de 1560 na cidade de Angra (que hoje é Angra do Heroísmo; "do heroísmo" foi acrescentado em 1837 em honra ao papel que a cidade desempenhou durante as guerras civis entre liberais e absolutistas portugueses). Mas deixemos agora Inca Garcilaso de la Vega pendurado nos Açores, onde gravei pela primeira vez estas palavras, ouvindo talvez o bizarro canto das cagarras, ora parecendo vozes humanas, ora demónios. Afinal, quero contar-vos uma história diferente antes de regressar a esta.

Na quinta conversa da "Memória segunda", disse-vos que, quando Boccaccio se recolheu durante a Peste Negra para escrever o *Decameron*, era já de um exercício de nostalgia que tratava a sua vida literária. Quando a rainha Margarida de Navarra (de quem vamos agora falar) se recolheu para escrever o *Heptameron*, era de um duplo exercício de nostalgia literária que se tratava:

a nostalgia que o *Decameron* de Boccaccio trazia, mais a sua própria nostalgia pelo *Decameron* que ela lera quando era criança, num manuscrito que estava em casa do seu pai, Carlos, conde de Orleães e Angoulême.

Margarida de Angoulême, ou Margarida de Valois, ou Margarida de Navarra, deve ter decidido escrever uma imitação do *Decameron* nos últimos anos da sua vida e certamente estava ainda a escrevê-la quando morreu, em 1549 (para ajudar a situar nesta conversa: dez anos depois de nascer Inca Garcilaso de la Vega e dez anos antes de este ter viajado para Europa, a 20 de janeiro de 1560, pouco depois de ficar órfão de pai). Margarida de Navarra deixou o seu *Decameron* incompleto. A ideia dela era, como no livro de Boccaccio, que dez viajantes contassem dez histórias, somando cem histórias no total. Porém, só chegou a completar sete dos dez dias planeados e, portanto, em vez de um novo *Decameron* (do grego δεκα ou *deca*, "dez"), temos um *Heptameron* (do grego επτά ou *heptá*, que quer dizer "sete").

Além de nostalgia, talvez também se possa falar entre Margarida de Navarra e Giovanni Boccaccio de reconhecimento ou mesmo gratidão a dois séculos de distância. É que dois séculos antes não só Boccaccio escrevera o *Decameron*, durante a Peste Negra, como depois decidira escrever *De mulieribus claris*, ou *Sobre as mulheres famosas*.

De mulieribus claris é simplesmente a maior obra de história em muitos séculos a reunir biografias de mulheres: desde Eva até Joana de Nápoles, rainha de Jerusalém, passando pela famosa, lendária e talvez apócrifa papisa Joana. Boccaccio tinha um especial orgulho nessa sua coleção biográfica de mulheres na qual trabalhou até morrer, em 1375, e que demonstrava o seu apego em considerar a ação política, cultural e social feminina tão importante quanto a masculina. *De mulieribus claris* foi um sucesso à escala da época, muito antes da invenção da imprensa: muito copiado, muito distribuído, muito lido por todo lado na Europa. E inspirou, também, logo depois, o primeiro livro sobre mulheres históricas escrito por uma mulher: *Le Livre de la cité des dames*, ou *O livro da cidade das mulheres*, de Cristina de Pisano (nascida em Itália, onde lhe chamaram Cristina da Pizzano, e com carreira literária em França, onde lhe chamaram Christine de Pisan ou de Pizan).

Sobreviveram até hoje várias cópias manuscritas da obra de Boccaccio, bem mais do que da obra de Cristina de Pisano, mas ambas foram impressas ainda no século xv e depois no século xvi, durante a infância de Margarida de Navarra, quando ela era ainda só Margarida de Angoulême, filha do conde de Orleães. A biblioteca do pai de Margarida continha também um manuscrito de *Sobre as mulheres famosas*, de Boccaccio.

Margarida de Navarra, estadista e diplomata num tempo em que essas ocupações eram exercidas quase exclusivamente por homens, era uma defensora da autonomia e da agência das mulheres no mundo, e provavelmente reconhecia o papel pioneiro de Boccaccio ao fazer historiografia de mulheres, ainda por cima mulheres decisivas nos assuntos correntes dos seus tempos. Mais uma razão, portanto, para que Margarida gostasse de Boccaccio a duzentos anos de distância. Outro aspeto que há em comum entre o *Decameron* e o *Heptameron*, entre Boccaccio e Margarida, é a sua irreprimível alegria e liberdade, o seu prazer sensual, a sua vontade de falar de coisas do amor, fosse ele galante ou platónico, carnal ou lírico, correspondido ou traído. Há em ambos esses livros separados por duzentos anos uma escolha deliberada de felicidade. E há também diferenças, claro. Quando Margarida de Navarra escreveu o seu livro, a Peste Negra de duzentos anos antes era já uma memória longínqua. Assim, não fazia sentido colocar as suas personagens em quarentena. Para as obrigar a estar quietas, como convinha à narrativa, fez das suas personagens um grupo de viajantes nos Pirenéus que fica retido enquanto não se acaba de construir uma ponte. E essa metáfora do "construir pontes" é muito útil para entender qual foi o papel de Margarida de Navarra no século XVI.

Rainha de Navarra – então um pequeno reino já amputado dos territórios ibéricos que correspondia, *grosso modo*, ao atual País Basco espanhol, e transformado naquilo que lhe restava, sendo um reino-satélite de França, um país basco francês e pouco mais –, Margarida era irmã do rei de França, Francisco I. Foi Francisco I, irmão de Margarida, que levou Leonardo da Vinci e a sua *Monalisa* para França. Margarida de Navarra conheceu Leonardo da Vinci e não só – o seu círculo de renascentistas era extensíssimo. Se pegarmos no dicionário de contemporâneos de Erasmo de Roterdão, em três volumes, são vários os amigos correspondentes e aliados de Erasmo de Roterdão que foram "bancados", que comeram à mesa ou que viveram sob o teto de Margarida de Navarra. Quando o seu irmão Francisco I guerreou com o imperador Carlos V e acabou preso, foi Margarida de Navarra que se meteu à estrada para, num feito diplomático, o libertar. Passou a partir daí a ser admirada na Europa inteira.

Margarida era tão importante que até o papa acreditava ser ela das poucas pessoas que poderiam fazer pontes entre protestantes e católicos, precisamente

*Margarida de Navarra, estadista
e diplomata num tempo em que
essas ocupações eram exercidas quase
exclusivamente por homens, era uma
defensora da autonomia e da agência
das mulheres no mundo, e provavelmente
reconhecia o papel pioneiro de Boccaccio
ao fazer historiografia de mulheres,
ainda por cima mulheres decisivas
nos assuntos correntes dos seus tempos.*

(p. 211)

MEMÓRIA TERCEIRA: DA GLOBALIZAÇÃO

porque muita gente achava que ela era protestante e precisamente porque Margarida se mantinha fiel à Igreja Católica. Essa ambiguidade não tinha nada de especial. Margarida de Navarra era, tal como Erasmo e Thomas More tinham sido, uma crítica da Igreja de Roma, mas que desejava reformá-la por dentro e não por fora. Com o tempo, tornou-se também numa defensora de um enquadramento político que permitisse a coexistência de crentes de ambas as seitas na mesma comunidade cívica, para evitar as guerras de religião que se aproximavam, retomando um tema, no fundo, que era tratado de forma mais radical na *Utopia* de More, onde se incluíam não apenas seitas cristãs convivendo num mesmo espaço político, mas também religiões não cristãs; e que fora tratado, mais ainda, na *Cidade virtuosa* de Al Farabi, onde se pressupõe a possibilidade de a política poder estruturar o convívio de todas as religiões entre toda a humanidade. Para isso acontecer, contudo, seria necessário que a política se assumisse soberana, suprema e detentora de primazia sobre a religião na organização da sociedade humana, e que a religião detivesse apenas a primazia sobre a consciência, ou melhor, as preferências individuais. Essa era a leitura de Al Farabi, que a legara a Averróis e a Maimónides, e a qual o jurista medieval Bártolo de Sassoferrato, o tal que vimos interessar-se pelas lutas entre guelfos e gibelinos, legaria a um outro, Jean Bodin, contemporâneo de Margarida de Navarra. A diferença é que para Al Farabi a soberania era extensível e poderia ser também divisível, ao passo que para Jean Bodin ela tinha de ser absoluta e indivisível. Noutra oportunidade trataremos de explicar as consequências dessa diferença.

Às vezes é difícil saber quais desses autores acreditavam mesmo na convivência entre religiões e quais achavam que a sua religião era suprema e que a convivência seria apenas uma estratégia, uma maneira, preferível ao massacre, de converter os hereges à razão. Mas é também possível que os defensores de tais posições dissessem que pretendiam converter os hereges quando na verdade o que queriam era conhecer melhor os hereges, estudar melhor os infiéis, evidenciar os traços comuns, mormente filosóficos, que sabiam existir como fio de seda entre religiões diferentes.

Um desses casos extraordinários é o de um belga – hoje seria belga, mas na altura seria flamengo – chamado Nicolaes Cleynaerts, ou (aportuguesando) Nicolau Clenardo. Clenardo era amigo de vários humanistas portugueses, que havia conhecido nas feitorias portuguesas na Flandres e em colégios, como o colégio trilíngue que Erasmo aí fundara. Através desses amigos portugueses arranjou, entre 1533 e 1538, um emprego em Portugal, na cidade de Braga, como precetor do jovem arcebispo d. Henrique, futuro cardeal d. Henrique, depois inquisidor d. Henrique e mais tarde ainda rei de Portugal, nos dois anos após o desaparecimento de d. Sebastião. Esse é o mesmo d. Henrique que, quando recebe as denúncias de Simão Rodrigues, decide não prender Damião de Góis, mas, quando este é quase septuagenário, decide prendê-lo, interrogá-lo, torturá-lo, isolá-lo e praticamente apressar-lhe a morte. Décadas e décadas antes, Nicolau Clenardo, o amigo de Damião de Góis e de tantos outros humanistas portugueses, estava em Braga com o arcebispo d. Henrique. Porém, queria ir para Marrocos, para aprofundar o seu estudo do árabe, sob o pretexto de pretender converter os muçulmanos. Na verdade, desejava aprender mais com eles, porque estava convencido de que havia uma herança perdida da filosofia grega entre os filósofos árabes, como Averróis e Al Farabi, a qual ele tinha de ler diretamente no original. Nicolau Clenardo estendia também a sua visão inclusiva aos judeus e, em Marrocos, escreve aos seus amigos portugueses declarando seu pavor perante o facto de se querer importar para Portugal a Inquisição, que em breve seria dirigida pelo seu ex--aluno d. Henrique com o objetivo principal de queimar cristãos-novos que pudessem judaizar, como se o judaísmo através de Maimónides não fosse uma peça essencial da aventura do conhecimento filosófico que, segundo Nicolau Clenardo, se estava a perder.

Por essa altura aparece em Évora, que era o centro do humanismo mas também o centro dos primeiros tempos da Inquisição em Portugal, uma personagem das mais estranhas. Chamava-se esse homem David Reuveni e tinha chegado a Portugal através de Roma, recomendado pelo papa. Mais estranhamente, tinha chegado a Roma através de Veneza, recomendado por Benvinda Abravanel (nascida em Lisboa em 1475 e falecida em 1560, com toda a probabilidade em Itália), que era a mulher de Samuel Abravanel (nascido em 1473 em Lisboa e falecido em Ferrara em 1547) e nora de Isaac Abravanel, com quem começámos a nossa conversa anterior. Ora, quem era esse homem recomendado ao rei de Portugal pelo papa e ao papa pela família de um judeu português fugido? David Reuveni era um árabe – não um árabe do Norte de África ou do Médio Oriente, mas um árabe da Península Arábica mesmo. Era anão e chegava a Évora com uma notícia extraordinária: na Arábia, mesmo ao lado das cidades sagradas para os muçulmanos, Meca e Medina, havia um reino judeu secreto que lá se mantivera durante séculos!

David Reuveni sabia-o porque ele próprio era judeu e tinha fugido da Arábia muçulmana, e conhecia esse reino secreto judaico porque era irmão do respetivo rei. Agora queria falar com d. João III – que já se preparava para instituir a Inquisição para perseguir os judeus, ou melhor, os cristãos-novos – e queria propor-lhe uma aliança entre judeus e cristãos contra muçulmanos. Por incrível que pareça, d. João III aceita; por uns tempos suspende-se a introdução da Inquisição em Portugal. Infelizmente, por demasiado pouco tempo. D. João III vai cansar-se de David Reuveni, mas antes de explicar o que acontece a seguir paremos, porque quero que vocês pensem comigo um pouco no inusitado desta cena: está a corte real portuguesa em Évora por volta de 1533, quando aparece em Évora um árabe, um árabe anão, tagarela, que diz vir de um reino judeu secreto e que quer propor uma aliança a um rei que está decidido a introduzir a Inquisição. David Reuveni, essa figura digna de um episódio da *Guerra dos Tronos*, como no fundo Margarida de Navarra também já era, como no fundo Nicolau Clenardo não deixaria de ser também – e digo isso nunca tendo lido nem visto a *Guerra dos Tronos* –, ficou uns tempos em Portugal, até o rei se fartar dele. Só que, entretanto, David Reuveni converteu ao judaísmo um jovem português chamado Diego. Diego Pinto mudou de nome e decidiu passar a chamar-se Solomon Molcho. Os dois vão andar pela Europa fora a dizer que ora um, ora o outro eram o messias prometido aos judeus para o fim dos tempos. A certa altura, David Reuveni e Solomon Molcho participam numa guerra contra o imperador Carlos V e acabam executados os dois. Isso leva-nos a ir recuperar o nosso Inca Garcilaso de la Vega, que deixámos recém-naufragado na ilha Terceira; agora está são e salvo e a seco e dirige-se para Lisboa. Mantém laços de afeição a Portugal e os seus livros mais importantes, como a *História geral do Peru*, que inclui a primeira história do Império Inca, ele decidirá imprimir em Lisboa, na casa tipográfica de um impressor flamengo, Pedro Craesbeeck. Em Portugal imprimirá também a sua história do descobrimento da Florida, dedicada a d. Teodósio, duque de Bragança. Em seguida passa a Badajoz para visitar parentes e depois disso vai para Itália.

Em Itália, Inca Garcilaso de la Vega descobre um livro pelo qual se apaixona. Esse livro chama-se *Diálogos de amor* e está assinado por um tal de Leão Hebreu, que morreu uns anos antes. O inca decide traduzir o livro do judeu português fugido às perseguições políticas no seu país e que era nem mais, nem menos do que Judá Abravanel, filho de d. Isaac, o irmão de

Samuel, o cunhado de Benvinda Abravanel. Não se sabe em que língua esse livro foi originalmente escrito; pode ter sido o italiano, o hebraico, o latim, pode até ter sido o português. Ao morrer, Judá Abravanel deixa o manuscrito e entretanto os seus amigos decidem fazê-lo imprimir, talvez alterando-lhe algum do seu conteúdo para que passasse agora pelo Index romano. Inca Garcilaso de la Vega encontra a edição italiana, tradu-la para castelhano e dá-lhe o título de *A tradução do índio dos Diálogos de amor de Leão Hebreu.*

Ora, ao contrário do seu pai, Isaac Abravanel, Judá Abravanel – ou melhor, Leão Hebreu – não abandonara a filosofia grega. Isaac tinha decidido dedicar-se a estudar a Cabala e a tentar adivinhar o fim do mundo, esquecendo a sua paixão de juventude por Aristóteles. Leão Hebreu tenta sintetizar, através da figura de Platão, ou do neoplatonismo, os seus estudos da Cabala e a sua preferência filosófica; esta vem também através de Al Farabi, que ele cita abundantemente nos *Diálogos de amor*, e de Maimónides. Há, contudo, algumas diferenças fundamentais em relação a Al Farabi: é que, ao contrário de Al Farabi, Leão Hebreu não parece acreditar na ideia de que toda a humanidade partilha o mesmo intelecto ativo. Talvez por querer jogar pelo seguro ou talvez porque tenham alterado o texto do seu livro, a verdade é que Leão Hebreu distingue o intelecto da alma: o intelecto pode ser comum à humanidade inteira, mas a alma é individual. A certa altura dos seus *Diálogos de amor*, o intelecto ativo aristotélico é descrito como o Sol e a alma, como a Lua. Poderá ser uma maneira de dizer que são afinal a mesma coisa, porque a luz que emana da Lua é apenas o reflexo da luz do Sol? Outra diferença significativa é que, para Leão Hebreu, a finalidade da humanidade não é expandir ao máximo o seu intelecto possível (ou passivo, para designar a possibilidade de compreensão e distingui-la do intelecto ativo, ou pensamento materializado em conhecimento), como era para Al Farabi, embora para este a expansão do intelecto possível estivesse apenas ao serviço da conquista da felicidade. Para Leão Hebreu, pelo menos tal como ele é traduzido por Inca Garcilaso de la Vega, a finalidade da humanidade era a contemplação de Deus – talvez mais inspirado naquilo que Maimónides dizia no seu *Guia para perplexos*, e usando um raciocínio também semelhante ao que Dante usava no seu *De Monarchia*. De qualquer forma, os *Diálogos de amor* de Leão Hebreu vão ser famosos em Espanha, entusiasmando um escritor contemporâneo de Garcilaso de la Vega: nem mais, nem menos do que Miguel de Cervantes. Logo na primeira página do seu *Dom Quixote*,

MEMÓRIA TERCEIRA: DA GLOBALIZAÇÃO

Cervantes refere-se aos *Diálogos de amor* de Leão Hebreu dizendo aos seus leitores que, se conhecerem nem que seja duas onças de língua toscana, ou melhor, de italiano, poderão ler em Leão Hebreu coisas sobre o amor que vos encherão as medidas. A segunda edição do *Quixote* é impressa em Lisboa. Em França, os *Diálogos de amor* vão entusiasmar Michel de Montaigne, que escreve sobre a prática e sobre a teoria do amor em termos seus muito típicos. Diz ele que um trabalhador rural que conhece sabe fazer amor, mas se ler Leão Hebreu não conseguirá entender o amor que está nas suas páginas. E por último, em Inglaterra, os *Diálogos de amor* vão entusiasmar William Shakespeare.

Em William Shakespeare e em Cervantes, cem anos depois da geração de Erasmo e Thomas More (porque nos aproximamos de 1616, o primeiro século que se cumpre sobre a *Utopia* de Thomas More), como em Inca Garcilaso de la Vega, já não é só de um exercício de nostalgia que se trata a vida literária deles, como sugerimos com Boccaccio em relação a Dante; agora é de um exercício de recuperação e de sobrevivência que se trata.

Após o crescimento da intolerância e do fanatismo entre seitas religiosas durante todo o século XVI, há nesses autores uma espécie de paixão por alguns dos seus predecessores que tinham pregado mais a tolerância do que a intolerância (embora não usando essas palavras, que não tinham ainda o sentido que entretanto lhes damos, mas isso fica para a próxima memória desta série). William Shakespeare, por exemplo, participa numa peça coletiva chamada *Thomas More*, e nessa peça coletiva escreve um poema em que põe na boca de Thomas More um discurso perante o rei contra rufias delinquentes que tinham atacado refugiados flamengos em Londres, em motins que se desencadearam a partir do dia 1º de maio de 1517. Thomas More diz, através da pena de William Shakespeare: "Se vocês fossem refugiados também, perseguidos como pelos lobos; se vocês se encontrassem num país estranho como Espanha ou Portugal, que pensariam de serem atacados como atacaram vocês os refugiados em Londres?" – e essa é talvez uma das poucas referências a Portugal na poesia de Shakespeare –, num poema que acaba a verberar pela sua "montanhosa inumanidade" aqueles que atacam os refugiados.

Estava, portanto, a cumprir-se um século sobre a geração da *Utopia*. É justo dizer que a geração da *Utopia* perdeu, pelo menos no curto prazo. Entretanto, mesmo os seus campeões mais jovens, aqueles que deram o seu melhor para glorificar, ou melhor, para recuperar a obra de Thomas More, de Erasmo e de outros, também estão próximos na morte.

Inca Garcilaso de la Vega morreu a 23 de abril de 1616; William Shakespeare morreu a 23 de abril de 1616; e Miguel de Cervantes morreu entre 15 e 22 de abril, mas talvez aqui nesse último dia se deva incluir também a noite entre 22 e 23 de abril de 1616. Morreram, portanto, os três na mesma semana ou talvez até no mesmo dia do mesmo mês do mesmo ano. Em 1995, a Unesco decidiu que, por isso, em 23 de abril passaria a ser comemorado o Dia Internacional do Livro.

all   nedame yo{u}r selfe hygh

Lincoln   why tell me that? & {th}e rest
                    for to {th}e king god hath his offyce lent
                    of dread of Iustyce, power and comaund
                    hath bid him rule, and willd yow to obay
                    and to add ampler matie to this
                    he hath not only lent the king his figure
                    his throne & sword, but gyven him his owne name
                    calls him a god on earth, what do yow to yo{ur} soules
                    in doing this o desperate as yow are
                    wash your foule mynds w{i}th teares and those same ha{n}ds
                    that yow lyke rebells lyft against the peace
                    lift vp for peace, and your vnreverent knees
                    make them your feet to kneele to be forgyven
                    is safer warrs, then euer yow can make
                    whose discipline is ryot; why euen yo{ur} hurly
                    cannot p{ro}ceed but by obedienc what rebell captaine
                    as mutynes ar incident, by his name
                    can still the rout who will obay {th}e traytor
                    or howe can well that p{ro}clamation sounde
                    when ther is no adicion but a rebell
                    to quallyfy a rebell, youle put downe straingers
                    kill them cutt their throats possesse their howses
                    and leade the matie of lawe in liom
                    to slipp him lyke a hound; saying say nowe the king
                    as he is clement, yf thoffendor moorne
                    shoold so much com to short of your great trespas
                    as but to banysh yow, whether woold you go
                    what country by the nature of yo{ur} error
                    shoold gyve yow harber go yow to ffraunc or flanders
                    to any Iarman p{ro}vince, to spane or portigall
                    nay any where that not adheres to Ingland
                    why yow must needs be straingers, woold you be pleasd
                    to find a nation of such barbarous temper
                    that breaking out in hiddious violence
                    woold not afoord yow, an abode on earth
                    whett their detested knyves against your throtes
                    spurne yow lyke doggs, and lyke as yf that god
                    owed not nor made not yow, nor that the elaments
                    wer not all appropriat to yo{ur} comforts.
                    but chartered vnto them, what would you thinck
                    to be thus vsd, this is the straingers case
                    and this your momtanish inhumanyty

all   fayth a saies trewe letts vs do as we may be doon by

Lincoln   weele be ruld by yow master moor yf youle stand our
                    freind to p{ro}cure our p{ar}don

More   Submyt yow to theise noble gentlemen
                    entreate their mediation to the kinge
                    gyve vp yo{ur} self to forme obay the maiestrate
                    and thers no doubt, but m{er}cy may be found yf yo{u} so seek

*William Shakespeare, por exemplo,
participa numa peça coletiva chamada
Thomas More, e nessa peça coletiva
escreve um poema em que põe na boca de
Thomas More um discurso perante o rei
contra rufias delinquentes que tinham
atacado refugiados flamengos em Londres,
em motins que se desencadearam a partir
do dia 1º de maio de 1517.*

(p. 219)

Memória
QUARTA

Da emancipação

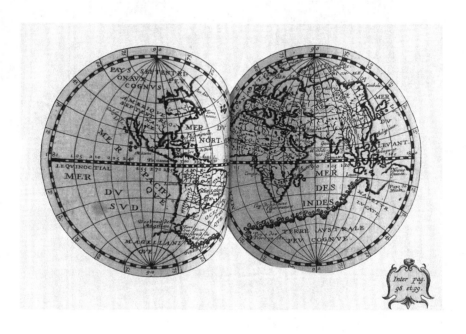

No início da década de 1690, William Penn voltou da América para o Velho Mundo e foi aí que lhe aconteceu uma coisa curiosa: descobriu que era europeu.

PRIMEIRA CONVERSA

O lado B

Chegamos agora à metade das nossas memórias e é justificado perguntarmo-nos para que serve esta viagem. No início, eu enganei-vos com a ideia de que iríamos passar o tempo pensando o tempo, talvez vendendo-vos a ilusão de que poderíamos substituir as nossas ansiedades do presente com a consideração dos acontecimentos que a outros angustiaram no passado. A minha única desculpa é que me enganei também.

Comecei a escrever este livro porque um dia precisava de estar a escrever outra coisa, de cumprir um prazo, e comecei a ansiar por escrever sem destino certo, sem prazo certo, sem uma tese central, sem método definido, sem uma disciplina historiográfica fixa, sem tópico, sem dever nenhum. Em suma, guiado apenas pela vontade de escrever um livro pela razão de eu próprio ter vontade de o ler. Ao sonhar com isso, passei por uma biblioteca e tirei dez, vinte e trinta livros sobre Al Farabi, a que depois juntei o meu fascínio pelos guelfos e gibelinos, nascido mais ou menos na mesma altura, e peguei ainda em Damião de Góis e na geração de Erasmo, que me tinham ficado de outros trabalhos.

Então o livro começou a ficar perigosamente ingerível, mas tive de ir fazer outras coisas e abandonei-o. Ao recuperá-lo depois, tal como o tinha deixado, inacabado, em 2018, encontrei-me longe dos livros que tinha recolhido – esses livros ficaram do outro lado do Atlântico, enquanto eu me recolhi no meio do oceano, preso pela pandemia de Covid-19, pelo fecho de fronteiras nos Estados Unidos, pelo estado de emergência em Portugal.

Não faz mal, pensei eu. Vou adaptar o esqueleto deste livro ao formato podcast e mais tarde revejo os conteúdos para o livro, aprofundo e refaço as notas, a bibliografia – esfolando o rabo do coelho, que é sempre a coisa mais difícil de se fazer, como se diz na minha aldeia com cruenta indiferença pela opinião do coelho.

Mas entretanto o próprio livro me foi enganando, porque ao longo do caminho foi revelando que afinal tinha um tema, ou mais do que um. Brunetto Latini ligou Al Farabi a Dante, e de Dante passámos para Boccaccio e, do lado de lá da Peste Negra, para Margarida de Navarra, Erasmo e Thomas More, Leão Hebreu. Se quiséssemos, poderíamos dizer que o tema deste livro é a ideia de que todos os humanos partilham o mesmo intelecto, seja como "intelecto ativo", a ideia que vem de Aristóteles e que passou por Al Farabi, para Averróis e daí para a Idade Média cristã europeia, ou como a base cultural para uma ideia de dignidade humana comum a todos, que nesse solo fértil aristotélico e alfarabiano plantou Pico della Mirandola. Por sua vez, essa ideia viria a ser recuperada séculos depois como base de algo a que chamaram "direitos do homem" e a que hoje chamamos (de forma mais correta e inclusiva) "direitos humanos". Ou poderíamos dizer, se quiséssemos, que a ideia de base é a de que, a) sendo o humano o animal político – ζῷον πολιτικόν, na formulação de Aristóteles –, o animal que não consegue deixar de ser político mesmo que o tente, e, b) uma vez que é impossível a cada humano individualmente ter tudo aquilo de que necessita, precisando obrigatoriamente dos outros para viver (e aqui vale a pena fazer um longo parêntesis para dizer que *zoon politikon* significa o animal que vive na cidade, ou em comunidade, ou em sociedade, para lá do estrito sentido de "política" que hoje emprestamos ao termo), e ainda, ao mesmo tempo, c) por ser um animal dotado da capacidade de raciocínio e entendimento (ζῷον λόγον ἔχον, o animal capaz de raciocinar, de pensar, de deduzir, de argumentar, como dizia o mesmo Aristóteles), então, nesse caso, d) os seres humanos têm uma capacidade política natural que transcende todas as outras, sendo capazes de se moldar para recobrirem todo o tipo de comunidades, cruzarem quaisquer fronteiras, até à comunidade perfeitamente completa que é a humanidade inteira, como diria Al Farabi.

Mais ainda: uma vez que a humanidade tem uma infinidade de preferências religiosas, como tem de origens nacionais e filiações étnicas, talvez outro tema deste livro seja a ideia de que o destino da política, para esses autores, seria autonomizar-se dessas preferências religiosas, dessas filiações faccionais e étnicas, para poder servir a todos em todos os lugares. A primeira autonomização da política faz-se a partir da religião – ou talvez contra ela; a sua história é longa e árdua, e em alguns aspetos ainda não terminou. E essa foi a história que acabou por aparecer por aqui.

MEMÓRIA QUARTA: DA EMANCIPAÇÃO

É verdade também que esse engano, ou esse descaminho, já assomava de longe, quando no prospecto eu dizia que este livro poderia ser lido em três níveis diferentes. Num primeiro nível, como um mero repositório de histórias que se sucederam umas às outras; num segundo plano, como um conjunto de exemplos de vidas perante momentos difíceis de incerteza e indecisão – os agora, agora e mais agora por que passaram outros humanos antes de nós; e num terceiro nível, como aquilo a que poderíamos chamar de história alternativa da Modernidade, se entendermos Modernidade como tomada de agência da própria humanidade para si mesma, ou seja, a organização da política através dos humanos e não simplesmente orientada por linhas de violência, poder ou tradição.

Ora, isso traz-me um problema. Eu queria e não queria que o livro encontrasse o seu caminho. Porque, se este livro começa a ter uma tese central, fico com menos liberdade para fazer dele a coleção de lados B que ele no fundo é.

Para os mais novos que hoje ouvem música sabe deus onde, e que portanto podem não saber o que é um lado B, essa referência tem de ser explicada. Os lados B vêm dos álbuns em vinil (presumo que ainda tenham ouvido falar deles). Em geral, no lado A do álbum estavam as músicas de maior sucesso, as mais conhecidas, as que se queria que fossem ouvidas primeiro e passassem mais vezes na rádio. No lado B estavam as outras músicas – aquelas que, se o álbum fosse bom, iam crescendo connosco a cada audição, quando finalmente nos cansássemos dos sucessos e fôssemos começando a ouvir o lado B mais do que o lado A. Eu era uma pessoa de lados B. Os meus álbuns favoritos, se pudesse ser, seriam álbuns que teriam dois lados B e nenhum lado A. Sempre gostei de autores menores, de artes menores; de autores pouco conhecidos, daqueles que talvez tenham influenciado indiretamente os autores de lado A que aparecem nas histórias da filosofia e nas enciclopédias. Al Farabi é claramente um desses autores; a influência que tem sobre Averróis acaba por influenciar a polémica com São Tomás de Aquino e, por via indireta – curiosamente através de judeus portugueses como Francisco Sanches, o grande cético do Renascimento –, influenciar Espinosa, que, por sua vez, é um dos teóricos fundadores da Modernidade.

Este livro reflete o gosto por uma história de ideias que não são, talvez, as mais conhecidas, as mais determinantes, certamente muitas vezes não são as dominantes, mas que funcionam como uma espécie de rio subterrâneo que de vez em quando reaparece à superfície. *Farab*, curiosamente, quer dizer "riacho", como a palavra árabe "arroio" que ficou para o português e o espanhol medieval com esse mesmo sentido. Há poucos lados A neste livro. Não vamos falar das guerras mais importantes – elas são já sobejamente conhecidas. Saltamos por cima de muitos autores mais importantes do que outros de que escolheremos aqui falar e, de forma geral, manteremos um registo idiossincrático. Mas chega de conversa fiada. Agora, quero contar--vos uma história.

Um dia, mais ou menos quando estava a começar a escrever este livro, decidi ir a uma igreja assistir a uma missa. Bem, isso é mentira – não era uma igreja e não era uma missa –, mas é a maneira mais aproximada que tenho de vos explicar. Sou ateu. Se fosse religioso, seria provavelmente um mau devoto e um bom ritualista; pois tenho fé (se assim posso dizer) em que os rituais não são pouco importantes. Como não sou religioso, gosto de ser ateu e gosto de gostar de religiões.

Adiante. A tal igreja que não era igreja nenhuma chamava-se simplesmente uma casa de encontro, da Sociedade dos Amigos. Ou, se quiserem chamar-lhe assim, era um templo quaker. (Se vocês forem à secção de cereais de um supermercado, são capazes de encontrar esse outro nome para a religião; são os mesmos quakers de que estou a falar.) Pois bem, os quakers – em português do século XVIII, encontrei certa vez a versão "quacres" – são uma seita religiosa que existe desde o século XVII e que nasceu no ambiente de pós-inconformismo decorrente da reforma protestante em Inglaterra.

O que quero dizer com pós-inconformismo não é fácil de explicar, mas sigam-me aqui um bocadinho. O protestantismo em Inglaterra, ou anglicanismo, nasceu no quadro de um diferendo de interesses entre o rei Henrique VIII e o papa, isso é sabido; porém, a seguir a essa primeira rutura houve uma segunda vaga de protestantismo, que era inconformada com o anglicanismo por este não se distinguir suficientemente do catolicismo. Essas religiões, ou essas seitas, da segunda vaga inconformista de Inglaterra queriam ver uma religião a que pudessem verdadeiramente chamar de reformada – reformada no sentido em que, sobretudo, o calvinismo na Holanda e, talvez menos, o luteranismo na Alemanha o eram.

Após essa segunda vaga aparece uma terceira, de que fazem parte os quakers, que são inconformados não só com aquilo que consideram ser a pompa

MEMÓRIA QUARTA: DA EMANCIPAÇÃO

e circunstância do anglicanismo – à semelhança dos outros inconformistas, que acham tudo aquilo demasiado parecido com o catolicismo –, mas também com o puritanismo e o fanatismo dos inconformistas. Resultado: os quakers foram perseguidos, caricaturados, ridicularizados, mas também assassinados por uns e por outros.

Foi aí que ganharam, aliás, o seu nome. Quando George Fox, um dos fundadores da nova igreja (à falta de melhor nome para a Sociedade dos Amigos), estava a ser julgado, usou um verso da Bíblia que dizia "tremei". O juiz reagiu zombando dele e passou a chamar-lhe "tremedor"; ora, em inglês, o verbo era *to quake*, palavra que aparece, por exemplo, em *earthquake* ("tremor de terra"), pelo que George Fox se tornou um "quaker". Como tantas vezes acontece, de um insulto a palavra "quaker" acabou por ser adotada por alguns dos membros daquela que se chama oficialmente a Sociedade dos Amigos.

A Sociedade dos Amigos distinguia-se da Igreja Anglicana e dos inconformistas por não ter nenhuma hierarquia eclesial; não há bispos, não há cardeais, não há nenhuma espécie de estrutura hierárquica dentro da Sociedade dos Amigos. Não há, aliás, crentes, nem devotos, nem membros, nem ovelhas, nem paroquianos; na Sociedade dos Amigos só há amigos.

Por outro lado, quando os amigos se encontram numa casa – também não se lhe deve chamar "templo", porque é de facto uma simples casa –, o que se passa também não é uma missa, um culto nem qualquer cerimónia religiosa. O que se passa é apenas, na linguagem oficial dos quakers, um encontro. É quase como se houvesse um esforço consciente, por parte dessa religião, de retirar toda a linguagem grandiloquente do sagrado e infundir a prática religiosa numa certa naturalidade do quotidiano. É como se houvesse, vírgula. Há mesmo. A ideia é essa.

"Ah, aquela é a tua igreja?" "Não, é só uma casa." "Não é isso que eu queria dizer. Referia-me à tua Igreja com I maiúsculo: a tua religião." "Ah, a sociedade?" "Seja lá o que for, aquilo que compões com os teus correligionários." "Com os meus amigos?" "Sim, lá as missas ou seja o que for que vocês fazem." "Os encontros?..."

Nesse diálogo imaginário entre um quaker e um não quaker está a essência do quakerismo: a ideia de que o que se passa na religião é afinal muito semelhante ao que se passa cá fora. Um templo é apenas uma casa; uma igreja é apenas uma sociedade; os fiéis, apenas amigos; uma cerimónia religiosa, apenas um encontro.

A razão por que eu queria ir a um encontro dos quakers eram na verdade três razões. Em primeiro lugar, porque sempre me interessou pelo pacifismo radical dos quakers. Arthur Eddington, por exemplo, o homem que em 1919 comprovou a teoria da relatividade de Einstein na Ilha do Príncipe, era um quaker, e quase foi preso por se recusar a participar na Primeira Guerra Mundial (trocou a prisão pela hipótese de ir comprovar a teoria do Einstein após a guerra). Há ainda outra ocasião em que a história de Portugal e a história de São Tomé e Príncipe se cruzam com os quakers, por causa dos chocolates Cadbury e do abolicionismo – ou seja, o antiesclavagismo – dos quakers, quando William Cadbury, quaker e empresário dos chocolates, força uma investigação e depois um boicote ao cacau de São Tomé por causa das práticas de trabalhos forçados implementadas pelos portugueses naquelas ilhas. Mas adiante. Em segundo lugar, os quakers são radicalmente anarquistas e eu – peço perdão, é uma idiossincrasia – caio em absolutamente todo o tipo de filoanarquismo, que me fascina. A terceira razão, conto-vos depois.

A chegada a uma reunião da Sociedade dos Amigos é uma coisa banal; a casa aonde fui aparecia listada no Google e ficava a meia dúzia de quarteirões do estúdio onde eu então me encontrava a estudar. As pessoas distribuem-se por uma sala bem banhada de luz, luz que entra através de grandes janelas, escolhendo o seu lugar algures num dos bancos corridos dispostos em quadrado.

Chegado aqui, é preciso dizer que há dois tipos de quakers, aliás, há muitíssimos tipos de quakers, mas para os efeitos desta conversa e para não complicar demasiado falarei de dois: os quakers programados e os quakers não programados. Em nenhum tipo de quaker há uma hierarquia religiosa, que é a razão por que antes disse que eles eram anarquistas: não há bispos, não há cardeais, não há nenhuma espécie de liderança. Mas nos quakers programados pode haver alguém que faça de anfitrião ou moderador da reunião – seja esse um lugar fixo ou, como acontece na maior parte das vezes, rotativo. Entre os quakers não programados, que são cerca de onze por cento dos quakers, ou seja, uma parte pequena de uma seita religiosa pequeníssima, nem isso há. O que há é apenas uma estrutura, uma organização sem nenhum tipo de hierarquia, nem mesmo uma hierarquia temporária.

Isso quer dizer que quando começa o encontro da Sociedade dos Amigos, na casa dos amigos, pode ser que alguém fale – ou não. No caso presente, que era de quakers não programados, fez-se uma pequena concessão à hierarquia, na qual uma mulher desembrulhou um papelinho no início da reunião

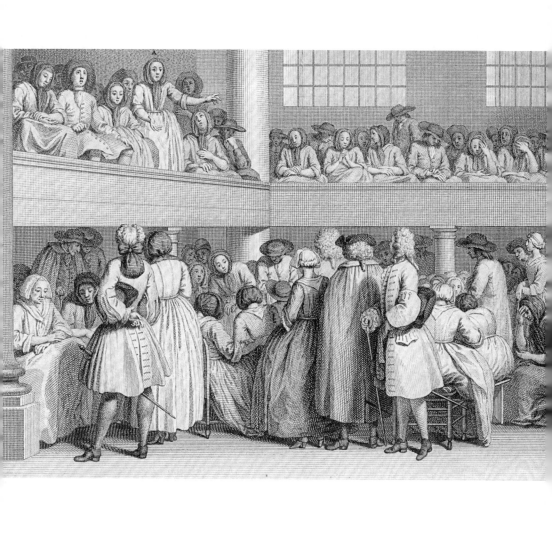

*A Sociedade dos Amigos distinguia-se
da Igreja Anglicana e dos inconformistas
por não ter nenhuma hierarquia eclesial;
não há bispos, não há cardeais, não há
nenhuma espécie de estrutura hierárquica
dentro da Sociedade dos Amigos. Não há,
aliás, crentes, nem devotos, nem membros,
nem ovelhas, nem paroquianos; na
Sociedade dos Amigos só há amigos.*
(p. 229)

MEMÓRIA QUARTA: DA EMANCIPAÇÃO

e leu "a indagação do dia" (*the inquiry of the day*) – uma pergunta, a que os amigos podem responder ou não. E depois é isso que acontece. As pessoas podem literalmente responder ou não, intervir ou não, ou ficar caladas. Se ficarem caladas, no entendimento quaker, é porque o Espírito Santo não se quis pronunciar. E assim também está bem.

Naquele dia, em cerca de uma hora, três pessoas falaram, talvez dois minutos cada uma, provavelmente menos. Assim sendo, o resto do tempo – 54-55 minutos no decurso de uma hora – foi passado em silêncio. E foi isso o encontro, a que noutra religião poderia ter chamado culto ou cerimónia. Olhávamos as janelas; olhávamos uns para os outros; não olhávamos para lugar nenhum. Fechávamos os olhos; abríamos os olhos. Depois, de repente uma pessoa levanta-se para falar, fala durante menos de dois minutos, volta a sentar-se. Depois de cada intervenção, ninguém fazia nada; não se batiam palmas, não se dizia "muito bem", não se pedia sequer para falar a seguir. Não é boa etiqueta quaker falar logo depois de outra pessoa, retirando o tempo necessário para que as outras pessoas pensem no que acabou de ser dito. Não é boa etiqueta sequer entrar em discussão com o que foi dito anteriormente. Cada um diz a sua coisa, e tanto quanto possível deixando as suas próprias conclusões em aberto. Nas três intervenções, não ouvimos "acho" nem "penso" nem "estou convencido de que", antes expressões como "pergunto-me se"; portanto, não foram afirmadas ou proclamadas verdades ou supostas verdades de cada um. Com tanto tempo disponível, não houve nenhuma ocasião em que as pessoas se atropelassem umas às outras. Imaginem, portanto, a cena invulgar nos tempos que correm ou em quaisquer tempos desde o início da humanidade: uma cerimónia religiosa em que só há palavra se o Espírito Santo quiser ou se as pessoas que estão na reunião quiserem. Imaginem o desconforto inicial para quem se sente desconfortável com estas coisas: dez segundos de silêncio agora; mas naquele agora, agora e mais agora do encontro de quakers o silêncio pode prolongar-se cinco minutos, dez minutos, vinte minutos, trinta minutos; e a partir de certa altura, em vez de desconforto, o silêncio começa a ganhar sentido.

Embora o que aquelas três pessoas disseram fosse interessante, as suas intervenções foram como três ilhéus de poucas palavras no meio de um mar enorme de silêncio. E esse silêncio foi sem dúvida a parte mais densa daquela experiência. A indeterminação do silêncio, a impossibilidade de saber quando ele será interrompido, aquele vago absurdo de estarmos todos envoltos nele, a olhar para o teto ou para as janelas, a absorver aquele silêncio de maneiras diferentes, a pensar, provavelmente, coisas completamente divergentes, é talvez a melhor resposta à indagação do dia, que já todos teremos esquecido naquela altura do campeonato; portanto, no fundo, mais do que à indagação do dia, talvez a melhor resposta a qualquer que fosse a pergunta que trouxéssemos de casa, estivéssemos conscientes ou não disso.

Já depois de bem ultrapassado esse ponto, e depois de vermos os reflexos das janelas transitarem por boa parte das paredes, a mulher que tinha lido a indagação do dia reclinou-se para a pessoa do lado e apertou-lhe a mão. Todos fizemos o mesmo, apertando a mão das pessoas que estavam mais próximas de nós, e a reunião acabou.

Foi aí que me tramei, porque não sabia que depois de a reunião acabar haveria um convite para que as pessoas vindas de outra cidade, ou que nunca tinham vindo a nenhuma reunião dos amigos, se apresentassem e dissessem porque estavam ali.

Eu assim fiz, explicando as minhas razões, incluindo a terceira. Eu estava ali por causa de William Penn.

SEGUNDA CONVERSA

A solução quaker para a Europa

No final do século XVII, quase todos os cristãos tinham uma certeza e uns quantos deles tinham uma preocupação. A certeza era a de que o cristianismo era a verdadeira religião. A preocupação era saber qual dos cristianismos era o verdadeiro. Se o cristianismo era a verdadeira religião, então por que raio os cristãos viviam num estado de guerra e discórdia permanente? Entre católicos e protestantes, entre protestantes e protestantes, entre seitas dentro de cada Igreja e tendências dentro de cada seita, por vezes atacando-se por questões litúrgicas como saber se o corpo de Cristo estava presente na hóstia da eucaristia, ou apenas o seu espírito, ou se apenas no pão ou apenas no vinho, ou em ambos; por outras vezes guerreando-se por questões ontológicas como saber se o livre-arbítrio existia ou se a nossa salvação era predeterminada por Deus, e nesse caso se a posição de cada um nesse debate tinha sido escolhida por si ou escolhida previamente por Deus.

No fundo, para o cristão devoto mais arguto, vivia-se uma situação semelhante àquela que levara Algazali a abandonar a filosofia: se a filosofia era o caminho para a felicidade, por que discordavam os filósofos entre si? Se o cristianismo era a verdade, por que discordavam os cristãos entre si? Pior ainda, bastava andar informado para perceber que se vivia, nesse preciso momento, um período de relativa acalmia nas lutas entre muçulmanos, pelo menos aqueles que estavam sob uma espécie de *pax turca* no Império Otomano. Não seria possível, perguntavam-se então, que os muçulmanos se rissem das nossas pretensões cristãs a ser fiéis da verdadeira fé? Não poderiam os muçulmanos retorquir, zombeteiramente, "Os cristãos?! São eles que têm a verdadeira religião?! Mas se eles nem sequer se entendem entre si!".

Esses eram, pelo menos, os temores na mente de um jovem William Penn, a caminho do fim do século XVII.

Era uma figura curiosa, este William Penn. Filho de um almirante inglês – que tinha participado na Guerra Civil Inglesa entre cabeças redondas e cavaleiros (*roundheads and cavaliers*), outro exemplo, como os guelfos e gibelinos, de polarização política pré-moderna – a quem o rei Carlos II devia dinheiro e favores políticos, o jovem William interessara-se por uma das seitas protestantes mais invulgares e plebeias. William Penn era quaker.

Defendendo as ideias do seu fundador, George Fox, Penn escreveu um panfleto intitulado "Sem cruz nem coroa", à época bastante lido, no qual justificava alguns dos traços comportamentais mais notórios da nova seita, como o facto de tratar toda a gente da mesma forma, igual e informal, que era então a do inglês *thou*, que seria nessa altura o equivalente ao atual português (de Portugal) "tu", em vez do "vós". Mais tarde, note-se, esse *thou* tornou-se arcaico e foi substituído em informalidade pelo *you*, pelo que, com o tempo, o tratamento dos quakers começou a parecer bizarro e formal, em vez do que parecera no início, que era bizarro e excessivamente informal. Pouco importam os detalhes. O que importa é que, numa época de precedências e formas de tratamento diferenciadas, haver uma seita que tratava toda a gente exatamente do mesmo modo, e de um modo informal, era suficiente para causar estranheza. E que William Penn, filho de um almirante importante que tinha emprestado dinheiro ao rei, defendia essas ideias de George Fox e dos seus quakers: tratamento igual para toda a gente. Também isso levantava estranheza.

Quando o pai de William Penn morreu, colocou-se a questão de como herdar o dinheiro que o rei de Inglaterra lhe devia agora a ele; era até possível que o rei nunca lhe chegasse exatamente a pagar o dinheiro e, por outro lado, o próprio William Penn vivia já sob aquilo a que os quakers chamam "dar testemunho de simplicidade". Simplicidade no vestir, simplicidade no falar e simplicidade no viver. Digamos que ficar rico não era a forma mais simples de ter uma vida simples, e deixar o rei de Inglaterra ficar com o dinheiro não era a melhor forma de ajudar os quakers a escaparem às perseguições que lhes eram movidas pela Igreja de Inglaterra, encabeçada pelo próprio rei.

Por outro lado, havia já algum tempo que os quakers emigravam para as colónias inglesas na América – e digo "inglesas" porque estamos antes do ato de União com a Escócia, de 1707, e, portanto, numa época em que ainda não se deve falar em "colónias britânicas". Ora, nessas colónias inglesas, na América, em especial na região nordeste, ainda hoje chamada

O que importa é que, numa época de precedências e formas de tratamento diferenciadas, haver uma seita que tratava toda a gente exatamente do mesmo modo, e de um modo informal, era suficiente para causar estranheza. E que William Penn, filho de um almirante importante que tinha emprestado dinheiro ao rei, defendia essas ideias de George Fox e dos seus quakers: tratamento igual para toda a gente. Também isso levantava estranheza.

(p. 235)

Nova Inglaterra, dominada pela comunidade do Massachusetts e pela cidade de Boston, os quakers tinham à sua espera um destino pior do que serem perseguidos pela Igreja Anglicana: serem perseguidos pelos puritanos, aqueles que tinham fugido para a América para ali poderem viver o protestantismo de uma Igreja cristã reformada, como aquelas que existiam na Holanda e na Alemanha. Em 1658 foi aprovada uma lei contra os quakers em Boston e, nos três anos seguintes, foram enforcados vários quakers; os que não eram enforcados tinham como castigo a expulsão da colónia, sendo chicoteados em todas as cidades por que passassem. William Penn lembrou-se então de que talvez tivesse uma solução ao seu alcance: solicitar ao rei que, em vez de lhe dar o dinheiro que devia ao seu pai, lhe concedesse uma colónia na América; nessa colónia os quakers poderiam criar um Estado ideal, com uma constituição republicana, democrática, onde se vivesse a par de qualquer crente de qualquer religião.

Após algumas negociações, essa colónia foi-lhe de facto concedida; entre essas negociações ficou determinado, à revelia de William, que a colónia fosse conhecida pelo nome do seu pai – e seu também. Nascia assim a colónia da família Penn, a Pensilvânia, um atual estado dos Estados Unidos da América.

A intenção de William Penn era criar na Pensilvânia um modelo de convivência e tolerância religiosa, independência e participação política, com o objetivo de materializar na vida terrena a fraternidade universal entre humanos com que sonhava. O nome da capital que William pensou para a Pensilvânia – Filadélfia – reflete precisamente esse anseio, pois tem a sua origem nas palavras gregas *filos* – "amor", "amizade" – e *adelfos* – "irmãos", "filhos da mesma mãe". Filadélfia é, assim, como por vezes ainda hoje é designada na linguagem coloquial norte-americana, a cidade do amor fraterno. Filadélfia: irmãos e amigos.

Os quakers, os amigos da sociedade religiosa "dos amigos", tinham finalmente para onde ir – e chegaram em grande número, de tal forma que uma quaker que conheci na ocasião que contei na conversa passada me disse que nunca tinha percebido que pertencia a uma seita hiperminoritária, porque crescera e vivera na Pensilvânia, onde os quakers são mais comuns do que em qualquer outra parte do mundo. Ora, não só os quakers tinham agora para onde ir como William Penn decidiu dotar a Pensilvânia de uma constituição democrática, que depois se tornaria a base da constituição dos Estados Unidos da América. Aliás, William Penn defendeu, com mais de cem anos de antecedência, que todas as colónias da América do Norte se juntassem em estados unidos.

A grande diferença entre William Penn e outros colonizadores, contudo, estava em ele ser especialmente escrupuloso nos tratados que negociava com os indígenas. Os nativos americanos, para William, dispunham de razão humana e poderiam ser parceiros de direito, devendo ser respeitados nos tratados. William Penn tornou-se conhecido por estabelecer boas condições de convivência sem coação, sem extorsão de territórios aos nativos americanos e com relações de honestidade que lhe permitiram conquistar a confiança dos verdadeiros donos da colónia que lhe tinha sido dada pelo rei de Inglaterra em troca das dívidas para com o pai. Essa forma de tratar com os nativos americanos, com aqueles que eram chamados de "índios", valeu a William Penn, na Europa, grandes elogios de Voltaire e grande reconhecimento no início do século XVIII. O tratado de William Penn com o povo iroquês, que dominava a região da Pensilvânia, seria respeitado por ambas as partes durante os setenta anos seguintes, até já bem depois da sua morte.

No início da década de 1690 William Penn voltou da América para o Velho Mundo e foi aí que lhe aconteceu uma coisa curiosa: descobriu que era europeu. Tal como tinha defendido que as colónias americanas se juntassem em estados unidos, mais de cem anos antes de isso acontecer, regressando à Europa decidiu defender que os países europeus se juntassem numa união europeia, trezentos anos antes de isso acontecer. E William, que enquanto quaker estava proibido de entrar ou de ser eleito para o parlamento inglês, dobrou a aposta, sendo o primeiro autor a propor a criação de um parlamento europeu, também trezentos anos antes de essa ideia se realizar. Há uns anos, o ex-primeiro-ministro britânico John Major especulava que, se alguém no seu país tivesse ideia de que na verdade o primeiro proponente da criação da União Europeia foi um inglês, talvez os seus compatriotas hoje tivessem um pouco mais de curiosidade (ou até orgulho) pela ideia europeia.

A proposta de William Penn para a criação de uma união europeia, com um parlamento europeu, saiu sob a forma de um curto panfleto, de cerca de uma vintena de páginas, impresso em 1693 e intitulado "Um ensaio para a presente e futura paz da Europa, através do estabelecimento de uma Dieta, Parlamento ou Estados-gerais europeus", sendo "dieta" a palavra germânica para "parlamento".

AN
ESSAY
Towards the Present and Future
PEACE
OF
Europe,
BY THE
Establishment of an *European*
Dyet, Parliament,
Or Estates.

Beati Pacifici.

Cædant Arma Togæ.

London, Printed in the Year, 1693.

*No início da década de 1690
William Penn voltou da América para
o Velho Mundo e foi aí que lhe aconteceu
uma coisa curiosa: descobriu que era
europeu. Tal como tinha defendido que
as colónias americanas se juntassem em
estados unidos, mais de cem anos antes
de isso acontecer, regressando à Europa
decidiu defender que os países europeus
se juntassem numa união europeia,
trezentos anos antes de isso acontecer.*

(p. 239)

MEMÓRIA QUARTA: DA EMANCIPAÇÃO

241

A preocupação a que William Penn responde é, literalmente, aquela que descrevi no início da nossa conversa: como responder ao facto de os europeus estarem sempre em guerra uns com outros, e mormente entre cristãos? Diz ele: "Não será homem mas antes estátua de pedra ou de bronze quem não tenha as suas entranhas revoltadas quando contempla as sangrentas tragédias desta guerra, na Hungria, na Alemanha, na Flandres, na Irlanda e no mar". A referência era à Guerra dos Nove Anos, que opunha a França de Luís XIV a uma coligação de reinos onde pontificava Inglaterra e onde participava também Portugal. Mas William poderia estar a falar da Guerra dos Trinta Anos, entre 1618 e 1648, que devastara o centro da Europa e que fora a segunda maior causa de mortandade na Alemanha, depois da Peste Negra.

O que importa é que William Penn considera que, enquanto estiverem em guerra, os cristãos europeus não podem arrogar-se ser os crentes da verdadeira religião. Por isso, Penn concebe a formação de um parlamento, para o qual prevê inclusive a distribuição de deputados – dez para o Reino de Inglaterra, dez para o Reino de França, doze para o Sacro Império Romano- -Germânico, sete para Espanha, três para Portugal –, e descreve em detalhe a sala de reuniões plenárias: redonda e com várias portas, para que os representantes dos países possam entrar em simultâneo ou na ordem que queiram, sem respeitar nenhum protocolo de desigualdade entre as nações.

Feita essa descrição, William Penn chega à lista das vantagens que resultariam do estabelecimento da união europeia. A primeira é, evidentemente, a paz, o deixar de derramar tanto sangue humano e cristão – é significativo que ele ponha "humano" antes de "cristão". A segunda vantagem é a reputação da cristandade, a qual, segundo ele, poderá, em algum grau, recuperar a relação, a maneira como agora os infiéis veem os cristãos ao perceberem que estão permanentemente em guerra. A terceira vantagem é a poupança de dinheiro, tanto do dinheiro dos príncipes, reis e rainhas, como do dinheiro do povo; o muito que se desperdiça na formação de exércitos e outras despesas de guerra pode ser aplicado no ensino, na caridade e nas manufaturas. Uma quarta vantagem é que as cidades e os países europeus passam a estar preservados da ruína da guerra, "uma bênção que será muito fácil de entender se olharmos", diz ele, "para Flandres e para a Hungria destruídas por esta guerra recente". A quinta vantagem dessa paz obtida através do estabelecimento de um parlamento europeu e de uma união europeia é a facilidade e a segurança de viagem e de comércio dentro dessa união europeia, ou seja, a liberdade de circulação, de bens e de pessoas. A sexta vantagem é a grande segurança de que os cristãos beneficiarão perante os ataques dos turcos nas fronteiras sul e leste dessa união europeia. Nesse ponto, porém, William Penn precisa um aspeto não só fundamental como revolucionário: diz ele que esta união europeia pode ser extensível aos russos, aos "moscóvios", porque também são cristãos, mas até, acrescenta, à Turquia, porque, mesmo não sendo cristãos, os turcos são humanos e têm acesso à razão. Estamos, portanto, perante uma proposta não só de criação da união europeia como de criação da união europeia com uma Turquia pacífica e respeitadora dos direitos individuais dentro da união europeia. A sétima vantagem é que esse parlamento europeu irá gerar e aumentar uma amizade pessoal entre os chefes de Estado, entre os príncipes dos vários países europeus, que assim se conhecerão e conversarão, mais do que guerrearão entre si, e que poderão imitar as melhores práticas de cada país, tentando elevar à verdadeira glória os seus governos. Passemos à última vantagem.

Até agora, tudo o que temos estado a ler não parece tirado de um panfleto do século XVII, e sim do artigo de uma revista atual especializada em relações internacionais, mudando talvez algum vocabulário: liberdade de circulação de pessoas e de bens, liberdade comercial, segurança nas fronteiras sul e leste do continente europeu, são termos que poderíamos encontrar num número da *Foreign Affairs*. O mesmo não se dirá da última vantagem prevista por William Penn: diz ele que, finalmente, os reis e as rainhas, os príncipes e as princesas da Europa, desobrigados das suas missões de guerra, desobrigados da necessidade de fazerem alianças estratégicas uns com os outros, desobrigados de estarem sempre com medo do inimigo, deixarão de precisar de casar por interesse e passarão a casar por amor. Uma vantagem estranha, esta, porque até agora tudo nos parecia muito moderno.

Quando escreve o folheto, no final do século XVII, umas das preocupações de William Penn é então o amor, o amor entre príncipes e princesas, reis e rainhas; amor esse permanentemente traído a favor dos interesses táticos e estratégicos das famílias. Mas não pensemos que ele defende essa ideia apenas porque defende o amor entre cabeças coroadas; é que, tal como os interesses táticos e estratégicos dessas famílias levam inevitavelmente à guerra, nessa guerra morre (como nos lembra várias vezes William Penn) muita gente miúda. É como se ele dissesse: deixem as famílias reais preocuparem-se com outras coisas e salvem com isso as vidas de tanta gente.

MEMÓRIA QUARTA: DA EMANCIPAÇÃO   **243**

William Penn, é claro, morreu sem ver nenhum dos seus sonhos realizados: nem Estados Unidos da América, nem União Europeia. Seria provavelmente impossível, para William Penn, imaginar quanto sofrimento passaria até que esses sonhos se concretizassem. Para ele, contudo, esses sonhos eram missões do presente; não eram sonhos a adiar para o futuro, eram coisas que poderiam ser conquistadas na sua própria geração ou nas gerações seguintes. Estamos já, como se vê, numa época em que, em vez de sonhar com o fim do mundo para a geração presente, se sonha com um mundo futuro feito de experimentalismo político para a própria geração presente.

Os filhos de William Penn ficaram na Pensilvânia, mas não tinham o mesmo sentido de justiça ao negociar tratados com os verdadeiros donos da terra americana, que eram os "índios" ou nativos americanos daquela região. Certa vez, tal como o pai, sentaram-se à mesa com os iroqueses para negociar a expansão do seu território. Ficou acordado que poderiam acrescentar ao território da Pensilvânia o território que fosse possível atingir por um homem correndo durante o período de dois dias e meio. Depois de negociado este tratado, já na década de 1750 – portanto, setenta anos depois de William ter formado a comunidade da Pensilvânia –, os filhos contrataram três homens para percorrerem o território que fora negociado com os iroqueses. Dois dos homens não aguentaram correr dois dias e meio e, portanto, desistiram; o terceiro, porém, conseguiu avançar durante todo esse tempo e acabou por conquistar muito mais território do que os iroqueses imaginavam possível.

Pior ainda, esse homem chegou a território que já não era iroquês, e sim de outro povo indígena, os lenapes. Os lenapes prestavam vassalagem aos iroqueses, mas não gostaram nada de os iroqueses terem vendido aos descendentes de Penn território que não era nem dos descendentes de Penn nem dos próprios iroqueses. Os lenapes não tinham assinado aquele tratado e não lhes passava pela cabeça que um homem correndo durante dois dias e meio pudesse anexar territórios lenape ao que seria o futuro estado da Pensilvânia. Assim sendo, puseram-se em estado de guerra e, em outubro de 1755, fizeram um massacre que mudaria para sempre a política da Pensilvânia.

Nessa altura, William Penn, obviamente, já não era vivo, e a própria política da Pensilvânia já não era dominada pelos quakers. Surgiu então um jovem político puritano. O seu nome era Benjamin Franklin e ele convenceu a assembleia da Pensilvânia, segundo a constituição democrática criada pelo próprio William Penn, a abandonar o pacifismo radical dos quakers, devido ao qual a Pensilvânia não dispunha de um exército. A Pensilvânia cria, então, um exército que entra em guerra contra os lenapes. Assim procedendo, Benjamin Franklin une a vertente da democracia e do republicanismo radical ao expansionismo militar, que de certa forma serão os dois pilares que sustentarão, uma geração depois, os Estados Unidos da América.

Benjamin Franklin partilha, em parte, dos ideais quaker de William Penn, mas numa perspetiva decantada por uma infância e juventude puritanas e por uma entrada na vida adulta dominada pelos ideais utilitários das Luzes. Em boa parte por causa da sua reação retaliatória ao massacre dos lenapes, Benjamin Franklin ficará conhecido como "o primeiro americano".

Estamos na América, em outubro de 1755, sessenta anos depois da formulação dos ideais de William Penn. Quinze dias depois, o que acontecerá do outro lado do Atlântico?

TERCEIRA CONVERSA

A Modernidade como pontapé na bunda

Pelos mesmos dias de outubro e novembro de 1755 em que Benjamin Franklin andava por Filadélfia a tentar convencer a assembleia da Pensilvânia a alterar as políticas radicalmente pacifistas do fundador William Penn, ocorria na Europa um daqueles acontecimentos de que se diz que "mudam o mundo". Nove em cada dez vezes, isso não é verdade. Esta é uma das outras.

No dia 1º de novembro de 1755, Dia de Todos os Santos, pela manhã, um sismo destruiu grande parte de Lisboa; seguiram-se um tsunâmi e cinco dias de incêndios que destruíram o resto – ou pelo menos assim pensou o mundo.

As notícias chegaram rápido a todo o lado – de folheto, de carta, de livro. Mas antes disso chegou a muito lado a própria realidade do fenómeno des-contextualizado. Horas depois de ter atingido a zona ribeirinha de Lisboa, o tsunâmi atravessou o Atlântico e foi detetado em Boston. Só semanas depois os colonos americanos puderam relacionar o que se tinha passado com os sermões que lhes chegavam agora um pouco de todo o lado – mas sobretudo das comunidades puritanas de Inglaterra – e que davam o terramoto de Lisboa como, evidentemente, um castigo divino. Ora, uma das razões por que o Grande Terramoto efetivamente mudou o mundo é porque essa primeira reação, essa primeira explicação, teve pernas curtas. Em primeiro lugar, porque seria preciso aplicar um castigo a quem e por quê? Os católicos, evidentemente, consideraram que se tratara de um castigo aos lisboetas por serem maus católicos – isso defendeu o jesuíta Gabriele Malagrida, e isso o levou à fogueira numa Inquisição já dominada pelo futuro marquês de Pombal.

Mas os protestantes achavam que o terramoto de Lisboa teria sido um castigo divino precisamente não por os lisboetas serem maus católicos, mas por serem excessivamente bons católicos, por adorarem demasiado a santos, por venerarem demasiado as imagens. Os muçulmanos acharam que o terramoto teria sido um castigo divino por os lisboetas serem cristãos, e os próprios lisboetas, no início desse ano, tinham achado que um outro terramoto anterior ocorrido em Constantinopla fora um castigo divino por os muçulmanos serem muçulmanos. Um dos debates que então nasceram, mas que demorou ainda a vingar, levado avante por gente como Voltaire – primeiro no seu poema sobre a tragédia de Lisboa e depois em modo humorístico através de *Cândido, ou o otimismo* –, acabaria com uma ilusão: a de que Deus intervinha na história humana através de fenómenos físicos. Por sua vez, isso acabou com outra ilusão: a de que Deus tinha um plano para a humanidade, aquilo a que um filósofo chamado Leibniz chamava "a teodiceia".

Se Deus não tinha um plano para a humanidade, estávamos por nossa conta. Era preciso – como disse alguém na corte de Lisboa por aqueles dias, numa formulação que mais tarde seria atribuída a Sebastião José de Carvalho e Melo, futuro conde de Oeiras e marquês de Pombal – simplesmente cuidar dos vivos e enterrar os mortos. Mas essa não foi a primeira reação ao grande terramoto de Lisboa. A primeira reação, quer de quem tinha sofrido, quer de quem veio a saber dele, foi fazerem-se valer dos valores que tinham por mais seguros, aqueles que lhes tinham sido legados pelo passado. Era preciso sair à rua para fazer novenas, romarias, procissões, novas promessas. Era preciso restabelecer o contrato político do absolutismo, entre súbditos- -rei-deus, que governava as vidas de então.

É que, no imediato, um dia que muda o mundo não é um dia que muda a opinião de ninguém. Pelo contrário. A nossa experiência com o Onze de Setembro, a crise financeira, a pandemia de Covid-19, qualquer um desses acontecimentos ou dias que todos concordamos que mudaram o mundo, já nos deveria ter ensinado: aquilo em que concordamos é essencialmente que esse acontecimento ou dia nos dá razão a nós contra os nossos adversários intelectuais e políticos. Dá razão àquilo que nós sempre achámos contra aquilo que os outros sempre acharam. Não por acaso, a seguir esses dias, os jornais, os sites, os portais enchem-se de textos de opinião do tipo: "Atenção, este dia mudou o mundo e proclama que eu sempre tive razão e que aqueles que não concordam comigo devem mudar de opinião". Portanto, no dia que muda o mundo, não muda de imediato opinião nenhuma. Tornamo-nos ainda mais intensos nas opiniões que já temos.

Só passados meses, anos, décadas, uma geração inteira, certas opiniões começam a tornar-se insustentáveis, porque o solo dos factos em que assentavam lhes falta e elas dão por si a funcionar no vazio. É então que toda a gente continua a achar o que já achava, mas com mais intensidade ainda. Só depois certas opiniões se tornam insustentáveis, e só muito depois a queda dessas primeiras opiniões leva o resto de um sistema de crenças por arrasto.

Cem anos após o Grande Terramoto de Lisboa, um médico de Boston que ainda se lembrava de ouvir falar do terramoto aos seus pais e avós e cujo nome era Oliver Wendell Holmes, Sr. (não confundir com Oliver Wendell Holmes, Jr., seu filho, que foi um famoso juiz do Supremo Tribunal dos Estados Unidos), um dos primeiros colaboradores da revista *The Atlantic*, na altura fundada em Boston, e também poeta do grupo a que chamavam "Os Poetas da Lareira", conhecidos por escreverem poemas seguros e prosaicos, que poderiam ser lidos por todas as famílias, dizia então, Oliver Wendell Holmes, Sr. escreveu um poema em que descrevia através de uma metáfora esse movimento do pensamento a que nós hoje chamamos o fim de um paradigma.

Nesse poema existe uma caleche, ou uma sege, ou uma carroça, ou uma charrete – chamem-lhe como quiserem – de apenas um cavalo. Essa charrete é construída por um diácono tendo por base um princípio: se qualquer charrete, qualquer carroça, qualquer carro conduzido a cavalo tem sempre um ponto fraco, que pode ser a roda, pode ser o eixo, pode ser qualquer outro ponto, então é preciso construir uma charrete que não tenha nenhum ponto fraco; não tendo nenhum ponto fraco, não haverá nenhum ponto fraco a ceder primeiro. A sua charrete será um artefacto conceptualmente – e na prática – perfeito. Por coincidência, essa charrete é construída na manhã do dia 1º de novembro de 1755, quando o sismo estava a destruir Lisboa, e no poema de Oliver Wendell Holmes vai durar cem anos. Quando se aproxima o dia 1º de novembro de 1855, exatos cem anos após o terramoto, uma vez que não tinha pontos fracos a charrete desaparece de uma vez, toda ela, no seu conjunto, no mesmo instante, como se fosse uma bolha de sabão no ar.

No fundo, o que Oliver Wendell Holmes descreve é o desaparecimento não de um objeto físico como uma charrete, mas de algo de que essa charrete é apenas metáfora – um sistema de ideias. Um sistema de ideias em que acreditamos profundamente é algo que não nos parece ter pontos fracos, mas que a certa altura desaparece de uma vez só. Foi isso que aconteceu, após o Grande Terramoto de Lisboa, ao primeiro contrato político da Modernidade a que há pouco me referi: o contrato político do absolutismo, entre súbditos-rei-deus. Rei por graça de Deus, súbditos que devem obediência ao rei e fé em deus – e, quando alguma coisa corre mal, os súbditos devem reforçar obediência ao rei e adoração a deus.

Só que o próprio marquês de Pombal, primeiro-ministro de um rei absolutista como d. José I, diz a toda a gente que o terramoto não foi um castigo divino. Di-lo, em primeiro lugar, para proteger o seu rei, para o proteger da acusação de que os portugueses – e os lisboetas em particular – pudessem ser maus católicos. Portanto, se Deus não intervém nas nossas vidas enviando castigos contra os humanos, se o terramoto tem apenas causas naturais, naturalmente causadas, como é a explicação oficial, então não demora muito para que, tendo caído uma parte da equação, caia a totalidade da equação. O que Pombal acaba por dizer, mesmo não se dando conta disso, é que, se Deus não tem um plano para nós, se Deus não provoca terramotos, então Deus também não faz reis por graça divina.

Talvez não seja por acaso que tenha nascido exatamente em torno do ano de 1755 gente como Alexander Hamilton e Maximilien Robespierre – o primeiro, revolucionário da independência dos Estados Unidos; o segundo, revolucionário do Terror republicano em França –, o tipo de revolucionários que acabaram com as cabeças coroadas nos seus territórios, num dos casos através da guilhotina. Nesse ano, aliás – e apenas 24 horas depois do Grande Terramoto –, nasceu também a princesa austríaca Maria Antonieta, futura rainha de França decapitada pelo Terror. Essa geração, que é também a de Mozart e Goethe, já não pode acreditar nas mesmas coisas que a anterior. Mas é uma geração que constrói o seu novo paradigma em cima do debate que antes foi mantido por uma opinião minoritária, na geração de Voltaire ou na geração intermédia de Kant. Esse grande debate foi o da emancipação.

Nesta conversa, para entrarmos no debate da emancipação, utilizaremos dois textos que por vezes são considerados divergentes, mas que acredito serem-no apenas no estilo: *Cândido, ou o otimismo*, de Voltaire, e a resposta de Kant à pergunta "O que é o Iluminismo?".

Para Kant, o Iluminismo é a emancipação, é o abandono de uma tutela que a humanidade se autoimpôs, uma tutela de padres, de reis, de pais, de mais velhos, de hierarquias, de nobreza e aristocracia. A humanidade, segundo Kant, não precisa dessa tutela, ou precisou dela apenas durante a infância, devendo agora emancipar-se, ou seja, passar à vida adulta. Só que, para Kant, a emancipação é um simples ato da vontade, ordenado e até ordeiro, fundado numa íntima convicção, apenas limitado por dois fatores: pela preguiça ou

MEMÓRIA QUARTA: DA EMANCIPAÇÃO

pela cobardia. Uma vez ultrapassadas a preguiça e a cobardia, a emancipação é um facto quase inevitável da evolução da humanidade, como é a chegada da vida adulta após a infância.

Em *Cândido, ou o otimismo*, a emancipação é exatamente o contrário. Cândido era um jovem que vivia no castelo do barão de Thunder-ten-tronckh. Uma vez apanhado com a filha do barão por detrás do reposteiro, leva simplesmente um pontapé no traseiro. Há uma expulsão do paraíso, contra a vontade do próprio Cândido. Essa é a emancipação: não a de alguém que decide sair de casa, mas a de alguém que é expulso de casa. Uma emancipação inesperada, um abrir de olhos que não se podia antecipar e não se desejava. Trata-se do acordar para um mundo caótico e quase inteiramente desprovido de sentido, no qual não há nenhum progresso moral da humanidade que possa ser dado por garantido.

Juntos, *O que é o Iluminismo?*, de Kant, e o *Cândido*, de Voltaire, podem ler-se em menos de uma tarde. Juntos, também, oferecem-nos uma imagem especular – no sentido especulativo, mas também no sentido de imagem dupla, oposta e reflexiva, em espelho – do momento histórico que se iniciou no século XVIII e em que apesar de tudo ainda vivemos: a Modernidade. Seguindo Kant, podemos ver a Modernidade como o seguimento do projeto do Iluminismo. Sob a influência de Voltaire, a modernidade é uma espécie de concentrado de caos que só pode ser entendido no modo de explicação conhecido por pirronismo – a escola de pensamento ultracético célebre na Antiguidade, e depois de novo no Renascimento e no Iluminismo, pelo nome do seu fundador, o filósofo Pirro de Eleia, de quem se dizia que, ao tomar conhecimento de que Sócrates tinha proclamado "Só sei que nada sei", respondera imediatamente "Pois eu nem isso sei".

Voltaire foi um cultor e divulgador do pirronismo no seu tempo, um tempo no qual o pirronismo era mais conhecido pelos ataques que lhe desferiam do que pela defesa que alguns corajosos ainda lhe iam fazendo. O pirronismo era associado – com desprimor para ambos, numa tentativa de inculpação por associação – ao espinosismo, e ambos eram entendidos como uma espécie de conhecimento dissolvente, capaz de corroer todas as certezas. Pois, se Voltaire declarava a bancarrota do contrato anterior e não oferecia nenhum outro em perspetiva, se Voltaire dizia apenas que o contrato anterior do absolutismo não funcionava mas também só nos dizia que na Modernidade iríamos encontrar massacres, roubos, assassinatos, intolerância e fanatismo, uma espécie de arbitrariedade absoluta da qual não seria possível extrair nenhum sentido, nenhum significado, esse pirronismo era entendido pelos outros como uma espécie de anticonhecimento, e não, conforme queriam os pirronistas, como uma espécie de antecâmara para um tipo diferente de conhecimento. Na prática, um anticonhecimento.

Na verdade, o projeto filosófico de Espinosa – de Bento de Espinosa, judeu português que vivera na Holanda –, embora de fundamentos céticos, é bem distinto do de Pirro de Eleia. O pirronismo moderno, para Espinosa, era mais bem representado não por si, mas por outro filósofo também de origens provavelmente portuguesas e judaicas, Francisco Sanches, que lecionara como professor de medicina em Toulouse e escrevera um tratado pirronista sob o título *Quod nihil scitur* – *Que nada se sabe*.

O argumento central do pirronista Francisco Sanches era que não se pode construir conhecimento seguro e definitivo sobre nada na experiência humana. O argumento central do pirronista Voltaire era que nada se pode saber sobre o sentido ou a progressão da história: não há plano divino, não há lógica inerente e nada está determinado para o futuro da humanidade. Esse argumento foi explanado no seu pequeno tratado *Sobre o pirronismo na história* e, depois, no primeiro texto que escreveu sobre o Grande Terramoto de Lisboa, "Poème sur le désastre de Lisbonne", em modo trágico.

Passados alguns anos, Voltaire volta ao assunto em modo cómico, no *Cândido*. Ninguém lê o *Cândido* para acreditar numa história, antes para se maravilhar com a capacidade destrutiva do sarcasmo com que Voltaire salta em cima dos seus adversários filosóficos. Do princípio ao fim, numa caricatura indisfarçada das ideias de Leibniz, Voltaire põe no centro do alvo do seu livro uma única ideia – a de que o mundo em que vivemos é o melhor de todos os mundos possíveis. Voltaire ataca essa ideia inspirada na "teodiceia" leibniziana – e ataca-a impiedosamente de dezenas de formas diferentes nas dezenas de capítulos, peripécias, diálogos absolutamente absurdos e acontecimentos do livro.

Não é muito vulgar tratar o *Cândido* como uma história de emancipação, não só porque os filósofos e intelectuais públicos guardaram do sentido de emancipação principalmente o seu ideal kantiano (ao qual voltaremos), mas principalmente porque a emancipação de *Cândido* se dá de uma forma brutal, através da referida expulsão do paraíso que é o pontapé no traseiro que o afasta de Thunder-ten-tronckh, desferido pelo barão do castelo paradisíaco

CANDIDE,

OU

L'OPTIMISME,

TRADUIT DE L'ALLEMAND

DE

MR. LE DOCTEUR RALPH.

MDCCLIX.

Berlinische Monatsschrift.
1784.
Zwölftes Stük. December.

I.

Beantwortung der Frage:
Was ist Aufklärung?

(S. Decemb. 1783. S. 516.)

Aufklärung ist der Ausgang des Menschen aus seiner selbst verschuldeten Unmündigkeit. Unmündigkeit ist das Unvermögen, sich seines Verstandes ohne Leitung eines anderen zu bedienen. Selbstverschuldet ist diese Unmündigkeit, wenn die Ursache derselben nicht am Mangel des Verstandes, sondern der Entschließung und des Muthes liegt, sich seiner ohne Leitung eines andern zu bedienen. Sapere aude! Habe Muth dich deines eigenen Verstandes zu bedienen! ist also der Wahlspruch der Aufklärung.

Faulheit und Feigheit sind die Ursachen, warum ein so großer Theil der Menschen, nachdem sie die Natur längst von fremder Leitung frei gesprochen

Juntos, 'O que é o Iluminismo?',
de Kant, e o 'Cândido', de Voltaire,
podem ler-se em menos de uma tarde.
Juntos, também, oferecem-nos uma
imagem especular – no sentido especulativo,
mas também no sentido de imagem
dupla, oposta e reflexiva, em espelho –
do momento histórico que se iniciou
no século XVIII e em que apesar de tudo
ainda vivemos: a Modernidade.
(p. 251)

MEMÓRIA QUARTA: DA EMANCIPAÇÃO

253

em Vestefália. Voltaire vira a narrativa da emancipação do avesso. Não só Cândido é forçado a emancipar-se contra a sua vontade, como a sua vida se transforma para pior após a emancipação. Depois de expulso do castelo, o caos do mundo exterior envolve-o rapidamente: recrutado à bruta por um exército, cai imediatamente no meio de um massacre entre búlgaros e abaros, é espancado e dado por morto e acaba por assumir uma existência de vagabundo pelas estradas da Europa e os mares do mundo, até chegar a Lisboa em pleno Grande Terramoto de 1755.

Quando Cândido chega ao Grande Terramoto de 1755, já está acompanhado da outra personagem fundamental desse conto filosófico, o professor Pangloss, caricatura de um filósofo leibniziano que perante o evidente desarranjo do mundo só é capaz de pronunciar que ele é, afinal, "o melhor de todos os mundos possíveis". Não é por acaso que os dois viajantes convergem para Lisboa a tempo de serem surpreendidos pelo terramoto. A ocorrência da tripla catástrofe de 1755 – a destruição da capital lisboeta e os milhares de mortos provocados pelo sismo, o tsunâmi e os incêndios daqueles dias – constitui para Voltaire a prova evidente de que as teorias – todas as teorias e crenças – que previam um plano preordenado ou uma inevitabilidade do aperfeiçoamento da vida humana eram infundadas. Estavam, na prática, falidas.

O Grande Terramoto de Lisboa foi um acontecimento a que hoje chamaríamos global – ou perto disso. A sua repercussão deu-se num sentido tanto literal como metafórico. Em poucas horas, as ondas tsunâmi causadas a partir do epicentro do sismo varreram estuários, mares e oceanos. Na tarde do próprio dia 1º de novembro tinham chegado à outra margem do Atlântico e atingido cidades da América do Norte, como Boston, primeiro, e da América do Sul, como Salvador, depois. Certos modelos recentes sugerem mesmo que o tsunâmi de Lisboa possa ter passado o Estreito de Magalhães, dispersando-se pelo Pacífico Sul. O abalo propriamente dito foi sentido no Norte de África e no Mediterrâneo – Giacomo Casanova, preso em Veneza, chegou a ver uma laje da sua cela deslocar-se por segundos e logo a seguir voltar ao lugar, não lhe dando tempo para tentar a fuga – tal como, com menos intensidade, na Europa do mar do Norte, pelo menos até Amesterdão.

O sentido de Modernidade desse acontecimento é dado não só pelo facto de ele pôr em causa o contrato existencial implícito no Antigo Regime – um contrato entre súbdito-rei-deus –, mas também pelo facto de a disseminação noticiosa pôr toda a gente a falar do mesmo assunto quase ao mesmo tempo.

O Grande Terramoto apelou especialmente a Voltaire, porque lhe confirmava a sua versão brutal e algo cínica da emancipação como um desmame. Mas Voltaire não estava sozinho: de Jean-Jacques Rousseau a Benito Jerónimo Feijóo ou a John Wesley, todo filósofo, cientista ou teólogo achou à partida que o terramoto vinha para confirmar as suas preconceções. E o Grande Terramoto causou uma impressão que todos partilharam: a de que ele nos dizia que os humanos estavam juntos no mesmo arriscado barco.

As notícias de Lisboa chegaram também rapidamente a Königsberg, no mar Báltico prussiano – hoje pertencente à Rússia –, e onde Kant lecionou e escreveu, inclusive sobre o Grande Terramoto. Mas, em geral, os entusiastas da obra de Kant ficam desiludidos quando leem o que ele escreveu sobre o terramoto, porque aquele não é ainda o grande filósofo famoso que conheceremos depois da *Crítica da razão pura* ou da *Paz perpétua*, mas apenas um professor de filosofia natural, ou seja, de ciências, que tenta explicar o terramoto de Lisboa dizendo que, no fundo, o planeta tem gases – não estou a brincar, é mesma esta a explicação de Kant para terramotos como o de Lisboa: o planeta tem gases e, como qualquer organismo que tem gases, precisa de os soltar de vez em quando.

Kant era ainda um jovem filósofo – só mais tarde se tornará o filósofo moral e político que entra para a história e para as enciclopédias de filosofia – e vive sob o choque do Grande Terramoto de Lisboa. Ele reconhece a Voltaire o poder dessa tragédia, o seu potencial para destruir o contrato anterior do absolutismo, mas quer construir alguma coisa em cima dessa destruição.

Para isso, escreve um curtíssimo texto em formato semelhante a *O que é o Iluminismo?* e intitulado *Uma velha questão de novo levantada: Estará a espécie humana em constante progresso?*. Publicado em 1793, quase cem anos depois do folheto de William Penn, esse texto também defende uma paz perpétua, ainda que Kant provavelmente não tenha conhecido a obra de Penn.

Kant estabelece aqui três tipos de respostas para a pergunta colocada no título. Uma é a resposta decadentista, a que Kant chama "terrorismo" – não no sentido que hoje damos à palavra, evidentemente, mas simplesmente como terror de uma queda da humanidade que seja permanente e que não volte atrás. Segundo essa tese, que era ainda uma tese importante e, se quisermos, dominante em certos debates do século XVIII, a época dourada da humanidade já tinha sido vivida antes e agora havia que gerir uma longa e interminável decadência. Na outra tendência, a que ele, inspirado numa

MEMÓRIA QUARTA: DA EMANCIPAÇÃO

história dos abderitas na Bíblia, chama "abderita", a história humana seria uma espécie de movimento pendular entre momentos de progresso e de retrocesso mais ou menos equivalentes.

A estas duas teses Kant contrapõe uma terceira: a possibilidade de um progresso constante da humanidade, que precisa de ser permanentemente construído por aqueles que o desejam. A única tendência geral consiste em que, após conseguido um determinado progresso (por exemplo, após aprovada uma constituição democrática), a humanidade sabe que esse progresso foi possível. Isso não quer dizer que seja impossível "voltar atrás", significa somente que passa a ser possível construir em cima daquilo que foi feito; andar para a frente. Esticando o raciocínio um pouco mais além, poderíamos dizer que o mesmo método que permitiu atingir um determinado progresso pode também ser aprendido e transmitido para atingir outros progressos. É esse o papel que Kant atribui ao humano emancipado e que, de forma algo paradoxal, vai buscar ao arquétipo do profeta. Para Kant, neste ensaio, o profeta não é aquele que adivinha o futuro; pelo contrário, o exercício da profetização consiste em verbalizar perante a comunidade a visualização de um futuro (desejável ou indesejável), para que os ouvintes do profeta se aproximem do futuro que este considera desejável e se afastem do que ele considera indesejável. O papel do profeta em Jerusalém, para Kant, é assim próximo do papel do sofista em Atenas ou do orador político em Roma: a única faceta distintiva é que o profeta usa a convocação do futuro para conseguir persuadir a sociedade a ir num sentido em detrimento de outro. E de certa forma, para Kant, esse papel do profeta é também o papel do filósofo, como quem diz aos seus leitores: "Oiçam, se há progresso moral da humanidade é uma pergunta que não nos compete adivinhar, é uma pergunta a que nos compete responder fazendo por isso".

O *Cândido* de Voltaire termina com uma frase famosa: "Há que cultivar o nosso jardim". Depois de capítulos e capítulos onde, em várias peripécias, se refuta a tese da teodiceia do plano divino para a humanidade que Leibniz defendera, Voltaire não consegue, apesar de tudo, fazer um livro que apenas destrua o que está para trás, em vez disso rematando-o com um vislumbre de resposta. Também Kant, em *O que é o Iluminismo?*, estabelece um início de resposta: emancipação. E completa-a através de "Esquisso para uma história universal sob um ponto de vista cosmopolítico". Nesse texto, Kant diz uma coisa que demorei muito tempo a perceber: ver a história sob o ponto de vista cosmopolítico é a tarefa mais difícil da humanidade. O que quer ele dizer com isso? É que, se o Iluminismo é a emancipação humana, a nossa saída da "casa dos pais" – ou seja, o abandono de crenças, superstições e obediências que antes tivemos a hierarquias feitas de reis, sacerdotes e todos aqueles que nos têm sob tutela –, então a concretização da Modernidade é a conquista pela humanidade da sua própria agência política, é a sua capacidade de se organizar como comunidade política. Fazê-lo ao nível cosmopolítico é a tarefa mais difícil da humanidade porque – tal como Dante sugerira no século XIII e como Al Farabi insinuara antes dele no século X – o desafio de constituir a humanidade como comunidade de cidadania global corresponderia à própria materialização do intelecto ativo como Aristóteles o via na Antiguidade, ou seja, a constituição de uma causa última (um "fim", ou τέλος) para o florescimento da humanidade, aquilo que um outro filósofo da mesma época, Christian Wolff, tinha definido como a humanidade inteira ser uma *Civitas Maxima*, ou "Cidade Suprema". Essa cidadania é, no fundo, aquilo a que erradamente se chama "cidadania global". Mas, para Kant, a cidadania global é um pleonasmo.

A cidadania global é, simplesmente, a cidadania: sem amputações, cidadania incondicional, como uma cidadania emancipada só pode ser. Ou seja, uma cidadania que não é intermitente, que não depende do lado da fronteira onde calhamos estar. Uma cidadania que não nos deixa dependentes da boa vontade de terceiros ou da lotaria do nascimento que dita que quem nasce de um lado do Mediterrâneo pode viver tranquilamente e quem nasce do lado contrário deve arriscar a vida para sobreviver.

No fundo, Kant e Voltaire não se limitam a refutar o contrato político do absolutismo. Eles dão-nos pistas para um novo contrato da Modernidade, aquele em que, por um lado, "cuidamos do nosso jardim" – na visão pré-ecológica de Voltaire, segundo a qual temos uma responsabilidade perante o planeta –, e aquele em que todos os seres humanos, pelo mero facto de serem humanos, têm direito a participar nas decisões que lhes dizem respeito, exercendo a sua cidadania.

Nem Kant nem Voltaire se referem explicitamente àquilo que conhecemos por "direitos humanos". E, no entanto, é provável que um conceito desse género estivesse presente por detrás dos seus raciocínios. Como diria a filósofa Hannah Arendt no século XX, a primeira condição para usufruir dos direitos humanos é a cidadania, porque a cidadania é "o direito a ter direitos".

MEMÓRIA QUARTA: DA EMANCIPAÇÃO

Com efeito, os direitos humanos são aquilo que acontece quando pressupomos – ainda que disso não nos demos conta – que a cidadania é global por natureza, porque é irrestrita por natureza.

Entre esses direitos humanos está, como já disse, o direito a tomar parte das decisões que dizem respeito ao cidadão. Ora, a crise ecológica afeta todo o planeta de uma forma que diz diretamente respeito a todos os cidadãos. O mesmo poderíamos dizer de outros fenómenos, como a evasão fiscal e as desigualdades globais, os efeitos da automação e os fluxos migratórios. Todos eles implicam a tomada de decisões que, a bem dizer, respeitam a todos os cidadãos, sem exceção. Para podermos "cuidar do nosso jardim", como dizia Voltaire, é bem necessário – diria mais, é urgente – que a humanidade encare o desafio supremo que é, como lembrou Kant, o seu devir cosmopolítico.

Durante séculos, os filósofos do cosmopolitismo desviaram a atenção da natureza radical, e radicalmente inclusiva, das suas propostas alegando que, de qualquer forma, a realização do cosmopolitismo só se daria num futuro longínquo. Essa precaução excessiva levou toda a gente a acreditar que seria ainda e sempre "demasiado cedo" para discutir a cidadania global, a comunidade política da humanidade inteira ou os direitos humanos levados incondicionalmente a sério. A urgência de cuidar do nosso jardim planetário e enfrentar as outras inúmeras crises globais faz com que seja necessário deitar às malvas essa precaução e afirmar com clareza que é preciso discutir, defender e afirmar o cosmopolitismo já. Não só porque não é "demasiado cedo", mas – sobretudo – porque se não o fizermos arriscamo-nos a que seja demasiado tarde.

QUARTA CONVERSA

Homens que nunca se aborrecem

Para entendermos como em Benjamin Franklin se casam o puritanismo dos seus antepassados e o utilitarismo iluminista da sua juventude, como dissemos no final de há duas conversas, talvez não haja melhor maneira do que olhar para a sua organização do tempo. A organização do tempo é talvez uma das melhores formas de descortinar os valores que norteiam cada geração, cada cultura, cada época. Já vimos como é muito diferente, por exemplo, viver numa geração que espera que o fim do mundo aconteça no decurso das suas vidas ou viver em gerações orientadas para o futuro, como são genericamente as nossas.

Benjamin Franklin encontra-se já do lado de cá da história, das gerações orientadas para o futuro da vida terrena, em vez de para o futuro no apocalipse da revelação e da ressurreição numa vida eterna. Mas esse Benjamin Franklin, que deixámos umas semanas antes do terramoto de Lisboa tentando convencer a Assembleia da Pensilvânia a abandonar o pacifismo que lhe tinha sido deixado por William Penn, não faz ainda ideia do seu próprio futuro. Não imagina que dali a duas décadas será um dos pais fundadores da independência dos Estados Unidos. Nem que fará essa independência dos Estados Unidos acompanhado de uma geração muito mais jovem, a geração de Alexander Hamilton, aquela que nasceu já no ano do Grande Terramoto de Lisboa. Benjamin Franklin vinha de trás. E, se não tivesse chegado a ser um dos pais fundadores dos Estados Unidos, teria sido sempre uma figura precursora, o protótipo do *self-made man* do Iluminismo. É desse Benjamin Franklin da juventude que vamos aqui falar.

A partir das suas memórias, podemos acompanhar o seu percurso: como agiu, como se organizou a partir do início da vida adulta, altura em que se estabeleceu como tipógrafo, e como, aos 24 anos, formou família na Pensilvânia, em 1730. É nesse momento que Franklin decide levar a cabo um processo a que chama "chegada à perfeição moral". Para atingir esse propósito, nada como fazer uma lista. Benjamin Franklin compila então as virtudes e o método para as cultivar. Eis a sua lista de virtudes e respetivos preceitos: em primeiro lugar, "temperança", não comer até se fartar, não beber até se embriagar; em segundo, "silêncio", não falar a não ser que possa beneficiar outrem ou a si mesmo, evitar conversas frívolas; em terceiro lugar, "ordem", todas as coisas têm o seu lugar, cada parte dos negócios tem o seu tempo; em quarto, "resolução", decidir levar a cabo aquilo que deves, levar a cabo sem falhas o que tiveres decidido; em quinto lugar, "frugalidade", não fazer despesa, exceto para fazer o bem a outrem ou a ti mesmo, isto é, nunca desperdiçar nada; em sexto, e talvez uma das virtudes mais importantes, "indústria", não percas tempo, emprega-te sempre em algo de útil, corta todas as ações desnecessárias; em sétimo lugar, "sinceridade", não enganes com dolo, pensa de forma inocente e justa e, quando falares, fala em consonância com esse pensamento; em oitavo, "justiça", não faças a ninguém torto (ou não faças a ninguém mal) nem omitas os benefícios que é teu dever praticar; em nono lugar, "moderação", evita os extremos, aguenta feridas e ressentimentos que nunca valem aquilo que pensas que merecem; em décimo, "limpeza", não toleres sujidade no corpo, nas roupas ou na casa; em 11º lugar, "tranquilidade", não te perturbes com coisas fúteis ou com acidentes comuns ou inevitáveis; em 12º, "castidade", limita o venéreo, ou seja, as ações do amor erótico, apenas às razões de saúde e descendência, e nunca para a tua saciedade, fraqueza ou dano à paz e reputação tua ou de outrem; em último lugar, a "humildade", que Benjamin Franklin define assim: "Imita a Jesus e a Sócrates".

Reparem como as virtudes iluministas de Benjamin Franklin são apenas parcialmente as virtudes cristãs, e apenas naquilo em que os filósofos antigos coincidem com as virtudes cristãs. Por exemplo, a tranquilidade vem da virtude estoica da ataraxia, ou imperturbabilidade – não se deixar perturbar pelo caos do mundo. É revelador também que Jesus apareça ao lado de Sócrates, não como figura divina, mas porque tanto Jesus como Sócrates devem ser imitados enquanto filósofos, homens sábios numa sociedade que recusou a sabedoria de um e de outro. A imitação de Jesus e Sócrates é apenas, como afirma o próprio Benjamin Franklin, uma definição extensa da humildade – a única virtude que na lista aparece definida pelo exemplo e não pela explicação. Estamos aqui a falar da unificação do conhecimento religioso e do conhecimento filosófico, ambos antigos, com uma atitude de

MEMÓRIA QUARTA: DA EMANCIPAÇÃO

utilitarismo, de capacidade industriosa para criar a cada momento o futuro através do uso do tempo em tudo o que é útil, sem desperdício em frivolidades.

Ora, a virtude da humildade é também a única que não constava na lista original de Franklin. A única que lhe foi aconselhada por outra pessoa, não por acaso por um amigo quaker, ou seja, daquela sociedade religiosa dos amigos que era ainda bastante dominante em Filadélfia, depois de para lá ter sido levada pelo fundador da Pensilvânia, o quaker William Penn. Esse mesmo amigo de Benjamin Franklin fez-lhe notar repetidamente a sua presunção:

> Disse-me esse amigo quaker que as pessoas me achavam, em geral, orgulhoso e que esse orgulho aparecia muitas vezes nas minhas conversas. Que eu não me contentava em ter razão quando discutia qualquer questão, mas que era soberbo e assaz insolente. Determinei curar-me se fosse possível desse vício, tal como dos outros e, portanto, acrescentei a humildade à minha lista de virtudes.

A humildade revelou-se, contudo, a mais difícil das virtudes, por causa da sua circularidade. Seria preciso, notou Benjamin Franklin, conseguir ser humilde e humilde na própria humildade – ou humildemente humilde. Humilde sem ter orgulho da sua própria humildade. Para tal, havia que vencer o orgulho sem ficar orgulhoso por ter vencido o orgulho. De nada serve ser-se humilde se uma pessoa se considera a si mesma a pessoa mais humilde do mundo (há pessoas assim). "Na realidade", diz Benjamin Franklin,

> talvez nenhuma das nossas paixões naturais seja tão difícil de subjugar quanto o orgulho. Por muito que o disfarcemos, que lutemos contra ele, que o domestiquemos, que o asfixiemos, que o mortifiquemos, tanto quanto o desdenharmos, o orgulho continua sempre vivo. E, de quando em vez, ele voltará a mostrar a cabeça, pois mesmo que o conhecesse, que o tivesse completamente derrotado, talvez acabasse por ficar orgulhoso da minha humildade.

E acrescenta: "Não posso gabar-me de muito sucesso na aquisição da realidade desta virtude, mas acabei por conseguir um bom negócio, um bom compromisso no que diz respeito à aparência dela, ser exteriormente humilde sendo interiormente orgulhoso de ter conseguido ser humilde!".

Já dizia o Eclesiastes na Bíblia: "*vanitas vanitatum, omnia vanitas*" – "vaidade das vaidades, tudo é vaidade". Essa frase é aliás também citada por um autor do século XVIII, Matias Aires, nascido no Rio de Janeiro e que depois viveu em Portugal. A preocupação com a vaidade era uma constante dos filósofos do Iluminismo, pois que estavam apostados em criar apenas o que fosse útil, mas ficavam depois vaidosos por terem criado aquilo que era útil. Viviam na dúvida sobre se a vaidade teria sido útil para os forçar a fazer a obra ou se era apenas uma espécie de efeito colateral espúrio, frívolo, da obra que tinham criado.

Um aspeto crucial que distancia Benjamin Franklin da tradição religiosa é que nem a humildade nem a frugalidade de Benjamin Franklin se opõem ao bem-estar material. Pelo contrário, o interesse próprio – o *self-interest*, como se dizia em inglês –, o autointeresse, aquilo a que com algum desprezo e repreensão era atribuído um caráter egoísta, faz parte do método, faz parte da forma de criar hábitos, de aperfeiçoamento. O autointeresse é uma espécie de andaime que permite construir o edifício do indivíduo virtuoso; a indústria e a frugalidade, explica Benjamin Franklin, são meios de obter prosperidade – a prosperidade é uma forma de assegurar a virtude. É por isso tão difícil a um homem em estado de necessidade atuar sempre com honestidade quanto é difícil a um saco vazio aguentar-se em pé.

Nas origens da atitude de Benjamin Franklin não está, porém, uma opção de economista político, mas um *ethos*, ou seja, uma moral, a busca de uma essência, quase de uma segunda natureza para a sua vida. O aperfeiçoamento individual com essa linguagem de cura, de purificação, de luta contra a doença, tem um fundo ético, um método racional e uma aplicação pragmática. Poder-se-iam, claro, identificar aqui ecos daquilo a que Max Weber chamou a "ética protestante". Ou do tipo de conformação e retificação social que autores como Foucault estudaram. Os planos de aperfeiçoamento pessoal e espiritual não eram certamente coisa nova. Nos países católicos, os exercícios mentais dos jesuítas que vimos em conversas anteriores e que tinham as suas raízes na *Devotio moderna*, que também influenciou os protestantes, estiveram em voga durante todo o século XVII e mesmo na primeira metade do século XVIII. Antes disso, o livro de maior sucesso após a invenção da imprensa tinha sido *A imitação de Cristo*, de Thomas de Kempis, precisamente um dos autores da *Devoção moderna*.

O aperfeiçoamento pessoal também já estava na base das escolas filosóficas da Antiguidade, em particular do estoicismo, que talvez se possa citar como a grande influência de Benjamin Franklin. O seu projeto de aperfeiçoamento

MEMÓRIA QUARTA: DA EMANCIPAÇÃO

pessoal não parte, contudo, de nenhuma tradição ou palavra revelada. Parte de um percurso intelectual individual. O *modus operandi* de Franklin é o seguinte: a sua razão convence-o da necessidade de aperfeiçoamento e ele responde a essa necessidade de aperfeiçoamento através da criação de hábitos que se refletem em gestos quotidianos e se naturalizam.

Vejamos a agenda de Benjamin Franklin. É que o preceito da ordem que ele inclui na sua lista de virtudes implica que todas as partes do seu negócio tivessem um tempo próprio:

> Uma página do meu caderno continha o seguinte esquema para o emprego das 24 horas do dia natural: de manhã pergunta-te a ti mesmo: "O que farei de bom neste dia?". Às cinco, seis e sete horas da manhã, erguer-me, lavar-me e dirigir-me à bondade poderosa [como Benjamin Franklin chama a uma entidade que seria algo como Deus, a Bondade Poderosa]. Às cinco, seis, sete horas da manhã, conceber os negócios do dia e tomar as resoluções do dia, levar a cabo os estudos em curso, quebrar o jejum. Às oito, nove, dez e onze horas da manhã, trabalhar. À tarde, meio-dia, uma hora da tarde, verificar as minhas contas, jantar [sim, jantar ao meio-dia]. Duas, três, quatro, cinco horas da tarde da tarde, trabalhar. Seis, sete, oito, nove horas da tarde, pôr as coisas nos seus lugares; ceia. Música, ou diversão ou conversação. Examinar o dia passado. À noite, faz a ti mesmo a pergunta: "O que fiz de bom neste dia?". Dez, onze horas da noite, meia-noite, uma, duas, três, quatro horas da manhã, dormir.

Note-se a insistência na recursividade dessa utilidade permanente, onde os gestos são direcionados para fazer algo de bom, que é a mesma coisa que fazer algo de útil, necessidade essa que é recorrentemente planeada, examinada, rememorada. Complementarmente, temos a recusa de tudo o que não é útil – a estrita necessidade de não perder tempo. O *ethos* de Benjamin Franklin tem fundamentos morais e racionais, mas resulta, acima de tudo, numa forma de organizar o tempo. Essa forma de organizar o tempo, não nos enganemos, não era exclusiva de uma personagem bizarra na Pensilvânia colonial como Benjamin Franklin. Essa forma de organizar o tempo tinha sido a obsessão de muitos homens em muitas partes do mundo, naquilo a que os iluministas chamavam "a República das Letras". Ela aparece aqui e acolá em agendas, diários, em memórias e também em trabalhos de ficção.

Em *Guerra e paz*, de Lev Tolstói, por exemplo, a personagem do velho general Bolkonski representa esse velho mundo.

Guerra e paz foi escrito no século XIX e tem como período narrativo a época das guerras napoleónicas. Aquilo que em *Guerra e paz* interessa no que respeita à nossa conversa é o confronto de duas gerações: uma geração é a das personagens principais, como André Bolkonski, Natasha Rostova ou, para aquilo que nos interessa, a irmã de André Bolkonski, Maria Bolkonskaia, tratada muitas vezes por "Masha" – a geração romântica. A geração romântica vive com um forte anseio sentimental e emocional, aborrece-se, entedia-se, é uma geração melancólica que lê romances, que por vezes tem de reprimir a sua imaginação para não contrariar o pai da geração anterior. A geração anterior é a geração do velho general Bolkonski, ou melhor, do príncipe Nikolai Andreievitch Bolkonski, que já era velho na época das guerras napoleónicas, o que significa que tinha nascido em meados do século XVIII, no tempo do Grande Terramoto de Lisboa, talvez numa geração logo a seguir à de Benjamin Franklin. General na reserva, Bolkonski é simplesmente um desses homens que não perdem tempo com aquilo que não compreendem. Em contrapartida, irrita-se e esclarece: "Em verdade eu vos digo que nunca me aborreci um único dia da minha vida!".

Para essa geração do século XVIII, o aborrecimento, o tédio, era algo de demoníaco que eles tinham conseguido não só expulsar das suas vidas mas tornar verdadeiramente inconcebível. A personagem do príncipe Bolkonski, que Tolstói decalcou a partir do seu idolatrado avô, de nome quase igual (muda o patronímico: o avô de Tolstói chamava-se Nikolai Sergueievitch Bolkonski), era um homem velho em *Guerra e paz*, mas tinha sido um homem novo entre 1753 e, digamos, as grandes revoluções americana e francesa. São esses homens, como Benjamin Franklin, como Nikolai Bolkonski, que, sólidos, confortáveis, elegantes e acima de tudo práticos, ensinam aos seus filhos e também às suas filhas matemática, engenharia e línguas mortas. Mas depois são eles que não se entendem com os seus filhos e filhas quando estes são volúveis, quando leem romances em vez de lerem filosofia natural. Ora, o velho Bolkonski estava já desfasado da gente jovem à sua volta no início do século XIX. Apesar de adorar o seu filho Andrei, que era inteligente e talentoso, não entendia as suas cíclicas recaídas na melancolia. Exasperava-se, acima de tudo, com as mulheres. Com as mulheres da geração da sua filha Masha, que perdiam demasiado tempo com tudo o que não tinha a menor utilidade. Bolkonski tinha ensinado Masha

MEMÓRIA QUARTA: DA EMANCIPAÇÃO

a ler, a ler em francês, a ler para entender matemática e física. Ela lia romances e aborrecia-se mortalmente. Nikolai Bolkonski era do tempo de uma outra personagem arquetípica do Iluminismo: Robinson Crusoe.

Segundo o romance de Daniel Defoe – que foi publicado pela primeira vez em 1718, ou seja, mesmo no início do grande movimento iluminista –, Robinson Crusoe viveu 28 anos numa ilha deserta. Essa personagem, que influenciou como poucos as gerações iluministas à sua frente, nunca se deixou aborrecer durante os seus 28 anos na ilha deserta. James Joyce identificou, e com razão, na personagem de Robinson Crusoe o protótipo do colono britânico. Todo o espírito anglo-saxão, dizia Joyce, se encontra em Crusoe: a independência viril, a crueldade inconsciente, a persistência, a inteligência lenta mas eficiente, a apatia sexual, o calculismo taciturno. Com exceção do adjetivo "taciturno", a análise de Joyce é na verdade o protótipo do homem do Iluminismo. Não é o homem do colonialismo britânico com influência do Iluminismo, mas provavelmente o contrário, e isso mesclado com o puritanismo de que Daniel Defoe também fazia parte.

A esse respeito, é especialmente significativa a relação entre Robinson Crusoe e o humano que ele encontra e tenta, do seu ponto de vista, domesticar: o homem que chama de selvagem, Sexta-Feira, e que converte ao cristianismo. Não só Robinson Crusoe não se aborrece, nem se deprime, nem se deixa abater, como também partilha de uma certa pulsão entendida pelo Iluminismo como civilizadora, que onde quer que se encontre redescobre a génese da agricultura, do comércio, da *res publica*, mas também da assimetria e da hierarquia entre classes, entre raças, entre culturas e civilizações. Ora, um leitor romântico, da geração como a de Andrei Bolkonski e Maria Bolkonskaia, poderia renunciar facilmente a um livro fastidioso, não aguentaria viver numa ilha deserta; mas um bom homem do século XVIII como o pai de ambos, Nikolai Bolkonski, nunca se deixava aborrecer, nunca estava ocioso, e ser fastidioso, saber as coisas com distinção e miudeza, como eles diziam então, era simplesmente o seu *modus operandi* de eleição. As personagens de ficção como Robinson Crusoe, ou de semificção como o velho Bolkonski de um século mais tarde, são delimitações de um tipo ideal que não é só atribuído miticamente ao século XVIII. Homens reais como esses existiram mesmo, e Benjamin Franklin foi um deles.

Talvez a forma ainda mais ilustrativa de exemplificar o choque de gerações entre o século XVIII e o século XIX, para melhor podermos captar a mentalidade do século XVIII, aquela que vai fazer as revoluções, é tentar entender a infância de alguém educado por um homem do Iluminismo. Esse alguém é o filósofo John Stuart Mill.

Temos a sorte de ele nos ter deixado a sua autobiografia, onde nos explica como foi educado pelo historiador e economista escocês James Mill, que por sua vez era um dos melhores amigos do filósofo utilitarista Jeremy Bentham e também um dos melhores amigos do economista judeu português, descendente de judeus portugueses há muitas gerações em Inglaterra, David Ricardo.

Essa geração de James Mill, Jeremy Bentham e David Ricardo é a geração iluminista que John Stuart Mill vai traduzir para o liberalismo. Antes de ser um pai do liberalismo clássico do século XIX, porém, John Stuart Mill foi o filho do utilitarismo iluminista do século XVIII.

O pressuposto da educação utilitarista prestada pelo seu pai, James Mill, juntamente com os conselhos de Jeremy Bentham e de David Ricardo, é que não houvesse tempos mortos, nenhuns tempos mortos, para que se pudesse apenas progredir em instrução. Assim, sem tempos dedicados ao lazer, sem tempos consumidos pelo aborrecimento ou pelo desânimo, nem sequer nos primeiros anos da infância, essa educação que John Stuart Mill recebeu, nas palavras dele, "veio pelo menos demonstrar que é possível ensinar muito mais coisas do que se julga nos primeiros anos de vida, quase sempre completamente desperdiçados nos sistemas vulgares de educação", e, podemos acrescentar nós, em brincar e simplesmente viver. Ora, para não desperdiçar tempo, o pequeno John Stuart tinha começado a aprender grego (grego antigo, evidentemente) a partir dos três anos de idade, maximizando assim os anos de infância que normalmente se julgam inúteis. No início estudava apenas listas de substantivos gregos, depois começou a estudar as flexões dos verbos e, logo que possível, a fazer tradução. Na idade em que muitas outras crianças começavam a aprender a ler, John Stuart Mill traduzia. Traduzia Esopo, Xenofonte, lia todo o Heródoto e traduzia passagens das vidas dos filósofos de Diógenes Laércio. Aos sete anos, o pai entregou-lhe os diálogos platónicos e ele leu-os a todos, embora confessasse não ter compreendido o *Teeteto*: "Meu pai, porém", diz ele, "em todo o seu ensino não só exigia de mim tudo o que eu podia fazer mas até o impossível". Aos oito anos John Stuart Mill começou finalmente a aprender latim, o que lhe possibilitava consultar o dicionário grego-latim que havia em casa para entender

MEMÓRIA QUARTA: DA EMANCIPAÇÃO

melhor o grego. A aprendizagem do grego terá sido feita sem dicionário grego-inglês, na mesma sala em que o pai de John Stuart Mill escrevia todas as noites uma história das Índias em vários volumes. Isso era apenas durante a tarde. À noite era tempo de estudar aritmética. As conversas e os passeios também serviam a propósitos de aprendizagem e aperfeiçoamento. No início, o pequeno John Stuart Mill resumia as leituras da véspera durante as caminhadas que dava com o pai entre os campos de Newington Green e Hornsey. Nessa altura, tratavam da leitura da história. David Hume e Edward Gibbon, em particular, mas também as histórias de Espanha, Roma, Grécia e até da Europa do século XVIII, que ele muito apreciava. Diz John Stuart Mill: "Fazia-me também ler para depois resumir oralmente muitos livros cujos assuntos não me interessavam, e que não teria lido se não fosse obrigado". Entre os temas desses livros contavam-se, por exemplo, história institucional e história eclesiástica. Estamos a falar de uma criança que não tinha ainda dez anos.

Sobre essas tarefas que não lhe interessavam, como as aulas noturnas de aritmética, John Stuart Mill escreve: "Recordo ainda do aborrecimento que elas me davam". Mas, para a geração do seu pai, o aborrecimento era algo de inconcebível. O uso da palavra "aborrecimento" e a ideia de "livros cujos assuntos não me interessavam" surgem – é preciso notar – na autobiografia de John Stuart Mill, escrita entre 1850 e 1860, ou seja, já em plena época romântica. Para dar aqui um termo de comparação, um pouco depois da morte de John Stuart Mill, publica-se um livro do romancista Henry James, em 1873, sobre a arte do romance. Em *A arte do romance*, a palavra "interessante" aparece dezenas de vezes, e o principal objetivo dos romances é impedir o aborrecimento. É, portanto, um enorme mundo de distância cultural aquele que se interpõe entre a geração do pai de John Stuart Mill e o próprio Stuart Mill.

A sua infância, decorrida no início do século XIX, tinha sido regida por ideias do século XVIII. Quando ele estava a aprender grego, Napoleão batalhava com os austríacos em Wagram; o seu pai, no entanto, nascera em 1773 – portanto, em pleno apogeu do Iluminismo escocês, ainda antes da Revolução Americana e da Revolução Francesa. O pai de John Stuart Mill, como diz o filho, "gostava de me pôr nas mãos livros que descrevessem a vida de homens enérgicos, desembaraçados, rodeados de dificuldades e que conseguissem finalmente vencer". Na sua casa não havia livros infantis, nem brinquedos, e não por acaso, diz John Stuart Mill, "Robinson Crusoe foi dos livros deste género o que mais me impressionou. E era sempre com prazer que lia".

A partir dos onze anos, John Stuart Mill já traduzia poesia latina e foi forçado a escrever o primeiro trabalho sério: uma história do governo romano, para o que recorreu a Tito Lívio e Dionísio. Aos treze começou a estudar filosofia, sobretudo a partir de Thomas Hobbes. E enquanto tudo isso, aplicava o mesmo método de ensino aos irmãos. John Stuart Mill, como disse antes, ficou conhecido acima de tudo como pai do liberalismo clássico do século XIX. Mas, antes disso, foi filho e afilhado do utilitarismo iluminista do século XVIII, porque filho de James Mill e afilhado de Jeremy Bentham. A sua infância foi sacrificada à mesma organização do tempo que tinha nascido antes, com Benjamin Franklin, e inspirada numa figura como a de Robinson Crusoe. Do outro lado do mundo, esse mesmo tipo de organização do tempo formava mentalidades como a do velho general Bolkonski: utilidade, trabalho sempre, não perder tempo, não reconhecer a existência de aborrecimento. Não admira que entre as duas gerações, iluminista e romântica, se dê um choque frontal, e não admira que o próprio John Stuart Mill sofra um esgotamento ao chegar ao final da juventude.

QUINTA CONVERSA

Pousando a pena no século XVIII

No dia 15 de novembro de 1759, um português pousa a pena com que escreveu em Paris um tratado pedagógico sobre reformas da educação – tema de atualidade naquele ano –, a que deu o título de *Cartas sobre a educação da mocidade*. O homem não está em Portugal, de onde fugiu aos 27 anos com medo da Inquisição e aonde nunca mais voltará. Passou por Londres, onde se converteu brevemente ao judaísmo, religião dos seus antepassados. Foi para a Holanda, onde estudou medicina, e ficou racionalista para o resto da vida. Acabou por trabalhar na Rússia, onde foi médico da czarina Anna Ivanovna. Esteve na Crimeia, onde conviveu com muçulmanos, budistas e tártaros, de crenças provavelmente tengriístas ou xamânicas. Passou pela Prússia a visitar Frederico II. E agora está em Paris, onde tenta sobreviver sem pensão até que outra czarina da Rússia, Catarina, a Grande, se lembrará dele e o deixará confortável em rublos até ao fim da vida. O seu nome é António Ribeiro Sanches e ele nasceu em Penamacor há sessenta anos, em 1699.

Tem, por isso, quase a idade daquele século XVIII a que tantos consideram das Luzes. É sempre fácil fazer as contas da idade de António Ribeiro Sanches: é o ano que o século XVIII tiver, mais um. Por coincidência a mesma idade, com apenas um mês de diferença, que tem Sebastião José de Carvalho e Melo (Sanches morrerá também poucos meses depois de Sebastião José de Carvalho e Melo, em 1783, aos 84 anos), o homem que aparentemente agora manda em Portugal com o título de conde de Oeiras e daqui a pouco tempo com o título por que será reconhecido no reino e fora dele, de marquês de Pombal. Há, é claro, uma diferença evidente entre Sebastião José de Carvalho e Melo e António Ribeiro Sanches: o primeiro manda no reino e o segundo não pode regressar ao reino. Apesar de viver há tantos anos longe de Portugal, a sua grande questão continua a ser Portugal. E a grande questão de Portugal na mente dele continua a ser o que fazer com esse país. Ou, como ele o descrevia, "as dificuldades que tem um velho reino em emendar-se". Ou, como diríamos nós, que estratégia deve Portugal seguir. Havia duas à escolha: mão de obra barata ou valor acrescentado?

Pode parecer por isso estranho que num tratado sobre educação Ribeiro Sanches dedique uma grande parte da sua secção final à escravatura. Mas faz todo o sentido que o tenha feito, por uma razão simples: a escravatura é desumana para os escravos – é o seu ponto de partida. No que diz respeito à educação, há ainda outro problema para Ribeiro Sanches: é que a escravatura estupidifica e desumaniza os donos dos escravos. Em palavras do próprio:

> Se eu pretendera somente que a Mocidade Portuguesa fosse educada não havia de reprovar a Escravidão introduzida em Portugal: [mas] o meu intento é que seja dotada de humanidade, de amor de conservar os seus semelhantes, e de promover a paz e a união... [e] não é possível que se introduzam estas virtudes enquanto um Senhor tiver um Negro a quem dá uma bofetada pelo menor descuido; [ou] enquanto cada menino ou menina rica tiver o seu negrinho, ou negrinha. [A escravidão] altera o ânimo daqueles Senhorinhos, que ficam soberbos, inumanos, sem ideia alguma de justiça, nem da dignidade que tem a natureza humana. Eu vivi muitos anos em terras adonde a escravidão dos Súbditos é geral, e vi e observei que nelas não se concebe ideia da humanidade.

A escravatura, começando por ser uma tragédia moral, era também um erro estratégico português, e esse modelo económico errado tornava-se um modelo social errado, que por sua vez explicava um modelo educacional errado, que por sua vez resultava – completando o círculo – na anestesia geral à desumanidade que a escravatura era.

Noutra passagem, Ribeiro Sanches já explicara que as riquezas imperiais só deixavam o país mais rico no curto prazo; a longo prazo, ele ficava mais pobre, porque tendo mão de obra barata – a mão de obra mais barata que pode existir, a escravizada – e tendo acesso às riquezas fáceis – as que essa mão de obra escravizada extrai –, o reino podia optar por não se educar. Os que não tinham colónias, e por isso se aplicavam a educar-se (a Suécia tinha já naquela época noventa por cento de gente alfabetizada, ao passo que Portugal não chegaria sequer aos dez por cento), ficavam mais ricos ao vender-nos os produtos de maior valor acrescentado (como hoje diríamos) que faziam. A escravatura, que além de inumana era a mais barata mão de

*No dia 15 de novembro de 1759, um
português pousa a pena com que escreveu
em Paris um tratado pedagógico
sobre reformas da educação – tema de
atualidade naquele ano –, a que deu
o título de 'Cartas' sobre a educação da
mocidade. O homem não está em Portugal,
de onde fugiu aos 27 anos com medo da
Inquisição e aonde nunca mais voltará.*
(p. 271)

MEMÓRIA QUARTA: DA EMANCIPAÇÃO

obra possível, tornava as elites portuguesas indolentes e incapazes de (como se diz hoje) capacitar o país.

Ao escrever as *Cartas sobre a educação da mocidade* no outono de 1759, Ribeiro Sanches sabia que estava a comentar uma matéria de atualidade. O alvará de julho desse ano sobre a reforma dos estudos secundários, dizia ele, "incitou o meu ânimo, ainda que pelos achaques abatido, a revolver no pensamento o que tinha ajuntado da minha leitura sobre a Educação civil e política da Mocidade". Sob essa capa de modéstia, o livro daí resultante acabou por ser a súmula de uma vida intelectual altamente idiossincrática, vivida entre religiões, culturas e geografias muito diversas, de um canto ao outro da Europa. A partir de Paris, Ribeiro Sanches dá-se ao luxo de escrever um livro que é mais do que o seu título denuncia: para além de um tratado sobre educação, trata-se de uma proposta estratégica para um Portugal futuro; e para além do seu caráter nacional e presentista, trata-se de uma releitura da história intelectual do Ocidente a partir de um sentido de progresso e secularização. Esses três planos – o educacional, o nacional e o civilizacional, chamemos-lhes assim – estão interligados, porque para Ribeiro Sanches é o ensino que, ao formar as gerações futuras, forma a política. E para ele, como para alguns dos seus contemporâneos, o papel do século XVIII é quebrar com um ensino assente em pilares religiosos que só servia para preservar aquilo a que ele chama "o Estado eclesiástico". De agora em diante, o objeto do Estado deve ser promover um "ensino público", que servirá para preservar um Estado temporal (ou seja, secular, ou tendencialmente secular) e não eclesiástico.

Todos os humanos são, em certo sentido, animais históricos – no mesmo sentido em que Aristóteles nos considerava animais políticos. Todos vivemos o tempo como a transição permanente entre o que já foi e o que ainda não é, como que atada num nó corrediço, no ponto preciso em que a nossa consciência se encontra, no presente. Todas as filosofias da história padecem portanto, inevitavelmente, de um vício de perspetiva: cada um de nós tende a achar que o seu tempo é um ponto de viragem de qualquer coisa de decisivo. Durante séculos, esse "qualquer coisa" era o fim do mundo, o apocalipse, o juízo final, o fim da história humana e o início de uma era de eternidade. Era essa visão da história que sustentava o edifício daquilo a que Ribeiro Sanches chamava o "Estado eclesiástico". Para ele, que o queria substituir por aquilo a que poderíamos chamar a "emergência do público", a sua visão da história teria de ser forçosamente diferente. O futuro que projeta a partir do seu presente é o retomar de um passado longínquo que se perdeu com a predominância do Estado eclesiástico. E esse passado longínquo é a Antiguidade Clássica. Só a partir daí se poderia dar um salto para o futuro.

Por isso, o livro de Ribeiro Sanches começa com uma breve resenha histórica. Naquele outono de 1759, Ribeiro Sanches sentiu que tinha de recuar ao passado e descer cerca de um milénio, ou milénio e meio, para identificar o momento em que as coisas tinham começado a correr mal, do ponto de vista da educação que ele desejava, o que é o mesmo que dizer do ponto de vista da causa pública. Esse momento da história dá-se com o nascimento do cristianismo: por isso, a primeira frase do seu livro tem de ir buscar o momento em que os apóstolos de Cristo saem de Jerusalém e se espalham pelo mundo proclamando a nova doutrina:

> Logo que os Santos Apóstolos saíram de Jerusalém a pregar os preceitos do seu Divino Mestre, e estabeleceram Congregações de fiéis Cristãos, e juntamente Escolas para ensinar a Doutrina Cristã: os Mestres que nelas residiam eram os Bispos, e os Diáconos, e também alguns Cristãos mais bem instruídos, que ensinavam àqueles, que queriam batizar-se.

A história que Ribeiro Sanches nos conta neste primeiro capítulo vai do início do cristianismo até ao reinado de Carlos Magno, em torno do ano 800 da era cristã, e é, para ele, a história do desvio e da distorção daquilo a que chama de ciências humanas. Nos primeiros tempos do cristianismo, diz ele, as escolas cristãs ensinavam apenas os "bons costumes" e as "coisas divinas", em grande medida porque eram entendidas como supletivas às escolas gregas e romanas dos "gentios": "Ainda que Clemente de Alexandria, e quase todos os Santos Padres fossem doutíssimos, e inteiramente instruídos nas ciências humanas, não as tinham aprendido nas Escolas Cristãs, mas nas dos Gentios Gregos, e Romanos".

Esse excerto deixa implícito que Ribeiro Sanches entende que o ensino greco-latino servia de igual modo para alunos de diversas religiões, e que aprova essa ideia. O problema começa pouco depois, quando os primeiros imperadores cristãos permitem ao ensino cristão ganhar um poder de influência mais amplo e irrestrito sobre os seus "súbditos", como ele chama aos cidadãos do Império Romano. A partir do século IV, explica ele, "ficaram os Professores Cristãos senhores das Escolas, nas quais ensinavam antes [e] toda a Educação da Mocidade Cristã ficou à disposição dos Bispos, tanto na instrução como nos costumes".

Ao contrário do que os historiadores medievalistas mais recentes têm demonstrado – quer explorando as sobrevivências do mundo clássico e os vínculos multiculturais que a partir da filosofia antiga se estabelecem entre mundo cristão, muçulmano e judaico, quer salientando a grande capacidade de inovação e experimentalismo que revela a história da política medieval –, a visão que Ribeiro Sanches tem da Idade Média é, como seria de esperar, a visão do século XVIII: a de uma Idade das Trevas. O que se salvou foi porque, segundo ele, alguns manuscritos gregos e romanos ficaram nos conventos dos monges beneditinos (Ribeiro Sanches não conhece ou não valoriza a transmissão de ideias helénicas que foi feita através dos muçulmanos da Ásia Central, da Pérsia e até da própria Península Ibérica). De toda forma, o resultado é o mesmo: a perda das ciências humanas – nome pelo qual se refere não somente às humanidades, mas ao estudo de tudo aquilo que é político ou económico:

> Ou porque as ciências humanas não eram necessárias para o aumento da Fé, ou por outras causas que relataremos, é certo que do tempo de Teodorico, primeiro Rei dos Godos em Itália, no ano 494, reinava tanta ignorância, que todas as letras se extinguiriam totalmente, se os Frades de S. Bento, de S. Basílio, e os Eclesiásticos nas suas Sés, não conservassem os originais Gregos e Romanos, que temos ainda nos nossos tempos.

Alguma luz do passado antigo começa a reentrar no presente quando Carlos Magno, rei dos francos, unifica grande parte da Europa – da atual França à Alemanha e à Áustria, passando pela Suíça e incluindo o norte e centro da Itália e aquilo a que muito mais tarde se chamaria Benelux (Bélgica, Luxemburgo e Países Baixos) – e reinstitui uma versão do Império Romano que será depois conhecida como o Sacro Império Romano-Germânico. Essa maior paridade entre o poder do novo imperador e o do papa permite, segundo Ribeiro Sanches, alguma recuperação do ensino clássico:

> Nos Capitulários de Carlos Magno, decretados no ano 787, se ordena que se erigissem Escolas de ler para os meninos; e que em cada Mosteiro, e em cada Sé houvessem Mestres que ensinassem a Gramática, o Canto Gregoriano e a

Aritmética; essa lei não era mais que para obrigar aos Bispos, e aos Prelados dos Conventos, a observar pontualmente o costume que tinham de ensinar não só as artes referidas neste Capitulário, mas também a Teologia e o Direito Canónico. Do referido vemos claramente que até o ix século somente se ensinaram nos Mosteiros e nas Sés a Gramática, a Aritmética, o Canto Gregoriano, a Retórica, a Dialética, a Teologia e o Direito Canónico.

No entanto, os conteúdos das ciências antigas continuavam a ser ensinados exclusivamente por frades e outros clérigos, pelo que a recuperação da cultura clássica era apenas parcial. A sabedoria antiga não se limitava ao conteúdo de um recipiente, tinha de incluir o recipiente propriamente dito – um método, um processo e um ambiente cultural –, e esse só poderia ser recuperado através de um ensino público e secularizado.

O momento para o fazer é, para Ribeiro Sanches, agora. Em seu entender, o alvará com que em julho desse ano d. José i manda encerrar as escolas jesuíticas e estabelecer um sistema de ensino gratuito financiado e dirigido pelo Estado é nem mais nem menos do que o ponto de viragem nessa história milenar.

> Louvemos e admiremos, Ilustríssimo Senhor, a real disposição de S. Majestade, que Deus guarde, de suprimir as Escolas que estavam no poder dos Eclesiásticos Regulares: alegremo-nos e redupliquemos os nossos ardentes e amorosos votos pela sua conservação [...] as Escolas eclesiásticas foram somente instituídas para ensinar a doutrina Cristã, a saber os Mistérios da Fé, expressados nas sagradas Escrituras e nos Santos Padres. Todo o fim, e todo o cuidado daqueles primeiros Mestres, era de formarem um perfeito Cristão, e não pensavam ensinar aos seus discípulos aqueles conhecimentos necessários para viver no Estado civil, ou para o servir nos seus cargos: Estavam aqueles piedosos Cristãos tão fora de servir a República, que tinham então por pecado assentar praça de soldado, ou ser Juiz para julgar causas Civis ou de Crime.

Aquilo de que se tratava agora era de restaurar esse estado civil, a que Ribeiro Sanches chama "República", mas que não deve ser necessariamente entendido pelo modelo de governo republicano no seu sentido atual. Pelo contrário, a "República" para Ribeiro Sanches pode – e deve até, se levarmos a sério o seu louvor a d. José i – ter um modelo de governo monárquico,

MEMÓRIA QUARTA: DA EMANCIPAÇÃO

desde que esteja empenhada em razões de Estado e não em razões de Igreja. E subentende-se que o governo civil, ao contrário do governo eclesiástico, é admissível para a coexistência de várias religiões diferentes ao mesmo tempo.

O elemento mais inovador no ensino dos finais da Idade Média foi a criação das universidades, que Ribeiro Sanches segue desde os seus inícios até à mudança da Universidade para Coimbra em 1537, sob d. João III, e à publicação dos novos Estatutos da Universidade, em 1593. Infelizmente, segundo ele, as universidades não alteraram fundamentalmente os dados do problema histórico que ele tinha perante si, pois todas elas estavam dominadas pelas congregações religiosas, quando o princípio que se deveria estabelecer era o de que "Sua Majestade é o Soberano Senhor de fundar Universidades ou Escolas onde se ensinem as ciências naturais, e as Civis, não dependendo estas por nenhum principio da autoridade Eclesiástica [...] sem intervenção do Sumo Pontífice, ou dos Bispos".

Passamos a partir daqui da história da Europa para a história de Portugal. Para Ribeiro Sanches, ambas estão inextricavelmente ligadas pela "Conquista": ou seja, pela grande viragem histórica que, das Cruzadas aos chamados "Descobrimentos", levou vários reinos europeus a estabelecerem-se fora do seu continente, facto em que Portugal foi precursor e que a partir daí seria estruturante para a sua história. Como vimos no excerto sobre a escravatura, Ribeiro Sanches considera que a empresa das "conquistas" é determinante para o modelo económico que Portugal vai adotar, e por isso determinante também para aquilo que nitidamente vê como um retrocesso cultural, educacional e científico para o país. As conquistas, as Cruzadas, a chamada "Reconquista" do ponto de vista cristão, fizeram acompanhar a predominância cultural dos eclesiásticos pela predominância social dos fidalgos, que ele julga com igual severidade:

> O Fidalgo estando costumado haver criados e vilões nas suas terras que pertencem à Coroa, e nos seus Morgados, os trata em escravos; isto é que o criado, nem o vilão diante do Fidalgo não é proprietário do seu corpo, porque o senhor o maltrata quando quer; nem dos seus bens, nem da sua honra; todo o bem deste Súbdito é precário. Daqui procede que no ânimo do Fidalgo não há justiça, porque não atende à igualdade que deve existir entre ele e o seu criado, ou vilão; destruído este vínculo da Sociedade, já não há excesso que não possa ser cometido por quem assim foi criado. Como pela Lei do Reino

não pode ser preso por dívidas, como os seus bens não podem ser vendidos para pagá-las, daqui vem que este Senhor é dissipador, nem sabe o que tem, nem o que deve; perde toda a ideia da justiça, da ordem, da economia; pede prestado com mando, maltrata, e arruína a quem lhe recusa; os seus domésticos imitam este proceder, e cometem à proporção as mesmas faltas: o povo nas cidades, nas vilas, e nas aldeias imitam em todo o mundo, o trato e os costumes dos Senhores das terras; e bastam dois deles em uma Comarca estabelecidos, para fazerem perder nela toda a ideia da equidade e da justiça.

Para Ribeiro Sanches, Portugal está ainda condicionado pelo estado em que se viu no fim do Império Romano e reforçado pela Reconquista: o de um "Reino Gótico". Para Ribeiro Sanches, Portugal é um vestígio da Idade Média. E daqui, insiste-se, vem um problema central para o país, do qual Ribeiro Sanches acredita ser o primeiro autor português a falar abertamente como problema sistémico: a escravatura.

Esta prática se conservou em Portugal pela conquista do Reino contra os Maometanos; e se continuou pela conquista de Guiné e de Angola. Hoje é permitida em todo o Domínio Português; e não creio que até agora ninguém cuidou ponderar os males que causa ao Estado, à Religião, e à Educação da Mocidade.

A escravidão sem termo, como é a que se pratica em Portugal, é perniciosa ao Estado. Porque não recupera pelos Escravos, os Súbditos que perde na conquista, na navegação e nos estabelecimentos que tem na África. Já disse que os Romanos permitiam aos escravos casarem-se, mesmo ainda com as mulheres Romanas, e que os seus netos vinham a ser cidadões [...] [sim, Ribeiro Sanches escreve "cidadões", ou melhor, "cidadoens"] e desse modo cada ano recuperava a República pela escravidão, o que perdia pela conquista. Portugal não tem senão a perda dos Súbditos por estas vitórias e aquisições imperiais que faz.

A escravatura é ao mesmo tempo um problema moral e um problema económico. Moral porque desumaniza o escravo e porque retira ao proprietário do escravo qualquer ideia de humanidade. Económico porque deixa o reino dependente de um modelo extrativista de recursos humanos em África e naturais no Brasil que lhe servem para comprar mercadorias de alto valor

MEMÓRIA QUARTA: DA EMANCIPAÇÃO

acrescentado aos países que se educaram para as produzirem, perdendo-se assim o incentivo e as oportunidades para que os súbditos do rei de Portugal o façam por si mesmos – tolhidos que já estão na sua atitude pelos privilégios "góticos", como diz Ribeiro Sanches, que os deixam sem noção de equidade e justiça, no caso dos nobres, e sem noção de serviço público e interesse do Estado, no caso dos eclesiásticos.

Mas há mais. Para Ribeiro Sanches é também desse estado de coisas que procede um outro problema estrutural para o país: a intolerância civil. Esse é o nome que ele dá à repressão da liberdade de consciência – que ele nomeia exatamente assim, com o nome moderno que a partir da Declaração Universal de Direitos Humanos lhe damos – e do pluralismo intelectual e religioso.

Aqui Ribeiro Sanches tem de tomar precauções adicionais, como fazer de conta que não vai dizer aquilo que vai dizer e preventivamente submeter-se à obediência da Igreja Católica, quando aquilo que em seguida escreve tão claramente o põe às avessas com o seu poder. Ele próprio insinua que aquilo que vai dizer "ninguém ousou mesmo falar onde o poder Eclesiástico teve o menor ascendente nas monarquias". E mesmo assim, prossegue:

Ponhamos diante dos olhos o que se pratica em Holanda, e sobretudo em Rússia: nesses dois Estados têm livres exercícios todas as Religiões, que não são contrárias às Leis fundamentais deles. Em Holanda, como em Rússia, há Igrejas Católicas Romanas; os Católicos que vivem ali vão espontaneamente à Igreja, e se conformam à doutrina e à disciplina Cristã Católica: um destes, por exemplo, se não quis confessar-se, se quis mudar de Religião, ser Calvinista, ou da Religião Grega, que é a dominante de Rússia, o Pároco, ou Missionário não tem que fazer com esse Apóstata; nega-lhe os sacramentos, e obriga-o a sair da Igreja, se quer entrar nela: mas não tem outro poder. Mas se esse Apóstata cometeu algum crime, ou fez ação contrária à Lei civil da terra, é castigado por ela. Deste modo se vê o que é a intolerância Cristã e o que é a tolerância civil: esta pode existir sem prejuízo algum da Religião Cristã; mas aquela não, porque o Apóstata poderá persuadir a seus antigos Irmãos em comunidade de largar a Religião, como ele fez.

A experiência de quase trezentos anos a esta parte mostrou estes dois princípios, incríveis, e mesmo absurdos no tempo de Carlos v e de Filipe ii; são estes, 1º Que nos Reinos adonde há liberdade de consciência, cada dia saem das Religiões toleradas, que deixam e abjuram, para abraçarem a Religião dominante.

2º Que em todos os Reinos onde existe a intolerância civil, que cada dia perdem Súbditos, que abjuram a Religião dominante, para abraçarem outra, ou tolerada no mesmo Reino, ou dominante nos outros Reinos.

No Império dos Turcos cada dia os Cristãos Gregos, Arménios, e de outras Religiões abraçam a Religião Maometana: em Inglaterra os Cristãos chamados Quakers ou Tremedores e Anabatistas, e outros, abraçam a Religião Anglicana. Em Rússia do mesmo modo têm feito muitos Protestantes, Católicos e Maometanos abraçando a Religião dominante que é a Grega. Pelo contrário em Itália, França, Castela e Portugal, adonde existe a intolerância civil, tão severamente observada, cada dia saem Italianos a ser Protestantes, Socinianos, e às vezes Turcos. De França se conta que cada ano saem entre 4 a 5 mil para abraçarem o Calvinismo. De Castela e Portugal não quero dizer quantos saem abraçar o Judaísmo, o Maometismo, e o Protestantismo: mas é certo que na Suíça, Inglaterra e em Holanda há muitos destas Nações que não são Católicos Romanos.

O sentido desse excerto é relativamente fácil de escrutinar. No seu interior, Ribeiro Sanches apresenta dois argumentos: o de que a tolerância civil é melhor por si mesma, mas também contraintuitivamente; o de que a tolerância civil é melhor até para a própria religião dominante. Notoriamente, Ribeiro Sanches está a escrever para decisores políticos como o futuro marquês de Pombal. Para estes, não basta defender a tolerância civil por razões de princípio. Não basta sequer dizer que ela não é prejudicial para a estabilidade política e social de um Estado, ou mesmo benéfica à sua prosperidade. É preciso acima de tudo pensar taticamente e dizer com sentido político que a ausência de compulsão em matéria religiosa faz a maior parte dos súbditos juntarem-se à religião dominante (qualquer que ela seja: muçulmana na Turquia, cristã ortodoxa na Rússia), ao passo que a compulsão tem o efeito contraprodutivo de levar os súbditos a emigrarem para poderem converter-se a outras religiões.

E é aqui que Ribeiro Sanches deixa uma insinuação final, numa espécie de argumento em surdina que há de ter sido muito audível para quem leu então o seu livro: aquela ideia final de que não quer dizer quantos castelhanos e portugueses saem da península para se converterem a outras religiões, mas que nos outros países europeus para onde vão – e que ele conhece bem – há muitos que deixaram de ser católicos para, presume-se, passarem a ser protestantes, judeus ou muçulmanos.

Chegado a esse ponto, Ribeiro Sanches está a falar de si mesmo, que se reconverteu ao judaísmo dos seus antepassados quando chegou como emigrado português a Londres (antes de se desconverter quando passou o Canal da Mancha para estudar medicina na Holanda). Mas está a falar de mais do que isso. O que Ribeiro Sanches está a pôr em causa é a própria noção do que deve então significar ser português. De duas formas diferentes. Depois de ter questionado, através da crítica à escravatura, como se podia ser humano num reino onde havia um sistema de desumanização, questiona como se pode ser português quando se teve de sair do país para poder ter a religião que queria.

Quando Ribeiro Sanches escreveu as últimas palavras do seu livro e lhe após a data em que o terminou – 15 de novembro de 1759 –, encerrava-se um ano decisivo para Portugal. Entre 3 de setembro de 1758 e 3 de setembro de 1759 – entre a data do suposto atentado a d. José I e a data da expulsão dos jesuítas, passando pela data da execução dos Távoras logo em janeiro desse ano –, Sebastião José de Carvalho e Melo consolidara decisivamente o poder que lhe permitiria lançar-se nas reformas económicas que tinha imaginado para o país.

No século XIX, o economista David Ricardo, ele próprio descendente de uma família de judeus portugueses, utilizará o comércio de vinho português por troca com lanifícios ingleses como o exemplo maior da sua teoria das vantagens comparativas em economia.

Ao mesmo tempo, a Europa olhava com pasmo para as últimas notícias saídas de Portugal – as da expulsão dos jesuítas. Entre o fim do mês de novembro e o fim de dezembro de 1759, são mais de dez as cartas enviadas de Roma, pelo papa Clemente XIII ou por alguns dos seus cardeais mais importantes, intercedendo junto do rei de Portugal para que voltasse atrás na sua decisão de expulsar os jesuítas. Sem sucesso. Nos calabouços da prisão da Junqueira continuavam também ainda presos os nobres considerados aliados dos Távoras, como o segundo marquês de Alorna, a sua mulher e as suas duas filhas, entre as quais dona Leonor de Portugal, que viria a celebrizar--se como a poetisa neoclássica Alcipe.

Sebastião José de Carvalho e Melo morrerá em 1782, depois de já ter sido exonerado do seu cargo como ministro do rei, em 1777. Ribeiro Sanches morrerá em 1783. Nenhum deles chegará a ser contemporâneo da Revolução Francesa. Nenhum deles chegará, portanto, a imaginar que os acontecimentos em que participaram para defender o despotismo esclarecido ou o paternalismo autoritário do absolutismo acabariam por minar as bases desse mesmo absolutismo.

António Ribeiro Sanches pousou a pena no seu livro em 1759, trinta anos antes de a Revolução Francesa, em 1789, proclamar os direitos do homem e do cidadão, que dariam um impulso irresistível à causa da abolição da escravatura, sobretudo quando os escravos do Haiti se revoltaram proclamando eles mesmos a sua liberdade e apontando a contradição entre os ideais revolucionários e a prática da escravidão.

Quem se valeu com um argumento análogo foram algumas mulheres revolucionárias que tinham participado com intensidade no movimento cultural das Luzes, e que de imediato apontaram a deceção de verem como resultado dos seus esforços uma Declaração dos Direitos do Homem que mantinha os direitos da mulher, na melhor das hipóteses, como uma possibilidade implícita, e não como uma declaração explícita. As duas mulheres mais conhecidas a fazê-lo foram a francesa Olympe de Gouges e Mary Wollstonecraft, ambas com participação *in loco* nas jornadas revolucionárias francesas, e ambas com uma vida demasiado curta e um fim abreviado pelas condições do tempo – uma morte na guilhotina para a primeira e, para a segunda, uma morte ao dar à luz uma menina (a futura escritora Mary Shelley, autora de *Frankenstein* e, para o que nos interessa, também de *Valperga*, livro sobre guelfos e gibelinos). Se nesta memória falamos de homens, alguns deles com vida longa, que "não tinham tempo a perder", para as décadas finais deste século haveria que falar de mulheres a quem não foi dado tempo suficiente, e a quem o próprio tempo em que viveram foi pouco generoso.

Olympe de Gouges foi uma entusiasta da revolução e uma participante ativa, enquanto cidadã e enquanto dramaturga, nos seus primeiros tempos. De origem modesta e provincial, com pouca educação formal, Olympe conseguiu despontar na corte e frequentar os salões literários enquanto jovem viúva com um filho a cargo, quando tinha cerca de vinte anos. As suas primeiras décadas em Paris são de absorção de acontecimentos, personagens e conhecimentos, além do gozo da felicidade e da liberdade amorosa sem culpas – tendo sido forçada a casar muito jovem e perdido o mal-amado marido pouco depois, Olympe não tinha interesse pelo matrimónio. Ao mesmo tempo,

Quem se valeu com um argumento análogo foram algumas mulheres revolucionárias que tinham participado com intensidade no movimento cultural das Luzes, e que de imediato apontaram a deceção de verem como resultado dos seus esforços uma Declaração dos Direitos do Homem que mantinha os direitos da mulher, na melhor das hipóteses, como uma possibilidade implícita, e não como uma declaração explícita. As duas mulheres mais conhecidas a fazê-lo foram a francesa Olympe de Gouges e Mary Wollstonecraft.

(p. 283)

MEMÓRIA QUARTA: DA EMANCIPAÇÃO

estes devem ter sido tempos de preparação para uma carreira literária que viria a ser curta mas muito fértil; embora escrevesse sempre com alguns erros de ortografia e sintaxe, Olympe aliaria a imaginação à coragem e ao rasgo que por vezes aparece em quem vem de fora e não é reconhecido nas academias. Demonstração disso é que duas das suas primeiras obras, escritas e publicadas ainda antes da Revolução, seriam dedicadas à defesa da abolição da escravatura, tema arriscado tanto antes quanto depois de 1789.

Olympe de Gouges demorou muito tempo a ter o respeito dos intelectuais que mereceria ter tido; mas a verdade é que desde o início não teve dúvidas em identificar as duas grandes categorias de excluídos do projeto emancipador da Revolução – os escravos e as mulheres – e não teve medo de o escrever em alto e bom som. Em *Zamore e Mirza, ou a escravidão dos negros*, que é de 1784, cinco anos antes da Revolução, Olympe pôs em cena um casal de amantes escravizados e fugitivos que salvam um casal de franceses e são depois ajudados por estes a ganhar a liberdade. A peça gerou protestos por parte dos comerciantes que negociavam produtos ultramarinos e foi retirada de cena após três dias de representações. Em setembro de 1785, a Comédie Française escreveu a Olympe de Gouges informando-a de que a sua peça tinha sido retirada do repertório e a própria autora, apagada da lista dos autores que tinham direito a entrar na Comédie sem pagar – embora o texto tenha sido publicado em 1788 e depois, de novo, numa versão mais moderada, em 1792.

Olympe de Gouges começou por ser escritora, segundo ela própria declararia em "Reflexões sobre os homens negros" – o prefácio a *Zamore e Mirza –*, não porque quisesse a glória que daí adviesse, mas porque tinha algo a dizer e queria dizê-lo. Esse algo era uma defesa da abolição da escravatura, que só agora, no ano de 1788, começava a ser defendida no Café de Valois por um político chamado Jacques-Pierre Brissot e que levaria, no ano seguinte, meses antes da Revolução, a que fosse criada a Sociedade dos Amigos dos Negros pelo filósofo Condorcet. Fosse essa justificação verdadeira ou meramente retrospetiva, rapidamente Olympe de Gouges descobriria que queria ser uma autora – ou que tinha muitas coisas para dizer. Ao chegar aos quarenta anos de idade, com um filho que agora era adulto, e com muitos contactos feitos ao longo dos seus anos parisienses, sem saber que a vida que lhe restava era curta, Olympe de Gouges escreveu dezenas e dezenas de obras e opúsculos, entre peças de teatro e panfletos políticos, em cerca de uma centena de títulos e mais de um milhar de páginas, fosse em nome próprio, fosse sob pseudónimo ou anonimamente, quando as suas opiniões começaram a tornar-se mais arriscadas.

Quando as hostes revolucionárias se dividiram numa grande polarização entre jacobinos – mais autoritários e centralistas – e girondinos – mais pluralistas e federalistas –, Olympe de Gouges escolheu o lado dos segundos, liderado pelo abolicionista Brissot, o que fez dela um alvo da repressão por parte dos primeiros, liderados por Maximilien Robespierre no período d'"O Terror" dos primeiros anos da década de 1790. Mas o maior exemplo da sua coragem, e a obra por que na posteridade seria recuperada e reconhecida, resultou da sua indignação ao saber que a Declaração dos Direitos do Homem e do Cidadão deixava de fora as mulheres. O seu talento para a polémica – alguns diriam então, certamente, o seu descaramento – levou-a a substituir-se à Assembleia Nacional e a escrever ela própria, do seu punho, uma Declaração dos Direitos da Mulher e da Cidadã, no fundo a face da moeda que faltava à Revolução.

Mais do que uma obra de teoria, a Declaração dos Direitos da Mulher e da Cidadã é verdadeiramente uma proposta de texto legal, que aparentemente Olympe de Gouges pretendia levar à Assembleia Nacional, onde no máximo foi recebida com desdém e algum escárnio. Mas a verdade é que o leque de direitos que ali se defendem para as mulheres, incluindo o direito a deter propriedade, o direito ao divórcio, ou o direito a usar da palavra publicamente, foi validado pela história futura, em alguns casos pelos próprios adversários e algozes de Olympe, meses depois de a terem guilhotinado, noutros casos na maioria dos países do mundo, nos séculos xix e xx. A palavra "feminista" não existia ainda então, embora não seja difícil imaginar que Olympe se reconhecesse nela; o certo é que De Gouges é uma precursora não só do feminismo como da ideia simples, mas só agora consensual, de que os direitos da mulher são direitos humanos e de que não há verdadeiramente direitos humanos se metade da população é excluída destes.

É difícil saber com certeza até que ponto a Declaração dos Direitos da Mulher e da Cidadã terá pesado na repressão e condenação a que Olympe de Gouges foi sujeita. Para alguns, bastaria o facto de ser girondina. Outros, sobretudo os jacobinos, alegaram que seria monárquica, o que no período do Terror bastaria para a levar à guilhotina. Há também, nas fontes e na bibliografia, alusões à possibilidade de que muitos dos condenados teriam gritado "Viva o rei!", ou admitido falsamente fazê-lo, no intuito de acabar com as sessões de

MEMÓRIA QUARTA: DA EMANCIPAÇÃO

tortura, ou pelo menos abreviá-las. Poderia ter sido essa a fuga para a frente de Olympe? A acusação de ser monárquica é enviesada; Olympe oferecera os seus Direitos da Mulher e da Cidadã à rainha Maria Antonieta, mas esta era então rainha e o republicanismo francês não tinha assomado, logo após a aprovação da Declaração dos Direitos do Homem e do Cidadão. Mais tarde, é verdade que Olympe de Gouges defendeu (numa das últimas obras que escreveu antes de ser guilhotinada, intitulada *As três urnas*) que o regime preferido dos franceses deveria ser referendado entre três opções, uma das quais seria a monarquia constitucional (e as outras duas, a república unitária defendida pelos jacobinos e a república federal defendida pelos seus amigos girondinos). Só que essa posição não deve ser entendida como uma defesa da monarquia, mas apenas como uma defesa de perguntar às pessoas como querem viver.

Não se sabe por que razão, ou se foi apenas por uma razão, guilhotinaram Olympe de Gouges. O certo é que essa pioneira do feminismo com mais de um século e um mundo de antecedência não teve a possibilidade de deixar mais obra, de nos esclarecer sobre a sua filosofia ou de ser devidamente reconhecida em vida. Uma vez cortada a sua cabeça, caiu em quase total esquecimento durante séculos e só foi recuperada pelas suas sucessoras na segunda metade do século xx.

Num dos direitos que incluiu na sua Declaração, o 13º, escreveu assim: "As mulheres têm o direito de subir ao cadafalso; deveriam também ter o direito de subir às tribunas". Acabou subindo ao cadafalso.

Mary Wollstonecraft era dez anos mais nova do que Olympe de Gouges, tendo nascido em 1759, ano em que Ribeiro Sanches escreveu as suas *Cartas sobre a educação da mocidade*. Tinha, pois, trinta anos quando soube da revolução em França. Vivia por sua conta havia já dez anos. Abandonara a casa dos pais, onde vivera infeliz, porque o pai, alcoolizado, agredia a sua mãe; Mary tentava protegê-la, tal como fez mais tarde às suas duas irmãs, Eliza e Everina. Em 1780, após a morte da mãe, nada mais a prendia; os anos seguintes foram dedicados a tentar conquistar a sua independência, em particular através da fundação de uma escola feminina com as irmãs e uma importante amiga, Frances Blood, até ao momento em que esta viajou com o marido para Lisboa, principalmente por razões de saúde.

Mary Wollstonecraft tomou então uma decisão: viver da escrita, que era ao mesmo tempo mais e menos radical do que parece. Por um lado, as mulheres escritoras eram raras (em França, por exemplo, além de Olympe de

Gouges, há apenas outro exemplo de duas irmãs dramaturgas na década de 1780); por outro, viver da escrita não era assim tão impossível numa época de alfabetização crescente, de diminuição dos preços de impressão dos livros e de grande disponibilidade de oficinas tipográficas. Tanto em Paris como em Londres, e em muitas outras cidades europeias, tinha aparecido uma subcultura literária feita de autores pobres que tentavam a sua sorte em panfletos acessíveis e polémicos, e que se vinha acrescentar à cultura intelectual iluminista mais estabelecida através dos editores e livreiros de Amesterdão, na Holanda, ou de Neuchâtel, na Suíça, que escapavam às censuras dos grandes países e forneciam a Europa de matéria filosófica.

Para se viver da escrita, porém, era preciso escrever muito, com grande regularidade e constância, insistindo em temas de atualidade e trazendo verve e novidade a um público sempre sequioso de ideias. Desse ponto de vista, talvez ser mulher, embora fosse uma raridade, não tornasse a coisa mais difícil. Mary Wollstonecraft mudou-se para Londres e trabalhou muito; aprendeu línguas (pelo menos francês e alemão) e fez traduções enquanto não terminava os livros em seu nome, e escreveu resenhas de livros de outros autores. Foi assim que, num jantar promovido pelo seu editor, conheceu William Godwin.

Mary e William foram um dos casais literários mais célebres do seu tempo, se não mesmo o mais célebre e o mais escandaloso. Se Mary é hoje considerada a mãe do feminismo, William é considerado o pai do anarquismo (Mary Shelley, a autora de *Frankenstein* e *Valperga*, é assim filha da mãe do feminismo e do pai do anarquismo, uma ascendência que impõe um certo respeito). William era três anos mais velho do que Mary, mas já conhecido (e temido) pelo seu ateísmo. Mary importunou-o durante todo o jantar, contrariando-o sempre que podia; e pouco depois partiu para França, para ver a revolução com os seus próprios olhos (a controvérsia sobre a Revolução Francesa entre o liberal-conservador Burke e o radical republicano Thomas Paine, que também estava no jantar, era o tema do momento).

Mary envolveu-se com um americano em Paris, Gilbert Imlay, e teve com ele uma filha, Fanny Imlay. Em 1792, Mary escreveu o seu livro mais importante, *Uma vindicação dos direitos da mulher*; em 1793, William publicou o seu livro mais importante, *Justiça política*, no qual defendia aquilo que, meio século depois (com Pierre-Joseph Proudhon), viria a ser conhecido como anarquismo, e argumentava pela abolição do casamento. William e Mary reencontraram-se em 1796 e, no ano seguinte, casaram. A 30 de agosto de

*Olympe oferecera os seus Direitos
da Mulher e da Cidadã à rainha
Maria Antonieta, mas esta era
então rainha e o republicanismo
francês não tinha assomado, logo
após a aprovação da Declaração dos
Direitos do Homem e do Cidadão.*
(p. 289)

MEMÓRIA QUARTA: DA EMANCIPAÇÃO

1797 nasceu Mary, a filha deles, que viria a ser Mary Shelley (por casamento com o poeta romântico Percy Bysshe Shelley). A 10 de setembro, Mary Wollstonecraft morreria por complicações pós-parto, incluindo uma septicemia.

Durante os séculos seguintes Mary Wollstonecraft foi mais conhecida pela sua vida do que pela sua obra (William teve nisso alguma culpa, ao publicar uma memória que, embora sincera e intensa, foi julgada indiscreta, por revelar a livre vida amorosa de Mary). Essa injustiça tem vindo a ser corrigida em décadas mais recentes, e Mary Wollstonecraft começa cada vez mais a ser incluída nos currículos académicos como filósofa política. Mas nem mesmo essa dimensão é suficiente para dar conta do interesse e da riqueza da sua escrita, que passa pelo romance (com *Mary: A Fiction*, um título invulgarmente sucinto e sugestivo quando comparado com o resto da literatura da época) e também pela pedagogia com os seus *Pensamentos sobre a educação das filhas*, de 1787. Em 1790, Mary Wollstonecraft entra decididamente na política (e na polémica entre Paine e Burke) com uma *Vindicação dos direitos do homem*, no decurso de cuja escrita acaba por ter a ideia para a *Vindicação dos direitos da mulher*. Wollstonecraft regressa então à ficção com *Maria, ou os erros da mulher* (o jogo entre *rights* e *wrongs* nos títulos originais em inglês desses livros, *Vindication on the "Rights" of Woman* e *Maria, or the "Wrongs" of Woman*, ou seja, direitos e erros, mas também certos e errados, é uma referência irónica e intertextual entre esses seus dois livros). E há ainda um livro de viagens (*Cartas escritas durante uma curta residência na Suécia, Noruega e Dinamarca*) e um livro de literatura infantil (*Estórias originais da vida verdadeira*, de 1788).

Diferentemente dos *Direitos da mulher e da cidadã* de Olympe de Gouges, a *Vindicação dos direitos da mulher* de Mary Wollstonecraft não é uma proposta de texto jurídico, antes um ensaio de teoria social e política, começando aliás pela pedagogia, que já tinha sido o seu interesse principal em *A educação das filhas*. A sua principal defesa é a da criação de um sistema de educação (público, e não doméstico) para as crianças do sexo feminino e para as jovens mulheres. Para Wollstonecraft, as diferenças entre homens e mulheres são mais construídas do que naturais e são impostas em particular através da transmissão de um sistema de crenças sobre as diferenças entre os sexos e pela separação de funções sociais entre eles e elas.

A relação dos homens revolucionários do século XVIII (e de outros séculos também) com a libertação feminina foi sempre ambígua. Em meados do século XVIII, o primeiro livro de antecipação (uma *ucronia*, ou seja, um livro que acontece em um futuro possível) da literatura europeia, *O ano 2440*, de Louis-Sébastien Mercier, tinha previsto o estabelecimento de uma sociedade sem privilégios feudais, com completa liberdade de imprensa (mas na qual, paradoxalmente, se queimavam os livros que continham erros ou mau estilo e se preservavam apenas os livros capazes de serem clássicos), sem distinções de vestimenta ou de opulência no espaço público. Mas apenas para homens; as mulheres eram excluídas do espaço público. Esse tipo de preconceitos chocava Mary Wollstonecraft, como a chocou também o relatório apresentado à Assembleia Nacional francesa por Talleyrand – que depois virá a ser um dos políticos franceses e europeus mais longevos –, em que defendia que as mulheres não precisavam de mais do que de alguma instrução doméstica.

Por uma reforma educativa que incluísse as mulheres haveria então de começar o livro de Mary Wollstonecraft, ao mesmo tempo que se empenhava em defender as mulheres das críticas segundo as quais eram excessivamente volúveis ou "histéricas" (um insulto ainda comum, com origem na palavra grega para utero, ὑστεροσ; uma mulher ou um homem "histérico" seriam assim apenas literalmente uterinos, e a etiologia da histeria radicaria na simples razão de se ter um útero). Na sua argumentação, bem como no seu estilo, Mary Wollstonecraft coloca-se do lado de uma revalorização da sensibilidade como um modo de pensar, falar, escrever e estar que é válido em si mesmo e não deve ser considerado menor ou exclusivo das mulheres, nem muito menos como oposto à racionalidade, que deve ser a base do projeto educativo que ela defende.

A republicana Mary Wollstonecraft está entretanto em apuros em França; os seus amigos principais são girondinos (como eram os de Olympe de Gouges) e estão na mira da fúria repressiva dos jacobinos. O próprio Thomas Paine, nascido inglês e já com cidadania dos Estados Unidos por ter participado na Revolução Americana, e que agora tinha cidadania francesa devido à sua defesa da Revolução, conheceu as masmorras. E como ele, tantos outros, incluindo o Mercier do *Ano 2440*. Ambos aparecem na mesma cela, aliás, mas só ficcionalmente, em *A morte de Danton*, a peça de Georg Büchner sobre o Terror e sobre a reviravolta que leva os membros da Convenção, manipulados sob o ascendente psicológico e ideológico de Robespierre, a virarem-se contra ele e o guilhotinarem.

Na peça de Büchner, Paine pergunta a Mercier se considera este mundo perfeito; este responde-lhe que não. Thomas Paine representa o espírito cosmopolita do Iluminismo no início da era das revoluções – de todas as revoluções.

MEMÓRIA QUARTA: DA EMANCIPAÇÃO

Inglês de origem, foi aprendiz de cordoeiro com o seu pai, trabalhador manual e precursor do sindicalismo; emigrante para o novo mundo, chegou a Filadélfia em 1774, a tempo de se juntar à Revolução Americana e se tornar cidadão dos Estados Unidos recém-formados; exilado em França em 1792, foi feito cidadão honorário e eleito deputado à Convenção Nacional, apesar de mal saber falar a língua do país. Entre cada mudança, Thomas Paine escreveu um livro que, mais do que marcar o seu tempo, *fez* o seu tempo. Com *Senso comum*, de 1776, lançou os fundamentos do argumentário independentista americano e ganhou o direito a ser considerado um dos pais fundadores dos Estados Unidos. Com *Os direitos do homem*, de 1791, acrescentou lastro filosófico à conquista mais importante da Revolução Francesa, a Declaração dos Direitos do Homem e do Cidadão, e defendeu a legitimidade de abolir a monarquia e instituir uma república, o que viria a acontecer no ano seguinte.

Louis-Sébastien Mercier é um caso menos conhecido, mas ainda mais curioso. Foi ele o autor de *O ano 2440*, o primeiro romance futurista da história da literatura europeia e um dos maiores best-sellers do século XVIII, apesar de ter sido proibido em várias jurisdições europeias, ou talvez por isso mesmo (Portugal incluído: a obra de Mercier foi proibida pelos censores do marquês de Pombal pouco depois da sua publicação em 1772). Ora, quando se diz que *O ano 2440* foi o primeiro romance futurista da literatura europeia quer-se dizer duas coisas. Em primeiro lugar, que é o primeiro romance que se passa num futuro terreno, material, num século XXV que é feito de humanos vivendo uma vida real, e não numa eternidade providencial de tipo religioso, num inferno, um paraíso ou um purgatório, como tinha sido habitual na literatura apocalíptica até então. Por outro lado, é preciso distinguir *O ano 2440* por aquilo que ele não é: não se trata de um romance de ficção científica, e no futuro descrito por Mercier para 2440 não cabiam, ao contrário do que nós saberíamos hoje, quaisquer inovações tecnológicas. É que cada passado tem o seu futuro, e o futuro que o século XVIII conseguia imaginar através de Mercier era acima de tudo um mundo profundamente mudado do ponto de vista social: sem privilégios, sem aristocracia, governado pela razão e pela igualdade.

Thomas Paine morreu aos 72 anos no bairro nova-iorquino de Greenwich Village; apenas seis pessoas compareceram ao seu funeral, duas das quais, homens negros libertados da escravidão. Louis-Sébastien Mercier morreu em Paris aos 74 anos; está enterrado no cemitério do Père-Lachaise.

Os dois tiveram a sorte – ao contrário de Olympe de Gouges e de Mary Wollstonecraft – de chegar a velhos.

Antes de pousar a pena no século XVIII, ou de o século XVIII pousar as suas penas na vida dessas mulheres, contaremos a história de Leonor da Fonseca Pimentel, a quem o feminismo internacional (com exceção de Itália e, um pouco, de Portugal) não recuperou, não lhe tendo ainda sido reconhecido o papel na defesa dos direitos humanos, da liberdade de imprensa e do republicanismo que ela merece.

Leonor da Fonseca Pimentel nasceu em 1752; era mais nova do que Olympe de Gouges e sete anos mais velha do que Mary Wollstonecraft. De entre as três, era a de mais alta extração social. A sua família era aristocrata, portuguesa, embora residindo em Itália. A sua educação, embora doméstica, foi esmerada; para lá da facilidade com as suas duas línguas naturais (português e italiano), aprendeu latim e algum grego e sabia escrever primorosamente em francês, bem como falar e ler com facilidade essa língua. Participou de academias e salões literários, conheceu alguns dos mais importantes escritores italianos (como o dramaturgo e *librettista* Pietro Metastasio) e correspondeu-se com alguns dos mais importantes escritores portugueses da sua época. Serviu muitas vezes de intermediária entre eles, tradutora de alguns (como Luís António Verney) e interlocutora de outros, sempre numa posição complicada entre o tradicionalismo das cidades onde viveu (Roma em primeiro lugar; Nápoles depois) e a ambiguidade dos vínculos com o Portugal de Pombal, que o seu pai representava, e as amizades com as vítimas de Pombal, como a marquesa de Alorna, conhecida pelo nome poético de Alcipe, que tinha estado encarcerada em Portugal.

Alorna/ Alcipe, que também se chamava Leonor, só saiu aos 27 anos de idade do cativeiro – para que fora enviada aos oito anos com o resto da sua família, num convento em Lisboa, enquanto o seu pai permanecia na prisão. Leonor da Fonseca Pimentel, do seu lado, em Itália, só foi libertada de outro tipo de cativeiro – o casamento – já depois dos trinta. O seu marido era um tenente do Exército italiano, tirânico e opressivo, e Leonor da Fonseca Pimentel conseguiu com a ajuda do seu pai uma anulação matrimonial por razão da violência física a que era submetida pelo marido – no fundo, um divórcio *avant la lettre*. Uma relativa raridade na época, Leonor estava agora livre do marido sem ser por viuvez. Não tinha filhos, embora tivesse sido mãe três vezes; perdera um filho de oito meses e os outros dois antes ainda. Mas podia regressar aos meios literários onde tinha brilhado quando jovem. Podia – e também precisava.

Ao contrário de Paris ou Londres, Nápoles não tinha uma economia do livro para autores pré-revolucionários, mesmo que menores ou independentes. O maior filósofo napolitano, Giambattista Vico, que morreu oito anos antes de Leonor da Fonseca Pimentel nascer, morreria numa certa obscuridade e só no século XIX seria recuperado como um dos mais importantes filósofos da história, sobretudo pelo historiador francês Jules Michelet. De certo modo, Nápoles estava ainda, em termos literários (e políticos, evidentemente), no Antigo Regime; o principal *modus operandi* de sobrevivência autoral era o mecenato. Leonor da Fonseca Pimentel procurou então apoio junto dos reis de Nápoles, que eram de dinastia Bourbon e ligados à casa real espanhola. Fernando IV era um ano mais velho do que Leonor; sua mulher, a rainha-consorte Maria Carolina, era do mesmo ano desta (Leonor nascera em janeiro de 1752; Maria Carolina, em agosto do mesmo ano). Todos são da geração do Terramoto de Lisboa; a irmã mais nova de Maria Carolina nasceu mesmo a 2 de novembro de 1755, 24 horas depois do sismo de Lisboa, mas em Viena, na Áustria. O seu nome era Maria Antonieta; sim, *essa* Maria Antonieta.

Tal como Olympe de Gouges ofereceu os seus *Direitos da mulher e da cidadã* a Maria Antonieta, Leonor da Fonseca Pimentel ofereceu poemas a Maria Carolina. Foi aceite na corte em Nápoles, onde a sua família portuguesa (com ascendentes espanhóis) era bem conhecida e apreciada. Leonor recebeu uma pequena pensão em troca de serviços na biblioteca real e da sua presença na corte, e os reis pareciam predispostos a tolerar as suas tendências moderadamente liberais, bem como as de boa parte dos intelectuais napolitanos.

As coisas mudam com a decapitação de Maria Antonieta. A sua irmã Maria Carolina, que era efetivamente quem mandava no reino, tomada pelo pânico e pela desconfiança, desencadeia uma vaga de repressão. A própria Leonor da Fonseca Pimentel é remetida à prisão domiciliária a partir de meados da década de 1790 e tratada como apoiante dos jacobinos – não é que se vivesse em Paris fosse necessariamente jacobina, como vimos com Olympe de Gouges e Mary Wollstonecraft, ambas mais próximas dos girondinos; em Nápoles, contudo, essas distinções perdiam-se, e quem era liberal era republicano e tido por maçom e jacobino. Inversamente, aqueles que antes poderiam ser por uma monarquia constitucional e moderada eram agora pela república e ansiavam pela chegada de tropas revolucionárias francesas.

Essa chegada dá-se em janeiro de 1799 e apanha Leonor da Fonseca Pimentel encarcerada (por posse de uma cópia da Enciclopédia, de Diderot e D'Alembert). A partir daqui os acontecimentos sucedem-se rapidamente, vertiginosamente mesmo. É proclamada a República Partenopeia, nome oficial dado à República Napolitana (a partir do nome grego de uma localidade perto de Nápoles); Leonor da Fonseca Pimentel está entre os membros da sua junta e é nomeada diretora do *Monitore Napolitano*, jornal oficial da República. Contam-se 35 números do periódico escritos em grande medida por ela: com notícias, textos polémicos, ataques à família real, que agora está na Sicília reunindo exércitos devotos para retomar o controlo de Nápoles, e textos de outros autores editados por Leonor.

Nápoles é reconquistada pelos Bourbon em agosto de 1799; Leonor da Fonseca Pimentel, depois de viver os seis meses mais intensos e produtivos – e livres – da sua vida, é condenada à morte e enforcada no último ano do seu século.

Havia, desde as jornadas revolucionárias em França, o hábito de, nas cidades que se juntavam à Revolução, plantar uma árvore a que se chamava a Árvore da Liberdade, por vezes encimada por uma boina frígia (que das suas origens zoroastrianas já esquecidas se tornara agora, quando na sua cor vermelha, um símbolo de autodeterminação). Essas árvores da liberdade eram veneradas pelos revolucionários, regadas e podadas cuidadosamente, e por sua vez abominadas pelos reacionários, que quando retomavam uma cidade as cortavam ou incendiavam. Restam poucas dessas árvores da liberdade – mas uma, em Oradour-sur-Glane, sobreviveu até ao terrível massacre e incêndio nazi que sobre a aldeia foi infligido. Não se sabe de onde veio a tradição, mas era a ela que Thomas Jefferson se referia quando escreveu, em 1787, que "a árvore da liberdade tem de ser regada de tempos a tempos com o sangue de tiranos e patriotas". A árvore da liberdade foi sobejamente regada com o sangue de Olympe de Gouges, Mary Wollstonecraft e Leonor da Fonseca Pimentel – mas os seus frutos foram tardios e ainda estão longe de ser provados por todos e todas a quem se dirigiram.

*Tal como Olympe de Gouges
ofereceu os seus 'Direitos da mulher
e da cidadã' a Maria Antonieta,
Leonor da Fonseca Pimentel ofereceu
poemas a Maria Carolina.*
(p. 297)

Memória

QUINTA

---◆---

Do ódio

Mathieu conta que se encontrou exatamente às duas horas da tarde de um dia de novembro de 1896 no Boulevard Montmartre com o sr. Jacob de Castro.

PRIMEIRA CONVERSA

A senda do ódio

Mais ou menos quando estava a começar a escrever este livro percorria com os olhos a estante de uma biblioteca e chamou-me a atenção a lombada de um livro cujo título era *O estúpido século XIX*. O apelido do autor, Léon Daudet, não me era estranho, porque o partilhava com o pai, o bem mais famoso romancista e dramaturgo Alphonse Daudet.

Levei o livro para casa. O título sugeria-me uma obra vagamente espirituosa verberando as insanidades do seu tempo, e não me enganei. Mas, ao mesmo tempo, o livro revelou-se imediatamente muito mais contraditório, "contemporâneo" e perturbador – porque era um livro eivado de ódio.

Léon Daudet era um escritor de algum talento. Mas era um homem que detestava, detestava e detestava. Logo nas primeiras páginas anuncia-se que o autor detesta a democracia. Detesta o parlamento e o parlamentarismo. Detesta a ideia de que a ciência "não tenha pátria nem fronteiras" – e essa é uma citação direta, como serão as seguintes também. Detesta a ideia dos Estados Unidos da Europa (direi mais sobre isso adiante). Detesta a ideia da igualdade, e a ideia de que "o povo queira igualdade". Detesta a ideia de que "a democracia seja a paz". Detesta a ideia de que "a ciência seja boa e de que o futuro pertença à ciência". Detesta a ideia da "instrução laica" e mais ainda a ideia de que "a instrução laica seja a emancipação do povo". Detesta "a igualdade entre religiões".

Há muitas razões para acreditar que o século XIX tenha sido estúpido, como há muitas razões para encontrar estupidez em todos os séculos da história da humanidade. Mas as três primeiras razões que Léon Daudet encontra para chamar estúpido ao século XIX não são as que, à partida, seríamos levados a prever, e sim estas: "1ª O século XIX é o século da ciência; 2ª O século XIX é o século do progresso; 3ª O século XIX é o século da democracia". Sublinhe-se: essas são as palavras de Daudet – a ciência, o progresso e a democracia são três razões não para amar, mas para odiar o século xix. Parafraseando Daudet, a ciência, o progresso e a democracia são as três principais razões que fazem do século xix um século estúpido.

Antes de passar às razões mais profundas por que podemos afirmar que o livro de Daudet é perturbador, começo pelas mais superficiais. À primeira vista, lendo o livro sem nada saber do seu autor, como eu o fiz, é perturbador no sentido em que demoramos um pouco, confusos, esfregando mentalmente os olhos, até percebermos que Daudet odiava o século em que nascera pelas poucas razões por que hoje ainda o poderíamos prezar. Já sobre o colonialismo, o racismo e o imperialismo, Daudet não tinha nada a dizer – porque era a favor do colonialismo, do racismo e do imperialismo.

Léon Daudet era um daqueles autores para quem a palavra "reacionário" foi inventada no seu sentido original, de reagir contra, de ser o oposto de revolucionário, de, ao contrário do conservador, não querer apenas seguir o tempo mas ativamente lutar por pôr o relógio a andar para trás. No entanto, apesar de utilizar a palavra "detestável" com uma frequência obsessiva (e outras semelhantes, como "nojento", "medonho", "asqueroso" etc.), a imagética violenta do seu discurso não o impede de construir uma sedutora técnica literária com que supostamente pretende "abrir os olhos" aos seus leitores, conforme alega ter-lhe acontecido a si mesmo. Ou seja, Daudet é irresistivelmente parecido com uma série de escritores, influenciadores e opinadores da nossa época que, apresentando-se como supostos combatentes contra o "politicamente correto", contra "a sinalização de virtude", contra a "justiça social" e (outro termo que dará dores de cabeça a historiadores futuros) o "wokismo", no fundo mercadejam ódios e polarização. Trata-se de um antepassado da extrema-direita atual.

Duas palavras sobre a sua biografia permitir-nos-ão entender de que tipo de figura estamos a falar. Não só Léon Daudet era filho de um pai famoso, como era filho de um pai famoso, republicano e de esquerda. No fim da sua juventude, casou-se com Jeanne Hugo, neta de Victor Hugo, juntando-se assim duas dinastias de celebridades literárias republicanas, progressistas e de esquerda. O casamento deu em divórcio, e Léon passou a atacar o avô da sua ex-mulher, Victor Hugo, e a atacar também todas as ideias que viessem dele, embora continuasse a reconhecer-lhe (e como não?) o génio literário.

Talvez viesse daí o ódio à ideia de Estados Unidos da Europa, então florescente, depois de ter sido apresentada por Victor Hugo no Congresso

LÉON DAUDET
de l'Académie Goncourt

LE STUPIDE
XIXᵉ SIÈCLE

EXPOSÉ DES INSANITÉS MEURTRIÈRES
QUI SE SONT ABATTUES
SUR LA FRANCE DEPUIS 130 ANS
1789-1919

PARIS
NOUVELLE LIBRAIRIE NATIONALE
3, PLACE DU PANTHÉON, 3

MCMXXII

*Parafraseando Daudet, a ciência,
o progresso e a democracia são as
três principais razões que fazem
do século XIX um século estúpido.*
(p. 303)

MEMÓRIA QUINTA: DO ÓDIO

Internacional da Paz em 1849, e reiterada em 1867, já transcendendo o simples europeísmo: "A ideia do século XIX chamar-se-á Europa e, nos séculos futuros, mais transfigurada ainda, chamar-se-á Humanidade". E Léon Daudet detestava, também, essa ideia.

No entanto, Daudet não credita os desaguisados familiares pela sua viragem à direita, atribuindo-a antes àquilo a que chama "a grande questão judaica". De facto, naquela época, como na de hoje, como noutras, não é preciso escavar muito para em cada reacionário ou extremista de direita (e, *hélas*, alguns de esquerda também) encontrarmos um antissemita. Léon Daudet virara à direita com o Caso Dreyfus — a famosa falsa acusação de espionagem contra um capitão do Exército francês, Alfred Dreyfus, que era judeu. Ao recusar-se acreditar que os poderes militares e judiciais se tivessem encarniçado contra um inocente, como Émile Zola e outros provaram para lá de quaisquer dúvidas, Léon Daudet fez parte daqueles que só poderiam justificar a conspiração real mas limitada através do recurso a uma conspiração imaginária maior ainda, e ilimitada, na qual a culpa teria inevitavelmente de ser dos judeus. Ou, recapitulando... para poder recusar a ideia de que alguns poucos no Exército tivessem conspirado para prender e condenar um colega judeu, Léon Daudet acredita que os judeus, internacionalmente, conspiraram para poder julgar e condenar na praça pública as Forças Armadas francesas. É bom ver aonde a obsessão e a paranoia o levaram. Tendo-se convertido ao catolicismo integral e ao monarquismo primeiro, Léon Daudet acabou por enveredar pelas correntes protofascistas francesas e depois, apesar de inicialmente ter sido antialemão — e até ferozmente antialemão —, apoiou a Ocupação nazi de França, porque ela levou o seu ídolo, o marechal Pétain, ao poder.

Léon Daudet, que nascera em 1867, bem a tempo de apanhar o Caso Dreyfus cerca dos seus trinta anos, morreu em 1942 numa França ocupada pelos nazis, o que talvez o tenha salvado de uma condenação por colaboracionismo após a Libertação, à semelhança do que aconteceria a alguns dos seus companheiros de lutas intelectuais e políticas.

O livro de Léon Daudet sobre *O estúpido século XIX* é de 1922, ou seja, quase um quarto de século distante desse século XIX que ele considerava estúpido e, talvez mais importante do que a distância que não o levara a moderar a sua posição, com uma guerra de permeio, terminada havia menos de quatro anos — a Primeira Guerra Mundial —, na qual pereceram milhões de europeus porque... a bem dizer, alguém sabe exatamente porquê?

Nem toda a mortandade dessa guerra, a que se seguiu logo depois a morte de mais de 60 milhões de pessoas vítimas da Gripe Espanhola, o levou a dizer que o século xx era estúpido; em contrapartida, com impiedade e total falta de complacência, acusa o século xix de estupidez por causa da ciência, do progresso e da democracia. Mas Léon Daudet não participou na Primeira Guerra Mundial, apesar de nessa altura já se dizer nacionalista e de ter chamado traidores da pátria a todos aqueles que considerava não serem do seu campo político. Entre os alvos da sua pena constavam, claro, Jean Jaurès, o líder socialista assassinado nas vésperas da guerra; por ter apelado à paz na Europa e à greve geral dos trabalhadores europeus contra o conflito. Mas também, e de novo, o capitão Alfred Dreyfus, que, no entanto, se voluntariou para ir para a frente de batalha e que, apesar de velho e alquebrado por anos de prisão e por uma perseguição judiciária, cumpriu com o seu papel na defesa de França.

Léon Daudet ficou na retaguarda, escrevendo livros de bastante sucesso e acusando Georges Clemenceau – que fora amigo do seu pai e, enquanto primeiro-ministro e ministro da Guerra a partir de 1917, tinha levado a França à vitória na Primeira Guerra Mundial – de também ele ser um traidor da pátria. Clemenceau pagava-lhe na mesma moeda, dizendo que nunca tinha visto uma oposição tão militarista por parte de alguém que nunca tinha pegado em armas e acrescentando que Léon Daudet não se deixava intimidar por nada, nem pelo ridículo.

Quando escreve sobre o "estúpido século xix", Léon Daudet está interessado em enfatizar a sua viragem à extrema-direita, o seu antissemitismo, o seu reacionarismo. Sente que os ventos da história estão do seu lado e que não há então necessidade de esconder nenhuma das suas predileções políticas. É então um escritor famoso, embora não tão respeitável como o seu pai, mas apreciado pela brutalidade das suas invetivas, pelas acusações que faz com ligeireza e pelas difamações que algumas vezes o levam a perder em tribunal contra as suas vítimas. Tem agora também atividade política como deputado da Action Française, partido monárquico e nacionalista da extrema-direita, precursor do fascismo, pelo qual Daudet se elege deputado logo a seguir ao fim da guerra.

Note-se esta coincidência em paralelo: a grande razão para a paranoia antialemã fora, é claro, a conquista da Alsácia e da Lorena pelos alemães na guerra de 1871. A família de Dreyfus escolheu a nacionalidade francesa. Tal como, aliás, as famílias da maioria dos judeus alsacianos, que assim se tornaram

MEMÓRIA QUINTA: DO ÓDIO

conhecidos como *refusants*, por recusarem ser alemães na Alsácia agora anexada, mesmo que isso prejudicasse, como prejudicou, as suas vidas profissionais e comerciais. Por patriotismo, Alfred Dreyfus alista-se no Exército francês e faz a Academia Militar, quando a indústria da sua família em Mulhouse teria sido mais do que suficiente para prover o seu sustento. Os anti-*dreyfusards*, como Daudet, apesar de permanente e dramaticamente traumatizados pela perda da Alsácia, não valorizam esse gesto de patriotismo em Dreyfus, como não valorizarão noutros judeus alsacianos que escolheram ser franceses, entre os quais o grande historiador Marc Bloch. No entanto, quando chegar a Segunda Guerra Mundial – num momento não de anexação de uma província, mas de invasão e ocupação de metade do país primeiro, e do país inteiro depois –, esses nacionalistas franceses estarão do lado dos alemães.

Léon Daudet pode não ter coragem física, mas nem por isso deixa de ter violência verbal. Passa a guerra a atacar como frouxo e pouco patriótico Clemenceau, que no entanto liderava a França nas negociações do fim da Primeira Guerra Mundial com tal firmeza que até os seus aliados o viam como inflexível, e que tão duramente lutou para punir a Alemanha com uma dívida de guerra praticamente impagável (a sua alcunha, *le Tigre*, ajudava a compor a imagem de Clemenceau como predador paciente). Não contente, Léon Daudet apela também ao fuzilamento de Aristide Briand, o grande diplomata e ministro dos Negócios Estrangeiros francês que foi um dos homens que ainda conseguiram aguentar a paz na Europa entre as duas guerras mundiais – razão mais do que suficiente para Daudet apelar ao seu fuzilamento. Quanto a Clemenceau, que tão duramente lutou em Versalhes por punir, excessivamente até, a Alemanha com uma dívida de guerra, Daudet ataca-o por ele não ser suficientemente duro.

Apesar de tudo, isso seria coerente com o passado antigermânico de Léon Daudet.

Depois de acérrima defesa da punição da Alemanha com uma dívida de guerra absolutamente esmagadora durante a década de 1920, Léon Daudet não se importa nada com as consequências dessa dívida, que muitos – como John Maynard Keynes – condenaram, por levar ao desemprego em massa e gerar reações ainda mais nacionalistas, militaristas e agressivas por parte dos alemães. Essa reação nacionalista, militarista e agressiva não é nada que choque Daudet; pelo contrário, ela irá produzir, a partir de 1933, o único governo alemão com que Léon Daudet conseguiu simpatizar.

Daudet ataca, pois, todos quantos considera representantes do sionismo, da democracia, do pacifismo, do feminismo, da igualdade de direitos – de tudo, para citar Daudet, "o que há de nocivo na democracia". Outro alvo de Léon Daudet era a esquerda socialista, o movimento operário e os anarquistas, por quem nutria um ódio particular. Entre os socialistas, detestava particularmente Léon Blum, que juntava às suas características políticas o facto de ser judeu e o escândalo de ter conseguido dirigir um governo de união entre as esquerdas: a Frente Popular. Blum seria por essa razão acusado pelos aliados de Daudet – e até levado a tribunal, como se de matéria para culpa formada se tratasse – por desperdiçar dinheiro pagando aos trabalhadores, entre outras políticas sociais que implementou. Léon Blum virá a ser metido num campo de concentração, entregue pelo governo de Vichy aos alemães após ter sido condenado pelas suas políticas de "despesismo socialista", como hoje se diz.

Léon Daudet teve menos oportunidades de atacar Jean Jaurès, o grande líder socialista e diretor do jornal *L'Humanité*, mas só porque este morreu nas vésperas da Primeira Guerra Mundial. Em contrapartida, envolveu-se num caso contra um dos companheiros de Jaurès que estavam no jantar fatídico no Café du Croissant em que Jean Jaurès foi assassinado. Esse homem usava o pseudónimo de Miguel Almereyda, um escritor anarquista e diretor de um jornal de muito sucesso chamado *Bonnet Rouge*.

Durante a guerra, Almereyda tinha mudado várias vezes de posição. Afastara-se das suas primeiras posições libertárias de esquerda para se unir aos socialistas de Jaurès, tinha sido pacifista até ao assassinato de Jaurès, tinha-se juntado à União Sagrada contra os Alemães no início da Primeira Guerra Mundial e, a partir de 1917, chocado pelos horrores da guerra, voltara às suas primeiras posições pacifistas. Inconstante, mas sincero. Por causa dessa última viragem pacifista no momento decisivo da guerra, o jornal de Almereyda é encerrado e o seu diretor, preso e depois encontrado na cela estrangulado nos seus próprios atacadores de sapatos. A opinião pública divide-se, é claro, entre as possibilidades de suicídio ou assassinato. León Daudet afirma, sem provas, que Almereyda tinha sido assassinado, mas pelos seus camaradas anarquistas. Almereyda, cujo verdadeiro nome era Eugène Vigo, deixou um filho de doze anos que viria a ser o cineasta Jean Vigo, importante não pelo tamanho da sua obra (deixou apenas dois filmes, *Zero de conduite* e *L'Atalante*), mas pela influência que ela vai ter nos cineastas futuros, sobretudo em François Truffaut. A vida de Jean

MEMÓRIA QUINTA: DO ÓDIO

Vigo foi também curta (morreu aos 29 anos, em 1934, de tuberculose), mas uma boa parte dela foi passada a recolher testemunhos e documentos sobre a vida do seu pai, na tentativa de esclarecer o seu caso e reabilitar a sua memória.

Léon Daudet virá mais tarde a sentir razões não só para odiar ainda mais os anarquistas como para ver com alguma mágoa, verdadeira dor, a piedade filial com que Jean Vigo tenta recuperar a memória do pai Almereyda. É que Léon Daudet tinha um filho do segundo casamento, um filho de catorze anos, que decidiu fugir de casa para se declarar ele próprio anarquista. Tendo roubado dinheiro dos pais para tentar embarcar para o Canadá, ao chegar ao porto de Le Havre Philippe acaba por perceber que o dinheiro não chega e regressa a Paris. Aí, oferece-se como redator ao jornal anarquista *Le Libertaire*, sob um nome falso. Durante cinco dias, vagueia na capital francesa. Escreve uma carta aos pais, na qual diz que era há muito anarquista mas não tinha coragem para o dizer, vendo a inimizade do seu pai para com os anarquistas. Depois de cinco dias de fuga e de confusão, Philippe Daudet suicida-se, provavelmente dentro de um táxi, cujo motorista o encontra no banco de trás com uma bala no crânio.

Ora, Léon Daudet não consegue admitir aquele facto. No seu jornal, no jornal do seu partido *Action Française*, um partido protofascista francês, a morte de Philippe Daudet começa por aparecer como a morte natural de um jovem *royaliste* ou monárquico. Mais tarde, o *Le Libertaire*, com que Philippe Daudet estabelecera contacto nos últimos dias antes da sua morte e que tinha em sua posse alguns dos seus escritos, vem proclamar que não, que se tratava do suicídio de um jovem anarquista. Mais uma vez, Léon Daudet acusará os anarquistas de terem assassinado o seu filho, levando os anarquistas ao passo raro de recorrerem aos tribunais e à Justiça do Estado para o acusarem de difamação. O mesmo acontece, aliás, por parte do motorista de táxi que tinha transportado Philippe ao hospital e que Daudet acusa de ser um agente da polícia envolvido na conspiração. Apesar de muita gente sentir alguma empatia por Léon Daudet, que acabara de perder um filho nas circunstâncias mais terríveis, a verdade é que ele será condenado a pagar uma indemnização por difamação e a cinco meses de prisão, embora rapidamente libertado devido à sua condição de pai que acabara de perder um filho.

A vida de Léon Daudet é, assim, feita de tragédia, de ódio, de encontros e desencontros dramáticos, em geral terríveis para a vida de todos os envolvidos.

Porque falar de León Daudet hoje? Ele não é um grande escritor, ele não é um herói da história, será quando muito um vilão. Mas a sua presença dissonante é necessária à economia deste livro. Até agora, abusando da liberdade que o plano idiossincrático deste livro me permite, tenho tratado de figuras que, apesar de nem sempre heroicas, são na maior parte das vezes exemplares, e – porque não admiti-lo –, em todos os seus defeitos, eu gosto delas. Pelo contrário, o facto é que não gosto de Léon Daudet. Porém, na sua época, muitos gostavam dele. Léon Daudet elogiou profusamente Mussolini, Salazar e Franco e foi correspondido entre os círculos da extrema-direita europeia, do fascismo e do integralismo; *O estúpido século XIX* foi um livro muito estimado e citado – em Portugal, por Rolão Preto, chefe dos integralistas, ou fascistas, portugueses, mas também por Idalino Costa Brochado, intelectual orgânico do Estado Novo português, e mesmo o cardeal Manuel Cerejeira, ambos estes últimos amigos próximos de Salazar.

Neste livro, como expliquei na "Memória quarta", ocupo-me principalmente dos lados B da história. É por isso que não trato diretamente da Primeira Guerra Mundial, nem da Segunda Guerra Mundial, nem do período entre guerras, já sobejamente conhecidos. Em vez disso, apresento mais uma "personagem secundária" desse lado B, cuja evocação nos ajuda a aceder a outro "agora" do passado.

É impossível entender o que aconteceu nesses tempos sem entender de onde vinha o ódio que animava figuras como Léon Daudet e muitos outros. Habituamo-nos a pensar, por exemplo, que o fascismo nasceu em Itália nos anos 1920, o que em sentido estrito é evidentemente verdade. Mas o caldo cultural que criou os fascismos é impossível de entender sem entender a França do final do século XIX e princípio do século XX, a França onde se formaram figuras como Léon Daudet e outras de quem falaremos adiante, como Édouard Drumont e Charles Maurras. São essas figuras que nos podem servir de guia nesta senda do ódio.

De onde vinha o ódio de Léon Daudet? Não vinha de uma vida de privações e de dificuldades, pelo contrário. Não vinha de um ambiente cultural fechado e ignorante, pelo contrário. Não vinha de uma falta de reconhecimento ou de prestígio social, pelo contrário. A observação de figuras como Daudet talvez nos permita até afastarmo-nos desta mania singela, mas provavelmente equivocada, de achar que o ódio tem necessariamente uma explicação externa. O ódio de Léon Daudet vinha de Léon Daudet.

Não foram os acontecimentos históricos que lhe provocaram esse ódio, foi antes esse ódio que se colou, como um íman, aos acontecimentos históricos. Ele atravessa o Segundo Império Francês, a Terceira República, a Primeira Guerra Mundial, o período entre guerras e vai desaguar no regime de Vichy. Enquanto procuramos explicação para o ódio, esquecemo-nos de que é o ódio que explica muita coisa.

E a história do ódio que vos vou contar começa em 1878, com a queda de um banco.

SEGUNDA CONVERSA

A desunião geral

De 1852 a 1870, a França é um império – o Segundo Império – governado por um Napoleão – o imperador Luís Napoleão Bonaparte, Napoleão III, sobrinho de Napoleão Bonaparte.

Mas o império perdeu-se por causa de um telegrama. Em 1870, uma troca de mensagens entre o embaixador de França e o rei da Prússia é adulterada pelo chanceler Bismarck de maneira a parecer que o rei da Prússia se referira ao embaixador francês de forma humilhante. O episódio, em si insignificante, vai excitar o nacionalismo francês e levar Napoleão III a declarar guerra à Prússia. Grave erro. O que deveria ser um momento de glória transforma-se numa catástrofe: França perde rapidamente a guerra e, com ela, as suas províncias da Alsácia e da Lorena; finalmente, perde o próprio império. Humilhação suprema: é em Versalhes que o rei da Prússia vai ser coroado imperador do Império Alemão. Em lugar do Segundo Império Francês, nasce a Terceira República com sede de vingança sobre os alemães. A Terceira República é *revancharde*.

A Terceira República é, em tudo, o contrário do Segundo Império, que tinha unido as direitas, os conservadores, os reacionários, os orleanistas, os bonapartistas e vários tipos de monárquicos. Ao passo que o Segundo Império era fortemente católico, antiprotestante e subsidiariamente antijudaico, a Terceira República vai ser de esquerda, laica, fortemente progressista, com tendências socialistas e claramente anticlerical. Mas a Terceira República promete vingança, e boa parte da intelectualidade francesa, mesmo aqueles que eram monárquicos, como Alphonse Daudet, pai de Léon Daudet, passa-se para a República porque é ela que promete vingar o país pelo descaso, pela negligência com que Napoleão III perdeu a Alsácia e a Lorena para os alemães. "A República promete vingança?", escreve Alphonse Daudet. "Então nesse caso viva a isso! Viva a República! Serei republicano."

Essa adesão assim casual à República torna-se uma adesão mais convicta a partir do momento em que, na casa de Alphonse Daudet, então jovem escritor ainda não muito conhecido, passam Émile Zola, entram os maiores republicanos, e sai Alphonse Daudet para visitar, na altura levando um Léon pequenino, a casa de Victor Hugo. Nos seus primeiros anos, a República Francesa empenha-se em reformar a instrução nacional subtraindo-a à influência da Igreja Católica. Os protestantes franceses e, mais audaz ainda, os judeus ganham direitos de cidadania plena. Por outro lado, a República lança-se vigorosamente noutro tipo de imperialismo, empenhando-se no projeto colonial. Ao contrário do que era esperado após a guerra franco-prussiana, a economia francesa recupera-se rapidamente, as dívidas de guerra à Alemanha são pagas mais depressa do que o previsto e Paris, cidade reformada durante o Segundo Império pelo barão Haussmann, é cada vez mais a capital cultural do mundo.

É num ambiente peculiar que as próximas décadas vão ser vividas, num misto de pujança cultural e trauma político de influência internacional e humilhação nacional. Nenhum político francês, da esquerda à direita, está disposto a deixar passar em claro a humilhação sofrida: *"Ne jamais oublier, ne jamais pardonner"* [Nunca esquecer, nunca perdoar] é a palavra de ordem. Mas a humilhação é ainda mais sentida entre os círculos monárquicos, ou *royalistes*, e católicos. À derrota perante os alemães, soma-se o que acreditam ser a perda da hegemonia cultural em França. No entanto, como prémio de consolação, havia dinheiro, a economia expandia-se em oportunidades – é então que um empreendedor católico chamado Eugène Bontoux vê uma possibilidade de redenção. Se a direita católica e monárquica não tem a hegemonia cultural nem o poder político, se ainda por cima ela tem de arcar com o opróbrio da tonta derrota de Napoleão III na guerra que desnecessariamente foi procurar com os alemães, resta aos católicos, agora despidos de todo esse poder, influência e hegemonia, fazerem aquilo que antes tinham feito os protestantes e os judeus quando impedidos de ter cargos no Estado: fazerem negócios no privado, tornarem-se comerciantes e banqueiros, reconquistarem o poder e o prestígio e a hegemonia através do dinheiro.

Nasce assim a Union Générale, ambiciosa sociedade bancária dominada por católicos e destinada a aproveitar o melhor da Revolução Industrial, da empresa colonial, da construção de ferrovias e da globalização do final do século XIX para, através de todos estes meios, criar fontes de rendimentos

MEMÓRIA QUINTA: DO ÓDIO

que permitam aos católicos recuperar o lugar cimeiro que pensavam ter perdido na sociedade francesa. Entre 1878 e 1881, os lucros dos acionistas da Union Générale sextuplicam. O projeto começa bem. Apesar das diferenças que opõem esses acionistas à Terceira República, a Union Générale aproveita como poucas companhias os planos expansionistas e de construção de infraestruturas dos republicanos. A Union Générale investe nos seus laços com a imprensa e a política, encontrando defensores incansáveis entre os deputados da direita e em jornais católicos como *L'Union*, que passa a financiar. O dinheiro entra com facilidade e em grande quantidade nos cofres da Union Générale, e a Union Générale, por sua vez, desfaz-se em novos projetos e em apoios à política e aos jornais que lhe interessam.

No início da década de 1880, a Bolsa francesa está numa fase de euforia, não só em Paris mas também em Lyon e Bordéus. Longe vão os tempos em que dois irmãos gémeos, Louis e François Blanc (1806-1854/1877), tinham conseguido piratear as comunicações por telégrafo para fazer milhões e mandar abaixo a Bolsa de Paris, sem sequer serem condenados, porque na altura o crime de pirataria informática não existia. (Os irmãos Blanc piratearam um sistema de telégrafo ótico, em que bandeiras em torres transmitiam mensagens ao longo de quilómetros de distância; foi assim que conseguiram ir sabendo antecipadamente em Bordéus os resultados da Bolsa de Paris, o que lhes permitia reproduzir em Bordéus os ganhos da capital.)

Mas isso foi cinquenta anos antes. Agora, na década de 1880, o mercado de valores francês é um sistema profissional em que participam todos os dias milhares de cidadãos comuns. Infelizmente, esses são os sinais costumeiros de uma bolha que, como de costume, ninguém verá. Em janeiro de 1882, a Bolsa de Lyon cai, seguida pela de Paris. A Union Générale, que era uma das companhias que mais tinham valorizado no período de alta e, provavelmente, aquela que mais acreditara que a sua boa sorte era destino e talvez tivesse mesmo mão da Providência Divina, foi das que mais caíram com o *crash*.

Quando chega o colapso, a Union Générale não pode acreditar que foi desfavorecida pelo destino, ou abandonada pela Providência Divina – alguma outra coisa deve ter acontecido, alguma coisa escusa, alguma coisa escura. Alguém se deve ter organizado para prejudicar a Union Générale.

Bontoux não deu parte fraca. Como muitos banqueiros antes e depois dele, desdobra-se em declarações sobre como deixou o banco saudável para fazer uma viagem a Viena, descobrindo ao regressar, depois do *crash*, que foram levadas a cabo operações ilegais na sua ausência e que um sindicato de especuladores malandros tinha conspirado para assestar as suas baterias especificamente contra a Union Générale.

O que acontecera não fora certamente obra do Espírito Santo, mas de algo a que Bontoux chama, abusando das tonalidades judaicas, "o Sinédrio", nome de uma espécie de tribunal rabínico. O mote estava dado, e seria imediatamente amplificado pela imprensa conivente. *Le Salut Public* alega que a culpa é dos alemães, dos judeus e dos alemães judeus. O *Moniteur Universel* contrapõe que a culpa é dos judeus-alemães. Para os apoiantes da Union Générale – que nela tinham investido não só o seu dinheiro, como o seu orgulho e a sua identidade enquanto católicos, bem como os seus sonhos de recuperar a hegemonia política e cultural em França –, não era simplesmente admissível que o banco tivesse falhado pelo simples facto de ter sido imprevidente.

Muitos foram lestos a identificar operações financeiras ativadas pelo banqueiro judaico Rothschild – as quais nada tinham de especial, porque Rothschild foi apenas um de entre vários empresários que tentaram, aliás sem sucesso, domar a exuberância irracional dos mercados bolsistas comprando e vendendo ações da Union Générale quando ela estava a cair. Mas, no fim de contas, Rothschild não se agarrou mais às ações da Union Générale porque não quis perder dinheiro. Talvez não nutrisse por ela o mesmo amor que os católicos nutriam, mas não houve dolo na forma como largou as ações da Union Générale.

O caso da Union Générale já não é, entretanto, apenas um caso financeiro. Os bispos pronunciam-se a favor de Bontoux e há até um padre que lhe dá uma espécie de absolvição moral diferenciando a usura, que Deus reprovava (e que, subentendido está, os judeus faziam), da especulação, que era inteiramente aceitável em católicos como Bontoux. A diferença real entre usura e especulação, se a havia, ficou perdida em considerações teológicas.

É por esta altura que aparece uma figura pioneira do antissemitismo moderno chamada Édouard Drumont. A coberto da bandeira aparentemente republicana da liberdade de expressão, Drumont escreve dois livros – *La France juive* [A França judia] e *La France juive devant l'opinion* [A França judia diante da opinião pública] – que incendiam o debate com alegações cada vez mais rebuscadas sobre como os maus banqueiros judeus tinham conseguido fazer cair um bom banco católico.

MI-CARÊME DE 1882

Le Krach de l'Union Générale

ou la Faillite des Cléricaux

par un vieux Roubengnos

Chanson en patois de Roubaix, chantée par la Société des ENFANTS DE MARCEAU
établie chez le sieur Louis Catrice, cabaretier rue de l'Épeule, 52

AIR DES SOIRÉES CHANTANTES.

1er COUPLET.

Roubengnos v'nez nous acouter
Profitez ben de l' morale
De l'chantchon qu'in vas vous t'chanter
D'su l'Union Générale,
Elle est fait' pour ouver les yis
A gramint d'ouvris.
Qui s'laich'nt acor ben infintchi,
Tra la, la la, la la, la la, la la
Tra, la la, la la, la la la, la la

2e COUPLET.

L'Union que j'vous cit' pus haut
Ch'étot inn' banqu' catholique
Fait' pour attraper les badauds
Et combatt' la République
Y ont obtenu du grand saint LÉON
S'bénédiction
Pour fair' hausser leus actions.
Tra la, la la, la la, la la, la la
Tra, la la, la la, la la la, la la

3e COUPLET

Ch'étot comme inn' toi.' d'arrégni
Pour attraper les gross's mouques
Y n'd'a ben qui s' sont fait plutchi
Y tappt'nt ach-t-heur d'su leus bouques
Mêm' des gins qu'y avot'nt un petit sou
Y in sont dev'nus fous
V'la quo qu'chés que d'êtr' trop balou.
Tra la, la la, la la, la la, la la
Tra, la la, la la, la la la, la la

4e COUPLET.

Ch'est assé qu'in leus avot dis
Apportez tous vos p'tits doupes
Vous irez drot in paradis.
Là vous ming'rez de l'bonn' soupe
Ben et vit' tous chés faibles gins
Portent leus argints
Wetti comme y sont d'dins l'pétrin.
Tra la, la la, la la, la la, la la
Tra, la la, la la, la la la, la la

5e COUPLET

In dis mêm' que l'ro des botteux
Y s'a laichi aussi printe
J'vos d'ichi tous les pétroleux
Rire à foloir t'nir leu vinte
Fair' des lach's si laichi attraper
In attind qu' répéter
Que l'voleur y s'a fait voler
Tra la, la la, la la, la la, la la
Tra, la la, la la, la la la, la la

6e COUPLET

Ben heureux les faibles d'esprit
In nous l'dis d'dins l'Évangile
Malheureux les chéux qui sont pris
Car y ont beau s'fair' de la bile
Vot mi fair, leu MEA CULPA
Dir' comm' Nicolas
Jonmais pus in n'mi rattrap'ra
Tra la la, la la, la la, la la, la la
Tra, la la, la la, la la, la la, la la

L. CATRICE
Membre de la Société des Chansonniers Roubaisiens.

É por esta altura que aparece uma figura pioneira do antissemitismo moderno chamada Édouard Drumont. A coberto da bandeira aparentemente republicana da liberdade de expressão, Drumont escreve dois livros – 'La France juive' [A França judia] e 'La France juive devant l'opinion' [A França judia diante da opinião pública] – que incendiam o debate com alegações cada vez mais rebuscadas sobre como os maus banqueiros judeus tinham conseguido fazer cair um bom banco católico.

(p. 317)

MEMÓRIA QUINTA: DO ÓDIO

Não havendo provas para as primeiras alegações mais limitadas de Bontoux – provas de que Rothschild teria feito, por exemplo, cair o banco –, Édouard Drumont argumentava que uma outra conspiração, ainda maior, servia para encobrir as provas. E não se conseguindo também provar esse segundo nível conspirativo, era porque certamente haveria por detrás uma conspiração mais ampla ainda, e assim sucessivamente, até à conspiração global.

O enorme sucesso dos livros de Drumont dá aos investidores na Union Générale um escape fácil para as suas perdas e permite a esse polemista fundar um jornal a que chama *La Libre Parole*. O círculo está completo: não, Drumont não odeia, nem insulta, nem ofende – ou melhor, *se* odeia e insulta e ofende é porque exerce apenas a sua liberdade de expressão dizendo em voz alta aquilo que outros apenas ousam pensar ou falar em surdina.

A fórmula tem sucesso naquela época – como noutras, como *nesta* –, e Drumont será nos próximos anos um dos homens mais importantes de França. Quando toda a gente já estiver farta do escândalo da Union Générale, outros surgirão: por exemplo, o escândalo do Canal do Panamá, no qual o herói francês do Canal do Suez, Ferdinand de Lesseps, enterrará toneladas de dinheiro, pensando que o Panamá é tão fácil de furar para unir o Atlântico ao Pacífico como o deserto do Sinai o fora para unir o Mediterrâneo ao mar Vermelho.

Também aqui não se consegue acreditar que França, que tão facilmente acertara com o Canal do Suez, possa falhar tão redondamente no Canal do Panamá, ao ponto de ter de abandonar a empresa que, mais tarde, será terminada pelos americanos. Tal como não se podia explicar a imprevidência dos católicos na Union Générale, alguma coisa deveria explicar a imprevidência dos franceses no Canal do Panamá. Não havendo judeus, inventam-se outros culpados, um dos quais será Gustave Eiffel (esse mesmo, o da Torre Eiffel), que tentou salvar o Canal do Panamá na fase final do empreendimento francês, apenas para receber dos antissemitas acusações de falta de patriotismo, basicamente motivadas pela sonoridade germânica do seu nome (e não, na verdade Eiffel nem sequer era judeu).

Pelo meio, entre o escândalo da Union Générale e o escândalo do Canal do Panamá, França sofre um febrão populista quando um garboso militar de nome Georges Boulanger aparece de rompante na política. Apesar de ter sido um fervoroso republicano anticlerical, ele é agora o favorito do revanchismo católico e até monárquico, que nele veem o homem forte capaz de redimir o país. Boulanger deixa-se seduzir, mas tem um problema: como convencer e manter atrás de si tantas posições políticas diferentes, de republicanos autoritários a monárquicos de várias estirpes, orleanistas e *bourbons*, católicos e bonapartistas?

Outro problema de Boulanger é o facto de não ter um programa nem propostas políticas para França. Decide então adotar um programa simples no qual toda a gente possa depor esperanças. Esse programa tem três fases: dissolução, constituinte e referendo. Primeiro, é preciso dissolver o parlamento; depois, é preciso eleger uma assembleia constituinte, que fará uma nova Constituição capaz de responder a todos os anseios, mesmo os anseios contraditórios das várias tendências que apoiam Boulanger; em terceiro lugar, como esses anseios são contraditórios, tudo se resolverá, finalmente, num referendo.

Os políticos republicanos, evidentemente, atacam Boulanger, e Boulanger responde segundo aquele velho critério de que a melhor defesa é o ataque. A certa altura, um primeiro-ministro chamado Charles Floquet é desafiado por Boulanger a entrar em duelo. Extraordinariamente, Floquet – que, ao contrário de Boulanger, nem era militar, nem estava em boa forma física, antes tinha uma proeminente barriga e estatura reduzida – aceita o duelo. Mais estranhamente ainda, Floquet ganha o duelo contra Boulanger, espetando-lhe o sabre no pescoço. Contrariamente ao que seria de esperar, todos aqueles que veem em Boulanger um herói não ficam dececionados com a sua derrota em duelo e fazem dele um herói que arriscou a vida para salvar a honra de França.

A partir de então, Boulanger entra decididamente na política. Candidata-se em várias eleições intercalares, antes do fim do mandato, que na altura eram para círculos uninominais, nos quais se elege apenas um deputado. Ganha todas elas, e a certa altura vence a mais importante num círculo eleitoral parisiense. Era o dia 27 de janeiro de 1889. Esfuziantes de alegria, os apoiantes de Boulanger juntam-se à sua volta gritando: "*À l'Elysée! À l'Élysée!*".

Ao ser-lhe oferecida a possibilidade de tomar o Palácio do Eliseu à força, Boulanger tergiversa e parte para Clermont-Ferrand, onde tinha a sua amante à espera. Depois disso, Boulanger não terá mais oportunidades. Os republicanos aproveitam para o perseguir judicialmente devido às finanças da sua campanha, secretamente mantida pelos monárquicos. Com medo de ser preso, Boulanger foge para a Bélgica com a sua amada

MEMÓRIA QUINTA: DO ÓDIO

Marguerite a 1º de abril de 1889. Mas nem mesmo essa humilhação, de ser um fugitivo sem coragem de encarar a prisão, desanima os seus apoiantes. Não voltará a França e não cederá aos apelos dos seus correligionários para regressar e liderar a campanha pela tomada do poder, o que torna a paixão dos seus apoiantes ainda mais irracional e intensa.

Quando Marguerite morre, Boulanger suicida-se sobre a sua campa, no cemitério de Ixelles, então uma cidade próxima de Bruxelas, mas que é hoje um bairro da capital belga. Estamos a 30 de setembro de 1891. Tal como a derrota contra Floquet, a fuga para não encarar a prisão e o facto de não ter regressado a França apesar dos apelos dos seus apoiantes, também o seu suicídio não amaina os entusiasmos dos partidários que o proclamam um mártir de França digno de Joana D'Arc.

É este o ambiente em França quando, três anos depois, em setembro de 1894, aparece uma carta enviada ao adido militar da embaixada da Alemanha, contendo informações militares francesas. Até aqui, tudo o que descrevi é do século XIX, ainda que pareça estranhamente contemporâneo. A partir de agora as coisas mudam. Após uma rápida investigação, o Estado-Maior do Exército acredita ter encontrado o culpado pela carta enviada aos alemães: um capitão judeu e alsaciano chamado Alfred Dreyfus.

TERCEIRA CONVERSA

Antes de a verdade calçar as botas

O Caso Dreyfus – *l'Affaire*, como ficou simplesmente conhecido na França desse tempo – começou num caixote de lixo. A partir daí, foi sempre a descer.

Uma senhora francesa chamada Marie Bastian era empregada de limpeza na embaixada da Alemanha em Paris e, também, no escritório do adido militar alemão em França, Maximilian von Schwartzkoppen. Mas madame Bastian era mulher de um *gendarme* e, apesar de descrita como "vulgar, estúpida e completamente iletrada" pelos superiores para quem secretamente trabalhava, a verdade é que era suficientemente inteligente para roubar todos os dias o lixo do oficial Schwartzkoppen e levá-lo regularmente a um encontro com o oficial Armand Auguste Charles Ferdinand Marie Mercier du Paty de Clam, chefe da enganadoramente chamada Secção de Estatística das Forças Armadas Francesas – que, na verdade, era uma secção de espionagem e contraespionagem militar francesa. No fim de setembro de 1894, madame Bastian traz uma nota manuscrita, rasgada em seis pedaços, que o adido Schwartzkoppen tinha deitado ao lixo. Aquilo que não interessara ao adido militar alemão – porque continha informações que poderiam ter sido repescadas no boletim da artilharia, que era público – tornou-se, contudo, da mais obsessiva importância para o Estado-Maior-General francês, em estado de choque por descobrir que haveria entre os seus subordinados um traidor.

Essa nota manuscrita ficará para sempre conhecida pelo nome de *bordereau*, o que me cria um problema, já que *bordereau* não tem uma boa tradução em português. Não é bem um envelope, também não é uma carta, será talvez algo como uma listagem, como numa guia de remessa ou numa nota de vendas. O seu conteúdo era o seguinte:

Sem novas da sua parte indicando que me deseja ver, envio-vos porém, Monsieur, algumas informações interessantes. 1º: uma nota sobre o travão hidráulico de 120 e a forma como se tem comportado esta peça. 2º: uma nota sobre as tropas de cobertura (as modificações serão acrescentadas pelo novo plano). 3º: uma nota sobre uma modificação às formações da artilharia. 4º: uma nota relativa a Madagáscar. 5º: o projeto do manual de tiro da artilharia de campo (14 de março de 1894). Este último documento é extremamente difícil de encontrar e não posso tê-lo à minha disposição senão por pouquíssimos dias. O Ministério da Guerra enviou-o a um número limitado nos batalhões e são os batalhões que são os responsáveis por eles. Cada oficial que os detenha deve devolver o seu após a manobra. Se você quiser retirar daí aquilo que lhe interessar e mo devolver depois, poderei obtê-lo. A menos que vossa mercê queira que eu faça copiar integralmente e enviar-vos a cópia. Vou partir em manobras.

A Secção de Estatística colou cuidadosamente os seis pedaços do *bordereau* com adesivos e relatou as suas descobertas ao Estado-Maior-General, que as partilhou com o ministro da Guerra. Todos juntos, começaram a tentar identificar o possível traidor. Não se deram conta, ou não valorizaram, que o traidor era um fanfarrão, uma vez que o *Manual de tiro* era bastante mais acessível do que ele dizia, e escapou-lhes a verificação de detalhes óbvios, como identificar os oficiais que pudessem ter partido em manobras nesse ano, após 14 de março, data da edição do *Manual de tiro*, e antes de setembro, data em que o *bordereau* tinha sido encontrado no lixo por madame Bastion. Em vez disso, seguiram a pista da artilharia, pensando que certamente quem enviara o *bordereau* teria de ser da artilharia, embora as informações contidas no *bordereau* pudessem também ter sido obtidas por outros ramos das Forças Armadas e até por um público mais generalizado, pois não eram propriamente secretas.

Nas suas buscas, rapidamente os generais e os oficiais da Secção de Estatística se interessaram pela figura de um capitão de artilharia que trabalhava com o Estado-Maior e que tivera até então uma carreira brilhante, embora não fosse tido por simpático entre a maioria dos generais. Era um judeu alsaciano chamado Alfred Dreyfus e – pormenor revelador, mas não verificado pelos investigadores militares – que não tinha partido em manobras recentemente, ou seja, entre março de 1894, como afirmava taxativamente o *bordereau*, e setembro, a data em que este tinha sido encontrado. Apressadamente, os militares procuraram um exemplo da escrita de Dreyfus e, embora ela não fosse idêntica à do *bordereau*, pareceu-lhes suficientemente parecida para prepararem uma armadilha ao capitão.

... Sans nouvelles m'indiquant que vous
désirez me voir, je vous adresse cependant,
Monsieur, quelques renseignements intéressants :

1° une note sur le frein hydraulique
du 120 et la manière dont s'est conduite
cette pièce ;

2° une note sur les troupes de couverture.
(quelques modifications seront apportées par
le nouveau plan).

3° une note sur une modification aux
formations de l'artillerie ;

4° une note relative à Madagascar.

5° le projet de manuel de tir de
l'artillerie de campagne. (14 mars 1894.)

Ce dernier document est extrêmement
difficile à se procurer et je ne puis
l'avoir à ma disposition que très peu
de jours. le ministère de la guerre

*O Caso Dreyfus – 'l'Affaire', como ficou
simplesmente conhecido na França desse
tempo – começou num caixote de lixo.
A partir daí, foi sempre a descer.*
(p. 325)

MEMÓRIA QUINTA: DO ÓDIO

A 13 de outubro de 1894, num sábado ao fim da manhã, Dreyfus recebe uma convocatória para se apresentar na segunda-feira seguinte, às nove da manhã, no Ministério da Guerra, "em traje burguês", ou seja, sem farda. Ignorando o que o espera, é recebido pelo comandante Paty de Clam e três outros homens, mas não pelo general de Boisdeffre, que era o chefe do Estado-Maior que ele esperava ver. Paty de Clam vira-se para Dreyfus e diz-lhe: "Tenho de escrever uma carta para o general de Boisdeffre assinar, mas magoei os dedos" – e ao dizer isso mostra a sua mão direita numa luva de seda. "Poderá você escrever a carta em meu lugar?". Dreyfus estranha, mas acede a esse pedido bizarro. Mal começa a escrever, sente no seu ombro a mão do comandante Paty, que lhe diz: "Em nome da lei, você está preso, acusado do crime de alta traição".

Nessa mesma tarde, Dreyfus é enviado para a prisão de Cherche-Midi, de onde não sairá tão cedo, até porque a única saída honrosa que lhe chega a propor um dos generais, mostrando-lhe um revólver, é o suicídio, que ele recusa. Desde então e até ao fim, Dreyfus proclamará sempre a sua inocência. Durante o resto do mês de outubro, o caso é ainda desconhecido da opinião pública. O irmão de Alfred Dreyfus, Mathieu Dreyfus, vem a Paris visitar a família e encontra a cunhada desesperada com a detenção do seu marido. Desde então incansável defensor do seu irmão, Mathieu procura-lhe um primeiro advogado, o penalista Demange, um homem metódico, formalista, muito cortês e intensamente católico.

A 29 de outubro de 1894, Alfred Dreyfus ainda está detido na prisão de Cherche-Midi, perto do Boulevard Raspail, na margem esquerda do Sena e, por coincidência, no mesmo lugar onde meio século depois se construirá a École des Hautes Études en Sciences Sociales, onde se estuda história, sociologia e outras disciplinas, e onde eu passei alguns anos da minha vida.

No fim do mês de outubro de 1894, sai a primeira notícia sobre o caso e, não por acaso, é no jornal de Édouard Drumont, *La Libre Parole*. Essa primeira notícia lança perguntas e suspeitas, sem dizer nada sobre a identidade do possível culpado de alta traição, e provocando o Ministério da Guerra, por este manter segredo sobre o caso. A partir de 31 de outubro, porém, o jornal *La Patrie* já fala de um "oficial israelita [ou seja, judeu], adstrito ao Ministério da Guerra", e o jornal *Le Soir* diz que "o oficial em questão se chama Dreyfus, tem 35 anos e é capitão de artilharia". A partir do dia 1º de novembro, *La Libre Parole* não larga mais o caso. Em letras garrafais, na primeira página, noticia: ALTA TRAIÇÃO. DETENÇÃO DO OFICIAL JUDEU A. DREYFUS.

Um espião, traindo a França pela Alemanha, e ainda por cima judeu, era mais do que suficiente para encher as medidas de Édouard Drumont e dos seus cronistas antissemitas. Um deles dizia "temos ao menos uma consolação, é que não foi um verdadeiro francês a cometer esse crime". A este judeu alsaciano, Alfred Dreyfus, que tinha recusado a invasão alemã para manter a nacionalidade francesa, *La Libre Parole* descreve como alguém que "detesta os franceses, enquanto judeu e enquanto alemão. Alemão pelo gosto e pela educação. Judeu pela raça. Fez o que fez enquanto judeu e alemão e mais nada". Não são só os antissemitas sensacionalistas de *La Libre Parole* que se deixam levar por esse frenesim. Também o muito católico *La Croix*, que aliás ainda existe e que tinha apoiado Bontoux no caso da Union Générale, passa ao próximo nível. Agora, já não é só Dreyfus, oficial judeu, que é culpado, embora não houvesse prova nenhuma disso, e sim todos os judeus no seu conjunto, a quem o devoto *La Croix* chama "vampiros, uma gangrena medonha que tudo apodrece" e que o *La Croix* gostaria de "desinfetar".

Não vou, pelo menos por agora, submeter-vos a mais especímenes dessa retórica, embora os haja em abundância – e, creiam-me, a partir de agora o registo fica bastante pior do que isso. Houve antissemitismo antes e depois do Caso Dreyfus, mas o antissemitismo moderno nasceu com o Caso Dreyfus e é um esgoto a céu aberto tanto do ponto vista retórico como moral.

O solo fértil da França *revancharde*, regado por doses copiosas de ressentimento e vitimização das elites católicas e monárquicas, faz germinar esse fenómeno, mas não tem o seu exclusivo. Há que dizer que, mesmo na esquerda republicana, muitos admitem desde logo, e sem questionar, que Dreyfus será certamente culpado. Políticos como o republicano Clemenceau ou o socialista Jaurès, que mais tarde serão vigorosos *dreyfusards*, dão nesses primeiros tempos por adquirida a culpabilidade de Dreyfus e lamentam até que a pena de morte tenha sido abolida, pois consideram-na inteiramente adequada a esse caso.

Tendo em conta o ambiente geral, era notoriamente difícil para o Estado-Maior das Forças Armadas francesas sair do caso sem uma condenação. Ao ponto a que as coisas tinham chegado, não haver uma condenação seria uma humilhação para o Exército francês, e uma humilhação tanto maior quanto ocorria duas décadas e pouco depois da perda da Alsácia e da Lorena em 1871. Essa nova humilhação seria insuportável e, portanto, a condenação tinha de aparecer. A 3 de dezembro de 1894, Dreyfus é levado a conselho de

Dreyfus à l'ile du diable. (Dreyfuss auf der Teufelsinsel). 1898.

Paty de Clam vira-se para Dreyfus e diz-lhe: "Tenho de escrever uma carta para o general de Boisdeffre assinar, mas magoei os dedos" – e ao dizer isso mostra a sua mão direita numa luva de seda. "Poderá você escrever a carta em meu lugar?". Dreyfus estranha, mas acede a esse pedido bizarro. Mal começa a escrever, sente no seu ombro a mão do comandante Paty, que lhe diz: "Em nome da lei, você está preso, acusado do crime de alta traição".

(p. 329)

MEMÓRIA QUINTA: DO ÓDIO

guerra, tendo o seu perfil sido traçado num relatório cujo autor, o comandante D'Ormescheville, remata com as seguintes palavras:

> O capitão Dreyfus é detentor, conjuntamente com conhecimentos muito extensos, de uma memória notável; fala várias línguas, nomeadamente o alemão, que conhece profundamente, e o italiano, de que pretende não ter mais do que algumas vagas noções; além disso, possui um temperamento volúvel, até obsequioso, o que é muito conveniente nas relações de espionagem com os agentes estrangeiros. Era por isso perfeitamente indicado para a miserável e vergonhosa missão que ou incentivou, ou aceitou e a que, talvez com grande felicidade para a França, a descoberta das suas ações acabou por pôr cobro.

Começa aqui, para além do Caso Dreyfus, o Enigma de Alfred, pois o comandante Dreyfus, como homem e como pessoa, nunca pode estar bem para aqueles que o acusam – nem mesmo para aqueles que o defendem. Por Alfred Dreyfus ser inteligente, é considerado arrogante. Por ser modesto, é considerado falso. Por falar alemão perfeitamente, o que era inevitável num alsaciano, é uma ameaça. Por ser educado, é considerado escuso. Por se dizer inocente, é considerado culpado. Por teimar na sua inocência, é considerado um empecilho para a nação.

Mas a verdade é que as provas continuam curtas. O famoso detetive Bertillon apresenta-se então como especialista de grafologia. É a ele que cabe dizer que a escrita de Dreyfus é completamente diferente da escrita do *bordereau*, mas que isso, surpreendentemente, é mais uma prova de culpabilidade. Bertillon apresenta ao tribunal a sua tese da autofalsificação do *bordereau* por Dreyfus: a letra era diferente da de Dreyfus porque Dreyfus tinha falsificado a sua própria letra. Mas se o *bordereau* tinha sido escrito propositadamente com uma letra que de todo não era a caligrafia do acusado, não poderia ter sido escrito por qualquer pessoa? Para resolver esse problema, é entregue um dossiê ao conselho de guerra que é mantido secreto, invocando razões de Estado. A defesa não vê esse dossiê, nem, evidentemente, o público. Desse dossiê, cujo conteúdo é hoje conhecido, constam especulações infundadas, como a possibilidade de Dreyfus levar uma vida dupla com uma amante austríaca – que ele não tinha – ou a hipótese de precisar de dinheiro e por isso querer vender-se aos alemães – hipótese essa verdadeiramente inverosímil, uma vez que, da indústria familiar da família Dreyfus em Mulhouse,

Alfred recebia rendimentos entre dez e vinte vezes superiores ao que ganhava na artilharia. Também essa vontade patriótica de servir a França em vez de ganhar mais dinheiro na indústria familiar não serve para dar uma garantia de patriotismo a Alfred Dreyfus; pelo contrário, os seus generais não podem acreditar em tanta virtude: se ele está no Exército sem precisar do dinheiro é certamente porque tem outras razões inconfessáveis, como desejar servir aos alemães por odiar a França, independentemente de ter optado pela nacionalidade francesa e não ter aceitado a anexação da Alsácia pelos alemães.

A desconfiança em relação a Dreyfus prossegue assim sucessivamente, em espiral. Mais tarde, desse mesmo dossiê constarão até peças forjadas por um subordinado de Paty de Clam, um homem chamado Hubert Henri, entre as quais um suposto bilhete de Schwartzkoppen ao adido militar italiano (que alguns documentos sugerem ter sido seu amante) no qual este fala do "sacana do D.". O que, apesar de aparecer num documento forjado, é entendido pelo Estado-Maior-General como suficiente para identificar Dreyfus.

Dreyfus é enviado primeiro para a Ilha de Ré, na costa atlântica da França, e depois para a Ilha do Diabo, nas Antilhas. Pouco pode escrever à família. Em França começa a saga da sua mulher Lucie, dos seus dois filhos e do seu irmão Mathieu para encontrar aliados e provar a sua inocência. Mas antes disso há um momento simbólico, registado em gravuras e incontáveis reportagens da época: a degradação de Dreyfus, que acontece em Paris. Numa parada militar, Dreyfus apresenta-se, os seus galões são-lhe retirados e o seu sabre quebrado no joelho de um oficial. Antes de ser levado, Dreyfus ainda grita uma última vez que é inocente perante uma multidão aos gritos e aos urros que o chama de traidor e grita "morte aos judeus".

Também aqui a retórica antissemita de escritores e colunistas como Drumont, Maurras, Léon Daudet, que conhecemos na primeira conversa, e muitos outros, atinge um novo pico na infindável cordilheira de muitos picos dessa retórica em todo o Caso Dreyfus. Claro que o discurso político e jornalístico do século XIX era, em geral, intenso – e no Caso Dreyfus ainda mais do que em muitas outras polémicas. Mesmo assim, não deixa de impressionar a violência verbal dos textos dos anti-*dreyfusards* por esses dias e nos meses e anos seguintes, em crónicas, em reportagens, artigos de jornal.

Impressionam, acima de tudo, especificidades que seriam inteiramente desnecessárias. Por exemplo, os escritos antissemitas e anti-*dreyfusards* têm uma obsessão permanente com os traços físicos e fisionómicos de Dreyfus.

MEMÓRIA QUINTA: DO ÓDIO

Permanentemente o exageram e caricaturam, tentando torná-lo grotesco. Parte disso é típico do antissemitismo. Com as referências constantes ao nariz de Dreyfus – nem por isso propriamente invulgar –, os seus adversários pretendem aproximá-lo da caricatura do judeu que já têm na cabeça. Mostram também uma vontade permanente de humilhação, de rebaixamento, de ódio puro e simples, de ver Dreyfus cada vez mais alquebrado, mais espezinhado, mais pontapeado.

Os anti-*dreyfusards* alegam amar qualquer coisa – pelo menos, a França. Mas nem esse amor, nem nenhum outro amor, transparece na sua escrita. Não se encontra nos seus textos nenhuma da escrita elevada que um Zola celebrizará não só em *J'Accuse*, mas em muitos outros textos sobre o mesmo caso, em frases como: "Tenho a tenaz esperança de ver em breve muita verdade, muita justiça, de ver chegar os campos longínquos onde germina o futuro – e continuo à espera".

Mas Zola só chegará muito depois. Por agora, durante dois longos anos, o terreno de jogo é dominado pelo ódio dos Drumont, dos Daudet e dos Maurras. Pelo menos até o jornal *Le Matin* publicar, em 10 de novembro de 1896, mais de dois anos depois de Dreyfus ser preso, o fac-símile do famoso *bordereau*, o Caso Dreyfus parece não avançar.

No interior do Exército francês, a Secção de Estatística tem um novo chefe chamado Marie-Georges Picquart, que começa a aperceber-se de que algo – aliás, muita coisa – está errado com a condenação de Dreyfus. Quando procura os seus superiores para tentar salvar a honra do Exército, vê as suas iniciativas serem recusadas e acaba por ser enviado para a Tunísia. No entanto, apesar de ter sido professor de Dreyfus, Picquart é também um antissemita e não gosta do seu ex-aluno. Confia a um advogado seu amigo a informação de que encontrou nos seus arquivos uma carta de um outro oficial cuja letra parece idêntica à do infame *bordereau* – e que não é de Dreyfus –, mas não permite qualquer divulgação desse segredo, nem que o advogado revele a identidade do oficial que tem a letra igual à do *bordereau*.

Estamos nisso quando um judeu de origem portuguesa (e eventualmente espanhola) chamado Jacob – ou Jacques – de Castro, corretor na Bolsa de Amesterdão, olha um dia para a página do jornal *Le Matin*, onde finalmente é publicado o fac-símile do *bordereau*, e diz para si mesmo que lhe parece reconhecer aquela letra. Poderia jurar que um cliente dele tem exatamente aquela caligrafia. No escritório de Paris, junto dos seus sócios e talvez também do seu irmão, Élie de Castro, o sr. Jacob de Castro procura entre os seus arquivos e acha a correspondência em causa. O autor era de facto um cliente dele, que lhe enviava cartas a pedir para comprar e vender ações. O seu nome era Marie Charles Ferdinand Walsin Esterhazy, oficial do Exército francês que, ele sim, tinha partido em manobras no primeiro semestre de 1894, como dizia na mensagem ao adido Schwartzkoppen.

A caligrafia das ordens de compra e vendas de ações que Esterhazy enviava ao sr. De Castro era idêntica à do *bordereau*.

Jacob de Castro entra em contacto com Mathieu Dreyfus e combina com ele um encontro no Boulevard Montmartre. No seu posterior livro de memórias do Caso Dreyfus (*L'Affaire tel que je l'ai vécue* [O caso como eu o vivi]), Mathieu conta que se encontrou exatamente às duas horas da tarde de um dia de novembro de 1896 no Boulevard Montmartre com o sr. Jacob de Castro e alguns dos seus sócios. O sr. De Castro tinha posto sobre uma mesa o fac-símile do *bordereau*, numa moldura ao alto, e embaixo, à direita e à esquerda, várias cartas que lhe tinham sido enviadas por Esterhazy. Diz então a Mathieu Dreyfus: "*Regardez*. Fui imediatamente surpreendido pela extraordinária semelhança das escritas". Estudava febrilmente, mas com zelo e longamente, os detalhes da escrita das cartas e comparava-os com o *bordereau*. Não havia dúvidas de que quem tinha escrito o *bordereau* fora Esterhazy.

Quando confrontado com essa descoberta, o advogado do comandante, entretanto destituído, Marie-Georges Picquart confirmará que a caligrafia dessas cartas era também idêntica à de cartas que o seu representado tinha em sua posse de um oficial pedindo – ou melhor, exigindo com bastante arrogância – promoções no Exército. E quem escrevera essas outras cartas, esse outro *corpus* documental que estava nos arquivos do Exército com Marie-Georges Picquart? O nome desse oficial era o mesmo: Marie Charles Ferdinand Walsin Esterhazy. Bingo: havia agora dois corpos documentais diferentes assinados pela mesma mão, e cuja caligrafia era igualzinha à do famoso *bordereau*. O traidor não era Dreyfus, mas Esterhazy.

Como diria Zola, mais tarde: "A verdade estava em marcha e nada a poderia deter". Mas isso revelou ser uma ilusão. E, aliás, só foi escrito mais tarde.

Antes do sr. De Castro, antes de Picquart, muito antes de Zola, antes mesmo de a verdade ter calçado as botas para se pôr em marcha, havia apenas um homem só contra a corrente, chamado Bernard Lazare.

QUARTA CONVERSA

O meu problema
com Bernard Lazare

O meu problema com Bernard Lazare é que não consigo fazê-lo caber numa conversa, nem provavelmente numa memória inteira, nem sequer num livro. Para isso, devo confessá-lo já, o melhor é lerem uma das biografias que lhe foram consagradas, a de Jean-Christophe Bredin – que vamos aqui seguir em traços largos – ou a de Philippe Oriol. Mesmo depois de tirar uns dias para me esquecer do excesso de leituras sobre ele, de modo a resumi-lo aqui ao essencial, só a grande custo, e porque começamos a aproximar-nos do fim desta memória, conseguirei enfiá-lo mais ou menos à força apenas nesta quarta conversa. Por isso o melhor é começar por declarar derrota. Não se consegue resumir Lazare.

Em princípio, isso não deveria acontecer. Bernard Lazare é o mais lado B de todos os meus lados B deste livro. Mais lado B do que isto, e passa-se ao lado A dos lados B.

Bernard Lazare não é o mais conhecido dos defensores de Alfred Dreyfus – esse lugar será ocupado eternamente por Émile Zola, que foi posto no Panteão também por isso. Não é o mais importante dos sionistas – esse é e será sempre Theodor Herzl. Não é sequer o mais conhecido dos anarquistas, nem o mais conhecido do top 10 ou do top 20 dos anarquistas, onde é difícil encontrá-lo sob uma floresta de gente relevante, de Proudhon a Bakunine e de Kropotkine a Elisée Réclus. Não é o poeta simbolista mais importante – que talvez seja Mallarmé ou Apollinaire. Não é sequer o judeu anarquista, ou o anarquista judeu, mais importante, e aqui a escolha é grande, de Emma Goldman a Noam Chomsky. Mas Bernard Lazare foi o primeiro em algumas coisas, mas em geral não ficou conhecido por elas.

Foi ele o primeiro a defender Alfred Dreyfus, num manuscrito para uma brochura que terminava como uma praga, com uma litania de "acuso"!

Sim, foi Bernard Lazare – e não Zola – a inventar aquele encantamento acusatório, mas foi Zola a ficar famoso por isso. Em polémica com Édouard Drumont, meio século antes do inimaginável assassinato em massa dos judeus europeus no Holocausto, Bernard Lazare parece ser dos primeiros a pressentir um pesadelo, um pesadelo europeu, aquilo a que o antissemitismo francês do fim do século XIX levará:

> O papel do antissemita é reunir as tropas, mas resta saber como procederão as tropas. Para isso faltam dados precisos. Vejamos, sr. Drumont, que irá Vossa Excelência fazer dos judeus? Mostre-me o seu programa. Imagino que você não o tenha. Nem você nem os seus discípulos antissemitas. Vocês dir-me-ão, "Prove, prove que não temos programa". Pois, eis que é muito fácil. Há cerca de um ano abriram, no vosso jornal *La Libre Parole*, um concurso para saber quais seriam os meios de acabar com a supremacia judaica. Eu próprio pedi para fazer parte do júri desse concurso e ainda estou à espera que me convoquem. Mas o concurso anda a ser adiado todos os meses. Não será isso uma prova da confusão das ideias dos antissemitas? Seria finalmente o momento, no entanto, no próprio interesse do vosso partido antissemita, de dizerem de uma vez por todas aquilo que vocês querem. Vou continuar à espera da sua resposta, sr. Drumont, e, se Vossa Excelência não me responder, poderemos então falar de outra coisa.

Nesse mesmo texto, Bernard Lazare vai ainda mais longe, como se fosse um profeta e tivesse entrado antecipadamente no século XX:

> Qual é então a sua solução para o antissemitismo, sr. Drumont? Será ela a expulsão dos judeus? Mas não estou a ver os estados europeus a jogarem pingue-pongue [*jouant à la raquette*, diz Bernard Lazare] com os seus judeus respetivos, mandando da França para Alemanha, da Alemanha para França. Será a sua solução os guetos? Ou as leis restritivas, ou o confinamento dos judeus no seu próprio território? Mas o perigo, dir-me-ão vocês, é que o astucioso judeu não conseguirá nunca aceitar ser dominado pelas outras nações. Então qual será a sua solução? A escravização dos judeus? Mas o vosso problema é que certos donos acabariam por confiar nos seus escravos. Qual é então a sua solução? A conversão em massa, ou seja, aquilo que Portugal e Espanha tentaram fazer no século XV e no século XVI? Mas, dizem vocês,

*Foi ele o primeiro a defender Alfred
Dreyfus, num manuscrito para uma
brochura que terminava como uma praga,
com uma litania de "acuso"! Sim, foi
Bernard Lazare – e não Zola – a inventar
aquele encantamento acusatório, mas foi
Zola a ficar famoso por isso.*

(p. 337)

MEMÓRIA QUINTA: DO ÓDIO

os antissemitas acabariam por recusar com horror essa sugestão se o próprio papa viesse a fazê-la. Então, a única proposta lógica e decisiva não será a exterminação dos judeus até ao último de entre eles?

É aterrador ler estas palavras e saber que foram escritas em 1890, no século anterior ao do Holocausto.

Por outro lado, Bernard Lazare é também quem, oitenta e tal anos antes da fundação do Estado de Israel, escreve ao mais célebre proponente dessa ideia, Theodor Herzl, fundador do sionismo moderno, alertando para a probabilidade de um Israel colonizador no Médio Oriente vir a cometer contra as populações locais os crimes que os Estados europeus cometeram contra os judeus: "Você, Vossa Excelência, tu, Theodor Herzl, és burguês nos teus pensamentos, burguês nos teus sentimentos, burguês nas tuas ideias, burguês na tua conceção da sociedade". Com isso Lazare pretendia dizer que o sionismo de Theodor Herzl era um sionismo capitalista-estatista. Pelo contrário, o sionismo de Lazare – quando ele lá chegar, o que vai demorar muito tempo – seria um sionismo não nacionalista, que não advogava a criação de um Estado, nem necessariamente a ocupação de um território, propondo antes um ideal de emancipação e uma organização coletiva dos proletários judeus, sob a forma, por exemplo, de sindicatos ou de um partido transnacional, social-democrata, de judeus europeus (que chegou a existir, sob a denominação de *Bund*, "federação" ou "aliança").

Dizia Bernard Lazare: "Não me é mais possível participar da organização do comité de que não posso aprovar as tendências, os procedimentos e as atas". E em seguida critica o sionismo internacional:

Não posso mais fazer parte de uma espécie de governo autocrático que vai erigir, em princípio, um inaceitável esoterismo que nada pode justificar a meus olhos. Esse comité de ação pretende dirigir a massa judaica como uma espécie de criança ignorante, sem se perguntar sobre as suas necessidades, nem as suas aspirações, sem ter em conta o seu estado económico, intelectual e moral. É uma conceção radicalmente oposta a todas as minhas opiniões políticas e sociais e, portanto, não posso assumir essa responsabilidade.

A partir de amanhã, sem dúvida, esse comité de ação vai deter a mais extraordinária das ferramentas de opressão e desmoralização: um banco colonial. O nosso governo será então representado por um cofre-forte. Eu não faço parte desse governo. Não foi com isso que sonhei. Não foi também com isso que sonharam os profetas e as gentes humildes que escreveram os salmos.

No entanto, se me separo de ti, Theodor Herzl, e dos teus sionistas, não me separo do povo judeu, do meu povo de proletários e miseráveis. É pela sua libertação que eu continuarei a ansiar, para qual continuarei a trabalhar, apesar de o fazer por vias que não são as vossas.

Mais do que ser o primeiro, Lazare parece estar muito à frente. Mais do que estar à frente, parece estar em todo o lado. Acertou muito, como vemos, mas errou também bastante. Naquilo em que acertou, porém, foi transcendente; naquilo em que errou, foi sincero. Bernard Lazare é transbordante, excessivo, impossível de resumir, como comecei por dizer. E é esse o meu problema com ele: saber que vou falhar.

Lazare Marcus Manassé Bernard nasceu na cidade meridional francesa de Nimes; o seu pseudónimo literário é apenas a inversão do seu primeiro e último nomes: de Lazare Bernard para Bernard Lazare. (E, portanto, ele não tem nada a ver com a família judia de uma anarquista do outro lado do Atlântico, essa, descendente de portugueses, chamada Emma Lazarus, que escreverá os versos para o pedestal da Estátua da Liberdade.) A família de Bernard Lazare era uma família judia, mas não religiosa, e ele não se auto-identificava como judeu, e sim como israelita.

Aqui é preciso abrir um parêntesis para explicar que, nessa época, muito antes da fundação do Estado de Israel e até antes de haver sionismo moderno, a palavra "israelita" não se referia à pertença a um Estado-nação, e sim a uma comunidade histórica. Ao afirmar-se israelita mas não judeu, Bernard Lazare estava a dizer que fazia parte do povo mas não da religião judaica. É no mesmo sentido, por exemplo, que em Portugal se funda, já no final do século XIX, a Comunidade (então Comité) Israelita de Lisboa. Além disso, em francês, tal como no português do Brasil, ainda hoje o termo israelita (*israélite*) não se refere ao moderno Estado de Israel, para que se criaria a seu tempo os termos *israélien* e *israelense*. "Israelita" é assim uma referência ao reino bíblico, mais político, que existiu a norte de Jerusalém por separação do reino, mais religioso, de Judá, em torno de Jerusalém.

Acresce a tudo isso um problema complicado: Bernard Lazare é, por esta altura da sua juventude, antissemita. Para Bernard Lazare, os "judeus" eram os outros, os imigrantes do Leste Europeu que chegavam fugidos dos *pogroms* na

MEMÓRIA QUINTA: DO ÓDIO

Rússia, e que o jovem Bernard Lazare desprezava como iletrados, antes de unir a sua vida à luta deles. Quanto a ele, pois, ele era um israelita de França, ou um francês israelita, que não tinha nada a dever, em termos de patriotismo ou pertença ao solo pátrio, a qualquer nacionalista francês. Lazare recorda com orgulho que as famílias judias a que ele próprio pertencia já estavam em França havia mais de 2 mil anos – desde o tempo dos romanos ou dos gauleses, e muito antes de haver francos ou franceses.

Bernard Lazare não ligava muito à escola, mas era inteligente e criativo. E era, acima de tudo, especialmente percetivo e imaginativo. Os seus interesses eram a literatura e a política – e, mais tarde, a história das religiões. Um dos seus melhores amigos, que se chamava a si mesmo Éphraïm Mikhaël, era um jovem em condições poéticas. Quando Éphraïm decide tentar a sua sorte na vida literária da capital francesa, convida Bernard Lazare a acompanhá-lo. Este, ainda com os estudos incompletos, vai então para Paris, onde frequenta os círculos literários da Belle Époque, os cafés e *salons* da Rive Gauche, e pouco a pouco, para ganhar a vida, torna-se jornalista.

Os textos dos seus amigos desta altura – correspondência, biografias, memórias – transmitem a imagem do melhor dos amigos: generoso, sempre presente, sempre na redação do jornal ajudando ao fecho, sempre até altas horas nas jantaradas e nos copos, sempre às primeiras horas da madrugada nas serenatas ou ajudando um amigo a fazer uma mudança.

Bernard Lazare escreve um livro de contos com Éphraïm Mikhaël. O estilo é simbolista, daquela corrente literária influenciada por Baudelaire e depois por Rimbaud e Verlaine; talvez mais do que tudo, emblematizada por Mallamé e mais tarde por Apollinaire, em que há uma recusa da realidade banal, procurando no irracional do antigo, nos símbolos, uma verdade mais densa e mais profunda. Essa é uma época em que Paris se torna a capital cultural mundial. É a época das primeiras exposições internacionais. A sombra da Torre Eiffel já se projeta sobre a capital do Império, depois Terceira República.

Bernard Lazare, Éphraïm Mikhaël e outros dos seus amigos parecem, nessa fase, não estar demasiado interessados na política. São poetas e contistas, simplesmente ou complicadamente. Mas, a pouco e pouco, os escândalos da Terceira República, os escândalos da Union Générale, de Boulanger, do Panamá, aqueles de que falámos no início desta nossa memória, os escândalos do fim da década de 1880 e do início da década de 1890, acabam por atrair Lazare para a política. Dentro da política, ele aproxima-se e depois empenha-se convictamente no anarquismo. Não num anarquismo genérico, porque este é provavelmente o período mais complicado de toda a história do movimento anarquista.

É um período em que o movimento anarquista cresce muito, influenciando proletários em França, Itália, depois Espanha, Portugal e também do outro lado do Atlântico, onde, por esta altura, em 1886, oito anarquistas são condenados, uma parte dos quais enforcados, dando assim início, a partir de Chicago, às comemorações do Primeiro de Maio moderno. Ao mesmo tempo, este é um período de algum terrorismo anarquista, que, apesar de minoritário no movimento, deixa uma impressão indelével nas sociedades. Em França, o presidente Sadi Carnot é assassinado por um anarquista. Há atentados, como os de Ravachol, que são especialmente violentos. Bernard Lazare demarca-se sempre da violência dos anarquistas. Não sendo exatamente um anarcopacifista, como foram o grande escritor russo Lev Tolstói e tantos outros, é um anarquista convicto. Deseja a auto-organização dos proletários, pretende que a coerção e o autoritarismo de Estado sejam superados, luta para que acabe aquilo que considera ser a "escravização salarial" dos trabalhadores, que recebem uma paga miserável em fábricas com horários infindáveis de trabalho – e que toda essa emancipação se dê, propõe, através de uma federação de sindicatos, como já antes propusera Pierre-Joseph Proudhon.

Bernard Lazare funda uma série de jornais, periódicos, revistas anarquistas, e colabora nos jornais, periódicos e revistas dos seus amigos, ao mesmo tempo que continua a escrever para a imprensa de maior tiragem e principalmente de âmbito mais literário-político, assinando críticas literárias ou de artes. É aqui que Lazare se torna conhecido, talvez mais por aquilo que à frente ele verá como os seus erros do que pelos seus acertos. Ele é um crítico especialmente intolerante, severo, às vezes até achincalhador dos outros artistas e poetas – provavelmente fruto de um entusiasmo de juventude, que depois moderará com o seu coração generoso, por todos reconhecido, até mesmo pelos seus adversários.

Ao mesmo tempo, Lazare volta a estudar. Entra na École Normale Supérieure e segue estudos de história das religiões, também na École Pratique des Hautes Études, cuja sexta secção haveria de se transformar na École des Hautes Études en Sciences Sociales, cujo edifício-sede foi erguido sobre a prisão onde daqui a pouco entrará o capitão Alfred Dreyfus. Ainda antes

MEMÓRIA QUINTA: DO ÓDIO

do Caso Dreyfus, Bernard Lazare, que agora começa a compreender melhor o seu próprio judaísmo e a assumi-lo, percebe que o antissemitismo é um problema sério. Por esta altura, Alfred Dreyfus era um ambicioso e bem-sucedido capitão do Exército – embora mal-amado pelos colegas – e podia ainda dar-se ao luxo de ignorar por mais uns tempos que a república que escolhera ao decidir não ser alemão aquando da anexação da Alsácia não era a sua república; Alfred Dreyfus podia ainda viver num mundo de ilusão.

Colaborando em jornais e seguindo a verborreia antissemita de gente como Édouard Drumont, Charles Maurras e Léon Daudet, Bernard Lazare começa a perceber que é ele próprio o alvo desse ódio. Primeiro, nos seus contos literários, escreve: "Rumores na rua, gritos", "Morte aos judeus!" – evocações do passado em que a sua alma judaica ainda não está presente. Como diz Jean-Christophe Bredin, ele fala dos judeus literariamente, evoca-os literariamente, mas ainda escreve na sua correspondência como não sendo judeu. Pouco depois, porém, regista: "Serei judeu? Mas o que é isso, afinal? Será que não sou um homem simplesmente porque sou judeu? O que é esta coisa de ser judeu? Ignoro". E no fim de um dos seus contos:

> Um dia acordei de um sonho. Eu tinha vivido no meio de um povo e pensava que era do mesmo sangue que esse povo. Fui ensinado a alegrar-me com as suas alegrias e a entristecer-me com as suas dores. O seu solo pátrio era o meu solo pátrio. O seu céu, o doce céu que eu amava. Para mim não havia céu mais belo. E acreditava que era irmão daqueles que me rodeavam. E, no dia em que acordei, ouvi gente dizer que eu afinal era de outro sangue, de outro solo, de outro céu, de outra fraternidade. Acordei judeu quando antes ignorava o que era um judeu.

Interesses literários, anarquismo e, pouco a pouco, judaísmo. Logo no início de 1890, ainda antes do Caso Dreyfus e da fundação do movimento sionista por Theodor Herzl, Lazare escreve a sua obra contra o antissemitismo, onde se lê:

> Como já disse, não há raças. Existem povos, existem nações, o que se chama impropriamente uma raça é apenas uma unidade etnológica, mas na verdade não é uma unidade etnológica, é uma unidade histórica, intelectual e moral. Os judeus não são ligados por um *ethnos*, eles são uma espécie de nacionalidade, mas de tipos variados, mas qual não é a nação que é diversa? Aquilo que

faz de um povo um povo não é uma unidade de origem, é uma unidade de sentimentos, de pensamento e de ética. Vejamos então se os judeus apresentam essa unidade, e assim encontraremos, através dessa dedução, o segredo da animosidade que se lhes tem.

Bernard Lazare começa então a conseguir imaginar essa unidade judaica na diversidade dos Estados europeus, na diversidade de experiências dos judeus que ele antes tinha desprezado e que fogem aos *pogroms* da Rússia czarista. Começa a perceber que o facto de serem perseguidos faz dos judeus o mesmo que faria, por exemplo, dos ciganos: cidadãos transnacionais europeus e, de certa forma, cidadãos do futuro, de um mundo onde todos pudessem ser cidadãos do mundo.

Nessa distinção – que ele, no fundo, vai buscar à tradição judaica – Lazare enamora-se do Estado de Israel antigo, um Estado político onde os reis eram escolhidos por um conselho, e afasta-se do Estado religioso de Judá, em que o rei era rei por graça divina. É precisamente através dessa efabulação de um Estado político de Israel, de uma república, que Bernard Lazare se aproxima por algum tempo do sionismo. Dá-lhe, contudo, roupagens socialistas, de defesa dos proletários e de cooperativismo, por oposição a um estatismo capitalista que inevitavelmente acabaria por, ao colonizar o Médio Oriente, se erigir em guarda avançada do imperialismo europeu *sobre* os árabes, em vez de *com* os árabes participar dos movimentos de libertação contra esse imperialismo europeu que também tinha massacrado e perseguido os judeus. De certa forma, Bernard Lazare é o antepassado de um Uri Avnery, o grande pacifista e ativista pró-palestiniano, judeu, que morreu em Israel em 2018.

Em 1894, quando começa o Caso Dreyfus, de início Bernard Lazare não quer deixar-se entusiasmar; afinal, as suas afinidades judaicas tinham mudado. Todo ele estava com os proletários imigrantes que vinham da Europa do Leste e não com a burguesia judaica francesa rica ou capitalista. Portanto, sente-se dividido entre coração e razão. A sua razão não quer entusiasmar-se com o Caso Dreyfus, o seu coração está com Alfred Dreyfus, porque, antes de toda a gente, Bernard Lazare se apercebe de que a razão por que tão rapidamente o Estado-Maior-General francês decide que Dreyfus tem de ser culpado, a razão pela qual, até mesmo entre a esquerda e os socialistas franceses, mesmo até entre alguns judeus franceses, há um encolher de ombros e uma assunção de que Alfred Dreyfus teria de ser culpado, era o antissemitismo.

BERNARD LAZARE

L'ANTISÉMITISME

SON HISTOIRE ET SES CAUSES

PARIS
LÉON CHAILLEY, ÉDITEUR
8, RUE SAINT-JOSEPH, 8

1894

*Interesses literários, anarquismo e,
pouco a pouco, judaísmo. Logo no início
de 1890, ainda antes do Caso Dreyfus
e da fundação do movimento sionista
por Theodor Herzl, Lazare escreve a sua
obra contra o antissemitismo, onde se lê…*
(p. 345)

*Bernard Lazare está assim entre uma
espada e uma parede. Tem perdido os seus
empregos, tem perdido os seus rendimentos,
as suas colaborações na imprensa (à exceção
da imprensa anarquista, que não paga), e,
por outro lado, não pode ainda publicar
a sua memória sobre o Caso Dreyfus.
É nessa versão ainda manuscrita, aliás,
que estão os "acuso" que Émile Zola
haveria de eternizar.*

(p. 348)

Une Erreur Judiciaire

L'AFFAIRE DREYFUS

PAR

BERNARD LAZARE

(Deuxième Mémoire avec des Expertises d'Ecritures

DE

MM. Crépieux-Jamin, Gustave Bridier
de Rougemont, Paul Moriaud, E. de Marneffe, de Gray Birch
Th. Gurrin, J.-H. Schooling, D. Carvalho, etc.)

PARIS
P.-V. STOCK, Éditeur
(Ancienne Librairie Tresse & Stock)
8, 9, 10, 11, Galerie du Palais-Royal (Palais-Royal).

1897

MEMÓRIA QUINTA: DO ÓDIO

Lazare acabou de escrever o seu livro sobre o antissemitismo e vê no Caso Dreyfus ecos do passado. E alguma coisa começa a cheirar-lhe a esturro. Na verdade, há poucas ou nenhumas provas. O capitão Dreyfus continua a dizer que é inocente, e Lazare começa a recolher dados sobre o caso. Mais tarde, quando Mathieu Dreyfus procura aliados, alguém lhe diz algo como: "Devias falar com o Bernard Lazare. O Lazare acha que o teu irmão é inocente; é conhecido, é crítico de arte, e crítico literário nos jornais da especialidade, é suficientemente conhecido, é um excelente polemista e é empenhado nas suas causas". Mathieu entra em contacto com Bernard Lazare e este começa a escrever uma primeira memória sobre o Caso Dreyfus. A partir de agora, por causa dos seus artigos polémicos sobre o Caso Dreyfus, antes de haver o movimento *dreyfusard*, Lazare perde empregos, perde dinheiro e começa a viver com dificuldades. No entanto, juntamente com a sua mulher, Julie, não cedem, e ele continua a escrever a sua memória, que no entanto não pode publicar imediatamente. Mathieu pede-lhe que adie porque, segundo o advogado de Dreyfus, sempre cauteloso, naquela altura era inconveniente chamar demasiadamente as atenções.

Bernard Lazare está assim entre uma espada e uma parede. Tem perdido os seus empregos, tem perdido os seus rendimentos, as suas colaborações na imprensa (à exceção da imprensa anarquista, que não paga), e, por outro lado, não pode ainda publicar a sua memória sobre o Caso Dreyfus. É nessa versão ainda manuscrita, aliás, que estão os "acuso" que Émile Zola haveria de eternizar.

Finalmente, em 1896 – ainda antes de *Le Matin* publicar o fac-símile do famoso *bordereau* que supostamente implicava Dreyfus, mas que afinal tinha sido escrito por Esterhazy; antes de Jacob de Castro ter descoberto, entre a sua correspondência, que fora Esterhazy a escrever aquele bilhete; antes ainda de o comandante Picquart, da Secção de Estatística do Exército francês, ter vindo a público anunciar que haviam descoberto um *petit bleu*, uma outra nota enviada ao adido militar alemão também escrita com uma caligrafia igual à de Esterhazy –, sai o opúsculo de Lazare sobre o Caso Dreyfus. Com várias edições cada vez que aparecem factos novos, é aos opúsculos de Bernard Lazare que se vão buscar factos e dados e até documentos, a partir dos quais será possível reabrir o processo Dreyfus. Serão eles, em última análise, a trazer Dreyfus da Ilha do Diabo, a permitir que Zola afirme que "a verdade está agora em marcha e nada a poderá deter". Só que Zola estava enganado.

QUINTA CONVERSA

A verdade acerca da verdade

Julgo que a ideia que em geral temos do Caso Dreyfus, mesmo quando é pouca, seja mais ou menos a seguinte: num primeiro momento, devido a um erro judiciário, um capitão judeu é falsamente acusado e condenado por espionagem; num segundo momento, a verdade vem ao de cima, trazida à tona por salvadores heroicos como Émile Zola. Assunto esclarecido. Os bons ganharam. Vitória, vitória, acabou-se a história.

Se assim fosse, esta última conversa seria desnecessária. Mas não foi de todo assim. A verdade não veio à tona de água, com uma força irresistível, como se de uma boia se tratasse. A verdade não veio à tona de água, mesmo tendo heróis a ir buscá-la às profundezas. A verdade pode nunca vir à tona quando há mãos interessadas em mantê-la, a ela e aos heróis da verdade, no fundo.

Para se entender o que quero dizer, acompanhem-me enquanto listo algumas datas: o Caso Dreyfus começou em setembro de 1894. Em 22 de dezembro, Alfred Dreyfus é condenado por unanimidade à degradação e à deportação perpétua por alta traição. No último dia desse ano, 31 de dezembro, o equivalente ao tribunal de apelação, a Cour de Cassation, rejeita qualquer recurso de Dreyfus para os tribunais civis. Poucos dias depois, a 5 de janeiro, dá-se a cena famosa da degradação de Dreyfus num pátio da escola militar. Em abril de 1895, Dreyfus chega à Ilha do Diabo. Um ano depois, em março de 1896, o comandante Picquart, agora chefe da Secção de Estatística, o serviço secreto do Exército francês, descobre que o verdadeiro traidor era o comandante Esterhazy, mas mantém segredo durante vários meses. Só em agosto desse ano de 1896, quase dois anos depois da detenção de Dreyfus, Picquart contará a verdade aos seus superiores e, a partir daí, são estes que o obrigam a manter segredo, enviando-o até para uma espécie de exílio interno na Tunísia (a Tunísia era um protetorado francês desde 1881). O caso está completamente parado e Mathieu vê-se forçado a espalhar rumores, através da imprensa inglesa, de que o seu irmão terá fugido da Ilha do Diabo, na tentativa de que, chegados a França, tais rumores façam mexer qualquer coisa. Sucesso: assustada, a imprensa anti-*dreyfusarde* publica, no jornal *L'Éclair*, a notícia de que havia mais provas contra Dreyfus e de que estas estavam num dossiê secreto entregue aos juízes do Tribunal Militar. Com essa informação inteiramente desconhecida da defesa de Dreyfus, a sua mulher Lucie começa a ambicionar reabrir o processo com base em irregularidades judiciais. É aqui que, em novembro de 1896, no dia 6, Bernard Lazare publica – em Bruxelas, para evitar a censura militar – o primeiro livro sobre o caso: *Une Erreur judiciaire: La Vérité sur l'Affaire Dreyfus*.

Apesar de ainda muito pouco estar documentado, Bernard Lazare usa ao máximo as suas capacidades dedutivas e aquilo que aprendeu nas investigações históricas para a sua obra sobre antissemitismo (publicada na primeira metade dessa década) e, num verdadeiro *tour de force*, começa a conseguir virar alguma opinião pública. É num primeiro manuscrito para essa obra que Lazare redige uma conclusão baseada numa série de curtos parágrafos, todos eles iniciados pelo verbo "acuso": o artifício literário que ficará célebre, dali a mais de um ano, quando usado por Émile Zola. Só alguns dias depois, a 10, é finalmente publicado um fac-símile do *bordereau*, no qual o corretor Jacob de Castro identificará a letra do seu cliente Esterhazy.

Passam-se dois anos, depois dois anos e meio, e só então, em junho de 1897, Picquart diz finalmente ao seu advogado que o verdadeiro traidor, encontrado por outra pista através dos serviços militares, é Esterhazy, pedindo-lhe que mantenha segredo. Passa quase meio ano, ou seja, mais de três anos depois da prisão de Dreyfus, até que a informação de Jacob de Castro sobre o verdadeiro traidor seja comunicada ao advogado de Picquart por um senador apoiante de Dreyfus, chamado Scheurer-Kestner. Quando este diz o nome de Esterhazy, o advogado de Picquart sente-se finalmente aliviado do seu segredo e confirma que esse é também o nome que ele tem para o verdadeiro traidor. As duas linhas de investigação independentes confluíram finalmente, e o resultado é o mesmo.

Estará a verdade a vir à tona? Ainda não, ainda não. Novembro de 1897 – Zola, escritor muitíssimo famoso, publica o seu primeiro artigo a favor de Dreyfus, no *Le Figaro*. É um novo elemento de peso para a equipa, mas já se passaram mais de três anos desde a detenção de Dreyfus, mais de dois sobre os primeiros artigos de Lazare, mais de um sobre o primeiro livro de Lazare

MEMÓRIA QUINTA: DO ÓDIO

que estivera muito tempo na gaveta, à espera de uma autorização da família de Dreyfus. Antes de 1897 acabar, Zola publica uma carta à juventude – *Lettre à la jeunesse* –, que conquista muito mais gente para o campo *dreyfusard*.

Entra o ano de 1898 e Zola envia um novo texto seu para o jornal *L'Aurore*, cujo diretor é Clemenceau – o mesmo que chegará a ser presidente da República Francesa e o principal negociador da paz de Versalhes após a Primeira Guerra Mundial, mas que nesta altura é um deputado que perdeu eleições e com uma segunda carreira de muitíssimo talento no jornalismo. Pois bem, Clemenceau lê o texto de Zola e, repescando nos parágrafos finais do texto, decide intitulá-lo, em letras garrafais, a toda a largura do jornal, "J'ACCUSE…!": LETTRE AU PRÉSIDENT DE LA RÉPUBLIQUE PAR ÉMILE ZOLA [Eu acuso: Carta ao presidente da República, por Émile Zola]. *L'Aurore* vende mais de 100 mil exemplares nesse dia.

Os jovens que foram mobilizados pela *Lettre à la jeunesse* estão nas ruas a distribuir o jornal por todo o lado. Em vez do processo de Dreyfus ser reaberto, é uma condenação por difamação contra as Forças Armadas francesas que se abate sobre Zola, que terá de fugir no verão desse ano para Inglaterra.

Jean Jaurès, líder socialista que em tempos acreditara na culpabilidade de Dreyfus, toma agora o testemunho de Zola e de Lazare no jornal *La Petite République* e passa a apresentar prova atrás de prova da inocência de Dreyfus. Descobre-se que uma das provas contra Dreyfus, a suposta carta entre os adidos militares alemão e italiano que fala do "sacana do D.", foi forjada por um comandante dos serviços secretos chamado Hubert-Joseph Henry.

Desmascarado, Henry suicida-se, não sem antes admitir que tinha forjado a carta, mas que o tinha feito pela França, história que a direita nacionalista anti-*dreyfusarde* vai engolir completamente. Picquart – que em tempos fora o chefe desses serviços secretos e também chefe do comandante Henry, desconfiando precisamente que o seu subordinado estava metido na conspiração para condenar Dreyfus – é agora enfiado na mesma prisão de Cherche-Midi onde Dreyfus fora preso quatro anos antes. Só no verão de 1899 será anulado o julgamento de há cinco anos, pelas irregularidades processuais que Lucie Dreyfus consegue provar nos tribunais. Alfred Dreyfus é agora transportado da Ilha do Diabo para ser de novo apresentado a julgamento.

Apesar da enorme quantidade de provas a seu favor e contra Esterhazy que se tinham, entretanto, acumulado, a verdade não veio ainda à tona de água. Dreyfus é de novo condenado.

Agora atentem no seguinte: Scheurer-Kestner morre em 19 de setembro de 1899, no mesmo dia em que Dreyfus é amnistiado, mas não perdoado, pela República Francesa; Émile Zola, perseguido e consumido pela doença, morre em 1902. Bernard Lazare morre em 1903, aos 38 anos apenas. Todos eles, os primeiros e mais importantes defensores de Dreyfus, morrem antes que seja feita justiça a Dreyfus. A mentira sobrevive-lhes a todos, mas, na verdade, Dreyfus também. Por sua vez, Léon Daudet, o homem que odiava Dreyfus, a democracia, as mulheres e a ciência, vai sobreviver a todos, inclusive a Dreyfus, morrendo apenas em 1942. Daudet morre com a França ocupada pelos seus amigos antissemitas – é certo que alemães, mas dessa vez isso não lhe faz confusão nenhuma.

Mas não nos ficamos por aqui. E se eu vos disser que a única hipótese que o Caso Dreyfus tem de se resolver é transformando em herói não o próprio Dreyfus, nem Lazare, nem Zola, mas Picquart – por ser militar, católico e antissemita? E se eu vos disser que o homem que forjou documentos contra Dreyfus e que se suicidou por vergonha, Henry, será também ele transformado em herói pela extrema-direita anti-*dreyfusarde*, que acredita que ele falsificou documentos para salvar a honra da França? Pior ainda: e se eu vos disser que o verdadeiro traidor, Esterhazy, também é transformado em herói? Esterhazy, que claramente vendeu segredos para pagar dívidas de jogo, dá entrevistas assumindo-se como herói pela França – e a mesma direita nacionalista, anti-*dreyfusarde*, aceita. Esterhazy assume, inclusivamente, ter sido ele a escrever o famoso *bordereau* – mas alega que o fez sob ordens do comando, numa armadilha contra os alemães e traidores judeus. Extraordinariamente, ou talvez não, os antissemitas engolem a história.

Vimos demasiados filmes sobre a Segunda Guerra Mundial. Neles vemos os bons irem ao fundo dos fundos, mas depois regressarem à superfície – os que sobrevivem –, esquecendo-nos de todos os que ficaram pelo caminho. Saímos de cada um desses filmes vitoriosos, destruídos por dentro mas lustrados, devastados mas purificados. Ainda estamos, à época do Caso Dreyfus, longe desse cenário. As forças e as tendências que provocarão a Primeira Guerra Mundial só existem em forma embrionária, quanto mais a Segunda Guerra e o colapso do Estado de direito, da democracia e dos direitos fundamentais sob a pressão do fascismo, que ocorrerá entre a Primeira e a Segunda Guerras Mundiais. Portanto, aquele arco narrativo trágico, mas em última análise positivo, em que nós gostamos de acreditar, no qual depois de descermos às

Douzième Année. — Numéro 87

Cinq Centimes

JEUDI 13 JANVIER 1898

Directeur
ERNEST VAUGHAN

ABONNEMENTS

	Un an	Six mois	Trois mois
Paris	20 »	10 »	5 »
Départements et Algérie	24 »	12 »	6 »
Étranger (Union Postale)	35 »	18 »	10 »

POUR LA RÉDACTION :
S'adresser à M. A. BERTHIER
Secrétaire de la Rédaction

Adresse télégraphique : AURORE-PARIS

L'AURORE

Littéraire, Artistique, Sociale

Directeur
ERNEST VAUGHAN

LES ANNONCES SONT REÇUES :
142 — Rue Montmartre — 142
AUX BUREAUX DU JOURNAL

Les manuscrits non insérés ne sont pas rendus

ADRESSER LETTRES ET MANDATS :
à M. A. BOUIT, Administrateur

Téléphone : 102-88

J'Accuse...!

LETTRE AU PRÉSIDENT DE LA RÉPUBLIQUE

Par ÉMILE ZOLA

LETTRE
A M. FÉLIX FAURE

Président de la République

Monsieur le Président,

Me permettez-vous, dans ma grati-
ude pour le bienveillant accueil que
ous m'avez fait un jour, d'avoir le
ouci de votre juste gloire et de vous
ire que votre étoile, si heureuse jus-
u'ici, est menacée de la plus honteuse,
e la plus ineffaçable des taches?

Vous êtes sorti sain et sauf des bases calomnies, vous avez conquis les
œurs. Vous apparaissez rayonnant
ans l'apothéose de cette fête patrio-
ique que l'alliance russe a été pour
a France, et vous vous préparez à pré-
ider au solennel triomphe de notre
Exposition universelle, qui couronnera
otre grand siècle de travail, de vérité
t de liberté. Mais quelle tache de boue
ur votre nom — j'allais dire sur votre
ègne — que cette abominable affaire
reyfus! Un conseil de guerre vient,
r ordre, d'oser acquitter un Ester-
azy, soufflet suprême à toute vérité,
toute justice. Et c'est fini, la France
sur la joue cette souillure, l'histoire
rira que c'est sous votre présidence
u'un tel crime social a pu être commis.

Puisqu'ils ont osé, j'oserai aussi,
oi. La vérité, je la dirai, car j'ai pro-
is de la dire, si la justice, régulière-
ent saisie, ne la faisait pas, pleine
entière. Mon devoir est de parler, je
veux pas être complice. Mes nuits
raient hantées par le spectre de l'in-
ocent qui expie là-bas, dans la plus
freuse des tortures, un crime qu'il
a pas commis.

Et c'est à vous, monsieur le Prési-
nt, que je la crierai, cette vérité, de
ute la force de ma révolte d'hon-
te homme. Pour votre honneur, je
is convaincu que vous l'ignorez. Et
qui donc dénoncerai-je la tourbe
alfaisante des vrais coupables, si ce
est à vous, le premier magistrat du
ys?

∴

La vérité d'abord sur le procès et
r la condamnation de Dreyfus.

Un homme néfaste a tout mené, a
ut fait, c'est le colonel du Paty
Clam, alors simple commandant.
est l'affaire Dreyfus tout entière,
ne la connaîtra que lorsqu'une
quête loyale aura établi nettement
s actes et ses responsabilités. Il ap-
raît comme l'esprit le plus fumeux,
plus compliqué, hanté d'intrigues
manesques, se complaisant aux
oyens des romans-feuilletons, les
piers volés, les lettres anonymes,
rendez-vous dans les endroits dé-
rts, les femmes mystérieuses qui
portent, de nuit, des preuves acca-
antes. C'est lui qui imagina de
cter le bordereau à Dreyfus; c'est
qui rêva de l'étudier dans une
ce entièrement revêtue de glaces;
st lui que le commandant Forzinetti
us représente armé d'une lanterne
urde, voulant se faire introduire
s de l'accusé endormi, pour pro-
er sur son visage un brusque flot
lumière et surprendre ainsi son
me, dans l'émoi du réveil. Et je
i pas à tout dire, qu'on cherche,
trouvera. Je déclare simplement
e le commandant du Paty de Clam,
argé d'instruire l'affaire Dreyfus,
mme officier judiciaire, est, dans
rdre des dates et des responsabi-
és, le premier coupable de l'ef-
yable erreur judiciaire qui a été
mmise.

Le bordereau était depuis quelque
nps déjà entre les mains du colonel
ndherr, directeur du bureau des
nseignements, mort depuis de para-
ie générale. Des « fuites » avaient lieu, des papiers disparaissaient, comme il en disparaît aujourd'hui encore; et l'auteur du bordereau était recherché, lorsqu'un *a priori* se fit peu à peu que cet auteur ne pouvait être qu'un officier de l'état-major, et un officier d'artillerie : double erreur manifeste, qui montre avec quel esprit superficiel on avait étudié ce bordereau, car un examen raisonné démontre qu'il ne pouvait s'agir que d'un officier de troupe. On cherchait donc dans la maison, on examinait les écritures, c'était comme une affaire de famille, un traître à surprendre dans les bureaux mêmes, pour l'en expulser. Et, sans que je veuille refaire ici une histoire connue en partie, le commandant du Paty de Clam entre en scène, dès qu'un premier soupçon tombe sur Dreyfus. A partir de ce moment, c'est lui qui a inventé Dreyfus, l'affaire devient son affaire, il se fait fort de confondre le traître, de l'amener à des aveux complets. Il y a bien le ministre de la guerre, le général Mercier, dont l'intelligence semble médiocre; il y a bien le chef de l'état-major, le général de Boisdeffre, qui paraît avoir cédé à sa passion cléricale, et le sous-chef de l'état-major, le général Gonse, dont la conscience a pu s'accommoder de beaucoup de choses. Mais, au fond, il n'y a d'abord que le commandant du Paty de Clam, qui les mène tous, qui les hypnotise, car il s'occupe aussi de spiritisme, d'occultisme, il converse avec les esprits. On ne croira jamais les expériences auxquelles il a soumis le malheureux Dreyfus, les pièges dans lesquels il a voulu le faire tomber, les enquêtes folles, les imaginations monstrueuses, toute une démence torturante.

Ah! cette première affaire, elle est un cauchemar, pour qui la connaît dans ses détails vrais! Le commandant du Paty de Clam arrête Dreyfus, le met au secret. Il court chez madame Dreyfus, la terrorise, lui dit que, si elle parle, son mari est perdu. Pendant ce temps, le malheureux s'arrachait la chair, hurlait son innocence. Et l'instruction a été faite ainsi, comme dans une chronique du quinzième siècle, au milieu du mystère, avec une complication d'expédients farouches, tout cela basé sur une seule charge enfantine, ce bordereau imbécile, qui n'était pas seulement une trahison vulgaire, qui était aussi la plus impudente des escroqueries, car les fameux secrets livrés se trouvaient presque tous sans valeur. Si j'insiste, c'est que l'œuf est ici, d'où va sortir plus tard le vrai crime, l'épouvantable déni de justice, dont la France est malade. Je voudrais faire toucher du doigt comment l'erreur judiciaire a pu être possible, comment elle est née des machinations du commandant du Paty de Clam, comment le général Mercier, les généraux de Boisdeffre et Gonse ont pu s'y laisser prendre, engager peu à peu leur responsabilité dans cette erreur, qu'ils ont cru devoir, plus tard, imposer comme la vérité sainte, une vérité qui ne se discute même pas. Au début, il n'y a donc de leur part que de l'incurie et de l'inintelligence. Tout au plus, les sent-on céder aux passions religieuses du milieu et aux préjugés de l'esprit de corps. Ils ont laissé faire la sottise.

Mais voici Dreyfus devant le conseil de guerre. Le huis clos le plus absolu est exigé. Un traître aurait ouvert la frontière à l'ennemi, pour conduire l'empereur allemand jusqu'à Notre-Dame, qu'on ne prendrait pas des mesures de silence et de mystère plus étroites. La nation est frappée de stupeur, on chuchote des faits terribles, de ces trahisons monstrueuses qui indignent l'Histoire, et naturellement la nation s'incline. Il n'y a pas de châtiment assez sévère, elle applaudira à la dégradation publique, elle voudra que le coupable reste sur son rocher d'infamie, dévoré par le remords. Est-ce donc vrai, les choses indicibles, les choses dangereuses, capables de mettre l'Europe en flammes, qu'on a dû enterrer soigneusement derrière ce huis clos? Non! il n'y a eu, derrière, que les imaginations romanesques et démentes du commandant du Paty de Clam. Tout cela n'a été fait que pour cacher le plus saugrenu des romans-feuilletons. Et il suffit, pour s'en assurer, d'étudier attentivement l'acte d'accusation lu devant le conseil de guerre.

Ah! le néant de cet acte d'accusation! Qu'un homme ait pu être condamné sur cet acte, c'est un prodige d'iniquité. Je défie les honnêtes gens de le lire, sans que leur cœur bondisse d'indignation et crie leur révolte, en pensant à l'expiation démesurée, là-bas, à l'île du Diable. Dreyfus sait plusieurs langues, crime; on n'a trouvé chez lui aucun papier compromettant, crime; il va parfois dans son pays d'origine, crime; il est laborieux, il a le souci de tout savoir, crime; il ne se trouble pas, crime; il se trouble, crime. Et les naïvetés de rédaction, les formelles assertions dans le vide! On nous avait parlé de quatorze chefs d'accusation : nous n'en trouvons qu'une seule en fin de compte, celle du bordereau; et nous apprenons même que les experts n'étaient pas d'accord, qu'un d'eux, M. Gobert, a été bousculé militairement, parce qu'il se permettait de ne pas conclure dans le sens désiré. On parlait aussi de vingt-trois officiers qui étaient venus accabler Dreyfus de leurs témoignages. Nous ignorons encore leurs interrogatoires, mais il est certain que tous ne l'avaient pas chargé; et il est à remarquer, en outre, que tous appartenaient aux bureaux de la guerre. C'est un procès de famille, on est là entre soi, et il faut s'en souvenir : l'état-major a voulu le procès, l'a jugé, et il vient de le juger une seconde fois.

Donc, il ne restait que le bordereau, sur lequel les experts ne s'étaient pas entendus. On raconte que, dans la chambre du conseil, les juges allaient naturellement acquitter. Et, dès lors, comme l'on comprend l'obstination désespérée avec laquelle, pour justifier la condamnation, on affirme aujourd'hui l'existence d'une pièce secrète, accablante, la pièce qu'on ne peut montrer, qui légitime tout, devant laquelle nous devons nous incliner, le bon dieu invisible et inconnaissable. Je la nie, cette pièce, je la nie de toute ma puissance! Une pièce ridicule, oui, peut-être la pièce où il est question de petites femmes, et où il est parlé d'un certain D... qui devient trop exigeant, quelque mari sans doute trouvant qu'on ne lui payait pas sa femme assez cher. Mais une pièce intéressant la défense nationale, qu'on ne saurait produire sans que la guerre fût déclarée demain, non, non! C'est un mensonge; et cela est d'autant plus odieux et cynique qu'ils mentent impunément sans qu'on puisse les en convaincre. Ils ameutent la France, ils se cachent derrière sa légitime émotion, ils ferment les bouches en troublant les cœurs, en pervertissant les esprits. Je ne connais pas de plus grand crime civique.

Voilà donc, monsieur le Président, les faits qui expliquent comment une erreur judiciaire a pu être commise; et les preuves morales, la situation de fortune de Dreyfus, l'absence de motifs, son continuel cri d'innocence, achèvent de le montrer comme une victime des extraordinaires imaginations du commandant du Paty de Clam, du milieu clérical où il se trouvait, de la chasse aux « sales juifs », qui déshonore notre époque.

∴

Et nous arrivons à l'affaire Esterhazy. Trois ans se sont passés, beaucoup de consciences restent troublées profondément, s'inquiètent, cherchent, finissent par se convaincre de l'innocence de Dreyfus.

Je ne ferai pas l'historique des doutes, puis de la conviction de M. Scheurer-Kestner. Mais, pendant qu'il fouillait de son côté, il se passait des faits graves à l'état-major même. Le colonel Sandherr était mort, et le lieutenant-colonel Picquart lui avait succédé comme chef du bureau des renseignements. Et c'est à ce titre, dans l'exercice de ses fonctions, que ce dernier eut un jour entre les mains une lettre-télégramme, adressée au commandant Esterhazy, par un agent d'une puissance étrangère. Son devoir strict était d'ouvrir une enquête. La certitude est qu'il n'a jamais agi en dehors de la volonté de ses supérieurs. Il soumit donc ses soupçons à ses supérieurs hiérarchiques, le général Gonse, puis le général de Boisdeffre, puis le général Billot, qui avait succédé au général Mercier comme ministre de la guerre. Le fameux dossier Picquart, dont il a été tant parlé, n'a jamais été que le dossier Billot, j'entends le dossier fait par un subordonné pour son ministre, le dossier qui doit exister encore au ministère de la guerre. Les recherches durèrent de mai à septembre 1896, et ce qu'il faut affirmer bien haut, c'est que le général Gonse était convaincu de la culpabilité d'Esterhazy, c'est que le général de Boisdeffre et le général Billot ne mettaient pas en doute que le fameux bordereau fût de l'écriture d'Esterhazy. L'enquête du lieutenant-colonel Picquart avait abouti à cette constatation certaine. Mais l'émoi était grand, car la condamnation d'Esterhazy entraînait inévitablement la revision du procès Dreyfus; et c'était ce que l'état-major ne voulait à aucun prix.

Il dut y avoir là une minute psychologique pleine d'angoisse. Remarquez que le général Billot n'était compromis dans rien, il arrivait tout frais, il pouvait faire la vérité. Il n'osa pas, dans la terreur sans doute de l'opinion publique, certainement aussi dans la crainte de livrer tout l'état-major, le général de Boisdeffre, le général Gonse, sans compter les sous-ordres. Puis, ce ne fut là qu'une minute de combat entre sa conscience et ce qu'il croyait être l'intérêt militaire. Quand cette minute fut passée, il était déjà trop tard. Il s'était engagé, il était compromis. Et, depuis lors, sa responsabilité n'a fait que grandir, il a pris à sa charge le crime des autres, il est aussi coupable que les autres, il est plus coupable qu'eux, car il a été le maître de faire justice, et il n'a rien fait. Comprenez-vous cela! voici un an que le général Billot, que les généraux de Boisdeffre et Gonse savent que Dreyfus est innocent, et ils ont gardé pour eux cette effroyable chose. Et ces gens-là dorment, et ils ont des femmes et des enfants qu'ils aiment!

Le colonel Picquart avait rempli son devoir d'honnête homme. Il insistait auprès de ses supérieurs, au nom de la justice. Il les suppliait même, il leur disait combien leurs délais étaient impolitiques devant le terrible orage qui s'amoncelait, qui devait éclater, lorsque la vérité serait connue. Ce fut, plus tard, le langage que M. Scheurer-Kestner tint également au général Billot, l'adjurant par patriotisme de prendre en main l'affaire, de ne pas la laisser s'aggraver, au point de devenir un désastre public. Non! le crime était commis, l'état-major ne pouvait plus avouer son crime. Et le lieutenant-colonel Picquart fut envoyé en mission, on l'éloigna de plus loin en plus loin, jusqu'en Tunisie, où l'on voulut même un jour honorer sa bravoure, en le chargeant d'une mission qui l'aurait fait sûrement massacrer, dans les parages où le marquis de Morès a trouvé la mort. Il n'était pas en disgrâce, le général Gonse entretenait avec lui une correspondance amicale. Seulement, il est des secrets qu'il ne fait pas bon d'avoir surpris.

A Paris, la vérité marchait, irrésistible, et l'on sait de quelle façon l'orage attendu éclata. M. Mathieu Dreyfus dénonça le commandant Esterhazy comme le véritable auteur du bordereau, au moment où M. Scheurer-Kestner allait déposer, entre les mains du garde des sceaux, une demande en revision du procès. Et c'est ici que le commandant Esterhazy paraît. Des témoignages le montrent d'abord affolé, prêt au suicide ou à la fuite. Puis, tout d'un coup, il paye d'audace, il étonne Paris par la violence de son attitude. C'est que du secours lui était venu, il avait reçu une lettre anonyme l'avertissant des menées de ses ennemis, une dame mystérieuse s'était même dérangée de nuit pour lui remettre une pièce volée à l'état-major, qui devait le sauver. Et je ne puis m'empêcher de retrouver là le lieutenant-colonel du Paty de Clam, en reconnaissant les expédients de son imagination fertile. Son œuvre, la culpabilité de Dreyfus, était en péril, et il a voulu sûrement défendre son œuvre. La revision du procès, mais c'était l'écroulement du roman-feuilleton si extravagant, si tragique, dont le dénouement abominable a lieu à l'île du Diable! C'est ce qu'il ne pouvait permettre. Dès lors, le duel va avoir lieu entre le lieutenant-colonel Picquart et le lieutenant-colonel du Paty de Clam, l'un le visage découvert, l'autre masqué. On les retrouvera prochainement tous deux devant la justice civile. Au fond, c'est toujours l'état-major qui se défend, qui ne veut pas avouer son crime, dont l'abomination grandit d'heure en heure.

On s'est demandé avec stupeur quels étaient les protecteurs du commandant Esterhazy. C'est d'abord, dans l'ombre, le lieutenant-colonel du Paty de Clam qui a tout machiné, qui a tout conduit. Sa main se trahit aux moyens saugrenus. Puis, c'est le général de Boisdeffre, c'est le général Gonse, c'est le général Billot lui-même, qui sont bien obligés de faire acquitter le commandant, puisqu'ils ne peuvent laisser reconnaître l'innocence de Dreyfus, sans que les bureaux de la guerre croulent sous le mépris public. Et le beau résultat de cette situation prodigieuse, c'est que l'honnête homme là-dedans, le lieutenant-colonel Picquart, qui seul a fait son devoir, va être la victime, celui qu'on bafouera et qu'on punira. O justice, quelle affreuse désespérance serre le cœur! On va jusqu'à dire que c'est lui le faussaire, qu'il a fabriqué la carte-télégramme pour perdre Esterhazy. Mais, grand Dieu! pourquoi? dans quel but? Donnez un motif. Est-ce que celui-là aussi est payé par les juifs? Le joli de l'histoire est qu'il était justement antisémite. Oui! nous assistons à ce spectacle infâme, des hommes perdus de dettes et de crimes dont on proclame l'innocence, tandis qu'on frappe l'honneur même, un homme à la vie sans tache! Quand une société en est là, elle tombe en décomposition.

Voilà donc, monsieur le Président, l'affaire Esterhazy : un coupable qu'il s'agissait d'innocenter. Depuis bientôt deux mois, nous pouvons suivre heure par heure la belle besogne. J'abrège, car ce n'est ici, en gros, que le résumé de l'histoire dont les brûlantes pages seront un jour écrites tout au long. Et nous avons donc vu le général de Pellieux, puis le commandant Ravary, conduire une enquête scélérate d'où les coquins sortent transfigurés et les honnêtes gens salis. Puis, on a convoqué le conseil de guerre.

∴

Comment a-t-on pu espérer qu'un conseil de guerre déferait ce qu'un conseil de guerre avait fait?

Je ne parle même pas du choix toujours possible des juges. L'idée supérieure de discipline, qui est dans le sang de ces soldats, ne suffit-elle à infirmer leur pouvoir même d'équité? Qui dit discipline dit obéissance. Lorsque le ministère de la guerre, le grand chef, a établi publiquement, aux acclamations de la représentation nationale, l'autorité absolue de la chose jugée, vous voulez qu'un conseil de guerre lui donne un formel démenti? Hiérarchiquement, cela est impossible. Le général Billot a suggestionné les juges par sa déclaration, et ils ont jugé comme ils doivent aller au feu, sans raisonner. L'opinion préconçue qu'ils ont apportée sur leur siège est évidemment celle-ci : « Dreyfus a été condamné pour crime de trahison par un conseil de guerre; il est donc coupable, et nous, conseil de guerre, nous ne pouvons le déclarer innocent; or nous savons que reconnaître la culpabilité d'Esterhazy, ce serait proclamer l'innocence de Dreyfus. » Rien ne pouvait les faire sortir de là.

Ils ont rendu une sentence inique qui à jamais pèsera sur nos conseils de guerre, qui entachera désormais de suspicion tous leurs arrêts. Le premier conseil de guerre a pu être inintelligent, le second est forcément criminel. Son excuse, je le répète, est que le chef suprême avait parlé, déclarant la chose jugée inattaquable, sainte et supérieure aux hommes, de sorte que des inférieurs ne pouvaient dire le contraire. On nous parle de l'honneur de l'armée, on veut que nous l'aimions, que nous la respections. Ah! certes, oui, l'armée qui se lèverait à la première menace, qui défendrait la terre française, elle est tout le peuple et nous n'avons pour elle que tendresse et respect. Mais il ne s'agit pas d'elle, dont nous voulons justement la dignité, dans notre besoin de justice. Il s'agit du sabre, le maître qu'on nous donnera demain peut-être. Et baiser dévotement la poignée du sabre, le dieu, non!

Je l'ai démontré d'autre part : l'affaire Dreyfus était l'affaire des bureaux de la guerre, un officier de l'état-major, dénoncé par ses camarades de l'état-major, condamné sous la pression des chefs de l'état-major. Encore une fois, il ne peut revenir innocent, sans que tout l'état-major soit coupable. Aussi les bureaux, par tous les moyens imaginables, par des campagnes de presse, par des communications, par des influences, n'ont-ils couvert Esterhazy que pour perdre une seconde fois Dreyfus. Ah! quel coup de balai le gouvernement républicain devrait donner dans cette jésuitière, ainsi que les appelle le général Billot lui-même! Où est-il, le ministère vraiment fort et d'un patriotisme sage, qui osera tout y refondre et tout y renouveler? Que de gens je connais qui, devant une guerre possible, tremblent d'angoisse, en sachant dans quelles mains est la défense nationale! et quel nid de basses intrigues, de commérages et de dilapidations, est devenu cet asile sacré, où se décide le sort de la patrie! On s'épouvante devant le jour terrible que vient d'y jeter l'affaire Dreyfus, ce sacrifice humain d'un malheureux, d'un « sale juif »! Ah! tout ce qui s'est agité là de démence et de sottise, des imaginations folles, des pratiques de basse police, des mœurs d'inquisition et de tyrannie, le bon plaisir de quelques galonnés mettant leurs bottes sur la nation, lui rentrant dans la gorge son cri de vérité et de justice, sous le prétexte menteur et sacrilège de la raison d'Etat!

Et c'est un crime encore que de s'être appuyé sur la presse immonde, que de s'être laissé défendre par toute la fripouille de Paris, de sorte que voilà la fripouille qui triomphe insolemment,

Entra o ano de 1898 e Zola envia um
novo texto seu para o jornal 'L'Aurore'...
(p. 355)

MEMÓRIA QUINTA: DO ÓDIO

trevas acabamos por ver a luz, não se consegue ver a partir daqui. Pelo contrário, desce-se cada vez mais fundo, só se vê túnel no fim da luz.

A 31 de dezembro de 1898, quatro anos depois de Dreyfus ter sido definitivamente sentenciado à Ilha do Diabo – quando já se sabe que o famoso dossiê secreto continha documentos forjados, quando já o homem que os forjara se suicidou por isso, quando já se sabe que o verdadeiro traidor era Esterhazy –, ainda assim, por causa das suas reputações, por causa do seu orgulho, por causa da sua honra, por causa do seu ódio antissemita, os anti-*dreyfusards* não podem admitir que o pobre capitão seja perdoado. Nesse mesmo dia 31 de dezembro de 1898, os intelectuais da direita nacionalista e *revancharde* francesa fundam uma associação a que chamam Ligue de la Patrie Française.

Esses mesmos círculos intelectuais e mundanos franceses ultranacionalistas e antissemitas ressuscitam uma outra liga, a Ligue des Patriotes, cuja primeira versão, dos anos 1880, reunira republicanos moderados, chocados pela anexação da Alsácia, como Victor Hugo e Jules Ferry, mas que fora desviada – e cooptada – pela aventura populista de Boulanger de que falámos na segunda conversa desta memória. Em 1898, essa Liga dos Patriotas preconiza a abolição do regime parlamentar e faz agitação de rua contra os defensores de Dreyfus.

Juntas, a Liga dos Patriotas e a Liga da Pátria Francesa organizam a resposta nacionalista às descobertas de fraude no Caso Dreyfus e garantem o apoio ao tribunal militar que, na cidade bretã de Rennes, vai condenar de novo o capitão. Os líderes das ligas – Paul Déroulède e Maurice Barrès, a par de intelectuais como Léon Daudet e Charles Maurras, jornalistas antissemitas como Édouard Drumont – estabelecem então uma nova narrativa.

Sim, o capitão Henry da Secção de Estatística forjou documentos, falsificou-os – mas pelo bem da França, para garantir que um traidor fosse condenado. Sim, quem tinha mandado as informações aos alemães tinha sido Esterhazy e não Dreyfus, mas certamente porque este Esterhazy, não sendo judeu e sim um bom francês, estaria a agir certamente concertado com as sacrossantas Forças Armadas francesas (na verdade, Esterhazy era de origem húngara e divulgara textos em que dizia que em sonhos tinha matado com o seu sabre mais de 100 mil franceses; mais tarde, escapará às dívidas mudando-se para Inglaterra, onde permanece, ao contrário de Dreyfus, que voltará a lutar por França). Sim, Dreyfus fora condenado pelas Forças Armadas francesas sem provas, mas agora não se poderia voltar atrás, porque a República não poderia humilhar as suas próprias Forças Armadas. *"La France, c'est l'Armée, et l'Armée c'est la France"* – "A França é o Exército, e o Exército é a França." E se a França humilha o Exército, humilha-se a si mesma.

A verdade é que, apesar de tudo isso fazer pouco sentido ou mesmo nenhum, as ligas patrióticas e os antissemitas conseguem criar uma tal pressão sobre as instituições que o próprio governo republicano se sente incapaz de desautorizar o Tribunal Militar e de reenviar o caso para um tribunal civil, ou de perdoar Dreyfus, limpando o seu nome, o que seria uma prerrogativa constitucional do presidente da República. Sendo assim, o mais que o governo pode fazer, antes que a janela de oportunidade se feche nas eleições legislativas de 1902, é oferecer a Dreyfus a possibilidade de requerer uma amnistia. Alfred não o quer, porque sabe que ao requerer uma amnistia é como se estivesse implicitamente a aceitar a culpa. Ele é inocente e o que quer é justiça.

É então que se dá uma divisão no campo que antes o apoiava: os *dreyfusards* de um lado e os *dreyfusiens* do outro. E, por incrível que pareça, ou talvez não, os ódios entre esses dois campos, ambos teoricamente apoiando Alfred Dreyfus, não vão ser muito menores do que entre os campos *dreyfusard* e anti-*dreyfusard*. Os *dreyfusards* são aqueles para quem nada menos do que uma vitória total conta. Tudo o resto – até a liberdade do capitão Dreyfus – significa pouco.

Entre esses novos *dreyfusards* conta-se o comandante Marie-Georges Picquart, que no entanto demorara tanto tempo a revelar a verdade sobre o Caso Dreyfus. Mas Picquart, agora martirizado pelo exílio na Tunísia e pela detenção na prisão de Cherche-Midi, é uma figura muito útil para o *dreyfusismo*: Mathieu Dreyfus e outros sabem que a presença de um militar – garboso e solteiro, católico e com fama de antissemita, antigo professor de Alfred Dreyfus, de quem não gostava pessoalmente, com uma imagem de retidão dentro do Exército – tinha um valor incalculável. Marie-Georges Picquart poderia oferecer a solução para o caso, ajudando a salvar a face das Forças Armadas, o que aliás o conduzirá, mais tarde, ao cargo de ministro da Guerra. Picquart era uma personagem que poderia chegar a segmentos mais conservadores e católicos, aos quais nem Bernard Lazare nem Émile Zola alguma vez acederiam. Foi assim que os apoiantes de Dreyfus, incluindo o seu irmão Mathieu, tomaram a decisão consciente de fazer de

MEMÓRIA QUINTA: DO ÓDIO

Picquart um herói. Ainda hoje, aliás, é assim que algumas narrativas o apresentam, ainda que ele tenha sido apenas alguém que cumpriu com os mínimos de seriedade nas Forças Armadas, por vezes tarde e a más horas, como se viu.

Os *dreyfusiens* eram, por outro lado, os que desejavam introduzir um pouco de humanidade naquela luta, que se lembravam de que Alfred Dreyfus havia mais de cinco anos não via a mulher e os filhos e que tinham talvez uma visão mais pragmática ou política de como se poderia sair do impasse. Contavam-se entre esses políticos de talento Clemenceau e Jaurès, o próprio Mathieu Dreyfus, é claro, que queria ver o irmão em casa, e até Bernard Lazare, que não resistira a estreitar uma amizade calorosa com a família de Alfred. Os *dreyfusiens* sabiam que a justiça do Estado era mais uma questão de poder do que de verdade, e que a justiça justa, no seu sentido mais existencial e profundo, dependia de Alfred saber que era inocente, do facto de toda a gente já o ter percebido também, quer o admitissem ou não, e dependia acima de tudo de deixar a família Dreyfus seguir a sua vida tanto quanto possível.

Assim acontece. Alfred volta ao Exército que tanto o maltratara e que, ainda agora, não lhe devolve as promoções que ele teria tido se não tivesse sido injustamente condenado. Ainda assim, ele irá oferecer-se para servir na Primeira Guerra Mundial em defesa de França. É assim que participa na Batalha de Verdun, onde morrem mais de 1 milhão de jovens europeus no embate entre os exércitos alemão e francês.

Alfred Dreyfus sai muitíssimo fragilizado dos anos passados na Ilha do Diabo, a ponto de o único momento em que os seus inimigos têm alguma pena dele ser quando o veem entrar alquebrado na revisão do julgamento, em Rennes, referindo-se em reportagens ao seu corpo e à sua face. Pois bem, esse Alfred Dreyfus fragilizado, emagrecido, emaciado sobreviverá a muitos dos que o defendem, morrendo apenas em 1935, aos 75 anos, quarenta anos depois do caso que o tornou involuntariamente célebre.

Mas como já o disse, Alfred Dreyfus não sobrevive a muitos dos que o acusam, como o Léon Daudet, que morrerá apenas durante a Segunda Guerra Mundial, numa França ocupada e dirigida por um marechal Pétain que ele idolatrava, mas sob cujo comando não servira, ao contrário de Dreyfus.

Vindos de várias décadas do pós-guerra e do pós-queda do Muro de Berlim europeu, somos afortunados, nós, europeus do início do século XXI, porque não convivemos com um tempo em que as forças do ódio político tenham sido mais do que residuais. Talvez tenhamos visto, como dizia há pouco, demasiados filmes da Segunda Guerra Mundial. Para nós, o passado é a preto e branco e, quando começou a tornar-se a cores, passou a ser mesmo arriscado.

Assim não foi durante as décadas que acabámos de percorrer nesta memória. Para quem as viveu, elas foram a cores também, o céu era azul, havia dias bonitos, vivia-se a Belle Époque, faziam-se as exposições universais em Paris, existiam os cafés e os boulevards, mas durante todo esse tempo, durante todas essas décadas, essas forças do ódio foram sempre pressionantes, foram muitas vezes dominantes e algumas vezes cruciais, até determinantes. O combate a essas forças fazia-se em condições de desgaste e perigo permanente. A verdade acerca da verdade é que ela não vem à tona da água sozinha. A verdade precisa de quem se arrisque por ela.

Havia, na escola onde Bernard Lazare frequentava o seu curso de história das religiões, um bibliotecário pequeno, calvo, com um bigode triste. Era também um judeu renano, daqueles que recusaram a anexação alemã e, por patriotismo, escolheram ser cidadãos da República Francesa. Apenas para descobrir depois que, sendo judeu e tendo um nome de tonalidades germânicas, os seus concidadãos não lhe queriam conceder na prática a igualdade de direitos de que ele teoricamente dispunha desde a Revolução. Descobriu-o mais ou menos ao mesmo tempo que Bernard Lazare, e mais ou menos na mesma altura em que um jornalista austríaco chamado Theodor Herzl, sediado em Paris durante o Caso Dreyfus, percebe que a via da assimilação que sempre defendera não seria vivida pelos judeus europeus, porque o antissemitismo era demasiado forte.

Herzl desenvolve então a ideia de que os judeus têm de construir um Estado onde fiquem seguros e assim cria o sionismo – um sionismo, no entanto, dividido entre intelectuais e classes mais altas, por um lado, e classes proletárias vindas do Império Russo, por outro (por esta altura, circula a anedota judaica de que um sionista era um judeu que queria mandar outro judeu para a Palestina).

Se olharmos bem para tudo isso, é impressionante ver como tanta coisa nasce no Caso Dreyfus. O antissemitismo, reimportado pela Alemanha a partir de França, quando em França tivera aspetos antialemães, após a Primeira Guerra Mundial vai dar origem à famosa *Dolchstoßlegende*, a "lenda da facada nas costas", em que Hitler e muitos outros vão acreditar. A Alemanha não

MEMÓRIA QUINTA: DO ÓDIO   361

pode ter perdido a guerra sozinha, como a Union Générale não podia ter ido à falência sozinha, como o Exército francês não poderia ter inventado as provas contra Dreyfus sozinho. Não. Quando essas desgraças acontecem é porque há sempre uma conspiração maior, uma conspiração mais funda – e quem senão os judeus poderia urdi-la? Então, por um lado, o antissemitismo moderno que nasce com o Caso Dreyfus é aquele, conforme Bernard Lazare intuíra, que leva à tentativa de extermínio dos judeus europeus e ao assassinato de 6 milhões deles. Mas é também aqui, durante esse intenso período jornalístico, político, polemizante, que o jovem jornalista Theodor Herzl envia as suas correspondências para os jornais de Viena, dando origem ao sionismo moderno, que por sua vez criará o Estado de Israel (embora este se mantenha por muito tempo dividido entre a versão mais estadista e capitalista de Theodor Herzl, por um lado, e, por outro, a de sociais-democratas, socialistas, anarquistas e comunistas, que vão para Israel, sim, mas não necessariamente para fazer o Estado, antes para fundar as suas cooperativas e, inclusive, para tentar, sem sucesso, estabelecer laços com os movimentos de libertação árabes em luta contra o imperialismo europeu).

Muita coisa nasce, de facto, durante o Caso Dreyfus. Mas voltemos atrás. Falava-vos há pouco de outra pessoa – de outro alguém, como se diz em crioulo de Cabo Verde. A história que ia contar-vos é a do bibliotecário pequeno, calvo e com um bigode triste que trabalhava na escola onde Bernard Lazare estudava.

O seu nome era Lucien Herr. Era um homem sábio que, não sendo professor, tinha visto passar por si gerações de estudantes brilhantes a quem influenciara como só os bibliotecários sabem fazer: sabendo tudo, aconselhando livros, promovendo entusiasmos, sugerindo linhas de investigação, revelando histórias fascinantes. Quando as ligas dos nacionalistas e antissemitas perseguiam Alfred Dreyfus, Lucien Herr teve uma ideia: e que tal levar a sério o dito de Victor Hugo, segundo o qual todos os defensores dos direitos humanos têm duas pátrias, a sua e a francesa? Nasceu assim uma outra liga, a Ligue des Droits de l'Homme – associação que começou por reunir alguns desses estudantes brilhantes que tinham passado pela biblioteca da École Normale Supérieure e que, indo buscar forças ao *dreyfusismo*, sobreviveu até hoje. Reparem: Ligue des Droits de l'Homme, Liga dos Direitos do Homem, e não Liga dos Direitos Humanos – mas essa é uma história que contaremos na nossa próxima e última memória.

Por agora interessa-nos fechar esta memória, e vamos fazê-lo pensando na mensagem transmitida por Lucien Herr e pelos seus companheiros da Liga dos Direitos do Homem. Essa mensagem é que essa liga reúne um tipo de patriotas franceses que tinham duas pátrias – a pátria francesa e a pátria da humanidade (aliás, *L'Humanité* é o título de um jornal que Lucien Herr vai passar ao seu amigo Jean Jaurès e perto de cuja redação este último será assassinado nas vésperas da Primeira Guerra Mundial por um nacionalista tresloucado). A Liga dos Direitos do Homem recupera assim essa ideia revolucionária dos direitos do homem, mas levando-a a sério e atualizando-a, de modo que possa unir gente tão diferente que coabitou no campo *dreyfusard*: anarquistas, socialistas, liberais, conservadores, todo o tipo de democratas, desde que acreditem nos direitos do Homem. Esses patriotas da humanidade deixariam um testemunho que só seria recuperado mais de meio século, duas guerras e um Holocausto depois.

Mais ou menos por essa altura, Eddie Cochran, cantor e músico rock, menciona as Nações Unidas numa das suas músicas, perguntando se deveria levar para lá os seus problemas amorosos e profissionais: "'I'm gonna take my problem to the United Nations'".

PRIMEIRA CONVERSA

Os sobreviventes

Antes de tudo isto – a pandemia, a guerra, tudo isto – começar, eu estava a dar aulas nos Estados Unidos, e comecei a pesquisa para a "Memória segunda" deste livro, a que é dedicada aos guelfos e gibelinos. Quando o confinamento me apanhou nos Açores, os livros que eu requisitara na biblioteca do outro lado do Atlântico por lá ficaram, abandonados. Nas prateleiras da sala de leitura principal ficaram os livros sobre Dante ou Brunetto Latini. E na sala das séries especiais, livros raros e manuscritos ficou o meu pedido de um texto sobre guelfos e gibelinos da autoria de um professor italiano que se tinha exilado naquela universidade, Harvard, durante os anos do fascismo: Gaetano Salvemini.

Não faço ideia do que diz o manuscrito de Salvemini sobre os guelfos e gibelinos. Não o cheguei a consultar. E agora que regressámos a Lisboa, enquanto registo estas palavras, depois do estado de emergência e dos cordões sanitários, ainda sem sabermos o que está para vir, creio que já perdi a oportunidade de, por agora, ver o manuscrito de Salvemini.

Aqui em Lisboa também há pássaros. Não nos metrosilhos da flora atlântica, mas nas figueiras e nas nespereiras das traseiras dos quarteirões do bairro da Graça que talvez, às vezes, nos enganem fazendo parecer que o estuário do Tejo é uma espécie de pequeno Mediterrâneo. Enfim. O manuscrito de Salvemini ficou lá longe, mas procurei saber mais sobre o seu autor. E há uma frase do mesmo Salvemini que não me sai da cabeça. Uma frase banal, que em si não tem nada, absolutamente nada, de especial, e que deve ter sido proferida milhares de vezes, se não mesmo milhões, por professores e professoras desde o início da história da pedagogia. "Como eu estava a dizer na minha última aula."

Eu explico. Gaetano Salvemini deu aulas durante décadas da sua vida. Deve ter dito "Como eu estava a dizer na minha última aula" talvez várias vezes por semana, quatorze a vinte semanas todos os semestres, dois semestres por ano, durante mais de meio século. E no entanto estou a referir-me a apenas uma única ocasião dessas centenas ou milhares de ocasiões, pois apenas uma foi memorável. Depois de muita pesquisa, consegui finalmente encontrar em que dia foi que essa frase se tornou memorável, e curiosamente só achei uma fonte para isso no jornal *Monitore Napoletano*, que em 1799, no fim da nossa quarta memória, foi dirigido pela portuguesa Leonor Fonseca Pimentel, em Nápoles. O *Monitore Napoletano*, na sua nova série, informa-nos de que foi então 15 de novembro de 1949 a data em que Gaetano Salvemini disse "Como eu estava a dizer na minha última aula" e que isso se tornou memorável. Porquê? Porque 15 de novembro de 1949 foi a data em que Gaetano Salvemini voltou a dar uma aula na Universidade de Florença depois de mais de vinte anos de exílio, depois de ser preso político, depois de muitas perseguições e ameaças, depois de lhe terem retirado a cidadania italiana, depois de vários dos seus alunos terem sido assassinados, depois de décadas de fascismo, de uma guerra mundial, de um holocausto, de um continente em ruínas, de um mundo em ruínas, de um século em ruínas, de tudo em ruínas.

Gaetano Salvemini entra no anfiteatro, encara os seus alunos, esboça talvez um sorriso, e diz: "Como eu estava a dizer na minha última aula". E continua. Como se não tivesse havido nada. Como se a sua última aula tivesse sido ontem, e não há várias décadas. Como se o mundo dentro da sala de aula, a aula de história – nem mais nem menos, de *história* –, permitisse pôr um parêntesis à volta de tudo o que tinha acontecido, entretanto, na história lá fora. Ou como se o exilado saboreasse, com aquela travessura, na data do seu regresso, a sua sobrevivência sobre os seus carrascos: vejam a pouca importância que lhes dou, faço aqui de conta que não tentaram destruir a minha vida, que não existiram sequer. "Como eu estava a dizer na minha última aula." Talvez fosse aquela uma demonstração de resiliência e de coragem. De teimosia, de alegria, de sentido de humor, de estoicismo. Não nos vergaram, é manter a calma e seguir em frente. De liberdade, sim. Pode ter sido tudo isso. Mas foi certamente uma coisa: um ato de memória.

Os historiadores têm memórias longas e gostam de pormenores de que ninguém se lembra. Gostam de os recuperar, de lhes dar sentido, de os encher de significado. Gaetano Salvemini sabia muito bem que aquela frase – "Como eu estava a dizer na última aula" – tinha sido também o bordão do seu amigo Filippo Turati quando o meteram na prisão logo no início dos anos 1920, ainda antes de terem assassinado o seu condiscípulo e correligionário

Gaetano Salvemini entra no anfiteatro,
encara os seus alunos, esboça talvez um
sorriso, e diz: "Como eu estava a dizer
na minha última aula". E continua.
Como se não tivesse havido nada. Como
se a sua última aula tivesse sido ontem,
e não há várias décadas.
(p. 367)

Giacomo Matteotti. Ao sair, Turati fora dar uma aula, uma palestra, e iniciou-a com a frase em latim *"Heri dicebamus..."*, que quer dizer "Dizíamos ontem...". Toda a gente sabia que ele tinha estado preso, o escândalo da sua prisão fora nacional, e, com aquele *"Heri dicebamus"* na primeira aula depois da saída, Turati demonstrava a sua impassibilidade perante os que o perseguiam. Por sua vez, a origem da frase é atribuída a um humanista espanhol, frei Luis de León, que foi preso pela Inquisição por ter traduzido o *Cântico dos cânticos* para castelhano. Quando, depois de ter estado no cárcere entre 1572 (data da detenção de Damião de Góis) e 1576, o deixaram regressar às aulas na universidade de Salamanca, em 1577, terá começado a sua lição, segundo alguns autores, pela frase com que sempre costumava começar: *"Dicebamus hesterna die..."* – "Dizíamos no dia de ontem...".

A frase de Salvemini, "Como eu estava a dizer na minha última aula", tinha portanto ao mesmo tempo um lado coloquial e um lado histórico – tinha pergaminhos na história da cultura europeia e parecia uma frase de todos os dias. É por isso que Gaetano Salvemini gostava dela.

Além disso, fora usada também – em latim – por Norberto Bobbio, cientista político e filósofo italiano, quando em 1945 voltou a dar aulas em Roma depois do exílio em Nova Iorque: *"Heri dicebamus"*. Também o medievalista franco-belga Gustave Cohen, colega de Salvemini na especialidade de história medieval e também no exílio (embora na École Libre des Hautes Études, em Nova Iorque, a antepassada da École des Hautes Études en Sciences Sociales, que por sua vez foi construída em cima da prisão onde Alfred Dreyfus esteve em 1894), também esse medievalista Gustave Cohen usara o *"Heri dicebamus..."* quando regressara à Sorbonne depois de anos no exílio nos Estados Unidos e de, com esse exílio, ter conseguido escapar aos campos de extermínio nazis.

Salvemini sabia que estava a usar uma frase que lhe permitia filiar-se numa tradição de dissidência entre historiadores, uma espécie de senha e contrassenha da resistência em nome da liberdade e da memória. Mas, ao usar a frase em italiano em vez de em latim, permitiu que toda a gente na sala se risse baixinho e pensasse, "Como, 'dizíamos ontem'? Este tipo não esteve no exílio durante 25 anos?". Quem conhecesse o *"Heri dicebamus"* saberia que ele se tinha filiado nessa tradição; quem não conhecesse, poderia simplesmente usufruir do seu humor discreto do mestre. O segredo de uma boa piada, como nos dirá qualquer comediante, está no sentido de oportunidade, de ritmo e de tempo, no *timing*. Gaetano esperou mais de 25 anos para fazer aquela piada.

"Como dizíamos ontem", portanto, é uma piada de historiador para quando se é desviado do caminho por um ataque ou uma injustiça ou uma tentativa de silenciamento, e temos de perder tempo a lidar com isso. Depois de termos perdido tempo, é tempo de regressar à história. Tempo de dar tempo ao tempo.

Como dizíamos na nossa última conversa, naquela década final do século XIX nasceram várias das grandes tendências que estruturaram as mentalidades até à Primeira e à Segunda Guerras Mundiais: do Caso Dreyfus nasceu o antissemitismo moderno, que nos leva ao Holocausto; do revanchismo francês nasceram as tendências reacionárias, depois autoritárias e populistas e depois ainda fascistas, do nacionalismo ao totalitarismo.

Agora vamos falar dos sobreviventes. Uso esse termo para designar aqueles que já tinham nascido no tempo da memória anterior, talvez fossem crianças no final do século XIX e de alguma maneira conseguiram não morrer nas trincheiras da Primeira Guerra Mundial, não ser assassinados – ao contrário de tantos amigos e companheiros – por adversários políticos nem por supostos aliados políticos, não ser enviados – ao contrário de milhões de outros seres humanos – para os campos de extermínio e chegar ao lado de cá da calamidade ainda com forças suficientes para fazer reviver aquela ideia subterrânea mas revolucionária de direitos humanos. A reconstrução civilizacional após a Segunda Guerra Mundial foi em boa medida feita pelos velhos que tinham sobrevivido aos cinquenta anos de catástrofes morais anteriores.

Como vimos na última conversa, o final do século XIX foi um período-ponte para a recuperação da ideia de direitos humanos. Em 1898, Lucien Herr fundou a Liga dos Direitos do Homem; cem anos antes disso, Olympe de Gouges, Mary Wollstonecraft e Leonor da Fonseca Pimentel procuraram acrescentar as mulheres aos direitos do homem; antes de antes disso, Pico della Mirandola escreveu o seu discurso sobre a dignidade do homem; antes de antes de antes disso, Dante defendeu que a essência da humanidade está em realizar o seu máximo potencial; e ainda antes de antes de antes de antes disso, Maimónides,

MEMÓRIA SEXTA: A PERGUNTA

Averróis e, antes deles, Al Farabi desdobraram a ideia de Aristóteles segundo a qual todos os humanos partilhavam o mesmo "intelecto ativo".

Admitamos que podem não ser sempre os mesmos direitos humanos, a mesma dignidade, os mesmos conceitos entendidos da mesma maneira. E essa também não é a única corrente que poderíamos estabelecer para desaguar na ideia de direitos humanos a que vamos dedicar a nossa última memória. Mas também não é sempre uma coisa diferente. Há de facto um diálogo que atravessa tempos, uma infinitude de diálogos que atravessam os tempos. Por vezes nem é preciso atravessar tempos muito distantes. Há vidas que são elas próprias traços de união entre tempos diferentes.

Enquanto o Caso Dreyfus, que seguimos na nossa última memória, incendiava as paixões, um jovem Gaetano Salvemini abandonava a sua terra no Sul de Itália, Molfetta, na Apulia, região paupérrima do país; ele próprio vindo de uma família pobre. Conseguindo a vigésima e última bolsa de estudos disponível para entrar na Universidade de Florença, Gaetano chegava à capital da Toscana. Um lugar abaixo na lista de resultados, e a sua vida teria sido completamente diferente. Chegado à capital da Toscana, Gaetano tinha apenas um contacto, o do Signor Minervini, um patrício lá do Sul e amigo do seu tio. Passadas algumas visitas, Gaetano estava apaixonado pela filha da casa, Maria Minervini. O amor foi correspondido, e Gaetano e Maria foram um casal feliz, que viria a ter cinco filhos. Gaetano juntava a sua curiosidade natural, que o ajudava a recuperar o tempo que perdera por não ser de uma família intelectual ou de uma região rica, com honestidade intelectual. Segundo disse depois, o que aprendeu com os seus melhores professores foi "primeiro pensar claro, e depois escrever igualmente claro".

Por esta altura, Filippo Turati, que era já um socialista e sociólogo conhecido, organizava – juntamente com a sua mulher, a russa Anna Kuliscioff, que era também amante do anarquista Andrea Costa – um salão de ideias em Turim. Gaetano e Maria são convidados a ir a essas sessões de conversa em casa de Turati e Kuliscioff; Salvemini começa a ser um nome conhecido entre os meios socialistas, embora em contramão: enquanto vários dos seus amigos se aproximam do marxismo, ele afasta-se e adota antes o federalismo socialista e libertário de Proudhon, que Marx substituíra como o socialista mais famoso da Europa. O federalismo de Salvemini é um federalismo regionalista e descendente – não pode ainda ser confundido com o federalismo europeísta e ascendente que preconizarão quase cinquenta anos depois alguns dos seus alunos. Salvemini estava sobretudo preocupado com a possibilidade de o Sul de Itália se desenvolver de acordo com as suas características e necessidades próprias, num modelo descentralizado de unificação italiana. Esses eram os tempos em que uma Itália já unificada – mas ainda com algumas cidades, a que chamavam de "irredentas", em territórios austríacos e habitadas por eslavos – fazia o seu culto a Verdi, que galvanizara os anseios patrióticos uma geração antes com o seu canto dos escravos hebraicos, o "Va pensiero", de Nabucco.

Verdi era agora um homem famoso, mais um símbolo do que uma pessoa vivente, que havia muito tinha deixado de ser simplesmente Giuseppe Verdi para passar a ser o grito de *"Viva Verdi!"* com que é saudado quando se digna a aparecer na cidade, o que é raro. Verdi estava isolado no campo e morreria com o fim do século xix. E, com a morte de Verdi, morreria uma Itália e nasceria outra.

Nessa nova Itália ia já nascendo um outro mito também musical e nacional como fora Verdi. Foi década e meia antes de Verdi morrer, em 1901, ou quase uma década antes de Salvemini terminar a sua licenciatura na Universidade de Florença, em história, em 1895. Estávamos em 1886, no Rio de Janeiro. Uma orquestra italiana mal-afortunada fazia a sua temporada de ópera viajando pelo Brasil. O maestro que dirigia essa orquestra demitira-se após a primeira apresentação, com declarações em público que deixaram a orquestra malvista e o público carioca irritadiço. Um segundo maestro avançou para o substituir no dia seguinte, numa representação da *Aida* de Verdi, mas foi recebido por uma tal pateada que não conseguiu sequer chegar ao púlpito. No meio do caos, no teatro lírico do Rio de Janeiro, alguns músicos pediram ao segundo violoncelista, que sabiam ter jeito para dirigir a orquestra, para tomar conta dos acontecimentos. O jovem de apenas dezenove anos assim fez, sem partitura, regendo só de memória, mantendo-se no posto de diretor de orquestra com grande sucesso durante o resto da digressão. O seu nome era Arturo Toscanini. Será ele o mito que substituirá o de Verdi na primeira metade do século xx. Peço-vos que o reservem mentalmente, pois ele vai reaparecer algumas vezes ao longo da nossa história.

Entretanto, regressemos a Gaetano e Maria. Eles preparam-se para uma vida peripatética, modesta mas honrosa, de família itinerante por alguns liceus italianos, onde Gaetano ia arranjando aulas para dar. Gaetano vai escrevendo sobre história e de vez em quando sobre política, criticando o

No meio do caos, no teatro lírico do
Rio de Janeiro, alguns músicos pediram ao
segundo violoncelista, que sabiam ter jeito
para dirigir a orquestra, para tomar conta
dos acontecimentos. O jovem de apenas
dezenove anos assim fez, sem partitura,
regendo só de memória, mantendo-se no
posto de diretor de orquestra com grande
sucesso durante o resto da digressão.
O seu nome era Arturo Toscanini.

(p. 373)

governo liberal mas bastante corrupto de Giovanni Giolitti, que dominava o Sul da Itália restringindo o direito de voto a quem soubesse ler – muito menos gente do que no Norte. Entra o novo século e as coisas melhoram de novo; Gaetano ganha um lugar de professor de história medieval e moderna na Universidade de Messina, na Sicília.

Em 1907 nasce Elena, a última dos filhos de Gaetano e Maria, e um ano depois, um pouco antes do Natal, Gaetano escreve a um amigo dizendo "Sou tão feliz na minha vida familiar que às vezes assusta". Vem o Natal, passa o Natal. Na noite de 28 de dezembro de 1908, a pequena Elena acorda chorando. Gaetano vai buscá-la para que Maria lhe possa dar de mamar e depois decide ir até à janela para ver a chuvada que caía lá fora. Eram 5h20 exatas da manhã, e sabemos a hora exata porque foi nesse momento que o sismo de Messina se deu.

A casa de Gaetano e Maria, onde viviam também a irmã dela e o seu marido, foi uma das que derrocaram imediatamente. Gaetano e o seu cunhado, também sobrevivente, procuraram as suas mulheres e os filhos de Gaetano e Maria no meio dos escombros. Dez minutos depois do sismo, duas ondas tsunâmi, de cerca de doze metros, varrem as costas da Sicília e da península italiana – no estreito de Messina, a distância entre a ilha da Sicília e o continente chega a ser de menos de quatro quilómetros. Há novos sismos. Nessas condições, as buscas são extremamente difíceis. Gaetano encontra os corpos de quatro dos seus filhos – Filippo, Leonida, Corrado e Elena –, todos mortos. Mas não encontra o da sua mulher, nem o do seu filho Ugo; também o corpo da sua cunhada nunca mais é reencontrado.

O sismo de Messina em 1908 foi devastador. Quase toda a cidade ficou destruída. Cerca de 80 mil pessoas morreram sob os escombros, e 2 mil foram levadas pelas ondas quando fugiram para a costa para se protegerem das derrocadas dos prédios. Durante algum tempo, acreditou-se que o próprio Gaetano Salvemini também tinha morrido com o resto da sua família. Em Milão, o jornal *Corriere della Sera* – cujo diretor, Luigi Albertini, era também um opositor dos governos Giolitti e tinha, portanto, Salvemini em grande consideração (embora Salvemini, ao contrário de Albertini, fosse socialista e não liberal) – publicou o título "A morte do professor Salvemini", seguido de um obituário sobre o estimadíssimo professor, historiador, polemista e político. Nessa época, o *Corriere della Sera* tinha uma tiragem de mais de 1 milhão de exemplares.

A suposta morte de Salvemini no meio de tantas outras mortes em Messina chocou os círculos intelectuais e políticos em Itália, de tal forma que até um jovem professor e jornalista socialista enviou um telegrama que dizia "Com Gaetano Salvemini morre um dos maiores homens do socialismo italiano". Assinado: Benito Mussolini.

Três dias depois, o *Corriere della Sera* corrige a notícia. A *Critica Sociale*, revista de Turati, exulta: "Está vivo! sim, está vivo! O forte, combativo e generoso Gaetano Salvemini; o mais bem-educado e capacitado dos socialistas italianos está vivo!". Gaetano volta para Florença, mas agora sem a família. Até ao fim da vida e das suas tribulações por vários continentes, guardará sempre consigo alguns dos brinquedos dos seus filhos e a fotografia que lhe resta, cada vez mais sumida, da família inteira que perdeu.

Os amigos tentam entusiasmá-lo não só com a academia, mas também com a política. Finalmente, conseguem convencê-lo a candidatar-se, primeiro sem sucesso, principalmente com a intenção de denunciar as fraudes eleitorais de Giolitti no Sul de Itália, sobre as quais ele escreverá um livro, *Il ministro della mala vita* [O ministro da corrupção], que o fará famoso então e que ainda hoje é lido. Durante a Primeira Guerra Mundial, defende a entrada de Itália na guerra, com argumentos à esquerda, ou seja, a favor da autodeterminação dos povos e contra os imperialismos. Defende, para isso, que Itália se alie a França e Inglaterra, contra a Áustria e a Alemanha. Em 1919, uma década depois da sua tragédia pessoal e no fim da tragédia europeia da Primeira Guerra Mundial, Salvemini é eleito para o Parlamento, em Roma.

Mas começa agora outro tipo de tragédia, desta vez para Itália. Na confusão do pós-guerra, com os soldados desmobilizados que agora são veteranos e inválidos mas ainda jovens (como, entre outros, os alunos de Salvemini, os irmãos Carlo e Nello Rosselli, que reencontraremos adiante), a política está num frenesi. O ex-jovem e daqui a pouco ex-socialista Benito Mussolini, aos 35 anos, lança os seus Fasci di Combattimento, ainda socialistas e revolucionários, mas já nacionalistas, com táticas de mobilização que entusiasmam até o maestro Toscanini, filho de um alfaiate – portanto, de gente simples – e homem de esquerdas, que chega a apresentar-se como candidato dos Fasci di Combattimento nas primeiras eleições a que os *fasci* se apresentam, em 1919.

Entre os primeiros entusiastas dos Fasci di Combattimento está também um aluno de Gaetano Salvemini, de quem ouviremos falar mais tarde: Ernesto Rossi. Por outro lado, entre os primeiros desafetos do movimento

MEMÓRIA SEXTA: A PERGUNTA

de Mussolini, que em breve começará a derivar para a direita e até para a extrema-direita, está Salvemini, a quem desagrada o autoritarismo mussoliniano e que desconfia da sua sinceridade enquanto suposto socialista.

Também Filippo Turati, o diretor da *Critica Sociale*, que conhecia bem Mussolini como jornalista socialista, o detestava e desconfiava dele; sabia do que ele era capaz e conhecia a sua paranoia e o seu autoritarismo. Não por acaso, Turati foi dos primeiros a serem perseguidos, daí o seu *"Heri dicebamus"* de que falávamos antes. Tanto Salvemini quanto Turati tinham razão antes do tempo. Quando os *fasci* se transformam de movimento em Partido Nacional Fascista, a deriva para a direita e a extrema-direita já é muito clara. Salvemini aproxima-se daqueles que, no Partido Socialista Unificado e depois no movimento Giustizia e Libertà, tentam criar alianças entre as partes desavindas do que tinha sido a esquerda no século xix – os socialistas por um lado e os liberais por um outro. Agora o importante é combater os fascistas. Salvemini é assim um antifascista ainda antes de haver fascismo. Outro antifascista dos primeiros tempos é, evidentemente, Filippo Turati; e outro ainda é Giacomo Matteotti, agora companheiro de Turati e Salvemini nos bancos do Parlamento em Roma.

Este é também o tempo da gripe pneumónica, ou "gripe espanhola", que em 1919 entra no seu segundo surto.

O maestro Toscanini, que depois de ser candidato com Mussolini nos Fasci di Combattimento se arrepende rapidamente desse equívoco e se começa a tornar um inimigo do fascismo, faz as suas temporadas pela Europa. Em Budapeste, um dos seus instrumentistas adoece precisamente com gripe espanhola; para o substituir, encontram um húngaro chamado György Stern – ou, como se diz em húngaro, trocando os nomes, Stern György. Mais tarde, este terá de mudar de nome por causa das leis antissemitas do almirante Hörty, um governante autoritário, conservador, *quasi*-fascista da Hungria entre as guerras. György Stern, ou Stern György, adotará o nome de uma cidade húngara, tornando-se conhecido como Georg Solti; mais tarde ainda, será o grande maestro da Filarmónica de Londres e um dos grandes *registas* do século xx. Solti é apenas um dos muitos músicos judeus que vão ter em Toscanini um referencial.

Em 1921, Mussolini marcha sobre Roma. Em 1922, toma o poder. Em 1924, ganha as eleições. As eleições são fraudulentas, mas ninguém tem já a coragem de o dizer. Ninguém, à exceção de Giacomo Matteotti, companheiro de Turati e outro deputado assumidamente antifascista, juntamente com Salvemini. Matteotti sobe um dia à tribuna do Parlamento para fazer um discurso ao mesmo tempo político e forense, provando como advogado o que eram as fraudes ao mesmo tempo que, como político, enfrenta com coragem as vaias dos fascistas e a cara de cenho cerrado de Mussolini. O discurso de Matteotti acusa frontalmente Mussolini e os fascistas de levarem a Itália para as trevas e cai como uma bomba no Parlamento italiano. Há aplausos. Regressado às bancadas parlamentares, enquanto recebe palmadinhas nas costas, Matteotti responde aos que o felicitam pela bravura: "Agora comecem a escrever os meus obituários". Tinha razão. Dez dias depois, Matteotti é raptado e assassinado, provavelmente sob ordens diretas de Mussolini.

Salvemini tem razões para acreditar que pode ser ele o próximo. Quando – no jornal clandestino que fundou em Florença com os seus ex-alunos irmãos Rosselli, *Non Mollare* [Não desistir, Não ceder nunca] – denuncia o assassinato de Matteotti e explica as motivações políticas que estão por detrás dele, Salvemini é preso e julgado. No dia do julgamento, o seu aluno Carlo Rosselli apresenta-se no tribunal, correndo grande risco de vida, e é expulso da sala pelo seu professor. Salvemini, por sua vez, é solto e aproveita o que acredita ser certamente um breve período em liberdade para fugir para o exílio, primeiro em França, depois nos Estados Unidos. Os fascistas insultam-no, a ele e a outros dos primeiros exilados, chamando-lhes de *fuoriusciti*, os "saídos fora", negando-lhes assim o termo mais prestigioso de "exilados". Salvemini, obrigado agora a refazer a sua vida, decide assumir o insulto como motivo e a partir daí também ele evitará o termo "exilado", preferindo-lhe o de *fuoriuscito*, como quem diz aos fascistas "Não são vocês que me expulsam, sou eu que vos condeno a ficar".

Em França, passado algum tempo, os seus ex-alunos Carlo e Nello Rosselli encontram-se com ele. E é em França que a Cagoule, ou milícia fascista francesa, também provavelmente agindo sob as ordens de Mussolini, assassina os dois irmãos Rosselli. A Salvemini vão desaparecendo, assassinados ou em prisões, os seus ex-alunos. Também Ernesto Rossi será preso e depois enviado para o *confino* (o "confinamento", como então se dizia, com sentido bem diferente do que hoje atribuímos à palavra, é uma espécie de condenação política ao degredo interno, em ilhas ou lugares recônditos). Ernesto Rossi segue então para Ventotene, uma pequena ilha na costa ocidental italiana, entre Roma e Nápoles, com cerca de oitocentos metros de largura por três

MEMÓRIA SEXTA: A PERGUNTA

quilómetros de comprimento, de onde era impossível escapar e que tem pela frente outra ilha ainda menor onde há um forte-prisão. Nessa prisão está Sandro Pertini, outro dos amigos do *Non Mollare* de Florença e que haveria de ser presidente da República de Itália, bem conhecido, para quem é da minha geração, pela maneira como festejou o título de campeão do mundo, obtido pela Itália em 1982, em Espanha. É esse homem de que alguns de vocês se lembrarão: pequeno, irrequieto e alegre.

Do outro lado do pequeno canal que separa esse forte-prisão da ilha de Ventotene propriamente dita, encontram-se Ernesto Rossi, Eugenio Colorni e Altiero Spinelli. Juntos, os três vão escrever o *Manifesto por uma Europa livre e unida*, que viria a ser conhecido como "Manifesto de Ventotene" e que é o primeiro exemplo de um certo tipo de federalismo, não exatamente o de Salvemini – o tal federalismo descendente –, mas um federalismo ascendente, pretendendo transcender as divisões entre Estados-nações na Europa através da criação de uma união política europeia com um parlamento europeu. Altiero Spinelli, que virá a ser deputado ao Parlamento Europeu, Ernesto Rossi e Eugenio Colorni não sabiam nem imaginavam que essa ideia já tinha sido defendida no final do século XVII por William Penn. Na única e pequeníssima biblioteca que encontram disponível numa casinha de Ventotene não há muitos livros; e é em alguns opúsculos publicados por uma associação de jovens britânicos fundada em 1938, a Federal Union, que encontram referências ao federalismo como possibilidade de construir uma Europa pacífica e unida. Mas mesmo os fundadores da Federal Union só conhecem a rica literatura federal motivada pelo nascimento dos Estados Unidos, especialmente a de Alexis de Tocqueville e, mais à esquerda, a que se dedica a promover o federalismo das associações de trabalhadores e consumidores, como *Le Principe fédératif*, de Proudhon. Só mais tarde se recuperará o papel pioneiro de William Penn e, ainda assim, mesmo hoje são pouco reconhecidas as raízes mais profundas e antigas do federalismo europeu.

Com eles, na ilha de Ventotene, está Ursula Hirschmann, que é a mulher de Eugenio Colorni e por sua vez a irmã de Albert Hirschman, um futuro economista e nesta altura jovem miliciano, voluntário na Guerra Civil Espanhola, lutando do lado dos republicanos contra os franquistas.

Albert Hirschman regressará a França, onde, com um jornalista americano e aventureiro chamado Varian Fry, estabelecerá o Emergency Rescue Committee, para prestar socorro internacional aos refugiados. Através de uma rede de falsários em Marselha, essa organização humanitária consegue passar para Lisboa muita gente com passaportes e vistos falsos, nomeadamente Heinrich Mann, escritor e irmão de Thomas Mann, além de tio do também escritor Klaus Mann; Max Ernst, o artista; e Hannah Arendt, a filósofa que em 1941 permaneceu em Lisboa durante três meses, onde recebeu a notícia do suicídio de Walter Benjamin. É nessa cidade que lê as teses de Benjamin sobre a história e se prepara para passar para os Estados Unidos, onde depois escreverá o manifesto *Nós, refugiados*, provavelmente influenciado pela sua experiência como apátrida em Lisboa, na rua da Sociedade Farmacêutica.

Em suma, contamos com a vida de Salvemini para com ela resumir a história dos sobreviventes, daqueles que ainda tinham na sua memória vivida o Caso Dreyfus e que vão passar pela Primeira Guerra Mundial, pelo entreguerras e pela Segunda Guerra Mundial, os que não tendo perdido a vida nas trincheiras nem nos campos de concentração ou extermínio vão ter a grave incumbência de reorganizar a vida e o mundo depois da devastação moral e humana das duas guerras mundiais. Mas poderíamos contar com muitas dessas outras vidas, das que se perderam ou que se salvaram, como as dos seus alunos irmãos Rosselli, que, já tendo perdido o irmão mais velho na Primeira Guerra Mundial e tendo sido eles os dois também voluntários na Primeira Guerra Mundial, e tendo perdido o pai antes da guerra mundial, deixaram também sozinha uma mãe, Amelia Pincherle. E para cada sobrevivente há tantos, demasiados mortos, como a família de Gaetano Salvemini, atingida por um literal terramoto em que perecem todos menos Gaetano; e como tantas outras famílias perdidas nessas décadas, trágicas, catastróficas do ponto de vista moral e humano para a Europa; tanta gente perdida nos campos de concentração e nos campos de extermínio – com quaisquer destas vidas poderíamos contar e ir contando também as histórias da resistência dos exilados italianos nos Estados Unidos, onde Gaetano Salvemini agora se estabelece e vai trocando cartas muito frequentemente com Walter Toscanini, um dos filhos do agora famoso maestro Arturo Toscanini. Há muitas maneiras de contar a história que temos pela frente.

Poderíamos, lá está, contar esta história com a vida de Toscanini. Arturo Toscanini é agora mundialmente famoso não só pela sua música, mas também porque discretamente, teimosamente, vai dizendo sempre que não aos fascistas e aos nazis. Abandona o seu cargo prestigioso de diretor do teatro

IN QUEST'ISOLA
NEL CONFINO IMPOSTO DAL REGIME FASCISTA
I PRIMI FEDERALISTI ITALIANI
EUGENIO COLORNI
ERNESTO ROSSI
ALTIERO SPINELLI
MEDITANDO SULLA TRAGEDIA DELLA GUERRA
SUI DELITTI DEL TOTALITARISMO
SULLA CRISI DELLE SOVRANITÀ NAZIONALI
SCRISSERO NEI 1941 L'APPELLO
CHE ANCOR OGGI PORTA IL NOME
DI MANIFESTO DI VENTOTENE
NELLA FIDUCIA CHE ALTRI CON LORO
TRAENDO DAI COMUNI ERRORI
LO STESSO AMMAESTRAMENTO
INIZIASSERO LA LOTTA
PER UN EUROPA LIBERA E UNITA

————————

IL MOVIMENTO FEDERALISTA EUROPEO
CHE FECE SUA QUELLA BATTAGLIA
NEL TRENTENNALE DELLA SUA FONDAZIONE
VOLLE QUI POSTA QUESTA LAPIDE
A MEMORIA DELLE SUE ORIGINI
A RICORDO DEI SUOI CADUTI NELLA RESISTENZA
A CONFERMA DEI SUOI PROPOSITI
A INCITAMENTO PER L'AVVENIRE

VENTOTENE
5-XI-1973

*Do outro lado do pequeno canal que
separa esse forte-prisão da ilha
de Ventotene propriamente dita,
encontram-se Ernesto Rossi, Eugenio
Colorni e Altiero Spinelli. Juntos,
os três vão escrever o 'Manifesto por
uma Europa livre e unida', que viria
a ser conhecido como "Manifesto de
Ventotene" e que é o primeiro exemplo
de um certo tipo de federalismo.*
(p. 381)

La Scala em Milão. Rejeita em tom seco e abrupto o convite de Hitler para fazer o seu terceiro Festival de Bayreuth e continua a ser uma fonte de inspiração para os jovens músicos, compositores e maestros judeus por toda a Europa e por todo o mundo. Quando o convidam a ir à Palestina nos anos 1930 para dirigir a Orquestra Sinfónica da Palestina, que mais tarde será a Orquestra do Estado de Israel, Arturo Toscanini responde, depois de pensar um pouco: "Sim, sim e mais sim. Irei. Irei e quero tocar Felix Mendelssohn, porque quero que os jovens músicos judeus toquem as notas de um dos grandes compositores judeus".

Toscanini é uma das poucas personagens históricas – nem sei se há alguma outra – a aparecer três vezes na capa da revista Time, uma em cada década: 1920, 1930 e 1940. Claro que acumulava o facto de ser, além de um reconhecido antifascista europeu, diretor da Filarmónica de Nova Iorque. E, apesar de ser um lutador democrata contra as ditaduras políticas, foi também um autocrata, ou ditador, embora bem-amado, junto da sua orquestra. São famosas as histórias dos ensaios em que gritava com a orquestra, insultando-a em italiano, por não conseguir fazer exatamente o que ele queria; mas também são famosas as histórias dos seus ensaios em que cantarolava, por exemplo, La Traviata, antes de se zangar com a orquestra. O pequeno Toscanini é o mais famoso dos antifascistas italianos desta época.

Toscanini sobreviverá à guerra e, por volta de 1948-1949, quando Gaetano Salvemini regressa a Itália para dar a sua aula em Florença – "Como eu estava a dizer na minha última aula" –, o maestro Toscanini é um símbolo desses sobreviventes. Dessa gente que agora, depois do confinamento, dos campos de extermínio, dos campos de concentração, sai exangue e se encontra com os outros, faz contas aos que se perderam, aos que sobreviveram, aos que traíram, aos que foram firmes, e se dá conta de estarmos agora, após a catástrofe, em condições de recuperar aquela ideia que tinha ficado perdida no fim do século XIX, na Liga dos Direitos do Homem de Lucien Herr e de outros. Estará na altura de construir essa ideia dos direitos humanos, de fazer dela uma ideia grande? De, apesar de todos os fracassos, apontar agora para fazer dela a língua franca da humanidade?

Talvez. Porque, como dizia Altiero Spinelli, que esteve em Ventotene no confino com Ernesto Rossi, o aluno de Gaetano Salvemini: "A grandeza de uma ideia não se mede pelo seu sucesso, mas pela sua capacidade de nascer de novo depois de cada derrota".

SEGUNDA CONVERSA

Recomeçar

Na conversa anterior, mencionei de passagem um certo Albert Hirschman, que, depois de ter lutado na Guerra Civil de Espanha ao lado dos republicanos, andou clandestinamente pela França ocupada, arranjando passaportes falsos aos refugiados que precisavam de fugir para Lisboa. Albert Hirschman era irmão de Ursula Hirschmann, a quem também mencionei. Ursula estava presa – confinada, como então se dizia – na ilha italiana de Ventotene, com o seu marido Eugenio Colorni. Em Ventotene os dois, Ursula e Eugenio, encontraram Altiero Spinelli e Ernesto Rossi, um dos ex-alunos de Gaetano Salvemini. Ernesto e Altiero escreveram o *Manifesto por uma Europa livre e unida*, mais conhecido como "Manifesto di Ventotene", e que é o primeiro documento do federalismo europeu moderno.

Eugenio escreveu o prefácio do manifesto e Ursula trouxe-o para o continente, com considerável coragem, uma vez que era alemã e judia, correndo o risco de ser enviada para um campo de concentração ou de extermínio. Quando os Aliados iniciaram a libertação da Itália, Eugenio voltou também para o continente e por pouco não assistiu ao fim da guerra – foi morto por uma milícia fascista em Roma, em 30 de maio de 1944, ainda antes da vitória aliada na Europa.

Mas eu poderia ter contado a história de outra maneira. Poderia ter dito que Albert Hirschman, o irmão de Ursula, estava em França com o nome falso de Albert Hermant e com documentos falsos que tinha feito para si mesmo. Hirschman – que era de uma família judia alemã, de Berlim, e portanto tinha o alemão como língua materna – tirava partido do seu excelente francês, desenvolvido nos anos em que estudara contabilidade e finanças em França, para se fazer passar por nacional desse país. Falava também um excelente italiano, pois estudara em Itália, onde, aliás, tinha conhecido Eugenio Colorni, o seu futuro cunhado, mas em primeiro lugar um grande amigo que apresentara à irmã e com quem esta constituíra família e tivera três filhas: Eva, Renata e Silvia Colorni. As três ficaram, claro, órfãs de pai em 1944.

Ursula Hirschmann, entretanto, refez a vida com Altiero Spinelli, que tinha uma atividade política itinerante pela Europa, tentando convencer ativistas, políticos, cidadãos comuns a fazerem um tipo de projeto europeu diferente daquele que, ao mesmo tempo, Robert Schuman e Jean Monnet propunham. Robert Schuman e Jean Monnet pretendiam começar pelos governos e criar um grande conglomerado internacional, transnacional, primeiro através da Comunidade Europeia do Carvão e do Aço e depois através do mercado comum; Altiero Spinelli propunha que os europeus se juntassem nas praças das suas cidades para discutir e aprovar uma constituição para a futura união europeia. Mas isso está ainda longe. Nessa altura Altiero Spinelli visitará Albert Hirschman em Princeton, onde Hirschman se estabelecerá como professor de economia e tentará convencer os americanos, com algum sucesso, a apoiarem a criação de uns Estados Unidos da Europa do outro lado do oceano Atlântico – no cumprimento do sonho que tinha evocado Victor Hugo ao escrever: "Chegará o dia em que estes dois imensos grupos, os Estados Unidos da América, os Estados Unidos da Europa, serão vistos de frente um para o outro, estendendo as suas mãos através dos mares".

Por agora estamos ainda em guerra. Estamos ainda no início dos anos 1940. Albert Hirschman é Albert Hermant. Como vos disse, fala francês, alemão e italiano, além de espanhol, por ter sido combatente na Guerra Civil de Espanha. Daqui a alguns anos acrescentará a todas essas línguas o português, depois de uma estada em Portugal, quando ele próprio tem de fugir com os seus documentos falsos e tomar a rota dos refugiados a quem tinha arranjado tantos documentos para fugirem por Lisboa rumo à América; portanto, Hirschman passa alguns dias em Lisboa e contacta pela primeira vez com essa língua românica, última flor do Lácio, como se diz, e depois passa para o Brasil, onde trabalhará na fundação de um centro de estudos que ainda existe – o Cebrap, um centro de pesquisa aplicada, estatística e sociologia, fundado pelo sociólogo Fernando Henrique Cardoso, futuro presidente do Brasil.

Mas, como dizia, isso será mais tarde. Neste momento Albert Hirschman, ou melhor, Albert Hermant conhece em Marselha um jornalista e aventureiro americano chamado Varian Fry, que foi dos primeiros a denunciar o tratamento dos judeus pelos nazis nos anos 1930 e que agora decide voltar à Europa, desta vez com uma série de colaboradores, entre os quais se contam quakers (do nosso William Penn da "Memória terceira"), para trabalhar em prol da transferência de refugiados antifascistas e judeus para Lisboa e, a partir de Lisboa, para o Novo Mundo. Com Albert Hermant (Hirschman) trabalham duas estudantes de arte: Miriam Davenport e Mary Jayne Gold. Conseguindo passar despercebidas por terem reputação de serem socialites fúteis, elas ajudam a salvar vários artistas, de entre os 2 mil a 4 mil refugiados, especialmente judeus, que esse pequeno grupo consegue enviar para Lisboa.

Em 1941, as autoridades de Vichy – da chamada "França livre", do regime marionete-fascista que os nazis durante algum tempo deixaram existir no sul da França, liderado pelo marechal Pétain – acabaram com as atividades do grupo de Varian Fry. Albert Hirschman (Hermant) teve de falsificar um documento para si mesmo e partir para Lisboa, como o fez também Varian Fry. Ao chegar à América, Varian Fry criou o Emergency Rescue Committee, que ainda hoje existe sob o nome de International Rescue Committee, uma das principais ONG mundiais de apoio aos refugiados. A sua grande apoiante, quando ainda estava na Europa e depois de chegar aos Estados Unidos, foi Eleanor Roosevelt, que muitas vezes agiu às escondidas do marido, o presidente dos Estados Unidos da América, Franklin Delano Roosevelt.

Mas poderia contar-vos a história de outra maneira ainda. Poderia dizer-vos que uma das pessoas resgatadas pelo grupo de Varian Fry foi a filósofa Hannah Arendt, que, ao chegar a Lisboa em 1941, soube da notícia do suicídio, na fronteira espanhola, do seu amigo Walter Benjamin, que também rumava a Lisboa.

Depois de conseguir finalmente chegar a Nova Iorque com o marido, Heinrich Blücher, e a mãe, Hannah Arendt publicará as *Teses sobre a filosofia da história* de Walter Benjamin, aliás contra o aviso que lhe fizera o autor, que a alertara para o facto do texto ainda não ter passado por uma revisão final. Mas agora, chegada a Nova Iorque e após a morte de Walter Benjamin, Hannah Arendt sente que não tem alternativa senão publicar o texto no qual o "anjo da história" é descrito como uma criatura que tem a cabeça virada para o passado, fitando firmemente, de grandes olhos escancarados, ao mesmo tempo que se dirige de costas, a grande velocidade, para o futuro. "Onde nós vemos uma cadeia de acontecimentos", diz Benjamin, o anjo da história "vê uma catástrofe única, que acumula ruína sobre ruína a seus pés."

Mais tarde, Hannah Arendt escreveria um manifesto, quase um lamento, chamado *Nós, refugiados*, talvez em boa parte moldado pela experiência de depressão por que passou enquanto esperava em Lisboa pelos documentos que lhe permitiriam atravessar o Atlântico, ela que era apátrida.

No final do manifesto, há uma frase que diz algo como isto: "A comunidade dos povos da Europa estilhaçou-se quando permitiu que os seus mais vulneráveis fossem perseguidos e escorraçados". (Se a procurarem, encontrarão essa frase discretamente inscrita nas pedras da calçada de uma esquina entre a Rua da Sociedade Farmacêutica – onde Arendt viveu, no número 6 – e o Conde Redondo, em Lisboa.) Nesses meses em Lisboa, a filósofa também percebeu que, graças aos seus estudos de latim e ao seu conhecimento das línguas românicas, conseguia ler português, pelo menos os cabeçalhos dos jornais. Um aluno dela, futuro ministro dos Negócios Estrangeiros brasileiro, Celso Lafer, haveria de contar que, quando lhe entregava textos seus em português, se oferecia para os traduzir, mas que ela dizia sempre que não era preciso, porque enquanto refugiada em Lisboa descobrira que conseguia entender português.

Voltemos à frase do seu manifesto: "A comunidade dos povos da Europa estilhaçou-se quando permitiu que os seus mais vulneráveis fossem perseguidos e escorraçados". Na essência dessas palavras encontra-se aquilo a que Hans Jonas, seu amigo e também filósofo, chamará de "o princípio da responsabilidade". Também refugiado em Nova Iorque, Jonas é um dos pais da filosofia ecológica e da ecologia política. Nesse "princípio da responsabilidade", uma derivação do imperativo categórico kantiano, aqueles que têm mais agência e mais autonomia são moralmente responsáveis por cuidar, preservar e proteger aqueles que são mais vulneráveis. Esse princípio da responsabilidade entronca, de certa forma, na pesquisa para a fixação e a codificação dos direitos humanos de que adiante começaremos a tratar; pode também ser interpretado num outro ângulo, enquanto base do pensamento ecológico: os que têm mais agência e autonomia são os humanos no seu conjunto, a espécie humana; e os mais vulneráveis são, por exemplo, os ecossistemas. Como pedra de toque da sua teoria dos direitos humanos, Hannah Arendt tem o conceito de cidadania, que ela considera o direito a ter direitos. E a isso não será estranha a sua experiência como apátrida sem documentos.

Poderia, ainda, contar-vos a história de uma infinitude de outras maneiras. Poderia dizer-vos, por exemplo, que entre os que foram salvos por Varian Fry se encontrava um certo professor De Castro, quem sabe se um parente do

No final do manifesto, há uma frase que diz algo como isto: "A comunidade dos povos da Europa estilhaçou-se quando permitiu que os seus mais vulneráveis fossem perseguidos e escorraçados".

(p. 389)

MEMÓRIA SEXTA: A PERGUNTA

Jacob de Castro que ajudara a salvar Dreyfus. Ou que Gustave Cohen – o medievalista que mencionei na última conversa por utilizar o "*heri dicebamus*", o seu "dizíamos ontem", ao retomar as aulas na Sorbonne – trabalhava na École Libre des Hautes Études, a tal que será uma antepassada da École des Hautes Études en Sciences Sociales, que por sua vez terá o seu edifício em cima da prisão onde esteve preso Alfred Dreyfus; pois bem, dizia-vos, poderia ter-vos dito que Gustave Cohen trabalhava nessa École Libre des Hautes Études com o filósofo católico Jacques Maritain, que, não estando nas Nações Unidas, vai no entanto ser uma das maiores influências da Declaração Universal dos Direitos Humanos.

Pouco importa. Eu poderia contar-vos a história de muitas maneiras diferentes. As malhas que as ideias dos direitos humanos tecem são agora muitas; é possível contar uma infinitude de histórias com elas. Como diria Borges, "este é o jardim dos caminhos que se bifurcam". Ou, para usar outra metáfora, o rio subterrâneo de que tenho vindo a falar apareceu agora à superfície. Mas não julguem que esse rio subterrâneo da ideia da dignidade do homem e da ideia de que todos os humanos têm direitos se transformou imediatamente num enorme caudal. Os direitos humanos não são ainda, nesta altura da guerra e do imediato pós-guerra, uma ideia dominante entre as elites políticas e económicas e provavelmente também não o são entre as massas das populações mundiais. A imagem mais adequada não é a de um enorme estuário de um rio prestes a entrar no mar, um pouco como o Tejo, à beira do qual registo estas palavras, mas antes a imagem de inúmeras pequenas correntes num solo seco e crestado, prestes a engoli-las de novo.

Não seria difícil, não é difícil e continuará a não ser difícil que esta ideia de dignidade humana, de direitos humanos – que na história das ideias aflora à superfície e muitas vezes tem de voltar a entrar para debaixo de terra –, volte a ser engolida pela terra seca. Ainda assim, ao contrário de outras histórias que contámos antes, no final da Segunda Guerra Mundial a ideia de direitos humanos já não está dependente de uma única linhagem.

Há agora centenas, talvez milhares ou, com sorte, milhões de humanos que são capazes de levar essa ideia para a frente. E a ideia que trazem de trás também não é sempre a mesma. Não tem de vir de Al Farabi ou de Kant ou desta ou daquela filosofia em particular, desta ou daquela tradição filosófica, moral ou religiosa. Pode encontrar as suas fontes em muitas tradições filosóficas – talvez em todas, se levarmos a sério a ideia de Aristóteles segundo a qual o intelecto ativo é o potencial intelectual da humanidade inteira. Assim, talvez possamos interpretar essa corrente subterrânea apenas como a ideia que cada um de nós tem em mente e que pode ou não florescer. O florescimento dessa ideia funciona como nas plantas, árvores, arbustos, flores, rebentos verdes; pequenos inícios de flora sob a qual podemos imaginar que existe um pouco de água.

Nesta e na nossa próxima conversa vamos falar de alguns desses rebentos verdes. Começo por salientar dois aspetos: entre as várias linhagens possíveis para a história dos direitos humanos, podemos agora voltar a agregar as tradições fundadoras do mundo não ocidental. De certa forma, já o tínhamos feito ao falar de Al Farabi no início desta conversa e ao mostrar como as suas ideias influenciaram Averróis e Maimónides; este, por sua vez, com a filosofia aristotélica e os trabalhos dos seus contemporâneos muçulmanos que escreviam em árabe, língua que ele conseguia ler perfeitamente, vai influenciar toda a filosofia judaica posterior.

Quem sabe se as influências que Al Farabi tinha recebido na sua infância e juventude na Rota da Seda, na Ásia Central, não seriam por uma parte influências confucianas, da China, e por outra influências indianas. Ao falarmos da história filosófica que, aos solavancos, acaba por convergir na ideia de direitos humanos, podemos falar de muitas outras tradições: tradições da China, tradições da Índia, tradições das Américas, tradições que vão desde o *buen vivir*, que é uma espécie de *eudaimonia* aristotélica, a ideia de um viver razoável e equilibrado sobre a Terra, a Mãe Terra ou "Pachamama", como lhe chamam as tradições ameríndias. Ou a ideia confuciana da "consciência do terceiro", que assenta na dignidade da terceira pessoa, ou seja, aquela que não sou eu e aquela que não és tu, aquela que não é a primeira pessoa que está a falar nem a segunda pessoa com quem ela está a falar, mas da terceira pessoa, aquela que está fora do nosso círculo mas tem a mesma dignidade humana que nós temos.

No fundo, talvez a ideia fundadora dos direitos humanos seja aquela que todos nós temos em criança quando imaginamos assim: "Será que alguém do outro lado do mundo, entre todas as crianças, entre todos os milhões de crianças que existem, será que alguém está a pensar a mesma coisa que estou a pensar neste momento?". Será possível eu ter uma alma gémea do outro lado do mundo, na China? Será que está uma criança na China neste momento a pensar o mesmo que eu, menino ou menina, no outro extremo da grande massa euro-asiática, em Portugal, ou do outro lado do Atlântico ou numa ilha da Polinésia? Quando por vezes pergunto num grupo de pessoas se se lembram de em criança terem esta ideia, se em criança lhes passava pela mente a ideia de que "talvez do outro lado mundo uma criança esteja a pensar o mesmo que eu?", vejo os seus rostos iluminarem-se ao recuperar essa lembrança semiesquecida, que quase toda a gente tem, e digo-lhes que nessa ideia apenas aparentemente infantil está o início de um pensar filosófico, de uma ética do outro. De uma ideia de que o outro, podendo pensar o mesmo que estou a pensar, tem a sua dignidade e a sua agência própria a partir da qual emerge a cidadania, a partir da qual emergem a soberania individual e as soberanias coletivas que nós temos, umas em círculos concêntricos após as outras, como dizia Al Farabi: família, aldeia, tribo, clã, cidade, federação de cidade, nações, federações de nações, impérios, outras federações; a comunidade humana perfeita que é a humanidade inteira.

Um dos elementos essenciais é que, agora, essas tradições filosóficas não ocidentais estarão, ao contrário do que por vezes é alegado, em paridade com as tradições filosóficas ocidentais na construção da Declaração Universal dos Direitos Humanos. Na próxima conversa veremos como.

TERCEIRA CONVERSA

O momento cosmopolita

A primeira coisa que é preciso saber acerca das Nações Unidas é que inicialmente esse era o nome de uma aliança militar. Tenho à minha frente o *Diário de Notícias* de 8 de maio de 1945 – dia do fim da Segunda Guerra Mundial na Europa – e um anúncio que diz: "A VITÓRIA DAS NAÇÕES UNIDAS NA EUROPA FOI ANUNCIADA PELA B.B.C. ÀS 20 HORAS DE ONTEM / A VOZ DE LONDRES FALOU E... O MUNDO TEVE RAZÃO EM ACREDITAR ===== A B.B.C. SERÁ SEMPRE A VOZ DA VERDADE". Essa linguagem é ainda a de uma aliança militar: "A VITÓRIA DAS NAÇÕES UNIDAS NA EUROPA", ou seja, o nome oficial dos Aliados. Uma aliança militar que representa uma parte das nações do planeta e não uma organização internacional que representa potencialmente todas as nações, como seria depois a Organização das Nações Unidas – a ONU tal como a conhecemos hoje.

O nome "Nações Unidas" surgira uns anos antes, na Casa Branca, no fim de 1941 ou no início de 1942, numa época em que Winston Churchill estava em Washington visitando os Roosevelt. Por incrível que isso possa parecer hoje, o primeiro-ministro do Reino Unido apanhou o barco para os Estados Unidos a 13 de dezembro de 1941, poucos dias depois do ataque japonês a Pearl Harbour que iria forçar a entrada dos Estados Unidos na guerra, e só regressou a casa no dia 17 de janeiro, tendo passado o Natal e o Ano-Novo na Casa Branca preparando a segunda fase da Segunda Guerra Mundial com Franklin Delano e Eleanor Roosevelt. Uma das discussões entre os dois homens era sobre o nome que haveriam de dar ao campo aliado contra os poderes do Eixo, ou seja, a Alemanha nazi, a Itália fascista e o Japão imperial. Um dia pela manhã, Franklin Roosevelt teve finalmente uma ideia de nome e, empurrando a sua cadeira de rodas – na qual se deslocava desde que, já adulto, tinha sido atingido pela pandemia de poliomielite –, entrou no quarto onde estava Churchill acabado de sair do banho, de toalha enrolada à volta da cintura ou, segundo outra versão, completamente nu. Roosevelt disse-lhe apenas "Nações Unidas!". Churchill terá respondido "Good!" ou, segundo outra versão – de Harry Hopkins, o braço direito de Roosevelt que terá escrito com este e Churchill a primeira versão da Carta das Nações Unidas –, "Como vê, não tenho nada a esconder ao presidente dos Estados Unidos da América".

Aparentemente Churchill terá mesmo dito ao rei de Inglaterra, mais tarde, que fora o único chefe de governo a alguma vez receber um chefe de Estado completamente nu. Noutras entrevistas em que se menciona a mesma história, Churchill diz apenas que nunca teria recebido o presidente dos Estados Unidos se não estivesse ao menos enrolado numa toalha. De uma forma ou de outra, o que interessa é que pelo fim da guerra, o sentido do nome "Nações Unidas" era ainda o de uma aliança militar que incluía os Estados Unidos, o Reino Unido e a União das Repúblicas Socialistas Soviéticas, representada na altura pelo seu líder máximo, Josef Stálin, ou Iosif Dzhugashvili, no seu nome georgiano original, com alcunha de Estaline. As Nações Unidas – ou melhor, os "Três Grandes" que eram então os seus principais esteios: Estados Unidos, com Roosevelt; Reino Unido, representado por Churchill; e União Soviética, por Stálin – encontraram-se primeiro em Teerão, ainda durante a guerra, em 1943. Depois voltaram a encontrar-se na famosa Conferência de Ialta, na Crimeia soviética, em 1945. Pelo meio, uma série de outras reuniões envolvendo potências regionais (Brasil, Turquia, a China republicana de Chiang Kai-Shek) ou outros aliados de guerra (com a presença de De Gaulle na Conferência de Casablanca, em 1943) foi estruturando aqueles que viriam a ser os grandes pilares da ordem internacional após a Segunda Guerra Mundial.

O primeiro esboço da Carta das Nações Unidas foi apoiado por cerca de uma trintena de nações quando a guerra estava quase a terminar na Europa, e a conferência de São Francisco das Nações Unidas, iniciada em maio e terminada em fins de junho de 1945, teve a adesão de cinquenta nações. Portanto, por agora, apenas uma parcela das nações do mundo, aquelas que estão em oposição ao nazi-fascismo e ao expansionismo japonês, compõe aquela que hoje damos por adquirida como a organização de todas as nações do mundo.

A segunda coisa a saber sobre as Nações Unidas do tempo da guerra é que os direitos humanos não faziam parte da ideia inicial. Não houve praticamente discussão de direitos humanos na Conferência de Teerão, no fim de 1943,

*Um dia pela manhã, Franklin Roosevelt
teve finalmente uma ideia de nome e,
empurrando a sua cadeira de rodas –
na qual se deslocava desde que, já adulto,
tinha sido atingido pela pandemia de
poliomielite –, entrou no quarto onde
estava Churchill acabado de sair do
banho, de toalha enrolada à volta
da cintura ou, segundo outra versão,
completamente nu. Roosevelt disse-lhe
apenas "Nações Unidas!". Churchill
terá respondido "Good!".*

(p. 397)

que juntou Roosevelt, Churchill e Estaline, e onde se obteve o acordo deste para fazer parte das Nações Unidas também após a guerra, ou seja, quando se começou a lançar a ponte para que as Nações Unidas não fossem só uma aliança de tempo de guerra, mas também uma aliança para o pós-guerra.

Dois anos depois, a Conferência de Ialta, no início de 1945, entre os mesmos três homens, foi principalmente dedicada a questões de partilhas, ou seja, de definição de esferas de influência entre cada uma das potências vitoriosas, a que se juntaria depois a China republicana. Mais tarde, relutantemente, Churchill lá consegue agregar a França de Charles de Gaulle como um dos cinco membros permanentes do Conselho de Segurança, com o mesmo direito de veto que fora prometido em Teerão a Estaline, para garantir a sua presença na futura Organização das Nações Unidas. As Nações Unidas de hoje são, no fundo, um híbrido entre estas duas coisas. Pretendem ser uma organização global de paz e de segurança, talvez até a organização suprema do direito internacional, onde são reconhecidos praticamente todos os Estados-nação do mundo – reconhecidos uns pelos outros, é claro, pois o grande paradoxo da soberania nacional é que ela está sempre dependente do reconhecimento internacional. Porém, na sua organização centrada no Conselho de Segurança e, dentro do Conselho de Segurança, nos cinco membros com assento permanente e direito de veto, a Organização das Nações Unidas é ainda uma organização dominada pelos vitoriosos da Segunda Guerra Mundial.

Na Carta das Nações Unidas, terminada na Conferência de São Francisco em 1945, já há finalmente várias referências a direitos humanos que não tinham aparecido na linguagem inicial de 1942, nem nas conferências de Teerão ou de Ialta. Mas não há referência a uma Declaração Universal que definisse quais eram esses direitos humanos. Quando a Carta das Nações Unidas é assinada, a 26 de junho de 1945, os princípios dos direitos humanos estavam de certa forma entremeados no texto, mas, apesar de terem lugar de honra no preâmbulo, a verdade é que não há ainda ideia de explicitar, codificar, de tornar definido que direitos humanos são esses. E menos ainda de tornar implementável uma futura Declaração de direitos humanos ou de tornar "justiciável" tal ideia de direitos humanos – ou seja, de tornar possível que um cidadão individual possa dirigir-se a um tribunal por violação dos seus direitos humanos universais.

Na Carta das Nações Unidas de 1945, os Estados-membros da futura organização reafirmam, logo no preâmbulo, "a sua fé em direitos humanos fundamentais e na dignidade e valor da pessoa humana e nos direitos iguais de homens, mulheres e de todas as nações grandes ou pequenas". Só isso, que no entanto já foi uma difícil conquista: ter ali expressos os "direitos iguais de homens e mulheres" e os de "nações grandes ou pequenas".

Mas há dois factos que mudam significativamente o ambiente no imediato pós-guerra. Só agora, com a libertação dos campos de concentração e extermínio, se começa a entender seriamente qual era a extensão das atrocidades nazis cometidas nos anos da guerra, que vão sendo reveladas a partir do momento em que as tropas soviéticas avançam pela Alemanha e se deparam com os sobreviventes a saírem dos campos. Os julgamentos de Nuremberga começam em novembro de 1945 e duram até ao verão de 1946, mas – apesar de utilizarem pela primeira vez as categorias de "crimes contra a humanidade" e "genocídio" nas suas condenações – são tribunais militares que julgam crimes específicos de guerra.

Começou a tornar-se claro que não havia nenhuma definição de direitos humanos utilizável em tempo de paz. Nas suas primeiras reuniões, a Comissão Económica e Social das Nações Unidas decide solicitar a uma nova Comissão de Direitos Humanos a redação de um documento que a criasse. A sua missão seria definir, explicitar e codificar os direitos humanos para tempos de paz.

A segunda coisa que altera significativamente a política mundial é que Roosevelt morreu de um derrame cerebral a 12 de abril de 1945, dezoito dias antes de Adolf Hitler se suicidar (essa não é a única coincidência de datas entre esses dois inimigos absolutos da Segunda Guerra Mundial: Hitler chegou a chanceler no dia de anos de Roosevelt, a 30 de janeiro de 1933, e ambos chegam definitivamente ao poder com um dia de intervalo, sendo a tomada de posse de Roosevelt a 4 de março de 1933 e a vitória de Hitler nas eleições, a 5 de março de 1933, seis dias depois do incêndio do Reichstag).

Os deslocamentos na política mundial provocados por esses dois acontecimentos – a revelação gradual das atrocidades de guerra dos nazis e o fim da guerra, simultâneo com o desaparecimento de duas das figuras que tinham dominado a política mundial durante mais de uma década – dão a oportunidade a dois outros deslocamentos. Por um lado, a chegada às Nações Unidas, na Conferência de São Francisco, das mulheres. Pouquíssimas, mas determinantes.

No final da Primeira Guerra Mundial, na Conferência de Versalhes em 1919, não havia mulheres. Depois, em alguns encontros – os que criaram a Sociedade das Nações, os que criaram a Organização Internacional do Trabalho e uma série de outras organizações, na Conferência de Paris em 1919 –, a paisagem humana era composta quase exclusivamente por homens. É nessa época que começam a criar-se os primeiros congressos feministas pela paz, cujos trabalhos se desenvolvem em paralelo com os dos homens que, na Conferência de Versalhes e na Conferência de Paris, estabelecem os termos do fim da guerra.

No final da Segunda Guerra Mundial, entre os erros do final da primeira que não seriam repetidos está o de finalmente incluir mulheres – poucas, mas decisivas – nas conversações de paz.

Na Primeira Guerra Mundial, só a partir da 12ª reunião do comité para a criação da Sociedade das Nações foram admitidas algumas mulheres, depois de ter dado frutos a pressão exercida pelos congressos femininos internacionais de Zurique, em 1919. Após a Segunda Guerra Mundial, os decisores políticos cederam em parte a essa pressão feminista que vinha do início do século XX, e houve mulheres delegadas para a criação das Nações Unidas.

Elas não tinham estado, é claro, presentes em Teerão, nem em Ialta, e também não tinham estado presentes na Conferência de Dumbarton Oaks, já nos Estados Unidos, mesmo no fim da guerra, preparando a criação das Nações Unidas (onde a França reaparece como potência libertada). Houve críticas nos Estados Unidos ao facto de não haver mulheres nessa delegação norte-americana a Dumbarton Oaks, e assim é nomeada uma ativista e amiga de Eleanor Roosevelt, ainda que bastante mais conservadora do que esta, chamada Virginia Gildersleeve, para ir à primeira conferência oficial das Nações Unidas. A China republicana, ao saber da notícia da nomeação de Gildersleeve, decide nomear também uma delegada mulher, Wu Yi-Fang.

A República Dominicana, representando em grande parte os Estados latino-americanos, onde nesse momento decorre o debate mais avançado em termos de diretos humanos, envia Minerva Bernardino. E por parte do Brasil é enviada a cientista Bertha Lutz.

Estas quatro mulheres, Virginia Gildersleeve, Wu Yi-Fang, Minerva Bernardino e Bertha Lutz, são as únicas quatro entre 850 delegados da meia centena de países que vão, no dia 26 de junho de 1945, após dois meses de trabalho, assinar oficialmente a Carta das Nações Unidas. E nem todas elas eram a favor de aí incluir os direitos das mulheres enquanto direitos iguais aos dos homens. Virginia Gildersleeve, a delegada americana, considerava que a brasileira Bertha Lutz era uma radical e, na primeira ocasião em que ambas se encontraram para beber chá, pediu-lhe que não fizesse exigências igualitárias, que considerava vulgares.

O segundo movimento possibilitado por essas alterações de política mundial mesmo no fim da Segunda Guerra Mundial é que a São Francisco acorrem também delegados de nações consideradas pequenas, embora algumas delas não fossem pequenas geograficamente, e sim em população, ou fossem nações que não tinham ainda pedigree de política internacional por serem recém-independentes. No entanto, essas nações falavam em nome de outras nações pequenas ou médias e de ainda outras que se tornariam independentes nos anos seguintes. Dois delegados sobressaem a representar essas posições. Por um lado, Carlos Rómulo, das Filipinas, um jornalista que chegou a ganhar o Pulitzer e que era também general (sobressaindo o facto de ser um general de baixa estatura, com cerca de 1,5 metro de altura). E pela Austrália, o delegado Herbert Evatt. Ambos serão muito ativos nos primeiros debates. Carlos Rómulo levará sempre a exigência moral às grandes nações vitoriosas da Segunda Guerra Mundial, para que elas não se esqueçam das nações que nos anos seguintes, com a descolonização, vão entrar no concerto internacional das nações, dizendo que, embora não possa falar *em nome* dessas nações, pode ao menos falar *delas* ali na Conferência de São Francisco. Muito eficaz com a sua verve, com a sua capacidade de gerar publicidade e de dominar os debates com golpes de retórica, Carlos Rómulo é um dos principais responsáveis pela inclusão na Carta das Nações Unidas daquela menção à igualdade entre as nações grandes e pequenas. Por outro lado, Herbert Evatt foi essencial para lançar o debate no domínio dos direitos económicos e sociais, lembrando que a Sociedade das Nações, entre a Primeira e a Segunda Guerras Mundiais, tinha falhado também precisamente porque não tivera em conta as questões do emprego, da pobreza e da miséria nas nações europeias.

Herbert Evatt traz assim a ideia de criar um Conselho Económico e Social das Nações Unidas que seja equivalente, pelo menos no papel, ao Conselho de Segurança da ONU. Rómulo e Evatt conseguem também, como Bertha Lutz e as suas companheiras mulheres, uma abertura a essas considerações. E, mais à frente, a Comissão Económica e Social das Nações Unidas decide iniciar a redação de uma Carta Universal dos Direitos Humanos, constituindo para isso uma comissão.

Na Primeira Guerra Mundial, só a partir da 12ª reunião do comité para a criação da Sociedade das Nações foram admitidas algumas mulheres, depois de ter dado frutos a pressão exercida pelos congressos femininos internacionais de Zurique, em 1919. Após a Segunda Guerra Mundial, os decisores políticos cederam em parte a essa pressão feminista que vinha do início do século XX, e houve mulheres delegadas para a criação das Nações Unidas.

(p. 403)

*Estas quatro mulheres, Virginia
Gildersleeve, Wu Yi-Fang,
Minerva Bernardino e Bertha Lutz,
são as únicas quatro entre 850 delegados
da meia centena de países que vão,
no dia 26 de junho de 1945, após dois
meses de trabalho, assinar oficialmente
a Carta das Nações Unidas.
(p. 406)*

MEMÓRIA SEXTA: A PERGUNTA

Entretanto, o presidente dos Estados Unidos já não era Franklin Roosevelt, mas o seu antigo vice, Harry Truman. E era a Harry Truman que cabia formar uma delegação americana para as Nações Unidas. Entre convites a vários senadores e outros políticos democratas e republicanos, Harry Truman decide convidar a viúva Eleanor Roosevelt para integrar a delegação norte-americana na Conferência de Londres, que iniciará deveras os trabalhos das Nações Unidas já com a sua carta aprovada.

Eleanor Roosevelt hesita em aceitar essa incumbência. Escreve ela no seu diário e depois nas suas crónicas, que saíam regularmente na imprensa americana, que era difícil imaginar como poderia ser delegada e ajudar os Estados Unidos a organizarem as Nações Unidas quando ela não tinha qualquer espécie de experiência em reuniões internacionais. Pior do que as suas dúvidas, que são provavelmente em parte (falsa) modéstia, são as dúvidas da restante delegação, os restantes homens que tinham sido convidados para a integrarem. Vários deles, como John Foster Dulles ou William Fulbright, e outros senadores e políticos relevantes nas discussões de política internacional, consideravam que Eleanor Roosevelt era demasiado à esquerda ou demasiado inexperiente. Fulbright tinha mesmo a preocupação de que a presença de Eleanor Roosevelt na delegação fosse um sinal de que havia uma certa falta de seriedade na forma como os Estados Unidos encaravam as Nações Unidas.

No entanto, Harry Truman precisava de ter o nome Roosevelt associado à sua administração e, conforme conta Mary Ann Glendon num livro fundamental para a história da Declaração Universal dos Direitos Humanos, chamado *A World Made New* [Um mundo feito de novo], não iria jamais ser dissuadido pela inexperiência da sra. Roosevelt em assuntos externos, até porque ele próprio tinha pouquíssima experiência em assuntos externos. Truman vai então pressionar Eleanor Roosevelt para que aceite a sua missão, e esta acaba por ceder, para certo alívio da família, que temia que ela não encontrasse uma missão para si após a morte do marido (ou que soçobrasse na depressão ao descobrir que o seu marido tinha morrido junto a uma amante).

Eleanor Roosevelt atravessa então o Atlântico, prepara-se afincadamente e começa a trabalhar na delegação norte-americana das Nações Unidas. Mas os seus colegas decidem influenciá-la para que aceite o trabalho que eles consideram ser o menos importante de todos: a Comissão dos

Direitos Humanos. E é assim que Eleanor Roosevelt se torna redatora da Declaração Universal dos Direitos Humanos.

Sendo uma das pessoas mundialmente mais conhecidas daqueles primeiros debates das Nações Unidas, é com alguma naturalidade que ela é feita presidente da Comissão de Direitos Humanos. Começa então a trabalhar à frente de uma pequena equipa, que inclui funcionários públicos de vários países, mormente canadianos enviados para ajudar ao trabalho das Nações Unidas, mas também dois jovens filósofos, um chinês e o outro libanês, que serão os dois gigantes intelectuais nas discussões da Comissão dos Direitos Humanos. Peng-Chun Chang – ou P.C. Chang, como também é conhecido – era o presidente da delegação chinesa às Nações Unidas, um dramaturgo, músico, pedagogo e diplomata, que conhecia muitíssimo bem a história da filosofia chinesa, mas também conhecia muito bem a história da filosofia e da cultura ocidental e a cultura e a filosofia islâmica.

Logo no início de 1946, P.C. Chang discursa na reunião inaugural da Comissão Económica e Social das Nações Unidas, defendendo que a missão principal da onu e da sua Comissão Económica e Social era, como dizia um filósofo chinês antigo, Mêncio, "subjugar os povos com a bondade".

Por outro lado, o delegado libanês Charles Malik era um ortodoxo grego, mas simultaneamente um árabe com educação na Universidade Americana de Beirute e também, evidentemente, muito próximo da cultura francesa, a França tendo sido um país com mandato sobre o Líbano no período entreguerras. Charles Malik era ainda bastante novo – tinha 39 anos – e fora convidado pelos políticos do seu país a ir para os Estados Unidos como delegado do Líbano às Nações Unidas.

Em vez dele, poderia ter sido nomeado – não fora a política libanesa, já então bastante sectária e dominada pelos cristãos – um outro filósofo chamado Kamal Jumblatt, da minoria drusa, a tal que várias conversas atrás, na "Memória primeira" deste livro, eu disse ser uma possível descendente do zoroastrianismo. Provavelmente os libaneses não teriam ficado mal servidos com Jumblatt, mas não há dúvida de que ficaram muito bem servidos com Malik. Naqueles anos da Segunda Guerra Mundial, depois de ter estudado em vários lugares do mundo – incluindo na Alemanha com Martin Heidegger, onde foi atacado por bandos de delinquentes nazis por parecer judeu –, regressou ao seu país e, na Universidade Americana de Beirute, reuniu à sua volta um círculo de professores e filósofos cristãos, muçulmanos,

THE UNIVERSAL DECLARATION OF Human Rights

WHEREAS recognition of the inherent dignity and of the equal and inalienable rights of all members of the human family is the foundation of freedom, justice and peace in the world,

WHEREAS disregard and contempt for human rights have resulted in barbarous acts which have outraged the conscience of mankind, and the advent of a world in which human beings shall enjoy freedom of speech and belief and freedom from fear and want has been proclaimed as the highest aspiration of the common people,

WHEREAS it is essential, if man is not to be compelled to have recourse, as a last resort, to rebellion against tyranny and oppression, that human rights should be protected by the rule of law,

WHEREAS it is essential to promote the development of friendly relations between nations,

WHEREAS the peoples of the United Nations have in the Charter reaffirmed their faith in fundamental human rights, in the dignity and worth of the human person and in the equal rights of men and women and have

determined to promote social progress and better standards of life in larger freedom,

WHEREAS Member States have pledged themselves to achieve, in co-operation with the United Nations, the promotion of universal respect for and observance of human rights and fundamental freedoms,

WHEREAS a common understanding of these rights and freedoms is of the greatest importance for the full realization of this pledge,

NOW THEREFORE THE GENERAL ASSEMBLY PROCLAIMS this Universal Declaration of Human Rights as a common standard of achievement for all peoples and all nations, to the end that every individual and every organ of society, keeping this Declaration constantly in mind, shall strive by teaching and education to promote respect for these rights and freedoms and by progressive measures, national and international, to secure their universal and effective recognition and observance, both among the peoples of Member States themselves and among the peoples of territories under their jurisdiction.

ARTICLE 1 — All human beings are born free and equal in dignity and rights. They are endowed with reason and conscience and should act towards one another in a spirit of brotherhood.

ARTICLE 2 — Everyone is entitled to all the rights and freedoms set forth in this Declaration, without distinction of any kind, such as race, colour, sex, language, religion, political or other opinion, national or social origin, property, birth or other status. Furthermore, no distinction shall be made on the basis of the political, jurisdictional or international status of the country or territory to which a person belongs, whether it be independent, trust, non-self-governing or under any other limitation of sovereignty.

ARTICLE 3 — Everyone has the right to life, liberty and security of person.

ARTICLE 4 — No one shall be held in slavery or servitude; slavery and the slave trade shall be prohibited in all their forms.

ARTICLE 5 — No one shall be subjected to torture or to cruel, inhuman or degrading treatment or punishment.

ARTICLE 6 — Everyone has the right to recognition everywhere as a person before the law.

ARTICLE 7 — All are equal before the law and are entitled without any discrimination to equal protection of the law. All are entitled to equal protection against any discrimination in violation of this Declaration and against any incitement to such discrimination.

ARTICLE 8 — Everyone has the right to an effective remedy by the competent national tribunals for acts violating the fundamental rights granted him by the constitution or by law.

ARTICLE 9 — No one shall be subjected to arbitrary arrest, detention or exile.

ARTICLE 10 — Everyone is entitled in full equality to a fair and public hearing by an independent and impartial tribunal, in the determination of his rights and obligations and of any criminal charge against him.

ARTICLE 11 — 1. Everyone charged with a penal offence has the right to be presumed innocent until proved guilty according to law in a public trial at which he has had all the guarantees necessary for his defence.
— 2. No one shall be held guilty of any penal offence on account of any act or omission which did not constitute a penal offence, under national or international law, at the time when it was committed. Nor shall a heavier penalty be imposed than the one that was applicable at the time the penal offence was committed.

ARTICLE 12 — No one shall be subjected to arbitrary interference with his privacy, family, home or correspondence, nor to attacks upon his honour and reputation. Everyone has the right to the protection of the law against such interference or attacks.

ARTICLE 13 — 1. Everyone has the right to freedom of movement and residence within the borders of each state.
— 2. Everyone has the right to leave any country, including his own, and to return to his country.

ARTICLE 14 — 1. Everyone has the right to seek and to enjoy in other countries asylum from persecution.
— 2. This right may not be invoked in the case of prosecutions genuinely arising from non-political crimes or from acts contrary to the purposes and principles of the United Nations.

ARTICLE 15 — 1. Everyone has the right to a nationality.
— 2. No one shall be arbitrarily deprived of his nationality nor denied the right to change his nationality.

ARTICLE 16 — 1. Men and women of full age, without any limitation due to race, nationality or religion, have the right to marry and to found a family. They are entitled to equal rights as to marriage, during marriage and at its dissolution.
— 2. Marriage shall be entered into only with the free and full consent of the intending spouses.
— 3. The family is the natural and fundamental group unit of society and is entitled to protection by society and the State.

ARTICLE 17 — 1. Everyone has the right to own property alone as well as in association with others.
— 2. No one shall be arbitrarily deprived of his property.

ARTICLE 18 — Everyone has the right to freedom of thought, conscience and religion; this right includes freedom to change his religion or belief, and freedom, either alone or in community with others and in public or private, to manifest his religion or belief in teaching, practice, worship and observance.

ARTICLE 19 — Everyone has the right to freedom of opinion and expression; this right includes freedom to hold opinions without interference and to seek, receive and impart information and ideas through any media and regardless of frontiers.

ARTICLE 20 — 1. Everyone has the right to freedom of peaceful assembly and association.
— 2. No one may be compelled to belong to an association.

ARTICLE 21 — 1. Everyone has the right to take part in the government of his country, directly or through freely chosen representatives.
— 2. Everyone has the right of equal access to public service in his country.
— 3. The will of the people shall be the basis of the authority of government; this will shall be expressed in periodic and genuine elections which shall be by universal and equal suffrage and shall be held by secret vote or by equivalent free voting procedures.

ARTICLE 22 — Everyone, as a member of society, has the right to social security and is entitled to realization, through national effort and international co-operation and in accordance with the organization and resources of each State, of the economic, social and cultural rights indispensable for his dignity and the free development of his personality.

ARTICLE 23 — 1. Everyone has the right to work, to free choice of employment, to just and favourable conditions of work and to protection against unemployment.
— 2. Everyone, without any discrimination, has the right to equal pay for equal work.

— 3. Everyone who works has the right to just and favourable remuneration ensuring for himself and his family an existence worthy of human dignity, and supplemented, if necessary, by other means of social protection.
— 4. Everyone has the right to form and to join trade unions for the protection of his interests.

ARTICLE 24 — Everyone has the right to rest and leisure, including reasonable limitation of working hours and periodic holidays with pay.

ARTICLE 25 — 1. Everyone has the right to a standard of living adequate for the health and well-being of himself and of his family, including food, clothing, housing and medical care and necessary social services, and the right to security in the event of unemployment, sickness, disability, widowhood, old age or other lack of livelihood in circumstances beyond his control.
— 2. Motherhood and childhood are entitled to special care and assistance. All children, whether born in or out of wedlock, shall enjoy the same social protection.

ARTICLE 26 — 1. Everyone has the right to education. Education shall be free, at least in the elementary and fundamental stages. Elementary education shall be compulsory. Technical and professional education shall be made generally available and higher education shall be equally accessible to all on the basis of merit.
— 2. Education shall be directed to the full development of the human personality and to the strengthening of respect for human rights and fundamental freedoms. It shall promote understanding, tolerance and friendship among all nations, racial or religious groups, and shall further the activities of the United Nations for the maintenance of peace.
— 3. Parents have a prior right to choose the kind of education that shall be given to their children.

ARTICLE 27 — 1. Everyone has the right freely to participate in the cultural life of the community, to enjoy the arts and to share in scientific advancement and its benefits.
— 2. Everyone has the right to the protection of the moral and material interests resulting from any scientific, literary or artistic production of which he is the author.

ARTICLE 28 — Everyone is entitled to a social and international order in which the rights and freedoms set forth in this Declaration can be fully realized.

ARTICLE 29 — 1. Everyone has duties to the community in which alone the free and full development of his personality is possible.
— 2. In the exercise of his rights and freedoms, everyone shall be subject only to such limitations as are determined by law solely for the purpose of securing due recognition and respect for the rights and freedoms of others and of meeting the just requirements of morality, public order and the general welfare in a democratic society.
— 3. These rights and freedoms may in no case be exercised contrary to the purposes and principles of the United Nations.

ARTICLE 30 — Nothing in this Declaration may be interpreted as implying for any State, group or person any right to engage in any activity or to perform any act aimed at the destruction of any of the rights and freedoms set forth herein.

Adopted by the United Nations General Assembly at its 183rd meeting, held in Paris on 10 December, 1948.
Issued by U.N. Department of Public Information

UNITED NATIONS

*Eleanor Roosevelt atravessa então o
Atlântico, prepara-se afincadamente
e começa a trabalhar na delegação
norte-americana das Nações Unidas.
Mas os seus colegas decidem influenciá-la
para que aceite o trabalho que eles
consideram ser o menos importante
de todos: a Comissão dos Direitos
Humanos. E é assim que Eleanor
Roosevelt se torna redatora da Declaração
Universal dos Direitos Humanos.
(p. 409)*

judeus, marxistas, liberais, seculares, socialistas que se encontravam a cada quinzena, tentando criar pontes entre as culturas do Médio Oriente e do Ocidente para construir a futura nação libanesa.

P.C. Chang e Charles Malik vão ser, de certa forma, os faróis da Comissão de Direitos Humanos das Nações Unidas. Quando o bloco soviético e o bloco ocidental anglo-americano se lançam em discussões sobre os direitos do coletivo contra os direitos do indivíduo, Charles Malik – de início com alguma inexperiência e arrogância – tenta colocar os direitos na pessoa humana, não exclusivamente individuais, mas certamente não apenas coletivos. Quando os trabalhos ficam bloqueados entre a predominância de direitos cívico-políticos e a dos direitos económicos, sociais e culturais, é P.C. Chang quem, muitas vezes munido de uma citação de Confúcio, explica que todos esses direitos são direitos fundamentais, abrindo a porta para que constem, sem exceção, na Declaração Universal dos Direitos Humanos, o que terá consequências para o âmbito jurídico da Declaração.

Entretanto, ao mesmo tempo, começa a trabalhar em Paris a Organização das Nações Unidas para a Educação, a Ciência e a Cultura, mais conhecida como Unesco. Sabendo que a Comissão de Direitos Humanos estava a trabalhar numa Declaração Universal dos Direitos Humanos, a Unesco tenta lidar com um problema muitas vezes levantado: serão os direitos humanos apenas um conceito ocidental nascido com a Revolução Francesa? Ou serão os direitos humanos uma realidade que encontra as suas raízes nas filosofias, nas culturas, nas tradições morais e religiosas de vários povos do mundo?

Querendo lidar com esse debate, a Unesco decide, em torno de Jacques Maritain, que mencionámos na nossa última conversa, e de gente como Richard McKeon, filósofo da Universidade de Chicago, ou E.H. Carr, historiador de Cambridge, realizar um inquérito junto de vários intelectuais, líderes morais, políticos e religiosos de todo o mundo, perguntando-lhes que sentido faziam os direitos humanos para as suas culturas. Desse inquérito verdadeiramente notável nasce um dossiê em que se encontram declarações de gente como Gandhi, o jesuíta e cientista Pierre Teilhard de Chardin, o romancista Aldous Huxley e os filósofos Benedetto Croce e Salvador de Madariaga – um dos primeiros federalistas europeus, espanhol e antifascista. De entre os autores de língua portuguesa encontra-se apenas um, Levi Carneiro, que era o juiz representando o Brasil no Tribunal Internacional de Haia.

Enquanto os filósofos trabalham no inquérito pedido pela Unesco, os delegados dos vários países trabalham da Comissão de Direitos Humanos da ONU, impulsionados por este triunvirato, chamemos-lhes assim, com Eleanor Roosevelt na presidência, Charles Malik em representação do Médio Oriente e na redação, e P.C. Chang com os contributos sempre precisos e pertinentes em representação do Extremo Oriente.

Mais tarde, depois do primeiro esboço da Declaração Universal dos Direitos Humanos, o trabalho de melhorá-la, de lhe dar uma segunda redação mais refinada e mais consistente entre as suas partes, é atribuído a um francês, René Cassin (descendente de judeus portugueses, das famílias Nunes e Gomes pelo lado da avó paterna, que tinham fugido às perseguições inquisitoriais para o sul de França). Mais tarde ainda, quando chega a altura de fazer emendas à Declaração Universal dos Direitos do Homem – como então se chamava, em boa parte, como já explicámos, graças à insistência de René Cassin –, assume protagonismo a delegada indiana Hansa Mehta, pedagoga que estivera presa durante a luta pela independência do seu país e que propõe e consegue aprovar a alteração de "direitos do homem" para "direitos humanos", designação que vingou em todas as línguas menos a francesa.

Finalmente, depois de muitos anos de trabalho, a 10 de dezembro de 1948, é aprovada a Declaração Universal dos Direitos Humanos no Palais de Chaillot, em Paris.

Eleanor Roosevelt diz que chegou nesse dia cansada ao hotel, e na verdade duvidando se uma mera Declaração Universal dos Direitos Humanos, sem quaisquer imposições legais, poderia verdadeiramente inspirar os governos de todo o mundo a verem esses direitos respeitados e observados. É que a meio desse caminho Eleanor Roosevelt tem de tomar uma decisão política crucial: por um lado, vê que nem os Estados Unidos nem o Reino Unido estão interessados em ter uma Declaração que contenha mais do que direitos estritamente cívico-políticos que possam ser implementados e valer em tribunal; por outro lado, o bloco soviético, embora no início apenas resumido aos votos da União Soviética nas Nações Unidas (onde era representada pela Rússia e por todas as outras repúblicas socialistas federadas da União Soviética, mas também por uma delegação da Ucrânia e por uma delegação da Bielorrússia, que tinham votos separados nas Nações Unidas – outras das concessões que Estaline arrancara a Roosevelt e a Churchill), não estava de todo interessado em que os direitos humanos fossem também "justiciáveis", ou seja, que pudessem valer em tribunal. Aliás, durante todos os debates na Comissão de Direitos Humanos, a União Soviética batera-se pela impossibilidade de qualquer ingerência nos direitos humanos dentro de cada país.

Um dos primeiros debates logo quando os outros delegados americanos empurraram Eleanor Roosevelt para a Comissão dos Direitos Humanos, julgando que esta era pouco importante, foi acerca de refugiados. A União Soviética defendia que os refugiados deveriam ser devolvidos aos seus países; Eleanor Roosevelt conseguiu, com Charles Malik e P.C. Chang, que o princípio do direito de asilo se tornasse desde então o princípio a aplicar. O que, por sua vez, levaria à criação do Alto Comissariado da ONU para os Refugiados. Porém, com o avançar da discussão e com as primeiras tensões entre os aliados vitoriosos na Segunda Guerra – no fundo, com as primícias da Guerra Fria –, começa a ficar claro que uma Declaração de direitos humanos que seja ambiciosa, abrangente e que contemple direitos económicos e sociais, como queria o bloco de Leste e como queriam os socialistas latino-americanos, mas não queriam os Estados Unidos e o Reino Unido; ou uma Declaração que tivesse um verdadeiro impacto na ordem interna dos Estados-membros, como não queria a União Soviética e os seus aliados, não poderia sair da Comissão dos Direitos Humanos. E, portanto, trata-se de fazer uma escolha: ou uma Declaração de escopo muito reduzido, mas que talvez possa valer num tribunal internacional, ou uma Declaração universal ampla, mas que não seja "justiciável", isto é, que apenas possa ser implementada dentro da ordem jurídica de cada Estado, conforme as suas constituições, as suas legislações, os seus governos e os seus parlamentos no futuro o quiserem.

Eleanor Roosevelt toma então a decisão – que não é fácil – de optar pelo segundo caminho. Aprovar uma Declaração Universal dos Direitos Humanos principalmente como documento moral, em vez de uma Declaração verdadeiramente implementável por tribunais internacionais, mas que provavelmente ficaria completamente despida de todo o seu conteúdo. É acerca dessa decisão difícil que ela se revolve em dúvidas quando regressa ao hotel, não sabendo se fez a melhor escolha. Provavelmente fê-la, porque a Declaração Universal dos Direitos Humanos tornou-se uma espécie de guia para a humanidade nas décadas seguintes.

Durante os anos 1950 e 1960, a Declaração Universal dos Direitos Humanos – tal como a própria Organização das Nações Unidas – tem mais fama do que proveito, mas entra até na cultura popular. Há uma entrevista num concurso televisivo americano em que Eleanor Roosevelt aparece como convidada-mistério e a seguir dá uma pequena explicação acerca da semana das Nações Unidas e das associações das Nações Unidas, que começam a aparecer em vários países para promover a ideia desse fórum internacional para as nações e, sobretudo, a ideia da Declaração Universal dos Direitos Humanos.

Mais ou menos por essa altura, Eddie Cochran, cantor e músico rock, menciona as Nações Unidas numa das suas músicas, perguntando se deveria levar para lá os seus problemas amorosos e profissionais: "*I'm gonna take my problem to the United Nations*". Há uma enorme esperança, nas décadas de 1950 e 1960, de que as Nações Unidas sejam o embrião de um governo mundial através do qual se possam resolver os problemas e acabar com a Guerra Fria. A Declaração Universal dos Direitos Humanos renasce em importância nos anos 1970, graças ao movimento de direitos humanos que surge em torno de organizações como a Amnistia Internacional e a Human Rights Watch, entre outras – sobretudo, no Leste Europeu, com a fundação das chamadas Comissões de Helsínquia, que se propunham monitorizar o (des)respeito pelo direitos humanos nos países do bloco soviético, com o respaldo dos governos das superpotências (e que hoje em dia, em países como a Hungria, continuam a desempenhar um papel fundamental). Nessa época, muitas vezes cinicamente ou de modo oportunista, há potências mundiais que começam a apontar a Declaração Universal dos Direitos Humanos como uma ferramenta meramente ocidental. E por desconhecimento ou ingenuidade, essa é uma opinião que muitas vezes se vê repetida no debate público, e que contribui para apagar a história das enormes lutas que os delegados não ocidentais tiveram para que a Declaração Universal dos Direitos Humanos surgisse, e contribui também para que se ignore (ou pelo menos não se cuide nem cultive) a história da caução intelectual e moral que filósofos, autores e líderes religiosos e morais de todo o mundo deram à Declaração no final dos anos 1940.

Na mesma noite em que a Declaração foi aprovada, René Cassin, o delegado francês que lhe dera a redação final, assistiu a um espetáculo de Katherine Dunham, grande dançarina, coreógrafa e antropóloga de Chicago,

MEMÓRIA SEXTA: A PERGUNTA

com raízes nas Caraíbas, que nessa época costumava levar os seus bailados a Paris. Cassin assistiu ao bailado de Katherine Dunham enquanto pensava em todos os mártires dos direitos humanos desde o tempo do Caso Dreyfus, e até antes disso. Vendo Katherine Dunham e a sua trupe dançar incorporando as influências das Caraíbas e a luta pelos direitos cívico-políticos dos negros, não só nos Estados Unidos mas em todos os lugares do mundo – numa visita ao Brasil dali a uns anos, Katherine Dunham e a sua equipa são impedidos de entrar num hotel carioca, o que levará o Brasil a acabar por mudar a legislação relativa ao acesso a hotéis e outros estabelecimentos –, René Cassin pensa então que os mártires dos direitos humanos nos séculos passados estão de certa forma a celebrar um novo momento ao verem aquele bailado de Dunham, um momento a que Seyla Benhabib, grande filósofa turca de origem também sefardita, chama "o momento cosmopolita da humanidade".

Será que a Declaração Universal dos Direitos Humanos merece todo esse entusiasmo?

A Declaração Universal dos Direitos Humanos está sempre a meio caminho: demasiado pouco por um lado, demasiado ambiciosa por outro. A escolha de Eleanor Roosevelt – criar uma declaração moral que só se pode levar a tribunal quando os Estados-membros das Nações Unidas, ou os tribunais regionais como o Tribunal Europeu dos Direitos Humanos, ou o Tribunal Interamericano de Direitos Humanos assim o permitem – pode ser ao mesmo tempo considerada um pecado original e um gesto de grandeza.

A verdade é que, com a Declaração Universal dos Direitos Humanos, nos primeiros anos das Nações Unidas há uma espécie de contrato entre Estados-membros e cidadãos do mundo. Por um lado, a Declaração dá-nos direitos a todos nós, indivíduos, homens ou mulheres, pelo mero facto de termos nascidos humanos. Ainda antes de sermos cidadãos de um qualquer país, ainda antes de pertencermos a uma qualquer nação, onde quer que estejamos, a Declaração Universal dos Direitos Humanos diz que temos direitos fundamentais inalienáveis desde nascença. Por outro lado, o respeito pelos direitos humanos, ou a implementação de políticas de direitos humanos, é endossado aos Estados-nação, aos Estados-membros das Nações Unidas. E esse contrato vai de certa forma valendo, conforme se verifica, pelo menos, em relação às políticas de refugiados, que são talvez o teste do pH dos direitos humanos: implementar políticas de direitos humanos com pessoas que estão em trânsito e cuja cidadania muitas vezes não é reconhecida, e que a Declaração enquadra na Convenção da ONU para a proteção das pessoas refugiadas, mais conhecida como Convenção de Genebra.

Os Estados-membros, nesta época, querem quotas de refugiados, porque acham que assim conseguirão garantir a sua reinstalação (deixando de utilizar o sistema vigente entre as duas guerras mundiais, que foi o passaporte internacional humanitário, ou "passaporte Nansen", do nome de um diplomata norueguês, Fridtjof Nansen, que o concebera no quadro da Sociedade das Nações e que, com esse documento, permitiu que centenas de milhares de refugiados se salvassem e começassem novas vidas). Mas esse compromisso em torno dos direitos humanos só vale enquanto os membros das Nações Unidas estiverem dispostos a levar os direitos humanos a sério. E quando os Estados-membros das Nações Unidas deixam de estar dispostos a levar os direitos humanos a sério, os direitos humanos entram em crise.

Na mesma noite em que a Declaração Universal dos Direitos Humanos foi aprovada no Palais de Chaillot, em Paris, Charles Malik voltou também ao hotel e anotou no seu diário uma frase em alemão com uma tonalidade do seu mestre de filosofia, Martin Heidegger. É de certa forma uma menção perturbante, porque Martin Heidegger chegara a fazer parte do partido nazi e, apesar de o ter abandonado nos anos 1930, só renegaria o nazismo após a Segunda Guerra Mundial. Mas a frase de Heidegger que quase inevitavelmente surgiu na mente de Charles Malik e que este anotou em alemão no caderninho do seu diário foi: "*Wir sind zu spät für die Götter, zu früh für das Sein*" – "Estamos demasiado atrasados para os deuses, demasiado cedo para o Ser". "Demasiado atrasados para os deuses" e "demasiado cedo para o Ser" – o que quer isso dizer exatamente? Estamos demasiado atrasados para ser deuses ou é já demasiado tarde para sermos guiados pelos deuses? E, no entanto, é demasiado cedo para o Ser, para nos tornarmos nós próprios, para sermos nós próprios.

Charles Malik, porém, esqueceu-se de anotar no seu caderno a continuação da célebre frase de Heidegger: "*Dessen angefangenes Gedicht ist der Mensch*" – "O poema que o Ser ainda mal esboçou é o Homem".

QUARTA CONVERSA

Mil novecentos e quarenta e oito

Seis dias antes de a Declaração Universal dos Direitos Humanos ser consagrada no Palais de Chaillot, um escritor inglês enviou a versão final do seu novo romance, que ele não sabia que seria o seu último, para o seu editor. O escritor chamava-se George Orwell e o romance chamava-se *1984*.

A Declaração Universal dos Direitos Humanos foi aprovada, como dissemos na conversa anterior, no dia 10 de dezembro de 1948. *1984*, o romance cujo título é apenas uma inversão do ano em que foi escrito, foi terminado a 4 de dezembro de 1948. É bem possível que o escritor não se tenha apercebido da aprovação da declaração. Naquela fase da sua vida, Orwell vivia numa ilha chamada Jura, ao largo da costa escocesa, numa casa que não tinha eletricidade nem água corrente, onde as notícias chegavam só com o correio, uma ou duas vezes por semana. Se recebesse ali o *Manchester Guardian*, o jornal que desde a Guerra Civil de Espanha ele lia com "crescente respeito pela sua honestidade", teria encontrado uma notícia de 11 de dezembro sobre a aprovação da Declaração Universal dos Direitos Humanos na véspera, por 48 votos a favor e oito abstenções, tendo uma emenda soviética para "adiar a sua adoção por um ano sido derrotada por 45 votos contra seis, com três abstenções". Por outro lado, por aqueles dias ele estava ocupado a não ser George Orwell, porque George Orwell, afinal, era um pseudónimo. O seu verdadeiro nome era Eric Arthur Blair, e toda a gente que estava ali com ele o conhecia simplesmente por Eric.

George Orwell estava assim ocupado a ser Eric para a sua irmã, Avril, e para o seu cunhado, Bill, e para os filhos destes, seus sobrinhos, bem como para toda a gente com quem interagia na ilha de Jura, a quem comprava ou vendia coisas ou serviços, e sobretudo para o seu próprio filho, Richard. Eric era viúvo – a sua mulher, Eileen, morrera em 1945, ainda antes de a guerra acabar, com apenas 39 anos, numa cirurgia ao útero da qual não acordou.

O filho de ambos, Richard, era adotado e tinha apenas um ano quando a mãe morreu. Era agora um rapaz que crescia no campo, numa ilha fria, sob o olhar de um pai que tinha querido muito adotá-lo, acreditando ser estéril e ansiando por ter um filho. Richard quase desapareceu das biografias oficiais de George Orwell, a ponto de muitos admiradores de Orwell ignorarem que ele teve um filho, que aliás ainda está vivo e tem uma carreira discreta como engenheiro.

Mas Richard está lá – e muito – nos diários de Orwell, ou Eric Blair, de cada vez que vai à pesca com os primos. Um dia saem todos de barco e o barco vira, pondo em risco a vida de Eric, Richard e de um dos primos, que ficam por debaixo do barco. Depois de nadarem para a margem, com Eric salvando o filho, o olhar de escritor de George Orwell foca-se numas focas: "animal muito curioso, a foca, muito observador". E até os seus sobrinhos, que estavam habituados às observações um pouco distanciadas do tio, acham que ele se mostra extraordinariamente apático depois do momento em que arriscaram as suas vidas. Mas Richard, que tem memórias muito próximas e calorosas dos poucos anos (apenas cinco) em que conviveu com o pai, lembra-se de naquele dia nunca ter tido medo, porque toda a gente, sobretudo Eric, ficara sempre tão calma.

Eric – o homem que era George Orwell nos livros – está agora a tentar se recuperar do período em que escreveu *1984*, um dos livros mais conhecidos da literatura universal do século xx. Para ele, escrever um livro – escrever aquele livro ou escrever qualquer livro – é "uma luta horrível e esgotante, como debater-se longamente contra alguma doença dolorosa". Nos apontamentos que deixa por esses dias no diário, as suas preocupações não eram francamente nem literárias, nem políticas, nem existenciais ou filosóficas, mas apenas, gratamente, comezinhas. As galinhas. A pesca. Os bichos. A parafina para a iluminação e o gás para o aquecimento.

No dia 1º de dezembro de 1948: "Dia bom, ventoso. Mar encrespado. Alguma chuva ao fim da tarde. Três ou quatro ovos na maior parte dos dias, agora". Bom. Contente que as galinhas estejam a pôr. A 3 de dezembro: "Dia carrancudo, com chuva. Vento diminuindo ao longo do dia. Mar ainda encapelado, mas nada como ontem. O gado quase todo já consegue descer até ao estábulo sozinho. A parafina está quase a acabar. Parece que agora a camioneta funciona". A 4 de dezembro, dia em que termina *1984*: "Dia lindo, sereno, soalheiro, com um aguaceiro à tarde. Dois arco-íris paralelos, um

MEMÓRIA SEXTA: A PERGUNTA

deles muito mais ténue do que o outro. Parece que o boi tem dezesseis meses; terá portanto nascido em julho de 1947". 5 de dezembro de 1948: "Levantou--se uma ventania à noite. De dia, chuva e vento incessantes. Mar feio. Não me sinto nada bem. Gás do aquecimento quase a acabar". 6 de dezembro: "O ventou abrandou à noite. Dia lindo, sereno, soalheiro. Mar muito calmo. Não me senti suficiente bem para sair de casa. Mandámos o porco para o matadouro". 7 de dezembro: "Dia quieto, soalheiro quanto baste. Uma chuvinha de manhã. Mar menos calmo. A Avril trouxe o toucinho do porco etc. Pedaços enormes de banha e carne das bochechas. Pagámos uma libra para o matar e desmanchar, incluindo os chispes. Estou a sentir-me muito mal".

No dia 10 e seguintes, Orwell não faz nenhuma referência à Declaração Universal dos Direitos Humanos, nem à política internacional, nem à sua própria literatura. Mas no dia 4, quando termina a revisão do *1984* e o envia para o editor, também não faz qualquer referência ao livro que o deixará famoso. Não parece sentir nem alívio, nem vaidade, nem orgulho – nada. Talvez por uma superstição pessoal – porque Orwell fazia por acreditar na ideia de que um escritor não morria antes de escrever o seu melhor livro. Talvez ele não achasse que *1984* fosse o seu melhor livro, ou talvez, como qualquer escritor, pensasse que o seu próximo livro seria o seu melhor livro. De qualquer forma, "nunca se empreenderia tal coisa como escrever um livro se não se fosse a isso obrigado por um demónio ao qual não se pode nem resistir nem entender". Essa é a frase que se segue àquela que antes citámos sobre escrever um livro ser como padecer de uma doença prolongada.

Porque escrevia Orwell? Ele próprio o explica em *Por que escrevo*, de 1946: "Toda a linha de trabalho sério que escrevo desde 1936 foi escrita, direta ou indiretamente, contra o totalitarismo e em defesa do socialismo democrático, como eu o entendo".

Esse era o demónio que o fazia escrever, o tal que o forçava e que ele não entendia bem. Era a defesa do socialismo democrático e a luta contra o totalitarismo que o faziam passar por esse febrão de uma doença prolongada que era escrever um livro. Assim tinha escrito, em 1945, o seu *Animal Farm*, traduzido por vezes como *A quinta dos animais* ou *A quinta dos bichos*, e em Portugal durante muitos anos conhecido como *O triunfo dos porcos*. Foi assim também que escreveu os seus ensaios desses anos: *Por que escrevo*, que já citámos; *Toward European Unity* [Em direção a uma unidade europeia], que citaremos mais à frente; e os seus ensaios sobre a vida no campo, quando acabar a guerra e quando for finalmente possível para um escritor deixar de estar todo o tempo obcecado com a política.

E depois, é claro, *1984*. Por esses dias, após terminar e enviar o seu último grande romance, a doença era precisamente a grande sombra nos dias de Orwell – não a doença de escrever um romance, mas a doença propriamente dita. Entre 7 de dezembro e 19 de dezembro não há nenhuma entrada no seu diário, até que se lê "não tenho estado bem o suficiente para escrever aqui" e, depois, que tinha acabado de chegar a casa um ganso ("para o Natal") e uma cabrinha. A 22 de dezembro, Orwell deixa escrito que o dia está "muito límpido, parado, frio" e o "mar muito calmo". Na véspera de Natal, "o ganso para a consoada desapareceu, e depois foi encontrado a nadar no mar perto do ancoradouro, a uma milha da nossa praia. Foi preciso segui-lo num bote e matá-lo a tiro. Antes de depenar e limpar, tinha dez libras e meia [quase cinco quilos]. Flocos de neve por todo o lado. Apareceram umas túlipas. Algumas flores tentam florir". E essa é a última frase do seu diário para 1948.

Acaba assim 1948, o ano que poderíamos ver como para sempre definido pelo contraste entre estes dois documentos – a Declaração Universal dos Direitos Humanos e o *1984* de George Orwell. Dificilmente se poderiam encontrar duas imagens tão radicalmente opostas do nosso futuro possível e, no entanto – é isso que defenderei nesta conversa –, dificilmente poderíamos encontrar dois documentos que fossem tão animados pelo mesmo propósito de combater a desumanização em nome da dignidade inerente a todos os seres humanos.

O ano de 1948 foi também o ano em que começou de facto a Guerra Fria, com a queda do governo da Checoslováquia e a entrega do poder aos comunistas pró-soviéticos, e com o bloqueio a Berlim Ocidental. Foi igualmente o ano em que se proclamou a fundação do Estado de Israel, numa sala encimada por um retrato de Theodor Herzl, o jornalista austríaco que, se não tivesse sido correspondente em França durante o Caso Dreyfus, talvez nunca tivesse fundado o movimento sionista. De certa forma, em 1948 encerram-se alguns dos ciclos de que falamos na "Memória quinta", aquela das últimas décadas do século xix.

1948 é o ano em que se fecha, com a Declaração Universal dos Direitos do Homem, ou dos Direitos Humanos, o ciclo iniciado nos tempos do Caso Dreyfus, com a Ligue des Droits de l'Homme. 1948 é o ano em que se encerra, ou talvez não se encerre, com a fundação do Estado de Israel,

MEMÓRIA SEXTA: A PERGUNTA

o ciclo iniciado pela fundação do movimento sionista. E 1948 é o ano em que gente nascida nas décadas de 1880 e 1890 – gente de quem temos vindo a falar, como Gaetano Salvemini, Eleanor Roosevelt, René Cassin, Konrad Adenauer e tantos outros – está no rescaldo da Segunda Guerra Mundial. São pessoas que sobreviveram a duas guerras, a um entreguerras, a todo um ciclo de intolerância que nasceu precisamente no final do século XIX, que se cristalizou no antissemitismo moderno francês, alemão e que depois contaminou uma série de outros países na Europa e no resto do Ocidente, eclodindo no paroxismo do Holocausto durante a Segunda Guerra Mundial.

Fecha-se então um ciclo de cerca de setenta anos. Para aqueles que sobreviveram a todas essas intempéries, catástrofes e calamidades morais e humanas, os anos entre 1945 e 1948, até ao início da Guerra Fria, são os anos de uma janela de oportunidade que há que aproveitar para não cometer os erros passados e para construir os acertos futuros.

É esse o estado de espírito que anima gente como Eleanor Roosevelt, à frente da Comissão de Direitos Humanos da ONU, mas também os muitos ativistas dos direitos humanos na América Latina. A Convenção de San José, na Costa Rica, por exemplo, é uma das primeiras convenções regionais de direitos humanos. Nela, ao contrário da declaração universal, os direitos humanos tornam-se implementáveis e "justiciáveis", porque se pode ir a um Tribunal Interamericano de Direitos Humanos para tentar corrigir violações dos direitos humanos. É esse também o espírito que preside a Convenção Europeia dos Direitos Humanos do Conselho da Europa, onde há o Tribunal Europeu dos Direitos Humanos em Estrasburgo, que Winston Churchill muito defenderia depois de passar à oposição. É esse também o espírito que anima gente como Robert Schuman. Nascido no Luxemburgo, outrora cidadão alemão e agora ministro dos Negócios Estrangeiros francês, Schuman é o autor da declaração (na verdade escrita por Jean Monnet) que lança a Comunidade Europeia do Carvão e do Aço, cuja alta autoridade, independente dos Estados-membros, poderia corrigir os erros que tinham sido cometidos pela Sociedade das Nações. E esse é também o espírito que anima gente mais ativista, menos importante, menos, nesta altura, próxima dos círculos do poder económico e político – gente como Altiero Spinelli e Ernesto Rossi, cujos movimentos federalistas a partir de baixo pretendiam que os cidadãos comuns proclamassem uma república ou democracia europeia nas praças das cidades europeias.

(É também esse o momento em que o encerrar de ciclo coloca algumas das pessoas que temos seguido perante novas provações e dilemas mais pessoais, e porventura menos confessáveis. Gaetano Salvemini – voltemos a ele por um parágrafo – refizera entretanto a sua vida familiar com uma amiga já dos tempos em que perdera a sua família no terramoto de Messina, em 1908, quarenta anos antes. Fernande Dauriac era francesa, mulher do diretor do Instituto Francês em Florença, Julien Luchaire; ambos tinham corrido para Messina para tentar ajudar Gaetano a achar, sem sucesso, Maria e os filhos de ambos entre os escombros. Mais tarde, já depois da Primeira Guerra Mundial, Fernande e Julien divorciam-se e ela refaz a sua vida com Gaetano, levando consigo os filhos Jean e Marguerite, a quem Gaetano se afeiçoa e trata como seus, chamando-os pelos seus diminutivos italianos, Giovannino e Ghita. Giovannino, outrora jovem pacifista, crítico da dureza com que o Tratado de Versalhes tratara a Alemanha, vai levar a sua oposição a uma nova guerra ao ponto em que começa a ser usado como propagandista pela Alemanha nazi e acaba como chefe da imprensa colaboracionista na França ocupada, tornando-se responsável por grande parte da odiosa retórica que por esse meio é difundida, em particular de caráter antissemita, apesar de ele próprio descender de judeus, pois era seu avô paterno o grande historiador medievalista Jules Zeller. Com a Libertação, Jean Luchaire tenta fugir, mas é preso pelos americanos e fuzilado pelos franceses. A sua mãe nunca conseguirá superar essa perda nem o facto de Salvemini, entretanto a lecionar nos Estados Unidos, depois de ter aprendido inglês com mais de cinquenta anos, compreender a decisão dos tribunais militares na França libertada. E é assim que Salvemini perde pela segunda vez a sua família, não num sismo físico, mas numa catástrofe moral.)

Voltemos aos movimentos pelos direitos humanos, federalistas e pan-europeus do pós-guerra. George Orwell esteve em alguns deles, assinou manifestos e participou em reuniões. Mas uma das diferenças – talvez a grande diferença – entre George Orwell e aqueles que do outro lado do Canal da Mancha, por esses dias, recolhiam ao hotel, cansados, depois de fazerem proclamar a Declaração Universal dos Direitos Humanos, é que a geração dele não tivera a mesma amplitude de vida. Ao contrário dos "sobreviventes", como Eleanor Roosevelt ou Gaetano Salvemini, os jovens como Orwell eram, talvez, mais amargos e desiludidos; não tinham podido preservar os seus sonhos kantianos, iluministas, de direitos humanos universais desde o início das suas vidas, assistindo depois a todas as catástrofes até poderem reemergir.

MEMÓRIA SEXTA: A PERGUNTA

George Orwell, ou Eric Arthur Blair, nascera em 1903, já no século xx. Era, portanto, uma criança de onze anos quando começou a Primeira Guerra Mundial. No período entreguerras, foi polícia imperial britânico na Birmânia. Chegou lá para defender o Império Britânico e lá percebeu, talvez de uma forma presciente e precisa como muito poucos, o quão relevante o imperialismo era para a qualidade de vida, mesmo se relativa, de que a população, até entre as classes populares, usufruía na Europa; mas também o quão destrutivo, do ponto de vista moral, eram o imperialismo e o colonialismo, não só para os colonizados como também para os colonizadores.

Esse ambiente de hierarquia, racismo, desprezo pelo ser humano, Orwell descreve-o num livro – um dos seus primeiros romances – chamado *Burmese Days, Dias da Birmânia*. Mas descreve-o talvez ainda com maior precisão num conto chamado "The Shooting of an Elephant", "Abatendo um elefante", que conta a história de como ele, enquanto polícia na Birmânia, tem de perseguir um elefante que supostamente teria perdido o controlo e – apenas pelo facto de ter à sua volta uma multidão que lhe pede que tome uma atitude enquanto representante do Império Britânico – mata o elefante. Não porque seja necessário matar o elefante, que se acalmara fora da aldeia e não constituía perigo para nenhum ser humano ou outro animal ou infraestrutura. Ele mata o elefante para não fazer figura de tolo. E apercebe-se, ao fazê-lo, de que, na relação de dominação-subalternidade-hierarquia entre colonizador e colonizado, a posição dos colonizadores faz com que, por temerem fazerem figura de tolos, se desumanizem, depois de terem desumanizado os outros. "Abatendo um elefante" é um conto que vale a pena ler ainda para os dias de hoje, porque não se aplica apenas ao imperialismo e ao colonialismo, mas a tantos aspetos e fenómenos da vida política em que muita gente – apenas porque acha que não pode causar dano à sua reputação ou porque não pode dar parte de fraca ou porque não pode fazer figura de tola – acaba a fazer algo que prometeu apenas para, numa arenga às massas, excitar a população, sem que depois possa recuar.

George Orwell tinha, assim, uma visão mais cínica do século xx. Não podia acreditar tão facilmente nos sonhos pacifistas e kantianos da geração anterior à sua. Ou melhor, acreditava neles e dedicou-lhes boa parte da sua vida, mas na sua versão de socialista democrático (e já lá iremos). Na verdade, ele viu de perto o imperialismo e o colonialismo; viu depois de perto a miséria e a pobreza, tanto em Inglaterra quanto em França, que descreveu num livro magnífico chamado *Down and Out in Paris and London, Na pior em Paris e Londres*, em que fala sobre trabalhar como lavador de pratos em restaurantes ou ser vagabundo na Inglaterra dos anos 1930, e só não ser preso por ter sotaque de classe alta; viu também a Guerra Civil de Espanha, para a qual se ofereceu como voluntário e onde lutou junto a uma milícia trotskista e, seguindo a estratégia dos anarquistas em Espanha, combateu os fascistas, acabando por ser atacado, ele e os seus companheiros, literalmente pelas costas, em Barcelona, pelos estalinistas, que preferiam ver a guerra perdida do que dividir a vitória fosse com anarquistas ou outras pessoas de esquerda, republicanos e socialistas não bolcheviques.

George Orwell chegou à Segunda Guerra Mundial em estado de desespero e cinismo, até de uma certa apatia, só não mais grave porque era necessário derrotar o fascismo e o nazismo. Os mesmos acontecimentos a que as personagens de que temos falado até agora assistiram, durante e no final da Segunda Guerra Mundial, Orwell viu-os não apenas como o dealbar de um mundo novo, mas o repetir de um mundo antigo. Talvez ainda antes de toda a gente, ele viu na Conferência de Ialta apenas o prefigurar de um mundo dividido em esferas de influência dominadas pelas superpotências daquele encontro, lideradas por Roosevelt, Churchill e Estaline.

Socialista desde a Guerra Civil de Espanha, Orwell não consegue confiar em Estaline, a quem não vê como um aliado sincero. Talvez essa visão resultasse da experiência que vivera, inesperadamente atacado por supostos aliados. George Orwell quer acreditar, mas não consegue ou, na medida em que ainda deseja acreditar, sente que tem de alertar contra aquilo que pode acontecer.

Aquilo que Orwell teme é ver o mundo dividido em três partes. Não é necessariamente nisso que a maior parte de nós pensa ao recordar *1984*. A maior parte de nós pensa, provavelmente, no Big Brother e na sociedade da hipervigilância – algo que, aliás, se inspira noutro romance de antecipação chamado *Nós*, do escritor russo Yevgeny Zamyatin, que nos anos 1920, ainda na fase leninista da Revolução Russa, escreveu acerca de uma sociedade completamente coletivizada em que o indivíduo foi suprimido e em que se vive em casas de vidro onde não há privacidade. George Orwell inspirou-se de facto em *Nós*, mas nunca o escondeu. Foi um grande defensor desse livro, que tentou, através de cartas a editores, ver publicado em inglês e noutras línguas.

Pode-se dizer que o tema principal para Orwell, enquanto escrevia *1984* num ambiente radicalmente diferente do ambiente do próprio romance –

o romance passa-se num ambiente urbano, industrial, opressivo, mas foi escrito numa ilha, se não bucólica, pelo menos agreste, da costa escocesa, numa casa sem eletricidade e praticamente nenhuma tecnologia –, não era tanto o da tecnologia de controlo quanto o da divisão do mundo em esferas de influência dominadas pelos impérios da Eurásia, da Oceânia e do Extremo Oriente. Essas três grandes superpotências, mais ou menos decalcadas dos Estados Unidos, da União Soviética e da China, que se teriam estabelecido após a Segunda Guerra Mundial, lutavam permanentemente pelo quadrilátero de terreno que incluía o norte de África, o subcontinente indiano e uma parte daquilo a que nós hoje chamamos Sul Global, como forma de alargarem o seu território e de justificarem a opressão dos seus próprios povos dentro de cada um dos impérios. Essa era, portanto, uma derivação da imagem das discussões sobre esfera de influência em Teerão, em 1942, e depois em Ialta e em Dumbarton Oaks, ao mesmo tempo que Orwell via nascer as Nações Unidas mas não conseguia acreditar completamente no seu potencial ou, acreditando, pretendia alertar para a forma como elas poderiam ser desvirtuadas.

Por isso, é nesses anos também que Orwell escreve *Toward European Unity*. É um ensaio em que argumenta que a única hipótese de sobrevivência de um ideal de emancipação – que ele identifica com o ideal do socialismo democrático, ou seja, liberdades civis e políticas, uma política pluralista e ao mesmo tempo a persecução de um objetivo de vida decente para os cidadãos comuns, os trabalhadores e trabalhadoras –, o único espaço mundial onde ele vê poder esse sonho concretizar-se é na Europa Ocidental, e é na Europa Ocidental através da federalizarão da Europa Ocidental, naquilo a que chama "Os Estados Unidos Socialistas da Europa". Não uma União das Repúblicas Socialistas Soviéticas – que em *1984* descreverá, através do império Eurásia, como sendo de um coletivismo autoritário, bolchevique –, mas uma união de democracias. Ou, talvez devêssemos dizer, uma união de sociais-democracias, com o objetivo de desenvolver um Estado social e de bem-estar, e ao mesmo tempo uma união de democracias pluralistas que, pelo facto de se conseguirem juntar, possam extrair-se ao imperialismo capitalista dos Estados Unidos e ao imperialismo bolchevique da União Soviética.

Para o poderem fazer, lembra Orwell, essa Europa tem de dar um passo que ele não acredita que a maior parte dos países da Europa Ocidental esteja disposta a dar. Esse passo, ou esse preço a pagar, é o da descolonização. Precisamente porque Orwell sente que a maior parte dos europeus não percebe o quanto deve à exploração das colónias pelo seu bem-estar relativo, mesmo numa Europa devastada pela guerra; e precisamente porque Orwell, desde os seus tempos na Birmânia, percebe que a hierarquização, em que a Europa dominava um mundo subalterno, era uma forma de esvaziar os subalternos e os dominantes, ambos ao mesmo tempo, da sua humanidade. George Orwell acredita que a Europa só conseguirá unificar-se se abandonar os seus sonhos imperiais, se entender o seu lugar no mundo enquanto continente que nem é bem um continente, mas uma mera ponta da grande massa euro-asiática, e uma espécie de acento circunflexo em cima do grande continente que é a África. No momento em que a Europa perceber que é pequena, poderá ultrapassar as suas rivalidades e unificar-se para dar uma prosperidade partilhada aos seus povos. É esse ensaio político que anda na mente de George Orwell naqueles dias de 1948.

1984, por seu lado, é um romance curioso. Chamam-lhe muitas vezes uma distopia. Uma distopia quer dizer, naturalmente, o contrário de uma utopia. Sendo que uma utopia, como vimos com Thomas More, não precisa de ser um romance ou uma obra de ficção passada num lugar que não exista, um lugar sem lugar no mapa – *topos* significa "lugar", "localização", e *ou*, "negação de localização". Pode ser também, talvez seja mesmo, no sentido thomasmoriano do termo, uma eutopia; como diria Aristóteles, um lugar bem governado, um bom lugar. Uma distopia é o contrário disso. No fundo, é uma utopia distorcida. Mas é curioso pensar que *1984* não se passa em nenhum lugar inexistente no globo: *1984* passa-se em todo o globo. Os países que lá são citados, as regiões que lá são citadas, os continentes, são reais e apenas se compõem de entidades jurídico-políticas diferentes, com nomes diferentes.

Portanto, *1984* não é bem uma utopia. *1984* é um tipo diferente de romance a que às vezes se chama "de antecipação" e que pode levar o nome técnico de "ucronia". Ou seja, não um romance passado num lugar que não existe, mas passado num lugar futuro – *chronos*, de "tempo" –, um lugar que não existe e talvez nunca venha a existir naquelas condições.

A primeira ucronia da história da literatura europeia chama-se *O ano 2440*, de um escritor menor do século XVIII mas que foi um grande best-seller no seu tempo, chamado Louis-Sébastien Mercier (que encontrámos preso com Thomas Paine, na peça de Büchner sobre *A morte de Danton*, na "Memória quarta"). *O ano 2440* – que foi censurado em Portugal pela Real Mesa Censória, do marquês de Pombal – é um romance no qual um parisiense

MEMÓRIA SEXTA: A PERGUNTA

do século XVIII adormece e acorda no século XXV, para ver o mundo reformado. Não existem ordens nem Estado, já não existe nobreza nem plebeus; já não existe, forçosamente ou necessariamente da mesma forma, religião organizada em Igreja; ainda existe rei, mas o rei anda na rua com toda a gente; e existe uma biblioteca muito pequena onde está tudo aquilo que era verdade na literatura, na poesia e na física, tendo todos os outros livros sido censurados – mas, atenção, no "bom sentido", como pensaria algum Iluminismo do século XVIII, excluindo tudo o que é falso e deixando ficar apenas aquilo que é verdadeiro.

O ano 2440 é entendido pelo próprio autor como um retrato do mundo ideal. Nesse ideal incluem-se a prevalência da censura, que o autor não considera contraditória com a liberdade de imprensa, e também a total ausência de mulheres na esfera pública, ou no espaço público. Toda a gente é igual, anda por todo o lado; não há nobres nem plebeus, e no entanto há apenas homens na rua. *O ano 2440* é, do ponto de vista do autor, uma ucronia, uma visão positiva daquilo que poderia ser o futuro, embora nós, que olhamos agora para esse futuro do passado através do próprio futuro que é o nosso presente, olhemos para a prefiguração de Mercier como sendo, afinal, mais distópica do que utópica.

1984 é, assim, apesar de Orwell não conhecer Mercier nem o seu livro, uma outra ponta nessa linha de um género literário a que se chama "ucronia". *1984* passa-se em 1984 não por nenhuma espécie de necessidade cronológica, como já disse antes. É apenas a inversão dos dois últimos algarismos de 1948. O que tem de atual, no entanto, *1984*?

Tem a vigilância e tem a tecnologia. Esses são os temas que a nós nos impressionam em *1984*. A ubiquidade da televisão – que na realidade Orwell pouco conheceu, uma vez que morreria pouco mais de um ano depois de terminar o seu romance, em janeiro de 1950, num sanatório em Inglaterra –, a vigilância e a tecnologia parecem ser uma forma de chegar à distopia ou discronia de *1984*. Orwell imaginava que um dia fosse possível vigiar gente assim; nós hoje sabemos que é possível vigiar gente assim. Mas, para lá da vigilância e da tecnologia, há algo que é atual em *1984* porque é atual em qualquer época da história. Algo que talvez seja o grande tema por detrás do tema principal do livro.

À superfície, temos a divisão do mundo em três esferas de influência; por debaixo da superfície, temos a questão da memória e do esquecimento.

A certa altura, a Oceânia deixa de estar em guerra com a Eurásia, para ficar em paz com ela. E quando o protagonista do romance se espanta por ter havido essa enorme alteração política sem que praticamente fosse anunciada, e quando pergunta aos seus concidadãos e camaradas – ou, talvez devêssemos dizer, aos seus coescravos – o que é que se passou, toda a gente lhe diz "mas afinal nós sempre estivemos em paz com a Eurásia". Eles seriam capazes de jurar que sempre souberam que estavam em paz com a Eurásia, ou então o contrário, "nós sempre estivemos em guerra com a Eurásia". Quem está no poder controla a memória. No fundo, como escreve o próprio Orwell, a luta da liberdade contra a opressão é a luta da memória ou do esquecimento, porque quem controla o passado controla o presente; e quem controla o presente controla o futuro.

Chegados a esse ponto, devemos perguntar-nos: "Afinal, o que nos guarda o futuro?". Será que o futuro nos guarda o cenário descrito na Declaração Universal dos Direitos Humanos, no qual temos direitos fundamentais inerentes, inalienáveis, pelo mero facto de termos nascido humanos, ainda antes de qualquer Estado, ainda antes de termos nacionalidade, ainda antes de sermos homens ou mulheres; ou será que o futuro nos guarda o cenário de *1984*?

Há em muitos lugares do mundo um tipo de vigilância tecnológica que nos permite antever um futuro de tipo *1984*. Mas talvez isso seja uma distração: mais do que a vigilância tecnológica, é o poder nu e cru, com a sua capacidade de nos mandar lembrar e de nos mandar esquecer, que controla o nosso passado, o nosso presente e o nosso futuro.

E o nosso futuro é um futuro onde só teremos agência se tivermos memória.

QUINTA CONVERSA

Alfarrábios e algoritmos

Este livro cobre cerca de mil anos de história. De 950, ano em que morre Al Farabi, até 1948, ano da Declaração Universal dos Direitos Humanos e do *1984* de George Orwell. Novecentos e noventa e oito anos. Vá, 1076, se considerarmos o nascimento de Al Farabi, supostamente no ano de 872. Digamos, 1001 anos, para rimar com as 1001 noites.

Agora que estamos a chegar ao fim, em vez de andarmos para a frente até ao presente, vamos andar 1100 anos até ao passado.

Noventa anos antes de Al Farabi, nasceu na Pérsia Oriental, na mesma região do Coração, um homem chamado Muhammad ibn Mūsā al-Khwārizmī, no ano de 782. Segundo um historiador chamado Al Tabari, que viveu meio século depois na região do Tabaristão, o nome completo de Al Khwarizmi era na verdade Muhammad ibn Mūsa al-Khwārizmī al-Majūsi al-Qutrubbulli, acrescentando à *nisba* Al Khwarizmi (que significa "do Coração" – a região da Ásia Central, e não o órgão do corpo humano, naturalmente) a *kunya*, ou alcunha, al-Majusi, que quer dizer – bem, já vos explico o que Al-Majusi quer dizer. Vai demorar um bocadinho, mas é um desvio que vale a pena.

"Al-Majusi" refere-se à palavra "mago". E os magos são os sacerdotes da religião zoroastriana. A palavra aparece poucas vezes nos manuscritos zoroastrianos, mas depois afirma-se – referindo-se aos sacerdotes do zoroastrianismo, mas também aos sábios, conhecedores – na época helenística, em que Alexandre, o Grande, chega à região zoroastriana, ainda o zoroastrianismo era a religião oficial do Império Persa.

Da palavra *magi* nascem as nossas palavras "mágico" e "magia", que atualmente têm um sentido completamente diferente e até o oposto ao da ciência. Mas, por exemplo, um autor do Renascimento como Giordano Bruno, no seu livro *De magia*, refere-se logo na primeira página à magia como apenas o conhecimento da realidade e da ciência e diz que os primeiros cultores da magia (ou seja, do conhecimento do mundo físico e das formas de agir sobre ele, algumas das quais nos pareceriam francamente pouco científicas, como fórmulas mágicas, encantamentos, manipulação de símbolos e outros "vínculos", como lhes chama Bruno) eram os *magi*, ou seja, os zoroastrianos. Ora, Al Khwarizmi era também chamado de "o Mago" (Al-Majusi), pelo menos por Al Tabari, o historiador que viveu pouco depois dele. Insinuava-se assim que ele era ou teria sido zoroastriano antes de ser muçulmano.

Isso é de facto bem possível. Senão vejamos: na "Memória primeira", vimos que Al Farabi terá tido pelo menos avós, senão pais, zoroastrianos, por ter nascido muito próximo da época que os muçulmanos chegaram à região da Pérsia Oriental; portanto, ainda mais próximo terá nascido Al Khwarizmi. O último imperador persa zoroastriano, um homem chamado Yazdegerd, foi assassinado em 651 d.C. na cidade de Merv, que tinha sido uma das mais importantes e mais sábias do Império Persa, com várias bibliotecas e observatórios astronómicos. Esse ano marca então um momento de viragem no qual o Império Persa deixa de ser zoroastriano e passa a ser muçulmano e ocorre apenas oitenta anos antes de Al Khwarizmi nascer. Mas a conversão dos persas ao islamismo foi gradual, evidentemente, e é bem possível que Al Khwarizmi tenha ainda nascido zoroastriano. Talvez só o tenha deixado de ser na infância, quando os pais mudaram de lugar e foram do Coração para Bagdade. Já lá chegaremos, porque ainda há outro pequeno desvio que interessa fazer para explicar esta palavra *magi* – ou *al Majūs*, em árabe.

Como todos sabemos, há uma tradição cristã segundo a qual, quando Jesus Cristo nasceu, passados poucos dias os seus pais José e Maria foram visitados por três reis vindos do Oriente, a que nós chamamos reis magos e que noutras tradições não são exatamente reis, antes apenas homens sábios – em inglês, por exemplo, diz-se Three Wise Men. Esses três sábios vindos do Oriente, se eram magos, reis magos, eram muito provavelmente zoroastrianos. E essa tradição tem todo o sentido, porque se diz que os reis magos vieram seguindo uma estrela e terão sido os primeiros a identificar no nascimento de Jesus o nascimento de um messias.

Não se esqueçam daquilo de que falámos na "Memória primeira": o zoroastrianismo tem um conjunto de elementos que estão nas raízes das três religiões abraâmicas: o céu e o inferno, o combate entre deus e o diabo; a estreita ponte que as almas têm de atravessar para chegar ao paraíso na tradição islâmica. Portanto, há uma série de elementos que vêm do zoroastrianismo

MEMÓRIA SEXTA: A PERGUNTA

como primeira religião monoteísta, mais antiga ainda do que as três religiões abraâmicas, não nascida no Mediterrâneo Oriental, na mesma região do Médio Oriente onde nasceram o judaísmo, o cristianismo e o islamismo, mas nascida antes e mais longe, mais para o oriente, influenciando toda a Ásia Central, o Médio Oriente e o Mediterrâneo Oriental.

Nessa religião zoroastriana há uma figura – a do Saoshyant –, que é a figura do messias. O Saoshyant, que mais tarde é conhecido por Soshan, é basicamente alguém que há de aparecer para anunciar o fim dos tempos e a passagem a uma era de eternidade. É então possível que os reis magos se identificassem com o zoroastrianismo, o qual andava, ainda antes do judaísmo e do cristianismo – que não nasceu com Jesus Cristo, evidentemente, mas com os seus apóstolos, em particular com São Paulo –, à procura do Saoshyant, ou messias, do zoroastrianismo. Portanto, ali escondidos, discretos, estariam também no início do cristianismo três magos zoroastrianos.

Al Khwarizmi viajou na mesma trajetória, fazendo a mesma viagem que Al Farabi faria cem anos depois dele, partindo do leste do mar Cáspio e rumando a Bagdade. Só que, quando Al Khwarizmi chegou a Bagdade, levado pelos pais, era ainda criança. Será aí, talvez, nessa cidade acabada de fundar pelo califa Al Mansur, que os seus pais – vindos de uma região fortemente zoroastriana como ainda era a do atual Turcomenistão e Uzbequistão – se converteram ao islamismo, dando um passo, que não era assim tão difícil, entre um tipo de monoteísmo e outro tipo de monoteísmo? Não sabemos.

O que sabemos é que, quando Al Khwarizmi chega a Bagdade, a cidade acabara de ser fundada, tendo apenas mais dezoito ou vinte anos do que ele (Bagdade foi fundada no dia 30 de julho de 762 e Al Khwarizmi nasceu em 780 ou 782). Portanto, quando Al Khwarizmi tinha dezoito ou vinte anos, Bagdade tinha quarenta. Se Al Khwarizmi viajou para Bagdade com, digamos, cinco ou seis anos, terá chegado quando Bagdade era Madinat as-Salam, "Cidade da Paz", e se resumia ainda à cidade redonda no centro. As muralhas redondas que Al Mansur tinha feito para proteger Bagdade eram parecidas, afinal, com as muralhas redondas de cidades como Samarcanda, Merve, ou Bukhara, as cidades dos vários impérios e reinos persas, báctrios, sodiglianos, que ali tinham existido séculos ou talvez milénios antes.

Bagdade começava agora a crescer – como vimos, em vida de Al Farabi, chegou a ter 1 milhão de habitantes, uma enorme metrópole para antes do ano 1000. E quando Al Khwarizmi lá chega, Bagdade começa a definir-se como cidade do conhecimento, da ciência. Nessa Madinat as-Salam, "Cidade da Paz", é construída a Casa da Sabedoria (Bayt al-Hikmah). A Casa da Sabedoria é uma biblioteca, mas também uma escola, um observatório astronómico, um lugar de encontro de vários sábios, cuja construção foi decidida pelo primeiro califa de Bagdade, Al Mansur. Na infância de Al Khwarizmi, o califa tinha passado a ser Harun al Rachid, famoso pelas histórias d'*As mil e uma noites*. Harun al Rachid pode ser traduzido por "Aarão, o Recto", ou "Aarão, o Direito", ou talvez "Aarão, o Justo"; "al Rachid" tem a ver com o direito de cortar a direito, mas também com ser-se um guião ortodoxo da fé islâmica.

Ora, a Casa da Sabedoria, essa biblioteca, escola, protótipo de universidade e observatório astronómico, era um centro de traduções. Aí se traduziam fontes gregas, mas também indianas, chinesas, persas e siríacas ou aramaicas. A Casa da Sabedoria é o lugar onde Al Khwarizmi se vai sediar, estudando principalmente, mas não só, a geometria grega das obras de Euclides e matemática indiana. Al Khwarizmi aproveitará os símbolos que os indianos tinham inventado para significar os números, e é ele quem introduz aquilo a que hoje chamamos numeração árabe – mas que não é exatamente árabe, antes indiana, ou indo-arábica, especialmente o zero, o número que significa o vazio ou nada e que foi inventado pelos indianos. (Muitas vezes, para hipercompensar ou corrigir um viés da cultura ocidental tendente à negação das contribuições árabes, há quem afirme que o zero é um número árabe ou que a numeração árabe foi inventada pelos árabes. Não é assim. A "nossa" numeração é de origem indiana, mas foi traduzida, desenvolvida e refinada pelos génios deste Iluminismo perdido da Ásia Central; alguns deles persas, alguns deles árabes, mas quase todos escrevendo em árabe e recém-chegados à fé muçulmana.)

Em árabe, o número zero é conhecido como *ṣifr*, que quer dizer "o nada", ou "o vazio". Desta palavra "ṣifr", nasce a palavra "cifra", que hoje utilizamos para significar um código, mas também a palavra *chiffre*, em francês, que quer dizer simplesmente "número". Dessa palavra *ṣifr* nasce também, em latim – quando as obras de Al Khwarizmi são traduzidas para o latim –, a palavra *zephyrum*, que dá origem ao nosso "zero". Já a palavra que em inglês significa numeral, *digit*, vem da palavra latina *digitus*, que quer dizer "dedo": contar pelos dedos das mãos e cada dedo um *digit*, ou *digitus*.

Em português e em espanhol, porém, não utilizamos a palavra *chiffre*, e a palavra *digit* apenas em poucos casos para falarmos de cada um dos numerais.

MEMÓRIA SEXTA: A PERGUNTA

Que palavra utilizamos nós, então? Em português utilizamos a palavra "algarismo". E a palavra "algarismo" vem do nome de Al Khwarizmi, tal como a palavra para livro velho, "alfarrábio", vem do nome de Al Farabi. Por que motivo isso só acontece em português e em espanhol? Bem, talvez porque no século XII a obra de Al Farabi e de Al Khwarizmi tenha sido cultivada em poucos lugares do mundo: em Córdova, depois em Sevilha e depois ainda traduzida em Toledo para o latim. Portanto, numa altura em que esses sábios já tinham sido esquecidos (Al Farabi fora mesmo reprimido no Médio Oriente e na Ásia Central), a Península Ibérica foi o último bastião do alfarabismo e também das obras de Al Khwarizmi, todas elas cultivadas pelo grande sábio muçulmao Averróis, que, por sua vez, influenciaria indiretamente o igualmente sábio judaico Maimónides. Lá iremos.

Todos esses termos aparecem num livro de Al Khwarizmi que se chama *Al-Kitāb al-muḫtaṣar fī ḥisāb al-ǧabr wa-l-muqābala* [Livro compêndio sobre cálculo por restauração e balanceamento]: o livro de completar e acertar os cálculos dos indianos. Note-se, no entanto, que Al Khwarizmi tem o cuidado de registar que a ciência matemática vem dos indianos. Combinando a ciência com os estudos de geometria dos gregos, o livro contém a palavra *al-jabr*, que dará origem à nossa "álgebra", e por isso se diz que Al Khwarizmi é o pai da álgebra, o que não é exatamente correto. Ele próprio considera que existem dois pais da álgebra – a civilização indiana e a civilização grega –, pelo que tem o cuidado de os reunir no mesmo livro, o livro de completar e acertar os cálculos dos indianos. Nas traduções para latim, um dos seus livros é chamado *Algoritmi de numero indorum* – Algoritmo [do nome Al Khwarizmi] dos números indianos..

Já começam, talvez, a ver aonde quero chegar. A grande inovação de Al Khwarizmi no seu livro *Livro da álgebra* (*Kitab al-jabr*), como se diz para simplificar, não é exatamente ter inventado um tipo novo de equações, as equações quadráticas que os indianos já faziam e que ele explica de forma mais sucinta, fazendo um pouco com a matemática indiana aquilo que Al Farabi fizera com a filosofia de Aristóteles na Casa da Sabedoria. Esses sábios eram especialmente bons a traduzir, resumir, explicar a sabedoria que ecumenicamente recolhiam de vários lugares e legavam para o futuro.

Apesar de nas suas equações utilizar os conceitos de x, a que ele chama "xay", ou a "coisa" – ou seja, a incógnita de uma equação –, Al Khwarizmi é principalmente conhecido por ter conseguido explicar como resolver equações sem recurso a linguagem numérica ou matemática; sem recurso a fórmulas escritas no papel com os símbolos que nós reconhecemos das equações. No seu *Livro da álgebra*, ele descreve as equações sob a forma de problemas descritos narrativamente, indicando depois os passos, as regras e as instruções para resolver esses problemas também de forma narrativa.

A título de exemplo, recorro a um dos problemas que Jim Al-Khalili descreve em *The House of Wisdom* [A Casa da Sabedoria]:

> Suponhamos que um homem, estando doente, emancipa dois escravos. Sendo o preço de um dos escravos 300 *dirhams* e sendo o preço do outro escravo 500 *dirhams*, e morrendo aquele que vale 300 *dirhams*, deixando uma filha. Depois disso, o dono dos escravos morre também e também deixa uma filha. E o escravo deixa propriedade que atinge o montante de 400 *dirhams*. Com quanto dinheiro pode a filha do escravo resgatar-se a si mesma?

Al Khwarizmi descreve também narrativamente os vários passos que é necessário dar para resolver esse e muitos outros problemas, deixando-nos listas de instruções acerca de como resolver problemas. A essas listas de instruções, a esses passos sucessivos que podem ser completados ou calculados para resolver um determinado problema, chamamos "algoritmos", do nome latino de Al Khwarizmi, que era *algorithmo*. Por outro lado, note-se que a narrativa "algorítmica" deixada acima apenas nos diz como resolver determinado problema matemático, sem se preocupar de todo com a questão moral – nem mais, nem menos do que a condição de amos e escravos – da história que conta. O que é de certa forma indiciário de um problema que encontramos ainda hoje, e de forma crescente, nos algoritmos: resolverem belissimamente os problemas de valores quantitativos sem sequer se preocuparem com os problemas de valores, no sentido qualitativo do termo. Mas por agora, e em suma, notemos apenas que Al Khwarizmi é o pai – ou o padrinho, se quisermos – dos algoritmos, como Al Farabi é dos alfarrábios.

Porque ir buscar Al Khwarizmi agora, quando já estávamos no fim da nossa história, em 1948, depois de termos feito todo aquele percurso que leva da ideia aristotélica do intelecto ativo – ou do intelecto que é partilhado pela humanidade inteira – à ideia renascentista, lançada por Pico della Mirandola, da dignidade igual para todos os humanos, à ideia de direitos humanos que vai surgindo, ainda embrionária, no século XVIII e

MEMÓRIA SEXTA: A PERGUNTA

depois cria um verdadeiro movimento no final do século XIX, acabando por se codificar na Declaração Universal dos Direitos Humanos?

A viagem que fizemos foi principalmente uma viagem pela política e pela humanidade, uma viagem pelas raízes pré-modernas do conceito de direitos humanos, mas no fundo também pelas próprias raízes pré-modernas da Modernidade – ou pela pré-história da Modernidade. Al Khwarizmi tem para nós o interesse de termos cometido uma grande injustiça para com ele. Esperei até agora para lhe fazer a maior justiça possível, mas a seguir quero submetê-lo ainda a outra grande injustiça.

A injustiça de que falo é a de o ter oposto, de certa forma, a Al Farabi. Quando digo que isso é uma injustiça quero salientar que Al Khwarizmi e Al Farabi não se opõem de forma nenhuma. Ambos fizeram parte do mesmo Iluminismo perdido, ambos estudaram na mesma cidade, ambos eram tolerantes e ecuménicos na forma como aceitavam o conhecimento viesse ele de onde viesse, valorizando-o e transmitindo-o. Ambos valorizavam o conhecimento, fosse ele grego, chinês, indiano, persa, árabe ou muçulmano, viesse de onde visse. E também não são opostos os conceitos que nascem dos seus nomes. Os algoritmos não se opõem aos alfarrábios, e a prova é que, para sabermos de algoritmos, nada melhor do que ler o *Livro da álgebra*, um alfarrábio que se encontra nas bibliotecas antigas. Aquilo que nos interessa ao distinguir alfarrábios e algoritmos é falar de um tempo em que a noção de humanidade está sob ataque.

Na conversa passada, o *1984* também não serviu para se opor à Declaração Universal dos Direitos Humanos. A perspetiva, a missão, os objetivos, as causas de George Orwell não eram provavelmente muito diferentes das causas de muitos daqueles que deixaram codificados os direitos humanos. Se George Orwell estivesse atento às notícias naquele mês de 1948, acharia boa a Declaração Universal dos Direitos Humanos. Achá-la-ia provavelmente insuficiente, porque via que a Guerra Fria – essa espécie de guerra civil da humanidade em baixa intensidade – estava a começar. Orwell fazia parte da luta pela causa dos direitos humanos, ainda que talvez fosse bastante mais pessimista do que René Cassin, Charles Malik, P.C. Chang, Hansa Mehta ou Eleanor Roosevelt.

Ao escrever o seu *1984*, porém, o escritor deixou uma prefiguração daquilo que poderia ser o futuro da humanidade após a Segunda Guerra Mundial. Um futuro que não nos devemos deitar a adivinhar, e sim encarar como uma pergunta – a "pergunta" que é o tema desta memória a que devemos responder não adivinhando, mas fazendo. Em "Uma resposta à velha pergunta sobre se há progresso moral da humanidade", Kant diz algo como "em última análise, a resposta a essa pergunta não é uma resposta para dar adivinhando, mas para dar fazendo", ou seja, esforçando-nos nós mesmos por implementar o progresso moral da humanidade. Se acreditarmos que esse progresso é possível, e se fizermos por que aconteça, então ele poderá de facto acontecer. Se não fizermos nada por isso, certamente não acontecerá.

Hoje, passadas tantas décadas sobre a Declaração Universal dos Direitos Humanos, tantas décadas sobre *1984* – mas no fundo apenas ontem, se pensarmos no tempo largo da história –, continuamos a defrontar-nos com esta pergunta: como será o nosso futuro? Um futuro em que em cada agora, agora e mais agora, como todos os que explorámos durante as conversas destas memórias, se responda alargando o conceito de humanidade até nele incluir todos os humanos, ou, pelo contrário, um futuro em que os humanos sejam desumanizados?

Ao sugerir a possibilidade de um futuro em que se desumanizem os humanos, estarei provavelmente a parecer demasiado alarmista. Mas, se olharmos bem à nossa volta, veremos que os humanos são desumanizados todos os dias e que todos os dias nós vemos os humanos a serem desumanizados sem que isso muitas vezes nos provoque especial indignação. Os humanos são desumanizados quando são criados sistemas de controlo e vigilância que os tratam como números. No país mais populoso do mundo, a China, existe algo a que chamam "créditos sociais", através dos quais se cria uma notação para cada cidadão, de acordo com a qual cada cidadão tem mais ou menos direitos conforme se portou bem ou mal, do ponto de vista da vantagem para o regime, nas redes sociais ou na vida pública, ou talvez até na vida privada. Com mais ou menos créditos sociais, pode ou não fazer-se determinadas viagens, concorrer a determinados postos; humanos tratados como números. Ou não somos nós tratados como números – e como números por algoritmos – quando todos os dias nos encaram como meros consumidores, desprovidos de qualquer dimensão moral?

Não somos nós tratados de forma desumanizante quando nos locais de trabalho somos vistos como simples peças numa engrenagem? Não somos nós tratados de forma desumanizante quando todos os dias somos submetidos a desinformação, propaganda enganosa – as chamadas *fake news* – com o objetivo de manipular ou distorcer resultados eleitorais, consoante os

MEMÓRIA SEXTA: A PERGUNTA

interesses de homens fortes em regimes autoritários um pouco por todo o mundo? Se juntarmos todos esses pedaços da nossa narrativa agora no início do século XXI, rapidamente chegaremos à conclusão de que sim, existe ainda uma tensão entre humanizar e desumanizar seres humanos. Precisamos ainda de combater as tendências de desumanização dos seres humanos, tendências essas – fazendo agora uma enorme injustiça a um sábio como Al Khwarizmi – que são muitas vezes por nós identificadas como algoritmos.

Quase a terminar a nossa viagem, a que se acrescentará ainda o "Epílogo: Figos e filosofia", a maneira como desejo responder à pergunta desta memória é não com uma resposta total, mas com um indício de resposta. Para responder a essa pergunta é preciso voltar aos alfarrábios, daí termos começado por Al Farabi. Voltar aos alfarrábios não quer dizer simplesmente, unicamente, voltar aos livros velhos; significa valorizar a sabedoria enquanto categoria diferente dos dados, da informação ou do conhecimento.

Hoje, todos os dias, falamos de dados, que são muitas vezes tratados de forma algorítmica. Porém, dados não são informação. Informação, por si só, não é conhecimento. E conhecimento, por si só, não é sabedoria. Sabedoria é outra coisa, à qual por vezes acedemos até na ausência de dados ou de informação ou conhecimento. A verdade é que alguém como Al Farabi, alguém até como Aristóteles, tinha muito menos acesso a informação do que qualquer um de nós. Qualquer um de nós, com acesso ao telefone ou ao computador, acede a muito mais informação do que aquela com que Al Farabi ou Aristóteles sonhariam ser possível relacionarmo-nos. Mas eles não procuravam só conhecimento, nem só informação, nem só dados. Dados, informação e conhecimento são apenas, digamos, fundações, tijolos de uma coisa diferente, aquilo a que Al Mamun, o califa que sucedeu a Harun al Rachid, chamou A Casa da Sabedoria.

A sabedoria era algo que gente como Al Farabi buscava, porque através da sabedoria, acreditava-se, era possível alcançar a felicidade. E alcançava-se a felicidade encontrando as formas mais humanas de governo. A luta da memória contra o esquecimento, tal qual como enfatiza George Orwell, é a luta da liberdade contra a repressão. Al Farabi acredita que é possível ser mais livre e mais feliz através da busca da sabedoria, uma busca permanente, uma busca talvez infinita. Não podemos nunca acreditar que já somos sábios. Só podemos *tentar* ser sábios – *Como tentei ser sábio* é o título da autobiografia de Altiero Spinelli, um dos confinados da ilha de Ventotene.

Creio que talvez não tenha enfatizado suficientemente este ponto: hoje em dia esquecemos, ou menosprezamos, a ideia de sabedoria. Talvez porque temos muitos dados, muita informação, porque passamos o tempo em rede, conectados a esses dados e a essa informação. Isso é uma coisa ótima, mas o regresso a mil anos atrás, ou 2 mil anos atrás, ou 3 mil anos atrás, a tempos em que havia muito menos informação acumulada e muito menos informação acessível em rede, é o regresso também a uma causa, uma missão, uma ansiedade: a de procurar sabedoria como forma de nos orientarmos na vida. Essa ideia talvez tenha sido esquecida, o que representa uma perda enorme para a humanidade.

A pergunta, então, que esta memória coloca é dedicada ao presente e ao futuro da ideia de direitos humanos: "Como podemos fazer sobreviver os direitos humanos numa época em que muitas vezes nos desumanizamos uns aos outros?". A resposta, numa época em que também há quem acredite que a humanidade nada tem de especial e que não lhe cabe nenhum papel a desempenhar na relação entre natureza e tecnologia, é que nos compete realizar um novo contrato da Modernidade entre a humanidade, a natureza e a tecnologia. E que esse contrato nos poderá dar a *eudaimonia* – a vida boa com que sonhava Aristóteles, ou o *buen vivir* de que falam os povos originários da América do Sul.

Epílogo

Figos e filosofia

É à figueira que Adão e Eva vão buscar as folhas para se cobrirem. E as figueiras eram árvores importantes lá no outro lado da grande massa euro-asiática, em torno de Samarcanda, de onde terá vindo Al Farabi.

Quem seguiu todo este livro, desde que encontrámos Al Farabi numa caravana a caminho de Bagdade, por volta do ano 900, até à Declaração Universal dos Direitos Humanos no ano de 1948, apenas quatro anos depois de a minha bisavó ter tido aquele derrame que a pôs a dizer apenas "Agora, agora e mais agora", sabe que o caminho que fizemos foi fragmentário, lacunar, às vezes desconexo. Não há vergonha em admiti-lo. As ideias de que falámos não foram sempre – e por vezes não foram nunca – dominantes nos seus tempos. Os autores de quem falámos por vezes retomaram ideias velhas de séculos, como se as vissem pela primeira vez, sem estarem conscientes do percurso que elas tinham feito antes. Outras vezes pegaram nelas como se não fossem suas e sim dos autores que tinham vindo antes de si e, sem darem por isso, distorceram-nas e transformaram-nas. De certa forma, as ideias nunca são exatamente as mesmas ideias: a ideia de dignidade humana em Pico della Mirandola em 1490 não é exatamente a mesma que a ideia de dignidade humana na constituição da República Federal da Alemanha em 1949, tal como não é possível banharmo-nos no mesmo rio duas vezes, como se diz que argumentava Heraclito. Na verdade o que Heraclito disse foi um pouco diferente:

ποταμοῖς τοῖς αὐτοῖς ἐμβαίνομέν τε καὶ οὐκ ἐμβαίνομεν, εἶμέν τε καὶ οὐκ εἶμεν.

Mergulhamos e não mergulhamos no mesmo rio duas vezes. Somos e não somos os mesmos.

Na prática, banhamo-nos muitíssimas vezes no mesmo rio. Quantas vezes não o fazemos e não o fizemos? Ou será ao contrário? Na prática, o rio nunca é o mesmo, porque as correntes o mudam, mas filosoficamente (no nome, nos mapas, conceptualmente) é sempre o mesmo? E nós, que nos banhamos uma e outra vez no mesmo rio, seremos os mesmos? O argumento de Heraclito, no fundo, não é tanto sobre o rio, porque "mergulhamos e não mergulhamos no mesmo rio duas vezes", ou seja, há um sentido no qual o rio é o mesmo e outro no qual não é o mesmo. Mas nós – nós que mergulhamos – é que somos certamente diferentes da segunda vez que o fazemos. E por isso Heraclito diz que "somos e não somos os mesmos". Então, mesmo que as ideias de dignidade humana, da unidade do intelecto humano ou da necessidade dos direitos humanos sejam as mesmas (sob nomes diferentes), nós é que somos certamente diferentes de cada vez que as temos. Somos os mesmos, e não somos os mesmos.

Quem seguiu as memórias deste livro poderá concluir que o tal rio, ora subterrâneo, ora à superfície, que fomos seguindo teve duas correntes principais. Uma leva de Al Farabi a Averróis e Maimónides, e destes a Dante, Boccaccio e Pico della Mirandola, e daqui a Thomas More, Erasmo de Roterdão e Margarida de Navarra no século XVI, ou seja, da Idade Média ao Renascimento. Essas foram as nossas primeiras três memórias. E as nossas segundas três memórias levaram-nos do Iluminismo à Europa do Caso Dreyfus e daqui às guerras e à Declaração Universal dos Direitos Humanos no século XX.

A nossa história fica assim partida em duas: pré-moderna – antes do século XVIII – e moderna, seguindo um esquema tradicional que faz do século XVIII um ponto de viragem entre a pré-Modernidade e a Modernidade. A primeira parte das primeiras três memórias seria surpreendentemente mais judaica e arabo-islâmica, mais mediterrânica, do que costumamos imaginar, e a outra, mais ocidental e europeia, já sem a sua memória de Al Farabi. Mas fomos vendo que elas não são assim tão diferentes. A mediterrânica leva as suas raízes profundas até à Ásia Central e mesmo até à Índia e à China. E a que se pressupõe equivocadamente ser só ocidental e moderna tem, afinal, na redação da Declaração Universal dos Direitos Humanos, P.C. Chang e Charles Malik, além de Hansa Mehta, da Índia, de Eleanor Roosevelt, ocidental, e de René Cassin, um judeu descendente de sefarditas e de asquenazes mas francês e também um orgulhoso membro da Liga dos Direitos do Homem do século XIX.

EPÍLOGO: FIGOS E FILOSOFIA

No caminho que fizemos, um pouco como a caravana que trouxe Al Farabi, fomos encontrando ligações que desconhecíamos ou de que não estávamos à espera. Parámos para ter conversas nas quais nos perdemos, porque decidimos que elas eram mais fascinantes do que seguir um caminho reto.

Quando comecei a escrever este livro, sabia que queria falar de Al Farabi, para tratar de um filósofo no tempo da emergência de um pensamento único teológico, e que queria falar de guelfos e gibelinos, para poder falar de polarização numa época em que a economia protocapitalista gerava novas clivagens nas cidades e sociedades italianas. O que eu não sabia é que havia um elo de ligação entre a primeira e a segunda memórias, porque não conhecia ainda a existência de Brunetto Latini, amigo do pai de Dante e precetor de Dante quando este ficou órfão, nem que este tinha ido à Península Ibérica para encontrar Afonso x em Sevilha, não longe da Córdova onde tinham vivido os alfarabianos Averróis, muçulmano, e Maimónides, judeu. Brunetto Latini é um traço de união que se estabelece entre a nossa primeira memória, a do fanatismo, e a segunda, a da polarização. E também não sabia que o professor de Pico della Mirandola, em Pádua, tinha sido Elia del Medigo, ou Elias de Creta, um judeu que ficou famoso por traduzir obras de Averróis (do hebraico, para onde elas tinham sido traduzidas do árabe) e que, embora fosse tido por averroísta, sempre se proclamou um seguidor de Maimónides (o que quer dizer, um alfarabiano direto, mas já lá iremos).

Elias de Creta ensinou a Pico della Mirandola (além do latim e do grego que ele já dominava) o hebraico e o árabe, facto que possivelmente ajuda a explicar que nas suas novecentas teses, que se iniciam com um discurso sobre a dignidade humana, tema que ele queria discutir com intelectuais de toda a Europa em Roma, estejam lá mencionados Averróis e Al Farabi. E esse é um ponto de ligação entre a segunda memória e a terceira memória, aquela que depois é do Renascimento e da globalização, e das guerras de religião, e que nos leva a Thomas More, Erasmo de Roterdão e Damião de Góis. Ora, e afinal, em todas essas três memórias há um traço de ligação com as ideias que encontramos em Al Farabi e Maimónides, a que já nesta época chamavam averroísmo.

Averróis – que era o nome latino de Ibn Rushd, andaluz cordovês do século xii – fora elogiado por cristãos, que o tinham na conta de um dos melhores ou mesmo o melhor intérprete de Aristóteles, o que quer dizer que Averróis era em boa medida elogiado por aquilo que tinha encontrado em Al Farabi. Logo depois, porém, o averroísmo (de Averróis e também, por tabela, daquilo que viera através de Al Farabi) viria a ser denunciado também por alguns cristãos, acima de tudo por Tomás de Aquino num livro chamado *Contra averroístas*. Sendo que Tomás de Aquino fora um dos defensores de Averróis, e agora o atacava, o que justificava a mudança de posição? Acima de tudo, a razão da divergência estava em Tomás de Aquino considerar que o averroísmo, ao preconizar a ideia da unidade do universo e da unidade do intelecto humano, acabava por admitir também a ideia de que a alma individual desaparecia com a morte do corpo – uma vez que a alma, no momento da morte do corpo, se juntaria ao "intelecto ativo" de toda a humanidade. A razão por que isso é problemático para a doutrina cristã de Tomás de Aquino é que, nesse momento de separação final da alma e do corpo, se tornava impossível que o corpo e a alma viessem a ressuscitar, juntos, no fim dos tempos previsto para o regresso do Cristo. Tomás de Aquino (1225-1274) nasceu cem anos depois de Averróis (1126-1198) ter nascido; mas as polémicas que o trouxeram de novo a Paris na década de 1270 para combater o averroísmo na Sorbonne espalharam-se entre letrados cristãos com enorme velocidade poucos anos antes (e poucos anos depois) de Tomás de Aquino escrever o seu *De unitate intellectus contra averroistas*. Essas ideias são descobertas, perdidas, redescobertas, perdidas de novo, reencontradas; e depois, quando são reencontradas, navegam com enorme rapidez no interior da Europa e até entre a Europa e o Norte da África, o Médio Oriente, a Ásia Central e mais longe ainda.

Mas se entre a primeira, a segunda e a terceira memórias há traços de união, uns fios de seda translúcida, quase transparentes, que antes ignorávamos, e se entre a quarta, a quinta e a sexta memórias – as da emancipação, do ódio e da pergunta sobre o destino dos direitos humanos, do século XVIII ao século XX – há traços de união mais fortes e celebrados, corriqueiramente glosados como sendo os que unem Iluminismo à Modernidade e à nossa contemporaneidade, que ligação há entre a primeira, a segunda e a terceira memórias, por um lado, e a quarta, a quinta e a sexta memórias, por outro? Para os leitores atentos dessas memórias, pode parecer que há quanto a isso uma grande lacuna.

Haverá um elo perdido entre a primeira e a segunda metade da nossa história? Há muitos elos perdidos, mas o mais saliente de todos talvez seja Espinosa.

EPÍLOGO: FIGOS E FILOSOFIA

Espinosa é muitas vezes considerado – mais recentemente, reconsiderado – um filósofo inaugural da Modernidade. Por outro lado, Espinosa é também o culminar de uma tradição filosófica perdida – essa que vem do aristotelismo e do platonismo muçulmano, principalmente de Al Farabi, e que passa por Maimónides (que ele estudou e aprendeu bem na sinagoga) – da qual emerge e à qual de certa forma se opõe e reage, dependendo da leitura que de Espinosa se faça.

O problema é que eu receava começar a escrever sobre Espinosa, não tanto por resistir à atração por ele, mas por duas razões, que são no fundo uma única. Por um lado, sinto sempre que não li Espinosa o suficiente. E contra isso não há nada a fazer: a gente sente sempre que não leu Espinosa o suficiente. Não porque Espinosa tenha escrito muito. Tenho neste momento na mão um único volume com tudo o que Espinosa escreveu: os livros que publicou, que são apenas dois; os que deixou para serem publicados depois da sua morte, principalmente um – *Ética*, o mais conhecido de todos; os que deixou incompletos ou manuscritos; outros dois ou três, além da sua correspondência. Cabe tudo em pouco mais de um milhar de páginas, o que, num livro em papel-bíblia, dá para levar na mão. E dá, se quisermos, para ler tranquilamente durante o verão, à razão de dez a quinze páginas por dia. O problema é que, quando chegarmos ao fim, teremos a sensação de não termos ainda lido verdadeiramente Espinosa. É preciso recomeçar e tentar de novo, regressando a ele tantas vezes quantas as necessárias. Os verdadeiros espinosistas – e conheceremos alguns durante esta conversa – leem Espinosa a vida inteira.

A segunda razão, que é a mesma, é que, se eu me pusesse a escrever sobre Espinosa, teria de lhe dedicar uma memória inteira ou, melhor ainda, um livro inteiro; e o livro que acalentei um dia fazer sobre Espinosa teria de resolver o problema duplo de já haver muitíssimos livros sobre Espinosa e de, por outro lado, ter de ser ainda mais idiossincrático do que este *Agora, agora e mais agora*, o que não sei se me é possível. De forma que me pareceu melhor empurrar Espinosa para o fim, fechando com ele este livro, e deixar em suspenso o anseio de um livro novo, para um dia qualquer, ou se calhar para dia nenhum. No fim deste *Agora, agora e mais agora*, Espinosa é para mim uma boa forma de acabar o livro sem a frustração própria do ter de acabar, e até com a ilusão de que estou a começar um projeto novo.

Adicionalmente, Espinosa é muitíssimo bom a baralhar as pistas das suas influências. Nesse volume que seguro nas mãos há um índice de nomes citados.

Esse índice de nomes citados, em 1525 páginas de texto – que incluem o texto que é propriamente de Espinosa e o dos prefácios, do aparato crítico, das notas, das introduções dos tradutores e dos estudiosos que coletivamente coligiram este volume –, ocupa apenas uma página. Uma página, juntando tudo, não são mais do que uma vintena de nomes de autores citados por Espinosa durante toda a sua vida filosófica.

Se Espinosa escreveu relativamente pouco, compare-se a sua produção, por exemplo, com a de outro filósofo do século XVII que se encontrou certa vez com Espinosa, viajando para a Holanda com o objetivo específico de o visitar – Leibniz, que deixou mais de 200 mil páginas manuscritas. E, no entanto, Leibniz deu aulas em universidades, foi o favorito e protegido de reis, foi diplomata e correu a Europa toda, viveu bem, confortavelmente, com dinheiro, com bolsas, com salários, e foi também famoso, vivendo provavelmente boa parte da sua vida filosófica, senão toda, contrapondo-se, justapondo-se, concordando, refutando e criticando Espinosa, mas sabendo de certa forma que Espinosa, com as suas mil e poucas páginas, era o ponto de referência para muitas das suas mais de 200 mil.

Leibniz cita muitos outros autores, construindo a sua filosofia a partir de uma tradição; Espinosa gosta de escrever como se começasse do zero. Cita apenas o que é essencial. No seu índice de nomes citados, está lá Aristóteles, pois claro, com poucas citações, e está Maimónides, também com poucas citações, apesar de serem os dois importantíssimos para Espinosa. Está Euclides, cuja geometria foi a grande inspiração da forma de pensar, argumentar e chegar a conclusões, não só no conteúdo mas sobretudo na forma da *Ética* de Espinosa, porque a *Ética* de Espinosa fala de Deus, da natureza, do humano, da liberdade humana, de tudo isso e mais ainda, sempre através de axiomas geométricos (*more geometrico*, em "modo geométrico", na expressão latina) à maneira de Euclides. Apesar disso, Euclides é citado por Espinosa apenas três vezes. Descartes aparece, mas sobretudo porque, na sua juventude, Espinosa escreveu para um aluno um livro de resumo e explicação da filosofia de Descartes. Descartes é, portanto, outro possível elo de ligação, alguém que introduz a filosofia na Modernidade. Porém, é como se Descartes tivesse desconstruído a filosofia anterior até uma espécie de zero da dúvida radical e do seu "Penso, logo existo", e como se Espinosa tivesse tomado a filosofia a partir daí, construindo-a do zero para a frente. Mas só enganadoramente, porque, como veremos, há nele muito que vem de Maimónides,

EPÍLOGO: FIGOS E FILOSOFIA

por composição ou oposição, e esse muito que vem de Maimónides vem provavelmente de Al Farabi. Há ainda, nas mais de mil páginas de Espinosa, três referências a Platão e outras três a Tomás de Aquino.

Isso levanta problemas consideráveis para um historiador. Ler Espinosa é, ao mesmo tempo, como ler filosofia feita de novo, do zero, mas feita em cima de 2 mil anos de filosofia. Tudo o que possamos dizer sobre esses alicerces intelectuais de Espinosa, porém, é quase inteiramente especulativo. Para essa especulação, precisamos de uma arqueologia cuidadosa, a partir do que sabemos da biografia de Espinosa e da sua biblioteca de 116 volumes – sim, à data da sua morte Espinosa tinha em sua casa menos livros do que a maior parte de nós tem hoje em casa, mesmo os que leem pouco, embora Espinosa conhecesse certamente autores de quem não possuía os livros. Só fazendo essa arqueologia cuidadosa conseguimos recuperar a trama de influências de Espinosa.

Outro problema para interpretar Espinosa – enquanto historiador, ou seja, quando historiador que interpreta Espinosa, talvez diferentemente de quando um filósofo interpreta Espinosa – é a diferença entre aquilo a que chamamos a leitura esotérica e a leitura exotérica do seu texto. Segundo Leo Strauss, um historiador da filosofia do século XX de que falaremos adiante, todos os autores de épocas que viviam sob censura e perseguição eram forçados a escrever segundo dois registos. Um primeiro registo, explícito ou seguro, a que ele chama de exotérico – ou seja, aquilo que se vê de fora, aquilo que salta à vista, de *exos*, a palavra grega para "fora". Nesse sentido, exotérico é aquilo que está escancarado, na leitura do livro ou no seu texto, aquilo que o texto diz acerca de si mesmo e que, de certa forma, ostensivamente aparenta querer que os outros pensem de si. Contudo, porque se vive em época de censura e perseguição, porque se vive em época de fanatismo e intolerância, o autor escreve também no sentido esotérico (com s e não com x), de *eis*, que quer dizer "dentro" em grego, ou seja, um sentido interno só entendido por alguns.

Assim, quando Espinosa diz logo no início da *Ética* que Deus ou a Natureza são a mesma substância porque o Universo tem apenas uma substância e não é preciso que ele tenha mais do que uma – "*Deus sive Natura*" ("Deus, ou seja, a Natureza"), na expressão que usa em latim –, isso pode querer dizer que para ele Deus é a perfeição ou a completude de todas as coisas, a partir do que Espinosa defende que devemos adorar a Deus sobre todas as coisas e que a missão principal do humano é conhecer a Deus. Em alternativa, numa leitura esotérica e não exotérica, Espinosa pode querer dizer algo de radicalmente diferente – que, se Deus e a Natureza são a mesma coisa, então Espinosa pôs a Natureza no lugar de Deus, e conhecer a Natureza é a missão do humano e o seu caminho para a felicidade. Num extremo, Espinosa pode estar a defender uma visão panteísta do mundo em que Deus está em todo o lado; no outro extremo, Espinosa pode estar a dizer-nos que, em última análise, Deus não importa e não está em lado nenhum, uma vez que o seu outro nome é Natureza. No meio, Espinosa poderia estar até a defender uma visão conforme aos ensinamentos monoteístas das religiões do Livro; e essas leituras são todas possíveis, e são propositadamente todas possíveis porque, ao contrário de um autor contemporâneo, Espinosa tem de se fazer "não claro", porque se se tornasse completamente claro aquilo que quereria dizer o seu livro, provavelmente este não poderia ser publicado.

Se numa interpretação "exotérica" a filosofia de Espinosa é deísta e o próprio Espinosa acredita em Deus e pretende provar a sua existência, noutra interpretação (que apenas podemos conjeturar que seja a "esotérica") a filosofia de Espinosa é ateia e apenas naturalista, porque o lugar que Deus antes ocupava – de ser "incriado", ou seja, ser que cria a sua própria criação – é agora ocupado por uma natureza a que Espinosa chama de "*natura naturans*", ou seja, a natura que se cria, ou melhor, desdobra ou desenvolve a si mesma, por oposição a uma "*natura naturata*", que seria a natureza criada por Deus. "*Natura naturans*", a natureza naturando, a natureza fazendo-se a si mesma, fazendo aquilo que lhe é natural – e que é a única substância do universo. A primeira versão deísta, ou até conforme aos ensinamentos das religiões monoteístas, seria a versão "exotérica" para passar pelos censores (se estes estivessem distraídos ou fossem ignorantes, o que não costumava ser o caso); a segunda versão seria a "esotérica", para ser lida pelos leitores mais discretos, como se dizia no século XVII, os mais atentos, os que sabiam ler entre as linhas. A versão exotérica servindo como pretexto plausível ao autor para negar a perigosidade do seu livro; a interpretação esotérica como forma de passar a tal mensagem potencialmente perigosa aos leitores mais compreensivos.

O problema, para o historiador como para o filósofo, ou para qualquer leitor de Espinosa e qualquer outro autor da época, é que é impossível saber precisamente como se escreve de forma exotérica e esotérica, a não ser que o escritor tivesse deixado nalgum lado, numa gaveta, uma chave para podermos

EPÍLOGO: FIGOS E FILOSOFIA

ler adequadamente o seu livro. Em vez disso, o autor deixa no seu texto pistas acerca da leitura esotérica e exotérica, mas mesmo essas pistas estão em leitura esotérica e exotérica e, portanto, não há volta a dar.

Se queremos ler Espinosa – ou qualquer outro autor desta época – temos de correr os nossos riscos, imaginar e defender essa nossa imaginação, especular se ele foi ateu ou não foi ateu, se era possível sequer haver um ateu nesta época ou se Espinosa estava apenas a dizer em voz alta aquilo que muitos pensavam em voz baixa, e qualquer argumento que defendamos estará sempre sujeito a uma refutação, porque, evidentemente, o autor não deixou em lugar nenhum a sua clareza clara, nem a sua chave interpretativa para aquilo que escreveu.

De qualquer forma, mesmo na sua versão mais ortodoxa, se quisermos assim, mais obediente dos escritos de Espinosa, e mesmo escrevendo na Holanda, ou Províncias Unidas, um dos países mais tolerantes da Europa da época – e já veremos o que isso quer exatamente dizer, porque tolerante na Europa da época não quer dizer o mesmo que para nós hoje em dia –, a filosofia de Espinosa era já de uma radicalidade tal que ele próprio decidiu não publicar a *Ética* antes de morrer. Toda a gente sabia que ele estava a escrever a *Ética* e ele sabia que este seria um livro bombástico. Enquanto escrevia, ao longo das poucas décadas que teve de vida e durante os talvez mais de vinte anos em que se esperava ansiosamente que Espinosa acabasse de escrever a *Ética*, toda a gente sabia que dali viria algo que estava à espera de ser dito mas que nunca tinha sido dito.

Quando finalmente a *Ética* saiu, a reação varreu o continente europeu como uma onda. Como é possível que aquele judeu português vivendo na Holanda, ainda morto há tão pouco tempo e que tinha passado uma vida discreta sem dar aulas em nenhuma universidade e sem a proteção de nenhum rei, tenha dito algo de tão revolucionário assim, tenha finalmente dito algo que, no máximo, apenas uns poucos tivessem ousado pensar, e ainda assim incompletamente e muito menos publicamente? Para percebermos a que ponto a filosofia de Espinosa era radical, basta pensarmos que os seus primeiro editores, em latim primeiro e depois em holandês, foram todos eles, logo no ano da morte de Espinosa, 1677, perseguidos – e numa Holanda que era supostamente a jurisdição mais tolerante da Europa – e que em seguida houve uma espécie de alarme, de pânico antiespinosista na Europa toda, que durou do final do século XVII a praticamente todo o século XVIII. Em Portugal, mais de cem anos depois da morte de Espinosa – até ao fim do consulado do marquês de Pombal, e mesmo depois disso –, a Real Mesa Censória ainda perseguia livros simplesmente culpados de "espinosismo" e, quando decretava que um livro era espinosista (sendo que muitos deles já teriam pouco que ver com a filosofia de Espinosa), esse livro estava evidentemente condenado à partida.

Para entender por que razão esse jovem – tinha 44 anos quando morreu –, isolado de academias e de cortes na Europa do seu tempo, isolado da sua própria comunidade de judeus portugueses, varreu a Europa da sua época depois de morrer, é preciso entender a história que começou quando ele nasceu, a 24 de novembro de 1632, em Amesterdão, ou talvez até a história de como a sua família ali chegou antes disso.

Baruch Spinoza, como era conhecido em hebraico na sinagoga portuguesa da sua cidade, ou Benedictus Spinoza, como se tornou conhecido através dos seus livros em latim, era provavelmente chamado em casa, enquanto pequeno, apenas Bento. O nome quer dizer o mesmo: Baruch, Benedictus e Bento significam "abençoado". A palavra hebraica é praticamente a mesma que noutra língua semítica, o árabe, onde se diz Barack – que também quer dizer "abençoado" e é o nome, por exemplo, do ex-presidente dos Estados Unidos, Barack Hussein Obama.

Bento Espinosa nasceu em Amesterdão, a 24 de novembro de 1632, na casa de uma família de judeus portugueses, ou talvez de judeus portugueses e espanhóis, fugidos à Inquisição, provavelmente saídos primeiro de Espanha para Portugal e depois de Portugal para a Holanda – e não só, porque alguns passaram entretanto pelas Caraíbas. O seu pai, Miguel Espinosa, era alentejano, da Vidigueira, e tinha fugido jovem com os pais de Portugal. A mãe de Bento era a segunda mulher de Miguel, Ana, e não sabemos de onde vinha. A primeira mulher de Miguel, Débora, fora do Porto. A terceira mulher, Ester Espinosa, foi a madrasta que cuidou de Bento Espinosa, que o educou durante praticamente toda a sua adolescência e início da vida adulta. Ester Espinosa era de Lisboa, como nos indica a assinatura de um contrato que subscreve com o marido. É uma hipótese aceitável que Ester fosse a irmã mais nova de Ana, a mãe de Espinosa, porque isso costumava acontecer na comunidade: as irmãs mais novas casavam muitas vezes com o viúvo da irmã para poderem cuidar dos sobrinhos. Ester deu-lhe ainda mais uma filha, Rebeca. Se Ester fosse de facto a irmã mais nova de Ana, então Espinosa seria filho de um alentejano e de uma lisboeta.

# BENEDICTUS DE SPINOZA.

Cui natura, Deus, rerum cui cognitus ordo,
Hoc Spinosa statu conspiciendus erat.
Expressere viri faciem, sed pingere mentem
Zeuxidis artifices non valuere manus.
Illa viget scriptis: illic sublimia tractat:
Hunc quicunque cupis noscere, scripta lege.

*Quando finalmente a Ética saiu, a reação
varreu o continente europeu como uma
onda. Como é possível que aquele judeu
português vivendo na Holanda, ainda
morto há tão pouco tempo e que tinha
passado uma vida discreta sem dar
aulas em nenhuma universidade e sem
a proteção de nenhum rei, tenha dito
algo de tão revolucionário assim, tenha
finalmente dito algo que, no máximo,
apenas uns poucos tivessem ousado pensar,
e ainda assim incompletamente e muito
menos publicamente?*

(p. 451)

EPÍLOGO: FIGOS E FILOSOFIA

Em casa terá chegado a haver, para lá do pai Miguel e da sua mulher, cinco filhos: três rapazes, Isaac, Bento e Abraão, dos quais dois morreram jovens, e duas meninas, Miriam e a já mencionada Rebeca. Note-se que não há consenso sobre que filhos seriam de cada uma das três mulheres com que Miguel Espinosa casou. Miguel enviuvou de duas, e a terceira enviuvou de Miguel. É, porém, consensual que Bento Espinosa, o filósofo, o terceiro filho do seu pai, fosse da segunda mulher. Três dos irmãos de Bento morreram antes de ele chegar aos 21 anos. Abraão morreu primeiro, ainda criança; Isaac morreu depois, adolescente, quando Espinosa tinha quinze anos; e Miriam morreu depois, quando ele tinha cerca de vinte. Só Rebeca sobreviveu ao irmão. Ana Espinosa, a mãe de Bento, morreu quando ele tinha seis anos; o pai morreu quando ele tinha 21, e a madrasta não sobreviveu muito mais tempo. Bento Espinosa ficou sozinho no fim da adolescência, início da vida adulta, antes dos acontecimentos que interpuseram um corte entre ele e a sua comunidade e que o lançaram numa vida filosófica.

Antes disso, a língua de casa era o português, que foi sempre a língua em que Espinosa se sentiu mais confortável, ainda que nunca a tivesse usado para escrever a sua filosofia. Se Espinosa escreveu em português, terão sido principalmente contratos comerciais para tratar dos negócios de importação de frutos secos com que o pai e o tio lidavam, tratando com outros comerciantes e produtores no sul de Portugal, provavelmente no Algarve, mas também no Norte de África, em Marrocos e até no Egito. Mas é certo que o português era a língua que ele falava em casa, que se falava nas ruas, misturado com algum, por vezes muito, espanhol – um pouco como viria acontecer no ladino, que os judeus ibéricos falavam no Império Otomano –, e que talvez falasse nos intervalos das aulas em hebraico que decorriam na sinagoga. Portanto, português era a língua em que Espinosa, na sua meninice, pensava. Depois, provavelmente, deve ter deixado de ser assim na sua vida mais adulta. Em carta a um amigo holandês, Willem van Blijenbergh, Espinosa chega a lamentar-se do facto de ter perdido o conforto da língua materna para a sua filosofia, dizendo que talvez pudesse exprimir as suas ideias melhor se pudesse escrever na língua em que foi criado (*"de taal, waar mee ik op gebrocht ben"* – "língua na qual eu nasci").

Claro que os Espinosas também dominavam o castelhano e tinham na sua comunidade espanhóis com quem falavam, provavelmente, nessa tal mistura de português e castelhano. Não só havia espanhóis e luso-espanhóis entre a comunidade judaica de Amesterdão (um deles, José Penso de la Vega, escreveu em castelhano um dos primeiros livros sobre o funcionamento da bolsa de valores, *Confusión de confusiones*), como algumas dessas famílias tinham vindo de Espanha antes de se estabelecerem em Portugal no final do século XV, início do século XVI, além do que Espinosa gostava de ler em castelhano (na sua biblioteca há livros de poesia e peças de teatro nessa língua). O pai de Espinosa falava também francês, porque tinha passado por Rouen e por Nantes; aliás, falava bastante melhor francês do que holandês, e é bem possível, até provável, que Bento lesse em francês e em italiano, língua em que estavam traduzidas algumas obras de judeus portugueses de quem já falámos, como Leão Hebreu ou Judá Abravanel, filho de Isaac Abravanel. E depois havia, é claro, o holandês, a língua da cidade onde Espinosa nasceu e do país onde sempre viveu. Era uma língua na qual Espinosa escrevia com erros, mas que utilizava todos os dias; apesar dos erros, era suficientemente compreensível o que escrevia aos seus amigos, a quem ele pedia que o corrigissem. Talvez Espinosa entendesse também o alemão, que é, afinal, uma língua germânica próxima do holandês.

Além de todas essas línguas vivas, as línguas mais importantes para a vida de Espinosa eram, contudo, o hebraico, que Bento aprendeu na sinagoga e na escola rabínica, onde o seu nome era Baruch, e o latim, que aprendeu já depois dos vinte anos, em casa de um professor protestante, mas bastante heterodoxo, chamado Francisco van den Enden. É aqui que se ouve falar, pela primeira e única vez, de Espinosa se ter apaixonado. Tratava-se da filha do seu professor Van den Enden, uma moça com inclinações filosóficas que também tinha sido educada em latim pelo pai e parecia ser uma parceira de diálogo de Bento Espinosa. Bento, porém, perdeu a sua chance de uma vida amorosa correspondida para um rival, um colega que também aprendia latim com Francisco van den Enden. A partir daqui, aparentemente sem o tipo de rancores que vimos antes num Savonarola, por exemplo, Bento aproveitou para se dedicar ainda mais profundamente à filosofia e ao conhecimento metafísico da natureza – em vez de odiar o mundo, escolheu amar o mundo.

É por essa altura que se dá o acontecimento mais importante da vida de Bento Espinosa, e o mais inexplicado. Aos 23 anos Espinosa foi expulso da comunidade judaica portuguesa. O édito de expulsão, ou *cherem*, redigido em português, não é esclarecedor sobre os motivos para tal decisão, mas os seus termos são extraordinariamente brutais:

Em 2 de Tul de 5416 Ab.

Nos os abaixo assignados, sendo oprezente Parnazes degutados pela nação no Mahamad
de este K.K. de Talmud torah, que el D.B. augmente, querendo por bem gastados edispendios cõ
nossa ordem os dozentos esetenta edois que o Saby Sehach Sisuaso a dado apagar aos Administradores
de Abodat aheced para Socorro eencaminho donosso irmaos vindos de Polonia, alem de ja de poder da
dedita Kita que elas a asi mesmo aprobamos ehe so nossa ordem todas as demais Sumas de dilinheiro
despender dito Sehach qual de ditos Administradores de Abodat aheced el D. seq. tom tempo Conte
o dispendio deste dinheiro ha sido cõ nossa ordem Einkeremzei oassinamos dito Dia Rorodes e Ano.

Jacob de Mercado
mse eng. Joseph Aboab
Jsaac Belillyos
Abraham nun Henrrega
Selomo Abarbenel
Jacob nun Mendes
Ishak Si hael

5416

Notta do Herem que se publicou da Theba em 6 de Ab. contra Baruch espinoza

Os SS. do Mahamad fazem saber a vms. como tendo ja de quias, e tendo noticia das mas opiniões eobras de Baruch
de espinoza, procuraraõ por differentes caminhos e promesas, Retiralo de seus maos caminhos, e não podendo
Remedialo, antes pello contrario, tendo cada dia mayores noticia das horenda heregias que praticaua e
ensinaua, e enormes obras que obraua, tendo disto m.tas testemunhas fidedignas que depuzeraõ e testemu-
nharaõ tudo em prezenca dedito Espinoze, de q ficou conuensido, oqual tudo examinado emprezensa
dos SS. Hahamim, deliberaraõ com seu parecer que odito espinoza seja enhermado esegrigado danacão de Israel
como actualmente ovrõ em herem, com o Herem seguinte, com sentença dos Anjos com ditto dos santos
Nos Enhermamos apartamos emaldisoamos esegregamos a Baruch de espinoza concensentindo o el D.B.
e consentim. de todo este K.K. diante dos santos Sepharim estes, com os seis centos etreze preceitos
que estaõ escritos nelles, com oherem que enheremou Jehosuah aJericho, com amaldisaõ q
amaldixe Elisah aos moços, e com todas as maldisões que estaõ escritas, na Ley, maldito seja
dedia emaldito seja denoute, maldito seja em seu deytar, emaldito seja em seu
Leuantar, maldito elle em seu sayr, emaldito elle em seu Entrar, não quererá A. perdoar
a elle, que entonces fumearã ofuror de A. eseu zelo neste homem, edarera nelle
todas as maldisões da escritta nolliuro desta Ley; Earrematara A. a seu nome
debaixo dos ceos, Eaxartalou A. para mal detodos os tribus de Israel, com todas
as maldisões do firmamento as escritta, no Liuro daley esta, Evos os apegados
com A. vozo D.s viuos todos vos oje =

Aduirtindo q ninguem lhe pode fallar Bocalm. nem escritto, nem darlhe nenhum fauor, nem
debaixo de teto estar com elle, nem junto de quatro couados, nem ler papel algum feito ou
escritto pela;

*É por essa altura que se dá o
acontecimento mais importante da vida
de Bento Espinosa, e o mais inexplicado.
Aos 23 anos Espinosa foi expulso da
comunidade judaica portuguesa.*

(p. 455)

EPÍLOGO: FIGOS E FILOSOFIA

457

Os Senhores do Mahamad [Conselho da Sinagoga] fazem saber a Vosseme-
cês: como há dias que tendo notícia das más opiniões e obras de Baruch de
Spinoza procuraram, por diferentes caminhos e promessas, retirá-lo de seus
maus caminhos, e não podendo remediá-lo, antes pelo contrário, tendo cada
dia maiores notícias das horrendas heresias que cometia e ensinava, e das mons-
truosas ações que praticava, tendo disto muitas testemunhas fidedignas que
deporão e testemunharão tudo em presença do dito Spinoza, coisas de que ele
ficou convencido, o qual tudo examinado em presença dos senhores Hahamim
[conselheiros da sinagoga], deliberaram com seu parecer que o dito Spinoza
seja heremizado [excluído, excomungado] e afastado da nação de Israel como
de facto o heremizaram com o Herem [anátema] seguinte:
    "Com a sentença dos Anjos e dos Santos, com o consentimento do Deus
Bendito e com o consentimento de toda esta Congregação, diante destes
santos Livros, nós heremizamos, expulsamos, amaldiçoamos e esconjura-
mos Baruch de Spinoza [...]. Maldito seja de dia e maldito seja de noite, maldito seja em seu deitar, maldito seja em seu levantar, maldito seja em seu sair,
e maldito seja em seu entrar [...]. E que Adonai [Soberano, Senhor] apague
o seu nome de sob os céus, e que Adonai o afaste, para sua desgraça, de todas
as tribos de Israel, com todas as maldições do firmamento escritas no Livro
desta Lei. E vós, os dedicados a Adonai [ou seja, os observantes, verdadeiros
judeus], que Deus vos conserve todos vivos. Advertindo que ninguém lhe pode
falar [a Baruch de Spinoza] pela boca nem por escrito nem conceder-lhe nenhum favor, nem debaixo do mesmo teto estar com ele, nem a uma distância
de menos de quatro côvados [ou seja, diríamos nós hoje, um distanciamento
social de talvez dois metros], nem ler Papel algum feito ou escrito por ele."

O *cherem* (pronuncia-se com "h" aspirado, um pouco como no "j" em castelhano ou no "ch" alemão, e com o "m" final sonoro) parece ter sido comandado
pelo rabi Saul Morteira, o mais tradicionalista da comunidade portuguesa.
Caso Menasseh ben Israel estivesse presente, talvez o anátema não tivesse sido
lançado sobre Espinosa. Menasseh ben Israel, de nome português Manuel
Dias Soeiro, casado com uma descendente de Isaac Abravanel, era também
rabi e professor na comunidade de Espinosa. Judeu português nascido na
Madeira, era o melhor político e diplomata da comunidade, tendo editado
obras em hebraico, português e espanhol entre a comunidade de judeus
portugueses. Só que Menasseh ben Israel estava em Inglaterra a negócios

com Oliver Cromwell, o líder da república temporariamente estabelecido naquele país quando Espinosa foi excomungado da comunidade portuguesa judaica de Amesterdão.

É bem possível que o édito de expulsão não fosse definitivo. Como veremos adiante, houve casos anteriores a Bento Espinosa de expulsão de membros da comunidade que depois foram readmitidos, tudo com o mesmo tipo de linguagem assustadora, medonha, que vimos atrás. É, portanto, possível que Espinosa tenha continuado a trabalhar no negócio de importação de frutos secos do seu pai, agora com o seu cunhado, marido de Rebeca, Daniel Cáceres; portanto, é possível que durante algum tempo Espinosa não tenha cumprido plenamente o édito de expulsão, continuando a viver sem distanciamento dos outros judeus portugueses; e é plausível que os outros judeus portugueses também não tenham cumprido plenamente o édito de expulsão, talvez à espera de que Bento se arrependesse e voltasse para a sinagoga e para a comunidade. O que é facto é que ele próprio, Bento, depois da expulsão, toma a iniciativa, possivelmente sem rancor, que nunca aparece nas suas obras, de se afastar da comunidade e levar uma vida filosófica.

Estamos, portanto, na década de 1650. Essa é a década em que o padre António Vieira visita a Holanda sob ordens do rei João IV para tentar obter o apoio dos judeus portugueses à restauração da independência, e sabemos que António Vieira se encontrou com Menasseh ben Israel e depois, indo para Roma, conseguiu até, durante alguns anos, suspender as atividades da Inquisição no reino de Portugal – insolências pelas quais haveria de pagar bem caro, vindo ele próprio a ser preso e condenado pela Inquisição. Mas naquele período, em meados do século XVII, há uma fase em que as coisas estão em fluxo, em que há judeus que acreditam terem visto o messias ou que ele estará para chegar em breve, em que há cristãos, como António Vieira, que vão falar com os judeus que ainda são considerados de nação portuguesa – e como tal referidos na Holanda – para tentar convencer as autoridades políticas e eclesiásticas em Portugal a deixá-los regressar. E há, ainda, cristãos oriundos de Portugal que chegam a Amesterdão e se anunciam como judeus.

Um deles chega um pouco antes de Espinosa ser expulso. Originário do Porto, o jovem Gabriel da Costa, depois conhecido pelos judeus portugueses como Uriel da Costa, é de uma família cristã e tem uma educação cristã.

EPÍLOGO: FIGOS E FILOSOFIA

Estudou em Coimbra, onde talvez contactasse com o averroísmo português, corrente de que será um importante representante. Gabriel da Costa lê a Bíblia e chega à conclusão de que nada do que se encontra no Novo Testamento é mais lei divina do que o que se encontra nos livros da Torá da lei mosaica. Sabendo que ele próprio descendia de judeus, começa a interessar-se cada vez mais pelo judaísmo e entende que, a haver verdade revelada, seria apenas a verdade revelada por Deus a Moisés.

Regressando de Coimbra ao Porto, convence o pai e a mãe e todos os irmãos a reconverterem-se ao judaísmo e a saírem secretamente para Amesterdão. Quando Gabriel da Costa, agora tornado Uriel da Costa, chega a Amesterdão e à sinagoga portuguesa nessa cidade, espera encontrar um ambiente tolerante (no sentido atual do termo) e propício às suas ideias religiosas de adesão às leis de Moisés e às suas ideias filosóficas de adesão às doutrinas e às filosofias que ele julga serem de Averróis – mas que, no fundo, são de Maimónides e de Al Farabi. Não o encontra. Uriel da Costa é expulso uma primeira vez da comunidade, de tal forma que nem os seus irmãos, que ele tinha reconvertido ao judaísmo, podem falar com ele durante alguns anos. Depois, é convencido a abjurar das suas ideias para regressar à comunidade, um pouco como a comunidade tentou fazer com Espinosa (no caso de Espinosa, há até notícias de que tentaram chegar a um acordo financeiro para que ele não filosofasse mais e se deixasse ficar sossegadamente na comunidade).

Uriel da Costa regressa à comunidade, tendo de ser vergastado 39 vezes (porque a Bíblia não permite mais do que quarenta chicotadas). Depois, é consolado pelos próprios conselheiros da sinagoga, os rabis e o resto da congregação, que tinham ritualmente passado por cima dele como se o fossem espezinhar e que, depois desse momento de contrição, o poderão abraçar e consolar, pôr-lhe a cabeça nos seus ombros e acolhê-lo de volta. Uriel da Costa, entretanto, não vive esse regresso à comunidade como um momento de reconciliação. Vive-o como uma nova humilhação e, mais tarde, tentará apunhalar o homem que o denunciou e que tanto se opôs a ele, um homem chamado Samuel Silva. Uriel da Costa acaba por escrever uma autobiografia a que chama *Um exemplo da vida humana* (*Exemplar humanae vitae*, no título original em latim), em que descreve com muito rancor e ressentimento tudo o que lhe aconteceu, com uma raiva incontida pela falta de tolerância, pela falta de respeito, pela falta de liberdade de pensar e filosofar, tudo ao contrário do que ele tinha esperado encontrar entre os judeus portugueses em Amesterdão, uma vez que estes tinham sido, como ele, perseguidos pela Inquisição e pela intolerância religiosa. Depois de escrever e publicar o seu *Exemplar humanae vitae*, Uriel da Costa suicida-se. E tudo isso se passa também nessa década de 1640 em que Espinosa é adolescente e jovem.

Espinosa sabia, portanto, muito bem aquilo com que poderia contar se regressasse à comunidade. Depois de trabalhar no negócio do pai durante mais algum tempo, não sabemos exatamente quanto, afasta-se de vez. Vai para perto de Utrecht, vive em casa de amigos holandeses, os quais conheceu provavelmente nas aulas de latim com Francisco van den Enden, dá algumas aulas, estabelece um círculo filosófico onde leciona em latim com alguns alunos que sabem espanhol e que podem ajudar a precisar o sentido de algumas palavras para traduzir para outros alunos holandeses, e depois começa a escrever. Primeiro, a sua obra de resumo da filosofia de Descartes; depois começa a *Ética*, escrevendo interpoladamente o seu *Tratado teológico--político*. Aqui, faz crítica bíblica e refuta a ideia de milagres, profecias ou revelações, distinguindo muito claramente teologia de política, mas vai ainda mais longe do que Al Farabi ou Maimónides. Ao passo que Al Farabi diz apenas que "deve haver espaço para a filosofia ao lado da verdade revelada", e Maimónides diz "se a verdade revelada não concorda com a filosofia, é porque temos de interpretar a verdade revelada de outra forma", Espinosa vai simplesmente transcender a verdade revelada, como se ela não tivesse nenhuma importância, para apenas estabelecer a sua verdade na filosofia. No seu *Tratado teológico-político*, que deixará inacabado à hora da morte, estabelece, ao contrário de Aristóteles mas à semelhança de Al Farabi, a democracia – mais do que a monarquia ou a aristocracia – como o regime no qual é possível ser virtuoso. E vai pondo comida no prato e financiando a sua vida – modesta, aliás – fazendo e polindo lentes: lentes para telescópios, lentes para óculos, que eram consideradas das melhores do seu tempo.

Claro, Espinosa é hoje um filósofo estudado por milhares de pessoas em todo o mundo. Está em todas enciclopédias de filosofia. Até por culpa da sua própria escrita, é por vezes tratado como se tivesse sido apenas ideia abstrata, sem ter tido uma vida concreta – já iremos ver porque é que a um historiador o que interessa mesmo é a vida concreta de Bento Espinosa. Fazendo um esforço por "desenciclopedizar" Espinosa, como fizemos com outros e outras durante este nosso percurso, o que nos interessa talvez seja pensar em Espinosa como um jovem "agora". Um jovem que encontra a filosofia, que

EPÍLOGO: FIGOS E FILOSOFIA

encontra na filosofia a vontade de correr todos os riscos, e que aos 23 anos se afasta da comunidade, algo que era raro, quase inédito na Europa do seu tempo, onde nessa época todos eram de alguma forma apenas membros de uma comunidade e a individualidade e identidade dependia dessa pertença.

Agora, agora e mais agora, Espinosa não é português, porque o reino de Portugal expulsou as famílias de que ele fazia parte; não é já judeu, porque a sua comunidade em torno da sinagoga de Amesterdão o expulsou a ele; mas também não é holandês, porque para as Províncias Unidas da Holanda, holandeses eram os protestantes; ora, ele deixou de ser judeu, e também não é cristão, nem protestante, nem, é claro, católico. Espinosa é aquela coisa rara, ou mesmo inédita, na Europa do seu tempo: é apenas um indivíduo. Um indivíduo e, talvez, cidadão da república que ele imagina como o melhor regime possível.

Vive então com amigos, menos solitariamente do que dirá depois o mito que dele se cria, e aparentemente gosta dos pequenos prazeres. Vive num quarto alugado, num segundo andar de uma casa perto de Haia, já se tendo afastado das suas aulas, que começavam a ser escandalosas. Desce ao piso térreo dessa casa para comer com a família do seu anfitrião, um pintor, e provar da sua sopa, fumar o seu cachimbo; o anfitrião pinta e ele desenha qualquer coisa a carvão e depois volta ainda cedo para o quarto, onde lê e escreve.

Espinosa é, portanto, essa figura estranha de alguém que corta, que entra em rutura, mas que ao mesmo tempo o faz de certa forma pacificado, como um estoico antigo. E tem sim, de facto, essa ligação à filosofia antiga: Espinosa aprendeu a Mishné Torá, ou seja, o resumo da lei judaica feito por Maimónides – que fazia dele o sábio mais importante do judaísmo, depois dos tempos bíblicos –, e também o *Guia para perplexos*, que é a obra de Maimónides que reúne a sua filosofia e à qual por vezes se chama averroísta, talvez por se identificar erradamente Maimónides com Averróis, por terem ambos vivido mais ou menos ao mesmo tempo na mesma cidade de Córdova.

A verdade é que tanto Averróis como Maimónides tiveram de fugir de Córdova quando chegaram os almóadas – mais ou menos ao tempo em que Afonso Henriques conquistava Lisboa; e Maimónides foi para o Cairo ou para Fustate, perto do Cairo, e Averróis foi para Fez, em Marrocos. Não houve contacto entre Maimónides e Averróis, mas parece que o primeiro soube do segundo no final da sua vida. Maimónides admirava o comentador cordovês de Aristóteles, mas não foi de Averróis – antes de Al Farabi –

que retirou grande parte da sua filosofia. Maimónides diz de Al Farabi, que é o primeiro autor que ele cita numa carta em que recomenda filósofos ao seu correspondente: "Obtém tudo o que puderes encontrar e lê tudo o que ele escreveu, porque Al Farabi é farinha fina" – farinha purificada muito alva, muito fina, o melhor da filosofia.

Já vimos que Al Farabi tem uma posição sobre a distinção entre a filosofia e a teologia, mantendo separados os seus campos, e que Maimónides tem outra posição sobre a filosofia e a teologia, mantendo a filosofia e a teologia conformes uma com a outra. Espinosa está para lá disso. Ele não diz que a teologia tem o seu campo e a filosofia tem outro. É como se a teologia não importasse e a filosofia importasse tudo. Portanto, de certa forma, se Espinosa é a continuação de Maimónides e, através deste, de Al Farabi, ele é também uma rutura com esse mundo antigo e uma introdução da humanidade à Modernidade.

Espinosa introduz essa rutura através do seu naturalismo, do seu monismo, ou seja, da sua teoria de que o universo é apenas um e apenas material, e de que é desse universo material que surgimos nós, que surgem as nossas ideias, que surge o espírito, que surgem os vários atributos de Deus e os vários modos de existência que nos permitem viver como vivemos. Depois de criticar os milagres, as profecias, as verdades reveladas nos livros sagrados, Espinosa diz que qualquer república estará sempre melhor com a liberdade de filosofar; portanto, vai mais longe do que John Locke, outro filósofo do século XVII, por vezes tomado como o mais importante desse século mas que na sua *Carta sobre a tolerância* só estende a tolerância a várias seitas de protestantes, nunca aos católicos e menos ainda aos judeus ou ateus.

No tratado político que está a escrever quando morre, em fevereiro de 1677, Espinosa defende a democracia como um regime político através do qual se pode chegar à virtude. Portanto, vai ainda mais longe do que Thomas Hobbes, outro filósofo por vezes considerado o filósofo inaugural da Modernidade, que viveu durante praticamente todo o século XVII, um filósofo muito longevo, que é um filósofo do Estado, e do Estado enquanto muralha contra as guerras civis e as guerras de religião, que ele viu tantas, mas no fundo, um filósofo que defende a obediência perante o Estado. Seja qual for o regime melhor, para Thomas Hobbes qualquer regime é melhor do que não haver regime; só a existência de um regime de Estado nos pode afastar daquela vida no estado de natureza que ele define como sendo brutal, curta

EPÍLOGO: FIGOS E FILOSOFIA

e cruel – "*nasty, brutish and short*", na sua célebre formulação. Espinosa vai bastante mais longe do que Hobbes porque diz que mesmo um Estado estável, mesmo um Estado como o Império Otomano, com o sultão a liderar, é um Estado em que inevitavelmente o poder governará sempre para si e que estaria sempre melhor se o poder fosse distribuído por todos os seus cidadãos.

Portanto, não defendendo claramente uma ideia moderna da dignidade humana – expressão que, aliás, não aparece nos seus livros –, Espinosa abre-lhe a porta no seu tratado político. Famoso e já temido pelo seu radicalismo durante a sua vida, depois de morrer Espinosa tornou-se, para o bem e para o mal, um ponto de referência entre protestantes, judeus, católicos e muçulmanos.

Um jovem holandês chamado Herman Boerhaave, que estudava em Leiden, apanhou uma vez um barco, um daqueles que andam nos canais holandeses e que na altura serviam de transporte público, puxados por burros ou cavalos a partir da margem. Espinosa já tinha morrido, mas Boerhaave ouviu alguém dizer: "Há agora um judeu português que morreu há pouco tempo e que diz que não há Deus e que no fundo todo o mundo é material e que estaríamos melhor se toda a gente tivesse liberdade de filosofar...". Sabemos assim que nesta altura se falava de Espinosa nos transportes públicos. À saída do barco, Boerhaave virou-se para o homem que dizia essas palavras e perguntou-lhe: "Mas você por acaso leu Espinosa?". Foi o suficiente para que Boerhaave se tornasse suspeito de ser espinosista. Não defendeu sequer Espinosa, apenas perguntou ao seu interlocutor se o tinha lido, mas mesmo assim não pôde mais estudar na universidade de teologia, razão pela qual decidiu estudar medicina; e, por ter estudado medicina, foi o criador das escolas médicas tal como elas existem hoje: uma faculdade de medicina com um hospital e um centro de investigação ao mesmo tempo.

Espinosa era, assim, uma espécie de antiortodoxia do final do século XVII e início do século XVIII. Por isso, não havia defesa de Espinosa, só havia refutações de Espinosa. Mas algumas das refutações de Espinosa eram também escritas em linguagem exotérica e esotérica – ou seja, em linguagem cifrada –, porque quem refutava Espinosa por vezes pretendia, nas entrelinhas, defender Espinosa. O mais conhecido de todos é um francês chamado Pierre Bayle, residente em Roterdão e oriundo de famílias huguenotes, ou seja, refugiados protestantes franceses que viviam um pouco por toda a Europa protestante.

Pierre Bayle escreveu um *Dicionário crítico histórico e filosófico* que é uma obra extraordinária de transição do século XVII para o século XVIII, até mesmo no que toca à sua forma. As páginas do dicionário filosófico de Bayle parecem páginas de hipertexto: são compostas a duas colunas, têm um pouco de texto na entrada de cada um dos filósofos e autores que ele estuda, incluindo Averróis e Espinosa – a famosa entrada que influenciou todo o século xviii –, bem como uma entrada sobre Uriel da Costa; depois de duas ou três linhas dizendo as coisas mais simples sobre cada um desses autores (nasceu na cidade de tal no ano de tal), tem uma nota; essas notas estão compostas também em duas colunas, embaixo, e nelas se encontram os desenvolvimentos das coisas que Pierre Bayle diz nas primeiras linhas do seu texto; e depois dessas notas há ainda notas sobre essas notas, e por vezes notas dessas outras notas também, ou seja, uma estrutura de várias camadas, como uma cebola.

O dicionário crítico de Pierre Bayle é, de certa forma, um antepassado da Wikipédia, embora tenha sido escrito por uma só pessoa. E é uma daquelas obras que todos temiam mas todos tinham de ter. Encontrei no arquivo da Real Mesa Censória, na Torre do Tombo, muitas licenças da Real Mesa para gente poder ler o dicionário Bayle, que era proibido mas que os censores sabiam ser indispensável para qualquer intelectual da Europa do século xviii.

Nesse dicionário, a entrada sobre Espinosa, em que pretensamente se refutava Espinosa, era no fundo uma defesa do espinosismo. Na verdade, Pierre Bayle é um divulgador – um profeta, se quisermos – do espinosismo, como seu intérprete. Através de Pierre Bayle, Espinosa chega ao Iluminismo, ou pelo menos assim pensavam alguns historiadores da filosofia, como Leo Strauss, de quem já falei e que foi o autor da doutrina da dupla interpretação, esotérica e exotérica. Judeu alemão fugido à guerra, Strauss deu aulas sobretudo em Chicago e tornar-se-ia muito controverso, pois alguns dos seus alunos viriam a ser importantes neoconservadores no início do século xxi; por outro lado, foi conhecido de Hannah Arendt e de Heinrich Blücher, gente próxima do marxismo e do marxismo heterodoxo.

Leo Strauss conhecia bem não só o seu Maquiavel e os autores cristãos, mas sabia também hebraico, conhecia os autores judaicos, principalmente Maimónides, e conseguia facilmente perceber o que havia em Espinosa de oposição a Maimónides e o que havia em Espinosa de conformidade com Maimónides. Strauss tinha um cunhado chamado Paul Kraus. Paul Kraus era checo, judeu também, e fora educado em Berlim, onde conhecera Bettina Strauss, a irmã de Leo. Portanto, essa família Strauss e Kraus era, por um

DICTIONAIRE
HISTORIQUE
ET CRITIQUE,
PAR
Mʀ. PIERRE BAYLE.
CINQUIÉME ÉDITION,
REVUE, CORRIGÉE ET AUGMÉNTÉE
DE REMARQUES CRITIQUES,
AVEC LA VIE DE L'AUTEUR,
PAR Mʀ. DES MAIZEAUX.
TOME CINQUIÉME.
S —— Z.

A AMSTERDAM,
PAR LA COMPAGNIE DES LIBRAIRES.
M. DCC. XXXIV.
AVEC PRIVILEGE.

*O dicionário crítico de Pierre Bayle é, de
certa forma, um antepassado da Wikipédia,
embora tenha sido escrito por uma só
pessoa. E é uma daquelas obras que
todos temiam mas todos tinham de ter.*
(p. 465)

Nesse dicionário, a entrada sobre Espinosa, em que pretensamente se refutava Espinosa, era no fundo uma defesa do espinosismo. Na verdade, Pierre Bayle é um divulgador – um profeta, se quisermos – do espinosismo, como seu intérprete.

(p. 468)

(*B*). Je n'ai pu aprendre rien de particulier touchant la famille de Spinoza ; mais

roit empêcher l'union de chaque ame avec son tout; la mort ne pourroit pas être un moyen de réünion. Je m'en vais citer un long Passage de Mr. Bernier, qui nous aprendra que le Spinozisme n'est qu'une méthode particuliere d'expliquer un Dogme qui a un grand cours dans les Indes.

„ Il n'est pas que vous ne sçachiez la Doctrine de » beaucoup d'anciens Philosophes, touchant cette » grande ame du monde, dont ils veulent que nos » ames, & celles des animaux, soient des portions. Si » nous penetrions bien dans Platon & dans Aristote, » peut-estre que nous trouverions qu'ils ont donné » dans cette pensée. C'est là la Doctrine comme uni- » verselle des Pendets, Gentils des Indes; & c'est cette » mesme Doctrine qui fait encore à présent la Cabale » des Soufys, & de la pluspart des gens de lettres de » Perse, & qui se trouve expliquée en Vers Persiens si » relevez & si enfatiques dans leur Goultchez-raz ou » Parterre des Mysteres, comme ç'a esté celle-là mes- » me de Flud que nostre grand Gassendy a refutée si » doctement, & celle ou se perdent la pluspart de » nos Chymiques. Or ces Cabalistes, ou pendets Indous » que je veux dire, poussent l'impertinence plus avant » que tous ces Philosophes, & pretendent que Dieu, » ou cet Estre souverain qu'ils appellent Achar, im- » mobile, immuable, ait non seulement produit ou » tiré les ames de sa propre substance; mais generale- » ment encore tout ce qu'il y a de materiel & de cor- » porel dans l'Univers; & que cette production ne » s'est pas faite simplement à la façon des causes effi- » cientes, mais à la façon d'une Araignée qui pro- » duit une toile qu'elle tire de son nombril, & qu'elle » reprend quand elle veut. La creation donc, disent » ces Docteurs imaginaires, n'est autre chose qu'une » extraction & extension que Dieu fait de sa propre » substance, de ces rets qu'il tire comme de ses » entrailles, de mesme que la destruction n'est autre » chose qu'une reprise qu'il fait de cette divine sub- » stance, de ces divins rets dans luy-même: en sorte » que le dernier jour du monde qu'ils apellent Ma- » perlé ou Pralea, dans lequel ils croient que tout doit » estre détruit, ne sera autre chose qu'une reprise ge- » nerale de tous ces rets que Dieu avoit ainsi tirés de » lui-mesme. Il n'est donc rien, disent-ils, de réel & » d'effectif de tout ce que nous croions voir, oüir ou » flairer, goûter ou toucher; tout ce monde n'est qu'une » espece de songe & une pure illusion, en tant que » toute cette multiplicité & diversité de choses qui » nous apparoissent, ne sont qu'une seule, unique, » & mesme chose, qui est Dieu mesme; comme tous » ces nombres divers que nous avons, de dix, de vingt, » de cent, de mille, & ainsi des autres, ne sont enfin » qu'une mesme unité repetée plusieurs fois. Mais » demandez-leur un peu quelque raison de cette ima- » gination, ou qu'ils vous expliquent comme se fait » cette sortie & cette reprise de substance, cette ex- » tension, cette diversité apparente, ou comme il se » peut faire que Dieu n'étant pas corporel, mais Bia- » pek, comme ils avoüent, & incorruptible, il soit » neantmoins divisé en tant de portions de corps & » d'ames; ils ne vous payeront jamais que de belles » comparaisons; que Dieu est comme un Ocean im- » mense, dans lequel se mouveroient plusieurs fioles » pleines d'eau; que ces fioles quelque part qu'elles » pûssent aller se trouveroient toûjours dans le mes- » me Ocean, dans la mesme eau, & que se venant » à rompre, leurs eaux se trouveroient en mesme » tems unies à leur tout, à cet Ocean dont elles es- » toient des portions, ou bien ils vous diront qu'il » en est de Dieu comme de la lumiere, qui est la mê- » me par tout l'Univers, & qui ne laisse pas de paroî- » tre de cent façons differentes des objets (20) où elle » tombe, ou selon les diverses couleurs & figures des » verres par où elle passe. Ils ne vous payeront ja- » mais ...

(20) Il y a sans doute ici une Faute d'Impres. sion dans le Livre de Mr. Bernier, il f...

» semblable, mais non pas dans la mesme (21), & » que c'est bien une semblable lumiere par tout le » monde, mais non pas la même, & ainsi de tant » d'autres sortes objections qu'on leur fait; ils revien- » nent toûjours aux mesmes comparaisons, aux bel- » les paroles, ou comme les Soufys, aux belles Poë- » sies de leur Goultchez-raz (22)".

(21) Notez que les Spinozistes ne répondent pas mieux à la distinction perpétuelle dont on les accable, entre même & semblable.

(22) Bernier, Suite des Mémoires sur l'Empire du grand Mogol *pag.* 202 *& suiv. Edit. de Hollande.*

Vous allez voir un Passage qui nous aprendra que Pierre Abelard est accusé d'avoir dit que toutes choses étoient Dieu, & que Dieu étoit toutes choses. *Primam elementorum concordiam esse Deum & materiam ex quâ reliqua fierent, docuit Empedocles. . . . . Hæc erat illius ætatis Theosophia, hæc notitia quæ de Causa principe habebatur. Jam tandem obsoleverat, & inter veterum somnia & phantasmata recensebatur. Eam inter veteris Philosophiæ parietinas & rudera revocavit Petrus Abailardus, ingenio audax, & famâ celeber: sepultam cineribus invenit, & quasi Euridicen Orpheus ab inferis tandem revocavit: Testor Vazquezium* i. part. quæst. 3. art. 8. num. 28. *& Smisingum* de Deo uno tract. 1. disp. 2. quæst. 2. num. 54. *Deum esse omnia, & omnia esse Deum, eum in omnia converti, omnia in eum trasmutari asseruit, quia Empedocleâ, aut fortè Anaxagoricâ præventus Theosophiâ, distinguebat species secundum solam apparentiam, nempe quia aliquot atomi in uno subjecto erant eductæ quæ latebant in alio* (23).

(23) Caramuel, Philosophiæ Realis *Libr* III *Sect.* III, *pag.* 175.

(*B*) *Ce que je dis . . . . . concernant la Théologie d'une Secte de Chinois.*] Le nom de cette Secte est *Foe Kiao.* Elle fut établie par l'Autorité Royale parmi les Chinois l'an 65 de l'Ere Chrêtienne. Son premier Fondateur étoit fils du Roi *In fan vam*, & fut apellé d'abord *Xe*, ou *Xe Kia* (24), & puis, quand il eut trente ans, *Foe*, c'est-à-dire, *non homme* (25). Les Prolégomenes des Jesuites au devant du Confucius qu'ils ont publié à Paris traitent amplement de ce Fondateur. On y trouve que „ (26) s'étant retiré dans » le Desert, dès qu'il eut atteint sa 19 année, & s'étant » mis sous la Discipline de quatre Gymnosophistes, » pour apprendre la Philosophie d'eux, il demeura » sous leur conduite, jusqu'à l'âge de 30 ans, que » s'étant levé un matin avant le point du jour, & » contemplant la Planete de Venus, cette simple vuë » lui donna tout d'un coup une connoissance parfaite » du prémier principe, en sorte qu'étant plein d'une » inspiration divine, ou plûtôt d'orgueuil & de folie, » il se mit à instruire les hommes, se fit regarder com- » me un Dieu, & attira jusqu'à quatre-vingt-mille » Disciples. . . . . . A l'âge de 79 ans, se sentant pro- » che de la mort, il déclara à ses Disciples que pen- » dant quarante ans qu'il avoit prêché au monde, il » ne leur avoit point dit la verité, qu'il l'avoit tenuë » cachée jusques là sous le voile des métaphores & des » figures; mais qu'il étoit temps alors de la leur dé- » clarer, *c'est*, dit-il, *qu'il n'y a rien à chercher, ni sur » quoi l'on puisse mettre son esperance que le néant & » le vuide* (*), *qui est le premier principe de toutes » choses*". Voilà un homme bien different de nos esprits forts: ils ne cessent de combattre la Religion, que sur la fin de leur vie, ils n'abandonnent le libertinage que quand ils croient que le tems de partir du monde s'aproche (27). Mais Foe se voiant en cet état commença de déclarer son Athéïsme. *Teterrimum virus Atheismi jam moriturus evomuisse perhibetur, diserte professus, se per annos quadraginta eoque amplius non declarasse mundo veritatem, sed umbratili & metaphorica doctrina contentum, figuris, similibus, & parabolis nudam veritatem occultasse; at nunc tandem, quando esset morti proximus, arcanum sensum animi sui significare velle: extra vacuum igitur & inane, primum scilicet rerum omnium principium, nihil esse quod quæratur, nihil in quo collocentur spes nostræ* (28). Sa méthode fut cause que *ses Disciples diviserent sa Doctrine en deux parties: l'une extérieure, qui est celle qu'on prê-*

(24) Les Japonois le nomment *Xaca.*

(25) *Voiez le* Journal de Leipsic 1688, *pag.* 257, dans l'Extrait du Livre de Confucius *imprimé a Paris l'an* 1687.

(26) Biblioth. Universelle, Tom. VII, *pag.* 401, 404, dans l'Extrait du même Livre de *Confucius.*

(*) P. 29. Vacuum & inane, Cum hiu *en Chinois.*

(27) *Voiez ci-dessus Remarq.* (E). *de l'Article* BION le Borysthenite.

(28) Acta Eruditor. Lipsiens. 1688, *p.* 257.

lado, versada na filosofia cristã e na filosofia judaica, e, por outro lado, porque Paul Kraus aprendera árabe (era um arabista), além de amárico (ou seja, a língua da Etiópia), acadiano (ou seja, uma língua da Ásia Menor), grego, latim e persa, uma grande conhecedora da filosofia muçulmana.

Tendo viajado nos anos 1920 e 1930 pelo Médio Oriente e pela Palestina, onde viveu durante algum tempo num *kibutz*, muito antes de haver Estado de Israel, um dia, em 1938, em Istambul, Paul Kraus descobre numa biblioteca um manuscrito de Al Farabi. Esse manuscrito era sobre a filosofia de Platão e Aristóteles, um resumo muito preciso, muito claro, muito compreensível da filosofia de ambos os filósofos. Controversamente, Al Farabi defendia que Platão e Aristóteles eram, afinal, compatíveis. Kraus escreve para o cunhado Strauss e diz-lhe que descobriu um filósofo extraordinário que estava na base de tudo aquilo que eles conheciam e, no entanto, era desconhecido para eles.

Começa então uma vaga de interesse pela obra de Al Farabi, que leva, por exemplo, o intelectual iraquiano Muhsin Mahdi, que estudou com Charles Malik – um dos autores da Declaração Universal dos Direitos Humanos –, a traduzi-lo para inglês. Alguns alunos de Leo Strauss em Chicago, dos quais o mais conhecido é Joshua Parens, haverão de estudar Al Farabi e de o reapresentar ao Ocidente, onde ele teve tanta importância, pela influência junto de Averróis e Maimónides, mas também junto de autores como Dante e Pico della Mirandola. E, portanto, pela via straussiana, o lugar de Espinosa na Modernidade começa a ser central, de certa forma corrigindo aquela sobrestimação de Thomas Hobbes por parte dos autores anglo-saxónicos.

Autor até então subestimado, a verdade é que Espinosa – tão temido, tão censurado e perseguido – tinha ido mais longe do que Hobbes e tinha sido mais influente do que Hobbes e Locke. Essa é pelo menos a tese de um historiador atual chamado Jonathan Israel, que a partir de Princeton escreve que Espinosa é o início do Iluminismo radical. Um Iluminismo diferente do Iluminismo moderado de Voltaire, e um Iluminismo radical onde estão as raízes da Revolução Francesa e da Revolução Americana – no seu republicanismo mas não no terror fanático que se seguiu à Revolução Francesa. Para Jonathan Israel, a ideia de que o universo tinha apenas uma substância, o monismo, vem do materialismo de Espinosa e, através do seu materialismo, o amor pela ciência e, através do seu amor pela ciência, a defesa da liberdade de filosofar e, através da sua defesa da liberdade de filosofar, a tolerância total das ideias e, através da tolerância total das ideias, o início do Iluminismo, que vai levar a Kant e, através de todas essas liberdades novas, a defesa da democracia.

Espinosa não é, no entanto, se lermos o seu *Tratado teológico-político*, tão claro assim. Em Espinosa a transição da natureza para o humano faz--se gradualmente; é a transição da matéria para o pensamento, sendo que a matéria e o pensamento são apenas atributos diferentes da substância única, que é a natureza naturando-se a si mesma: *natura naturans*. Há um determinado ponto em que a matéria começa a guardar em si impressões que ficam com o tempo, e essa é a origem da memória, e a memória é aquilo que nos faz humanos.

Mais ou menos por essa altura, um filósofo francês chamado Blaise Pascal escrevia um pensamento que tem apenas uma linha e está desgarrado de qualquer outra obra filosófica: "A memória é necessária a todas as operações da razão" – uma frase lapidar a que regresso com frequência, porque me parece ter infinitas coisas a dar. De facto, nós precisamos de memória para ter imaginação. Precisamos de memória para ter identidade. Precisamos de memória para ter coragem. Precisamos de memória para ter medo. Precisamos de memória para fazer um cálculo, uma conta, uma soma, uma divisão, uma subtração, porque precisamos de transportar os elementos de uma parcela para outra parcela. Qualquer computador, qualquer máquina, precisa de ter memória do seu estado anterior, e os humanos, que são mais do que um computador ou uma máquina, precisam de ter memória para poderem ser humanos. Essa dobra, esse ponto de viragem do nascimento da memória, é o que faz de nós pessoas.

Apesar de Espinosa não dedicar muito tempo à memória, tem páginas e páginas acerca dos sentimentos. Mais do que a economia, mais do que os modos de produção, como acontecerá depois com Marx, Espinosa aborda os sentimentos como realidades concretas que precedem a nossa forma de organização humana: a ambição, a amizade, o amor, a antipatia, a libido, a audácia, a avareza, a aversão, a benevolência, a culpa, a castidade, a cólera, o contentamento – e estou a ler apenas algumas das entradas do índice de sentimentos que vem com as obras completas de Espinosa. Tem esse índice de sentimentos cinco páginas, ou seja, cinco vezes mais do que os nomes de autores que Espinosa cita. Sem sentimentos que emerjam da memória, não há humanidade e não há política. É com a memória e os sentimentos que nós vivemos o nosso agora, agora e mais agora. E, apesar de tantas vezes se

EPÍLOGO: FIGOS E FILOSOFIA

fazer de Espinosa um filósofo abstrato, quase evanescente, ele foi afinal um homem de carne e osso.

Morre aos 44 anos, uma idade mesmo no seu tempo relativamente jovem. Não muito antes, quando tinha 39 anos, ao saber que os irmãos De Witt, governantes da Holanda – tão-somente a república mais tolerante da Europa – tinham sido apanhados por uma turba, espancados, assassinados e comidos vivos numa cena canibalística, Espinosa, do seu quarto na casa dos amigos em Haia, decide fazer um cartaz em que escreve: *ultimi barbarorum*, ou seja, "os maiores dos bárbaros", e quer sair com esse cartaz para as ruas de Haia em protesto contra aquela crueldade. Era esse o seu agora, agora e mais agora. Espinosa poderia ou não ter acabado a *Ética*, poderia ou não ter acabado o *Tratado teológico-político*, poderia tê-los deixados prontos para a publicação ou poderia ter saído com um cartaz dizendo *ultimi barbarorum*, enfrentando a turba e provavelmente sendo espancado até à morte, quem sabe também comido. Espinosa, naquele seu agora, agora e mais agora (o que fazer, o que farei), acaba por ser impedido de sair de casa pelo seu anfitrião, que lhe fecha a porta do quarto. E é assim que um filósofo tido como o mais cordato, o mais espiritual, o mais abstrato, afinal também teve fúrias e não conseguiu sair de sua casa porque o encerraram no quarto com seu cartaz que dizia *ultimi barbarorum*.

Esse foi o agora, agora e mais agora de Espinosa, como Al Farabi teve o seu. Em tempos de fanatismo, deixaram uma porta da filosofia entreaberta, para que outros a pudessem abrir de rompante. Dante teve o seu agora, agora e mais agora numa época de polarização entre guelfos e gibelinos, escrevendo acerca daquilo que é comum a toda a humanidade; e Damião de Góis teve também o seu agora, agora e mais agora; Pico della Mirandola, Thomas More, Erasmo, Margarida de Navarra; todos nós, anónimos também, aqueles que não ficam registados nessas histórias da filosofia ou nessas histórias das ideias. O nosso agora, agora e mais agora pode ser como os de Mary Wollstonecraft, Olympe de Gouges e Leonor da Fonseca Pimentel: acrescentar as mulheres onde havia apenas direitos dos homens. Ou pode ser como o agora, agora e mais agora de Bernard Lazare: fazer o que se pode perante um caso de injustiça como o Caso Dreyfus. Ou como o de Gaetano Salvemini, que tinha como frase para os seus alunos: "Faz o que deves, aconteça o que acontecer". Mas, seja ele qual for, temos de saber estar à altura do nosso agora, agora e mais agora.

Em tempos de fanatismo, deixar uma porta de sabedoria entreaberta; em tempos de polarização, explorar o que há de comum entre nós: em tempos de intolerância, falar de coisas de humanidade, como Erasmo e Damião de Góis. Em tempos de ódio, ser teimoso mas manter o bom humor perante as adversidades. E contar histórias, porque as histórias trazem consigo muita coisa agarrada. As histórias – e a memória das nossas histórias – são, afinal, o que faz de nós humanos.

Todas as histórias têm um fim em aberto. Um autor do século xx chamado Isaac Bashevis Singer, que escreveu numa língua judaica, o iídiche, tem um conto sobre um homem a quem chamaram o "Espinosa da rua do Mercado", que é apenas um velho sábio vivendo num bairro predominantemente judaico de uma Varsóvia do início do século xx, que nunca se apaixonou porque quis viver como Espinosa e que acaba a apaixonar-se pela vendedora de carvão do mercado e, ao finalmente casar e viver com ela e ser tão feliz, ergue uma vez as mãos para o céu e diz: "Perdoa-me, divino Espinosa! Apaixonei-me". Mas talvez o filósofo da rua do Mercado não fosse um verdadeiro espinosista; talvez a vendedora de carvão fosse a verdadeira espinosista dessa história – alguém que quis conhecer um homem como ele era. Espinosa era, apesar de tudo, um jovem, e não disse a última palavra sobre coisas como o amor real entre duas pessoas.

No que terá ele pensado nas últimas horas antes de morrer, no dia 21 de fevereiro de 1677, quando os seus anfitriões foram para a missa e ele, que já não era de religião nenhuma, não foi para a missa, comeu qualquer coisa e dirigiu-se ao quarto para dormir uma sesta da qual já não acordou, depois de ter deixado tudo pronto para que o seu médico, ao chegar, pudesse levar os seus livros e publicá-los ainda naquele ano através do donativo de um benemérito que ficou anónimo para toda a história? Talvez Espinosa tenha pensado na sua casa de infância. A sua casa de infância que cheirava a figos porque o seu pai importava frutos secos do Algarve.

É agora altura de sentirmos o cheiro desses figos. De pensarmos se o cheiro dos figos poderia ser para Espinosa, de tão forte, de tão distinto, a mesma coisa como o comer de uma madalena para Proust: uma porta de entrada para as memórias de infância, para aquilo que fazia dele uma pessoa humana. Está aí talvez a diferença entre fazer um percurso pela história das ideias como filósofo ou como historiador. Para um filósofo, as ideias de Espinosa são aquelas que estão nos seus livros – mesmo que esotéricas e

EPÍLOGO: FIGOS E FILOSOFIA

exotéricas, de uma leitura explícita e de uma leitura implícita –; para um historiador, porém, há de ser sempre interessante saber que na casa dos Espinosa havia figos e imaginar o que aconteceria se Espinosa pegasse num fruto seco, como talvez alguns de vocês estejam a fazer neste momento, e o cheirasse e o trincasse e o saboreasse.

Pensar nesse figo talvez seja uma maneira de também nós pensarmos na infância, porque reparem: a figueira é a primeira árvore concreta real que aparece na Bíblia, a seguir à árvore da vida e a seguir à árvore de sabedoria do bem e do mal. É à figueira que Adão e Eva vão buscar as folhas para se cobrirem. E as figueiras eram árvores importantes lá no outro lado da grande massa euro-asiática, em torno de Samarcanda, de onde terá vindo Al Farabi. Vão, procurem na internet, verão que em Samarcanda existem dois festivais por ano dedicados aos figos e às figueiras e que essas árvores vêm da Ásia Central para o Médio Oriente, por todo o Mediterrâneo, até chegarem a Portugal. Figueiras que, com este rio ora subterrâneo, ora superficial que fomos seguindo ao longo destas memórias, chegaram ao fim do mundo então conhecido, frente ao Atlântico. Mas ao chegarem ao mar, não vão pensando que há aqui um fim da história. Ao contrário do que alguns autores disseram, autores bem diferentes dos que acompanhámos neste livro, não há fins da história. A história está sempre pronta a recomeçar.

Registo estas últimas palavras numa adega na minha aldeia, que foi a antiga oficina de carpinteiro do meu bisavô José Tavares, que comeu uma laranja no dia do seu aniversário e morreu. Aquele de quem falei no prospecto inicial, e que era o homem da vida de Carolina Matias, Carolina Tavares depois de casada, a bisavó que durante meses ou até anos disse apenas a frase "Agora, agora e mais agora". Nesta adega onde ele tinha a sua oficina de carpintaria, um espaço relativamente exíguo, há um lagar, e dentro desse lagar, uma prensa. A prensa que serve para esmagar as uvas e fazer o vinho é o mesmo objeto, a mesma espiral sem-fim que servia para imprimir livros com Gutenberg. Atrás de mim estão tonéis, sabe-se lá com quantas décadas ou talvez mais do que isso de existência, feitos por outro tipo de carpinteiros, diferente daquele que o meu bisavô era. Eram feitos por tanoeiros. Um pouco mais atrás está um nicho na parede com uma prateleira, e só sei para que serve esse nicho porque a minha mãe, com 92 anos, tem memória disso: é um nicho que servia para ter um copinho de aguardente e oferecer a quem passava. Ao lado desse nicho está uma porta de madeira, e essa porta de madeira é o que divide esta antiga oficina de carpinteiro, esta adega, da rua, e foi feita por esse meu bisavô José Tavares. Se atravessássemos a rua, do outro lado está ainda o espaço onde em tempos estiveram as casas onde José e Carolina viveram, onde ela teve o seu derrame que a pôs a dizer o seu "Agora, agora e mais agora".

Este é talvez o meu livro mais pessoal, pelo menos no seu início, pois o resto do livro não é pessoal, embora seja idiossincrático. De certa forma, é como a história que Italo Calvino conta nas suas *Cidades invisíveis*; em que Marco Polo fala a Kublai Khan, descrevendo todas as suas andanças pela Ásia Central, sobre cidades como as possíveis Samarcanda, Bukhara e Bagdade; Alepo e Damasco e quem sabe que outras de Al Farabi. Em Calvino, as cidades não são descritas pelos seus nomes reais, mas por nomes imaginários, como Ercília, onde as casas estão ligadas por fios de várias cores representando as relações humanas entre os habitantes e que muda de lugar periodicamente, desmontando-se as casas e deixando atrás de si apenas os fios coloridos, que, ao representarem as relações entre os habitantes, retratam a alma da cidade. Esse Marco Polo ficcional vai descrevendo a Kublai Khan todas essas cidades e, no fim da conversa, Kublai Khan pergunta-lhe: "Porque nunca me falaste, depois de falares de tantas cidades, porque nunca me falaste de Veneza, da tua cidade?", ao que Marco Polo responde que, no fundo, esteve sempre falando de Veneza, a sua cidade natal. O mais universal é o mais pessoal; a ideia que guardamos de quando éramos crianças, na qual nos perguntamos sobre se algum menino ou menina do outro lado do mundo está neste momento a pensar o mesmo que nós, é a mais íntima e a mais filosófica das ideias; a mais corpórea e a mais abstrata.

Hoje, é claro, vivemos tempos de enorme pessoalização do que fazemos, de uma constante autoexpressão através das redes sociais. Estamos naquilo a que Al Farabi talvez chamasse "uma timocracia", a cidade governada pela reputação. E esquecemo-nos de como, ao falar de várias cidades, estamos sempre a falar da nossa cidade, e que não precisamos de estar sempre a falar exclusivamente acerca de nós para sermos idiossincráticos. Falámos aqui de muitos seres humanos, homens e mulheres, durante estas seis memórias do último milénio. E é verdade, porque elas foram tão idiossincráticas, que eu estive sempre a falar de mim. Mas também é verdade que eu estive sempre a falar de ti, daquele ou daquela que me está a ler. As histórias deles e delas são as histórias talvez não do intelecto ativo, como dizia Aristóteles, mas da

EPÍLOGO: FIGOS E FILOSOFIA

vida ativa, como lhe chamava Hannah Arendt. A parte da nossa vida que não é só trabalho, a parte da nossa vida que não é só suprir necessidades básicas, aquela parte da nossa vida em que representamos, em que nos representamos, em que agimos moldando e transformando o mundo. Em que damos resposta a cada um dos nossos "agora, agora e mais agora", transformando-os em "agoras" diferentes, porque já têm a nossa ação e portanto já são um jogo diferente daquele que nos era dado pelas cartas que nos foram distribuídas à partida. Ao falar de todos eles e de todas elas, estive, portanto, a falar de mim. Estive a falar de ti. E estivemos ambos, de certa maneira, a conversar sobre a "consciência do terceiro", aquele ou aquela que não sou eu e não és tu, e que cuja noção confuciana P.C. Chang trouxe em certo dia para o debate sobre a redação da Declaração Universal dos Direitos Humanos.

Não sei se a minha bisavó, Carolina Matias ou Carolina Tavares, se interessaria por essas histórias. Não sei se eu teria respondido bem à pergunta que ela fazia a toda a gente à sua volta, depois de ter tido o seu derrame: "Agora, agora e mais agora?". Mas sei que essa foi a promessa que fiz a mim mesmo e a vós também: essas seis memórias do último milénio, mais o prospecto e este epílogo, são formas de responder à pergunta: "Agora, agora e mais agora?". Será que a minha bisavó se interessaria por essas histórias de Al Farabi ou dos guelfos e gibelinos ou de Thomas More e Damião de Góis ou de Olympe de Gouges e Leonor da Fonseca Pimentel, será que para ela teria algum interesse falar de William Penn e dos quakers, ou do Caso Dreyfus e da Liga dos Direitos Humanos ou da Declaração Universal dos Direitos Humanos, que foi consagrada já depois de ela morrer, ou do *1984* de George Orwell?

A resposta é que talvez sim. A resposta é que nós, humanos, temos propensão para querer ouvir histórias de outros humanos e talvez devêssemos mesmo cultivar essa propensão agora, todos os dias, também, nos lugares onde nos exprimimos como nunca nos exprimimos antes. Nas redes sociais e em muitos outros lugares, damos opiniões, por vezes taxativas, opomo-nos como os guelfos aos gibelinos; polarizamo-nos, por vezes ao ponto de sentir que conceder qualquer ponto ao outro lado seria uma desonra ou uma traição. E muitas vezes sentimo-nos bloqueados com esse entrecruzamento de opiniões por todo lado. Mas as histórias não são opiniões. As histórias carregam consigo factos que existiram mesmo e uma tecelagem que nós temos de fazer com os factos. Às vezes suprindo-nos da imaginação para preencher as lacunas entre esses factos. Esse é o papel do historiador, desde que seja honesto em relação à forma como utiliza a imaginação – não esquecendo as suas opiniões, mas sendo honesto quanto à forma como essas opiniões filtram aquilo que está a dizer.

Contar histórias é talvez uma boa maneira de superar os nossos bloqueios, porque quando contamos uma história, ao invés de impormos uma opinião a alguém, estamos a sugerir uma de várias formas de responder aos nossos "agora, agora e mais agora". E nessas histórias, ou dessas histórias, tu e tu e tu, cada um de vocês, cada um de nós, vai retirar ensinamentos diferentes, conhecimentos diferentes e, com sorte, sabedorias diferentes. Levantemo-nos, pois, e vamos embora.

Providence, Rhode Island, outono de 2018
São Miguel, Açores, primavera de 2020
Arrifana, 31 de outubro de 2021
Sinai, Egito, 17 de novembro de 2022

Notas

EPÍGRAFE

"Feci quod volui" – "Fiz o que quis" –, de uma inscrição funerária latina antiga encontrada na cidade piemontesa de Ivrea, em Itália. Theodor Mommsen, *Corpus Inscriptionum Latinarum.* [S.l.]: S.n., 1872. Vol. 5, inscrição 6811. Ver também Matthew Hartnett, *By Roman Hands: Inscriptions and Graffiti for Students of Latin.* (Newburyport: Hackett, 2013, pp. 150-1).

PROSPECTO

... e explodiu vitimando 36 pessoas. (p. 23) A passagem do zepelim pela aldeia gerou alvoroço e ficou na memória, com registo numa canção popular: "E zorplim, zorplim, e zorplano/ Andou no ar, caiu no mar, foi um/ engano,/ O guiador, o guiador, que o guiava,/ Era um rapaz, era um rapaz, que eu namorava".

Não foi só na aldeia que os zepelins e os seus acidentes excitaram as imaginações. Entre as muitas publicações sobre o desastre do Hindenburg visto pela cultura popular, é particularmente aconselhável o livro de Ed Regis, *Monsters: The Hindenburg Disaster and the Birth of Pathological Technology* (Nova Iorque: Basic Books, 2015).

... um padrão de civilizações que nascem, se desenvolvem e morrem. (p. 25) De Arnold Toynbee são especialmente conhecidos os doze volumes da sua obra cimeira, *A Study of History*, publicada ao longo de quase trinta anos, entre 1934 e 1961, e de que existem várias edições "abreviadas" em volumes de milhares de páginas.

Mas para a questão de saber se a história é "um raio de uma coisa depois da outra" ou se tem alguma lógica interna, o melhor é ler as menos de quinze páginas da polémica entre Toynbee e o historiador Pieter Geyl sobre se "Será possível conhecer o padrão do passado?", com Toynbee do lado do sim e Geyl do lado do não, e que se encontra por exemplo na antologia *Teorias da história*, de Patrick Gardiner, com várias edições da Fundação Calouste Gulbenkian.

... uma pergunta para se responder adivinhando, mas para se responder fazendo. (p. 25) A paráfrase de Immanuel Kant é uma inspiração a partir da leitura do seu curto ensaio sobre se há progresso moral da humanidade em *O conflito das faculdades* (Lisboa: Edições 70, 2018), ou *Der Streit der Fakultäten*, de 1798, o último livro publicado em vida por Kant.

... novelas da literatura europeia, a que foi dado o título de 'Decameron'. (p. 28) Sobre a invenção do *Decameron* e a história da sua criação durante a pandemia da Peste Negra, em Florença, em 1348, ver os artigos de Ronald L. Martinez e Brian Richardson em *Boccaccio: A Critical Guide to the Complete Works* (Org. de Victoria Kirkham, Michael Sherberg, Janet Levarie Smarr. Chicago: University of Chicago Press, 2013).

... na Ásia Central estão em todo o lado, menos no seu livro. (p. 34) O extraordinário livro de Frederick Starr sobre o "Iluminismo perdido" da Ásia Central antes do ano 1000, que me guiou em toda a primeira memória, apesar das críticas que lhe faz o professor Frantz Grenet do Collège de France (cujos cursos sobre

a Sógdia e a Báctria estão disponíveis gratuitamente na rede e são muito aconselháveis), é *Lost Enlightenment: Central Asia's Golden Age from the Arab Conquest to Tamerlane* (Princeton: Princeton University Press, 2013). A parte sobre as mulheres a que me refiro está nas pp. 24-7.

... mais um obstáculo do que uma ajuda para os direitos das mulheres. (p. 35) Nos dias em que acrescento estas notas, saiu a notícia de que o regime talibã do Afeganistão proibiu todas as mulheres do país de frequentarem as universidades do país. Fico a pensar no que acontecerá à Universidade de Rabia Balkhi, que dera a si mesma o nome da mais famosa poeta medieval da Ásia Central.

... também um dos mais desconhecidos da literatura universal". (p. 36) Para *As mil e uma noites*, ver o preâmbulo do tradutor Hugo Maia à mais recente tradução portuguesa (Lisboa: E-Primatur; Letras Errantes, 2021), bem como as obras do especialista brasileiro Paulo Lemos Horta, em particular *Marvellous Thieves: Secret Authors of the Arabian Nights* (Cambridge: Harvard University Press, 2017).

... contadas a um dos seus compiladores por um viajante sírio. (p. 36) O viajante sírio que contou histórias que foram acrescentadas às *Mil e uma noites* chamava-se Hanna Dyâb; as suas viagens foram recentemente editadas em França com o título *D'Alep à Paris: Les Pérégrinations d'un jeune syrien au temps de Louis XIV* (Paris: Actes Sud, 2015). Curiosamente, Hanna Dyâb quase não fala nos seus relatos de ter contado as suas histórias na Europa, um dos momentos mais importantes da história da literatura. Pior foi o orientalista francês Antoine Galland, que transcreveu essas história mas omitiu o nome do seu contador, Dyâb.

MEMÓRIA PRIMEIRA: DO FANATISMO

Primeira conversa: A caravana

Vamos chamar-lhe apenas Al Farabi. (p. 42) As obras sobre Al Farabi vêm listadas na bibliografia desta memória e, de novo,

na bibliografia geral ao final deste volume. Por agora, ver também Majid Fakhry, *Al-Farabi: Founder of Islamic Neoplatonism; His Life, Works and Influence* (Oxford: Oneworld, 2002); Joshua Parens, *An Islamic Philosophy of Virtuous Religions Introducing Alfarabi* (Albany: State University of New York Press, 2006); Amor Cherni, *La Cité et ses opinions: Politique et métaphysique chez Abu Nasr al-Farabi* (Beirute: Dar Albouraq, 2015); e, se possível, Moritz Steinschneider (um exemplo oitocentista de uma longa linhagem de autores judaicos, com formação religiosa e em particular talmudista, que se deixaram fascinar por Al Farabi), com o seu *Al-Farabi (Alpharabius), des arabischen Philosophen Leben und Schriften; mit besonderer Rücksicht auf die Geschichte der griechischen Wissenschaft unter den Arabern.* (Leiden: Brill, 1890; edição original em São Petersburgo, 1869).

... cheia de energia, de bibliotecas, de tradutores, de professores, do conhecimento por que eles tanto ansiavam. (p. 42) Sobre a Bagdade de antes do ano 1000, ver o capítulo correspondente em Violet Moller, *The Map of Knowledge. How Classical Ideas Were Lost and Found: A History in Seven Cities* (Londres: Picador, 2019), e também a obra do divulgador científico Jim Al-Khalili, *The House of Wisdom: How Arabic Science Saved Ancient Knowledge and Gave Us the Renaissance* (Nova Iorque: Penguin Books, 2012).

Foi aí que Gerardo descobriu Al Farabi [...] obras de Platão e Aristóteles que as tornavam finalmente compreensíveis. (p. 45) Sobre Gerardo de Cremona, ver Alain Galonnier, *Le "De scientiis Alfarabii" de Gérard de Crémone: Contributions aux problèmes de l'acculturation au XIIe siècle* (Turnhout: Brepols, 2015).

Avicena tornou-se depois num dos dois mais importantes cientistas muçulmanos da sua época (adiante, no fim deste livro, falaremos de outro). (p. 46) Sobre Avicena, ver Ernst Bloch, *Avicenna and the Aristotelian Left* (Nova Iorque: Columbia University Press, 2019).

Al Andalus, o nome árabe para esta península [...] soa um pouco como a grega Ἀτλαντίς. (p. 46) Sobre o Al Andalus, ou a Península Ibérica

NOTAS

no tempo dos muçulmanos, ver a obra de divulgação Maria Rosa Menocal, *The Ornament of the World: How Muslims, Jews, and Christians Created a Culture of Tolerance in Medieval Spain* (Nova Iorque: Back Bay Books, 2012) e Andrés Martínez Lorca, *La filosofía en Al Ándalus: La obra fundamental que estudia a los grandes pensadores y filósofos que convivieron en Al Ándalus* (Córdova: Almuzara, 2017).

... um dos primeiros e maiores dicionaristas da língua portuguesa, um religioso francês chamado Rafael Bluteau. (p. 47) O *Vocabulário* de Bluteau, publicado entre 1712 e 1728 (título mesmo assim incompleto, preparem-se: *Vocabulario portuguez e latino, aulico, anatomico, architectonico, bellico, botanico, brasilico, comico, critico, chimico, dogmatico, dialectico, dendrologico, ecclesiastico, etymologico, economico, florifero, forense, fructifero... autorizado com exemplos dos melhores escritores portugueses, e latinos.../*pelo Padre D. Raphael Bluteau. Coimbra: no Collegio das Artes da Companhia de Jesus, 1712-1728), bem como o seu dicionário, publicado *post mortem* por António de Morais Silva em 1789, encontram-se completos e disponíveis em bibliotecas portuguesas e brasileiras (em particular, nos links <bndigital.bnportugal.gov.pt/>, nas entradas <purl.pt/13969> e <purl.pt/29264>). No *Supplemento ao vocabulario portuguez, e latino* (Lisboa: 1727), escreve o seguinte sobre a palavra alfarrábio: "Dizem que era o nome, ou alcunha, de um velho castelhano que vendia, em Lisboa, livros velhos. Hoje se chama alfarrábio qualquer bacamarte ou livro velho; e a mim me parece mais provável que, antigamente, entre alguns livros que se venderam, se achariam as obras de Alfarabio, insigne filósofo e astrónomo árabe, cujo nome passaria a livros velhos, ou a quem os vendesse" (cf. João José Alves Dias, "Alfarrabista: Uma palavra inventada sem tradução possível", Comunicação para Konvergenz und Divergenz: Die CPLP als Kulturund Wirtschaftsraum und ihre Wahrnehmung in Europa. 29 e 30 de novembro de 2017, Berlim).

Quando o grande sábio judeu medieval Moisés Maimónides [...] declarou uma vez que "se não se puder ler mais nenhuma obra de Lógica, é preciso ler Al Farabi". (pp. 47-8) Sobre Maimónides,

com inúmeras referências à influência deste por Al Farabi, ver Moshe Halbertal, *Maimonides: Life and Thought* (Princeton: Princeton University Press, 2015), tal como aliás também Mauro Zonta, *Maimonide* (Roma: Carocii Editore, 2011). O autor contemporâneo que mais evidenciou e fez por divulgar essa influência foi Leo Strauss; utilizei em particular Leo Strauss, *Maïmonide: Essais* (Trad. de Rémi Brague. Paris: Presses Universitaires de France, 1988).

E o grande sábio muçulmano Averróis [...] era igualmente um enorme admirador e divulgador de Al Farabi. (p. 48) Sobre Averróis, ver Ignacio González Orozco, *Averroes: La educación como base para alcanzar la felicidad de la sociedad* (Barcelona: RBA, 2017.)

Segunda conversa: O viajante

... uma antologia de filosofia medieval que tratava de igual forma filósofos judeus, cristãos e muçulmanos. (p. 51) A antologia de filosofia medieval, começando por Al Farabi e acabando no lisboeta Isaac Abravanel, que ainda sem eu saber inspirou a escrita deste livro, é a de Ralph Lerner e Muhsin Mahdi (ele próprio um dos grandes especialistas não só de Al Farabi mas também d'*As mil e uma noites*), *Medieval Political Philosophy: A Sourcebook* (Nova Iorque: The Free Press, 1967).

... depois do tempo de Al Farabi – em que a região foi conquistada pelos mongóis de Tamerlão, no século XIV. (p. 56) Sobre a Sógdia e a Báctria, são indispensáveis os já mencionados cursos de Frantz Grenet no Collège de France, "La Bactriane et la Sogdiane de part et d'autre de la conquête arabe (VIIe-IXe siècle): Un Basculement de civilisation?", disponíveis gratuitamente em: <college-de-france.fr/>.

... e até o rei de Gaochang, que nesta altura detinha o poder senhorial sobre os sogdianos. (p. 59) Sobre os sogdianos na Rota da Seda, a história da rapariga escravizada de Samarcanda cujo contrato foi encontrado em Astana, ver o catálogo de exposição de Juliano Annette L., Judith A. Lerner e Michael Alram, *Monks and Merchants: Silk Road Treasures from Northwest*

China Gansu and Ningxia 4th-7th Century (Nova Iorque: Harry N. Abrams, Asia Society 2001). Sobre a escravatura na Rota da Seda, ver também Susan Whitfield, *Silk Slaves and Stupas: Material Culture of the Silk Road* (Oakland California: University of California Press, 2018).

... para que quando crescer ele diga palavras doces e segure pedras preciosas nas suas mãos como se estivessem coladas nelas". (p. 59) A história dos sogdianos que põem mel na língua e cola na mão dos filhos encontra-se repetida em muitas fontes. Ver em particular Valerie Hansen, *The Silk Road: A New History with Documents* (Nova Iorque: Oxford University Press, 2017, p. 116).

... e os outros "estões" (Cazaquistão, Quirguistão, Tajiquistão, Turquemenistão e Uzbequistão). (p. 60) Sobre o Afeganistão como centro geodésico da riqueza mundial nesta época, ver de novo Frederick Starr, *Lost Enlightenment: Central Asia's Golden Age from the Arab Conquest to Tamerlane* (Princeton: Princeton University Press, 2013), em particular o capítulo "The Center of the World", pp. 1-27. Ver também Peter Frankopan, *As Rotas da Seda: Uma nova história do mundo* (Lisboa: Relógio d'Água, 2018), em particular as pp. 52-3 sobre os sogdianos como negociadores e caravanistas cruciais na Antiguidade e também sobre o seu papel na expansão do budismo.

... onde influenciaria músicos e compositores andaluzes. (p. 61) O livro de Al Farabi sobre música é o *Kitab al-Musiqa al-Kabir*, ou "Grande Livro da Música", de que só sobreviveu até aos nossos dias o primeiro de dois volumes. Há várias edições em árabe, tanto antigas como modernas, mas tanto quanto sei não há edições modernas desse livro em línguas europeias, para lá das traduções latinas medievais de alguns dos seus excertos (ver Henry George Farmer [org.], *Al-Fārābī's Arabic-Latin Writings on Music in the Ihsā'Al-'ulūm (Escorial Library, Madrid, No. 646), De Scientiis (British Museum, Cott. Ms. Vesp. BX, and Bibl. Nat., Paris, No. 9335), and De Ortu Scientiarum (Bibl. Nat., Paris, No. 6298, and Bodleian Library, Oxford, No. 2623) Etc.* Vol. 2. Glasgow: Civic Press, 1934).

Terceira conversa: Os calendários

... Al Farabi aparece como 'faylasuf al-muslimin' – "filósofo dos muçulmanos" –, é como 'faylasuf', "filósofo", que ele aparece primeiro. (p. 66) Obras de Al Farabi em línguas europeias modernas, de acesso relativamente fácil (e, no caso da edição portuguesa de *A cidade virtuosa*, gratuito em versão eletrónica no site da Fundação Calouste Gulbenkian): Al-Farabi, *A cidade virtuosa* (Lisboa: Fundação Calouste Gulbenkian, 2018. Disponível em: <gulbenkian. pt/publications/a-cidade-virtuosa/>); *Alfarabi. The Political Writings: "Political Regime" and "Summary of Plato's Laws"* (Ed. de Charles E. Butterworth. Ithaca: Cornell University Press, 2001); *Alfarabi. The Political Writings: "Selected Aphorisms" and Other Texts* (Ed. de Charles E. Butterworth. Ithaca: Cornell University Press, 2016. Disponível em: <degruyter.com/doi/book/10.7591/9781501700323>); *Aphorismes choisis* (Ed. de Soumaya Mestiri e Guillaume Dye. Paris: Fayard, 2003).

... mesmo que se regessem por calendários e sistemas de crenças diferentes. (p. 67) Sobre o nascer de uma cultura de intolerância e fanatismo, que como veremos adiante irá ostracizar o pensamento de Al Farabi a partir dos ataques que lhe são movidos por Algazali, ver Polymnia Athanassiadi, *Vers la Pensée unique: La Montée de l'intolérance dans l'Antiquité tardive* (Paris: Les Belles Lettres, 2010).

Quarta conversa: Os zoroastrianos

O zoroastrianismo [...] já era uma religião muito velha quando o cristianismo e o islão (e talvez até o judaísmo) ainda eram religiões jovens. (p. 71) A autora essencial para a história do zoroastrianismo, e aquela que mais usei para escrever estas páginas, é Mary Boyce. Ver o seu *A History of Zoroastrianism* (Leiden: Brill, 1996) e uma boa introdução, adequada para leitores generalistas, *Zoroastrians: Their Religious Beliefs and Practices* (Londres: Routledge, 2001). Para uma relação entre o zoroastrianismo e outras religiões, particularmente nos seus aspetos apocalípticos, ver o idiossincrático (é um elogio) livro de Norman Cohn, *Cosmos, Chaos, and the*

NOTAS

World to Come: The Ancient Roots of Apocalyptic Faith (New Haven: Yale University Press, 2001).

Quinta conversa: *Make Aristotle great again*

... religiões gnósticas, ou do conhecimento ("gnose" vem do grego para "conhecimento", γνῶσις). (p. 85) Sobre o gnosticismo, o livro já antigo mas sempre fascinante de Hans Jonas, *The Gnostic Religion: The Message of the Alien God & the Beginnings of Christianity* (Boston: Beacon Press, 2001). Hans Jonas é o mesmo autor, discípulo de Karl Jaspers e amigo de Hannah Arendt, que noutra fase da sua carreira viria a escrever uma das obras fundamentais da ecologia política sobre o "imperativo da responsabilidade".

Onde antes nascera uma religião, enterrou-se uma filosofia. (p. 96) Algumas obras de e sobre Al Farabi: Alfarabi, *A cidade virtuosa.* (Lisboa: Fundação Calouste Gulbenkian, 2018); Abu Nasr Muhammad Farabi, *Al-Farabi on the Perfect State: Abu Naøsr al-Farabi's Mabadiô Araô Ahl al-Madina al-Faødila: A Revised Text with Introduction, Translation, and Commentary.* (Ed. de Richard R. Walzer. Oxford: Clarendon Press, 1985); Miriam Galston, *Politics and Excellence: The Political Philosophy of Alfarabi.* (Princeton: New Jersey Princeton University Press, 2017); Robert Hammond, *The Philosophy of Alfarabi and Its Influence on Medieval Thought.* (Nova Iorque: The Hobson Book Press, 1947); Robert Hamui, *Alfarabi's Philosophy and Its Influence on Scholasticism.* (Sydney: Pellegrini, 1928); Averroes, *Averroes' Tahafut al-tahafut (The Incoherence of the Incoherence).* (Ed. de Simon van den Bergh. Vol. 1. Londres: Oxford University Press, 1954); Abu Nasr Al-Farabi, *Aphorisms of the Statesman.* (Ed. de Douglas Morton Dunlop. Cambridge: University Press, 1961); Muhammad b. Muhammad Al-Farabi, *Alfarabi's Philosophy of Plato and Aristotle.* (Ed. de Muhsin Mahdi. Ithaca: Cornell University Press, 2001).

Embora não tenha seguido essa via neste livro, não resisto a dar algumas indicações para quem quiser aprofundar as relações entre Al Farabi e o genial historiador e sociólogo muçulmano medieval Ibn Khaldun: Robert Irwin, *Ibn Khaldun: An Intellectual Biography* (Princeton: Princeton University Press, 2019);

Muhsin Mahdi, *Ibn Khaldûn's Philosophy of History: A Study in the Philosophic Foundation of the Science of Culture* (Londres/Nova Iorque: Routledge, 2016); Richard Walzer, "Aspects of Islamic Political Thought: Al-Farabi and Ibn Xaldûn". *Oriens*, n. 16, pp. 40-60, 1963.

A obra fundamental de Ibn Khaldun é a "Muqaddima", ou "história da civilização": Ibn Khaldûn, *Discours sur l'histoire universelle: Al-Muqaddima* (Paris: Sindbad, 1997).

MEMÓRIA SEGUNDA: DA POLARIZAÇÃO

Primeira conversa: Guelfos e gibelinos

A história dos guelfos e dos gibelinos é uma história transnacional. (p. 100) Falta uma obra de conjunto sobre guelfos e gibelinos; acabamos por ter de entrar no tema através de aproximações. A melhor destas, numa obra recente, é em meu entender o livro de Serena Ferente, *Gli ultimi guelfi: Linguaggi e identità politiche in Italia nella seconda metà del Quattrocento.* (Roma: Viella, 2013).

Uma obra antiga, originalmente de 1893, mas que tem uma descrição muito perceptiva da polarização entre guelfos e gibelinos, é a de Oscar Browning, *Guelphs and Ghibellines: A Short History of Medieval Italy from 1250-1409.* (Whitefish: Kessinger Publishing, 2009); Marco Gentile, *Guelfi e ghibellini nell'Italia del Rinascimento.* (Roma: Viella, 2011).

... e provavelmente eram guelfos uns (os Capuletos, inspirados nos Cappelletti de Cremona) e gibelinos os outros (os Montecchi de Verona). (p. 100) Para a correspondência entre Montéquios e Capuletos em *Romeu e Julieta* de Shakespeare, por um lado, e os guelfos e gibelinos, por outro, ver Olin H. Moore, "The Origins of the Legend of Romeo and Juliet in Italy", (*Speculum*, vol. 5, no. 3, pp. 264-77, jul. 1930).

... que depois soçobrou sob a Peste Negra e que só nasceu verdadeiramente a seguir aos séculos XV e XVI. (p. 101) Sobre a pré-história do capitalismo, ver Raymond W. Goldsmith, *Premodern Financial Systems: A Historical Comparative Study.* (Cambridge: Cambridge University Press, 2008).

O absolutismo acabou definitivamente com elas. (p. 102) Sobre cidades italianas (medieval/moderno), ver Gene A. Brucker, *Florentine Politics and Society, 1343-1378.* Princeton: Princeton University Press, 2016; Julien Luchaire, *Les Démocraties italiennes* (Paris: E. Flammarion, 1925); Christine Shaw, *Popular Government and Oligarchy in Renaissance Italy.* (Leiden: Brill, 2006).

… votados pelos guelfos, votando por sua vez em homens fortes para sacudir o sistema. (p. 102) A melhor obra sobre a polarização política atual, em termos que se podem entender como sendo primordialmente culturais, e portanto semelhantes à polarização guelfos- -gibelinos (embora esta não seja de todo citada), é *Cultural Backlash: Trump, Brexit and the Rise of Authoritarian Populism* (Cambridge: Cambridge University Press, 2019), de Pippa Norris e Ronald Inglehart.

Segunda conversa: No início era o fim do mundo

… ou "ciência das últimas coisas", a partir da palavra grega para "fim" ou "término", que é εσχατος ("escatos"). (p. 111) Sobre escatologia, ver Norman Cohn, *Cosmos, Chaos, and the World to Come: The Ancient Roots of Apocalyptic Faith* (New Haven: Yale University Press, 2001).

… num tempo em que a religião se foi tornando o discurso determinante, ou até mesmo o pensamento único. (p. 113) Sobre fins do mundo, ver Otto Friedrich, *The End of the World: A History* (Nova Iorque: Coward, McCann & Geoghegan, 1982).

… Zenão como imperador e Júlio Nepos como imperador oficial do Ocidente, mas vivendo algures nos Balcãs. (p. 118) Sobre Roma e o Império Romano, ver Christophe Badel, *Atlas do Império Romano. Construção e apogeu 300 a.C.- -200 d.C.* (Lisboa: Guerra e Paz, 2021).

… sendo "rumes" uma versão do nome que antes os bizantinos […] davam a si mesmos: 'rumiai'. (p. 121) Sobre o não fim do Império Romano, ver Anthony Kaldellis, *Romanland: Ethnicity*

and Empire in Byzantium (Cambridge: Belknap of Harvard University Press, 2019).

… uma iniciativa de enorme audácia: fez do rei franco Carlos Magno o imperador. (p. 121) Sobre Carlos Magno, ver Henri Pirenne, *Mahomet et Charlemagne* (Paris: Éditions Perrin, 2016).

Terceira conversa: O tempo do notário

… motivo para o tornar famoso, até porque as pessoas não sentem em geral grande fascínio por notários. (p. 123) Sobre Brunetto Latini, ver Julia Bolton Holloway, *Brunetto Latini: An Analytic Bibliography* (Londres: Grant & Cutler, 1986); J.B. Holloway, *Twice-Told Tales: Brunetto Latino and Dante Alighieri* (Nova Iorque: Peter Lang, 1993); Michael Kleine, *Searching for Latini* (West Lafayette: Parlor Press, 2006).

A dívida soberana era simplesmente a dívida do soberano. (p. 127) Sobre a dívida dos soberanos e a constituição de entidades políticas, ver David Stasavage, *States of Credit: Size, Power and the Development of European Polities* (Princeton: Princeton University Press, 2017).

… em Sevilha, recém-conquistada aos mouros. (p. 128) Sobre Espanha no século XIII, ver Pierre Guichard, *Al-Andalus. 711-1492: Une Histoire de l'Espagne musulmane* (Paris: Fayard/Pluriel, 2011).

Quarta conversa: O espanto do mundo

A trajetória deste Miguel Asín Palacios até então é também bastante interessante. (p. 136) Sobre Miguel Asín Palacios, ver Andrés Martínez Lorca, *La filosofía en Al Ándalus: La obra fundamental que estudia a los grandes pensadores y filósofos que convivieron en Al Ándalus* (Córdova: Almuzara, 2017).

… no mesmo ano em que o 'Liber scalæ Mahometi' é terminado em Sevilha, 1265. (p. 137) Sobre Dante, ver Erich Auerbach, *Studi su Dante* (Milão: Feltrinelli, 2012); Zygmunt G. Baránski e Lino Pertile; *Dante in Context* (Cambridge: Cambridge University Press, 2017); Alessandro Barbero, *Dante: Uma vida* (Lisboa: Quetzal, 2021); Stephen Bemrose, *A New Life of Dante*

NOTAS

(Exeter: University of Exeter Press, 2015);
G.G. Coulton, e Salimbene de Adamo, *From St.
Francis to Dante: Translations from the Chronicle
of the Franciscan Salimbene, 1221-1288, with Notes
and Illustrations from Other Medieval Sources*
(Nova Iorque: Russell & Russell, 1968); Dante
Alighieri, *Dante Alighieri: Vita nuova* (Ed. de
Manuela Colombo. Milão: Feltrinelli, 1993);
Barbara Reynolds, *Dante: The Poet, the Political
Thinker, the Man* (Londres: I.B. Tauris, 2006);
Jay Ruud, *Critical Companion to Dante* (Nova
Iorque: Facts on File, 2009); Marco Santagata
e Richard Dixon, *Dante: The Story of His Life*
(Cambridge: Harvard University Press, 2018);
Paul Stern, *Dante's Philosophical Life: Politics
and Human Wisdom in Purgatorio* (Filadélfia:
University of Pennsylvania Press, 2018).

***Quando morreu, tornar-se-ia conhecido como
'Stupor mundi' – "o espanto do mundo". (p. 144)***
Sobre Frederico II, ver Ernst H. Kantorowicz,
Frederick the Second: Wonder of the World 1194-1250
(Londres: Head of Zeus, 2019).

**Quinta conversa:
Passado, prosperidade e pandemia**

***No fundo, Boccaccio queria dizer:
"Dante é que era bom". (p. 145)*** Sobre Boccaccio,
ver Giovanni Boccaccio, *Famous Women*
(Trad. de Virginia Brown. Cambridge: Harvard
University Press, 2001); Margareth Franklin,
*Boccaccio's Heroines: Power and Virtue in
Renaissance Society.* (Londres: Routledge, 2019).

***... antes da hegemonia europeia, intitulada
precisamente 'Before European Hegemony'.
(p. 149)*** Sobre o sistema económico no
período medieval, ver Janet L. Abu-Lughod,
*Before European Hegemony: The World System
A.D. 1250-1350.* (Oxford: Oxford University
Press, 2013); David Stasavage, *The Decline
and Rise of Democracy: A Global History
from Antiquity to Today.* (Princeton:
Princeton University Press, 2021).

***... fanáticos da fé e da glória que lhes iam chegando
sucessivamente do continente europeu. (p. 153)***
Sobre as Cruzadas, ver Karen Armstrong,
Holy War. (Nova Iorque: Anchor Books, 2001).

**MEMÓRIA TERCEIRA:
DA GLOBALIZAÇÃO**

Primeira conversa: A casa das perguntas

***Passaram-se mais de duzentos anos desde a
nossa última conversa. (p. 157)*** Nesta primeira
conversa da terceira memória, reutilizei excertos
dos meus capítulos do volume sobre 1535
(de que fui coautor com Zoltán Biedermann)
na obra coletiva que coordenei, *Portugal, uma
retrospectiva* (Lisboa: Público/Tinta-da-china,
2019). Também mais à frente, quando tratarmos
de Lutero, os leitores mais atentos encontrarão
excertos e temas de crónicas escritas para o
jornal *Público* no verão desse mesmo ano de 2019.

... o preso não sabe porque está preso. (p. 158)
Sobre a Inquisição, ver Daniel Norte Giebels,
A Inquisição de Lisboa (1537-1579) (Lisboa:
Gradiva, 2018); Alexandre Herculano, *História
da origem e estabelecimento da Inquisição em
Portugal.* 3 vols. (Lisboa: Bertrand Editora, 2016);
Giuseppe Marcocci e José Pedro Paiva, *História
da Inquisição portuguesa, 1536-1821.* (Lisboa:
Esfera dos Livros, 2016).

***... até que aquele dia do juízo final acorde
estas cinzas. (p. 167)*** Sobre Damião de Góis,
ver Raul Rêgo, *O processo de Damião de Goes
na Inquisição.* (Lisboa: Assírio & Alvim, 2007);
"Processo de Damião de Góis". PT/TT/TSO-
II/028/17170, sem data. Tribunal do Santo
Oficio, Inquisição de Lisboa. Arquivo Nacional
da Torre do Tombo. Disponível em:
<digitarq.arquivos.pt/details?id=2317173>.

**Segunda conversa:
Como escrever sobre um amigo decapitado**

***... numa ocasião de conversa, comida e bebida
com amigos. À mesa estavam pelo menos Thomas
More, Erasmo de Roterdão e um português.
(p. 171)*** Sobre Thomas More, ver John C. Olin
(org.), *Interpreting Thomas More's Utopia*
(Nova Iorque: Fordham University Press, 1989).
Sobre Erasmo de Roterdão, ver Peter G.
Bietenholz, *Encounters with a Radical Erasmus:
Erasmus' Work as a Source of Radical Thought in
Early Modern Europe.* (Toronto: University of

Toronto Press, 2019); Marjorie O'Rourke Boyle, *Rhetoric and Reform: Erasmus' Civil Dispute with Luther.* (Cambridge: Harvard University Press, 1983); Erasmus, *The Colloquies of Erasmus.* Ed. De Craig Ringwalt Thompson. (Chicago: University of Chicago Press, 1965); Jean-Claude Margolin (org.), *Guerre et paix dans la pensée d'Érasme* (Paris: Aubier Montaigne, 1973).

Terceira conversa: Memória, *media* e medo

Mas no tempo de Martinho Lutero – pois esse é o nome do jovem monge... (p. 179) Sobre Lutero, ver Jared M. Halverson, "Hate and Hermeneutics: Interpretive Authority in Luther's 'On the Jews and Their Lies'". *Newberry Essays in Medieval and Early Modern Studies*, n. 8, pp. 59-71, 2014; Eric Metaxas, *Martin Luther: The Man Who Rediscovered God and Changed the World.* (Nova Iorque: Penguin Books, 2018); Danielle Mead Skjelver, "German Hercules: The Impact of Scatology on the Definition of Martin Luther as a Man 1483-1546" (*Pittsburgh Undergraduate Review*, vol. 14, n. 1, pp. 30-78, 2009).

... herdara de um italiano, Pico della Mirandola, no seu discurso sobre a dignidade humana. (p. 184) Sobre Pico della Mirandola, ver Ernst Cassirer, Paul Oskar Kristeller e John Herman Randall Jr., *The Renaissance Philosophy of Man.* (Chicago: The University of Chicago Press, 1959); S.A. Farmer, *Syncretism in the West: Pico's 900 Theses (1486): The Evolution of Traditional Religious and Philosophical Systems.* (Tempe: Medieval & Renaissance Texts & Studies, 2016); Antonio Ferraiuolo, *Pico della Mirandola.* ([S.l.]: Passerino Editore, 2019); Giovanni Pico della Mirandola, *Conclusiones sive theses DCCCC Romae anno 1486 publice disputandae, sed non admissae.* Ed. de Bohdan Kieszkowski. (Genebra: Droz, 1973).

... uma espécie de 'private joke' entre jovens que participam entusiasmados de uma revolução tecnológica. (p. 188) Sobre a transformação tecnológica na Europa, ver Joel Mokyr, *The Lever of Riches: Technological Creativity and Economic Progress.* (Oxford: Oxford University Press, 1990).

Quarta conversa: O ódio sagrado ao mundo

O seu nome era Isaac Abravanel e nascera em Lisboa 46 anos antes. (p. 194) Sobre Isaac Abranavel, ver Benzion Netanyahu, *Don Isaac Abravanel: Statesman & Philosopher* (Londres: Cornell University Press, 1998).

... o início da fuga em massa dos judeus portugueses que foram expulsos ou perseguidos por razões religiosas. (p. 194) Sobre a presença e perseguição de judeus em Portugal, ver François Soyer, *A perseguição aos judeus e muçulmanos de Portugal: D. Manuel I e o fim da tolerância religiosa (1496-1497).* (Lisboa: Edições 70, 2013).

Quinta conversa: O amor é um jogo perdido

Inca Garcilaso de la Vega – assim se faria conhecer. (p. 208) Sobre Inca Garcilaso de la Vega, ver James Nelson Novoa, "From Incan Realm to Italian Renaissance: Garcilaso el Inca and his Translation of Leone Ebreo's Dialoghi d'Amore", in Carmine G. di Biase (org.), *Travel and Translation in the Early Modern Period.* (Leiden: Brill, 2006), pp. 187-201; Maria José de Queiroz, "Leão Hebreu e Garcilaso de la Vega, o Inca: um encontro à sombra de Platão". *Arquivo Maaravi: Revista Digital de Estudos Judaicos da* UFMG, vol. 6, n. 10, 2012; Inca Garcilaso de la Vega, *Historia general del Peru: Trata el descubrimiento del, y como lo ganaron los españoles.* (Cordóva: Viuda de Andrés de Barrera, 1610).

... em vez de um novo 'Decameron' (do grego δεκα ou 'deca', "dez"), temos um 'Heptameron' (do grego επτά ou 'heptá', que quer dizer "sete"). (p. 209) Marguerite de Navarre, *Heptaméron.* Ed. de Renja Salminen. (Genebra: Droz, 1999).

... com carreira literária em França, onde lhe chamaram Christine de Pisan ou de Pizan). (p. 209) Christine de Pizan, *La Cité des dames.* (Paris: Éditions Stock, 2000).

... assinado por um tal de Leão Hebreu, que morreu uns anos antes. (p. 215) Léon Hébreu, *Dialoghi d'amore.* (Roma/Bari: Laterza, 2008); León Hebreu, *La traduzion*

NOTAS

del indio de los tres Dialogos de Amor.
(Madrid: Casa de Pedro Madrigal, 1590).

MEMÓRIA QUARTA: DA EMANCIPAÇÃO

Primeira conversa: O lado B

Agora, quero contar-vos uma história. (p. 226)
Tal como na memória anterior, também aqui
retomei temas e textos que estavam dispersos
ou que estavam em outros livros e artigos
meus. As partes sobre "homens que nunca
se aborrecem", Benjamin Franklin, John Stuart
Mill e o avô de Tolstói estão também em
*O censor iluminado: Ensaio sobre o pombalismo
e a revolução cultural do século XVIII* (Lisboa:
Tinta-da-china, 2018); a comparação entre
Kant e o Cândido foi um tema que explorei
pela primeira vez num capítulo da obra
coletiva *Emancipação: O futuro de uma ideia
política* (Coord. de André Barata, Renato
Miguel do Carmo e Catarina Sales
Oliveira. Lisboa: Sistema Solar, 2018);
a primeira metade da última conversa,
sobre Ribeiro Sanches, vem de um dos meus
capítulos no volume *1759* de *Portugal, uma
retrospectiva* (Lisboa: Tinta-da-china, 2019).

*... pois tenho fé (se assim posso dizer) em que
os rituais não são pouco importantes. (p. 226)*
Algumas das ilustrações sobre práticas e rituais
religiosos utilizadas nesta e noutras memórias
vêm do livro que Jean Frédéric Bernard
publicou e Bernard Picart ilustrou entre 1723
e 1737, *Cérémonies et coutumes religieuses de
tous les peuples du monde* [Cerimónias e
costumes religiosos de todos os povos
do mundo], que, ao tratar como objeto de
interesse as crenças religiosas de muçulmanos
e cristãos, judeus e zoroastras, hindus e
budistas, animistas e xamanistas, fez muito
por abrir o campo daquilo que mais tarde seria
a antropologia das religiões e, de caminho, a
fomentar um espírito daquilo a que os censores
chamavam, pejorativamente, de "tolerantismo".
As historiadoras Lynn Hunt, Margaret C.
Jacob e o historiador Wijnand Mijnhardt vão
mais longe e descrevem essa primeira história
global das religiões como "um ponto de

viragem maior nas atitudes europeias perante
as crenças religiosas e o sagrado [...] semeando
a ideia radical de que as religiões poderiam
ser comparadas em termos equivalentes,
e por consequência que todas as religiões
eram dignas de igual respeito". Para quem
quiser saber mais sobre este extraordinário livro,
ver *The Book that Changed Europe*, dos autores
citados (Cambridge/Londres: Harvard
University Press, 2010).

**Segunda conversa:
A solução quaker para a Europa**

... devendo ser respeitados nos tratados. (p. 238)
Sobre o Iluminismo americano, ver Gertrude
Himmelfarb, *The Roads to Modernity: The British,
French, and American Enlightenments* (Nova
Iorque: Vintage Books, 2013); Jonathan I.
Israel, *Radical Enlightenment – Democratic
Enlightenment – Enlightenment Contested*
(Oxford: Oxford University Press, 2001).

Para quem não se sentir em condições
de mergulhar na trilogia de milhares de
páginas de Jonathan I. Israel, o seu resumo
*A Revolution of the Mind: Radical Enlightenment
and the Intellectual Origins of Modern Democracy*
(Princeton: Princeton University Press, 2010)
é muito mais abordável. Outras obras gerais
de interesse sobre o Iluminismo, tanto europeu
como global, são *The Religious Origins of the
French Revolution*, de Dale K. van Kley (New
Haven: Yale University Press, 1996); *The Case for
the Enlightenment: Scotland and Naples 1680-1760*,
de John Robertson (Nova Iorque: Cambridge
University Press, 2007); e os clássicos
O pensamento europeu no século XVIII, de Paul
Hazard (Lisboa: Editorial Presença, 1989);
The Philosophy of the Enlightenment, de Ernst
Cassirer (Princeton: Princeton University
Press, 1979), de que existem diversas traduções;
e *Les Origines intellectuelles de la Révolution
Française*, de Daniel Mornet (Lyon: Éditions
La Manufacture, 1989). Mais recentemente,
e até como contraponto às obras de Israel, os
livros de Dan Edelstein, mais críticos em relação
ao legado iluminista, em particular *The Terror
of Natural Right: Republicanism, the Cult of
Nature, and the French Revolution* (Chicago:
The University of Chicago Press, 2009).

Terceira conversa:
A Modernidade como pontapé na bunda

... para Kant, a emancipação é um simples ato da vontade. (p. 248) Sobre Kant, ver Lewis White Beck (org.), *Kant on History* (Nova Iorque: Macmillan/Library of Liberal Arts, 1963); Immanuel Kant, *Vers la Paix perpétuelle; (suivi de) Que Signifie s'Orienter dans la Pensée?; (suivi de) Qu'est-ce que les Lumières?: et autres textes* (Ed. de Françoise Proust. Paris: Flammarion, 2006); Viriato Soromenho Marques, *Razão e progresso na filosofia de Kant* (Lisboa: Edições Colibri, 1998).

Em 'Cândido, ou o otimismo', a emancipação é exatamente o contrário... (p. 249) Voltaire, *Cândido ou o optimismo. Tratado sobre a tolerância.* (Madrid: Prisa, 2008).

Francisco Sanches [...] escrevera um tratado pirronista sob o título 'Quod nihil scitur – Que nada se sabe'. (p. 250) Francisco Sanches, *Que nada se sabe.* (Lisboa: Vega, 1991).

Quarta conversa:
Homens que nunca se aborrecem

... fazer algo de bom, que é a mesma coisa que fazer algo de útil... (p. 263) Sobre a devoção à utilidade, ver Leone Ginzburg, *Scrittori Russi.* (Turim: Cogito Edizioni, 2018).

A geração romântica vive com um forte anseio sentimental e emocional, aborrece-se, entedia-se... (p. 264) Sobre o aborrecimento, ver Patricia Meyer Spacks, *Boredom: The Literary History of a State of Mind* (Chicago: The University of Chicago Press, 2006); Peter Toohey, *Boredom: A Lively History* (New Haven: Yale University Press, 2011).

Para o mundo dos salões e para a rede de interação intelectual espalhada pelo mundo a que se chamava a "República das Letras", ver os livros de Daniel Roche, o mestre, e Antoine Lilti, o seu discípulo: Daniel Roche, *Les Républicains des Lettres: Gens de culture et lumières au XVIII siècle* (Paris: Fayard, 1988), e Antoine Lilti, *Le Monde des salons: Sociabilité et mondanité à Paris au XVIIIᵉ siècle* (Paris: Fayard, 2005).

Para o mundo da censura e da leitura, as obras de Robert Darnton e de Roger Chartier, respetivamente, listadas na bibliografia.

Quinta conversa:
Pousando a pena no século XVIII

O seu nome é António Ribeiro Sanches e ele nasceu em Penamacor há sessenta anos, em 1699. (p. 269) Sobre António Ribeiro Sanches, ver A. N. Ribeiro Sanches, *Cartas sobre a educação da mocidade* (Coimbra: Imprensa da Universidade, 1922); Franco Venturi, *Settecento riformatore. La chiesa e la repubblica dentro i loro limiti: 1758-1774* (Torino: G. Einaudi, 1976).

... entre a data do suposto atentado a d. José I e a data da expulsão dos jesuítas, passando pela data da execução dos Távoras logo em janeiro desse ano... (p. 281) A 3 de setembro de 1758, a carruagem do rei de Portugal d. José I foi alvo de tiros quando o monarca regressava de um encontro amoroso com a nora do poderoso marquês de Távora, que havia sido vice-rei da Índia. Ignora-se se o acontecido foi efetivamente um atentado contra o monarca, mas o seu ministro Sebastião José de Carvalho e Melo (futuro conde de Oeiras e que será célebre sob o título de marquês de Pombal) participou numa operação de propaganda e numa investigação judicial que levou à execução da maior parte dos membros desta família em janeiro de 1759. A 3 de setembro de 1759, um ano depois do suposto atentado, foi dada ordem de expulsão aos jesuítas do Reino de Portugal e dos seus domínios, acusados de cumplicidade e sedição, em boa medida pelas dificuldades que tinham levantado aos reis ibéricos na definição dos limites do Brasil.

... a Comédie Française escreveu a Olympe de Gouges informando-a de que a sua peça tinha sido retirada do repertório (p. 285) Sobre Olympe de Gouges, ver Gregory S. Brown, "The Self-Fashionings of Olympe de Gouges 1784-1789" (*Eighteenth Century Studies, French Revolutionary Culture*, vol. 34, n. 3, primavera 2001. Disponível em: <jstor.org/stable/30053985>); Olympe de Gouges, *Les Droits de la femme* (Paris: Éditions Ligaran, 2015) e *Testament politique d'Olympe de*

NOTAS

Gouges (Paris: Éditions La Bibliothèque Digitale, 2014); Michel Faucheux, *Olympe de Gouges* (Paris: Gallimard, 2018).

Mary Wollstonecraft tomou então uma decisão... *(p. 287)* Sobre Mary Wollstonecraft, ver Mary Wollstonecraft Shelley, *Delphi Complete Works of Mary Wollstonecraft* (Csorna: Delphi Classics, 2016).

Leonor da Fonseca Pimentel nasceu em 1752... *(p. 294)* Sobre a vida de Leonor (ou Eleonora) da Fonseca Pimentel, ver Antonella Orefice, *Eleonora Pimentel Fonseca: L'eroina della Reppublica napoletana de 1799* (Roma: Salerno Editrice, 2019).

Alorna/ Alcipe, que também se chamava Leonor, só saiu aos 27 anos de idade do cativeiro. *(p. 294)* Sobre Alcipe, ver Aníbal Pinto de Castro, José Esteves Pereira e Maria Manuela Gouveia Delille, *Alcipe e as Luzes.* (Lisboa: Colibri/Fundação das Casas de Fronteira e Alorna, 2003).

Nápoles é reconquistada pelos Bourbon em agosto de 1799... *(p. 296)* Para um tratamento romântico – no duplo sentido do género ficcional e do estilo literário – da revolução napolitana (ou *partenopea*, o nome que lhe deram os seus revolucionários) em 1799, ver Alexandre Dumas (pai – esse mesmo dos *Três mosqueteiros*, que a certa altura vendeu tudo para acompanhar Garibaldi na sua campanha pelo sul de Itália e se apaixonou pela cidade e pela história de Nápoles), *Les Deux Révolutions: Paris (1789) et Naples (1799)*, que tem várias edições em francês, mas não muitas traduções, por não ser das obras mais célebres do seu autor. A versão original, publicada em italiano, tinha por título *I Borboni di Napoli*.

MEMORIA QUINTA: DO ÓDIO

Primeira conversa: A senda do ódio

... chamou-me a atenção a lombada de um livro cujo título era 'O estúpido século XIX'. (p. 301)

O exemplar de *O estúpido século XIX* que encontrei ao acaso naquele dia foi uma edição em inglês de 1928 (Léon Daudet, *The Stupid XIX*[th] *Century*. Nova Iorque: Payson & Clarke, 1928), o que, a acrescentar a uma edição espanhola de 1926 e a outras traduções de excertos em periódicos da época, mostra que o livro de Daudet teve uma difusão rápida. A edição original é *Le Stupide XIX*[e] *siècle: Exposé des insanités meurtrières que se sont abattues sur la France depuis 130 ans. 1789-1919* (Paris: Nouvelle Librairie Nationale, 1922).

León Daudet afirma, sem provas, que Almereyda tinha sido assassinado... (p. 308) Sobre o caso Almereyda e a recuperação da sua memória pelo filho, o cineasta Jean Vigo, ver o livro baseado no dossiê que Jean Vigo legou à sua filha, a crítica de cinema Luce Vigo, e que foi depois transmitido à escritora Anne Steiner, para dar origem a *Révolutionnaire et dandy: Vigo dit Almereyda* (Paris: L'Échappée, 2020). Em português, o livro do crítico de cinema brasileiro Paulo Emílio Sales Gomes, *Vigo, vulgo Almereyda* (São Paulo: Cosac Naify, 2009).

'O estúpido século XIX' foi um livro muito estimado e citado... (p. 310) Sobre as citações de Daudet por Idalino Costa Brochado, ver Luís Reis Torgal, "'A bem da Nação': Costa Brochado 'político funcional' e 'historiográfo' ao serviço do regime de Salazar" (*Cultura*, vol. 22, 2006, pp. 87-113. DOI: doi.org/10.4000/cultura.2169).

Segunda conversa: A desunião geral

Quando toda a gente já estiver farta do escândalo da Union Générale, outros surgirão... *(p. 319)* A bibliografia sobre as convulsões políticas francesas entre o Segundo Império e a Terceira República, incluindo a perda da Alsácia e da Lorena, é vasta. Para um excelente resumo, que usei principalmente para este capítulo sobre a Union Générale, o escândalo do Canal do Panamá e o *boulangisme*, é aconselhável o livro de Frederick Brown, *For the Soul of France: Culture Wars in the Age of Dreyfus* (Nova Iorque: Anchor Books, 2011).

Terceira conversa:
Antes de a verdade calçar as botas

O Caso Dreyfus [...] começou num caixote de lixo.
(p. 323) Para a história do Caso Dreyfus são
essenciais os livros de Philippe Oriol, *L'Histoire
de l'Affaire Dreyfus* (Paris: Stock, 2008); e,
em particular para tudo o que tem a ver com
o papel desempenhado por Bernard Lazare e
Marie-Georges Picquart, a que me dedico nesta
e na conversa seguinte, *Le Faux Ami du capitaine
Dreyfus: Picquart, l'Affaire et ses mythes* (Paris:
Bernard Grasset, 2019).

Quarta conversa:
O meu problema com Bernard Lazare

*... foi Bernard Lazare – e não Zola – a inventar
aquele encantamento acusatório... (p. 336)*
Além de Philippe Oriol, o outro grande
especialista do Caso Dreyfus que segui nestas
páginas foi Jean-Denis Bredin, tanto o seu
L'Affaire (Paris: Fayard, 1995), como as suas obras
sobre Bernard Lazare e as edições de textos de
Lazare. Ver, em particular, *Bernard Lazare, de
l'anarchiste au prophète* (Paris: Ed. de Fallois, 1992).

*O papel do antissemita é reunir as tropas, mas
resta saber como procederão as tropas. (p. 336)*
Bernard Lazare, *Contre l'Antisémitisme: Histoire
d'une polémique.* (Paris: p.-v. Stock, 1896).
Os livros de Bernard Lazare encontram-se
hoje quase todos disponíveis em plataformas
eletrónicas e também reproduzidos no site da
Biblioteca Nacional Francesa: <gallica.bnf.fr>.

*Qual é então a sua solução para o
antissemitismo, sr. Drumont? (p. 336)*
Bernard Lazare, "Juifs et antisémites".
L'Événement, 23 dez. 1892. Recolhido
em *Juifs et antisémites* (Org. de Philippe
Oriol. Paris: Allia, 1992).

*Não posso mais fazer parte de uma espécie
de governo autocrático. (p. 339)* Carta de
Bernard Lazare a Theodor Herzl, 24 mar. 1899.

Como já disse, não há raças. (p. 343)
Bernard Lazare, *L'Antisémitisme: Son histoire
et ses causes.* (Paris: Léon Chailley, 1894).

Quinta conversa:
A verdade acerca da verdade

*Bernard Lazare publica o primeiro livro
sobre o caso: 'Une Erreur judiciaire: La Vérité
sur l'Affaire Dreyfus'. (p. 352)* Bernard Lazare,
*Une Erreur judiciaire: La Vérité sur l'affaire
Dreyfus.* (Paris: p.-v. Stock, 1898).

*Se olharmos bem para tudo isso, é impressionante
ver como tanta coisa nasce no Caso Dreyfus.
(p. 360)* Sobre a importância de Bernard Lazare
e do Caso Dreyfus na formação da Modernidade,
ver o retrato que dele traça Hannah Arendt
em *Homens em tempos sombrios* (Lisboa:
Relógio d'Água, 1991) e, sobretudo, no seu
clássico e monumental *As origens do totalitarismo*
(*The Origins of Totalitarianism.* San Diego:
Harcourt, 2005).

MEMÓRIA SEXTA: A PERGUNTA

Primeira conversa: Os sobreviventes

*O manuscrito de Salvemini ficou lá longe,
mas procurei saber mais sobre o seu autor.
(p. 365)* Sobre Gaetano Salvemini, ver Filomena
Fantarella, *Un figlio per nemico: Gli affetti di
Gaetano Salvemini alla prova dei fascismi* (Roma:
Donzelli Editore, 2018); Gaetano Salvemini,
*Le origini del fascismo in Italia: Lezioni Di
Harvard* (Ed. de Roberto Vivarelli. Milão:
Feltrinelli, 1966); *Lettere americane: 1927-1949*
(Roma: Donzelli Editore, 2015); *Prelude to World
War II* (Austin: World Public Library Association,
2010); *Studi storici* (Firenze: Tip. Galileiana, 1901).

Verdi era agora um homem famoso... (p. 372)
"Viva Verdi": há um romance recente sobre
a idolatria ao maestro nos últimos anos da
sua vida. Ver Jacopo Ghilardotti, *Il Viva Verdi*
(Milão: Ponte alle Grazie, 2016).

*... nas primeiras eleições a que os 'fasci' se
apresentam, em 1919. (p. 376)* Sobre a origem e
o crescimento do fascismo, ver Hannah Arendt,
The Origins of Totalitarianism (San Diego:
Harcourt, 2005); Roberto Battaglia, *Storia
della Resistenza italiana* (Torino: Einaudi, 1995);

NOTAS

Uri Eisenzweig, *Naissance littéraire du fascisme* (Paris: Seuil, 2013); Jason Stanley, *How Fascism Works: The Politics of us and Them* (Nova Iorque: Random House, 2020); Zara S. Steiner, *The Triumph of the Dark: European International History 1933-1939.* (Oxford: Oxford University Press, 2011); Altiero Spinelli, Eugenio Ernesto Rossi Colorni e Tommaso Padoa-Schioppa, *Il manifesto di Ventotene* (Milão: Mondadori, 2017).

Terceira conversa: O momento cosmopolita

...Harry Truman decide convidar a viúva Eleanor Roosevelt para integrar a delegação... (p. 407) Sobre a presença de mulheres na discussão dos direitos humanos, ver Mary Ann Glendon, *A World Made New: Eleanor Roosevelt and the Universal Declaration of Human Rights* (Nova Iorque/Londres: Random House/ Hi Marketing, 2003).

... a 10 de dezembro de 1948, é aprovada a Declaração Universal dos Direitos Humanos... (p. 412) Sobre a Declaração Universal dos Direitos Humanos, ver Johannes Morsink, *Inherent Human Rights Philosophical Roots of the Universal Declaration* (Filadélfia: University of Philadelphia Press, 2012); Aryeh Neier, *The International Human Rights Movement: A History* (Princeton: Princeton University Press, 2021).

... um momento a que Seyla Benhabib chama "o momento cosmopolita da humanidade". (p. 415) Sobre cosmopolitismo, ver Seyla Benhabib e Bonnie Honig, *Another Cosmopolitanism* (Nova Iorque: Oxford University Press, 2006); Anand Bertrand Commissiong, *Cosmopolitanism in Modernity: Human Dignity in a Global Age*

(Lanham: Lexington Books, 2012); Martha C. Nussbaum, *The Cosmopolitan Tradition: Noble but Flawed Ideal* (Cambridge: The Belknap Press of Harvard University Press, 2021); Bruce Robbins Paulo Lemos Horta, *Cosmopolitanisms* (Nova Iorque: New York University Press, 2018).

Quarta conversa:
Mil novecentos e quarenta e oito

O escritor chamava-se George Orwell e o romance chamava-se '1984'. (p. 417) Sobre Orwell, ver Gordon Bowker, *George Orwell* (Londres: Abacus, 2004); George Orwell, *George Orwell: Essays* (Ed. de Bernard Crick. Londres: Penguin Books, 2000); George Orwell e Peter Davison, *George Orwell: A Life in Letters* (Londres: Penguin Books, 2016) e *The Orwell Diaries* (Londres: Penguin Books, 2010).

Tem a vigilância e tem a tecnologia. (p. 427) Sobre cibervigilância, ver Norbert Wiener, *Cybernetics: Or Control and Communication in the Animal and the Machine* (Cambridge: The MIT Press, 1969).

Quinta conversa: Alfarrábios e algoritmos

Suponhamos que um homem, estando doente, emancipa dois escravos. (p. 434) Jim Al-Khalili, *The House of Wisdom: How Arabic Science Saved Ancient Knowledge and Gave Us the Renaissance.* (Nova Iorque: Penguin Books, 2012).

'Como tentei ser sábio' é o título da autobiografia de Altiero Spinelli... (p. 437) Altiero Spinelli, *Come ho tentato di diventare saggio.* (Bologna: Il Mulino, 1999).

Bibliografia seleta

PROSPECTO

AS MIL e uma noites. Trad. de Hugo Maia. Lisboa: E-Primatur; Letras Errantes, 2021. [Ed. bras.: *Livro das mil e uma noites*. Trad. de Mamede Mustafa Jarouche. Rio de Janeiro: Biblioteca Azul, 2017-21. 5 vols.]

CALVINO, Italo. *Seis propostas para o próximo milênio*. Trad. de José Colaço Barreiros. Lisboa: Teorema, 1998. [Ed. bras.: *Seis propostas para o próximo milênio*. Trad. de Ivo Barroso. São Paulo: Companhia das Letras, 1990.]

DYÂB, Hanna. *D'Alep à Paris: Les Pérégrinations d'un jeune syrien au temps de Louis XIV*. Trad. de Paule Fahmé-Thiéry, Bernard Heyberger e Jérôme Lentin. Paris: Actes Sud; Sindbad, 2015.

GARDINER, Patrick. *Teorias da história*. Trad. de Vítor Matos e Sá. Lisboa: Fundação Calouste Gulbenkian, 1984.

HORTA, Paulo Lemos. *Marvellous Thieves: Secret Authors of the Arabian Nights*. Cambridge, MA: Harvard University Press, 2017.

KANT, Immanuel. *O conflito das faculdades*. Trad. de Artur Morão. Lisboa: Edições 70, 2018. [Ed. bras.: *O conflito das faculdades*. Trad. de André Rodrigues Ferreira Perez e Luiz Gonzaga Camargo Nascimento. Petrópolis: Vozes; Bragança Paulista: Editora Universitária São Francisco, 2021.]

MARTINEZ, Ronald L. "Also Known as 'Prencipe Galeotto' (*Decameron*)". In: KIRKHAM, Victoria; SHERBERG, Michael; SMARR, Janet Levarie (orgs.). *Boccaccio: A Critical Guide to the Complete Works*. Chicago: University of Chicago Press, 2013, pp. 23-39.

REGIS, Ed. *Monsters: The Hindenburg Disaster and the Birth of Pathological Technology*. Nova Iorque: Basic Books, 2015.

RICHARDSON, Brian. "The Textual History of the *Decameron*". In: KIRKHAM, Victoria; SHERBERG, Michael; SMARR, Janet Levarie (orgs.). *Boccaccio: A Critical Guide to the Complete Works*. Chicago: University of Chicago Press, 2013.

STARR, S. Frederick. *Lost Enlightenment: Central Asia's Golden Age from the Arab Conquest to Tamerlane*. Princeton: Princeton University Press, 2015.

TOYNBEE, Arnold. *A Study of History*. Oxford: Oxford University Press, 1934-61. [Ed. bras.: *Um estudo da história*. Trad. de Jane Caplan e Isa Silveira Leal. Brasília: UnB; São Paulo: Martins Fontes, 1986.]

MEMÓRIA PRIMEIRA: DO FANATISMO

ABOUZEID, Ola Abdelaziz. *A Comparative Study between the Political Theories of Al-Farabi and the Brethren of Purity*. Ottawa: National Library of Canada, 1990.

ADAMSON, Peter Scott. *Philosophy in the Islamic World*. Oxford: Oxford University Press, 2018. vol. 3.

AL FARABI. *A cidade virtuosa*. Lisboa: Fundação Calouste Gulbenkian, 2018. [Ed. bras.: *A cidade excelente*. Trad. de Miguel Attie Filho. São Paulo: Attie, 2019.]

_____. *Al-Farabi on the Perfect State: Abu Naṣr al-Farabi's Mabadiô Araô Ahl al-Madina al-Faôdila: A Revised Text with Introduction, Translation, and Commentary*.

Org. de Richard R Walzer. Oxford: Clarendon Press, 1985.

_____. *Alfarabi. The Political Writings: "Political Regime" and "Summary of Plato's Laws"*. Org. de Charles E. Butterworth. Ithaca: Cornell University Press, 2001.

_____. *Alfarabi. The Political Writings: "Selected Aphorisms" and Other Texts*. Org. de Charles E. Butterworth. Ithaca: Cornell University Press, 2016.

_____. *Alfarabi's Philosophische Abhandlungen aus Londoner, Leidener und Berliner Handschriften*. Org. de Friedrich Dieterici. Leiden: Brill, 1890.

_____. *Aphorismes choisis*. Org. de Soumaya Mestiri e Guillaume Dye. Paris: Fayard, 2003.

_____. *Philosopher à Bagdad au Xᵉ siècle*. Ed. bilíngue árabe-francês. Paris: Seuil, 2007.

AL FARABI, Abu Nasr. *Aphorisms of the Statesman*. Org. de Douglas Morton Dunlop. Cambridge: Cambridge University Press, 1961.

AL FARABI, Muhammad b. Muhammad. *Alfarabi's Philosophy of Plato and Aristotle*. Org. de Muhsin Mahdi. Ithaca: Cornell University Press, 2001.

AL-KHALILI, Jim. *The House of Wisdom: How Arabic Science Saved Ancient Knowledge and Gave Us the Renaissance*. Nova Iorque: Penguin Books, 2012.

AS MIL e uma noites. Trad. de Hugo Maia. Lisboa: E-Primatur; Letras Errantes, 2021. vol. 1. [Ed. bras.: *Livro das mil e uma noites*. Trad. de Mamede Mustafa Jarouche. Rio de Janeiro: Biblioteca Azul, 2017-21. 5 vols.]

ATHANASSIADI, Polymnia. *Vers la Pensée unique: La Montée de l'intolérance dans l'Antiquité tardive*. Paris: Les Belles Lettres, 2010.

AVERROES. *Averroes' Tahafut al-tahafut (The Incoherence of the Incoherence)*. Org. de Simon van den Bergh. Londres: Oxford University Press, 1954. vol. 1.

BLOCH, Ernst; GOLDMAN, Loren; THOMPSON, Peter. *Avicenna and the Aristotelian Left*. Nova Iorque: Columbia University Press, 2019.

BOGUCKI, Peter; CRABTREE, Pam J. (orgs.). *Ancient Europe: 8000 B.C.-A.D. 1000. Encyclopedia of the Barbarian World*. Nova Iorque: Thomson, 2004. vol. 3.

BOYCE, Mary. *A History of Zoroastrianism*. Leiden: Brill, 1996. vol. 1.

_____. *Zoroastrians: Their Religious Beliefs and Practices*. Londres: Routledge, 2001.

CHERNI, Amor. *La Cité et ses opinions: Politique et métaphysique chez Abu Nasr al-Farabi*. Beirute: Dar Albouraq, 2015.

COHN, Norman. *Cosmos, Chaos, and the World to Come: The Ancient Roots of Apocalyptic Faith*. New Haven: Yale University Press, 2001. [Ed. bras.: *Cosmos, caos e o mundo que virá: As origens das crenças no apocalipse*. Trad. de Claudio Marcondes. São Paulo: Companhia das Letras, 1996.]

DIAS, João José Alves. "Alfarrabista: Uma palavra inventada sem tradução possível". In: Konvergenz und Divergenz: Die CPLP als Kulturund Wirtschaftsraum und ihre Wahrnehmung in Europa, Berlim, 29/30 nov. 2017.

DOOREN, Wim van. "Ibn Rusd's Attitude Towards Authority". In: *Perspectives arabes et médiévales sur la tradition scientifique et philosophique grecque*. Org. de Ahmad Hasnawi, Maroun Aouad e Abdelali Elamrani-Jamal. Leuven; Paris: Peeters; Institut du Monde Arabe, 1997, pp. 623-33.

FAKHRY, Majid. *Al-Farabi: Founder of Islamic Neoplatonism; His Life, Works and Influence*. Oxford: Oneworld, 2002.

FARMER, Henry George. *Al-Fārābī's Arabic--Latin Writings on Music in the Ihsā'Al-'ulūm (Escorial Library, Madrid, No. 646) De Scientiis (British Museum, Cott. Ms. Vesp. BX, and Bibl. Nat., Paris, No. 9335), and De Ortu Scientiarum (Bibl. Nat., Paris, No. 6298, and Bodleian Library, Oxford, No. 2623) Etc.* Glasgow: Civic Press, 1934. vol. 2.

FRANKOPAN, Peter. *As Rotas da Seda: Uma nova história do mundo*. Lisboa: Relógio d'Água, 2018.

GALONNIER, Alain (org.). *Le "De scientiis Alfarabii" de Gérard de Crémone: Contributions aux problèmes de l'acculturation au XIIᵉ siècle*. Turnhout: Brepols, 2015.

GALSTON, Miriam. *Politics and Excellence: The Political Philosophy of Alfarabi*. Princeton: New Jersey Princeton University Press, 2017.

GONZÁLEZ OROZCO, Ignacio. *Averroes: La educación como base para alcanzar la felicidad de la sociedad*. Barcelona: RBA, 2017.

GRENET, Frantz. "La Bactriane et la Sogdiane de part et d'autre de la conquête arabe

(VIIe-IXe siècle): Un Basculement de civilisation?". Disponível em: <college-de--france.fr/fr/agenda/cours/la-bactriane-et-la--sogdiane-de-part-et-autre-de-la-conquete-arabe-viie-ixe-siecle-un-basculement-de>.

HALBERTAL, Moshe. *Maimonides: Life and Thought*. Princeton: Princeton University Press, 2015.

HALL, Edith. *Aristotle's Way: How Ancient Wisdom Can Change Your Life*. Nova Iorque: Penguin Books, 2020.

HAMMOND, Robert. *The Philosophy of Alfarabi and Its Influence on Medieval Thought*. Nova Iorque: The Hobson Book Press, 1947.

HAMUI, Robert. *Alfarabi's Philosophy and Its Influence on Scholasticism*. Sydney: Pellegrini, 1928.

HANSEN, Valerie. *The Silk Road: A New History with Documents*. Nova Iorque: Oxford University Press, 2017.

HORTA, Paulo Lemos. *Marvellous Thieves: Secret Authors of the Arabian Nights*. Cambridge, MA: Harvard University Press, 2017.

IRWIN, Robert. *Ibn Khaldun: An Intellectual Biography*. Princeton: Princeton University Press, 2019.

JOLIVET, Jean. "Étapes dans l'histoire de l'intellect agent". In: *Perspectives arabes et médiévales sur la tradition scientifique et philosophique grecque*. Org. de Ahmad Hasnawi, Maroun Aouad e Abdelali Elamrani-Jamal. Leuven; Paris: Peeters; Institut du Monde Arabe, 1997, pp. 569-82.

JONAS, Hans. *The Gnostic Religion: The Message of the Alien God & the Beginnings of Christianity*. Boston: Beacon Press, 2001.

JULIANO, Annette L.; LERNER, Judith A.; ALRAM, Michael. *Monks and Merchants: Silk Road Treasures from Northwest China Gansu and Ningxia 4th-7th Century*. Nova Iorque: Harry N. Abrams; Asia Society, 2001.

KHALDÛN, Ibn. *Discours sur l'histoire universelle: Al-Muqaddima*. Paris: Sindbad, 1997.

KIS, Anna Flóra. "Theory of Research: al-Farabi's Commentary of Aristotle's *Topics*". In: *More modoque: Die Wurzeln der europäischen Kultur und deren Rezeption im Orient und Okzident*. Org. de Pál Fodor et al. Budapeste: Forschungszentrum für Humanwissenschaften der Ungarischen Akademie der Wissenschaften, 2013, pp. 343-52.

LAMEER, Joep. "The Philosopher and The Prophet: Greek Parallels to Al-Farabi's Theory of Religion and Philosophy in the State". In: HASNAWI, Ahmad; AOUAD, Maroun; ELAMRANI-JAMAL, Abdelali (orgs.). *Perspectives arabes et médiévales sur la tradition scientifique et philosophique grecque*. Leuven; Paris: Peeters; Institut du Monde Arabe, 1997, pp. 609-22.

LERNER, Ralph; MAHDI, Muhsin. *Medieval Political Philosophy: A Sourcebook*. Nova Iorque: The Free Press, 1967.

LOT, Ferdinand. *La Fin du monde antique et le début du Moyen Âge*. Paris: Albin Michel, 1974. [Ed. port.: *O fim do mundo antigo e o princípio da Idade Média*. Trad. de Emanuel Godinho. Lisboa: Edições 70, 1985.]

MAHDI, Muhsin. *Ibn Khaldûn's Philosophy of History: A Study in the Philosophic Foundation of the Science of Culture*. Londres; Nova Iorque: Routledge, 2016.

_____. "Remarks on Alfarabi's Book of Religion". In: HASNAWI, Ahmad; ELAMRANI--JAMAL, Abdelali; AOUAD, Maroun (orgs.). *Perspectives arabes et médiévales sur la tradition scientifique et philosophique grecque*. Leuven; Paris: Peeters; Institut du Monde Arabe, 1997, pp. 583-608.

MAROZZI, Justin. *Impérios islâmicos: Quinze cidades que definem uma civilização*. Lisboa: Relógio d'Água, 2022.

MARTÍNEZ LORCA, Andrés. *La filosofía en Al Ándalus: La obra fundamental que estudia a los grandes pensadores y filósofos que convivieron en Al Ándalus*. Córdova: Almuzara, 2017.

MENOCAL, Maria Rosa. *The Ornament of the World: How Muslims, Jews, and Christians Created a Culture of Tolerance in Medieval Spain*. Nova Iorque: Back Bay Books, 2012. [Ed. bras.: *O ornamento do mundo*. Trad. de Maria Alice Máximo. Rio de Janeiro: Record, 2004.]

MOLLER, Violet. *The Map of Knowledge. How Classical Ideas Were Lost and Found: A History in Seven Cities*. Londres: Picador, 2019.

MUIR, William. *The Caliphate: Its Rise, Decline and Fall*. Edimburgo: John Grant Publisher, 1882.

PARENS, Joshua. *An Islamic Philosophy of Virtuous Religions Introducing Alfarabi*. Albany: State University of New York Press, 2006.

BIBLIOGRAFIA SELETA

PRICE, Simon; THONEMANN, Peter. *The Birth of Classical Europe: A History from Troy to Augustine*. Nova Iorque: Penguin Books, 2014.

RESCHER, Nicholas. *Al-Farabi's Short Commentary on Aristotle's Prior Analytics*. Pittsburgh: University of Pittsburgh Press, 1963.

RYAN, Alan. *On Aristotle: Saving Politics from Philosophy*. Nova Iorque: Liveright Publishing Corporation, 2015.

STARR, S. Frederick. *Lost Enlightenment: Central Asia's Golden Age from the Arab Conquest to Tamerlane*. Princeton: Princeton University Press, 2015.

STEINSCHNEIDER, Moritz. *Al-Farabi (Alpharabius), des arabischen Philosophen Leben und Schriften; mit besonderer Rücksicht auf die Geschichte der griechischen Wissenschaft unter den Arabern*. Leiden: Brill, 1890.

STRAUSS, Leo. *Maïmonide: Essais*. Trad. de Rémi Brague. Paris: Presses Universitaires de France, 1988.

STRAUSS, Leo; BARTLETT, Robert. "Some Remarks on the Political Science of Maimonides and Farabi". *Interpretation*, vol. 18, n. 1, pp. 3-30, 1990.

TUCKER, Mary Evelyn; BERTHRONG, John (orgs.). *Confucianism and Ecology: The Interrelation of Heaven, Earth, and Humans*. Cambridge, MA: Harvard University Press, 1998.

WALZER, Richard. "Aspects of Islamic Political Thought: Al-Farabi and Ibn Xaldûn". *Oriens*, n. 16, pp. 40-60, 1963.

WHITFIELD, Susan. *Silk Slaves and Stupas: Material Culture of the Silk Road*. Oakland: University of California Press, 2018.

ZONTA, Mauro. *Maimonide*. Roma: Carocii Editore, 2011.

MEMÓRIA SEGUNDA: DA POLARIZAÇÃO

ABU-LUGHOD, Janet L. *Before European Hegemony: The World System A.D. 1250-1350*. Oxford: Oxford University Press, 2013.

ALIGHIERI, Dante. *Dante Alighieri: Vita nuova*. Org. de Manuela Colombo. Milão: Feltrinelli, 1993.

ARMSTRONG, Karen. *Holy War*. Nova Iorque: Anchor Books, 2001.

AUERBACH, Erich. *Studi su Dante*. Milão: Feltrinelli, 2012. [Ed. bras.: *Dante como poeta do mundo terreno*. Trad. de Lenin Bicudo Bárbara. São Paulo: Editora 34, 2022.]

BADEL, Christophe. *Atlas do Império Romano: Construção e apogeu 300 a.C.-200 d.C.* Lisboa: Guerra e Paz, 2021.

BARÁNSKI, Zygmunt G.; PERTILE, Lino. *Dante in Context*. Cambridge: Cambridge University Press, 2017.

BARBERO, Alessandro. *Dante: Uma vida*. Lisboa: Quetzal, 2021. [Ed. bras.: *Dante: A biografia*. Trad. de Federico Carotti. São Paulo: Companhia das Letras, 2021.]

BEMROSE, Stephen. *A New Life of Dante*. Exeter: University of Exeter Press, 2015.

BOCCACCIO, Giovanni. *Famous Women*. Trad. de Virginia Brown. Cambridge, MA: Harvard University Press, 2001.

BOUCHERON, Patrick; MONNET, Pierre; LOISEAU, Julien. *Histoire du monde au XVᵉ siècle*. Org. de Yann Potin. Paris: Fayard, 2009. vol. 1: Territoires et écritures du monde.

BROWNING, Oscar. *Guelphs and Ghibellines: A Short History of Medieval Italy from 1250--1409*. Whitefish: Kessinger Publishing, 2009.

BRUCKER, Gene A. *Florentine Politics and Society, 1343-1378*. Princeton: Princeton University Press, 2016.

COHN, Norman. *Cosmos, Chaos, and the World to Come: The Ancient Roots of Apocalyptic Faith*. New Haven: Yale University Press, 2001. [Ed. bras.: *Cosmos, caos e o mundo que virá: As origens das crenças no apocalipse*. Trad. de Claudio Marcondes. São Paulo: Companhia das Letras, 1996.]

_____. *Europe's Inner Demons: The Demonization of Christians in Medieval Christendom*. Londres: Pimlico, 2005.

_____. *The Pursuit of the Millennium: Revolutionary Millenarians and Mystical Anarchists of the Middle Ages*. Londres: Pimlico, 1993. [Ed. port.: *Na senda do milênio: Milenaristas revolucionários e anarquistas místicos na Idade Média*. Lisboa: Editorial Presença, 1970.]

COULTON, G.G.; ADAMO, Salimbene de. *From St. Francis to Dante: Translations from the Chronicle of the Franciscan Salimbene, 1221--1288, with Notes and Illustrations from Other*

Medieval Sources. Nova Iorque: Russell & Russell, 1968.

EMERTON, Ephraim. *Humanism and Tyranny: Studies in the Italian Trecento*. Cambridge, MA: Harvard University Press, 2014.

FERENTE, Serena. *Gli ultimi guelfi: Linguaggi e identità politiche in Italia nella seconda metà del Quattrocento*. Roma: Viella, 2013.

FERENTE, Serena; KUNCEVIC, Lovro; PATTENDEN, Miles. *Cultures of Voting in Pre-Modern Europe*. Londres; Nova Iorque: Routledge, 2018.

FRANKLIN, Margareth. *Boccaccio's Heroines: Power and Virtue in Renaissance Society*. Londres: Routledge, 2019.

FRIEDRICH, Otto. *The End of the World: A History*. Nova Iorque: Coward, McCann & Geoghegan, 1982. [Ed. bras.: *O fim do mundo*. Trad. de Vera Ribeiro. Rio de Janeiro: Record, 2000.]

GENTILE, Marco. *Guelfi e ghibellini nell'Italia del Rinascimento*. Roma: Viella, 2011.

GOLDSMITH, Raymond W. *Premodern Financial Systems: A Historical Comparative Study*. Cambridge: Cambridge University Press, 2008.

GUICHARD, Pierre. *Al-Andalus. 711-1492: Une Histoire de l'Espagne musulmane*. Paris: Fayard; Pluriel, 2011.

HELLER, Agnes. *Renaissance Man*. Londres: Routledge & Kegan Paul, 1984. [Ed. port.: *O homem do Renascimento*. Trad. de Conceição Jardim e Eduardo Nogueira. Lisboa: Presença, 1982.]

HOLLOWAY, Julia Bolton. *Brunetto Latini: An Analytic Bibliography*. Londres: Grant & Cutler, 1986.

_____. *Twice-Told Tales: Brunetto Latino and Dante Alighieri*. Nova Iorque: Peter Lang, 1993.

HYDE, J. Kenneth. *Society and Politics in Medieval Italy: The Evolution of the Civil Life, 1000-1350*. Londres: MacMillan, 1973.

KALDELLIS, Anthony. *Romanland: Ethnicity and Empire in Byzantium*. Cambridge, MA: Harvard University Press, 2019.

KANTOROWICZ, Ernst H. *Frederick the Second: Wonder of the World 1194-1250*. Londres: Head of Zeus, 2019.

_____. *The King's Two Bodies: A Study in Mediaeval Political Theology*. Princeton: Princeton University Press, 1997. [Ed. bras.:

Os dois corpos do rei: Um estudo sobre teologia política medieval. Trad. de Cid Knipel Moreira. São Paulo: Companhia das Letras, 1998.]

KLEINE, Michael. *Searching for Latini*. West Lafayette: Parlor Press, 2006.

KNIGHT, Judson. *Middle Ages*. Org. de Judy Galens. Detroit: UXL, 2001. 4 vols.

LERNER, Ralph; MAHDI, Muhsin. *Medieval Political Philosophy: A Sourcebook*. Nova Iorque: The Free Press, 1967.

LUCHAIRE, Julien. *Les Démocraties italiennes*. Paris: E. Flammarion, 1925.

MARGOLIS, Oren J. *The Politics of Culture in Quattrocento Europe: René of Anjou in Italy*. Oxford: Oxford University Press, 2016.

MARTÍNEZ LORCA, Andrés. *La filosofía en Al Ándalus: La obra fundamental que estudia a los grandes pensadores y filósofos que convivieron en Al Ándalus*. Córdova: Almuzara, 2017.

MENOCAL, Maria Rosa. *The Ornament of the World: How Muslims, Jews, and Christians Created a Culture of Tolerance in Medieval Spain*. Nova Iorque: Back Bay Books, 2012. [Ed. bras.: *O ornamento do mundo*. Trad. de Maria Alice Máximo. Rio de Janeiro: Record, 2004.]

MOORE, Olin H. "The Origins of the Legend of Romeo and Juliet in Italy". *Speculum*, vol. 5, n. 3, pp. 264-77, jul. 1930.

MOORE, R.I. *The First European Revolution, c. 970-1215*. Malden: Mass Blackwell, 2008.

MORRALL, John Brimyard. *Political Thought in Medieval Times*. Toronto: University of Toronto Press, 1980.

NORRIS, Pippa; INGLEHART, Ronald. *Cultural Backlash: Trump, Brexit and the Rise of Authoritarian Populism*. Cambridge: Cambridge University Press; 2019.

PIRENNE, Henri. *Mahomet et Charlemagne*. Paris: Éditions Perrin, 2016. [Ed. bras.: *Maomé e Carlos Magno: O impacto do Islã sobre a civilização europeia*. Trad. de Regina Schöpke e Mauro Baladi. Rio de Janeiro: Contraponto; Ed. PUC-Rio, 2010.]

REYNOLDS, Barbara. *Dante: The Poet, the Political Thinker, the Man*. Londres: I. B. Tauris, 2006. [Ed. bras.: *Dante: O poeta, o pensador político e o homem*. Trad. de Maria de Fátima Siqueira de Madureira Marques. 2. ed. Rio de Janeiro: Record, 2020.]

BIBLIOGRAFIA SELETA

RIDDY, Felicity. *Prestige, Authority and Power in Late Medieval Manuscripts and Texts.* York: York Medieval Press, 2000.

RUUD, Jay. *Critical Companion to Dante.* Nova Iorque: Facts on File, 2009.

SANTAGATA, Marco; DIXON, Richard. *Dante: The Story of His Life.* Cambridge, MA: Harvard University Press, 2018.

SHAW, Christine. *Popular Government and Oligarchy in Renaissance Italy.* Leiden: Brill, 2006.

STASAVAGE, David. *States of Credit: Size, Power and the Development of European Polities.* Princeton: Princeton University Press, 2017.

_____. *The Decline and Rise of Democracy: A Global History from Antiquity to Today.* Princeton: Princeton University Press, 2021.

STERN, Paul. *Dante's Philosophical Life: Politics and Human Wisdom in Purgatorio.* Filadélfia: University of Pennsylvania Press, 2018.

TAINTER, Joseph A. *The Collapse of Complex Societies.* Cambridge: Cambridge University Press, 2017.

MEMÓRIA TERCEIRA: DA GLOBALIZAÇÃO

BIEDERMANN, Zoltán; TAVARES, Rui. *Portugal, uma retrospectiva: 1535.* Lisboa: Público; Tinta-da-china, 2019.

BIETENHOLZ, Peter G. *Encounters with a Radical Erasmus: Erasmus' Work as a Source of Radical Thought in Early Modern Europe.* Toronto: University of Toronto Press, 2019.

BOYLE, Marjorie O'Rourke. *Rhetoric and Reform: Erasmus' Civil Dispute with Luther.* Cambridge, MA: Harvard University Press, 1983.

CAFFIERO, Marina. *Legami pericolosi: Ebrei e cristiani tra eresia, libri proibiti e stregoneria.* Turim: Einaudi, 2012.

CASSIRER, Ernst; KRISTELLER, Paul Oskar; RANDALL JR., John Herman. *The Renaissance Philosophy of Man.* Chicago: The University of Chicago Press, 1959.

DEWALD, Jonathan (org.). *Europe 1450 to 1789: Encyclopedia of the Early Modern World.* Nova Iorque: Charles Scribner's Sons, 2004. 6 vols.

ERASMUS. *The Colloquies of Erasmus.* Org. de Craig Ringwalt Thompson. Chicago: University of Chicago Press, 1965.

ERIKSEN, Trond Berg; HARKET, Haken; LORENZ, Einhart. *História do antissemitismo da Antiguidade aos nossos dias.* Lisboa: Edições 70, 2010.

FARMER, S.A. *Syncretism in the West: Pico's 900 Theses (1486): The Evolution of Traditional Religious and Philosophical Systems.* Tempe: Medieval & Renaissance Texts & Studies, 2016.

FERRAIUOLO, Antonio. *Pico della Mirandola.* Digital. [S.l.]: Passerino Editore, 2019.

GIEBELS, Daniel Norte. *A Inquisição de Lisboa: (1537-1579).* Lisboa: Gradiva, 2018.

GREENGRASS, Mark. *Christendom Destroyed: Europe 1517-1648.* Londres: Penguin Books, 2015.

HALVERSON, Jared M. "Hate and Hermeneutics: Interpretive Authority in Luther's 'On the Jews and Their Lies'". *Newberry Essays in Medieval and Early Modern Studies,* n. 8, pp. 5971, 2014.

HAZARD, Paul. *La Crise de la conscience européenne: (1680-1715).* Paris: Boivin, 1940. [Ed. bras.: *A crise da consciência europeia: 1680-1715.* Trad. de Maria de Fátima Oliva do Couto. Rio de Janeiro: UFRJ, 2015.]

HEBREU, León. *Dialoghi d'amore.* Roma; Bari: Laterza, 2008. [Ed. port.: *Diálogos de amor.* Trad. de Giacinto Manuppella. Lisboa: Imprensa Nacional-Casa de Moeda, 2001.]

_____. *La traduzion del indio de los tres Dialogos de Amor.* Madrid: Casa de Pedro Madrigal, 1590.

HERCULANO, Alexandre. *História da origem e estabelecimento da Inquisição em Portugal.* Lisboa: Bertrand Editora, 2016. 3 vols.

LESTRINGANT, Frank; HOLTZ, Gregoire; LABORIE, Jean-Claude. *Voyageurs de la Renaissance.* Paris: Gallimard, 2019.

MARCOCCI, Giuseppe; PAIVA, José Pedro. *História da Inquisição portuguesa, 1536-1821.* Lisboa: Esfera dos Livros, 2016.

MARGOLIN, Jean-Claude (org.). *Guerre et paix dans la pensée d'Érasme.* Paris: Aubier Montaigne, 1973.

MENÉNDEZ PELAYO, Marcelino. *Historia de los heterodoxos españoles.* Madrid; Nova Iorque: Bolchiro, 2013.

METAXAS, Eric. *Martin Luther: The Man Who Rediscovered God and Changed the World.* Nova Iorque: Penguin Books, 2018.

MIRANDOLA, Giovanni Pico della. *Conclusiones sive theses DCCCC Romae anno 1486 publice disputandae, sed non admissae.* Org. de Bohdan Kieszkowski. Genebra: Droz, 1973.

MOKYR, Joel. *The Lever of Riches: Technological Creativity and Economic Progress.* Oxford: Oxford University Press, 1990.

NAVARRE, Marguerite de. *Heptaméron.* Org. de Renja Salminen. Genebra: Droz, 1999.

NETANYAHU, Benzion. *Don Isaac Abravanel: Statesman & Philosopher.* Londres: Cornell University Press, 1998.

NOVOA, James Nelson. "From Incan Realm to Italian Renaissance: Garcilaso el Inca and his Translation of Leone Ebreo's *Dialoghi d'Amore*". In: DIBIASE, Carmine G. (org.). *Travel and Translation in the Early Modern Period.* Leiden: Brill, 2006, pp. 187-201.

OLIN, John C. (org.). *Interpreting Thomas More's Utopia.* Nova Iorque: Fordham University Press, 1989.

PADGETT, John F.; ANSELL, Christopher K. "Robust Action and the Rise of the Medici, 14001434". *American Journal of Sociology*, vol. 98, n. 6, pp. 1259319, 1993.

PIZAN, Christine de. *La Cité des dames.* Paris: Éditions Stock, 2000.

"PROCESSO de Damião de Góis". PT/TT/TSO- -IL/028/17170, s.d., Tribunal do Santo Ofício, Inquisição de Lisboa. Arquivo Nacional da Torre do Tombo. Disponível em: <digitarq. arquivos.pt/details?id=2317173>.

QUEIROZ, Maria José de. "Leão Hebreu e Garcilaso de la Vega, o Inca: Um encontro à sombra de Platão". *Arquivo Maaravi: Revista Digital de Estudos Judaicos da UFMG*, vol. 6, n. 10, 2012.

RAMACHANDRAN, Ayesha. *The Worldmakers: Global Imagining in Early Modern Europe.* Chicago: University of Chicago Press, 2018.

RÊGO, Raul. *O processo de Damião de Goes na Inquisição.* Lisboa: Assírio & Alvim, 2007.

SKJELVER, Danielle Mead. "German Hercules: The Impact of Scatology on the Definition of Martin Luther as a Man 14831546". *Pittsburgh Undergraduate Review*, vol. 14, n. 1, pp. 3078, 2009.

SOYER, François. *A perseguição aos judeus e muçulmanos de Portugal: D. Manuel I e o fim da tolerância religiosa (1496-1497).* Lisboa: Edições 70, 2013.

VEGA, Inca Garcilaso de la. *Historia general del Peru: Trata el descubrimiento del, y como lo ganaron los españoles.* Córdova: Viuda de Andrés de Barrera, 1610.

WILKE, Carsten. *História dos judeus portugueses.* Lisboa: Edições 70, 2009.

MEMÓRIA QUARTA: DA EMANCIPAÇÃO

BECK, Lewis White (org.). *Kant on History.* Nova Iorque: Macmillan; Library of Liberal Arts, 1963.

BECKER, Carl L. *The Heavenly City of the Eighteenth-Century Philosophers.* New Haven; Londres: Yale University Press, 1974.

BLANNING, T.C.W. *The Culture of Power and the Power of Culture: Old Regime Europe 1660-1789.* Oxford: Oxford University Press, 2006.

_____. *The Pursuit of Glory: Europe 1648-1815.* Londres: Penguin Books, 2008.

BLOM, Philipp. *A Wicked Company: The Forgotten Radicalism of the European Enlightenment.* Nova Iorque: Basic Books, 2010.

BOBBIO, Norberto. *L'État et la démocratie internationale.* Bruxelas: Complexe, 2002.

BROWN, Gregory S. "The Self-Fashionings of Olympe de Gouges 1784-1789". *Eighteenth Century Studies, French Revolutionary Culture*, vol. 34, n. 3, primavera 2001. Disponível em: <jstor.org/stable/30053985>.

CASSIRER, Ernst. *The Philosophy of the Enlightenment.* Princeton: Princeton University Press, 1979. [Ed. bras.: *A filosofia do Iluminismo.* Trad. de Álvaro Cabral. Campinas: Editora da Unicamp, 1994.]

CASTRO, Aníbal Pinto de; PEREIRA, José Esteves; DELILLE, Maria Manuela Gouveia. *Alcipe e as Luzes.* Lisboa: Colibri Edições; Fundação das Casas de Fronteira e Alorna, 2003.

CHARTIER, Roger. *Les Origines culturelles de la Révolution Française.* Paris: Seuil, 2000. [Ed. bras.: *Origens culturais da Revolução Francesa.* Trad. de Chris Schlesinger. São Paulo: Ed. Unesp, 2009.]

COTTRET, Monique. *Jansénismes et Lumières: Pour Un Autre XVIIIᵉ siècle*. Paris: Albin Michel, 1998.

DARNTON, Robert. *Poetry and the Police: Communication Networks in Eighteenth--Century Paris*. Cambridge, MA: The Belknap Press of Harvard University Press, 2022. [Ed. bras.: *Poesia e polícia: Redes de comunicação na Paris do século XVIII*. Trad. de Rubens Figueiredo. São Paulo: Companhia das Letras, 2014.]

_____. *The Forbidden Best-Sellers of Pre--Revolutionary France*. Nova Iorque: Norton, 1996. [Ed. bras.: *Os best-sellers proibidos da França pré-revolucionária*. Trad. de Hildegard Feist. São Paulo: Companhia das Letras, 1998.]

_____. *The Literary Underground of the Old Regime*. Cambridge: Harvard University Press, 1982.

DEWALD, Jonathan (org.). *Europe 1450 to 1789. Encyclopedia of the Early Modern World*. Nova Iorque: Charles Scribner's Sons, 2004. 6 vols.

DUMAS, Alexandre. *Les Deux Révolutions: Paris (1789) et Naples (1799)*. Paris: Fayard, 2012.

EDELSTEIN, Dan. *The Enlightenment: A Genealogy*. Chicago: University of Chicago Press, 2010.

_____. *The Terror of Natural Right: Republicanism, the Cult of Nature, and the French Revolution*. Chicago: University of Chicago Press, 2009.

FAUCHEUX, Michel. *Olympe de Gouges*. Paris: Gallimard, 2018.

GAY, Peter. *The Enlightenment; The Rise of Modern Paganism*. Nova Iorque; Londres: w.w. Norton, 1995.

_____. *The Enlightenment: The Science of Freedom*. Nova Iorque: Norton & Co., 1996.

GINZBURG, Leone. *Scrittori Russi*. Turim: Cogito Edizioni, 2018.

GOODMAN, Dena. *The Republic of Letters: A Cultural History of the French Enlightenment*. Ithaca: Cornell University Press, 1996.

GOUGES, Olympe de. *Les Droits de la femme*. Paris: Éditions Ligaran, 2015. [Ed. bras.: "Os direitos da mulher: À Rainha". In: *Declaração dos direitos da mulher e da cidadã e outros textos*. Trad. de Cristian Brayner. Brasília: Câmara dos Deputados; Edições Câmara, 2021, pp. 31-69.]

_____. *Testament politique d'Olympe de Gouges*. Paris: Éditions La Bibliothèque Digitale, 2014.

HAZARD, Paul. *O pensamento europeu no século XVIII: De Montesquieu a Lessing*. Lisboa: Editorial Presença, 1989.

HIMMELFARB, Gertrude. *The Roads to Modernity: The British, French, and American Enlightenments*. Nova Iorque: Vintage Books, 2013.

HUNT, Lynn Avery. *Politics, Culture, and Class in the French Revolution*. Berkeley: University of California Press, 1986. [Ed. bras.: *Política, cultura e classe na Revolução Francesa*. Trad. de Laura Teixeira Motta. São Paulo: Companhia das Letras, 2007.]

HUNT, Lynn Avery; MIJNHARDT, Wijnand Wilhelmus; JACOB, Margaret C. *The Book That Changed Europe: Picart & Bernard's Religious Ceremonies of the World*. Cambridge, MA; Londres: Belknap Press of Harvard University Press, 2010.

ISRAEL, Jonathan. *A Revolution of the Mind: Radical Enlightenment and the Intellectual Origins of Modern Democracy*. Princeton: Princeton University Press, 2011. [Ed. bras.: *A revolução das luzes: O Iluminismo radical e as origens intelectuais da democracia moderna*. Trad. de Daniel Moreira Miranda. São Paulo: Edipro, 2013.]

_____. *Democratic Enlightenment: Philosophy, Revolution, and Human Rights, 1750-1790*. Oxford: Oxford University Press, 2011.

_____. *Enlightenment Contested: Philosophy, Modernity, and the Emancipation of Man, 1670--1752*. Oxford: Oxford University Press, 2013.

_____. *Radical Enlightenment: Philosophy and the Making of Modernity 1650-1750*. Oxford: Oxford University Press, 2003. [Ed. bras.: *Iluminismo radical: A filosofia e a construção da modernidade, 1650-1750*. Trad. de Claudio Blanc. São Paulo: Madras, 2009.]

_____. *Revolutionary Ideas: An Intellectual History of the French Revolution from the Rights of Man to Robespierre*. Princeton: Princeton University Press, 2015.

JACOB, Margaret C. *The Enlightenment: A Brief History with Documents*. Boston: Macmillan Learning, 2017.

KANT, Immanuel. *Vers la Paix perpétuelle; (suivi de) Que signifie s'orienter dans la*

*pensée?; (suivi de) Qu'est-ce que les Lumières?:
et autres textes.* Org. de Françoise Proust.
Paris: Flammarion, 2006. [Eds. bras.: *À paz
perpétua: Um projeto filosófico.* Trad. de Bruno
Cunha. Petrópolis: Vozes, 2020; "Que significa
orientar-se no pensamento?". In: *Textos seletos.*
Trad. de Floriano de Souza Fernandes.
9. ed. Petrópolis: Vozes, 2012.]

KLEY, Dale K. van. *The Religious Origins
of the French Revolution.* New Haven;
Londres: Yale University Press, 1996.

LILTI, Antoine. *Le Monde des salons:
Sociabilité et mondanité à Paris au
XVIIIᵉ siècle.* Paris: Fayard, 2005.

MARQUES, Viriato Soromenho.
Razão e progresso na filosofia de Kant.
Lisboa: Edições Colibri, 1998.

MORNET, Daniel. *Les Origines intellectuelles
de la Révolution Française.* Lyon: Éditions
La Manufacture, 1989.

NADLER, Steven. *Espinosa: Vida e obra.* Lisboa:
Publicações Europa-América, 2003.

OREFICE, Antonella. *Eleonora Pimentel Fonseca:
L'eroina della Reppublica napoletana de 1799.*
Roma: Salerno Editrice, 2019.

POPKIN, Richard Henry. *The History of Scepticism:
From Savonarola to Bayle.* Oxford: Oxford
University Press, 2003.

ROBERTSON, John. *The Case for the
Enlightenment: Scotland and Naples,
1680-1760.* Nova Iorque: Cambridge
University Press, 2007.

ROCHE, Daniel. *Les Républicains des Lettres:
Gens de culture et Lumières au XVIIIᵉ siècle.*
Paris: Fayard, 1988.

SANCHES, A. N. Ribeiro. *Cartas sobre
a educação da mocidade.* Coimbra:
Imprensa da Universidade, 1922.

SANCHES, Francisco; Vasconcelos, Basilio de.
Que nada se sabe. Lisboa: Vega, 1991.

SANTOS, Catarina Madeira; TAVARES, Rui.
Portugal, uma retrospectiva: 1759. Lisboa:
Público; Tinta-da-china, 2019.

SHELLEY, Mary Wollstonecraft. *Delphi Complete
Works of Mary Wollstonecraft.* Csorna: Delphi
Classics, 2016.

SMITH, Adam. *The Theory of Moral Sentiments.*
Nova Iorque: Penguin Books, 2010. [Ed. bras.:
Teoria dos sentimentos morais. Trad. de Lya Luft.
São Paulo: Martins Fontes, 1999.]

SPACKS, Patricia Meyer. *Boredom: The Literary
History of a State of Mind.* Chicago:
The University of Chicago Press, 2006.

TAVARES, Rui. "História cosmopolítica:
Emancipação no 'mundo de Cândido'".
In: BARATA, André; CARMO, Renato Miguel
do; OLIVEIRA, Catarina Sales. *Emancipação:
O futuro de uma ideia política.* Lisboa: Sistema
Solar, 2018, pp. 23-32.

_____. *O censor iluminado: Ensaio sobre
o pombalismo e a revolução cultural do
século XVIII.* Lisboa: Tinta-da-china, 2018.

TOOHEY, Peter. *Boredom: A Lively History.*
New Haven: Yale University Press, 2011.

VENTURI, Franco. *Settecento riformatore:
La chiesa e la repubblica dentro i loro limiti:
1758-1774.* Torino: G. Einaudi, 1976.

VOLTAIRE. *Cândido ou O Optimismo. Tratado
sobre a tolerância.* Madrid: Prisa, 2008.
[Eds. bras.: *Cândido, ou o Otimismo.* Trad. de
Mário Laranjeira. São Paulo: Penguin Classics
Companhia das Letras, 2012; *Tratado sobre a
tolerância: A propósito da morte de Jean Calas.*
Trad. de Paulo Neves. São Paulo: Martins
Fontes, 1993.]

MEMÓRIA QUINTA: DO ÓDIO

ARENDT, Hannah. *Homens em tempos
sombrios.* Lisboa: Relógio d'Água, 1991.
[Ed. bras.: *Homens em tempos sombrios.*
Trad. de Denise Bottmann. São Paulo:
Companhia de Bolso, 2008.]

_____. *The Origins of Totalitarianism.* San
Diego: Harcourt, 2005. [Ed. bras.: *Origens
do totalitarismo: Antissemitismo, imperialismo,
totalitarismo.* Trad. de Roberto Raposo.
São Paulo: Companhia de Bolso, 2013.]

AYDIN, Cemil; GEWURZ, Daniele A. *Il lungo
Ottocento: Una storia politica internazionale.*
Torino: Einaudi, 2019.

BERTOLO, Amedeo. *Juifs et anarchistes: Histoire
d'une rencontre.* Arles: Éditions de l'Éclat, 2014.

BLUM, Léon. *Léon Blum: La Force d'espérer.
Une anthologie.* Org. de Aude Chamouard.
Paris: Société Éditrice du Monde, 2012.

BREDIN, Jean-Denis. *Bernard Lazare:
De L'Anarchiste au prophète.* [Paris:
Ed. De Fallois, 1992].

_____. *L'Affaire*. Paris: Fayard, 1995.

BROWN, Frederick. *For the Soul of France: Culture Wars in the Age of Dreyfus*. Nova Iorque: Anchor Books, 2011.

DAUDET, Léon. *Le Stupide XIXᵉ Siècle: Exposé des insanités meurtrières que se sont abattues sur la France depuis 130 ans. 1789-1919*. Paris: Nouvelle Librairie Nationale, 1922.

_____. *The Stupid XIXᵗʰ Century*. Nova Iorque: Payson & Clarke, 1928.

GOMES, Paulo Emílio Sales. *Vigo, vulgo Almereyda*. São Paulo: Cosac Naify, 2009.

LAZARE, Bernard. *Contre l'Antisémitisme: Histoire d'une polémique*. Paris: P.-V. Stock, 1896.

_____. *Figures contemporaines: Ceux d'aujourd'hui, ceux de demain*. Paris: Collection XIX, 2016. Disponível em: <gallica.bnf.fr/ark:/12148/bpt6k67898n>.

_____. "Juifs et antisémites". In: *Juifs et antisémites*. Org. de Philippe Oriol. Paris: Allia, 1992.

_____. *L'Antisémitisme: Son Histoire et ses causes*. Paris: Léon Chailley, 1894. [Ed. bras.: *O antissemitismo: Sua história e suas causas*. Trad. de Plínio Augusto Coêlho. Londrina: Eduel, 2019.]

_____. *Oeuvres*. Paris: Éditions La Bibliothèque Digitale, 2012.

_____. *Une Erreur judiciaire: La Vérité sur l'affaire Dreyfus*. Paris: P.-V. Stock, 1898.

ORIOL, Philippe. *L'Histoire de l'affaire Dreyfus: L'Affaire du capitaine Dreyfus, 1894-1897*. Paris: Stock, 2008.

_____. *Le Faux Ami du capitaine Dreyfus: Picquart, l'affaire et ses mythes*. Paris: Grasset, 2019.

OSTERHAMMEL, Jürgen. *The Transformation of the World: A Global History of the Nineteenth Century*. Princeton: Princeton University Press, 2017.

POPKIN, Richard Henry. *The History of Scepticism: From Savonarola to Bayle*. Oxford: Oxford University Press, 2003.

RECCHIA, Stefano; URBINATI, Nadia. *A Cosmopolitanism of Nations: Giuseppe Mazzini's Writings on Democracy, Nation Building, and International Relations*. Princeton: Princeton University Press, 2009.

STEINER, Anne. *Révolutionnaire et dandy: Vigo dit Almereyda*. Paris: L'Échappée, 2020.

TORGAL, Luís Reis. "'A bem da Nação': Costa Brochado 'político funcional' e 'historiógrafo' ao serviço do regime de Salazar". *Cultura*, vol. 22, pp. 87-113, 2006. Disponível em: <doi.org/10.4000/cultura.2169>.

MEMÓRIA SEXTA: A PERGUNTA

AL-KHALILI, Jim. *The House of Wisdom: How Arabic Science Saved Ancient Knowledge and Gave Us the Renaissance*. Nova Iorque: Penguin Books, 2012.

ANDERSON, Benedict. *Imagined Communities: Reflections on the Origin and Spread of Nationalism*. Londres: Verso, 2016.

ARENDT, Hannah. *Homens em tempos sombrios*. Lisboa: Relógio d'Água, 1991. [Ed. bras.: *Homens em tempos sombrios*. Trad. de Denise Bottmann. São Paulo: Companhia de Bolso, 2008.]

_____. *The Origins of Totalitarianism*. San Diego: Harcourt, 2005. [Ed. bras.: *Origens do totalitarismo: Antissemitismo, imperialismo, totalitarismo*. Trad. de Roberto Raposo. São Paulo: Companhia de Bolso, 2013.]

BATTAGLIA, Roberto. *Storia della Resistenza italiana*. Torino: Einaudi, 1995.

BAUMAN, Zygmunt. *Europe: An Unfinished Adventure*. Nova Iorque: John Wiley & Sons, 2013. [Ed. bras.: *Europa: Uma aventura inacabada*. Trad. de Carlos Alberto Medeiros. Rio de Janeiro: Jorge Zahar, 2006.]

BENHABIB, Seyla; HONIG, Bonnie. *Another Cosmopolitanism*. Nova Iorque: Oxford University Press, 2006.

BOWKER, Gordon. *George Orwell*. Londres: Abacus, 2004.

BOYCE, Mary. *A History of Zoroastrianism*. Leiden: Brill, 1996. vol. I.

CARTER, April. *The Political Theory of Global Citizenship*. Londres; Nova Iorque: Routledge, 2001.

COMMISSIONG, Anand Bertrand. *Cosmopolitanism in Modernity: Human Dignity in a Global Age*. Lanham: Lexington Books, 2012.

EILENBERGER, Wolfram. *Time of the Magicians: Wittgenstein, Benjamin, Cassirer, Heidegger, and the Decade That Reinvented Philosophy*. Nova Iorque:

Penguin Books, 2021. [Ed. bras.: *Tempo de mágicos: A grande década da filosofia 1919-1929*. Trad. de Claudia Abeling. São Paulo: Todavia, 2019.]

EISENZWEIG, Uri. *Naissance littéraire du fascisme*. Paris: Seuil, 2013.

FANTARELLA, Filomena. *Un figlio per nemico: Gli affetti di Gaetano Salvemini alla prova dei fascismi*. Roma: Donzelli Editore, 2018.

FAUCHEUX, Michel. *Olympe de Gouges*. Paris: Gallimard, 2018.

GALSTON, Miriam. *Politics and Excellence: The Political Philosophy of Alfarabi*. Princeton: New Jersey Princeton University Press, 2017.

GHILARDOTTI, Jacopo. *Il Viva Verdi*. Milão: Ponte alle Grazie, 2016.

GLENDON, Mary Ann. *A World Made New: Eleanor Roosevelt and the Universal Declaration of Human Rights*. Nova Iorque; Londres: Random House; Hi Marketing, 2003.

_____. *The Forum and the Tower: How Scholars and Politicians Have Imagined the World, from Plato to Eleanor Roosevelt*. Oxford: Oxford University Press, 2011.

GOUGES, Olympe de. *Les Droits de la femme*. Paris: Éditions Ligaran, 2015. [Ed. bras.: *Avante, mulheres!: Declaração dos direitos da mulher e da cidadã e outros textos*. Trad. de Leandro Cardoso Marques da Silva. São Paulo: Edipro, 2020.]

_____. *Testament politique d'Olympe de Gouges*. Paris: Éditions La Bibliothèque Digitale, 2014.

HALPERIN, Jean-Louis. *Histoire des droits en Europe de 1750 à nos jours*. Paris: Flammarion, 2006.

HETT, Benjamin Carter. *The Death of Democracy: Hitler's Rise to Power and the Downfall of the Weimar Republic*. Nova Iorque: Macmillan, 2018.

HUNT, Lynn. *Inventing Human Rights: A History*. Nova Iorque: W.W. Norton & Company, 2008. [Ed. bras.: *A invenção dos direitos humanos: Uma história*. Trad. de Rosaura Eichenberg. São Paulo: Companhia das Letras, 2009.]

IGNATIEFF, Michael; LAQUEUR, Thomas W.; ORENTLICHER, Diane F. *Human Rights as Politics and Idolatry*. Princeton: Princeton University Press, 2011.

INGRAM, James D. *Radical Cosmopolitics: The Ethics and Politics of Democratic Universalism*. Nova Iorque: Columbia University Press, 2015.

ISHAY, Micheline R. (org.). *The Human Rights Reader: Major Political Essays, Speeches, and Documents from Ancient Times to the Present*. Nova Iorque: Routledge, 2012.

KOCHENOV, Dimitry. *Citizenship*. Cambridge, MA: The MIT Press, 2019.

MOKYR, Joel. *The Gifts of Athena: Historical Origins of Knowledge Economy*. Princeton: Princeton University Press, 2002.

MORSINK, Johannes. *Inherent Human Rights Philosophical Roots of the Universal Declaration*. Filadélfia: University of Philadelphia Press, 2012.

NEIER, Aryeh. *The International Human Rights Movement: A History*. Princeton: Princeton University Press, 2021.

NETTON, Ian Richard. *Al-Farabi and His School*. Richmond: Curzon, 1999.

NUSSBAUM, Martha C. *The Cosmopolitan Tradition: Noble but Flawed Ideal*. Cambridge, MA: The Belknap Press of Harvard University Press, 2021.

OREFICE, Antonella. *Eleonora Pimentel Fonseca: L'eroina della Reppublica napoletana de 1799*. Roma: Salerno Editrice, 2019.

ORWELL, George. *George Orwell: Essays*. Org. de Bernard Crick. Londres: Penguin Books, 2000.

ORWELL, George; DAVISON, Peter. *George Orwell: A Life in Letters*. Londres: Penguin Books, 2016.

_____. *The Orwell Diaries*. Londres: Penguin Books, 2010.

POINCARE, Raymond. *Les Origines de la guerre: Conférences prononcées à la "Société des conférences" en 1921*. Paris: Librairie Académique Perrin, 2014.

RESCHER, Nicholas. *Studies in History of Arabic Logic*. Pittsburgh: University of Pittsburgh Press, 1963.

ROBBINS, Bruce; HORTA, Paulo Lemos. *Cosmopolitanisms*. Nova Iorque: New York University Press, 2018.

SALVEMINI, Gaetano. *Le origini del fascismo in Italia: Lezioni di Harvard*. Org. de Roberto Vivarelli. Milão: Feltrinelli, 1966.

_____. *Lettere americane: 1927-1949*. Roma: Donzelli Editore, 2015.

_____. *Prelude to World War II*. [S.l.]: World Public Library Association, 2010.

_____. *Studi storici*. Firenze: Tip. Galileiana, 1901.

BIBLIOGRAFIA SELETA

SAUL, John Ralston. *Voltaire's Bastards.* Nova Iorque: Simon and Schuster Paperbacks, 2013.

SHELLEY, Mary Wollstonecraft. *Delphi Complete Works of Mary Wollstonecraft.* Csorna: Delphi Classics, 2016.

_____. *Valperga.* [S.l.]: Createspace Independent Publishing Platform, 2016.

SPINELLI, Altiero. *Come ho tentato di diventare saggio.* Bologna: Il Mulino, 1999.

SPINELLI, Altiero; ROSSI, Ernesto; COLORNI, Eugenio; PADOA-SCHIOPPA, Tommaso. *Il manifesto di Ventotene.* Milão: Mondadori, 2017.

STANLEY, Jason. *How Fascism Works: The Politics of Us and Them.* Nova Iorque: Random House, 2020. [Ed. bras.: *Como funciona o fascismo: A política do "nós" e "eles".* Trad. de Bruno Alexander. 5. ed. Porto Alegre: L&PM, 2020.]

STEINER, Zara S. *The Triumph of the Dark: European International History 1933-1939.* Oxford: Oxford University Press, 2011.

TOULMIN, Stephen Edelston. *Cosmopolis: The Hidden Agenda of Modernity.* Chicago: The University of Chicago Press, 1992.

WIENER, Norbert. *Cybernetics: Or Control and Communication in the Animal and the Machine.* Cambridge, MA: The MIT Press, 1969. [Ed. bras.: *Cibernética: Ou controle e comunicação no animal e na máquina.* Trad. de Gita K. Ghinzberg. São Paulo: Edusp, 1970.]

WOLLSTONECRAFT, Mary; STUART MILL, John. *The Rights of Woman and the Subjection of Women.* Londres; Nova Iorque: J.M. Dent; E.P. Dutton, 1929. [Eds. bras.: WOLLSTONECRAFT, Mary. *Reivindicação dos direitos da mulher.* Trad. de Ivania Pocinho Motta. São Paulo: Boitempo, 2016. STUART MILL, John. *A sujeição das mulheres.* In: *Sobre a liberdade e A sujeição das mulheres.* Trad. de Paulo Geiger. São Paulo: Penguin Classics Companhia das Letras, 2017, pp. 223-362.]

WORMS, Frédéric. *Droits de l'homme et philosophie: Une anthologie (1789-1914).* Paris: CNRS Éditions, 2016.

EPÍLOGO: FIGOS E FILOSOFIA

BALIBAR, Étienne. *Spinoza et la politique.* Paris: Presses Universitaires de France, 2011.

BOBBIO, Norberto. *L'État et la démocratie internationale.* Bruxelas: Complexe, 2002.

BOTTING, Eileen Hunt. "Mary Shelley's 'Romantic Spinozism'". *History of European Ideas,* vol. 45, n. 8, pp. 1125-42, 2019.

BROCHARD, Victor. *Le Dieu de Spinoza suivi de L'Éternité des âmes dans la philosophie de Spinoza.* Paris: Manucius, 2013.

CODA, Elisa; BONADEO, Cecilia Martini. *De l'Antiquité tardive au Moyen âge: Études de logique aristotélicienne et de philosophie grecque, syriaque, arabe et latine offertes à Henri Hugonnard-Roche.* Paris: J. Vrin, 2014.

COSTA, Uriel da. *Une Vie humaine.* Paris: F. Rieder et C. Éditeurs, 1926. Disponível em: <nbn-resolving.de/urn:nbn:de:hebis:30-180014792031>. [Ed. port.: *Exemplo da vida humana.* Trad. de Castelo Branco Chaves. Lisboa: Seara Nova, 1937.]

FRAENKEL, Carlos. *Philosophical Religions from Plato to Spinoza Reason, Religion, and Autonomy.* Cambridge: Cambridge University Press, 2013.

HALBERTAL, Moshe. *Maimonides: Life and Thought.* Princeton: Princeton University Press, 2015.

HOVANNISIAN, Richard G; SABAGH, Georges (orgs.). *Religion and Culture in Medieval Islam.* Cambridge: Cambridge University Press, 1999.

ISRAEL, Jonathan. *A Revolution of the Mind: Radical Enlightenment and the Intellectual Origins of Modern Democracy.* Princeton: Princeton University Press, 2011. [Ed. bras.: *A revolução das luzes: O Iluminismo radical e as origens intelectuais da democracia moderna.* Trad. de Daniel Moreira Miranda. São Paulo: Edipro, 2013.]

_____. *Radical Enlightenment: Philosophy and the Making of Modernity 1650-1750.* Oxford: Oxford University Press, 2003. [Ed. bras.: *Iluminismo radical: A filosofia e a construção da modernidade, 1650-1750.* Trad. de Claudio Blanc. São Paulo: Madras, 2009.]

_____. (org.). *Spinoza. Theological-Political Treatise.* Cambridge: Cambridge University Press, 2007. [Ed. bras.: *Tratado teológico-político.* Trad. de Diogo Pires Aurélio. 2. ed. São Paulo: Martins Fontes, 2008.]

KAHN, Charles H. *The Art and Thought of Heraclitus.* Cambridge: Cambridge University

Press, 2004. [Ed. bras.: *A arte e o pensamento de Heráclito: Uma edição dos fragmentos com tradução e comentário*. Trad. de Alexandre S. de Santi, Bruni Conte e Élcio de Gusmão Verçosa Filho. São Paulo: Paulus, 2009.]

MACK, Michael. *Spinoza and the Specters of Modernity: The Hidden Enlightenment of Diversity from Spinoza to Freud*. Nova Iorque: Continuum, 2010.

NADLER, Steven. *A Book Forged in Hell: Spinoza's Scandalous Treatise and the Birth of the Secular Age*. Princeton: Princeton University Press, 2014.

_____. *Espinosa: Vida e obra*. Lisboa: Publicações Europa-América, 2003.

NETO, Lira. *Arrancados da terra*. Lisboa: Objectiva, 2021. [Ed. bras.: *Arrancados da terra: Perseguidos pela inquisição na Península Ibérica, refugiaram--se na Holanda, ocuparam o Brasil e fizeram Nova York*. São Paulo: Companhia das Letras, 2021.]

PATOCKA, Jan. *Plato and Europe*. Stanford: Stanford University Press, 2002.

PROIETTI, Omero. *Uriel da Costa e l'Exemplar humanae vitae*. Macerata: Quodlibet, 2005.

RAMACHANDRAN, Ayesha. *The Worldmakers: Global Imagining in Early Modern Europe*. Chicago: University of Chicago Press, 2018.

ROVERE, Maxime. "Honors and Theatre: Spinoza's Pedagogical Experience and His Relation to F. Van den Enden". *Educational Philosophy and Theory*, vol. 50, n. 9, pp. 809-18, 2017.

SIDARUS, Adel. "Arabismo e traduções árabes em meios luso-moçárabes (breves apontamentos)". *Collectanea Christiana Orientalia*, vol. 2, pp. 207-23, 2005.

SINGER, Isaac Bashevis. *Le Spinoza de la rue du Marché*. Paris: Denoïs, 2007.

SPINOZA, Baruch. *Oeuvres complètes*. Org. de Robert Misrahi, Madeleine Francès e Roland Caillois. Paris: Gallimard, 1954. [Ed. bras.: *Spinoza: Obra completa*. Org. de J. Guinsburg, Newton Cunha e Roberto Romano. São Paulo: Perspectiva, 2014. 4 vols.]

_____. *Traité politique*. Org. de Laurent Bove. Paris: Le Livre de Poche, 2002. [Ed. bras.: *Tratado político*. Trad. de Diogo Pires Aurélio. São Paulo: WMF Martins Fontes, 2009.]

STEWART, Matthew. *The Courtier and the Heretic: Leibniz, Spinoza, and the Fate of God in the Modern World*. New Haven: Yale University Press, 2007.

STRAUSS, Leo. *Maimonide: Essais*. Trad. de Rémi Brague. Paris: Presses Universitaires de France, 1988.

_____. *Persecution and the Art of Writing*. Chicago: Chicago University Press, 1988.

_____. *Spinoza's Critique of Religion*. Chicago: University of Chicago Press, 1996.

STRAUSS, Leo; BARTLETT, Robert. "Some Remarks on the Political Science of Maimonides and Farabi". *Interpretation*, vol. 18, n. 1, pp. 3-30, 1990.

Bibliografia geral

ABDESSELEM, Ahmed. *Ibn Khaldun et ses lecteurs*. Paris: Presses Universitaires de France, 1983.

ABÉLARD, Pierre; HÉLOÏSE. *The Letters of Abelard and Heloise*. Trad. de Betty Radice, rev. de Michael T Clanchy. Harmondsworth: Penguin Books, 2003. [Ed. bras.: *Abelardo – Heloísa, cartas: As cinco primeiras cartas traduzidas do original apresentadas e comentadas por Zeferino Rocha*. Recife: Editora Universitária da UFPE, 1997.]

ABOUZEID, Ola Abdelaziz. *A Comparative Study between the Political Theories of Al-Farabi and the Brethren of Purity*. Ottawa: National Library of Canada, 1990.

ABU-LUGHOD, Janet L. *Before European Hegemony: The World System A.D. 1250-1350*. Oxford: Oxford University Press, 2013.

ADAMSON, Peter Scott. *Philosophy in the Islamic World*. Oxford: Oxford University Press, 2018. vol. 3.

AKASOY, Anna; RAVEN, Wim. *Islamic Thought in the Middle Ages: Studies in Text, Transmission and Translation, in Honour of Hans Daiber*. Leiden: Brill, 2008.

AL FARABI. *A cidade virtuosa*. Lisboa: Fundação Calouste Gulbenkian, 2018. [Ed. bras.: *A cidade excelente*. Trad. de Miguel Attie Filho. São Paulo: Attie, 2019.]

_____. *Alfarabi. The Political Writings: "Political regime" and "Summary of Plato's laws"*. Org. de Charles E. Butterworth. Ithaca: Cornell University Press, 2001.

_____. *Alfarabi. The Political Writings: "Selected Aphorisms" and Other Texts*. Org. de Charles E. Butterworth. Ithaca: Cornell University Press, 2016.

_____. *Al-Farabi on the Perfect State: Abu Naøsr al-Farabi's Mabadiø Araø Ahl al-Madina al-Faødila: A Revised Text with Introduction, Translation, and Commentary*. Org. de Richard R. Walzer. Oxford: Clarendon Press, 1985.

_____. *Aphorismes choisis*. Org. de Soumaya Mestiri e Guillaume Dye. Paris: Fayard, 2003.

AL FARABI, Abu Nasr. *Aphorisms of the Statesman*. Org. de Douglas Morton Dunlop. Cambridge: University Press, 1961.

AL FARABI, Muhammad b. Muhammad. *Alfarabi's Philosophy of Plato and Aristotle*. Org. de Muhsin Mahdi. Ithaca: Cornell University Press, 2001.

AL-KHALILI, Jim. *The House of Wisdom: How Arabic Science Saved Ancient Knowledge and Gave Us the Renaissance*. Nova Iorque: Penguin Books, 2012.

ALIGHIERI, Dante. *Dante Alighieri: Vita nuova*. Org. de Manuela Colombo. Milão: Feltrinelli, 1993.

APPIAH, Anthony. *The Lies That Bind. Rethinking Identity: Creed, Country, Colour, Class, Culture*. Londres: Profile Books, 2019.

ARENDT, Hannah. *Homens em tempos sombrios*. Lisboa: Relógio d'Água, 1991. [Ed. bras.: *Homens em tempos sombrios*. Trad. de Denise Bottmann. São Paulo: Companhia de Bolso, 2008.]

_____. *The Origins of Totalitarianism*. San Diego: Harcourt, 2005. [Ed. bras.: *Origens do totalitarismo: Antissemitismo, imperialismo, totalitarismo*. Trad. de Roberto Raposo. São Paulo: Companhia de Bolso, 2013.]

ARMSTRONG, Karen. *Holy War*. Nova Iorque: Anchor Books, 2001.

AS MIL e uma noites. Lisboa: E-Primatur; Letras Errantes, 2021. vol. i. [Ed. bras.: *Livro das mil e uma noites*. Trad. de Mamede Mustafa Jarouche. Rio de Janeiro: Biblioteca Azul, 2017-21. 5 vols.]

ATHANASSIADI, Polymnia. *Vers La Pensée unique: La Montée de l'intolérance dans l'Antiquité tardive*. Paris: Les Belles Lettres, 2010.

AUERBACH, Erich. *Studi su Dante*. Milão: Feltrinelli, 2012. [Ed. bras.: *Dante como poeta do mundo terreno*. Trad. de Lenin Bicudo Bárbara. São Paulo: Editora 34, 2022.]

AVERROES. *Averroes' Tahafut al-tahafut (The incoherence of the incoherence)*. Org. de Simon van den Bergh. Londres: Oxford University Press, 1954. vol. i.

AYDIN, Cemil. *The Idea of the Muslim World: A Global Intellectual History*. Cambridge, MA: Harvard University Press, 2017.

AYDIN, Cemil; GEWURZ, Daniele A. *Il lungo Ottocento: Una storia politica internazionale*. Torino: Einaudi, 2019.

BADEL, Christophe. *Atlas do Império Romano: Construção e apogeu 300 a.C.-200 d.C.* Lisboa: Guerra e Paz, 2021.

BAGGINI, Julian. *How the World Thinks: A Global History of Philosophy*. Londres: Granta, 2019.

BALIBAR, Étienne. *Spinoza et la politique*. Paris: Presses Universitaires de France, 2011.

BARÁNSKI, Zygmunt G.; PERTILE, Lino. *Dante in Context*. Cambridge: Cambridge University Press, 2017.

BARBERO, Alessandro. *Dante: Uma vida*. Lisboa: Quetzal, 2021. [Ed. bras.: *Dante: A biografia*. Trad. de Federico Carotti. São Paulo: Companhia das Letras, 2021.]

BASSI, Shaul. *Shakespeare's Italy and Italy's Shakespeare: Place, "Race," Politics*. Nova Iorque: Palgrave Macmillan, 2016.

BAUER, Thomas. *A Culture of Ambiguity: An Alternative History of Islam*. Nova Iorque: Columbia University Press, 2021.

BAUMAN, Zygmunt. *Europe: An Unfinished Adventure*. Nova Iorque: John Wiley & Sons, 2013. [Ed. bras.: *Europa: Uma aventura inacabada*. Trad. de Carlos Alberto Medeiros. Rio de Janeiro: Jorge Zahar, 2006.]

BECK, Lewis White (org.). *Kant on History*. Nova Iorque: Macmillan; Library of Liberal Arts, 1963.

BECKER, Carl L. *The Heavenly City of the Eighteenth-Century Philosophers*. New Haven; Londres: Yale University Press, 1974.

BEMROSE, Stephen. *A New Life of Dante*. Exeter: University of Exeter Press, 2015.

BENHABIB, Seyla; HONIG, Bonnie. *Another Cosmopolitanism*. Nova Iorque: Oxford University Press, 2006.

BERTOLO, Amedeo. *Juifs et anarchistes: Histoire d'une rencontre*. Arles: Éditions de l'Éclat, 2014.

BIETENHOLZ, Peter G. *Encounters with a Radical Erasmus: Erasmus' Work as a Source of Radical Thought in Early Modern Europe*. Toronto: University of Toronto Press, 2019.

BLACK, Jeremy. *A History of Europe from Prehistory to the 21st Century*. Londres: Arcturus Publishing, 2019.

BLANNING, T.C.W. *The Culture of Power and the Power of Culture: Old Regime Europe 1660-1789*. Oxford: Oxford University Press, 2006.

_____. *The Pursuit of Glory: Europe 1648-1815*. Londres: Penguin Books, 2008.

BLOCH, Ernst; GOLDMAN, Loren; THOMPSON, Peter. *Avicenna and the Aristotelian Left*. Nova Iorque: Columbia University Press, 2019.

BLOM, Philipp. *A Wicked Company: The Forgotten Radicalism of the European Enlightenment*. Nova Iorque: Basic Books, 2010.

BLUM, Léon. *Léon Blum: La Force d'espérer. Une anthologie*. Org. de Aude Chamouard. Paris: Société Éditrice du Monde, 2012.

BOBBIO, Norberto. *L'État et la démocratie internationale*. Bruxelles: Complexe, 2002.

BOCCACCIO, Giovanni. *Famous Women*. Trad. de Virginia Brown. Cambridge, MA: Harvard University Press, 2001.

BOGUCKI, Peter; CRABTREE, Pam J. (orgs.). *Ancient Europe: 8000 B.C.-A.D. 1000. Encyclopedia of the Barbarian World*. Nova Iorque: Thomson, 2004. vol. 3.

BOSSY, John. *Disputes and Settlements: Law and Human Relations in the West*. Cambridge: Cambridge University Press, 1983.

BOTTING, Eileen Hunt. "Mary Shelley's 'Romantic Spinozism'". *History of European Ideas*, vol. 45, n. 8, pp. 1125-42, 2019.

BOUCHERON, Patrick; MONNET, Pierre; LOISEAU, Julien. *Histoire du monde au XVᵉ siècle*. Org. de Yann Potin. Paris: Fayard, 2009. vol. i: Territoires et écritures du monde.

BOWKER, Gordon. *George Orwell*. Londres: Abacus, 2004.

BOYCE, Mary. *A History of Zoroastrianism*. Leiden: Brill, 1996. vol. 1.

BOYLE, Marjorie O'Rourke. *Rhetoric and Reform: Erasmus' Civil Dispute with Luther*. Cambridge, MA: Harvard University Press, 1983.

BREDIN, Jean-Denis. *Bernard Lazare: De l'Anarchiste au prophète*. [S.l.]: Plunkett Lake Press, 2014.

BROCHARD, Victor. *Le Dieu de Spinoza suivi de L'Éternité des âmes dans la philosophie de Spinoza*. Paris: Manucius, 2013.

BROCK, Gillian. *Cosmopolitanism versus Non-Cosmopolitanism: Critiques, Defenses, Reconceptualizations*. Oxford: Oxford University Press, 2013.

BROWN, Frederick. *For the Soul of France: Culture Wars in the Age of Dreyfus*. Nova Iorque: Anchor Books, 2011.

BROWNING, Oscar. *Guelphs and Ghibellines: A Short History of Medieval Italy from 1250--1409*. Whitefish: Kessinger Publishing, 2009.

BRUCKER, Gene A. *Florentine Politics and Society, 1343-1378*. Princeton: Princeton University Press, 2016.

CAFFIERO, Marina. *Legami pericolosi: Ebrei e cristiani tra eresia, libri proibiti e stregoneria*. Turim: Einaudi, 2012.

CALVINO, Italo. *Seis propostas para o próximo milénio*. Trad. de José Colaço Barreiros. Lisboa: Teorema, 1998. [Ed. bras.: *Seis propostas para o próximo milênio*. Trad. de Ivo Barroso. São Paulo: Companhia das Letras, 1990.]

CARTER, April. *The Political Theory of Global Citizenship*. Londres; Nova Iorque: Routledge, 2001.

CARTLEDGE, Paul. *Democracy: A Life*. Oxford: Oxford University Press, 2021.

CASSIRER, Ernst. *The Philosophy of the Enlightenment*. Princeton: Princeton University Press, 1979. [Ed. bras.: *A filosofia do Iluminismo*. Trad. de Álvaro Cabral. Campinas: Editora da Unicamp, 1994.]

CASSIRER, Ernst; KRISTELLER, Paul Oskar; RANDALL JR., John Herman. *The Renaissance Philosophy of Man*. Chicago: The University of Chicago Press, 1959.

CASTRO, Aníbal Pinto de; PEREIRA, José Esteves; DELILLE, Maria Manuela Gouveia.

Alcipe e as Luzes. Lisboa: Colibri Edições: Fundação das Casas de Fronteira e Alorna, 2003.

CHARTIER, Roger. *Les Origines culturelles de la Révolution Française*. Paris: Seuil, 2000. [Ed. bras.: *Origens culturais da Revolução Francesa*. Trad. de Chris Schlesinger. São Paulo: Ed. Unesp, 2009.]

CHERNI, Amor. *La Cité et ses opinions: Politique et métaphysique chez Abu Nasr al-Farabi*. Beirute: Dar Albouraq, 2015.

CODA, Elisa; BONADEO, Cecilia Martini. *De l'Antiquité tardive au Moyen âge: Études de logique aristotélicienne et de philosophie grecque, syriaque, arabe et latine offertes à Henri Hugonnard-Roche*. Paris: J. Vrin, 2014.

COHN, Norman. *Cosmos, Chaos, and the World to Come: The Ancient Roots of Apocalyptic Faith*. New Haven: Yale University Press, 2001. [Ed. bras.: *Cosmos, caos e o mundo que virá: As origens das crenças no apocalipse*. Trad. de Claudio Marcondes. São Paulo: Companhia das Letras, 1996.]

_____. *Europe's Inner Demons: The Demonization of Christians in Medieval Christendom*. Londres: Pimlico, 2005.

_____. *The Pursuit of the Millennium: Revolutionary Millenarians and Mystical Anarchists of the Middle Ages*. Londres: Pimlico, 1993. [Ed. port.: *Na senda do milênio: Milenaristas revolucionários e anarquistas místicos na Idade Média*. Lisboa: Editorial Presença, 1970.]

COMMISSIONG, Anand Bertrand. *Cosmopolitanism in Modernity: Human Dignity in a Global Age*. Lanham: Lexington Books, 2012.

CONFORA, Luciano. *Democracy in Europe*. Londres: Blackwell Publishing, 2005.

CONSTABLE, Giles. *Letters and Letter-Collections*. Turnhout: Brepols, 1976.

COSTA, Uriel da. *Une Vie humaine*. Paris: F. Rieder et C. Éditeurs, 1926. Disponível em: <nbn-resolving.de/urn:nbn:de:hebis:30-18001479203f>. [Ed. port.: *Exemplo da vida humana*. Trad. de Castelo Branco Chaves. Lisboa: Seara Nova, 1937.]

COTTRET, Monique. *Jansénismes et Lumières: Pour un Autre XVIIIᵉ Siècle*. Paris: Albin Michel, 1998.

COULTON, G.G.; ADAMO, Salimbene de. *From St. Francis to Dante: Translations from the*

Chronicle of the Franciscan Salimbene, 1221-1288, with Notes and Illustrations from Other Medieval Sources. Nova Iorque: Russell & Russell, 1968.

DARNTON, Robert. *Poetry and the Police: Communication Networks in Eighteenth--Century Paris*. Cambridge, MA: The Belknap Press of Harvard University Press, 2022. [Ed. bras.: *Poesia e polícia: Redes de comunicação na Paris do século XVIII*. Trad. de Rubens Figueiredo. São Paulo: Companhia das Letras, 2014.]

_____. *The Forbidden Best-Sellers of Pre--Revolutionary France*. Nova Iorque: Norton, 1996. [Ed. bras.: *Os best-sellers proibidos da França pré-revolucionária*. Trad. de Hildegard Feist. São Paulo: Companhia das Letras, 1998.]

_____. *The Literary Underground of the Old Regime*. Cambridge: Harvard University Press, 1982.

DEWALD, Jonathan (org.). *Europe 1450 to 1789: Encyclopedia of the Early Modern World*. Nova Iorque: Charles Scribner's Sons, 2004. 6 vol.

DOOREN, Wim van. "Ibn Rusd's Attitude Towards Authority". In: HASNAWI, Ahmad; AOUAD, Maroun; ELAMRANI-JAMAL, Abdelali (orgs.). *Perspectives arabes et médiévales sur la tradition scientifique et philosophique grecque*. Leuven; Paris: Peeters; Institut du Monde Arabe, 1997, pp. 623-33.

DYÂB, Hanna. *D'Alep à Paris: Les Pérégrinations d'un jeune syrien au temps de Louis XIV*. Trad. de Paule Fahmé-Thiéry, Bernard Heyberger e Jérôme Lentin. Paris: Actes Sud; Sindbad, 2015.

EDELSTEIN, Dan. *The Enlightenment: A Genealogy*. Chicago: University of Chicago Press, 2010.

_____. *The Terror of Natural Right: Republicanism, the Cult of Nature, and the French Revolution*. Chicago: University of Chicago Press, 2010.

EILENBERGER, Wolfram. *Time of the Magicians: Wittgenstein, Benjamin, Cassirer, Heidegger, and the Decade That Reinvented Philosophy*. Nova Iorque: Penguin Books, 2021. [Ed. bras.: *Tempo de mágicos: A grande década da filosofia 1919-1929*. Trad. de Claudia Abeling. São Paulo: Todavia, 2019.]

EISENZWEIG, Uri. *Naissance littéraire du fascisme*. Paris: Seuil, 2013.

EMERTON, Ephraim. *Humanism and Tyranny: Studies in the Italian Trecento*. Cambridge, MA: Harvard University Press, 2014.

ERASMUS. *The Colloquies of Erasmus*. Org. de Craig Ringwalt Thompson. Chicago: University of Chicago Press, 1965.

ERIKSEN, Trond Berg; HARKET, Haken; LORENZ, Einhart. *História do antissemitismo da Antiguidade aos nossos dias*. Lisboa: Edições 70, 2010.

FAKHRY, Majid. *Al-Farabi: Founder of Islamic Neoplatonism; His Life, Works and Influence*. Oxford: Oneworld, 2002.

FANTARELLA, Filomena. *Un figlio per nemico: Gli affetti di Gaetano Salvemini alla prova dei fascismi*. Roma: Donzelli Editore, 2018.

FARABI, Abu-Nasr Muhammad Ibn--Muhammad al. *Alfarabi's Philosophische Abhandlungen aus Londoner, Leidener und Berliner Handschriften*. Org. de Friedrich Dieterici. Leiden: Brill, 1890.

FARMER, S.A. *Syncretism in the West: Pico's 900 Theses (1486): The Evolution of Traditional Religious and Philosophical Systems*. Tempe: Medieval & Renaissance Texts & Studies, 2016.

FAUCHEUX, Michel. *Olympe de Gouges*. Paris: Gallimard, 2018.

FERENTE, Serena; KUNCEVIC, Lovro; PATTENDEN, Miles. *Cultures of Voting in Pre-Modern Europe*. Londres; Nova Iorque: Routledge, 2018.

FERRAIUOLO, Antonio. *Pico della Mirandola*. Digital. [S.l.]: Passerino Editore, 2019.

FIELD, Arthur. *The Origins of the Platonic Academy of Florence*. Princeton: Princeton University Press, 1988.

FITZGERALD, William. *How to Read a Latin Poem If You Can't Read Latin Yet*. Oxford: Oxford University Press, 2016.

FRAENKEL, Carlos. *Philosophical Religions from Plato to Spinoza Reason, Religion, and Autonomy*. Cambridge: Cambridge University Press, 2013.

FRANKLIN, Margareth. *Boccaccio's Heroines: Power and Virtue in Renaissance Society*. Londres: Routledge, 2019.

FRANKOPAN, Peter. *As Rotas da Seda: Uma nova história do mundo*. Lisboa: Relógio d'Água, 2018.

BIBLIOGRAFIA GERAL

507

FRIEDRICH, Otto. *The End of the World: A History*. Nova Iorque: Coward, McCann & Geoghegan, 1982. [Ed. bras.: *O fim do mundo*. Trad. de Vera Ribeiro. Rio de Janeiro: Record, 2000.]

GALONNIER, Alain (org.). *Le "De scientiis Alfarabii" de Gérard de Crémone: Contributions aux problèmes de l'acculturation au XIIe siècle*. Turnhout: Brepols, 2015.

GALSTON, Miriam. *Politics and Excellence: The Political Philosophy of Alfarabi*. Princeton: Princeton University Press, 2017.

GAY, Peter. *The Enlightenment: The Rise of Modern Paganism*. Nova Iorque; Londres: W.W. Norton, 1995.

_____. *The Enlightenment: The Science of Freedom*. Nova Iorque: Norton & Co., 1996.

GIEBELS, Daniel Norte. *A Inquisição de Lisboa: (1537-1579)*. Lisboa: Gradiva, 2018.

GINZBURG, Carlo. *O fio e os rastros: Verdadeiro, falso, fictício*. Trad. de Rosa Freire d'Aguiar e Eduardo Brandão. São Paulo: Companhia das Letras, 2007.

GINZBURG, Leone. *Scrittori Russi*. Turim: Cogito Edizioni, 2018.

GLENDON, Mary Ann. *A World Made New: Eleanor Roosevelt and the Universal Declaration of Human Rights*. Nova Iorque; Londres: Random House; Hi Marketing, 2003.

_____. *The Forum and the Tower: How Scholars and Politicians Have Imagined the World, from Plato to Eleanor Roosevelt*. Oxford: Oxford University Press, 2011.

GOLDSMITH, Raymond W. *Premodern Financial Systems: A Historical Comparative Study*. Cambridge: Cambridge University Press, 2008.

GONZÁLEZ OROZCO, Ignacio. *Averroes: La educación como base para alcanzar la felicidad de la sociedad*. Barcelona: RBA, 2017.

GOODMAN, Dena. *The Republic of Letters: A Cultural History of the French Enlightenment*. Ithaca: Cornell University Press, 1996.

GOUGES, Olympe de. *Les Droits de la femme*. Paris: Éditions Ligaran, 2015. [Ed. bras.: *Avante, mulheres!: Declaração dos direitos da mulher e da cidadã e outros textos*. Trad. de Leandro Cardoso Marques da Silva. São Paulo: Edipro, 2020.]

_____. *Testament politique d'Olympe de Gouges*. Paris: Éditions La Bibliothèque Digitale, 2014.

GRAFTON, Anthony. *Worlds Made by Words: Scholarship and Community in the Modern West*. Cambridge, MA: Harvard University Press, 2011.

GRAMSCI, Antonio. *Gli intellettuali e l'organizzazione della cultura*. Torino: Einaudi, 1949. [Ed. bras.: *Os intelectuais e a organização da cultura*. Trad. de Carlos Nelson Coutinho. Rio de Janeiro: Civilização Brasileira, 1968.]

GREBLE, Emily. *Muslims and the Making of Modern Europe*. Oxford: Oxford University Press, 2021.

GREENBLATT, Stephen. *The Swerve: How the World Became Modern*. Nova Iorque: W.W. Norton & Company, 2012. [Ed. bras.: *A virada: O nascimento do mundo moderno*. Trad. de Caetano W. Galindo. São Paulo: Companhia das Letras, 2012.]

GREENGRASS, Mark. *Christendom Destroyed: Europe 1517-1648*. Londres: Penguin Books, 2015.

GUICHARD, Pierre. *Al-Andalus. 711-1492: Une Histoire de l'Espagne musulmane*. Paris: Fayard/ Pluriel, 2011.

HALBERTAL, Moshe. *Maimonides: Life and Thought*. Princeton: Princeton University Press, 2015.

HALDÉN, Peter. *Stability without Statehood: Lessons from Europe's History before the Sovereign State*. Basingstoke: Palgrave Macmillan, 2011.

HALL, Edith. *Aristotle's Way: How Ancient Wisdom Can Change Your Life*. Nova Iorque: Penguin Books, 2020.

HALPERIN, Jean-Louis. *Histoire des droits en Europe de 1750 à nos jours*. Paris: Flammarion, 2006.

HALVERSON, Jared M. "Hate and Hermeneutics: Interpretive Authority in Luther's 'On the Jews and Their Lies'". *Newberry Essays in Medieval and Early Modern Studies*, n. 8, pp. 59-71, 2014.

HAMMOND, Robert. *The Philosophy of Alfarabi and Its Influence on Medieval Thought*. Nova Iorque: The Hobson Book Press, 1947.

HAMUI, Robert. *Alfarabi's Philosophy and Its Influence on Scholasticism*. Sydney: Pellegrini, 1928.

HARTNETT, Matthew. *By Roman Hands: Inscriptions and Graffiti for Students of Latin*. Newburyport: Hackett, 2013.

HAZARD, Paul. *La Crise de la conscience européenne: (1680-1715)*. Paris: Boivin, 1940. [Ed. bras.: *A crise da consciência europeia: 1680-1715*. Trad. de Maria de Fátima Oliva do Couto. Rio de Janeiro: UFRJ, 2015.]

_____. *O pensamento europeu no século XVIII: De Montesquieu a Lessing*. Trad. de Carlos Grifo Babo. Lisboa: Editorial Presença, 1989.

HEBREU, León. *Dialoghi d'amore*. Roma; Bari: Laterza, 2008. [Ed. port.: *Diálogos de amor*. Trad. de Giacinto Manuppella. Lisboa: Imprensa Nacional-Casa de Moeda, 2001.]

_____. *La traduzion del indio de los tres Dialogos de amor*. Madrid: Casa de Pedro Madrigal, 1590.

HELLER, Agnes. *Renaissance Man*. Londres: Routledge & Kegan Paul, 1984. [Ed. port.: *O homem do Renascimento*. Trad. de Conceição Jardim e Eduardo Nogueira. Lisboa: Presença, 1982.]

HERCULANO, Alexandre. *História da origem e estabelecimento da Inquisição em Portugal*. Lisboa: Bertrand Editora, 2016. 3 vols.

HESPANHA, António Manuel. *Cultura jurídica europeia: Síntese de um milénio*. Coimbra: Almedina, 2015. [Ed. bras.: *Cultura jurídica europeia: Síntese de um milénio*. Florianópolis: Fundação Boiteux, 2005.]

HETT, Benjamin Carter. *The Death of Democracy*. Nova Iorque: Macmillan, 2018.

HIMMELFARB, Gertrude. *The Roads to Modernity: The British, French, and American Enlightenments*. Nova Iorque: Vintage Books, 2013.

HOLLOWAY, Julia Bolton. *Brunetto Latini: An Analytic Bibliography*. Londres: Grant & Cutler, 1986.

_____. *Twice-Told Tales: Brunetto Latino and Dante Alighieri*. Nova Iorque: Peter Lang, 1993.

HOROWITZ, Maryanne Cline (org.). *New Dictionary of the History of Ideas: Abolitionism to Common Sense*. Detroit: Gale, 2008. vol. 1.

HORTA, Paulo Lemos. *Marvellous Thieves: Secret Authors of the Arabian Nights*. Cambridge, MA: Harvard University Press, 2017.

HUNT, Lynn Avery. *Inventing Human Rights: A History*. Nova Iorque: W. W. Norton & Company, 2008. [Ed. bras.: *A invenção dos direitos humanos: Uma história*. Trad. de Rosaura Eichenberg. São Paulo: Companhia das Letras, 2009.]

_____. *Politics, Culture, and Class in the French Revolution*. Berkeley: University of California Press, 1986. [Ed. bras.: *Política, cultura e classe na Revolução Francesa*. Trad. de Laura Teixeira Motta. São Paulo: Companhia das Letras, 2007.]

HUNT, Lynn Avery; MIJNHARDT, Wijnandus Wilhelmus; JACOB, Margaret C. *The Book That Changed Europe: Picart & Bernard's Religious Ceremonies of the World*. Cambridge, MA: Belknap Press of Harvard University Press, 2010.

IGNATIEFF, Michael; LAQUEUR, Thomas W.; ORENTLICHER, Diane F. *Human Rights as Politics and Idolatry*. Princeton: Princeton University Press, 2011.

INGRAM, James D. *Radical Cosmopolitics: The Ethics and Politics of Democratic Universalism*. Nova Iorque: Columbia University Press, 2015.

IRWIN, Robert. *Ibn Khaldun: An Intellectual Biography*. Princeton: Princeton University Press, 2019.

IRWIN, T. H. "Virtue and Law". In: *The Oxford Handbook of Medieval Philosophy*, Org. de John Marenbon. Oxford: Oxford University Press, 2012, pp. 605-21.

ISHAY, Micheline R. (org.). *The Human Rights Reader: Major Political Essays, Speeches, and Documents from Ancient Times to the Present*. Nova Iorque: Routledge, 2012.

ISRAEL, Jonathan. *A Revolution of the Mind: Radical Enlightenment and the Intellectual Origins of Modern Democracy*. Princeton: Princeton University Press, 2011. [Ed. bras.: *A revolução das luzes: O Iluminismo radical e as origens intelectuais da democracia moderna*. Trad. de Daniel Moreira Miranda. São Paulo: Edipro, 2013.]

_____. *Democratic Enlightenment: Philosophy, Revolution, and Human Rights, 1750-1790*. Oxford: Oxford University Press, 2011.

_____. *Enlightenment Contested: Philosophy, Modernity, and the Emancipation of Man, 1670--1752*. Oxford: Oxford University Press, 2013.

_____. *Radical Enlightenment: Philosophy and the Making of Modernity 1650-1750*. Oxford: Oxford University Press, 2003. [Ed. bras.: *Iluminismo radical: A filosofia e a construção da modernidade, 1650-1750*. Trad. de Claudio Blanc. São Paulo: Madras, 2009.]

_____. *Revolutionary Ideas: An Intellectual History of the French Revolution from the Rights of Man to Robespierre*. Princeton: Princeton University Press, 2015.

_____. (org.). *Spinoza: Theological-Political Treatise*. Cambridge: Cambridge University Press, 2007. [Ed. bras.: *Tratado teológico-político*. Trad. de Diogo Pires Aurélio. 2. ed. São Paulo: Martins Fontes, 2008.]

JACOB, Margaret C. *The Enlightenment: A Brief History with Documents*. Boston: Macmillan Learning, 2017.

JOLIVET, Jean. "Étapes dans l'histoire de l'intellect agent". In: *Perspectives arabes et médiévales sur la tradition scientifique et philosophique grecque*. Org. de Ahmad Hasnawi, Maroun Aouad e Abdelali Elamrani-Jamal. Leuven; Paris: Peeters; Institut du Monde Arabe, 1997, pp. 569-82.

KAHN, Charles H. *The Art and Thought of Heraclitus*. Cambridge: Cambridge University Press, 2004. [Ed. bras.: *A arte e o pensamento de Heráclito: Uma edição dos fragmentos com tradução e comentário*. Trad. de Alexandre S. de Santi, Bruni Conte e Élcio de Gusmão Verçosa Filho. São Paulo: Paulus, 2009.]

KALDELLIS, Anthony. *Romanland: Ethnicity and Empire in Byzantium*. Cambridge, MA: Harvard University Press, 2019.

KANT, Immanuel. *Vers la Paix perpétuelle; (suivi de) Que signifie s'orienter dans la pensée?; (suivi de) Qu'est-ce que les Lumières?: Et Autres Textes*. Org. de Françoise Proust. Paris: Flammarion, 2006. [Eds. bras.: *À paz perpétua: Um projeto filosófico*. Trad. de Bruno Cunha. Petrópolis: Vozes, 2020; "Que significa orientar-se no pensamento?". In: *Textos seletos*. Trad. de Floriano de Souza Fernandes. 9. ed. Petrópolis: Vozes, 2012.]

KANTOROWICZ, Ernst H. *Frederick the Second: Wonder of the World 1194-1250*. Londres: Head of Zeus, 2019.

_____. *The King's Two Bodies: A Study in Mediaeval Political Theology*. Princeton: Princeton University Press, 1997. [Ed. bras.: *Os dois corpos do rei: Um estudo sobre teologia política medieval*. Trad. de Cid Knipel Moreira. São Paulo: Companhia das Letras, 1998.]

KHALDUN, Ibn. *Discours sur l'histoire universelle: Al-Muqaddima*. Paris: Sindbad, 1997.

KIS, Anna Flóra. "Theory of Research: al-Farabi's Commentary of Aristotle's Topics". In: *More modoque: Die Wurzeln der europäischen Kultur und deren Rezeption im Orient und Okzident*. Org. de Pál Fodor et al. Budapeste: Forschungszentrum für Humanwissenschaften der Ungarischen Akademie der Wissenschaften, 2013, pp. 343-52.

KLEINE, Michael. *Searching for Latini*. West Lafayette: Parlor Press, 2006.

KNIGHT, Judson. *Middle Ages*. Org. de Judy Galens. Detroit: UXL, 2001. 4 vols.

KOCHENOV, Dimitry. *Citizenship*. Cambridge, MA: The MIT Press, 2019.

KOJEVE, Alexandre. *L'Empereur Julien et son art d'écrire*. Paris: Fourbis, 1990.

KOLAKOWSKI, Leszek. *Why Is There Something Rather than Nothing?: Questions from Great Philosophers*. Londres: Penguin Books, 2008.

LAMEER, Joep. "The Philosopher and The Prophet: Greek Parallels to Al-Farabi's Theory of Religion and Philosophy in the State". In: HASNAWI, Ahmad; AOUAD, Maroun; ELAMRANI-JAMAL, Abdelali (orgs.). *Perspectives arabes et médiévales sur la tradition scientifique et philosophique grecque*. Leuven; Paris: Peeters; Institut du Monde Arabe, 1997, pp. 609-22.

LAZARE, Bernard. *Contre l'Antisémitisme: Histoire d'une polémique*. Paris: Collection XIX.

_____. *Figures contemporaines: Ceux d'aujourd'hui, ceux de demain*. Paris: Collection XIX, 2016. Disponível em: <gallica.bnf.fr/ark:/12148/bpt6k67898n>.

_____. *Oeuvres*. Paris: Éditions La Bibliothèque Digitale, 2012.

_____. *Une Erreur judiciaire: La Vérité sur l'affaire Dreyfus*. Paris: P.-V. Stock, 1898.

LERNER, Ralph; MAHDI, Muhsin. *Medieval Political Philosophy: A Sourcebook*. Nova Iorque: The Free Press, 1967.

LESTRINGANT, Frank; HOLTZ, Gregoire; LABORIE, Jean-Claude. *Voyageurs de la Renaissance*. Paris: Gallimard, 2019.

LOT, Ferdinand. *La Fin du monde antique et le début du Moyen Âge*. Paris: Albin Michel, 1974. [Ed. port.: *O fim do mundo antigo e o princípio da Idade Média*. Trad. de Emanuel Godinho. Lisboa: Edições 70, 1985.]

LOUIS, Florian. *Atlas histórico do Médio Oriente.* Lisboa: Guerra e Paz, 2021.

LOURINHO, Inês. "Fontes cristãs e muçulmanas em confronto: Reflexões sobre as conquistas de Santarém e Lisboa em 1147". In: *Lisboa medieval: Gentes, espaços e poderes.* Lisboa: Instituto de Estudos Medievais, 2016, pp. 129-53.

LUCHAIRE, Julien. *Les Démocraties italiennes.* Paris: Flammarion, 1925.

MACK, Michael. *Spinoza and the Specters of Modernity: The Hidden Enlightenment of Diversity from Spinoza to Freud.* Nova Iorque: Continuum, 2010.

MAHDI, Muhsin. *Ibn Khaldûn's Philosophy of History: A Study in the Philosophic Foundation of the Science of Culture.* Londres; Nova Iorque: Routledge, 2016.

_____. "Remarks on Alfarabi's Book of Religion". In: HASNAWI, Ahmad; AOUAD, Maroun; ELAMRANI-JAMAL, Abdelali (orgs.). *Perspectives arabes et médiévales sur la tradition scientifique et philosophique grecque.* Leuven; Paris: Peeters; Institut du Monde Arabe, 1997, pp. 583-608.

MARCOCCI, Giuseppe; PAIVA, José Pedro. *História da Inquisição portuguesa, 1536-1821.* Lisboa: Esfera dos Livros, 2016.

MARGOLIN, Jean-Claude (org.). *Guerre et paix dans la pensée d'Érasme.* Paris: Aubier Montaigne, 1973.

MAROZZI, Justin. *Impérios islâmicos: Quinze cidades que definem uma civilização.* Lisboa: Relógio d'Água, 2022.

MARQUES, Viriato Soromenho. *Razão e progresso na filosofia de Kant.* Lisboa: Edições Colibri, 1998.

MARTÍNEZ LORCA, Andrés. *La filosofía en Al Ándalus: La obra fundamental que estudia a los grandes pensadores y filósofos que convivieron en Al Ándalus.* Córdoba: Almuzara, 2017.

MENÉNDEZ PELAYO, Marcelino. *Historia de los heterodoxos españoles.* Madrid; Nova Iorque: Bolchiro, 2013.

MENOCAL, Maria Rosa. *The Ornament of the World: How Muslims, Jews, and Christians Created a Culture of Tolerance in Medieval Spain.* Nova Iorque: Back Bay Books, 2012. [Ed. bras.: *O ornamento do mundo.* Trad. de Maria Alice Máximo. Rio de Janeiro: Record, 2004.]

METAXAS, Eric. *Martin Luther: The Man Who Rediscovered God and Changed the World.* Nova Iorque: Penguin Books, 2018.

MOKYR, Joel. *The Gifts of Athena: Historical Origins of Knowledge Economy.* Princeton: Princeton University Press, 2002.

_____. *The Lever of Riches: Technological Creativity and Economic Progress.* Oxford: Oxford University Press, 1990.

MOLLER, Violet. *The Map of Knowledge. How Classical Ideas Were Lost and Found: A History in Seven Cities.* Londres: Picador, 2019.

MOMMSEN, Theodor. *Corpus Inscriptionum Latinarum.* [S.l.]: S.n., 1872. vol. 5, inscrição 6811.

MOORE, R. I. *The First European Revolution, c. 970-1215.* Malden: Mass Blackwell, 2008.

MORRALL, John Brimyard. *Political Thought in Medieval Times.* Toronto: University of Toronto Press, 1980.

MORSINK, Johannes. *Inherent Human Rights Philosophical Roots of the Universal Declaration.* Filadélfia: University of Philadelphia Press, 2012.

NADLER, Steven. *A Book Forged in Hell: Spinoza's Scandalous Treatise and the Birth of the Secular Age.* Princeton: Princeton University Press, 2014.

_____. *Espinosa: Vida e obra.* Lisboa: Publicações Europa-América, 2003.

NAJJAR, Fauzi M. "Al-Farabi on Political Science". *The Muslim World,* vol. 48, n. 2, pp. 94-103, 1958.

NAVARRE, Marguerite de. *Heptaméron.* Org. de Renja Salminen. Genève: Droz, 1999.

NEIER, Aryeh. *The International Human Rights Movement: A History.* Princeton: Princeton University Press, 2021.

NETANYAHU, Benzion. *Don Isaac Abravanel: Statesman & Philosopher.* Londres: Cornell University Press, 1998.

NETO, Lira. *Arrancados da terra.* Lisboa: Objectiva, 2021. [Ed. bras.: *Arrancados da terra: Perseguidos pela inquisição na Península Ibérica, refugiaram-se na Holanda, ocuparam o Brasil e fizeram Nova York.* São Paulo: Companhia das Letras, 2021.]

NETTON, Ian Richard. *Al-Farabi and His School.* Richmond, Surrey: Curzon, 1999.

NOVOA, James Nelson. "From Incan Realm to Italian Renaissance: Garcilaso el Inca and

His Translation of Leone Ebreo's *Dialoghi d'Amore*". In: DI BIASE, Carmine G. (org.). *Travel and Translation in the Early Modern Period*. Leiden: Brill, 2006, pp. 187-201.

NUSSBAUM, Martha C. *The Cosmopolitan Tradition: Noble but Flawed Ideal*. Cambridge, MA: The Belknap Press of Harvard University Press, 2021.

OLIN, John C (org.). *Interpreting Thomas More's Utopia*. Nova Iorque: Fordham University Press, 1989.

OREFICE, Antonella. *Eleonora Pimentel Fonseca*. Roma: Salerno Editrice, 2019.

ORIOL, Philippe. *L'Affaire du capitaine Dreyfus, 1894-1897*. Paris: Stock, 2008.

_____. *Le Faux Ami du capitaine Dreyfus: Picquart, l'affaire et ses mythes*. Paris: Grasset, 2019.

ORWELL, George. *George Orwell: Essays*. Org. de Bernard Crick. Londres: Penguin Books, 2000.

ORWELL, George; DAVISON, Peter. *The Orwell Diaries*. Londres: Penguin Books, 2010.

_____. *George Orwell: A Life in Letters*. Penguin Books, 2016.

OSTERHAMMEL, Jürgen. *The Transformation of the World: A Global History of the Nineteenth Century*. Princeton: Princeton University Press, 2017.

PAGDEN, Anthony. *The Idea of Europe: From Antiquity to the European Union*. Cambridge: Cambridge University Press, 2000.

PARENS, Joshua. *An Islamic Philosophy of Virtuous Religions Introducing Alfarabi*. Albany: State University of New York Press, 2006.

PATOCKA, Jan. *Plato and Europe*. Stanford: Stanford University Press, 2002.

PEREIRA, R. Shlomo; ROSENFELD, R. Eli. *Vozes judaicas de Portugal: Comentários sobre a Torá. Jewish Voices from Portugal: Commentaries on the Torah*. Lisboa: Chabad Portugal Press, 2018.

PICO DELLA MIRANDOLA, Giovanni. *Conclusiones sive theses DCCCC Romae anno 1486 publice disputandae, sed non admissae*. Org. de Bohdan Kieszkowski. Genebra: Droz, 1973.

PIRENNE, Henri. *Mahomet et Charlemagne*. Paris: Éditions Perrin, 2016. [Ed. bras.: *Maomé e Carlos Magno: O impacto do Islã sobre a civilização europeia*. Trad. de Regina Schöpke e Mauro Baladi. Rio de Janeiro: Contraponto; Ed. PUC-Rio, 2010.]

PIZAN, Christine de. *La Cité des dames*. Paris: Éditions Stock, 2000.

POINCARE, Raymond. *Les Origines de la guerre: Conférences prononcées à la "Société des conférences" en 1921*. Paris: Librairie Académique Perrin, 2014.

POPKIN, Richard Henry. *The History of Scepticism: From Savonarola to Bayle*. Oxford: Oxford University Press, 2003.

PRICE, Simon; THONEMANN, Peter. *The Birth of Classical Europe: A History from Troy to Augustine*. Nova Iorque: Penguin Books, 2014.

"PROCESSO de Damião de Góis". PT/TT/TSO-IL/028/17170, s.d., Tribunal do Santo Ofício, Inquisição de Lisboa. Arquivo Nacional da Torre do Tombo. Disponível em: <digitarq.arquivos.pt/ details?id=2317173>.

PROIETTI, Omero. *Uriel Da Costa e l'Exemplar humanae vitae*. Macerata: Quodlibet, 2005.

QUEIROZ, Maria José de. "Leão Hebreu e Garcilaso de la Vega, o Inca: Um encontro à sombra de Platão". *Arquivo Maaravi: Revista Digital de Estudos Judaicos da UFMG*, vol. 6, n. 10, 2012.

RAMACHANDRAN, Ayesha. *The Worldmakers: Global Imagining in Early Modern Europe*. Chicago: University of Chicago Press, 2018.

RECCHIA, Stefano; URBINATI, Nadia. *A Cosmopolitanism of Nations Giuseppe Mazzini's Writings on Democracy, Nation Building, and International Relations*. Princeton: Princeton University Press, 2009.

RÊGO, Raul. *O processo de Damião de Goes na Inquisição*. Lisboa: Assírio & Alvim, 2007.

RESCHER, Nicholas. *Al-Farabi's Short Commentary on Aristotle's Prior Analytics*. Pittsburgh: University of Pittsburgh Press, 1963.

_____. *Studies in History of Arabic Logic*. Pittsburgh: University of Pittsburgh Press, 1963. Disponível em: <digital.library.pitt.edu/ cgi-bin/t/text/text-idx?idno=3173505789636r; view=toc;c=pittpress>.

REYNOLDS, Barbara. *Dante: The Poet, the Political Thinker, the Man*. Londres: I.B. Tauris, 2006. [Ed. bras.: *Dante: O poeta, o pensador político e o homem*. Trad. de Maria de Fátima Siqueira de Madureira Marques. 2. ed. Rio de Janeiro: Record, 2020.]

RIBERA Y TARRAGÓ, Julián. *Discursos leídos ante la Real Academia de la Historia en la recepción pública del señor D. Julián Ribera y Tarragó el día 6 de junio de 1915*. Madrid: Estanislao Maestre, 1915.

ROBBINS, Bruce; HORTA, Paulo Lemos. *Cosmopolitanisms*. Nova Iorque: New York University Press, 2018.

ROBERTSON, John. *The Case for the Enlightenment: Scotland and Naples, 1680-1760*. Nova Iorque: Cambridge University Press, 2007.

ROCHE, Daniel. *Les Républicains des lettres: Gens de culture et Lumières au XVIIIe siècle*. Paris: Fayard, 1988.

ROGACZ, Dawid. *Chinese Philosophy of History: From Ancient Confucianism to the End of the Eighteenth Century*. Londres: Bloomsbury Academic, 2020.

RORTY, Amélie. *Explaining Emotions*. Berkeley: University of California Press, 1980.

ROVERE, Maxime. "Honors and Theatre: Spinoza's Pedagogical Experience and His Relation to F. Van den Enden". *Educational Philosophy and Theory*, vol. 50, n. 9, pp. 809-18, 2017.

RUUD, Jay. *Critical Companion to Dante*. Nova Iorque: Facts on File, 2009.

RYAN, Alan. *On Aristotle: Saving Politics from Philosophy*. Nova Iorque: Liveright Publishing Corporation, 2015.

SALVEMINI, Gaetano. *Le origini del fascismo in Italia: Lezioni di Harvard*. Org. de Roberto Vivarelli. Milão: Feltrinelli, 1966.

_____. *Lettere americane: 1927-1949*. Roma: Donzelli Editore, 2015.

_____. *Prelude to World War II*. [S.l.]: World Public Library Association, 2010.

_____. *Studi storici*. Firenze: Tip. Galileiana, 1901.

SANCHES, Francisco; Vasconcelos, Basilio de. *Que nada se sabe*. Lisboa: Vega, 1991.

SANTAGATA, Marco; DIXON, Richard. *Dante: The Story of His Life*. Cambridge: Harvard University Press, 2018.

SAUL, John Ralston. *Voltaire's Bastards*. Nova Iorque: Simon and Schuster Paperbacks, 2013.

SCHEIDEL, Walter. *Escape from Rome: The Failure of Empire and the Road to Prosperity*. Princeton: Princeton University Press, 2021.

SERRIER, Thomas; FRANÇOIS, Étienne. *Europa notre histoire*. Paris: Éditions Les Arènes, 2017.

SHARIF, M.M. (org.). *A History of Muslim philosophy*. Wiesbaden: Otto Harrassowitz, 1963. vol. I.

SHAW, Christine. *Popular Government and Oligarchy in Renaissance Italy*. Leiden: Brill, 2006.

SHELLEY, Mary Wollstonecraft. *Delphi Complete Works of Mary Wollstonecraft*. Csorna: Delphi Classics, 2016.

_____. *Valperga*. [S.l.]: Createspace Independent Publishing Platform, 2016.

SIDARIUS, Adel. "Arabismo e traduções árabes em meios luso-moçárabes (breves apontamentos)". *Collectanea Christiana Orientalia*, vol. 2, pp. 207-23, 2005.

SINGER, Isaac Bashevis. *Le Spinoza de la rue du Marché*. Paris: Denoïs, 2007.

SKJELVER, Danielle Mead. "German Hercules: The Impact of Scatology on the Definition of Martin Luther as a Man 1483-1546". *Pittsburgh Undergraduate Review*, vol. 14, n. I, pp. 30-78, 2009.

SMITH, Adam. *The Theory of Moral Sentiments*. Nova Iorque: Penguin Books, 2010. [Ed. bras.: *Teoria dos sentimentos morais*. Trad. de Lya Luft. São Paulo: Martins Fontes, 1999.]

SOYER, François. *A perseguição aos judeus e muçulmanos de Portugal: D. Manuel I e o fim da tolerância religiosa (1496-1497)*. Lisboa: Edições 70, 2013.

SPACKS, Patricia Meyer. *Boredom: The Literary History of a State of Mind*. Chicago: The University of Chicago Press, 2006.

SPINELLI, Altiero. *Come ho tentato di diventare saggio*. Bologna: Il Mulino, 1999.

SPINELLI, Altiero; ROSSI, Ernesto; COLORNI, Eugenio; PADOA-SCHIOPPA, Tommaso. *Il manifesto di Ventotene*. Milão: Mondadori, 2017.

SPINOZA, Baruch. *Oeuvres complètes*. Org. de Robert Misrahi, Madeleine Francès e Roland Caillois. Paris: Gallimard, 1954. [Ed. bras.: *Spinoza: Obra completa*. Org. de J. Guinsburg, Newton Cunha e Roberto Romano. São Paulo: Perspectiva, 2014. 4 vols.]

_____. *Traité politique*. Org. de Laurent Bove. Paris: Le Livre de Poche, 2002. [Ed. bras.: *Tratado político*. Trad. de Diogo Pires Aurélio. São Paulo: WMF Martins Fontes, 2009.]

STANLEY, Jason. *How Fascism Works: The Politics of Us and Them*. Nova Iorque:

Random House, 2020. [Ed. bras.: *Como funciona o fascismo: A política do "nós" e "eles"*. Trad. de Bruno Alexander. 5. ed. Porto Alegre: L&PM, 2020.]

STARR, S. Frederick. *Lost Enlightenment: Central Asia's Golden Age from the Arab Conquest to Tamerlane*. Princeton: Princeton University Press, 2015.

STASAVAGE, David. *States of Credit: Size, Power and the Development of European Polities*. Princeton: Princeton University Press, 2017.

_____. *The Decline and Rise of Democracy: A Global History from Antiquity to Today*. Princeton: Princeton University Press, 2021.

STEINER, Zara S. *The Triumph of the Dark. European International History 1933-1939*. Oxford: Oxford University Press, 2011.

STEINSCHNEIDER, Moritz. *Al-Farabi (Alpharabius), des arabischen Philosophen Leben und Schriften; mit besonderer Rücksicht auf die Geschichte der griechischen Wissenschaft unter den Arabern*. Leiden: Brill, 1890.

STERN, Paul. *Dante's Philosophical Life: Politics and Human Wisdom in Purgatorio*. Filadélfia: University of Pennsylvania Press, 2018.

STEWART, Matthew. *The Courtier and the Heretic: Leibniz, Spinoza, and the Fate of God in the Modern World*. New Haven: Yale University Press, 2007.

STRAUSS, Leo. *Maïmonide: Essais*. Trad. de Rémi Brague. Paris: Presses Universitaires de France, 1988.

_____. *Persecution and the Art of Writing*. Chicago: Chicago University Press, 1988.

_____. *Spinoza's Critique of Religion*. Chicago: University of Chicago Press, 1996.

STRAUSS, Leo; BARTLETT, Robert. "Some Remarks on the Political Science of Maimonides and Farabi". *Interpretation*, vol. 18, n. 1, pp. 3-30, 1990.

TAINTER, Joseph A. *The Collapse of Complex Societies*. Cambridge: Cambridge University Press, 2017.

TOOHEY, Peter. *Boredom: A Lively History*. New Haven: Yale University Press, 2011.

TOULMIN, Stephen Edelston. *Cosmopolis: The Hidden Agenda of Modernity*. Chicago: The University of Chicago Press, 1992.

TUCKER, Mary Evelyn; BERTHRONG, John (orgs.). *Confucianism and Ecology: The Interrelation of Heaven, Earth, and Humans*. Cambridge, MA: Harvard University Press, 1998.

VEGA, Inca Garcilaso de la. *Historia general del Peru: Trata el descubrimiento del, y como lo ganaron los españoles. Las guerra ciuiles que huuo entre Piçarros y Almagros, sobre la partija de la tierra. Castigo y leuantamiento de tiranos, y otros sucessos particulares que en la historia se contienen*. Córdoba: Viuda de Andrés de Barrera, 1610.

VENTURI, Franco. *Settecento riformatore: La chiesa e la repubblica dentro i loro limiti: 1758-1774*. Torino: G. Einaudi, 1976.

VERNANT, Jean-Pierre. *Entre Mythe et politique*. Paris: Seuil, 1996. [Ed. bras.: *Entre mito e política*. Trad. de Cristina Murachco. São Paulo: Edusp, 2001.]

VOLTAIRE. *Cândido, ou o Optimismo*. Trad. de Rui Tavares. Lisboa: Tinta-da-china, 2006. [Ed. bras.: *Cândido, ou o Otimismo*. Trad. de Mário Laranjeira. São Paulo: Penguin Classics Companhia das Letras, 2012.]

WALLACE-HADRILL, Andrew. *Rome's Cultural Revolution*. Cambridge: Cambridge University Press, 2008.

WALZER, Richard. "Aspects of Islamic Political Thought: Al-Farabi and Ibn Xaldûn". *Oriens*, vol. 16, pp. 40-60, 1963.

WIENER, Norbert. *Cybernetics: Or Control and Communication in the Animal and the Machine*. Cambridge, MA: The MIT Press, 1969. [Ed. bras.: *Cibernética: Ou controle e comunicação no animal e na máquina*. Trad. de Gita K. Ghinzberg. São Paulo: Edusp, 1970.]

WILKE, Carsten. *História dos judeus portugueses*. Lisboa: Edições 70, 2009.

WORMS, Frédéric. *Droits de l'homme et philosophie: Une anthologie (1789-1914)*. Paris: CNRS Éditions, 2016. Disponível em: <books.openedition.org/editionscnrs/9164>.

Crédito das imagens

SUMÁRIO

(pp. 4 e 91) *Escola de Atenas* (1509), afresco de Rafael. Museus Vaticanos.

(pp. 4, 39 e 40) Mapa do mundo árabe, versão tardo-medieval do mapa-múndi árabe de Al Idrisi. Bibliothèque Nationale de France.

(pp. 5 e 21) *A família Tavares* (1946), acervo pessoal.

(pp. 5, 439 e 440) *Ficus foliis palmatis. Ficus sativa fruit majori violaceo oblongo* (1750), ilustração de figos e folhas de figueiras por Georg Dionysius Ehret, in *Plantae selectae quarum imagines ad exemplaria naturalia Londini, in hortis curiosorum nutrita*, de Christoph Jacob Trew e Johann Jacob Haid. New York Botanical Garden Archives.

(p. 6) Retrato do capitão Alfred Dreyfus (*c.* 1894), fotografia de Aron Gerschel. Bibliothèque Nationale de France.

(p. 6) Batalha entre guelfos e gibelinos em Bolonha (*c.* 1400), ilustração incluída nas *Chronache* de Giovanni Sercambi.

(p. 7) Detalhe de *O triunfo da morte* (c. 1562), óleo sobre madeira de Pieter Bruegel. Museu do Prado.

(pp. 7, 363, 364 e 409) Cartaz da Declaração Universal dos Direitos Humanos (1949) em inglês, reprodução do acervo da Biblioteca e Museu Presidencial Franklin D. Roosevelt.

(pp. 8 e 147) Frontispício da edição de 1555 de *La Divina Commedia di Dante*, de Dante Alighieri.

(p. 8) Eleanor Roosevelt (1946), representando os EUA na conferência das Nações Unidas, em Nova Iorque. Fotografia de Keystone/Getty Images.

(pp. 9 e 57) Metade inferior de uma página com texto sogdiano cristão, de autor desconhecido, escrito em estrangēlā, variante do alfabeto siríaco. Turpan, China, sécs. IX–XI. Academia de Ciências de Berlim.

(p. 9) Montagem dos pilares sobre o primeiro andar da Torre Eiffel (1888), fotografia incluída em *La Tour de trois-cents mètres*, no álbum de Gustave Eiffel. Paris: Lemercier, 1900. Bibliothèque Nationale de France.

(pp. 10 e 397) Stalin, Roosevelt e Churchill na Conferência de Teerã, em 1943. Acervo da Biblioteca do Congresso dos Estados Unidos.

(pp. 11 e 163) Processo contra Damião de Góis (1571). Arquivo Nacional da Torre do Tombo.

(pp. 11 e 283) *Mary Wollstonecraft* (1797), óleo sobre tela de John Opie. National Portrait Gallery.

(p. 12) Retrato de Erasmo rasurado por um anônimo numa edição da *Cosmographia Universalis* (1550), de Sebastian Münster, Basileia.

(pp. 12 e 49) *Alfarrábio*, de Rafael Bluteau. Acervo digital da Biblioteca Brasiliana Guita e José Mindlin.

CRÉDITO DAS IMAGENS

(p. 13) Explosão do dirigível Hindenburg em Lakehurst em Nova Jersey, Estados Unidos, em 1937. Fotografia de Sam Shere, do acervo de fotos Oficial da Marinha dos EUA.

PROSPECTO

(p. 15) *"Feci quod volui"* (*"fiz o que quis"*) (1877), reprodução de inscrição em túmulo romano. German Archaeological Institute.

MEMÓRIA PRIMEIRA: DO FANATISMO

(p. 43) A cidade redonda de Bagdade entre 767 e 912 d.C. (1883), de William Muir.

(p. 53) Nota de 200 teng (1999), Banco Nacional da República do Cazaquistão.

(p. 73) Cerimônia zoroastriana (1723), gravura Bernard Picard, incluída no livro *Cérémonies et coutumes religieuses de tous les peuples du monde*. Bibliothèque Nationale de France.

(p. 76) Zaratustra (XVII/XVII), ilustração incluída no manuscrito de Clavis Artis. Biblioteca dell'Accademia Nazionale dei Lincei e Corsiniana.

(p. 79) Deus Ahura Mazda. UNESCO Archives.

MEMÓRIA SEGUNDA: DA POLARIZAÇÃO

(pp. 97 e 98) Projeção cônica do mundo *Agathi daemonis mechanici Alexandrini orbis descriptio ex libris geographicis Claudii Ptolemaei* (1648), de Philippe Briet, incluída em *Parallela Geographiae Veteris et Novae* (1648-1649), de Claude Ptolémée. Bibliothèque Nationale de France.

(p. 107) Florença no século XV, miniatura incluída na *Historia Florentina*, de Poggio Bracciolini. Biblioteca Apostolica Vaticana.

(p. 115) Mapa da parte Ocidental do Império Romano (1818), incluído

na obra *The History of the Decline and Fall of the Roman Empire... in Twelve Volumes. A new edition*, de Edward Gibbon. Bibliothèque Nationale de France.

(p. 119) *The Final Assault on Constantinople* (1890), gravura incluída na obra *Cassell's Illustrated Universal History, vol. III*, de Edmund Ollier. Fotografia de The Print Collector/Getty Images.

(p. 125) Frontispício do livro *Il Tesoro* (1533), de Brunetto Latini, na edição de Melchiore Sessa, o Velho, de Veneza. Archivio Libreria Antiquaria Bourlot.

(p. 129) Iluminura do *Libro de los Juegos* (1283), de Afonso X de Leão e Castela, folio 17 verso. Escorial.

(p. 133) Manuscrito do livro *Li Livres dou Tresor* (1450), de Brunetto Latini. Bibliothèque de Genève.

(p. 139) *La mappa dell'Inferno* (1480), ponta de prata, tinta, colorida em têmpera de Sandro Botticelli.

MEMÓRIA TERCEIRA: DA GLOBALIZAÇÃO

(pp. 155, 156 e 185) Representação da Europa como mulher (1581), de Heinrich Bünting.

(p. 159) Ilustração de Damião de Góis, de Philips Galle. Rijksmuseum.

(p. 173) Erasmo de Roterdão (1520), esquiço para um retrato a óleo por Albrecht Dürer. Frick Gallery de Nova Iorque.

(p. 173) Thomas More (1527), esboço para um retrato a óleo por Hans Holbein. Frick Gallery de Nova Iorque.

(p. 181) *95 Teses de Martin Luther* (1517). Acervo da Staatsbibliothek.

(p. 199) Gravura de Jerónimo Savonarola (1778). Acervo da

Österreichische Nationalbibliothek –
Austrian National Library.

(p. 211) Frontispício do livro
L'Heptaméron de Navarra (1880),
de Margarida de Navarra.
Bibliothèque Nationale de France.

(p. 211) Gravura de Margarida
de Navarra, de Dumontier.
Bibliothèque Nationale de France.

(p. 219) Manuscrito de Shakespeare (1601),
excertos da peça coletiva *The Book of
Sir Thomas More*. Acervo da British Library.

MEMÓRIA QUARTA: DA EMANCIPAÇÃO

(pp. 221 e 222) Mapa do mundo *Hoc est puctum
quod inter tot gentes ferro et igno dividitur, o quam
ridiculi sunt mortalium termini* (1620), de autor
desconhecido, incluído em *Parallela geographiae
veteris et novae, vol. 1* (1648), de Philippe Briet.
Bibliothèque Nationale de France.

(p. 229) Encontro de quackers em Londres (1723),
gravura de Bernard Picard. The Internet Archive.

(p. 235) Gravura de William Penn (1886),
de Godfrey Kneller.

(p. 239) Frontispício da obra *An Essay Towards
the Present and Future Peace of Europe* (1693),
de William Penn. The New York Public Library.

(p. 251) Frontispício da primeira edição
da obra *Cândido* (1759), de Voltaire.
Bibliothèque Nationale de France.

(p. 251) Frontispícios do ensaio *Respondendo
à pergunta: o que é o Iluminismo?* (1784),
de Immanuel Kant. Berliner Stadtbibliothek.

(p. 271) Gravura de António Nunes
Ribeiro Sanches (1785), de Gérard René
Levillain. Wellcome Collection.

(p. 283) Retrato de Olympe de Gouges (1748),
de Alexander Kucharsky.

(p. 289) Olympe de Gouges oferecendo
declaração a Maria Antonieta (1790),
gravura de C. Frussotte, a partir de desenho
de Claude Louis Desrais. Bibliothèque
Nationale de France.

(p. 297) Retrato de Leonor da Fonseca,
de autor desconhecido.

MEMÓRIA QUINTA: DO ÓDIO

(pp. 299 e 300) Monografia impressa
*Les promenades de Paris: histoire, description
des embellissements, dépenses de création et
d'entretien des Bois de Boulogne et de Vincennes,
Champs-Elysées, parcs, squares, boulevards, places
plantées, études sur l'art des jardins et arboretum*
(1867-1873), de Adolphe Alphand. Bibliothèque
Nationale de France.

(p. 303) Frontispício do livro *O estúpido século XIX*,
de Léon Daudet (1928). Internet Archive.

(p. 317) *Le krach de l'Union générale
ou la faillite des cléricaux*, cartaz sobre
o crash do banco Union Générale (1882).
Médiathèque de Roubaix.

(p. 325) *Bordereau* que desencadeou o caso
Dreyfus (1894). Archives nationales de France.

(p. 329) Retrato de Alfred Dreyfus,
estereoscopia de F. Hamel (1898).

(p. 337) Retrato de Bernard
Lazare, fotografia de Aron Gerschel
(1898). Musée de Bretagne.

(p. 345) Frontispício do livro *L'Antisémitisme*,
de Bernard Lazare (1894). Bibliothèque
Nationale de France.

(p. 348) *Une Erreur Judiciaire*, texto
de Bernard Lazare (1897). Bibliothèque
Nationale de France.

(p. 355) *J'accuse…!*, carta aberta de Émile
Zola no Jornal L'Aurore, de 13 de janeiro
de 1898. Acervo UN Photo.

CRÉDITO DAS IMAGENS

MEMÓRIA SEXTA: A PERGUNTA

(p. 367) Fotografia de Gaetano Salvemini.
Fondazione Ernesto Rossi e Gaetano Salvemini.

(p. 373) Fotografia de Arturo Toscanini.
Library of Congress.

(p. 381) Lápide – Manifesto de Ventotene (1973),
fotografia de autoria desconhecida.

(p. 389) Retrato de Hannah Arendt (1958),
fotografia do Archiv Barbara Niggl Radloff/
Münchner Stadtmuseum.

(p. 403) Fotografia de Virginia Gildersleeve.
Library of Congress.

(p. 403) Fotografia de Wu Yi-fang. University
of Michigan.

(p. 406) Fotografia de Minerva Bernardino,
de autoria desconhecida.

(p. 406) Fotografia de Bertha Lutz.
Arquivo Nacional.

EPÍLOGO: FIGOS E FILOSOFIA

(p. 451) Retrato de Bento
Espinosa (1677), gravura de Étienne
Fessard. British Museum.

(p. 455) Manuscrito da sentença
contra Espinosa (1656), preservado
no acervo da sinagoga portuguesa
de Amsterdã.

(p. 465) Frontispício do quinto
volume do *Dictionnaire de
Bayle* (1734), de Pierre Bayle.
Bibliothèque Nationale de France.

(p. 468) Página com menção à família
de Espinosa do *Dictionnaire de Bayle*
(1734), de Pierre Bayle. Bibliothèque
Nationale de France.

COLOFÃO

(p. 536) Selo de papel representando
Al Farabi (1493). Rijksmuseum.

Índice remissivo

Abraão, 69, 136, 453
Abravanel, Isaac, 51, 113, 194-5, 197, 205, 214, 216, 454, 457
Abravanel, Judá, 215-6, 454
Abravanel, Samuel, 214
Abu-Lughod, Janet, 149
Açores, 26, 208, 365
Acre, 153
Adão, 33, 473
Adaulá, Ceife, 95
Adenauer, Konrad, 421
Afeganistão, 30, 52, 56, 59, 60, 71, 75, 78, 82
Afonso v, 193
Afonso x, o Sábio, 123, 128, 131, 136, 443
África, 25, 93, 214, 253, 278, 425-6, 444, 453
Africano, Júlio, 113
Agostinho, Santo, 83, 197
Ahriman, 77, 80
Ahura Mazda, 77-8, 80
Al Andalus, 46, 141
Alcorão, ver Corão
Al Farabi, ou Abu Nasr al Farabi, ou Abu Nasr Muhammad ibn Muhammad al Farabi, 30, 32, 34, 41-2, 44-8, 51-2, 54-6, 59, 60-9, 70-2, 75, 81-2, 84, 88-9, 90, 92-6, 109, 121, 128, 132, 136, 141-2, 202-3, 213-4, 216, 223-5, 256, 371, 391-3, 429, 430-1, 433-5, 437, 441-5, 447, 459, 460-2, 469, 471, 473-5
Al Hazakeh, 86
Al Khwarizmi, ver também Al Majusi, 32, 95, 429, 430-5, 437
Al Kindi, 45
Al Mansur, 42, 431-2
Al Shahrastani, 65
Al Tabari, 429, 430
Albertini, Luigi, 375

Alcipe, *pseudônimo de* Leonor de Almeida, 281, 294
Alemanha, 100, 104-5, 145, 149, 153, 158, 170, 176, 184, 189, 190, 197, 202, 226, 237, 241, 275, 307, 314, 321, 323, 328, 336, 360, 376, 395, 400, 408, 422, 441
Alenquer, 157, 160, 166-7
Alepo, 95-6, 474
Alexandria, 153
Alfama, 47, 157
Alighieri, Dante, 31, 132, 138
Alighiero, Bellincione, 132, 135
Almagesto, 45
Almereyda, Miguel, 308-9
Alorna, Marquês de, 281
Alsácia, 306-7, 313, 328, 332, 343, 357
Amazónia, 197
Ambrósio, Santo, 197
América do Norte, 238, 253
América do Sul, 208, 253, 438
América Latina, 421
América, 180, 234, 237-8, 240, 244, 386-7
Amesterdão, 195, 253, 288, 333, 450, 454, 458-9, 460-1
Ancara, 104
Andes, 207
Angola, 278
Angoulême, Margarida de, 209
Angra do Heroísmo (Açores), 208
Angra Manyu, 78
Antonieta, Maria, 248, 287, 290, 295, 298
António de Pádua, 169
Antuérpia, 31, 150, 158, 171, 195
Apollinaire, 335, 341
Apúlia, 143, 371
Apuliae, Puer, ver também Frederico ii, 143
Aquino, Tomás de, 123, 136, 141-2, 152, 444, 447

ÍNDICE REMISSIVO

Aragão, Catarina de, 175
Aragão, Fernando de, 194
Arendt, Hannah, 256, 380, 387-8, 464, 475
Arezzo, 138
Argélia, 83
Argém, Joana de, 162, 166
Aristóteles, 35-6, 42, 45-6, 55, 72,
  88-9, 90, 92-4, 132, 142-3, 180, 203,
  216, 224, 256, 273, 371, 391, 426, 433,
  437-8, 443, 446, 460-1, 469, 474
Arménia, 78, 87
Ásia, 32-5, 37-8, 41, 52, 66, 68-9, 70-1,
  77-8, 82-3, 87-9, 93, 109, 113, 146,
  149, 150-2, 197, 275, 392, 429, 431-3,
  442, 444, 469, 473-4
Asín Palacios, Miguel, 135-6
Assis, Francisco de, 123-4, 153
Atlantis, 46
Augústulo, Rómulo, 118
Áustria, 275, 295, 376
Avempace, 136
Averróis, ou Ibn Rushd, 30, 48, 95, 128,
  132, 136, 141, 153, 202-3, 213-4, 224-5,
  371, 392, 433, 442-4, 459, 461, 464, 469
Avicena, 46, 95
Azerbaijão, 52, 78

Babilónia, 42, 68, 77, 82, 190
Baçorá, 87
Báctria, 56, 59, 71, 75
Badajoz, 207, 215
Bagdade, 30, 38, 42, 44-5, 47-8,
  50, 52, 55, 60-1, 63-6, 68, 83-4,
  87-9, 90, 93, 430-2, 441, 474
Bakunine, Mikhail, 335
Balcãs, 118
Balkh, Rábia de, 35
Barba Ruiva, Frederico, 153
Bardi, Simone dei, 137
Barrancos, 193
Barrès, Maurice, 357
Bar-sur-Aube, 150
Basileia, 158, 169, 176
Bastian, Marie, 323
Batalha de Campaldino, 138
Bayle, Pierre, 463-4, 466-7
Bayreuth, 383
Bélgica, 150-1, 275, 320
Belo, Catarina, 67
Benhabib, Seyla, 415

Benjamin, Walter, 380, 387
Bentham, Jeremy, 266, 268
Benvenuto, 145
Bernardino, Minerva, 401, 405
Bíblia, 33, 64, 69, 227, 255, 261, 459, 473
Birmânia, 423, 426
Bismarck, Otto von, 313
Blanc, François, 315
Blijenbergh, Willem van, 453
Bloch, Marc, 307
Blondi, 145
Blood, Frances, 287
Blücher, Heinrich, 387, 464
Blum, Léon, 308
Bluteau, Rafael, 47
Bobbio, Norberto, 369
Boccaccio, Giovanni, 28, 145-6, 148,
  201, 208-9, 210, 212, 217, 224, 442
Bodin, Jean, 213
Boémia, 187
Boerhaave, Herman, 463
Boisdeffre, 327, 330
Bolena, Ana, 175
Bolkonskaia, Maria, 264-5
Bolkonski, André ou Andrei, 264-5
Bolkonski, Nikolai Sergueievitch, 264-5, 268
Bolonha, 153, 201
Bolsonaro, Jair, 103, 191
Bombaim, 81, 189
Bonaparte, Luís Napoleão, 313
Bordéus, 180, 315
Boston, 237, 245, 247, 253
Botticelli, Sandro, 204
Boulanger, Georges, 319, 320-1, 341, 357
Bragança, Duque de, 193, 215
Brasil, 34, 47, 55, 104, 180, 191, 278,
  340, 372, 386, 396, 401, 411, 415
Bredin, Jean-Christophe, 335, 343
Briand, Aristide, 307
Brissot, Jacques-Pierre, 285-6
Brochado, Idalino Costa, 310
Bruges, 150, 171
Bruni, 145
Bruno, Giordano, 429, 430
Buda, 72, 77
Bukhara, 61, 63, 431, 474
Bulhões, Fernando de,
  ver também António de, 169
Burke, Edmund, 288, 291
Bush, George W., 86

Cã, Gengis, 101, 146
Cabo Verde, 361
Cadbury, William, 228
Café de Valois, 285
Café du Croissant, 308
Caffà, 149
Cagoule, 378
Cairo, 124, 149, 153, 461
Calvino, Italo, 29, 89, 474
Campo Mártires da Pátria, 208
Canal da Mancha, 171, 281, 422
Canal do Panamá, 319
Canal do Suez, 319
Cândido, 31, 246, 248-9, 250, 252-3, 255
Caraíbas, 415, 450
Carlos II, 234
Carlos V, Sacro Imperador Romano e
    Arquiduque da Áustria, 204, 208, 210, 215, 279
Carlos VIII, 204
Carlos, conde de Orleães e Angoulême, 209
Carneiro, Levi, 411
Carolina, Maria, 295, 298
Carr, E.H., 411
Casa Branca, 395
Casa da Sabedoria, ou Bayt al-Hikmah,
    432-4, 437
Casa das Perguntas, 161, 165
Casa do Despacho da Santa Inquisição, 161
Casanova, Giacomo, 253
Cassin, René, 412, 414-5, 421, 435, 442
Castela, 128, 165, 193, 280
Castro, Élie de, 334
Castro, Jacob de, 333-4, 349, 352, 391
Catarina, a Grande, 269
Cáucaso, 72, 78, 87
Cazaquistão, 54-5, 59, 60, 78
Çelebi, Kâtip, 95
Cerchi, 138
Cerejeira, Manuel, 310
Cerulli, Enrico, 136
Cervantes, Miguel de, 216-8
César, Júlio, 64
Champagne, 149, 150-2
Chang, Peng-chun, 408, 411-3, 435, 442, 475
Chardin, Pierre Teilhard de, 411
Chicago, 342, 414, 464, 469
Chimpu, Isabel Ocllo, 207
China, 52, 56, 60, 66, 146, 149, 392,
    396, 399, 401, 425, 436, 442
Chomsky, Noam, 335

Churchill, Winston, 395-6, 398-9, 413, 421, 424
Ciro, o Grande, 82
Civitas Maxima, ou Cidade Suprema, 256
Clemenceau, Georges, 306-7, 328, 353, 359
Clemente de Alexandria, 274
Clemente XIII, Papa, 281
Clenardo, Nicolau, 213-5
Cleynaerts, Nicolaes, 213
Cochran, Eddie, 414
Cohen, Gustave, 369, 391
Coimbra, 46, 196, 277, 459
Colégio das Artes e
    Humanidades de Coimbra, 196
Colégio de Santa Bárbara, 196
Colégio de Santo Antão, 196
Collège de Sainte-Barbe, 162
Colorni, Eugenio, 379, 382, 385
Colorni, Silvia, 386
Comissão Europeia, 170
Companhia de Jesus, 195-6
Comunidade Europeia do
    Carvão e do Aço, 386, 421
Condorcet, Nicolas de, ou Marie Jean
    Antoine Nicolas de Caritat, Marquês
    de Condorcet, 285
Constantino, o Grande, 68, 112
Constantinopla, 64, 117-8, 121, 246
Corão, 33, 65, 69, 94-5, 117, 135-6
Córdova, 47-8, 128, 136, 433, 443, 461
Corriere della Sera, 375-6
Costa, Gabriel da, 458-9
Costa, Uriel da, 458-9, 460, 464
Coventry, 103
Craesbeeck, Pedro, 215
Cremona, Gerardo de, 45-7, 128, 132
Cristo, Jesus, 63, 65, 68-9, 77, 83-4,
    86-7, 136, 233, 274, 430-1, 444
Croce, Benedetto, 411
Cromwell, Oliver, 458
Cronos, 78
Curdistão, 86
Cuzco, 207-8

D'Arc, Joana, 321
Damasco, 66, 86, 96, 474
Dantzig, 158
Daudet, Alphonse, 301, 313-4
Daudet, Léon, 32, 301-2, 304-9,
    310, 313, 332, 343, 354, 357, 359
Daudet, Philippe, 309

ÍNDICE REMISSIVO

Dauriac, Fernande, 422
Davenport, Miriam, 387
De Gaulle, Charles, 396, 399
Déroulède, Paul, 357
Descartes, René, 446, 460
Deus, 77, 80, 84-5, 94, 167, 201, 204, 216, 233,
  246-8, 263, 276, 316, 446-8, 457, 459, 462-3
Diderot, Denis, 26, 296
Dinamarca, 158, 291
Dinarzade, 37-8
Dinis, Dom, 47, 128, 153
Dionísio, 268
Donati, Gemma, 137
Dreyfus, Alfred, 305-7, 321, 324, 327-8, 330-5,
  338, 342-4, 349, 351-4, 357-9, 361, 369, 391
Dreyfus, Lucie, 353
Dreyfus, Mathieu, 327, 334, 349, 358-9
Drumont, Édouard, 310, 316,
  318-9, 327-8, 332, 336, 343, 357
Dulles, John Foster, 407
Dunham, Katherine, 414-5
Dzhugashvili, Iosif, 396

Eck, Johann, 187-8
École des Hautes Études en Sciences
  Sociales, 327, 342, 369, 391
École Libre des Hautes Études, 369, 391
École Normale Supérieure, 342, 361
Egito, 34, 67, 85, 124, 150, 453
Eiffel, Gustave, 319
Einstein, Albert, 228
Elias de Creta, 443
Elpando, 113
Erasmo de Roterdão, 31, 158,
  169, 170-2, 174-7, 180, 183-4,
  191, 195, 208, 210, 442-3, 471-2
Erbil, 66
Ernst, Max, 380
Escandinávia, 149
Escócia, 103, 234
Espinosa, Ana, 453
Espinosa, Baruch ou Bento ou
  Benedictus, 32-3, 225, 250, 444-9, 450,
  453-4, 456-9, 460-4, 467, 469, 470-3
Espinosa, Ester, 450
Espinosa, Miguel, 450, 453
Espinosa, Rebeca d', 450, 453, 458
Espírito Santo, 112, 231, 316
Estados Unidos da América,
  31, 237, 243-4, 386-7, 396

Esterhazy, Marie Charles
  Ferdinand Walsin, 334, 349, 351-4, 357
Estónia, 124
Estreito de Magalhães, 253
Euclides, 432, 446
Eurásia, 33, 48, 72, 146, 425, 428
Europa, 25-6, 31-2, 46-7, 52, 60-1, 93,
  95, 100, 105, 113, 121, 124, 127-8, 143,
  146, 149, 150-1, 153, 161-2, 165, 167,
  170-1, 176-7, 180, 183-4, 186-7, 189,
  195, 202, 207-9, 210, 215, 233, 238,
  240-2, 245, 253, 267, 273, 275, 277,
  281, 288, 301-2, 305-7, 344, 371, 377,
  379, 380, 382-3, 385-8, 390, 395-6,
  421, 423, 425-6, 442-4, 446, 449,
  450, 461, 463-4, 471
Eva, 33, 209, 386, 473
Evatt, Herbert, 402
Évora, 24, 193, 196, 214-5
Extremo Oriente, 196, 412, 425

Fabre, Pierre, 196
Farab, 52, 55, 61-2, 225
Feodosia, 149
Fernando IV, 295
Ferrara, 198, 214
Ferry, Jules, 357
Fez, 461
Fiesole, 28, 145
Filadélfia, 237, 245, 261, 293
Filipe II, 279
Filipinas, 62, 402
Flandres, 31, 149, 150, 158, 171, 213, 241
Floquet, Charles, 320-1
Florença, 28, 101-2, 105, 108, 124, 126-7,
  131-2, 137-8, 141, 145, 149, 150, 192, 201,
  203-5, 376, 378-9, 383, 422
Fonseca, Diogo da, 157
Foucault, Michel, 262
Fox, George, 227, 234, 236
França, 32, 36, 62, 104, 112, 131, 149, 150,
  193, 204, 209, 210, 217, 241, 248, 275,
  280, 287-8, 292-3, 296, 305-7, 310, 313-4,
  316, 318-9, 320-1, 323, 326, 328, 331-3, 336,
  341-2, 352-4, 357-9, 360, 376, 378-9, 385,
  387, 399, 401, 408, 412, 420, 422-3
Frankenstein, *ver também* Mary Shelley,
  282, 288
Franklin, Benjamin, 243-5, 259, 260-5, 268
Frederico II, 123-4, 127, 143-4, 154, 269

Fry, Varian, 379, 386-8
Fulbright, William, 407

Galilei, Galileu, 136
Gandhi, Mohandas K., *dito* Mahatma, 411
Gaochang, 59
Garcilaso de la Vega, Inca, 208-9, 215-8
Garcilaso de la Vega, Sebastián, 207-8
Gautama, Sidarta (Buda), 72, 77
Geórgia, 78
Ghanzni, Mahmud de, 35
Ghita, 422
Gibbon, Edward, 267
Gildersleeve, Virginia, 401, 405
Giolitti, Giovanni, 375-6
Giovannino, *ver* Jean Luchaire, 422
Glendon, Mary Ann, 407
Goa, 189
Godwin, William, 288
Goethe, Johann Wolfgang von, 248
Góis, Damião de, 31, 157-8, 160-2, 164-7,
   169, 170-2, 176-7, 180, 183, 189, 195-6,
   214, 223, 369, 443, 471-2, 475
Gold, Mary Jayne, 387
Goldman, Emma, 335
Golfo de Biscaia, 151
Golfo Pérsico, 87, 121, 149
Gouges, Olympe de, 282, 284-8,
   291-2, 294-6, 298, 370, 471, 475
Gouveia, Diogo de, 196
Graça (bairro de Lisboa), 365
Grécia, 45, 267
Guiné, 278
Gutenberg, 179, 473
György, Stern, *ver também* Georg Solti, 377

Haia, 411, 461, 471
Hamilton, Alexander, 248, 259
Hargen, Johanna van, 162, 166
Haug, Martin, 72
Haussmann, Georges-Eugène, Barão de, 314
Heidegger, Martin, 408, 416
Heine, Heinrich, 188
Helsínquia, 414
Henrique VIII, 170, 172, 175, 184, 226
Henriques, Afonso, 47-8, 128, 153, 461
Heraclito, 441-2
Heródoto, 266
Herr, Lucien, 361-2, 370, 383
Herzl, Theodor, 335, 339, 340, 343, 346, 360-1, 420

Hilário, Santo, 112
Himalaias, 146
Hipólito, 113
Hirschman, Albert, 379, 385-7
Hirschmann, Ursula, 379, 385-6
Hispania, 183, 186
Hitler, Adolf, 360, 383, 400
Hobbes, Thomas, 268, 462-3, 469
Hohenstoffen, casa de, 100, 105, 127-8
Holanda, 197, 226, 237, 250, 269, 279, 280-1,
   288, 446, 449, 450, 452, 458, 461, 471
Holmes, Oliver Wendell, 247
Homero, 33
Hopkins, Harry, 396
Hornsey, 267
Huascar, 207
Hubei, 146
Hugo, Jeanne, 302
Hugo, Victor, 302, 314, 357, 361, 386
Hume, David, 267
Hungria, 241, 377, 414
Hus, Jan, 187
Huxley, Aldous, 411

Ialta, 396, 399, 401, 424-5
Ibn Arabi, 136
Ibn Halikan, 66
Ilha de Ré, 332
Ilha do Diabo, 332, 349, 351-3, 357, 359
Ilha do Príncipe, 228
Imlay, Fanny, 288
Imlay, Gilbert, 288
Índia, 60, 66, 81, 128, 130, 149,
   176, 194, 197, 205, 392, 442
Inglaterra, 24, 103, 149, 171-2, 175, 184,
   189, 202, 217, 226, 234, 238, 241, 245, 266,
   280, 353, 357, 376, 396, 423-4, 427, 457
Irão, 52, 55, 61, 78, 81
Iraque, 66, 78, 86-7
Irlanda do Norte, 103
Irlanda, 241
Isabel de Portugal, 171
Israel, 86, 339, 340, 344, 361, 383, 420, 457, 469
Israel, Jonathan, 469
Israel, Menasseh Ben, 457-8
Istambul, 64, 102, 104, 106, 118, 469
Itália, 30, 45, 60, 100, 102, 104-6, 131, 135, 138,
   143-5, 149, 150, 153, 202, 209, 214-5, 275, 280,
   294, 310, 342, 371-2, 375-6, 378-9, 383, 385, 395
Ivanovna, Anna, 269

ÍNDICE REMISSIVO

James, Henry, 267
Jaspers, Karl, 72
Jaurès, Jean, 306, 308, 328, 353, 359, 362
Jefferson, Thomas, 296
Jeová, 64
Jerusalém, 68, 88, 96, 114, 136, 153-4,
  193, 196, 209, 255, 274, 340
João Batista, São, 87
João I, 171
João II, 193-4
João III, 158, 165, 196, 215, 277
Jonas, Hans, 388
José I, 248, 276, 281
Joyce, James, 265
Julieta, 100
Jumblatt, Kamal, 408

Kant, Immanuel, 25-6, 31, 143,
  248-9, 252, 254-7, 391, 436, 470
Kempis, Thomas de, 262
Keynes, John Maynard, 307
Khomeini, Aiatolá Ruhollah Musavi, 81
Kraus, Paul, 464, 469
Kropotkine, Pierre, 335
Kuliscioff, Anna, 371

Laércio, Diógenes, 266
Lafer, Celso, 388
Lakehurst, 23
Latini, Brunetto, 31, 123-4, 126-8,
  131-2, 134, 137, 141, 202, 224, 365, 443
Lazare, Bernard, 32, 334-6, 338-9, 340-4,
  346-7, 349, 352-4, 358-9, 360-1, 471
Leão Hebreu, 215-7, 224, 454
Leibniz, Gottfried Wilhelm,
  246, 250, 255, 446
Leiden, 463
Lem, Stanislaw, 27
León, Luis de, 369
Leonor de Portugal, Dona, 281
Lesseps, Ferdinand de, 319
Levante, 32, 86
Líbano, 86, 408
Liébana, Beato de, 113
Liga Hanseática, 150, 158
Lisboa, 20, 24, 32-3, 46-8, 103, 123, 128, 131,
  152-4, 157, 160-2, 165-6, 169, 176, 194-7, 208,
  214-5, 217, 245-7, 250, 253-4, 259, 264, 287,
  294-5, 340, 365, 380, 385-8, 450, 461
Lívio, Tito, 268

Llull, Ramon, ou Lúlio, Raimundo,
  Raymond, 30, 48
Locke, John, 462, 469
Londres, 102-4, 106, 175, 217, 220,
  269, 281, 288, 295, 377, 395, 407, 424
Lopes, Manuel Pereira, 20
Lorena, 306, 313, 328
Loyola, Inácio, 196
Lübeck, 158
Luchaire, Jean, 422
Luchaire, Julien, 422
Lutero, Martinho, 158, 165, 179,
  180, 183-4, 187-8, 190-2, 198
Lutz, Bertha, 401-2, 405
Luxemburgo, 275, 421

Madalena, Maria, 86
Madrid, 135-6
Maffei, Giovanni Pietro, 197
Magalhães, Fernão de, 176, 183
Magno, Carlos, 101, 121, 274-5
Maia, Hugo, 36
Maimónides, 30, 47, 128, 153, 213-4, 216, 370,
  392, 433, 442-3, 445-7, 459, 460-2, 464, 469
Major, John, 238
Malagrida, Gabriele, 245
Malik, Charles, 408, 411-3, 416, 435, 442, 469
Mani, monge, 82-3
Mann, Heinrich, 380
Mann, Klaus, 380
Mann, Thomas, 380
Manuel I, 165, 194
Maomé, 55, 64-5, 67, 77, 83, 135-8
Mar Adriático, 194
Marcelino, Eduardo, 23
Marcelino, João, 20, 24
Marín, Manuela, 36
Maritain, Jacques, 391, 411
Marrocos, 153, 214, 453, 461
Marselha, 380, 386
Marx, Karl, 371, 470
Masha, *ver também* Maria Bolkonskaia, 264
Massachusetts, 237
Matias, Carolina, 19, 473, 475
Matteotti, Giacomo, 369, 377-8
Maurras, Charles, 310, 332, 343, 357
McKeon, Richard, 411
Meca, 64, 88, 135, 214
Medici, Lorenzo di, 201, 203
Medina, 64, 214

Médio Oriente, 30, 38, 60, 68-9,
    77, 85, 87-8, 93-5, 152, 154, 214, 339,
    344, 411-2, 431, 433, 444, 469, 473
Mehta, Hansa, 412, 435, 442
Melanchthon, Philip, 158
Mendelssohn, Felix, 383
Mercier, Louis-Sébastien, 292-3, 426-7
Mercury, Freddie, 81
Merve, 60, 431
Mesopotâmia, 42, 55, 69, 83, 109
Metastasio, Pietro, 294
Michelet, Jules, 295
Mikhaël, Éphraïm, 341
Milão, 45, 83, 375, 383
Mill, James, 266, 268
Mill, John Stuart, 266-8
Minervini, Maria, 371
Minervini, Signor, 371
Mirandola, Pico della, 184, 189, 192,
    201-4, 224, 370, 434, 441-3, 469, 471
Mitra, 83-4
Moisés, 47, 136, 459
Molcho, Solomon, 215
Molfetta, 371
Mongólia, 52
Monnet, Jean, 386, 421
Monopoli, 194
Montaigne, Michel de, 180, 217
More, Thomas, 31, 165, 170-2, 174-6,
    180, 184, 202, 213, 217-8, 220, 224,
    426, 442-3, 471, 475
Morteira, Saul, 457
Moscóvia, 149
Mosteiro da Batalha, 166
Mouraria, 196
Mozart, Wolfgang Amadeus, 248
Mulhouse, 307, 331
Münster, Sebastian, 158, 183
Múrcia, 136
Mussolini, Benito, 310, 376-8

Nabucco, 372
Nabucodonosor, 68
Nações Unidas, 391, 395-6, 398-9, 400-2,
    404-5, 407-8, 410-2, 414-6, 425
Nag Hammadi, 85-6
Nagasáqui, 90
Nansen, Fridtjof, 416
Nantes, 454
Nápoles, 194, 209, 294-6, 366, 378

Navarra, Margarida de, 208-9,
    210, 212-3, 215, 224, 442, 471
Neuchâtel, 288
Neves, Hermínia, 20
Newington Green, 267
Nietzsche, Friedrich, 71, 75
Norte de África, 214, 253, 425, 444
Nova Inglaterra, 237
Nova Iorque, 42, 102-3, 106, 369, 383, 387-8
Nova Jérsia, 23
Nuremberga, 176, 400

Oceânia, 425, 428
Oceano Atlântico, 27, 33, 208,
    223, 244-5, 253, 319, 340, 342,
    365, 386, 388, 393, 407, 410, 473
Oceano Índico, 149
Oceano Pacífico, 253, 319
Ocidente, 30, 32, 36, 66, 68, 81, 83, 117-8,
    120-1, 124, 153, 195, 273, 411, 421, 469
Odoacer, 118
Oriente, 30, 32, 36-7, 41, 62, 64,
    66, 72, 117-8, 120-1, 153, 430
Oriol, Philippe, 335
Orta, Garcia da, 81, 189
Orwell, George, ou Blair, Eric Arthur,
    32, 417-9, 420, 422-9, 435, 437, 475

Pádua, 153, 162, 165, 169, 195, 443
Paine, Thomas, 288, 291-3, 426
País de Gales, 103
Países Baixos, 150, 171, 191, 275
Palácio do Eliseu, 320
Palais de Chaillot, 412, 416-7
Palestina, 360, 383, 469
Panamá, 319, 341
Pangloss, 253
Panteão, 70, 78, 335
Paquistão, 56, 78
Parens, Joshua, 469
Paris, 42, 104, 196, 269, 272-3, 282, 288,
    293, 295, 309, 314-5, 323, 327, 332-3,
    341, 360, 401, 411-2, 415-6, 424, 444
Paty de Clam, Armand, 323, 327, 330, 332
Paula, Joana Catarina, 20
Pearl Harbour, 395
Penamacor, 269
Península Arábica, 69, 214
Península da Crimeia, 101, 149, 269, 396
Península do Sinai, 34, 319

ÍNDICE REMISSIVO

Península Ibérica, 30-1, 45-6, 48, 64, 93, 95,
   128, 136-7, 141, 152, 183, 186, 275, 433, 443
Penn, William, 232-4, 236-8, 240-5,
   254, 259, 261, 379, 387, 475
Pensilvânia, 237-8, 243-5, 259, 261, 263
Penso de la Vega, José, 454
Pequim, 52, 151
Pérsia, 45, 52, 60, 71, 75, 81,
   128, 130, 149, 275, 429, 430
Pertini, Sandro, 379
Peru, 207-8, 215
Pétain, Philippe, 305, 359, 387
Petrarca, Francesco, 123, 145
Picquart, Marie-Georges, 333-4, 349, 351-4, 358-9
Pimentel, Leonor da Fonseca,
   294-6, 298, 366, 370, 471, 475
Pincherle, Amelia, 380
Pinto, Diego, 215
Pirenéus, 131, 210
Pirro de Eleia, 249, 250
Pizarro, Francisco, 207
Platão, 42, 45-6, 72, 86, 90, 93, 216, 447, 469
Poitiers, Hilário de, 112
Poliziano, Angelo, 204
Polo, Marco, 151, 474
Polónia, 158
Pomerano, João, 158
Ponta Delgada, 46
Portinari, Beatriz, ou Beatrice, 137-8
Portinari, Folco, 137
Porto de Le Havre, 309
Portugal, 20, 24, 33-4, 36, 47, 51, 64, 68, 128,
   136, 149, 153, 157-8, 162, 165, 167, 169, 171, 183,
   186, 189, 191, 193-6, 205, 208, 214-5, 217, 223,
   228, 234, 241, 262, 269, 270, 272-3, 277-9,
   280-1, 293-4, 310, 336, 340, 342, 386, 393,
   419, 426, 449, 450, 453-4, 458, 461, 473
Praga, 187
Prisão de Cherche-Midi, 327, 353, 358
Proudhon, Pierre-Joseph, 288, 335, 342, 371, 379
Provins, 150
Prússia, 269, 313
Putin, Vladimir, 26, 183

Rachid, Harun al, 432, 437
Ravena, 138, 145
Réclus, Elisée, 335
Reino de França, 241
Reino de Portugal, 95, 150
Reino Unido, 31, 102-3, 395-6, 412-3

Renan, Ernest, 83-4
Rennes, 357, 359
República Federal da Alemanha, 202, 441
Reuveni, David, 214-5
Ribera y Tarragó, Julián, 136
Ricardo, David, 266, 281
Rimbaud, Arthur, 341
Rio Jordão, 68
Rive Gauche, 341
Robespierre, Maximilien, 248, 286, 292
Robinson Crusoe, 265, 268
Roma, 48, 64, 112, 114, 117-8, 175, 187,
   190, 201-2, 204, 213-4, 255, 267, 281,
   294, 369, 376-8, 385, 443, 458
Romeu, 100
Rómulo, Carlos, 402
Roosevelt, Eleanor, 387, 395, 401,
   407-8, 410, 412-5, 421-2, 435, 442
Roosevelt, Franklin Delano, 387
Rosselli, Carlo, 376, 378, 380
Rosselli, Nello, 376, 378, 380
Rossi, Ernesto, 376, 378-9, 382-3, 385, 421
Rostova, Natasha, 264
Roterdão, 463
Rothschild, James Meyer de, 316, 319
Rouen, 454
Rousseau, Jean-Jacques, 190-1, 254
Rússia, 26, 118, 149, 254, 269,
   279, 280, 341, 344, 412
Sadi Carnot, Nicolas Léonard, 342
Saladino, 124
Salazar, António Oliveira, 310
Salvador, 253
Salvemini, Gaetano, 365-6, 368-9,
   371-2, 375-9, 380, 383, 385, 421-2, 471
Samarcanda, 32-3, 37, 56, 59, 60-1,
   149, 431, 473-4
Sanches, António Ribeiro,
   269, 270, 273-9, 280-2
Sanches, Francisco, 225, 250
São Tomás de Aquino, 123,
   136, 141-2, 152, 225, 444, 447
Saoshyant, 431
Saragoça, 136
Sartre, Jean-Paul, 34
Sassoferrato, Bartolo de, 145
Savonarola, Girolamo,
   102, 192, 198, 200-1, 203-5
Saxónia, 187
Schuman, Robert, 386, 421

Schwartzkoppen, Maximilian von, 323, 332, 334
Serra da Estrela, 20
Setúbal, 46
Sevilha, 128, 130, 136-7, 202, 433, 443
Shakespeare, William, 100, 217-8, 220
Sharm el Sheikh, 34
Shelley, Mary, 282, 288, 291
Sicília, 124, 143, 149, 296, 375
Siena, 101, 105, 108, 127, 131, 137-8
Singer, Isaac Bashevis, 472
Síria, 86
Sócrates, 45, 77, 94, 249, 260
Sógdia ou Sogdiana,
    30, 56, 58-9, 65, 71, 75
Solti, Georg, 377
Soshan, 431
Spenta Manyu, 78
Spinelli, Altiero, 379,
    382-3, 385-6, 421, 437
Stálin, Josef, ou Estaline,
    396, 399, 413, 424
Starr, Frederick, 34-6
Stasavage, David, 127
Stern, György, 377
Strauss, Leo, 447, 464, 469
Strozzi, Laudomia, 198, 200
Suíça, 158, 169, 176, 183, 275, 280, 288

Tajiquistão, 56, 60, 78
Tavares, Carolina, 19, 26, 473, 475
Tavares, Gracinda, 19, 20, 23
Teatro La Scala em Milão, 383
Teatro Nacional Dona Maria II, 162
Teerão, 396, 399, 401, 425
Teeteto, 266
Tengri, 70
Teodósio, Dom, 215
Tetzel, Johann, 180
Tibete, 197
Tocqueville, Alexis de, 379
Toledo, 45-6, 113, 128, 165, 433
Torre Eiffel, 319, 341
Toscana, 132, 371
Toscanini, Arturo, 372,
    374, 376-7, 380, 383
Toulouse, 250
Tours, Gregório de, 113
Tours, São Martinho de, 113
Toynbee, Arnold J., 25
Transoxiana, 149

Troyes, 150-1
Truffaut, François, 308
Truman, Harry, 407
Trump, Donald, 102-3, 191
Tunísia, 333, 351, 358
Turati, Filippo, 366, 369, 371, 376-8
Turquemenistão, 52, 60
Turquia, 52, 55, 78, 83, 86,
    94, 102, 104, 242, 280, 396

Ucrânia, 26, 183, 412
Ulisses, 33, 153
Universidade Americana de Beirute, 408
Universidade Americana do Cairo, 67
Universidade Complutense, 135-6
Universidade de Bolonha, 131
Universidade de Chicago, 411
Universidade de Évora, 196
Universidade de Florença, 366, 371-2
Universidade de Messina, 375
Universidade Sorbonne,
    153, 196, 369, 391, 444
Uzbequistão, 52, 56, 60, 78, 431

Valois, Margarida de, 209
Veloso, Gregório, 157
Veneza, 149, 194-5, 205, 214, 253, 474
Ventotene, 378-9, 382-3, 385, 437
Verdi, Giuseppe, 372
Verney, Luís António, 294
Versalhes, 307, 313, 353, 400, 401, 422
Vestefália, 253
Vichy, 308, 311, 387
Vico, Giambattista, 295
Vidigueira, 450
Vieira, António, 458
Viena, 295, 315, 361
Vigo, Eugène, 308
Vigo, Jean, 308-9
Virgílio, 135
Voltaire, François-Marie Arouet, *dito*,
    31, 190-1, 238, 246, 248-9, 250, 252-7, 469

Wagram, 267
Weber, Max, 262
Wesley, John, 254
Wittenberg, 158, 179, 182, 187
Wolff, Christian, 256
Wollstonecraft, Mary, 282, 284,
    287-8, 291-2, 294-6, 370, 471

ÍNDICE REMISSIVO

Wuchang, 146
Wuhan, 146
Xariar, 37
Xavier, Francisco, 196-7
Xazamane, 37
Xenofonte, 266
Xerazade, 37

Yunus, Matta bin, 65-6
Yupanquí, Atahualpa, 207

Zaratustra, 71-2, 75, 77-8, 80, 82-3
Zeller, Jules, 422
Zenão, 118
Zeus, 78
Zhang, Yitang, 59
Zola, Émile, 32, 305, 314, 333-6,
   338, 347, 349, 351-4, 356, 358
Zoroaster, *ver* Zaratustra, 71-2, 75
Zurique, 401, 404
Zurvasten, 78

Agradecimentos

Agora, agora e mais agora começou a ser escrito no outono de 2018 na Universidade Brown, nos Estados Unidos, com base em duas conferências para a Universidade de Columbia, em Nova Iorque. Pelo meio do caminho foi um ciclo de conferências no Instituto de Filosofia da Universidade Nova de Lisboa (IFILNOVA). O trabalho prosseguiu, na primavera de 2020, na Universidade de Massachusetts, em Lowell, com acesso às bibliotecas da Universidade Harvard, também no estado de Massachusetts, graças a um apoio do Real Colegio Complutense. Agradeço à Fundação Luso-Americana para o Desenvolvimento, à Fundação Saab e à Fundação Gulbenkian os apoios para estas estadas académicas.

E agradeço também a Onésimo Teotónio Almeida, Pierre Carrel-Billard, João Constâncio, Frank Sousa, Jose Manuel Martinez-Sierra. Uma conversa com Catarina Belo, professora de filosofia medieval muçulmana no Cairo e tradutora de Al Farabi para português, e outra com Serena Ferente, historiadora em Londres e especialista em guelfos e gibelinos, ajudaram-me a perceber se estava no caminho certo em épocas nas quais não sou especialista de origem. Se depois me mantive ou não nesse caminho certo, é responsabilidade minha, mas a elas lhes devo a confiança para avançar.

Depois, quando ficámos isolados durante a pandemia, quis a sorte que isso acontecesse nos Açores e que Anne Stinkelmans e António Castro Freire nos dessem um acolhimento e uma amizade que lembramos com grande frequência e que na verdade não esqueceremos nunca, em família; não há agradecimento que lhes possa estar à altura. Como metade dos nomes atrás citados são, por coincidência, de açorianos, acho que cumpre também agradecer aos Açores e às suas gentes, onde, por contingências da quarentena do coronavírus, a maior parte deste livro nasceu pela segunda vez, então sob a forma de podcast emitido a partir do site do jornal *Público*, cujo diretor

AGRADECIMENTOS

Manuel Carvalho, e administradora Cristina Vicente Soares, decidiram logo querer publicar mais tarde em livro – a quem agradeço também. Tal como não posso deixar de agradecer aos companheiros de viagem que foram os jornalistas de áudio do *Público*, os fantásticos Ruben Martins, Marta Matias e Aline Flor, que fizeram do podcast uma obra que, pelo menos pelo carinho e atenção deles, merece ser apreciada à parte deste livro.

Depois foi a longa espera de dois anos para ter tempo de pegar de novo no texto, entretanto pacientemente transcrito pela Geiziely Fernandes, fiel escudeira deste projeto até à sua entrega final, e para poder olhar para as ilustrações escolhidas pela Marta Costa, pela leitura atenta do Miguel Leal e pela revisão científica cuidadosa, incluindo bibliografia e notas, e de uma seleção mais restrita de imagens, da Joana Fraga. A todos quero agradecer.

Gostaria de dedicar este livro também aos meus amigos Daniel Calado e Dora Capinha e de deixar agradecimentos adicionais a Bárbara Bulhosa, Inês Hugon, Vera Tavares, Rute Dias Paiva, Catarina Homem Marques e toda a equipa da Tinta-da-china; aos irmãos Rosário, David, José e João; às minhas sobrinhas Ana, Raquel e Mariana, e aos sobrinetos Janica, António, Xavier, Amélia, Luísa e Ester; às primas Valentina, Catarina e Irina Marcelino; aos funcionários da Biblioteca Passos Manuel da Assembleia da República; aos camaradas Eduardo Viana e Sara Proença, Jorge Pinto, Ofélia Janeiro e Marta Costa, Pedro Mendonça, Paulo Muacho, Tomás Cardoso Pereira, Isabel Mendes Lopes, Patrícia Gonçalves, Safaa Dib, Francisco Costa, Carlos Teixeira, Denise Viana; à Sofia Pinto Ribeiro e à Marta Ramos; ao Paulo Pena e à Patrícia Brito Mendes; ao João Macdonald e à Alexandra Duarte; à Anne Lapenne e ao Maurice Rabinowitz; à Véronique Bobichon; à Joana Fraga; ao Miguel Leal; e um agradecimento muito especial à Maria do Carmo da Silva Mendes, à Paula Lisboa e à Helena Gomes.

Agora, agora e mais agora é dedicado a todos os habitantes e descendentes da minha aldeia ancestral de Arrifana, no Ribatejo, onde estão alguns dos descendentes das pessoas a que me referi no prospecto. Vai dedicado à minha mãe, Lucília, que me contou estas histórias e, indiretamente, me deu a perceber o poder que essas histórias têm e me fez ganhar o vício de procurar outras; e à minha irmã Rosário, em cuja casa na nossa aldeia acabei de escrever o primeiro esboço do livro. E mais que tudo à Marta e aos nossos filhos, Elias e Helena. Este livro nasceu convosco e, de certa forma, cresce connosco.

Sobre o autor

Rui Tavares (Lisboa, 1972) estreou com *O pequeno livro do Grande Terremoto* (o primeiro título lançado pela editora lisboeta Tinta-da-china), que recebeu o prêmio RTP/Público de melhor ensaio de 2005 e foi publicado pela Tinta-da-China Brasil em 2022. A editora ainda publicou *Esquerda e direita: um guia para o século XXI* (2016) e *Agora, agora e mais agora: seis memórias do último milénio* (2024). A peça teatral de sua autoria *O arquiteto* – sobre Minoru Yamasaki (1912-1986), cujo projeto mais célebre foi o das Torres Gêmeas do World Trade Center, em Nova Iorque –, ganhou edição brasileira em 2008, pela Martins Fontes.

Elegeu-se duas vezes (em 2022 e 2024) deputado à Assembleia da República pelo Livres, partido de esquerda verde europeísta que ajudou a fundar em 2014. Foi ainda deputado no Parlamento Europeu (2009-14) e vereador por Lisboa (2021-22). Com intensa atividade no debate público português, colaborou com as principais publicações do país, como o *Público* e o *Expresso*, e lançou livros de intervenção sobre política e sociedade, como *A ironia do projeto europeu* (2012) e o "livro duplo" *Não foi por falta de aviso / Ainda o apanhamos!* (2023). É o autor do programa televisivo de divulgação histórica *Memória Fotográfica*, veiculado na RTP, em 2018, e do podcast de história *Agora, agora e mais agora*, produzido pelo jornal *Público* em 2020.

Licenciado em história pela Universidade Nova de Lisboa e mestre pelo Instituto de Ciências Sociais da Universidade de Lisboa, doutorou-se na École des Hautes Études en Sciences Sociales de Paris, com a pesquisa que resultaria em *O censor iluminado: ensaio sobre o século XVIII e a revolução cultural do pombalismo* (Tinta-da-china), obra premiada pela Academia da História Portuguesa como melhor livro de história de Portugal em 2019. Atuou, como professor e pesquisador, nas universidades Nova de Lisboa, de Nova Iorque (2016), Brown (2018), de Massachusetts (2020) e no Instituto

SOBRE O AUTOR

Universitário Europeu de Florença (2018). Entre 2019 e 2022 coordenou a coleção em quatro volumes Portugal: uma Retrospectiva (Público/Tinta-da-china), inicialmente publicada em 25 fascículos, que tem colaboração dos principais historiadores do país.

Em 2024, iniciou a publicação de sua newsletter πολύτροπον (em grego, polítropon, "de muitos caminhos", o primeiro adjetivo que Homero usa para falar de Ulisses). A newsletter pode ser assinada no site ruitavares.net.

© Rui Tavares, 2024

Esta edição segue a ortografia vigente em Portugal

1ª edição: jun. 2024, 1 mil exemplares
1ª reimpressão: nov. 2024, 1,5 mil exemplares

EDIÇÃO Barbara Bulhosa/Tinta-da-china Portugal
REVISÃO Karina Okamoto
PROJETO GRÁFICO E COMPOSIÇÃO Isadora Bertholdo
ICONOGRAFIA Beatriz F. Mello • Giovanna Farah • Sophia Ferreira
ILUSTRAÇÃO DE CAPA Beatriz F. Mello sobre desenho de Eduardo Viana

TINTA-DA-CHINA BRASIL
DIREÇÃO GERAL Paulo Werneck • Victor Feffer (assistente)
DIREÇÃO EXECUTIVA Mariana Shiraiwa
DIREÇÃO DE MARKETING E NEGÓCIOS Cléia Magalhães
EDITORA EXECUTIVA Sofia Mariutti
ASSISTENTE EDITORIAL Sophia Ferreira
COORDENADORA DE ARTE Isadora Bertholdo
DESIGN Giovanna Farah • Beatriz F. Mello (assistente)
        Sofia Caruso (estagiária)
COMUNICAÇÃO Clarissa Bongiovanni • Yolanda Frutuoso
        Livia Magalhães (estagiária)
COMERCIAL Lais Silvestre • Leandro Valente • Paulo Ramos
ADMINISTRATIVO Karen Garcia • Joyce Bezerra (assistente)
ATENDIMENTO Victoria Storace

Todos os direitos desta edição reservados
à Tinta-da-China Brasil/Associação Quatro Cinco Um

Largo do Arouche, 161, SL2 República • São Paulo • SP • Brasil
editora@tintadachina.com.br • tintadachina.com.br

Todos os esforços foram feitos para reconhecer os direitos das imagem neste livro.
A editora Tinta-da-China Brasil agradece todo contato para nos informar dados
incompletos nesta edição, e se compromete a incluí-los nas futuras reimpressões.

DADOS INTERNACIONAIS DE CATALOGAÇÃO NA PUBLICAÇÃO (CIP)
DE ACORDO COM ISBD

T231a   Tavares, Rui
           Agora, agora e mais agora: Seis memórias do último milénio /
           Rui Tavares. - São Paulo : Tinta-da-China Brasil, 2024.
           536 p. : il. ; 16cm x 23cm.

           Inclui bibliografia.
           ISBN 978-65-84835-28-3

           1. História. 2. Europa. I. Título.

                                                                       CDD 900
2024-1510   CDU 95

Elaborado por Vagner Rodolfo da Silva - CRB-8/9410

ÍNDICES PARA CATÁLOGO SISTEMÁTICO
1. História 900
2. História 94

*Este livro recebeu apoio do programa de patronos
da Tinta-da-China Brasil*

*A primeira edição deste livro foi apoiada pela
Direção-Geral do Livro e das Bibliotecas — DGLAB
Secretaria de Estado da Cultura — Portugal*

Agora, agora e mais agora foi
composto em Adobe Caslon Pro,
impresso em papel Biblion Print 60g,
na Ipsis, em outubro de 2024